Wissen, Lernen und Innovation im digitalen Unternehmen

Rolf Franken • Swetlana Franken

Wissen, Lernen und Innovation im digitalen Unternehmen

Mit Fallstudien und Praxisbeispielen

3., überarbeitete und erweiterte Auflage

Rolf Franken
Technische Hochschule Köln
Köln, Deutschland

Swetlana Franken
Fachhochschule Bielefeld
Bielefeld, Deutschland

ISBN 978-3-658-40821-3   ISBN 978-3-658-40822-0 (eBook)
https://doi.org/10.1007/978-3-658-40822-0

Die Deutsche Nationalbibliothek verzeichnet diese Publikation in der Deutschen Nationalbibliografie; detaillierte bibliografische Daten sind im Internet über http://dnb.d-nb.de abrufbar.

Springer Gabler

Lektorat/Planung: Ulrike Loercher
Springer Gabler ist ein Imprint der eingetragenen Gesellschaft Springer Fachmedien Wiesbaden GmbH und ist ein Teil von Springer Nature.
Die Anschrift der Gesellschaft ist: Abraham-Lincoln-Str. 46, 65189 Wiesbaden, Germany

Vorwort zur dritten Auflage

Als wir vor drei Jahren die zweite Auflage dieses Buches abgeschlossen haben, konnten wir nicht wissen, welche Krisen und Veränderungen uns die nahe Zukunft bringen wird. Zunächst hat die Corona-Pandemie unsere Welt auf den Kopf gestellt und eine Menge Veränderungen im Arbeits- und Privatleben mit sich gebracht. Unsere Fähigkeit, sich – als Individuum und als Organisation – schnell an die neuen Bedingungen anzupassen und zu lernen, hat sich als entscheidender Erfolgsfaktor erwiesen. Wir haben neue Kommunikations- und Arbeitsmethoden für virtuelle Zusammenarbeit entwickelt und damit die digitale Transformation und Agilität vorangetrieben. Eine Gefährdung der Lieferketten hat uns die Gefahren von Abhängigkeiten gezeigt und zum Hinterfragen von Globalisierungsansätzen angeregt. Das Wissen über einen konstruktiven Umgang mit einer Krise, über Probleme, Stolpersteine und Potenziale ist als wertvolles Gut gesammelt und verarbeitet worden und hat in Form von Innovationen neue Geschäftsmodelle, Arbeitstools, Führungskonzepte etc. hervorgebracht. So konnten wir unsere Konzepte zu dem Wissen, Lernen und Innovieren in Unternehmen im Ernst der Realität überprüfen und weiterentwickeln.

Diese Erkenntnisse hätten schon für eine neue Auflage des Buches gereicht, allerdings hatte das Schicksal für unser Land und für ganz Europa eine weitere, noch größere Krise parat. Der Angriff Russlands auf die Ukraine hat die Verwundbarkeit der Demokratie und Menschenrechte offenbart, die uns vorher als stabil und selbstverständlich vorkamen, und als Folge mehrere Krisen hervorgerufen bzw. verstärkt – Energiekrise, Klimakrise, Wirtschaftskrise, wachsende Kluft zwischen Arm und Reich, Aufstieg rechter Parteien und viel mehr.

Vor dem Hintergrund der schicksalhaften Frage „To be or not to be?" (William Shakespeare: Hamlet) ist es nun angebracht, über den Sinn (und Unsinn) in allen Bereichen des Lebens und Arbeitens nachzudenken. Für ein Unternehmen stellt sich vor allem die Frage nach dem Sinn seiner Existenz (Purpose) und seinem Selbstverständnis als kollektive Handlungseinheit. „Warum" und „Wir" werden unsere Zukunft bestimmen.

Basierend auf der Sinnorientierung und dem Selbstverständnis kreiert ein Unternehmen sein Geschäftsmodell und seine Produkte, gestaltet seine Strukturen, Prozesse, Beziehungen zu den Kunden,[1] Mitarbeitenden und anderen Stakeholdern. Als Grundlage dafür dient die Wissensbasis des Unternehmens, die kontinuierlich erfasst, geteilt und erweitert wird.

Die Frage „Wer sind „Wir"?" wird immer mehr zu einem Problem der Unternehmen. Branchen- und Unternehmensgrenzen lösen sich auf. Arbeitsökosysteme ersetzen klassische Belegschaften. Sie schaffen eine neue Wissensbasis und müssen integriert werden. Die Produktion erfolgt immer häufiger in Wertschöpfungsnetzen oder Unternehmensökosystemen. Damit erhöht sich die Leistungsfähigkeit für die Kunden, aber es erhöhen sich auch die Koordinationsanforderungen.

Auch die Prioritäten im Kontext von Wissen-Lernen-Innovation in Unternehmen haben sich in den vergangenen Jahren geändert, verursacht durch Krisen, gesellschaftliche und wirtschaftliche Entwicklungen. Haben wir in der vorigen Auflage die Digitalisierung von Unternehmen als Chance und Herausforderung betrachtet, so fokussieren wir hier eher digitale Lösungen für konkrete Probleme. Digitalisierung ist kein Hype mehr, sondern eine gelebte Realität und ein praktisches Hilfsmittel. Wir werden aufzeigen, dass auch die Künstliche Intelligenz (KI) kein Mysterium, sondern ein hilfreiches Instrument ist, das man in vielen Bereichen gewinnbringend einsetzen kann.

Wie bekannt, steckt in jeder Krise eine Chance. Unsere Abhängigkeit von fossilen Energien aus Russland (oder auch aus autoritären Staaten des mittleren Ostens) sollte uns Ansporn geben, unser Know-how bei regenerativen Energien als Trumpf zu nutzen und schneller unabhängig zu werden. Jeder Haushalt und jedes Unternehmen machen sich zurzeit Gedanken, wie sie die Abhängigkeit reduzieren können. Lasst uns diese Ideen erschließen und fördern! Gesammeltes Wissen und praktische Erfahrungen sollten erfasst und geteilt werden, damit alle davon profitieren können. Die Klimakrise spitzt sich zu und duldet kein Zögern mehr. Lasst uns den Mainstream und die außergewöhnliche Motivation der (jungen) Klimaaktivisten kanalisieren und in Form von praktischen Projekten umsetzen! Nach den Corona-Jahren wollen immer mehr Menschen in Homeoffice arbeiten, sodass viele Unternehmen Schwierigkeiten haben, die Beschäftigten zurück ins Büro zu locken. Lasst uns die Erfahrungen der Remote Arbeit positiv sehen und neue Formate entwickeln, um Wissen in virtuellen Teams zu teilen, gemeinsam zu lernen und Innovationen zu kreieren!

In der Digital Economy hat jedes Unternehmen, egal ob groß oder klein, traditionsreich oder neu gegründet, eine Chance, in der ersten Liga mitzuspielen und erfolgreich zu sein. Die aktuellen Krisen haben nicht nur Verlierer, sondern auch viele Gewinner hervorgebracht. Denken wir nur an Biontech, Zoom, Amazon oder Produzenten von medizinischen Masken, die in der Corona-Zeit enorme Gewinne erzielt haben. Ein weiteres Beispiel ist das Unternehmen Tesla, das mit Elektromobilität, Software-Update (bis zum autonomen Fahren) und Nachhaltigkeit wirbt und Rekordumsätze macht.

---

[1] Hier und im Weiteren werden für bessere Lesbarkeit nur männliche Formen verwendet, wobei selbstverständlich alle Geschlechter gemeint sind.

Wichtig für ein Unternehmen ist, offen für Veränderungen zu sein, aktuelle Trends zu erkennen, eigene Kunden zu verstehen und schnell Innovationen zu entwickeln. Als Erfolgsrezept gilt die Formel „Agilität plus Kundenverständnis plus digitale Technologie". Diese Faktoren spiegeln das Wissen eines Unternehmens wider, wie man Zukunftsentwicklungen, Chancen und Gefahren sowie Kundenbedürfnisse und -präferenzen erkennt, analysiert und in erfolgreiche neue Produkte und zukunftsfähige Geschäftsmodelle umsetzt. Dieses Wissen, das auf verschiedene Akteure in und außerhalb des Unternehmens verteilt ist, gilt es zu erfassen, zu teilen, zu entwickeln und effizient zu nutzen. Dafür ist ein fundiertes Management des Wissens, Lernens und der Innovation erforderlich.

Wir vertreten das Konzept eines ganzheitlichen Managements, das die drei bis jetzt eigenständigen Bereiche Wissensmanagement, Organisationales Lernen und Innovationsmanagement als Einheit betrachtet. Wissen, Lernen und Innovation bilden unserer Meinung nach eine dynamische Begriffskette, die für die Wettbewerbsfähigkeit und den Erfolg eines Unternehmens in der dynamischen Wirtschaftswelt eine Schlüsselrolle spielt.

Im Teil I (Kapitel eins) stehen Wissen und Wissensmanagement im Mittelpunkt. Hier wird gezeigt, welche Anforderungen die aktuellen Entwicklungen in Wirtschaft und Gesellschaft an Unternehmen stellen und welche Chancen sich dadurch ergeben. Als adäquate Antwort auf diese Veränderungen wird ein integriertes Wissens- und Innovationsmanagement als ganzheitliches Konzept dargestellt und diskutiert: Was ist eine Wissenschaft von Wissensmanagement, Organisationalem Lernen und Innovation und was kann sie für die Gesellschaft leisten?

Im Teil II (Kapitel zwei bis fünf) werden wir die zentralen Begriffe des Buches Wissen und Wissensmanagement definieren sowie Formen und Dimensionen des Wissens beschreiben. Der Schwerpunkt liegt dabei auf den Besonderheiten und der Gestaltung des kollektiven Wissens von Unternehmen. Anschließend gehen wir auf Wissensmanagementsysteme und KI-Ansätze zu ihrer Gestaltung sowie auf die Möglichkeiten der Digitalisierung von Unternehmen selbst ein. Es werden die aktuellen Trends und die Gestaltungsanforderungen an Unternehmen aufgezeigt.

Die dynamische Komponente des Wissens in Unternehmen – das organisationale Lernen – wird im Teil III (Kapitel sechs und sieben) erläutert. Hierbei wird gezeigt, wodurch sich das individuelle und kollektive Lernen unterscheiden und wie man das Lernen in Unternehmen auf allen vier Ebenen (individuelle, Gruppen-, organisationale und überorganisationale Ebene) praktisch gestalten und fördern kann. Neben einem Überblick über die bekannten Lerntheorien werden verschiedene Formen des individuellen, Gruppen- und organisationalen Lernens und die Rolle der digitalen Technologien beim Lernen in Unternehmen beschrieben.

Im Teil IV (Kapitel acht bis elf) werden verschiedene Aspekte des Innovationsmanagements erläutert, insbesondere Begriffe und Typen von Innovationen, Innovationsstrategie und einzelne Schritte des Innovationsprozesses, Ideengenerierung inklusive Kreativitätstechniken und agilen Methoden, die ausführlich beschrieben und hinsichtlich ihrer praktischen Gestaltung in Unternehmen analysiert werden. Es werden unter anderem die Möglichkeiten des Einsatzes von KI für die Gestaltung neuer Geschäftsmodelle und

Produkte sowie zur Optimierung von Prozessen und Abläufen aufgezeigt. Die Ansätze zur Förderung der Innovationsfähigkeit und Innovationskultur runden diesen Teil ab.

Wir haben uns bemüht, die theoretischen Ausführungen und Diskussionen auf ein Minimum zu reduzieren, um möglichst viele Fallstudien und Praxisbeispiele einzuarbeiten. Diese Beispiele dienen zudem als Verbindungsglieder zwischen den einzelnen Kapiteln, da es schwierig ist, die praktischen Instrumente und Maßnahmen einzelnen Bereichen zuzuordnen. Dafür werden viele Querverweise verwendet.

Mit diesem Buch wenden wir uns in erster Linie an die BWL-Studierenden in Bachelor- und Masterstudiengängen, insbesondere mit den Schwerpunkten Management, Personal und Organisation. Darüber hinaus sehen wir Entscheidungsträger und Führungskräfte in Unternehmen, Managementberater und Wissenschaftler genauso als unsere Zielgruppe. Wir alle sind Akteure der dynamischen Wissensgesellschaft und werden ständig mit ihren Herausforderungen und Chancen konfrontiert. Von unserem Umgang mit Wissen, von kontinuierlichem Lernen und der Innovationsfähigkeit sind unser persönlicher Erfolg, die Wettbewerbsfähigkeit unserer Unternehmen und die Zukunft unserer Gesellschaft abhängig.

Die aktuellen Krisen haben – neben den bereits angesprochenen Abhängigkeiten und Problematiken – auch etwas sehr Wichtiges gezeigt: Die Herausforderungen unserer Zeit können nur gemeinsam bewältigt werden!

Wir wünschen Ihnen viel Spaß beim Lesen und Mitdenken sowie viel Erfolg bei der Gestaltung des Wissens, des Lernens und der Innovation in Ihren Unternehmen und Organisationen.

Köln, Deutschland   Rolf Franken
Januar 2023   Swetlana Franken

Inhaltsverzeichnis

Teil I

Das Modell des integrierten Wissens- und Innovationsmanagements

Wissens- und Innovationsmanagement in einer dynamischen Umwelt

1

Zusammenfassung

Zur Einführung in ein integriertes Wissens- und Innovationsmanagement auf der Basis der aktuellen technischen Entwicklungen werden in diesem Kapitel zunächst die begrifflichen und wissenschaftlichen Grundlagen des Gebietes skizziert. Was ist eine Wissenschaft von Wissensmanagement, organisationalem Lernen und Innovation und was kann sie für die Gesellschaft leisten? In welchen begrifflichen Rahmen von ihren Objekten Wissen, Unternehmen und Management ist diese Wissenschaft einzuordnen? Wie hängen Wissen, Lernen und Innovation in Unternehmen zusammen und wie können sie in einem integrativen Konzept des Wissens- und Innovationsmanagements gestaltet werden? Das sind die grundlegenden Fragen dieses Kapitels.

1.1 Ausgangssituation und Entwicklung des Wissensmanagements

Getrieben von einer Vielzahl von Ereignissen – Umweltprobleme, Pandemien, Krieg, demografischer Wandel, Globalisierung –, inspiriert von neuen gesellschaftlichen Visionen – Digitalisierung, Industrie 4.0 – und neuen wissenschaftlichen Konzepten – Neurowissenschaften, Künstliche Intelligenz (KI), transformative Wissenschaft – auf der Grundlage von neuen individuellen Wertvorstellungen – Demokratisierung: mehr Mitbestimmung und Eigenverantwortung, Gleichberechtigung und Wertschätzung in einer diversen Welt, New Work und neuen Rollen der ökonomischen Stakeholder – verändern wir unsere Welt in einem immer größeren Ausmaß und Tempo.

Für uns Individuen und für Unternehmen bedeutet dies, dass wir quasi täglich mit einer neuen veränderten Welt konfrontiert werden. Als anpassungsfähige Individuen fällt uns

© Der/die Autor(en), exklusiv lizenziert an Springer Fachmedien Wiesbaden GmbH, ein Teil von Springer Nature 2023
R. Franken, S. Franken, *Wissen, Lernen und Innovation im digitalen Unternehmen*,
https://doi.org/10.1007/978-3-658-40822-0_1

dies gar nicht so sehr auf, da es zumeist unterbewusst stattfindet. Es gibt neue, leistungsfähigere Smartphones mit 5G, aufklappbare Bildschirme, im Supermarkt zahlen wir mit
dem Smartphone usw. – spannend, wir haben ein neues Spielzeug und können jetzt noch
besser Filme sehen, mit unseren Freunden Urlaubsereignisse teilen oder auch Hochschul-
lehre neugestalten und im Internet verfügbar machen.

Unternehmen als kollektive Einheiten müssen diesen Anpassungsprozess sehr viel bewusster gestalten und daher nach neuen Techniken, agileren Organisationsformen und
Verhaltensweisen suchen – das bedeutet bewusst gestaltete neue Kommunikationsprozesse,
höhere Anforderungen unserer Kunden an unsere Leistung, Mitarbeiter, die den Umgang
mit der Technik gewohnt sind und mit ihrer Hilfe eine neue Rolle im Unternehmen einnehmen wollen, usw. Die alten Routinen des Managements sind nicht mehr zeitgemäß.

Zentrales Element der Veränderung ist die Technisierung unseres Handelns durch
Werkzeuge. Das erste Zeitalter der Technisierung hat die Fähigkeiten unseres Körpers verändert, uns mehr Kraft gegeben, aber auch neue Möglichkeiten sehr feiner Arbeit zur Veränderung der physischen Realität eröffnet. Mit der Jahrtausendwende kamen ganz neue
Werkzeuge hinzu. Wir technisieren unsere mentalen Funktionen, unsere Kognition, unsere
Gestaltung der mentalen Welt und unsere Kommunikation. Die Technisierung der Wissensarbeit schafft ein ungeheures neues Potenzial für die menschliche Entwicklung, aber auch
ein großes Problem für den Umgang mit dieser Entwicklung. Wissensmanagement wird
zur zentralen Aufgabe der Menschheit.

Das Verständnis von Wissensmanagement und seinen Aufgaben ist noch relativ jung
und hat sich in den vergangenen Jahren wesentlich verändert.

Anfangsphase des Wissensmanagements

In seiner Anfangsphase (1990 bis 2000) war das Wissensmanagement durch wenige neu entstandene
Tools – z. B. Dokumentenmanagementsysteme auf der technischen Seite und Communities of Practice auf der sozialwissenschaftlichen Seite – geprägt, und jeder musste die neuen Schlagworte kennen. Die theoretischen Ansätze waren noch sehr oberflächlich. Die zentralen Begriffe „Wissen",
speziell „Wissen von Unternehmen", wurden sehr pragmatisch gehandhabt, Beziehungen zum
Innovationsmanagement und zum Lernen von Unternehmen wurden nicht herausgearbeitet, integrative Ansätze waren selten. Inzwischen wird immer deutlicher, dass ein Managementkonzept für ein
intelligentes Unternehmen nicht mehr ohne Wissensmanagement, Innovationsmanagement und die
dynamische Perspektive eines Lernenden Unternehmens denkbar ist.

Parallel zu den technologischen Veränderungen wurde die Entwicklung des Wissensmanagements von einer starken Zunahme des Anteils der Wissensarbeit an der Wertschöpfung und der Wissensarbeiter an der Belegschaft vorangetrieben.

Wissensarbeiter bilden die bedeutendste Personengruppe in der Wissensgesellschaft,
da sie neues Wissen hervorbringen, bewahren, anwenden und weitergeben. **Wissensarbeit**
wird durch folgende Merkmale charakterisiert (vgl. Lehner, 2021, S. 17–18):

1. Ein hohes Ausmaß an Kreativität, Komplexität, Vielfalt und Ausnahmesituationen – die
   Ergebnisse sind nicht vorgegeben, das Vorgehen ist nicht standardisierbar;

2. Für die Tätigkeiten sind akademische Ausbildung und intellektuelle Fähigkeiten erforderlich, theoretisches Wissen gewinnt an Bedeutung;
3. Das Ergebnis der Wissensarbeit ist immateriell;
4. Zentrale Aktivitäten bestehen im Erwerben, Entwickeln, Aufbereiten, Speichern, Teilen, Anwenden von Wissen;
5. Wissensarbeiten benötigen die Möglichkeiten und den Willen, kontinuierlich zu lernen;
6. Wissensarbeit benötigt Kollektive und ist mit sozialen Prozessen verbunden (z. B. soziale Netzwerke).

Diese Besonderheiten der Wissensarbeit als eines zentralen Teils der Wertschöpfung und eines entscheidenden Wettbewerbsfaktor eines Unternehmens steigern die Bedeutung des Managements von Wissen, aber auch des organisationalen Lernens.

Während traditionelle Managementansätze die Bereiche „Wissensmanagement", „Personal- und Organisationsentwicklung" und „Innovationsmanagement" als eigenständige Tätigkeitsfelder voneinander getrennt beschreiben, wollen wir aufzeigen, dass diese drei Bereiche ineinandergreifen und ganzheitlich betrachtet und gestaltet werden müssen.

Die Theorie des Wissensmanagements in der Vergangenheit war wesentlich durch den im Jahr 1997 erschienenen ersten theoretischen Ansatz von Probst et al. geprägt, in dem die Bausteine des Wissensmanagements (Wissensidentifikation, -erwerb, -entwicklung, -verteilung, -nutzung und -bewahrung) und ihre Gestaltung im Unternehmen analysiert wurden.

Bausteine des Wissensmanagements nach Probst et al. (1997)
Das von G. Probst, S. Raub und K. Romhardt entwickelte Modell der „Bausteine des Wissensmanagements" gliedert den Prozess des Wissensmanagements in sechs Kernfunktionen, die sich gegenseitig beeinflussen (vgl. Abb. 1.1).
Zu den Kernfunktionen des Wissensmanagements zählen (vgl. Probst et al., 2013, S. 30–33):

1. *Wissensidentifikation* – Wie schaffe ich mir intern und extern Transparenz über vorhandenes Wissen. Maßnahmen der Wissensidentifikation beziehen sich auf die Analyse und Beschreibung des Wissensstandes des Unternehmens. Die mangelnde Transparenz kann zur Ineffizienz, unzureichend begründeten Entscheidungen und Doppelspurigkeit führen.
2. *Wissenserwerb* – Welche Fähigkeiten kaufe ich mir extern ein. Ein großer Teil des Wissensbedarfs wird von außenstehenden Quellen importiert. In den Beziehungen zu Kunden, Lieferanten, Konkurrenten und Partnern in Kooperationen besteht ein erhebliches und häufig unausgeschöpftes Potenzial des Wissenserwerbs.
3. *Wissensentwicklung* – Wie baue ich eigenes Wissen auf. Im Mittelpunkt steht die Produktion von neuen Fähigkeiten, Ideen, Produkten und Prozessen. Neben der klassischen Verankerung von Wissensentwicklungsaktivitäten in der Forschung und Entwicklung oder der Marktforschung eines Unternehmens kann relevantes Wissen in allen Bereichen entstehen. Dafür soll eine entsprechende Unternehmenskultur geschaffen werden, die den allgemeinen Umgang mit neuen Ideen und die Förderung und Nutzung der Kreativität von Mitarbeitern gestaltet.
4. *Wissens(ver)teilung* – Wie bringe ich das Wissen an den richtigen Ort. Die (Ver)teilung von Wissen im Unternehmen ist eine Voraussetzung, um isoliert vorhandene Informationen und Er-

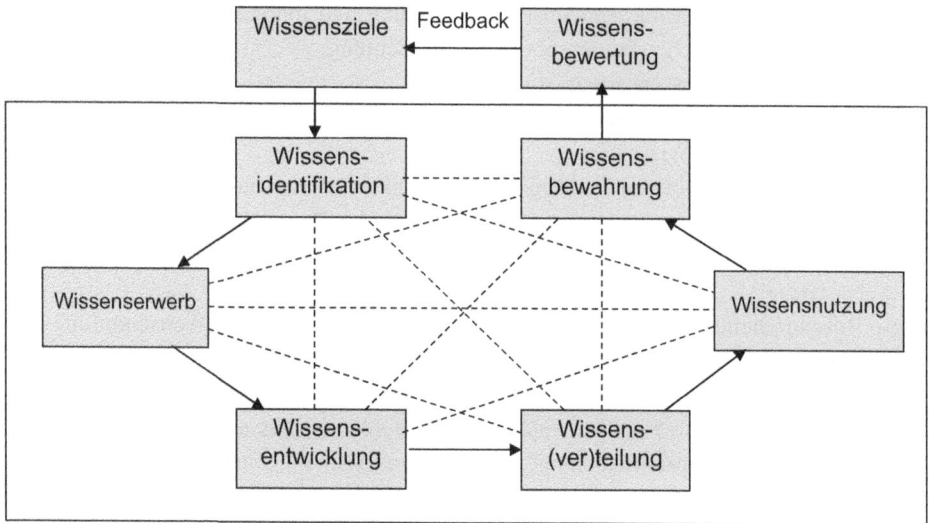

Abb. 1.1 Bausteine des Wissensmanagements nach Probst et al. (2013). (Quelle: eigene Darstellung)

fahrungen für die gesamte Organisation nutzbar zu machen. Ein Prozess der Verbreitung bereits vorhandenen Wissens innerhalb des Unternehmens soll in Gang gesetzt werden.

5. *Wissensnutzung* – Wie stelle ich die Anwendung sicher. Der produktive Einsatz organisationalen Wissens zum Nutzen des Unternehmens ist das eigentliche Ziel des Wissensmanagements. Mit erfolgreicher Identifikation und (Ver)teilung des Wissens ist seine Nutzung im Unternehmensalltag noch lange nicht sichergestellt.

6. *Wissensbewahrung* – Wie schütze ich mich vor Wissensverlusten. Einmal erworbene Fähigkeiten und Fertigkeiten stehen nicht automatisch für die Zukunft zur Verfügung. An der Wissensbewahrung soll systematisch gearbeitet werden (Dokumentation von Erfahrungen, Vorgängen und Prozessen, Wissensweitergabe durch Modelllernen etc.).

Diese Kernelemente beschreiben die operativen Probleme im Umgang mit Wissen in Unternehmen. Nicht weniger wichtig, als diesen Prozess aufrecht zu erhalten, ist es, das organisationale Wissen mit den Zielen und Visionen zu verknüpfen und die Lernprozesse zu bewerten (hier erkennt man die Bedeutung des wertenden Wissens wieder, vgl. Abschn. 2.3.2.1). Deswegen wurden die Kernelemente des Wissensmanagements durch Wissensziele und Wissensbewertung ergänzt:

- *Wissensziele* – Wie gebe ich meinen Lernanstrengungen eine Richtung. Normative Wissensziele richten sich auf die Schaffung einer wissensbewussten Unternehmenskultur. Strategische Wissensziele definieren den zukünftigen Kompetenzbedarf des Unternehmens. Operative Ziele sorgen für die Umsetzung des Wissensmanagements.
- *Wissensbewertung* – Wie messe ich den Erfolg meiner Lernprozesse. Man braucht Methoden zur Messung von normativen, strategischen und operativen Wissenszielen. Im Gegensatz zum Finanzmanagement gibt es keine erprobten standardisierten Bewertungsmethoden, deswegen müssen neue nicht traditionelle Methoden benutzt werden.

Der Wissensmanagementansatz von Probst et al. kann in der Unternehmenspraxis genutzt werden, bedarf jedoch einer individuellen Anpassung und Gestaltung. Um aus dem formalen Gerüst der Bausteine ein in der Praxis funktionierendes Konzept zu machen, braucht man nicht nur eine gezielte Gestaltungsarbeit, sondern vor allem das Verständnis von den tief liegenden Problemen des Wissens im Unternehmen (explizites/implizites Wissen) sowie von den Zusammenhängen zwischen dem individuellen und kollektiven Wissen, die in der Theorie von Probst außer Sicht bleiben (vgl. dazu Abschn. 2.3.2.1).

Die ältesten Ansätze für eine Theorie des Umgangs mit Wissen von Unternehmen lieferte die Innovationstheorie, insbesondere der volkswirtschaftliche Ansatz von Schumpeter (1912). Die ersten betriebswirtschaftlichen Ansätze waren in den 50er- und 60er-Jahren vor allem mit dem Rechnungswesen und der Kostenrechnung verbunden. Erst in den 70 Jahren betonte Eberhard Witte in seinem Promotorenmodell den Zusammenhang zwischen den organisatorischen Entscheidungsprozessen und der Innovation (vgl. Burr & Grün, 2022, S. 129 ff.).

Später – ohne inhaltlichen Bezug zueinander – erschienen die ersten Theorien organisationalen Lernens. Argyris und Schön (1978), dann Peter Senge (1990) und schließlich Nonaka und Takeuchi (1995) haben fundamentale Ansätze für eine Theorie des organisationalen Lernens entwickelt, die jedoch ohne Bezug zur technischen Entwicklung formuliert wurden. Wir werden diese Theorien noch im späteren ausführlich darstellen (vgl. Kap. 7).

Wir wollen diese drei Stränge – Innovation, organisationales Lernen und Wissensmanagement – in einem einheitlichen Konzept zusammenbringen und zusätzlich den fundamentalen Einfluss der technischen Entwicklung herausstellen.

Damit sind wir mittendrin in der gesellschaftlichen Diskussion um die Technisierung, speziell die **Digitalisierung**. Deutschland hat den Begriff der „Industrie 4.0" geprägt und in die Welt getragen. Japan ging noch einen Schritt weiter und arbeitet an der „Society 5.0" (vgl. Fukuyama, 2018): die Welt wird immer schöner (?), leistungsfähiger, intelligenter und wir Individuen passen uns an und genießen diese Welt.

Aber: Was passiert denn da? Wollen wir das alles und wollen wir es so? Diese Fragen müssen wir uns mehr denn je stellen. Wir – als Kollektiv – gestalten diese Welt und wir sind damit für sie verantwortlich.

Die Notwendigkeit und die Chancen einer gemeinsamen Gestaltung digitalisierter Arbeit hat uns die Corona-Krise vor Augen geführt.

Corona-Krise als Wegbereiter für eine neue Ära der Wissensarbeit

Die Art und Weise der (Wissens)Arbeit hat sich durch die Corona-Pandemie radikal verändert. Man kann von einer neuen Ära der Wissensarbeit sprechen, die orts- und zeitunabhängig, zunehmend individuell stattfindet. Die Pandemie hat die Digitalisierungsprozesse beschleunigt, aber auch gezeigt, dass Wissensarbeit auch außerhalb des Büros möglich und sogar produktiver und zufriedenstellender sein kann. Nun gibt es keinen Weg zurück in die alte Arbeitswelt, wo Anwesenheit mit Arbeit gleichgesetzt war. Es muss jedoch genauer festgelegt und geregelt werden, wie die Wissensarbeit überwiegend digital mit punktuellen physischen Teamtreffen optimal gelebt werden kann. Eine Balance zwischen der individuellen Arbeit und einem intensiven Wissensaustausch – über digitale Tools und persönliche Treffen – muss noch gefunden werden. ◀

Unternehmen, die sich schneller an die Corona-Einschränkungen angepasst haben, indem sie digitale Tools eingeführt und Schulungen für die Beschäftigten durchgeführt haben, gehören zu den Gewinnern der Corona-Krise. Sie haben dabei ihre Digitalisierungsprozesse und ihre Agilität vorangetrieben und neues Wissen für den Umgang mit Krisensituationen geschaffen.

Der langfristige Erfolg eines Unternehmens wird von seiner Fähigkeit bestimmt, vorhandene Wissens- und Kreativitätspotenziale intelligent zu nutzen, neues Wissen zu generieren und in zukunftsträchtige Geschäftsmodelle, marktfähige Produkte und effiziente Prozesse umzusetzen. Dieses Buch will dazu beitragen, die Welt des Wissens in Unternehmen transparenter zu machen und zu einer bewussten Gestaltung anregen.

1.2   Unternehmen – Management – Wissensmanagement

Ein Lehrbuch hat das Ziel, eine Sicht auf die Welt zu entwickeln, die es ermöglicht, bestimmte Aspekte wahrzunehmen, diese zu reflektieren und daraus eigene Konzepte zu entwickeln. Um die Reflektion zu unterstützen ist es außerdem notwendig auch andere Sichten zur Abgrenzung und zur Begründung der eigenen darzustellen.

Wissensmanagement ist eine junge Teildisziplin der Managements, die noch von sehr heterogenen Ansätzen ausgeht. Daher halten wir es für wichtig unsere eigene Position klar herauszustellen.

Ausgangpunkt dafür muss eine klare Sicht auf die grundlegenden Begriffe der Theorie sein. Dies betrifft wohl die betriebswirtschaftlichen Begriffe als auch unsere Vorstellung von dem, was unsere Theorie leisten kann und wie wir dies erreichen wollen. Beides ist wiederum eng verbunden mit dem Begriff „Wissen", was meistens vernachlässigt wird.

1.2.1   Transformatives, transdisziplinäres Wissenschaftskonzept

In der Betriebswirtschaftslehre gibt es zahlreiche und mehrdeutige Begrifflichkeiten in Bezug auf Unternehmen und Management, die verschiedene Sichtweisen widerspiegeln. Es ist auch nach 100 Jahren Betriebswirtschaftslehre (BWL) ungeklärt: Kann die BWL und mit ihr das Wissensmanagement eine Wissenschaft sein? Wenn ja, was ist dann das Besondere an dieser Wissenschaft? Um diese Fragen zu klären, müssen wir zunächst einige grundlegenden Begriffe klären.

1.2.1.1 Sichten

Jeder, der über etwas spricht (oder schreibt), verfolgt eine bestimmte Absicht und hat eine bestimmte Sicht auf das, worüber er spricht. Sein primäres Ziel ist, eine gemeinsame Situation der Aufmerksamkeit und bestimmte aufeinander bezogene Verhaltensweisen in dieser Situation herzustellen.

Normalerweise werden die Prämissen und Kontextbedingungen der Kommunikation nicht explizit verbalisiert. Wissenschaften sollten in Bezug auf ihre Prämissen transparent sein.

▶ **Sichten** sind Betrachtungsweisen, die bestimmte Aspekte eines Objektes oder Problems hervorheben und andere in den Hintergrund stellen.

Sichten sind wissenschaftlich mit bestimmten Methoden und Werkzeugen verbunden, die bei der Betrachtung des Objektes und bei seiner Behandlung eingesetzt werden. Eine Sicht ist in der Regel so ausgelegt, dass die zu verarbeitende Informationsmenge auf ein für den Benutzer überschaubares Maß reduziert wird.

Sichten definieren die Abgrenzung des Objektes und seine grundsätzlich wichtigen Eigenschaften, die der Betrachter seinem Objekt unterstellt bzw. bei seiner Betrachtung in den Vordergrund stellt und instrumental die Teilaspekte, in die diese Betrachtung zerlegt wird, damit sie überschaubar bleibt (Komplexitätsreduktion).

Wissenschaft ist eine gesellschaftliche Institution, die eine bestimmte Leistung für die Gesellschaft erbringt: Sie entwickelt ein Weltmodell für das gesellschaftliche Handeln und sorgt über Publikationen und durch die Lehre für die Weitergabe dieses Weltmodells. Als Gegenleistung wird sie dafür von der Gesellschaft finanziert.

Die Sichtweisen der Objekte im Rahmen der wissenschaftlichen Diskussion, Lehre und Forschung wurden und werden von bestimmten wissenschaftstheoretischen Grundprinzipien geprägt. Auch diese haben sich in der letzten Zeit – besonders für die Wirtschaftswissenschaften – dramatisch verändert. Um unseren Ansatz für den Leser transparent zu gestalten, wollen wir die Situation kurz skizzieren.

1.2.1.2 Klassische wissenschaftstheoretische Ansätze

Lange Zeit suchten die Philosophen nach dem wissenschaftlich begründeten Wissen, welches objektiv und für alle gleich „wahr" sein sollte. Dazu gab es viele verschiedene Ansätze mit unterschiedlichem Anspruch an das, was wissenschaftliche Vertrauenswürdigkeit sein sollte, und mit unterschiedlichem Erfolg.

In den 70er- und 80er-Jahren des 20. Jahrhunderts wurde innerhalb der Betriebswirtschaftslehre eine breite Diskussion über dieses Thema geführt. Im Zentrum stand die Frage, kann es eine Wissenschaft von den Betriebswirtschaften geben und was kann diese leisten? Dabei gab es zunächst zwei Grundpositionen, die wir objektivistische und intersubjektivistische Wissenschaftskonzeption nennen wollen (vgl. Franken, 1982, S. 120 ff.).

Die **objektivistische Wissenschaftskonzeption** (auch: empirische Wissenschafts-konzeption), vertreten z. B. von Karl Popper, geht von folgenden, naturwissenschaftlich geprägten Axiomen für ihr Denken aus:

- Es gibt eine Welt (Realität), die gegenüber menschlichen Einflüssen invariant ist und die auf jeden Menschen gleich wirkt.
- Alle Menschen verfügen prinzipiell über die gleichen Sinnesorgane zur Wahrnehmung der Welt und sind damit potenziell in der Lage, die Einflüsse der Welt in der gleichen Weise zu verarbeiten.
- Es gibt eine Sprache, die von jedem Menschen erlernbar und mit der Welt verbunden ist.
- Teilweise: Die Eigenschaften, Verhaltensweisen und Beziehungen in der Welt sind zeit- und rauminvariant.

Das Begründungsverfahren objektivistischer Wissenschaftskonzeptionen sollte der Be-weis von Theorien aus Basissätzen sein (vgl. auch Abschn. 3.3.4)

▶ **Basissätze** (Fakten) sind singuläre Sätze über einen ganz bestimmten Tatbestand (Fakt), der von allen Menschen unmittelbar akzeptiert werden kann.

Zum Beispiel: „Die Muster AG hat im Jahr 2019 einen Gewinn von 10 Mio. € erwirt-schaftet."
Basissätze stellen nur einen ganz bestimmten Sachverhalt zu einem Zeitpunkt (-raum) fest und erlauben daraus keine weiteren Schlüsse. Sie bilden die Grundlage für allgemeine Aussagen.

▶ **Allgemeine Aussagen** (Aussageformen) enthalten Namen für Klassen von Objekten (z. B. Aktiengesellschaften), die sich auf mehr als ein ‚Individuum' (eine Instanz, also ein Objekt der Klasse) beziehen.

Beispiele: „Aktiengesellschaften mit weiblichen und männlichen Vorstandsmitgliedern sind erfolgreicher als solche mit rein männlich besetzten Vorständen."

▶ **Modelle** (oder **Theorien**) bestehen aus Systemen von aufeinander bezogenen all-gemeinen Aussagen und stellen damit die höchste Nutzbarkeitsstufe dar.

Beispiel: Eine Preis-Absatz-Theorie für Modeartikel, die Motivationstheorie von Maslow usw.
Die Durchführung eines Beweises für allgemeine, insbesondere zeitinvariante Aus-sagen erwies sich als logisch nicht realisierbar. Als Ausweg aus der Krise wurde zunächst die Konzeption von Karl R. Popper (vgl. Popper, 1934/1976) propagiert, der das Verfahren umkehrte und aus der Verifikation bzw. dem Beweis eine Falsifikation als Prinzip machte. Das heißt, wissenschaftliche Theorien sollten so lange eine Berechtigung auf Gültigkeit

haben, wie sie nicht durch einen Basissatz widerlegt wurden. Auch dies geht praktisch nicht, denn der Basissatz müsste jederzeit von jedem überprüft werden können, also selbst eine allgemeine, dauerhafte Gültigkeit haben.

Selbst wenn es ein Verfahren gäbe, es bleibt das Problem: Ist die Betriebswirtschaftslehre und damit die Managementlehre und das Wissensmanagement überhaupt eine (objektive) Wissenschaft? Können wir wissenschaftlich über Digitalisierung reden? Denn Betriebe oder Wissen sind Artefakte, d. h. von Menschen künstlich geschaffene Gebilde, welche von Menschen auch wieder verändert werden können (vgl. Simon, 1990). Die Betriebswirtschaftslehre und das Wissensmanagement verfügen also über keine invariante Realität, die sie erforschen und beschreiben können. Betriebswirtschaftslehre kann nur eine „Kunstlehre" (vgl. Schmalenbach, 1911/12) sein.

Ergebnis: Wir müssen den Anspruch auf objektive Wahrheit aufgeben.

Wir können keine wahren Aussagen über die „reale", externe Welt aufstellen. Alles, was wir kennen, ist die Welt der Begriffe in unserem Kopf. Unsere Welt ist ein Konstrukt unseres Kopfes, welches irgendwie zur realen Welt passt. Wir können nur unsere Vorstellungen durch Kommunikation soweit untereinander harmonisieren, dass der Gebrauch von Symbolen (Sprache) abgestimmt ist. Dieser Gedankengang wird im Weiteren noch konkretisiert.

Wahrheit kann nur darin bestehen, dass die Gemeinschaft in einem gerechten Verfahren etwas als „wahr" anerkennt.

Dies führte zu einer **intersubjektivistischen Wissenschaftskonzeption** (vertreten z. B. durch Jürgen Habermas und durch die Erlanger Schule). Sie geht von folgenden Axiomen aus:

- Jede Gruppe von Menschen (jede Kommunikationsgemeinschaft) ist potenziell in der Lage, über geeignete Techniken den Gebrauch bestimmter Symbole (Wörter, Zeichen, …) so zu vereinbaren, dass jedes Mitglied der Gruppe die Symbole in der gleichen Weise gebraucht und die gleichen Folgen für sein Handeln ableitet, wenn es ihre Gültigkeit akzeptiert.
- Die Mitglieder einer Kommunikationsgemeinschaft haben ein Interesse an einer intersubjektiven Verständigung.

Was vertrauenswürdiges Wissen ist, muss also von der Gemeinschaft in einem kommunikativen Verfahren festgelegt werden. Probleme dieses Ansatzes sind:

- Die *Machtausübung* in der Kommunikation (als Professoren haben wir von der Gesellschaft das Recht bekommen, eine „Wahrheit" zu verkünden und in Prüfungen abzufragen),
- die Rolle von *Vorwissen* (aufgrund meines Alters kenne ich viele Diskussionen über die Wahrheit und erfolgreiche Strategien, um eine allgemeine Aussage als unwiderlegbar hinzustellen, die nicht von jedem sofort erkannt und widerlegt werden kann) und
- die *Teilnahme* an der Wissenschaftskonstituierung (mit wem reden wir eigentlich, wenn wir eine Lösung für ein Problem suchen?).

Damit kann auch durch ein kommunikatives Verfahren nicht garantiert werden, dass wir ein begründetes, für alle gleich wahres Wissen schaffen können. Die Lösung besteht darin, den Anspruch auf Objektivität generell aufzugeben und ihn durch praktische Formen der Regelung von Verlässlichkeit zu ersetzen.

1.2.1.3 Prinzipien einer transformativen, transdisziplinären Wissenschaft

Lange Zeit war eine Wissenschaft außerhalb der klassischen Konzeptionen undenkbar. Erst in den letzten Jahren hat sich eine neue Konzeption entwickelt und etabliert – transformative, transdisziplinäre Wissenschaft (vgl. MIWF NRW, 2013; Schneidewind et al., 2016; Singer-Brodowski et al., 2021).

▶ **Transformative Wissenschaft** heißt, dass die Wissenschaft nicht mehr passiv beschreiben, sondern aktiv gestalten will. Ziel der Wissenschaft ist die Unterstützung gesellschaftlicher Innovationen. Wissenschaft will gestalten.

Dieses Ziel ist für viele Problemstellungen, wie Digitalisierung oder Nachhaltigkeit, unumgänglich, denn eine reine Beschreibung der Digitalisierung ist nur eine vergangenheitsausgerichtete Chronik ohne praktischen Nutzen. Unternehmen und Politik benötigen aber Hilfe bei der aktuellen Gestaltung.

Die Änderungen produzieren wir selbst und wir entscheiden auch, ob wir sie akzeptieren oder ändern wollen. Dabei gilt für uns das *Prinzip Verantwortung:* Für alles, was wir (bewusst) tun oder unterlassen, sind wir verantwortlich!

Daraus ergibt sich ein besonderes Problem in Zusammenhang mit der Technisierung. Wenn wir neue Technik einführen, übernehmen wir auch die Verantwortung dafür. Um die Änderungen zu verstehen und gestalten zu können benötigen wir ein dazu nützliches Bild von der Welt, ihren Zusammenhängen und unseren Einflussmöglichkeiten. Wir müssen also die Eigenschaften von Technologien kennen, um Probleme der Entwicklung zu erkennen und zu beheben. Man denke dabei z. B. an ein selbstfahrendes Auto und die möglichen Konsequenzen. Dieses Problem wird uns im Weiteren noch häufig beschäftigen.

▶ **Transdisziplinäre Wissenschaft** beteiligt gezielt Wissenschaftler und Wissenschaftlerinnen aus verschiedenen Wissensbereichen (interdisziplinär) und nicht wissenschaftliche, gesellschaftliche Akteurinnen und Akteure aus Wirtschaft, Zivilgesellschaft und Politik als Träger praktischen Wissens in dem Wissenschaftsprozess (vgl. MIWF NRW, 2013).

Wir alle sind aufgerufen, uns an der wissenschaftlichen Gestaltung unserer Welt zu beteiligen.

Aber welcher Unterschied besteht dann noch zwischen dem Alltagshandeln und einem wissenschaftlich begründeten Handeln? Dieser Unterschied basiert auf zwei Aspekten des Handelns:

I. Wissenschaftliches Handeln orientiert sich an bestimmten Werten, die es prägen.

In einem von vielen Wissenschaftlern unterschriebenen Diskussionspapier nennen Schneidewind et al. 2016 fünf grundlegende Werte für eine transformative Wissenschaft:

1. **Transparenz**

Die normativen Annahmen werden ebenso offengelegt wie die methodischen Praktiken.

2. **Reflexivität**

Das ausdrückliche Bekenntnis zu den praktischen Folgewirkungen der eigenen wissenschaftlichen Arbeit erlaubt erst, diese redlich und gründlich zu reflektieren. Die historische und gesellschaftliche Kontextualisierung des wissenschaftlichen Schaffens macht die Einbettung des eigenen in das gesellschaftliche Wertesystem offenbar.

3. **Wertebezug**

Die Gewinnung wirtschaftswissenschaftlicher Erkenntnisse ist kein Selbstzweck, sondern dient auch dazu, heute und in Zukunft den Menschen im Einklang mit ihren natürlichen Lebensbedingungen und in einem solidarischen Miteinander ein gelingen könnendes Leben zu ermöglichen.

4. **Partizipation**

Die moderne Trennung zwischen Experten und (ahnungslosen) Laien wird aufgeweicht zugunsten der Beteiligung und Teilhabe von Jedermann an Prozessen der Gewinnung und Verbreitung wissenschaftlicher Erkenntnis, was vorteilhaft ist für das nötige Maß an Bescheidenheit …

5. **Vielfalt**

Theorien- und Methodenpluralität … ist eine Minimalbedingung für gute Forschung und Lehre. Vor allem die Universitäten müssen wieder ein Ort kultureller Bildung und des Diskurses über verschiedene Theorien und Methoden werden … (Schneidewind et al., 2016).

II. Wissenschaftliches Handeln unterliegt einer Systematik, die zu seiner Nachvollziehbarkeit beiträgt.

Die transformative Wissenschaft läuft in einem Entwicklungszyklus ab, der in der Abb. 1.2 wiedergegeben wird.

Der Entwicklungszyklus der transformativen Wissenschaft beschreibt einen Prozess, der einmal durch ein auslösendes Ereignis angeregt wird und sich mehrfach wiederholen kann. Seine vier großen Prozessschritte – Problemanalyse, Visionsentwicklung, Experimente (in Reallabors) und Diffusion & Lernen – sind aufgabenbedingt und in der realen Durchführung individuell zu spezifizieren. Insbesondere geht man bei der Durchführung nicht davon aus, sofort die ganze Welt zu verändern, sondern zunächst in ausgewählten realen Umgebungen (Reallabors) die angestrebten Änderungen zu testen und erst im Erfolgsfall die Übertragung in das Gesamtsystem vorzunehmen.

Als Format für das transdisziplinäre und transformative Forschen wird vor allem das „Reallabor" diskutiert. Dies ist geprägt durch viele sprachliche Abstimmungen über die zentralen Begriffe. Über die Grundtendenz schein jedoch weitgehend Konsens zu be-

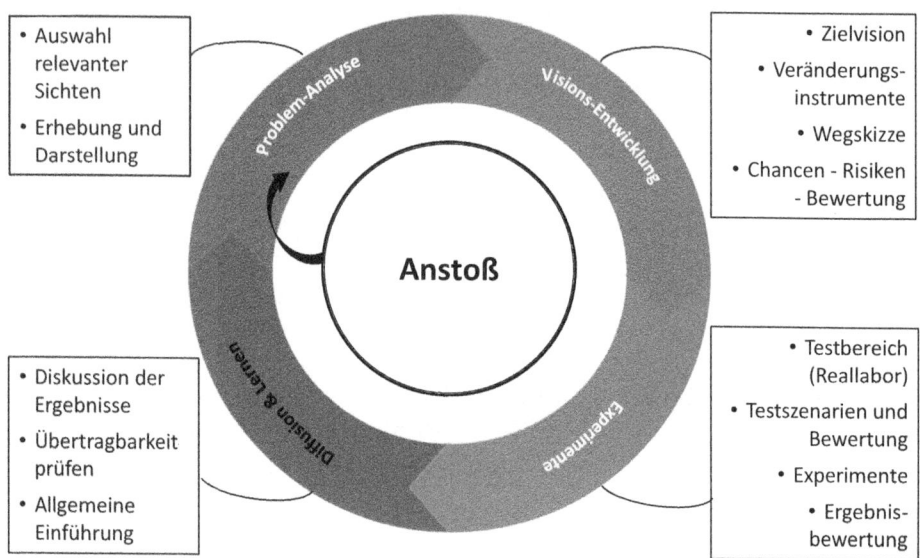

- Auswahl relevanter Sichten
- Erhebung und Darstellung

- Zielvision
- Veränderungs- instrumente
- Wegskizze
- Chancen - Risiken - Bewertung

- Diskussion der Ergebnisse
- Übertragbarkeit prüfen
- Allgemeine Einführung

- Testbereich (Reallabor)
- Testszenarien und Bewertung
- Experimente
- Ergebnis- bewertung

Abb. 1.2 Entwicklungszyklus der transformativen Wissenschaft. (Quelle: eigene Darstellung in Anlehnung an Schneidewind & Singer-Brodowski, 2014, S. 72)

stehen. Für eine ausführliche Darstellung der Diskussion und der Methoden verweisen wir auf die beiden Bände von Rico Defila und Antonietta Di Giulio (2018, 2019).

Ein besonderes Problem bei der Nutzung von Reallaboren zum Testen neuer Innovationen ist die Problematik, dass für die zu testenden Innovationen zum Teil noch keine rechtlichen Regelungen bestehen (z. B. autonomes Fahren, Drohnen usw.). Die Regierung hat erkannt, dass es hier besonderer Maßnahmen bedarf, und unterstützt Reallabore durch solche Maßnahmen, nicht nur finanziell, sondern auch durch Ausnahmegenehmigungen (vgl. Bundesministerium für Wirtschaft und Energie (BMWi), 2019).

Die Einführung flexibler Arbeitsprozesse kann als Beispiel für die oben beschriebene Vorgehensweise dienen.

Einführung flexibler Arbeit

Unternehmen, die eine zeitlich und räumlich flexible Arbeit bei ihren Mitarbeitern einführen möchten, sollten dies zunächst in einem Teilbereich (Reallabor) testen und mit den Betroffenen diskutieren. Z. B. hat ein Softwareunternehmen die besten Voraussetzungen für eine derartige Flexibilisierung. Bei der Umsetzung kann sich jedoch herausstellen, dass bestimmte Programme eine häufige inhaltliche Absprache zwischen den Programmierern erfordern, die wiederum nur durch persönliche Diskurse zu einer gemeinsam abgestimmten Zeit realisierbar sind. Es ergibt sich die Frage, ob das bei zeitlich und räumlich flexibler Arbeit realisierbar ist. ◄

1.2.2   Unternehmen

Wenn wir unsere Sicht auf ein Unternehmen und danach auf Management, Wissensmanagement, Innovationsmanagement und Lernen definieren, so legen wir damit fest, was wir an diesen Konzepten als relevant erachten und welche Eigenschaften wir den betrachteten Objekten unterstellen. Wir wollen dies offen tun, um damit leichter nachvollziehbar und kritikfähig zu sein. Was also sind Unternehmen aus unserer Sicht?

In einem kleinen Exkurs wollen wir verschiedene Sichten auf Unternehmen darstellen, um einen Vergleich von Positionen und Meinungen zu ermöglichen.

Exkurs zum Begriff Unternehmen
Meistens wird das komplexe Phänomen Unternehmen durch Merkmale beschrieben, die von Wissenschaftler zu Wissenschaftler verschieden sind.

Erwin Grochla hat Unternehmen als eine vom Unternehmer geführte Wirtschaftseinheit verstanden und damit als Hort der unternehmerischen Tätigkeit des Inhabers interpretiert. Auch für Günter Wöhe war bei der Definition des Unternehmens das Eigentumsverhältnis von zentraler Bedeutung: ein Unternehmen ist ein Betrieb im marktwirtschaftlichen Wirtschaftssystem. Das Unternehmen als privater Betrieb arbeitet selbstbestimmt (Autonomieprinzip) und strebt nach Gewinn (das ökonomische Prinzip) (vgl. Wöhe & Döring, 2008, S. 37–41).

Für Erich Gutenberg stand im Mittelpunkt, dass ein Unternehmen zur Fremdbedarfsdeckung betrieben wird, wobei die Transformation von Input- in Outputgüter entscheidend ist. Gutenberg hat von wirtschaftlicher Selbstständigkeit unternehmerischen Handelns gesprochen, gemessen an Eigeninitiative und Verantwortung, eigener Planung und eigenen ökonomischen Überlegungen.

Die Fremdbedarfsdeckung wird auch von Hans Ulrich als Zweck des Unternehmens bezeichnet, allerdings betont er auch den gesellschaftsbezogenen Charakter eines Unternehmens. Für Ulrich ist die Freiheit des Unternehmens bei der Bestimmung seiner eigenen Ziele von besonderer Bedeutung, deswegen bezeichnet er Unternehmen als produktive soziale Systeme (vgl. Marcharzina & Wolf, 2005, S. 15–16).

Erich Kosiol sieht Unternehmen als wirtschaftliche Aktionszentren und kommt damit unserer Definition besonders nahe (vgl. Kosiol, 1966).

Wir legen für dieses Buch folgende Definition zugrunde:

▶ **Unternehmen** sind komplexe, intelligente Handlungssysteme, die sich selbst managen.

In diesen Begriff gehen verschiedene Unterbegriffe ein, die wiederum erklärungsbedürftig sind:

* **Unternehmen sind Handlungssysteme**, d. h. sie bilden eine Ganzheit aus verschiedenen Elementen und haben die Funktion, Handlungen auszuführen. Sie produzieren Leistungen, die sie am Markt verkaufen, aber sie verhalten sich auch als verantwortliche Handlungseinheiten in unserer Gesellschaft. Auf diese Eigenschaft und wie sie zu verstehen ist, wird noch ausführlicher eingegangen, wenn wir beschreiben, was Handeln eines Unternehmens ist und welche Rolle dabei das Wissen spielt.

- **Unternehmen managen sich selbst**, d. h. sie gestalten, entwickeln und lenken sich selbst. Was ein Unternehmen tut, wie es aufgebaut ist, welche Ressourcen es einsetzt usw. wird von ihm selbst bestimmt, inklusive der Metafunktion des Managens des Managens selbst.
- **Unternehmen sind komplex**, d. h. sie entstehen durch die Interaktion vieler selbst komplexer Teile, die sich ständig ändern. Sie sind daher in ihrem Handeln von einer Teileinheit nicht vollständig beschreibbar und beherrschbar.
- **Unternehmen sind intelligent**, d. h. sie entwickeln ein eigenes Wissen, welches ihnen ermöglicht, ihr Handeln selbst zu bestimmen (nicht unabhängig von, sondern in Relation zu ihrer Umwelt).

1.2.3 Management

Das Management von Unternehmen (Unternehmensführung) umfasst alle Maßnahmen

- **zur Abgrenzung des Unternehmens:** Wer und was gehört zum Unternehmen?
- **zur Orientierung des Handelns des Unternehmens in seiner Umwelt:** Was wird gemeinsam getan? (Welche Produkte werden erstellt und verkauft?) Mit welchen Mitteln wird es getan? Für wen wird es getan? Wer sind die Stakeholder?
- **zur Bildung der Teileinheiten des Unternehmens (Systembildung) und Orientierung dieser Teileinheiten auf das abgestimmte, gemeinsame Handeln:** Wer im Unternehmen tut wann was mit welchen Mitteln? sowie
- **zur Gestaltung des Managementsystems selbst (auf der Metaebene, Systementwicklung als Aufgabe):** Wie und durch wen werden die genannten Ziele definiert? Wie definiert das Unternehmen die Zuständigkeiten für die Ausführung bestimmter Aufgaben (Arbeitsteilung)? usw.

1.2.3.1 (Teil-) Funktionen des Managements

Management ist eine Aufgabe, die in jedem Unternehmen getan werden muss. Aufgrund ihrer Komplexität wird sie in größeren Unternehmen arbeitsteilig von verschiedenen Spezialisten erledigt. Die Form der Arbeitsteilung bei dieser Aufgabe und mit ihr verbunden die Entwicklung von Teildisziplinen der Managementlehre ist historisch gewachsen und nur bedingt analytisch zu erklären. Unternehmen managen sich selbst.

Exkurs zum Begriff Management

Die Klassiker der Managementlehre waren zumeist eng mit der Praxis verbunden und bildeten sehr pragmatische Teilfunktionen des Managements, wie z. B. Frederick Winslow Taylor, Henri Fayol und Luther Halsey Gulick.

Henri Fayol hat z. B. in seinem 1916 erstmals veröffentlichten Werk „Industrielle und allgemeine Verwaltung" zwischen fünf Elementen der Verwaltung, Vorschau und Planung (prévoir), Organisation (organiser), Anweisung (commander), Koordination (coordonner) und Kontrolle (contrôler), unterschieden (vgl. Fayol, 1929, S. 34 ff.).

Luther Halsey Gulick als einer der bedeutendsten Vertreter der amerikanischen Management-lehre hat 1937 das bekannte POSDCORB-Konzept entwickelt, das auf den folgenden Management-funktionen aufbaute: **P**lanning, **O**rganizing, **S**taffing, **D**irecting, **CO**ordinating, **R**eporting und **B**udgeting (vgl. Schreyögg & Koch, 2007, S. 9).

Im Laufe der Entwicklung haben sich drei zentrale Funktionen des Managements stabilisiert, die allgemein akzeptiert werden.

1. **Planung und Kontrolle** als Gesamtheit aller Maßnahmen des Erarbeitens, Koordinierens, Setzens und Verfolgens von Handlungszielen, definiert als Rahmen für das Handeln der Unternehmung und ihrer Teileinheiten unter Berücksichtigung der internen und externen Situation, zur Zuteilung der dazu notwendigen Ressourcen und zur Festlegung von Bewertungsmaßstäben für das „unternehmenskonforme" Handeln.
2. **Organisation** als Gesamtheit aller Maßnahmen zur Segmentierung und Strukturierung der Handlungsrahmen aller Teileinheiten eines Unternehmens und zur Festlegung einer zeitlichen Struktur der Handlungsausführung.
3. **(Personal)Führung** als Gesamtheit aller Maßnahmen zur Harmonisierung der individuellen Ziele und Handlungsbedingungen mit den formellen, handlungsbezogenen Anforderungen des Unternehmens.

Wissensmanagement fehlt in dieser klassischen Gliederung der Managementfunktionen ganz. Unternehmen wurden als reine Leistungseinheiten gesehen, die ihre langfristig gleichbleibenden Produkte möglichst effizient produzieren. Es reichte, wenn man Menschen als abstrakte ausführende Einheiten betrachtete. Kreativität und Intelligenz standen nicht im Mittelpunkt der Betrachtung. Insbesondere die Entwicklung einer kollektiven Intelligenz, wie sie Unternehmen ohne Zweifel besitzen, wurde nicht thematisiert.

Intelligente Unternehmen

Man bedenke einmal, wie es möglich ist, dass ein Unternehmen z. B. ein Automobil entwickelt und herstellt. Kein einzelner Mensch verfügt über die Intelligenz, eine solche Aufgabe zu erledigen – schon aus zeitlichen Gründen nicht. Kollektiv unter Ausnutzung von Spezialisierung und Arbeitsteilung ist es eine alltägliche Aufgabe. Das war übrigens auch zu Taylors und Fayols Zeiten so. Unternehmen besitzen also eine Intelligenz, die jedem Individuum überlegen ist. ◄

Trotzdem ist die Erkenntnis, dass zu den Managementaufgaben auch die Entwicklung einer kollektiven Intelligenz der Unternehmen gehört, erst in den 90er-Jahren vor allem durch die Entwicklung der Informations- und Kommunikationstechnologie (IKT) entstanden. Der Begriff „Wissensmanagement" erlangte seine Popularität durch das Entstehen der Dokumentenmanagementsysteme und der damit verbundenen neuen Möglichkeiten.

Eine besondere Rolle spielte in der Praxis die Künstliche Intelligenz (KI), auch wenn diese von den Vertretern des Wissensmanagements zunächst übersehen wurde. Forscher wie Herbert Simon hatten dagegen schon lange einen engen Bezug zur KI. Aktuell ist die KI mal wieder ein Hype Thema, auf das wir im Weiteren noch intensiv eingehen werden.

Unternehmen stehen heute vor Anforderungen und Möglichkeiten, die eine Beschäftigung mit dem Thema Wissen und seinem Entstehen unumgänglich machen.

1.2.3.2 Das Schichtenmodell des Managements

Daneben hat sich ein Schichtenkonzept durchgesetzt, welches strategische, operative und Steuerungsprobleme bei der Ausführung von Handlungen unterscheidet. Teilweise wird noch zwischen normativen und strategischen Problemen unterschieden. Diese Schichten korrespondieren einerseits mit der Reichweite des Betrachtungshorizontes, lassen sich aber schwer auf die Teilaufgaben der Unternehmung übertragen.

Häufig werden noch weitere Schichten hinzugefügt, z. B. ein normatives Management als oberste Schicht (etwa beim St. Galler Modell) oder es wird noch ein taktisches Management zwischen dem strategischen und dem operativen eingeführt. Im Umfeld der Produktionsplanung und -steuerung – speziell der dafür eingesetzten Softwaresysteme – wird auf der untersten Ebene eine neue Schicht eingeführt. Die klassischen ERP-Systeme, wie die von SAP oder ORACLE, werden durch „Manufacturing Execution Systems" (MES) (vgl. z. B. Kletti, 2006) ergänzt, um den erhöhten Anforderungen der Produktionssteuerung an die Granularität und an den kontinuierlichen zeitlichen Anfall der Informationen gerecht zu werden.

Wir wollen dieses Schichtenmodell auf zwei Schichten reduzieren: das strategische Management und das operative Management und die Steuerung in und für beide integrieren. Strategisches und operatives Management stellen grundsätzlich unterschiedliche Anforderungen an die dabei erforderliche Wissensverarbeitung. Die Abgrenzung der Schichten soll jedoch nicht mehr über die Zeitstruktur der Pläne, sondern über die inhaltlichen Aufgaben erfolgen. Dadurch entsteht ein direkter Bezug zu potenziellen Unterstützungssystemen der jeweiligen Aufgaben.

Der Prozess des Managements läuft auf beiden Ebenen parallel ab. Dabei gibt es eine sachlogische Beeinflussungshierarchie: Das strategische Management bestimmt die Rahmenbedingungen für das operative Management, was in der Praxis zumeist dadurch konkretisiert wird, dass zu bestimmten Zeitpunkten ausformulierte Pläne einer Ebene an die jeweils nachgelagerte Ebene übergeben werden. Wenn umgekehrt die Vorgaben des übergeordneten Managements nicht einhaltbar sind, führt dies zu einer Rückkopplung auf die höhere Ebene. Es soll im Weiteren bewusst von strategischem Management und operativer Planung und Steuerung gesprochen werden, da die inhaltliche Ausgestaltung der Aufgaben sehr unterschiedlich ist.

1.2.3.3 Wissensorientierte Sicht des Managements

Ein Unternehmen benötigt eine große Menge unterschiedlichen Wissens, um seine Handlungen ausführen. Das wird zunächst am Beispiel einer Airline aufgezeigt.

Notwendiges Managementwissen (für eine Airline, Auswahl)

Für welche Orte auf der Welt gibt es eine hinreichende Nachfrage an Transport-leistungen? Welche Kunden mit welchen Bedürfnissen werden diese Leistungen nach-fragen? Welche Flugzeuge gibt es auf dem Markt, um diese Flüge durchführen zu kön-nen? Wie erlangen wir das Wissen zum Fliegen und zur technischen Instandhaltung der Flugzeuge? Wie finanzieren wir die Beschaffung der Ressourcen?

Wie kann ich meine personellen und technischen Ressourcen am besten einsetzen, um die notwendigen Flüge durchführen zu können (Ausbildung und Scheduling)?

Was ist die aktuelle Situation des Fluges LH400 nach New York? Wie können wir auf aufgetretene technische Probleme oder das schlechte Wetter über dem Atlantik reagieren?

Und vieles, vieles mehr. ◄

Um dieses Wissen zu erlangen, setzen wir verschiedene Methoden ein: Screening, Wissensbewertung, Szenariotechnik, Wettermessung, Messung technischer Parameter, Handlungsplanung, Steuerung etc. Diese werden in unterschiedlichen Kontexten immer wieder benutzt.

Das Handeln bzw. die Handlungsmöglichkeiten einer jeden Handlungseinheit werden bestimmt durch ihr Wissen, durch ihre physischen Fähigkeiten zur Veränderung der Welt und die ihr zur Verfügung stehenden Hilfsmittel, die selbst schon ein enormes Wissen re-präsentieren können. Dies gilt für Menschen genauso wie für Unternehmen.

Während die Anforderungen an das Management einer Airline noch relativ stabil sind, sind die Unternehmen heute im Allgemeinen durch neue Anforderungen des Marktes nach individuellen sich ständig ändernden Produkten geprägt. Die Produktionsverfahren müs-sen angepasst oder sogar neu entwickelt werden. Es werden dabei neue Ressourcen mit besonderen Fähigkeiten benötigt. Die Entwicklung eines Arbeitsplanes (Schedule) bleibt aber die zentrale Aufgabe, wenn die benötigten Träger von Fähigkeiten ermittelt wurden.

Wenn Management Unternehmen als Handlungssysteme gestalten will, so ist die Ge-staltung des Unternehmenswissens, der Wissensbasis des Unternehmens, eine zentrale Aufgabe des Managements. So ergibt sich eine erste Arbeitsdefinition des Wissens-managements.

▶ **Wissensmanagement** sind alle Maßnahmen zur Entwicklung, Gestaltung und Nut-zung des Wissens für das intelligente Handeln eines Unternehmens.

Im Gegensatz zur klassischen Managementlehre will Wissensmanagement bewusst das Wissen und seine Verarbeitung im Unternehmen gestalten und nicht nur Anforderungen an ein notwendig vorhandenes Wissen stellen, damit die Menschen und Maschinen die ge-wünschten Handlungen des Unternehmens ausführen können. Ausgangspunkt für das Wissensmanagement ist die Konstruktion von Wissen und dessen Einsatz für das Handeln.

Um diese Definition in konstruktive Aussagen für ein Unternehmen umsetzen zu kön-nen, ist es zunächst notwendig, ein klares Bild von dem zu haben, worüber man redet –

nämlich über Wissen. Nur wer klar sagen kann, was Wissen oder eine Wissensbasis ist, kann auch umfassend über Wissensmanagement reden. Dieses Konzept muss sowohl die technologische Entwicklung als auch die neuesten Erkenntnisse der Kognitionswissenschaften integrieren können. Nur unter dieser Prämisse kann eine umfassende Theorie des Wissensmanagements entstehen.

Die auf dieser Grundlage entwickelte Konzeption eines Wissensmanagements umfasst eine Fülle von Teildisziplinen, die alle selbst wiederum eigene Lehrbücher füllen könnten, denn konsequent betrachtet, müssten alle Bereiche des Managements aus der Wissenssicht neu durchleuchtet werden.

So spannend die verschiedenen Themen auch sind, wir müssen uns beschränken und haben uns zunächst einmal darauf konzentriert, drei Bereiche des Wissensmanagements besonders herauszustellen:

- die **Basisfunktionen des Wissensmanagements** (Wahrnehmung, Gedächtnis und Wissensverarbeitung und die Wissensnutzung im Rahmen des Handelns), ihre technischen und personellen Grundlagen und die Ansätze zur Gestaltung des Wissensmanagements verbunden mit einem kurzen Einblick in die Problematik des Wissenscontrollings,
- die Veränderung (Dynamik) des Wissens als **organisationales Lernen** und
- die Generierung und Nutzung des Wissens für neue Ideen, Produkte und Geschäftsmodelle als **Innovationsmanagement**.

In allen Bereichen sprechen wir zunächst einmal die individuelle Sicht des Menschen bei seiner Lösung des Problems an, danach wird aus Sicht des Unternehmens untersucht, wie ein intelligentes System die gleichen Probleme lösen kann.

Der Unterschied liegt vor allem darin, dass Handlungssysteme (Unternehmen) verteilte Systeme sind, bei denen die Ausführung der Funktionen von verschiedenen, bis zu einem gewissen Grad unabhängigen Handlungselementen durchgeführt werden. Dies hat zur Folge, dass alle Funktionen, die von Menschen zum Teil implizit, als Ergebnis einer Evolution entstanden, ausgeführt werden, in Unternehmen sehr explizit gestaltet werden müssen und damit in ganz anderem Maße der kollektiven Konstruktion unterliegen.

Bei dieser Konstruktion können wir auf technische Systeme zurückgreifen, die unserem Gehirn nicht zur Verfügung stehen. Wir entwickeln also für die Unternehmen eine Intelligenz, deren Möglichkeiten weit über unsere eigenen hinausgehen.

Bei der Diskussion der Möglichkeiten zur Gestaltung einer Unternehmensintelligenz sind wir darauf angewiesen, Technik und Organisation mit den individuellen menschlichen Fähigkeiten zusammenzubringen. Wir müssen über aktuelle technische Entwicklungen ebenso sprechen wie über Erkenntnisse über uns selbst – etwa aus dem Bereich der Psychologie oder der Neurowissenschaften.

Diese Vorgehensweise führt zu unserem grundlegenden Modell „Wissen-Lernen-Innovation im digitalen Unternehmen".

1.3   Grundlegendes Modell „Wissen-Lernen-Innovation" im digitalen Unternehmen

Eine konsequente Integration von einst getrennt voneinander betrachteten Bereichen „Wissen", „Lernen" und „Innovation" ist ein aktueller Trend, der im wissenschaftlichen Diskurs, in Studien und in der Praxis innovativer Unternehmen deutlich geworden ist. Die komplexe und unsichere Unternehmensumwelt zwingt Unternehmen anpassungsfähiger und agiler zu werden, radikale Innovationen umzusetzen und kontinuierliches Lernen als Notwendigkeit zu begreifen. Der Umgang mit Wissen und die Steigerung der Innovationsfähigkeiten avancieren zu den entscheidenden Wettbewerbsfaktoren. Zugleich eröffnen digitale Technologien neue Möglichkeiten, die Maßnahmen im Wissens-, Innovationsmanagement und organisationalen Lernen zu optimieren und zu vernetzen. Das Modell „Wissen-Lernen-Innovation" zeigt modernen Unternehmen ihre Chancen durch eine ganzheitliche Betrachtung und Gestaltung dieser Bereiche.

1.3.1   Treiber für die Integration von Wissen, Lernen und Innovation

Während traditionelle Managementansätze die Bereiche „Wissensmanagement", „Personal- und Organisationsentwicklung" und „Innovationsmanagement" als eigenständige Tätigkeitsfelder voneinander getrennt beschreiben, wollen wir aufzeigen, dass diese drei Bereiche ineinandergreifen und ganzheitlich betrachtet und gestaltet werden müssen. Ursächlich dafür sind einerseits die starke Dynamik der Wirtschaftswelt im Sinne einer VUCA-Welt und andererseits die neuen Möglichkeiten der Digitalisierung, die eine nachhaltige Vernetzung von Aktivitäten in allen drei Bereichen erleichtern.

Die VUCA-Welt (volatil, unsicher, komplex (complex) und uneindeutig (ambiguos)) verändert sich ständig in nicht vorhersehbare Richtungen auf sehr komplexe Art und Weise, und wir können immer seltener mit Sicherheit sagen, welche Ursache zu welcher Wirkung geführt hat. In einer solchen Welt reichen einmalige erfolgreiche Innovationen nicht aus, um im Wettbewerb zu bestehen. Unternehmen müssen in der Lage sein, permanent neue Produkte, Prozesse und Geschäftsmodelle entwickeln zu können, und müssen an ihrer Lern- und Innovationsfähigkeit arbeiten (vgl. Reiter, 2021, S. 15).

In der VUCA-Welt gewinnen radikale Innovationen wie neue digitale Geschäftsmodelle an Bedeutung (vgl. Gasmann & Sutter, 2013; Meyer, 2019; Schüller & Steffen, 2017), die sich durch wesentliche Veränderungen in Unternehmen auszeichnen und gemeinsame Anstrengungen aller Beschäftigten erfordern. Um die Innovationsbereitschaft auf allen Ebenen zu unterstützen, benötigen Unternehmen spezielle Maßnahmen des Wissensmanagements sowie ein systematisches individuelles und gemeinsames Lernen.

Digitale Technologien ermöglichen einen effizienteren Umgang mit Wissen, können Lernprozesse beschleunigen und individualisieren, Innovationsakteure innerhalb und außerhalb des Unternehmens vernetzen. Das Modell „Wissen-Lernen-Innovation" bekommt durch die Digitalisierung eine neue Basis.

Eine aktuelle Studie von Gartner nennt unter den zwölf strategischen Technologietrends für 2022 mehrere Trends, die auf neue digitale Möglichkeiten bei der Verbindung von Wissen, Lernen und Innovation in Unternehmen hindeuten, darunter Data Fabric, Decision Intelligence, Total Experience und Autonome Systeme (vgl. Gartner, 2021). Data Fabric stellt eine flexible ortsunabhängige Integration von Datenquellen in Unternehmen über Plattformen und Geschäftsanwender hinweg bereit und kann Analysen nutzen, um zu lernen und aktiv zu empfehlen, wo Daten verwendet und verändert werden sollten. Decision Intelligence dient einer Verbesserung der organisatorischen Entscheidungsfindung, indem jede Entscheidung als eine Reihe von Prozessen modelliert, um Entscheidungen zu treffen, aus ihnen zu lernen und sie zu verfeinern. Total Experience ist eine Geschäftsstrategie, die Mitarbeiter- und Kundenzufriedenheit integriert und durch ganzheitliches Management von Stakeholder-Erfahrungen das Vertrauen, die Zufriedenheit, die Loyalität und die Fürsprache von Kunden und Mitarbeitern steigert. Autonome Systeme (selbstverwaltete physische oder Softwaresysteme) lernen von ihrer Umgebung und ändern ihre eigenen Algorithmen in Echtzeit, um ihr Verhalten in komplexen Ökosystemen zu optimieren. Dadurch erzeugen Autonome Systeme eine Reihe flexibler technologischer Fähigkeiten, die in der Lage sind, neue Anforderungen und Situationen zu unterstützen, die Leistung zu optimieren und Angriffe ohne menschliches Eingreifen abzuwehren (vgl. Gartner, 2021).

Alle genannten Trends stellen Merkmale eines digitalen Unternehmens der Zukunft dar, das die Bereiche Wissen, Lernen und Innovation ganzheitlich betrachtet und auf der Basis von digitalen Technologien für die Steigerung seiner strategischen Wettbewerbsfähigkeit nutzt.

1.3.2 Begriffskette „Wissen-Lernen-Innovation"

Die Begriffe „Wissen", „Lernen" und „Innovation" stehen in einer Wechselbeziehung zueinander und bilden eine Begriffskette. Die genauen Definitionen werden in weiteren Kapiteln vorgenommen, an dieser Stelle sind nur die Zusammenhänge wichtig (vgl. Abb. 1.3).

Man kann Wissen als einen Zustand beschreiben, der dem Lernen als Prozess der Wissensveränderung vor- und nachgelagert ist. Deswegen fließen diese beiden Begriffe ineinander. Die Lernprozesse basieren auf dem vorhandenen Wissen und sorgen gleichzeitig für seine permanente Modifikation und Erweiterung. Innovation ist ein neues Wissen (eine Idee), das (die) in die für Kunden relevanten Produkte und Dienstleistungen umgesetzt wird. Oft wird das bestehende Wissen neu kombiniert und ergibt einen Nutzen für den Konsumenten (Produkt, Dienstleistung) oder für das Unternehmen (neues Geschäftsmodell, neuer Prozess).

Wir betrachten Wissen als einen dynamischen Zustand, der sich ständig verändert. Diese Veränderung wird durch den Prozess des Lernens verursacht. Als Ergebnis des Lernens kommt ein neues Wissen zustande. Eine wichtige Rolle in diesem Veränderungs-

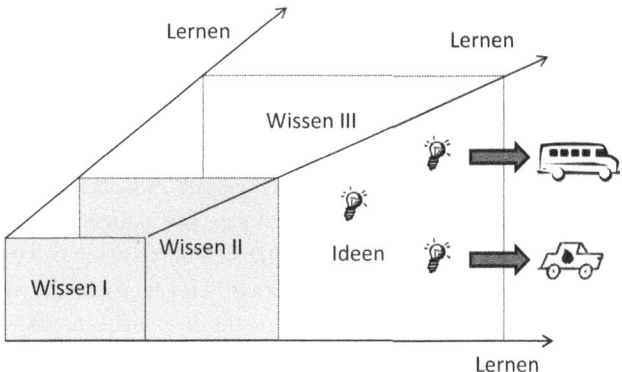

Abb. 1.3 Zusammenhang zwischen Wissen, Lernen und Innovation (eigene Darstellung)

prozess spielt die Ausrichtung des Lernens, die durch die Vision und Strategie des Unternehmens bestimmt wird.

Da Unternehmen erfolgsorientiert handeln, sind diese Wissens- und Lernprozesse kein Selbstzweck, sondern dienen den wirtschaftlichen Zielsetzungen. Für den langfristigen Erfolg und die Wettbewerbsfähigkeit sind vor allem die Generierung des neuen Wissens (Ideen) und seine Umsetzung in neue Geschäftsmodelle, Produkte und Prozesse (Innovationen) wichtig. Die Innovationen stellen eine Materialisierung des neuen Wissens dar, und sprengen damit den Rahmen des Wissensmanagements.

Aus diesem Grund werden wir von einem integrierten Wissens- und Innovationsmanagement sprechen, das sich sowohl mit Wissensarbeit als auch mit dem Lernen und Innovationsarbeit in Unternehmen befasst.

1.3.3 Modell „Wissen-Lernen-Innovation" in Unternehmen

In den vergangenen Jahren hat sich ein Trend zur Integration von Bereichen Wissen, Lernen und Innovation sowohl im wissenschaftlichen Diskurs als auch in der Unternehmenspraxis angedeutet. Es ist an der Zeit, ein fundiertes ganzheitliches Modell „Wissen-Lernen-Innovation" für moderne digitale Unternehmen zu entwickeln.

1.3.3.1 Wissenschaftlicher Diskurs zur Integration von Wissensmanagement, Organisationalem Lernen und Innovation

Die Überschneidungen zwischen den Begriffen „Wissensmanagement", „Organisationales Lernen" und „Innovationsmanagement" und die Notwendigkeit, sie miteinander zu verbinden, werden in vielen wissenschaftlichen Publikationen angedeutet. Diese historisch gewachsenen Disziplinen greifen immer mehr in die Grenzbereiche ein und suchen nach Synergieeffekten. Das Innovationsmanagement ist als das älteste Fachgebiet von den dreien zu bezeichnen, danach entwickelte sich Organisationales Lernen zu einer Wissenschaft und schließlich das Wissensmanagement.

Wissensmanagement beschäftigt sich mit den Maßnahmen zur Entwicklung, Gestaltung und Nutzung der Wissensbasis für das intelligente Handeln eines Unternehmens. Das organisationale Lernen kann als ein Prozess der Veränderung der Wissensbasis des Unternehmens beschrieben werden, der im Wechselspiel zwischen Individuen und dem Unternehmen in Interaktion mit der Umwelt stattfindet. Die aktuelle Literatur zum Thema Organisation und organisationales Lernen zeichnet sich durch einen bewussten Gebrauch des Wissensbegriffs aus, das organisationale Lernen wird meistens als Veränderung der Wissensbasis einer Organisation definiert (z. B. Jones & Bouncken, 2008; Schreyögg & Geiger, 2016; Vahs, 2019). Ebenfalls beinhalten die Bücher zu Wissensmanagement Hinweise auf die Verbindungen zum organisationalen Lernen (vgl. 2021; Nonaka & Takeuchi, 2012; North, 2021; Probst et al., 2013).

Innovationsmanagement befasst sich mit der Gewinnung von Ideen und ihrer Umsetzung in Geschäftsmodelle, Produkte, Prozesse oder soziale Veränderungen. Zwischen dem Innovationsmanagement und organisationalen Lernen bestehen deutliche Interdependenzen, die in der Literatur zum Thema Innovationsmanagement erläutert werden: Die Innovationen werden als Folge des organisationalen Lernens bezeichnet, kontinuierliche Lernprozesse als Voraussetzung für Innovationsmanagement genannt (vgl. Gaubinger, 2021; Müller-Prothmann & Dörr, 2019; Reiter, 2021). Das moderne Innovationsmanagement bezieht nicht nur ausdrücklich die Gesamtheit der internen und externen Quellen von Wissen und Innovationen ein, sondern zielt auf deren systematische Nutzung durch eine entsprechende Prozessunterstützung und den strategischen Auf- und Ausbau, das Management von Innovationsnetzwerken und die Integration von Innovations- und Wissensmanagement (intern und extern) (vgl. Müller-Prothmann & Dörr, 2019, S. 10–11).

Allerdings bleibt es im wissenschaftlichen Diskurs bezüglich der Integration von den drei Disziplinen bei Andeutungen: Es gibt bis jetzt keine konsequente Darstellung von Zusammenhängen zwischen dem Wissensmanagement, Organisationalen Lernen und Innovationsmanagement. Wir sehen unsere Aufgabe darin, ein ganzheitliches Konzept zu entwickeln, das Synergieeffekte zwischen bestehenden Fachgebieten schafft.

1.3.3.2 Modell „Wissen-Lernen-Innovation" für digitale Unternehmen

Unser Modell „Wissen-Lernen-Innovation" für digitale Unternehmen wird in der Abb. 1.4 dargestellt.

Das **Wissen** eines Unternehmens stellt ein Modell seiner Realität dar und beinhaltet diverse Begriffe, Konzepte und Zusammenhänge hinsichtlich der Beschaffenheit des Unternehmens, seiner Vision und Strategie, und seiner Beziehungen zu der Unternehmensumwelt, insbesondere Kunden, die unternehmerisches Handeln ermöglichen. Das Wissen des Unternehmens (seine Wissensbasis) entsteht aus den Wissensinhalten einzelner Unternehmensakteure und hat einen kollektiven Charakter, es wird gemeinsam erworben, abgestimmt, gespeichert und weitergetragen (detaillierte Ausführungen dazu s. Kap. 2, 3, 4 und 5).

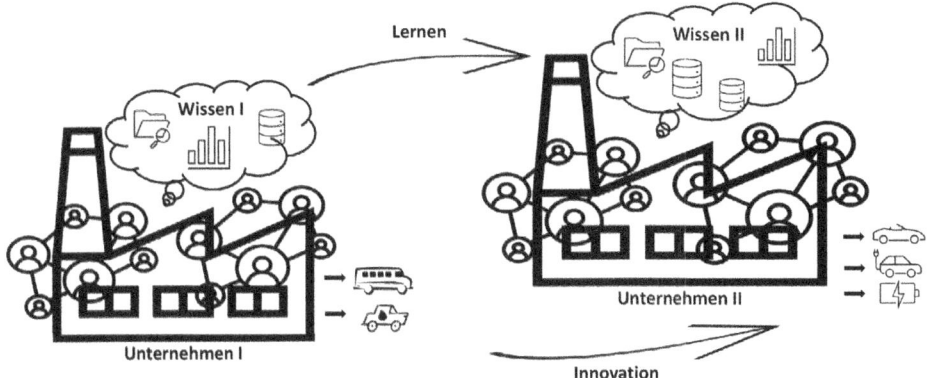

Abb. 1.4 Modell Wissen-Lernen-Innovation für digitale Unternehmen (eigene Darstellung)

Dieses Wissen ist in einem ständigen Veränderungsprozess inbegriffen, da sich die Vorstellungen von der internen und externen Unternehmensrealität kontinuierlich ändern. Dieser Veränderungsprozess wird als organisationales **Lernen** bezeichnet, das zum Erwerb von neuem Wissen, seiner Modifikation oder auch Hinterfragung und sogar Abschaffung führen kann. Auch dieses Lernen findet als individuelles und kollektives Lernen statt, unter Teilnahme verschiedener interner und externer Akteure (vgl. ausführlicher Kap. 6 und 7).

Während das Lernen sich auf Begriffe, Modelle, Konzepte oder Zusammenhänge auf der mentalen Ebene des Wissens befasst, beschäftigt sich die **Innovation** mit dem Schaffen der neuen Realität, in Form von materialisierten Vorteilen und Nutzen für Kunden, Unternehmen und/oder Gesellschaft. Innovationen basieren auf neuem Wissen oder auf neuer Kombination von vorhandenem Wissen, gehen jedoch über diese hinaus. Als Innovation verstehen wir die Umsetzung von Ideen (vom Wissen) in neue Produkte, Prozesse, Geschäftsmodelle. Durch die Innovation wird aus dem Wissen neue Realität geschaffen (vgl. ausführlicher Kap. 8, 9 und 10).

Eine ganzheitliche Betrachtung von Wissen, Lernen und Innovation ist insbesondere für die Entwicklung einer permanenten **Innovationsfähigkeit** des Unternehmens erforderlich (vgl. Kap. 11). Ein Unternehmen braucht Prozesse und Abläufe, die nachhaltig und wiederholbar Innovationen hervorbringen können, deswegen muss die Innovationsfähigkeit im Unternehmen als Ganzes, im Kollektiv eingebettet sein und als Teil des organisationalen Lernens verstanden werden (vgl. Reiter, 2021, S. 24).

Die auf den strategischen Wandel ausgerichteten Prozesse und Strukturen erfordern die Fähigkeit, aus vergangenen Leistungen und Fehlern zu lernen. Die Fähigkeit zur nachhaltigen Innovation entsteht als Resultat von einer Ansammlung von Erfahrung, expliziter und operativer Wissensakkumulation, aktiver Kodifizierung von Wissen und einem aktiven Teilen dieses aufbereiteten Wissens innerhalb der Organisation (vgl. Reiter, 2021, S. 32).

Die **Digitalisierung** eröffnet neue, früher unbekannte Möglichkeiten für die Integration von Wissen, Lernen und Innovation in der Unternehmenspraxis. Eine solide, für alle zugängliche Wissensbasis, in der die Erfahrungen aus erfolgreichen und weniger erfolgreichen Innovationsvorhaben abgelegt werden, dient als Grundlage für erfolgreiche Innovationsprojekte. Das innovationsrelevante Wissen in Form einer intelligenten Datenbank ist zu jeder Zeit für jeden abrufbar und wird permanent aktualisiert, erweitert und erneuert. Auf dieser Grundlage finden individuelle und gruppenbezogene Lernprozesse statt.

Solche Zusammenhänge und Synergieeffekte werden in den weiteren Kapiteln des Buches ausführlich analysiert und mit Best-Practice-Beispielen untermauert. Allerdings bleiben wir als Tribut an die historische Entwicklung und so entstandene Selbstständigkeit von Fachdisziplinen, in der Gliederung bei den Kapiteln „Wissen und Wissensmanagement", „Organisationales Lernen" und „Innovationsmanagement", denken diese jedoch ganzheitlich und erstellen zahlreiche Verbindungen und Verweise, um die Einheitlichkeit zu betonen.

Da sich die Bereiche des Wissensmanagements, des organisationalen Lernens und der Innovation weitgehend überlappen, kommt es ebenfalls zu Überschneidungen bei den praktischen Maßnahmen und Instrumenten, die in Unternehmen eingesetzt werden. Man kann beispielsweise die Kreativitätsförderung der Mitarbeiter nur schwer dem Bereich des organisationalen Lernens oder dem Innovationsmanagement zuordnen, da sie zur Steigerung von Kompetenzen führt, die für beide Gebiete wichtig sind. Ebenso unmöglich ist es von webbasiertem Lernen in Unternehmen zu sprechen, ohne die Aspekte des Wissensmanagements mit einzubeziehen.

Diese Unmöglichkeit, die Instrumente des Wissensmanagements, organisationalen Lernens und Innovationsmanagements in der Unternehmenspraxis voneinander abzugrenzen, ist ein weiterer Grund für den integrierten Ansatz. Im Folgenden werden geeignete Instrumente und praktische Beispiele in dem einem oder anderem Kapitel erläutert und durch Querverweise mit anderen Kapiteln verknüpft.

Verständnisfragen und Aufgaben

1. Welche gesellschaftlichen Tendenzen verändern die relevante Welt der Unternehmen und damit des Wissensmanagements?
2. Erläutern Sie die Bausteine des Wissensmanagement nach Probst et al.
3. Was ist eine Sicht auf ein Problem und welche Funktionen erfüllt sie?
4. Kann eine Wissenschaft von den Betrieben für alle wahre Aussagen liefern? Wenn Ja: wie müsste sie dabei vorgehen? Wenn nein: Warum nicht?
5. Welche Ziele verfolgt eine transformative, transdisziplinäre Wissenschaft?
6. Welche Werte liegen einer transformativen, transdisziplinären Wissenschaft zugrunde?
7. Beschreiben Sie das Vorgehensmodell der transformativen Wissenschaft (Entwicklungszyklus)!

8. Was kennzeichnet ein Unternehmen?
9. Welche Maßnahmen umfasst das Management?
10. Welche Teilfunktionen werden zur Erfüllung der Managementaufgaben eingesetzt?
11. Welche Aufgaben gehören zum strategischen Management?
12. Welche Aufgaben gehören zum operativen Management?
13. Welche Aufgaben erfüllt das Wissensmanagement?
13. Welcher Zusammenhang besteht zwischen Wissen, Lernen und Innovation in Unternehmen?

Literatur

Bundesministerium für Wirtschaft und Energie (BMWi). (2019). *Freiräume für Innovationen. Das Handbuch für Reallabore.* BMWI https://www.bmwk.de/Redaktion/DE/Publikationen/Digitale-Welt/handbuch-fuer-reallabore.pdf?__blob=publicationFile&v=14. Zugegriffen am 08.12.2022.

Burr, W., & Grün, O. (2022). Ideengeschichte und Entwicklung des Innovationsmanagements im deutschsprachigen Raum. In W. Matiaske & D. Sadowski (Hrsg.), *Ideengeschichte der BWL II. Produktion, OR, Innovation, Marketing, Finanzierung, Nachhaltigkeit, ÖBWL, Internationales Management* (S. 125–151). Springer Gabler.

Defila, R., & Di Giulio, A. (Hrsg.). (2018). *Transdisziplinär und transformativ forschen. Eine Methodensammlung. Mit einem Geleitwort von Prof. Dr. Jürgen Mittelstraß.* Springer VS.

Defila, R., & Di Giulio, A. (Hrsg.). (2019). *Transdisziplinär und transformativ forschen. Band 2. Eine Methodensammlung. Mit einem Geleitwort von Prof. Dr. Ortwin Renn.* Springer VS.

Fayol, H. (1929). *Allgemeine und industrielle Verwaltung.* Oldenbourg.

Franken, R. (1982). *Grundlagen einer handlungsorientierten Organisationstheorie.* Duncker&Humblot.

Fukuyama, M. (2018). Society 5.0: Aiming for a new human-centered society. *Japan Spotlight*, July/August 2018, S. 47–50. https://www.jef.or.jp/journal/pdf/220th_Special_Article_02.pdf. Zugegriffen am 23.10.2022.

Gartner. (2021). *Die wichtigsten strategischen Technologie-Trends für 2022 von Gartner.* https://www.gartner.de/de/informationstechnologie/insights/top-technologie-trends. Zugegriffen am 24.10.2022.

Gassmann, O., & Sutter, P. (2013). *Praxiswissen Innovationsmanagement. Von Idee zum Markterfolg* (3. Aufl.). Hanser.

Gaubinger, K. (2021). *Hybrides Innovationsmanagement für den Mittelstand in einer VUCA-Welt: Vorgehensmodelle – Methoden – Erfolgsfaktoren – Praxisbeispiele.* Springer Gabler.

Jones, G. R., & Bouncken, R. B. (2008). *Organisation. Theorie, Design und Wandel* (5. Aufl.). Pearson Studium.

Kletti, J. (Hrsg.). (2006). *MES – Manufacturing Execution System. Moderne Informationstechnologie zur Prozessfähigkeit der Wertschöpfung.* Springer.

Kosiol, E. (1966). *Die Unternehmung als wirtschaftliches Aktionszentrum. Einführung in die Betriebswirtschaftslehre.* Rowohlt.

Lehner, F. (2021). *Wissensmanagement. Grundlagen, Methoden und technische Unterstützung* (7. Aufl.). Hanser.

Marcharzina, K., & Wolf, J. (2005). *Unternehmensführung. Das internationale Managementwissen: Konzepte – Methoden – Praxis* (5. Aufl.). Gabler.

Meyer, J. U. (2019). *Digitale Gewinner. Erfolgreich den digitalen Umbruch managen.* BusinessVillage.

MIWF NRW (Ministerium für Innovation, Wissenschaft und Forschung des Landes Nordrhein-Westfalen). (2013). *Forschungsstrategie Fortschritt NRW. Forschung und Innovation für nachhaltige Entwicklung 2013 – 2020.* MIWEF.

Müller-Prothmann, T., & Dörr, N. (2019). *Innovationsmanagement. Strategien, Methoden und Werkzeuge für systematische Innovationsprozesse* (4. Aufl.). Hanser.

Nonaka, I., & Takeuchi, H. (2012). *Die Organisation des Wissens.* Campus.

North, K. (2021). *Wissensorientierte Unternehmensführung: Wissensmanagement im digitalen Wandel.* Springer.

Popper, K. (1976). *Logik der Forschung.* J.C.B. Mohr (Paul Siebeck).

Probst, G., Raub, S., & Romhardt, K. (2013). *Wissen managen: Wie Unternehmen ihre wertvolle Ressource optimal nutzen.* Springer Gabler.

Reiter, T. (2021). *Killing Innovation. Wie Unternehmen ihre Innovationskraft selbst zerstören und wie sie überlebt!* Vahlen.

Schmalenbach, E. (1911/12). Die Preiswirtschaftslehre als Kunstlehre. *ZfhF, 6*(*1911/12*), 304–316.

Schneidewind, U., & Singer-Brodowski, M. (2014). *Transformative Wissenschaft. Klimawandel im deutschen Wissenschafts- und Hochschulsystem* (2. Aufl.). Metropolis-Verlag.

Schneidewind, U., et al. (2016). Für einen neuen Vertrag zwischen Wirtschaftswissenschaft und Gesellschaft. Transformative Wirtschaftswissenschaft im Kontext nachhaltiger Entwicklung. *Ökologisches Wirtschaften, 31*, 2. http://www.silja-graupe.de/wp-content/uploads/2016/07/2016-%C3%96Wi-Abdruck-06-16-1.pdf. Zugegriffen am 23.10.2022.

Schreyögg, G., & Geiger, D. (2016). *Organisation. Grundlagen moderner Organisationsgestaltung. Mit Fallstudien* (6. Aufl.). Springer Gabler.

Schreyögg, G., & Koch, J. (2007). *Grundlagen des Managements.* Gabler.

Schüller, A. M., & Steffen, A. T. (2017). *Fit für die Next Economy. Zukunftsfähig mit den Digital Natives.* Wiley-VCH.

Simon, H. A. (1990). *Die Wissenschaften vom Künstlichen.* Kammerer & Unverzagt.

Singer-Brodowski, M., Holst, J., & Goller, A. (2021). Transformative Wissenschaft. In *Handbuch Transdisziplinäre Didaktik.* https://www.degruyter.com/document/doi/10.1515/9783839455654-032/html?lang=de. Zugegriffen am 23.10.2022.

Vahs, D. (2019). *Organisation: Ein Lehr- und Managementbuch* (10. Aufl.). Schäffer-Poeschel.

Wöhe, G., & Döring, U. (2008). *Einführung in die Allgemeine Betriebswirtschaftslehre* (23. Aufl.). Vahlen.

Teil II

Wissen und Wissensmanagement

Nichts in der Welt, das nicht Gedankenstoff enthält,
    und kein Gedanke, der nicht mit baut an der Welt.
    Drum liebt mein Geist die Welt, weil er das Denken liebt,
    und sie ihm überall so viel zu denken gibt.

(Friedrich Rückert)

Basismodell: Wissen und Handeln

2

Zusammenfassung

Als Grundlage für die Diskussion von Wissensproblemen wird in diesem Kapitel ein Modell von Wissen und Handeln für Individuen und Unternehmen eingeführt. Dabei werden verschiedene Wissensformen (beschreibendes, prozessuales und wertendes Wissen; explizites und implizites Wissen; usw.) und Grundfunktionen der Wissensverarbeitung (Wahrnehmung, Planung, Handeln) dargestellt und in Bezug auf kollektive Einheiten durch die notwendige Funktion der Kommunikation ergänzt. Die Entwicklung einer kollektiven Wissenswelt schafft neue Probleme, wie die Bewertung von Wissen in einer Gemeinschaft und die Standardisierung der Kommunikation durch Ontologien, deren Ansätze dargestellt werden.

Grundlage einer Theorie des Wissensmanagements sollte ein klares Konzept des Begriffes „Wissen" sein. Betrachtet man die Literatur zum Thema, so stellt man jedoch fest, dass diese intuitive Selbstverständlichkeit weitgehend ignoriert wird. Man arbeitet mit oberflächlichen Umschreibungen oder benutzt sogar Definitionen, an die man sich später selbst nicht hält.

Bei kurzem Nachdenken über das Problem wird sehr schnell deutlich, warum das so ist. „Wissen" ist ein Thema, das die abendländische Philosophie seit 2500 Jahren beschäftigt und noch zu keinem abschließenden Ergebnis geführt hat. An dem Thema „Wissen" hängt ein Großteil unseres menschlichen Selbstverständnisses. Die Institution Wissenschaft begründet damit ihre Existenzberechtigung. Wenn wir als „Wissenschaftler" etwas zu diesem Thema äußern, sind wir damit natürlich voreingenommen.

R. Franken, S. Franken, *Wissen, Lernen und Innovation im digitalen Unternehmen*, https://doi.org/10.1007/978-3-658-40822-0_2

Wissen ist auch kein Objekt, das wir wahrnehmen und Beschreiben können wie unsere „normalen" Objekte in der Welt. Was ist überhaupt die „Welt"? Und schon sind wir mitten drin in fundamentalen philosophischen Problemen.

Dies würde zumindest rechtfertigen, eine lange Abhandlung über das Wissen und seine Bedeutung zu schreiben. Wir werden es jedoch relativ kurzhalten und nur die wichtigsten Prämissen unseres Ansatzes offenlegen, ohne ausführliche philosophische Diskussionen.

Andererseits ist es wichtig für ein klares Verständnis von Wissensmanagement, ein Bild zu schaffen, wovon wir eigentlich reden. Wir wollen klären, was Wissen – allgemein und speziell für Unternehmen – ist, und auf dieser Grundlage unser Konzept von Wissen von Unternehmen und Wissensmanagement entwickeln.

2.1   Exkurs: Wissensbegriffe

Ein kurzer Exkurs soll die Probleme aufzeigen, auf die wir stoßen, wenn wir „Wissen" definieren wollen.

In dem schon skizzierten Klassiker des Wissensmanagement definieren die Autoren Probst, Raub und Romhardt „Wissen" als „die Gesamtheit der Kenntnisse und Fähigkeiten, die Individuen zur Lösung von Problemen einsetzen." (Probst et al., 2013, S. 23). Diese sehr eingängige Definition löst das Problem nicht, sondern wirf neue Fragen auf: Was sind Kenntnisse und Fähigkeiten?

Eine andere, sehr beliebte Definition nimmt Bezug auf die von Klaus North konzipierte, weitverbreitete Wissenstreppe (vgl. North, 2021). Im englischen Sprachraum „DIKW model" (Data, Information, Knowledge, Wisdom-Model) – vgl. Abb. 2.1.

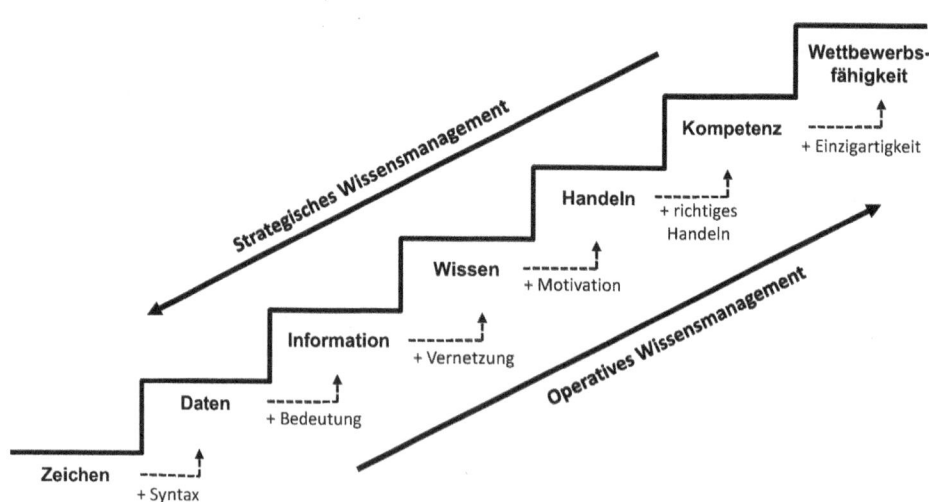

Abb. 2.1 Wissenstreppe nach K. North. (Quelle: eigene Darstellung nach North, 2021, S. 37)

Der Ansatz von North geht davon aus, dass es universell existierende Symbole und Zeichen gibt und alles Wissen in Form dieser Zeichen repräsentiert ist. Wissen entsteht als Ergebnis der Verarbeitung von Informationen durch das Bewusstsein. Problem dieser Definition: Es gibt kein implizites Wissen, nur formalisiertes Wissen. Eine Einschränkung, der wir nicht folgen können, da wir auch über implizites und nonverbales Wissen reden möchten.

Andere Definitionen betonen in unserem Sinne einzelne Aspekte von Wissen, z. B.:

- „Wissen ist … Bezeichnung für allgemein verfügbare Orientierungen im Rahmen alltäglicher Handlungs- und Sachzusammenhänge (Alltagswissen), im engeren, philosophischen und wissenschaftlichen Sinne im Unterschied zu Meinen … und Glauben … für die auf Begründungen bezogene und strengen Überprüfungspostulaten unterliegende Kenntnis, institutionalisiert im Rahmen der Wissenschaft" (vgl. Mittelstraß, 2004, S. 717). Problem dieses Wissensbegriffes ist jedoch die Konzentration auf die Begründbarkeit, deren Zweifelhaftigkeit schon diskutiert wurde.
- Aus wirtschaftlicher Sicht wird vor allem der Wert des Wissens oder generell Wissen als Ressource betrachtet. Dies ermöglicht keine direkte Bezugnahme auf Wissen, sondern nur auf einen abgeleiteten Wert, der nicht direkt gemessen werden kann.
- Aus neurobiologischer Sicht: Wissen ist repräsentiert in Form von mentalen Mustern in unserem Gehirn. Dieser Definition fehlt komplett der Inhalt. Was ist Wissen? Was ist ein mentales Muster und wie entsteht der Bezug zum eigentlichen Wissen?

Als negative Abgrenzung gilt: Wissen ist kein Objekt der klassischen Art, das man wahrnehmen, besitzen oder gar veräußern kann. Jeder hat eine intuitive Vorstellung von Wissen, aber es ist schwierig, eine klare, allgemeinakzeptierbare Definition des Wissensbegriffes zu geben. Wir wollen Wissen rein funktional über seine Bedeutung für das Handeln definieren. Auf dieser Basis werden verschiedene Formen des Wissens, die für das Handeln entscheidend sind, eingeführt und die Möglichkeiten der Bewertung des Wissens untersucht.

Wissen ist etwas Immaterielles, wir können es nicht sehen und nicht anfassen. Damit können wir es auch nicht als wahrnehmbares Objekt beschreiben. Trotzdem hat Wissen eine enorme Bedeutung für unser Handeln. Dies ist der Ansatz, um unser Bild von Wissen zu entwerfen. Wenn wir über Wissen reden wollen, können wir dies nur im Bezug auf seine Rolle beim Handeln. Dies bedeutet insbesondere, dass auch jede Theorie über Wissen oder Wissensmanagement nur funktional, aus ihrem Zweck beim Handeln heraus zu betrachten ist.

Wir gehen bei unserem Weltbild von folgenden Axiomen aus:

(A1) Wir sind abgrenzbare Einheiten einer „realen" (materiellen) Welt, d. h. wir können zwischen innen und außen unterscheiden. Unsere reale materielle Einheit ist unser Körper. Er ist unsere Schnittstelle zur realen Welt, mit ihm agieren wir in der realen Welt (vgl. Abb. 2.2).

Zusätzlich leben wir in einer zweiten Welt.

Abb. 2.2 Welt 1 – reale, materielle Welt. (Quelle: eigene Darstellung)

(A2)   Wir verfügen über eine „mentale" Welt (das Universum der Wissenswelten), die in
        einer spezifischen Beziehung zur realen Welt steht aber auch eigene rein mentale
        Elemente und unsere Bewertung der Welten beinhaltet (vgl. Abb. 2.3).

Eigentlich ist die Welt 2 nicht nur eine Welt, sondern ein ganzes Universum von Welten,
welche parallel in unserem Kopf existieren und in verschiedenen Beziehungen zu anderen
mentalen Welten stehen und interagieren. Diese Welten können ganz verschiedene Inhalte
und Denkweisen repräsentieren, z. B. die Welt der Musik, der visuellen Wahrnehmungen
oder die Welt des Unternehmens (der Hochschule) usw. Wir werden einzelne Welten
davon konkretisieren und in ihren jeweiligen Kontext einbetten. Unser Gehirn verarbeitet
die Beziehungen der Welten zueinander bewusst oder unterbewusst. Die Vielfalt der Welten macht uns zu Individuen, schafft aber auch gleichzeitig die Möglichkeiten von besonderen Gemeinsamkeiten.

Abb. 2.3 Welt 2 – mentale
Welt. (Quelle: eigene
Darstellung)

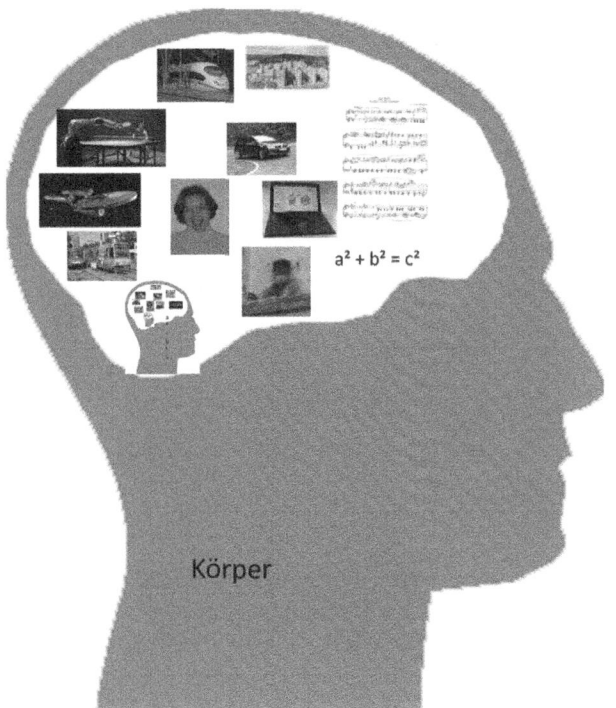

Die mentalen Welten sind repräsentiert in Form von mentalen Mustern in unserem Gehirn. Diese mentalen Muster sind individuelle, auf Erfahrungen und Lernprozessen basierende komplexe Verbindungen von Tausenden von Neuronen im Gehirn, die gemeinsam aktiv werden („feuern"). Das Gehirn besteht aus 10^{11} bis 10^{14} Neuronen, jedes Neuron ist durch Synapsen mit weiteren 10^3 bis 10^4 anderen Neuronen verbunden (vgl. Roth, 2003) – s. Abb. 2.4.

(A2) löst nicht das Problem des Zusammenhanges von Aktivitäten in unserem Gehirn und den mit ihnen verbundenen Gedanken in unserem Kopf. Wir müssen zugeben, dass wir dieses Problem derzeit nicht lösen können. Wir gehen aber davon aus, dass wir und alle anderen Akteure in unserer Welt bestimmte Vorstellungen, Bilder, Modelle o. ä. in unseren Köpfen generieren und diese zur Orientierung unseres Handelns und zur Entwicklung eigenständiger, individueller Welten, in denen wir leben, nutzen können.

Wir können beide Welten 1 und 2 durch Handeln verändern. Bei der materiellen Welt erfolgt dies über die Nutzung unseres Körpers und von Werkzeugen, die wir zu diesem Zweck entwickelt haben. Bei der mentalen Welt durch spezielle steuerbare, von uns antrainierte Vorgänge in unserem Gehirn.

Die Neurobiologie kann grobe Areale in unserem Gehirn identifizieren, in denen bestimmte Aktivitäten verortet sind (vgl. Roth, 2003, S. 139 ff.):

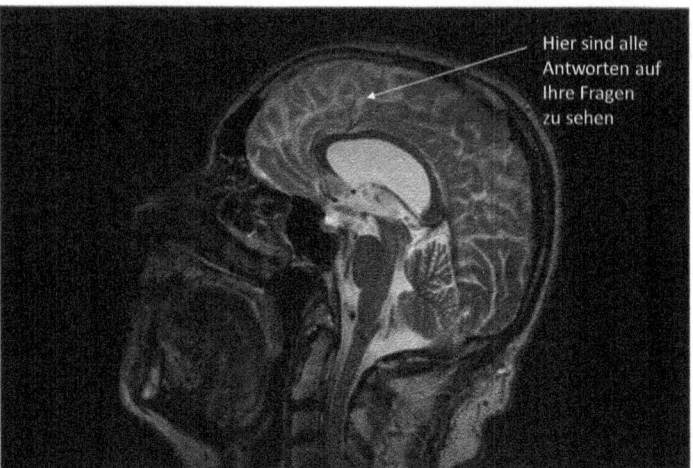

Abb. 2.4 Menschliches Gehirn. (Quelle: eigene Darstellung)

- Sensorische Areale, die Aktivitäten unserer bewussten Wahrnehmung organisieren,
- Motorische Areale, die Details der Steuerung unserer Bewegungen festlegen,
- Kognitiv-assoziative Areale, die die Verarbeitung komplexer, bedeutungshafter Wahrnehmungen zu Vorstellungen und Erinnerungen leisten,
- Exekutive Areale, für die Verhaltensplanung und -vorbereitung, und
- Limbische Areale, die zuständig sind für Emotionen, Motivation und Verhaltensbewertung.

Die Erkenntnisse über die Funktionen unseres Gehirns sind jedoch noch weitgehend unzureichend. Eine weit reichende Erkenntnis der Hirnforschung ist z. B., dass das Gehirn nicht hierarchisch, sondern distributiv aufgebaut ist. Das heißt, es gibt keine obersten Zentren des Bewusstseins oder der Wahrnehmung. Die einzelnen vorhandenen Hierarchien durchdringen sich so stark, dass sie heterarchisch wirken. Für die Organisation des Gehirns und deren Komplexität war diese Einsicht sehr wichtig. Komplexe Systeme können nur distributiv funktionieren (persönliches Interview mit Prof. Dr. Gerhard Roth im Jahr 2006). Eine eindeutige Verbindung zwischen den physischen Prozessen im Gehirn und unseren mentalen Gedanken können wir bisher nicht herstellen.

Ein ähnliches Modell wurde auch in der Informatik unter der Bezeichnung **DAO** (Dezentrale Autonome Organisation) entwickelt und sein Konzept in die Theorie der Unternehmensorganisation übertragen.

Auf die biologische Repräsentation wollen wir im Weiteren nicht näher eingehen, da wir noch zu wenig darüber wissen. In vereinfachender Form wollen wir davon Reden, dass unser Wissen aus inneren Bildern oder Modellen besteht (vgl. Hüther, 2009), die unser Handeln bestimmen. Als elementare Einheiten unserer mentalen Repräsentation wollen wir von „Ereignissen" sprechen. Andere Autoren sprechen von Mentalen Modellen

(P. M. Senge) oder Theorien (C. Argyris und D. A. Schön) (vgl. Kap. 7). Interessant an diesen Bildern ist, wie sie entstehen und wie wir damit umgehen können.

▶   Die mentale Welt des Wissens (Welt 2) ist die einzige Welt, die wir kennen.

Wir entwickeln sie als individuelle Konstruktion aus unserer Interaktion mit der realen Welt, durch mentale Prozesse zur Eigenkonstruktion und kollektiv durch Interaktion (Kommunikation) mit anderen Akteuren.

In sehr anschaulicher Form beschreibt Gerald Hüther (2009) das Entstehen unserer Vorstellungen von der realen Welt, deshalb wollen wir seine Beschreibung hier wiedergeben.

Das Entstehen menschlicher Vorstellungen von der realen Welt
„Wer Augen hat zum Sehen, Ohren zum Hören, eine Nase zum Riechen, Haut zum Fühlen, für den ist die Welt voller Bilder. Allerdings braucht er dazu noch ein Gehirn, und das muss möglichst offen sein für alles, was über die Sinnesorgane dort, in den sensorischen Arealen der Hirnrinde, ankommt. Das in diesen Arealen entstehende, für jeden Sinneseindruck charakteristische Erregungsmuster wird anschließend in assoziative Rindenareale weitergeleitet. Dort führt das neu eintreffende Erregungsmuster zur Aktivierung von älteren, bereits durch frühere Sinneseindrücke herausgeformten und stabilisierten Nervenzellenverschaltungen. Durch die Überlagerung beider Erregungsmuster, des neu eingetroffenen mit dem bereits vorhandenen, entsteht dann ein neues, für die betreffende Sinneswahrnehmung spezifisches, erweitertes Aktivierungsmuster. Dieses charakteristische Geflimmer der Synapsen repräsentiert nun als inneres Bild das jeweils neu Wahrgenommene. Aus dem bisher bereits Gesehenen und dem nun noch neu Hinzugekommenen wird so ein bestimmtes inneres „Sehbild", aus dem Gehörten ein inneres „Hörbild", aus dem Gerochenen ein inneres „Geruchsbild", aus dem Ertasteten ein inneres „Tastbild". Wenn eines dieser Erregungsmuster stark genug ist, um sich auch auf solche Hirnbereiche auszubreiten, die für die Bewertung von im Gehirn erzeugten Erregungszuständen verantwortlich sind, so wird die Aufmerksamkeit der betreffenden Person auf das in den assoziativen Arealen entstandene innere Bild gelenkt: Jetzt erst wird es bewusst wahrgenommen. Tatsächlich ist das, was auf diese Weise ins Bewusstsein gelangt, nur ein verschwindend kleiner Anteil der vom Gehirn generierten inneren Bilder. Maßgeblich dafür, ob ein Sinneseindruck bewusst wahrgenommen wird, ist auch nicht der Umstand, wie „wahr" er tatsächlich ist, sondern wie (wichtig) er von einer bestimmten Person in einer bestimmten Situation eingeschätzt wird. Im Gehirn wirkt ein entstandenes sensorisches Erregungsmuster umso „mächtiger", je stärker es sich auf andere Bereiche des Gehirns ausbreitet und dort normalerweise generierten Erregungsmuster überlagern kann." (Hüther, 2009, S. 22 f.)

Häufiger erreicht ein durch einen Sinnesreiz im Gehirn entstandenes inneres Bild das Bewusstsein allein dadurch, dass es nicht so recht zu dem Bild passen will, das man bereits im Kopf hat. Dazu braucht der neue Sinneseindruck nur besonders neuartig zu sein oder in Verbindung mit anderen Sinneseindrücken aufzutauchen, die bisher in dieser Kombination noch nicht zusammen vorgekommen sind. Jedes Mal, wenn das passiert, wird ein bereits vorhandenes, früher entstandenes Erregungsmuster durch Überlagerung mit dem neu eintreffenden Muster vorübergehend durcheinandergebracht. Bis das neue Bild in das alte Muster integriert ist, herrscht in den betreffenden Bereichen des Gehirns eine gewisse Unruhe. Diese Unruhe breitet sich auf tiefer liegende, subkortikale Zentren aus, die ihrerseits durch die Ausschüttung bestimmter Botenstoffe in der Lage sind, die Erregbarkeit der höheren, kortikalen Nervenzellen zu verändern. Dadurch stellt sich ein Zustand ein, den man „fokussierte Aufmerksamkeit" nennt. Jetzt ist das Gehirn wach und kann das neue Aktivierungsmuster mit dem bereits vorhandenen, älteren Mustern abgleichen und zu einem neuen inneren Bild zusammenfügen. Je häufiger dieses zusammengeflossene Aktivierungsmuster dann anschließend wieder in Erregung versetzt wird, weil derselbe oder ein ähnlicher Sinneseindruck erneut auftritt, desto stärker werden die am Zustandekommen des betreffenden Aktivierungsmusters beteiligten Nervenzellverbindungen gebahnt, gefestigt und stabilisiert. Das neue innere Bild kann dann auch ohne eine äußere sinnliche Wahrnehmung „aus dem Gedächtnis" abgerufen werden. Etwas ist an all diesen im Gehirn ablaufenden Bilder generierenden und Bilder speichernden Prozessen besonders bemerkenswert: Sowohl für die relativ flache Verankerung eines wahrgenommenen Bildes in der inneren Vorstellungswelt wie auch für die wesentlich tiefer reichende Einbettung eines erlebten Bildes in die innere Gefühls- und Körperwelt müssen immer schon ältere, früher entstandene innere Muster da sein, an die das neue Muster gewissermaßen angehängt werden kann (Hüther, 2009, S. 24 f.).

2.2   Theorien über die Welten, in denen wir leben

Philosophen, Psychologen und andere Wissenschaftler haben Theorien über die verschiedenen Welten, in denen wir leben, ihre Eigenschaften und ihre Verhältnisse zueinander entwickelt. Es gibt heftige Diskussionen, ob es nur eine oder zwei oder sogar drei Welten gibt und welche Subwelten es gibt, die für uns eine besondere Bedeutung haben. Wir wollen im Weiteren einige kurz skizzieren, ihre Beziehungen zueinander darstellen und ihre Bedeutung für das Wissen und das Wissensmanagement hervorheben.

Als Ausgangspunkt für unsere Diskussion möchte ich die drei-Welten-Theorie von Karl Raimund Popper (1978) wählen (siehe auch ausführlicher Popper & Eccles, 1989, S. 61 ff.). Popper unterscheidet:

Welt 1 „die Welt, die aus physischen Körpern besteht: aus Steinen und Sternen, aus Pflanzen und Tieren, aber auch aus Strahlung und anderen Formen von physischer Energie." (S. 143)

Welt 2 „die mentale oder psychologische Welt, die Welt unserer Schmerz- und Lustgefühle, unserer Gedanken, unserer Entscheidungen, unserer Wahrnehmungen und unserer Beobachtungen; mit anderen Worten, die Welt der mentalen oder psychologischen Zustände oder Prozesse oder der subjektiven Erfahrungen." (S. 143)

Welt 3 „die Welt der Produkte des menschlichen Geistes, wie Sprachen, Märchen und Geschichten und religiöse Mythen, wissenschaftliche Vermutungen oder Theorien und mathematische Konstruktionen, Lieder und Sinfonien, Gemälde und Skulpturen. Aber auch Flugzeuge und Flughäfen und andere technische Errungenschaften." (S. 144)

Über diese verschiedenen Welten gibt es viele Diskussionen und Bewertungen. Gerhard Roth unterscheidet z. B. nur zwischen zwei Welten (1 und 2). Andere Autoren wollen es sogar bei einer Welt belassen. Wiederum andere Autoren, z. B. John R. Searle (2012), beschäftigen sich besonders mit der Schaffung einer gemeinsamen sozialen Welt (innerhalb der Welt 2).

Wir werden die Welt 3 von Popper als Welt der Artefakte bezeichnen und stattdessen eine kollektive Welt 3 einführen. Dazu sollten wir jedoch zunächst einmal die Welten 1 und 2 näher untersuchen.

Wenn wir eine Welt charakterisieren wollen müssen wir uns zunächst einmal fragen: Was sind die Objekte dieser Welt? Wie entstehen Sie? In welcher Beziehung stehen wir als Menschen zu diesen Objekten? Können wir sie verändern oder für uns nutzen? In welcher Beziehung stehen die Objekte zu anderen Welten oder anderen Objekten? Welche Eigenschaften haben sie? Sind sie gefährlich?

2.3   Welt 1: unsere reale Welt

Ausgangpunkt unserer Überlegungen ist die reale Welt in der wir als eine abgrenzbare Einheit (ein Objekt) leben und die wir nach unseren Bedürfnissen gestalten wollen. Diese Beziehung basiert darauf, dass wir einerseits die reale Welt über unsere Sensoren (Wahrnehmungsorgane) wahrnehmen, diese aufgenommenen Informationen verarbeiten, daraus eine bewertbare Sicht auf die Welt generieren, uns überlegen, ob wir diese Welt verändern wollen und gegebenenfalls Handlungen generieren und durchführen, die diese Veränderung bewirken können.

(A3)   Wir sind Handlungseinheiten, d. h. wir können die (reale und die mentale) Welt nach unseren Wünschen durch spezifische Fähigkeiten verändern.

▶ **Fähigkeiten** sind von uns hervorgerufene und gesteuerte Prozesse, die zu einer Veränderung der Welt führen.

In der realen Welt benötigen wir dazu unseren Körper und/oder Artefakte als Instrumente. Ziele der Veränderung sind Wünsche, d. h. Vorstellungen davon, wie die Welt gestaltet sein oder sich verhalten sollte. Diese Ziele müssen wir innerhalb der Welt 2 generieren.

Die Elemente der realen Welt sind Objekte und Prozesse, die durch menschliche und/ oder technische Wahrnehmungsorgane (Sensoren) erfassbar und identifizierbar sind. Sie sind zeitlich stabile Einheiten, die wiedererkennbar sind. Objekte beschreiben wir durch ihre Eigenschaften oder Attribute, d. h. Bezeichnungen für eine Menge von Wahrnehmungswerten, die wir ihnen zuordnen, z. B. die Eigenschaft „Farbe" mit den Werten rot, grün usw., und durch ihre Verhaltensweisen, d. h. ihre Reaktionen, die auf Anstöße von außen entstehen. Ein Ball, den ich anstoße, rollt auf einer ebenen Fläche, abhängig von der Kraft des Anstoßes und dem Widerstand des Untergrundes, über eine gewisse Distanz.

Die durch die Axiome (A1) bis (A3) definierte Sicht können wir auch auf Maschinen – z. B. Roboter – oder andere Akteure (z. B. Tiere) in unserer Welt übertragen und damit zwei verschiedene Objekttypen in der realen Welt (Welt 1) unterscheiden:

▶ **Akteure** (oder Handlungseinheiten) sind Objekte, die über eine eigene mentale Welt verfügen und auf ihrer Grundlage Entscheidungen über ihre Eigenschaften und ihr eigenes Verhalten treffen können.

Deswegen werden Akteure auch als Subjekte des Handelns bezeichnet, im Gegensatz zu (passiven) Objekten.

▶ **Passive Objekte,** deren Eigenschaften und Verhalten aufgrund objektspezifischer Gesetzmäßigkeiten (Natur) festgelegt sind und sich nicht durch Entscheidungen des Objektes ändern.

Die Unterscheidung zwischen Akteuren und passiven Objekten (Natur) ist für unsere Handlungsplanung besonders wichtig. Wenn wir prognostizieren wollen, wie reagiert die Welt auf unser Handeln, dann ist es von entscheidender Bedeutung, ob die Objekte, die wir beeinflussen wollen, Akteure oder passive Objekte sind.

▶ **Prozesse** sind Netze von zeitlichen Veränderungsvorgängen, die in einem Netz von Objekten und/oder Prozessen ablaufen.

Die Vorgänge haben einen zeitlichen Anfang, einen Veränderungsablauf, ein Ende und evtl. Nachfolger, die durch den Vorgang ausgelöst werden. Die Nachfolgerbeziehungen definieren das Netz der Veränderungsvorgänge des Prozesses. Jeder Prozess hat Anfangs- und Endvorgänge. Die Endvorgänge kann man auch als Ziele oder Ergebnisse des Prozesses betrachten. Was wir zu einem spezifischen Prozess zusammenfassen, ist eine individuelle Entscheidung unserer Wissensorganisation in der Welt 2. Im Allgemeinen grenzen wir Prozesse speziell von ihren Zielen aus ab. Prozesse bringen etwas hervor.

Die Beziehungen zwischen den Objekten und Prozessen basieren entweder auf natürlichen, von Menschen unabhängigen Gesetzen oder auf Situationen mit beteiligten Akteuren, die ihre eigenen Entscheidungen einbringen.

Über das Handeln schaffen wir künstliche Objekte, die wir Artefakte nennen, die unseren menschlichen Zielen und Zwecken angepasst sind, wie z. B. eine Uhr, ein Computer oder ein Unternehmen (vgl. Simon, 1990).

▶ **Artefakte** sind also Objekte unserer realen oder mentalen Welt, die wir selbst gestaltet haben, damit sie bestimmte Eigenschaften und Verhaltensweisen realisieren und von uns entsprechend eingesetzt werden können.

▶ **Kultur** Die Gesamtheit aller Artefakte werden wir als unsere **Kultur** bezeichnen.

Daraus entsteht eine zweite Differenzierung der Objekte unserer realen und mentalen Welt. Wir leben in oder mit einer Mischung aus Kultur und Natur.

Natur und Kultur der realen Welt ordnen wir unterschiedliche Eigenschaften zu. Die Natur sehen wir als unabhängig vom menschlichen Willen an. Sie reagiert auf alle Eingriffe nach ihren eigenen Gesetzen, die für alle Menschen gleich sind. Artefakte der Kultur sind von Menschen für ihre Zwecke geschaffen, ihre Eigenschaften oder Verhaltensweisen sind teilweise so, weil ihre menschlichen Schöpfer es so wollten. Dies heißt nicht, dass Artefakte nicht den Naturgesetzmäßigkeiten unterliegen, soweit sie Teil der Natur sind, aber zum Teil sind sie so wie sie sind, weil wir es wollten.

Artefakt „Schreibtisch"

Ein Schreibtisch sieht so aus wie er aussieht, weil die Designer ihn so gestaltet haben, damit ich oben meine Bücher und meinen Computer positionieren kann und unten darunter meine Füße bequemen Platz haben. Er ist aber auch aus Holz produziert worden und hat daher eine für Holz typische Belastbarkeit und schmort an, wenn mein Teestövchen zu heiß wird. ◄

Die Unterscheidung zwischen Natur und Kultur hat Konsequenzen für unser Wissen. Wissen über die Natur beschreiben wir zumeist über Gesetzmäßigkeiten (wenn …, dann …), denen wir unterstellen, dass sie für alle Menschen gleich gelten, wenn sie die gleichen Handlungen ausführen und über gleiche Wahrnehmungsmöglichkeiten verfügen. Artefakte können wir sinnvoll nur über ihre Ziele bzw. Zwecke erklären. Wir beschreiben sie über ihre Funktionen (…, weil …) und diese müssen nicht für alle Menschen gleiche Bedeutung haben und von allen akzeptiert werden.

Es ist enorm, wie viel in unserer Welt Kultur ist. Das Wissen selbst ist ein kulturelles Artefakt, Unternehmen sind von uns geschaffene Artefakte usw.

Damit haben wir wesentliche Elemente unserer realen Welt (Welt 1) und ihrer Beziehung zur mentalen Welt beschrieben. In welchen Beziehungen stehen wir nun zu diesen Objekten und Prozessen der realen Welt? Können wir sie verändern oder für uns nutzen? Sind sie uns gegenüber freundlich, neutral oder aggressiv? Dies sind weitere Fragen, die wir für unser Handeln in dieser Welt beantworten müssen, insbesondere wenn die Objekte unserer Betrachtung selbst Akteure sind. Die Antworten darauf sind sowohl von den Objekten und Prozessen als auch von unserem sozialen Umfeld abhängig.

2.3.1 Wahrnehmung und Wissensgenerierung von Individuen

Die Basisfunktionen unserer Wissenswelt sind Wahrnehmung (Sensorik) sowie Planung, Steuerung und Kontrolle von Veränderungsprozessen – also Handeln (Aktorik) –, hinzu kommen die Funktionen des Denkens (Wissensgenerierung und Lernen).

Wahrnehmung ist der Prozess der Konstruktion eines Bildes von unserer Welt, welcher durch einen von der Welt kommenden Reiz ausgelöst wird.

Wir verfügen über ein System von Sinnen, über welches wir unterschiedliche Reize aufnehmen und in unserem Gehirn zu Ereignissen über die Welt verarbeiten, z. B. Sehen, Hören, Geschmack, Riechen, Druck aber auch Gleichgewicht und Schmerz. Die Fähigkeiten der einzelnen Sinne sind begrenzt, ebenso wie die Kapazität zur Verarbeitung der Reize.

Wahrnehmung verläuft immer als Konstruktionsprozess aus

- Aufnahme von Sensordaten (über die Sinnesorgane),
- Erkennen und Identifizieren bekannter Muster,
- Einordnung der Muster in unser Weltbild und
- einer Veränderung unserer Welt 2 durch die Wahrnehmung.

Es entstehen neue mentale Elemente (Ereignisse). Wahrnehmungen bestimmen unser Bild von der Welt und unseren Möglichkeiten sie zu verändern (Rückkopplung).

Die Reize werden dabei unmittelbar mit unserer realen Welt verbunden, von der Funktion der Sinnesorgane ist es abhängig, ob und in welcher Weise sich Lebewesen in ihrer Umwelt behaupten und weiterentwickeln (vgl. Maderthaner, 2017, S. 129). Doch in welcher Beziehung stehen diese Reize zu unserer realen Welt? Wenn wir die Hitze einer Flamme spüren, so wissen wir unmittelbar, dass wir unsere Hand zurückziehen müssen. Was aber ist mit der Wahrnehmung einer roten Ampel? Das, was wir wahrnehmen, ist nicht nur ein rotes Licht, sondern ein Symbol, welches uns zu einer bestimmten Handlung auffordert (anhalten!). Was vermittelt uns das Lesen eines Buches oder das Lächeln eines anderen Menschen? Es ist schwer, die physikalisch nachweisbare Wahrnehmung von dem zu trennen, was dadurch bei uns hervorgerufen wird.

▶ **Wahrnehmung** ist eine Aufnahme von Reizen durch unser Sinnensystem, aus der wir auf der Basis unseres Vorwissens neues Wissen über unsere (reale und/oder mentale) Welt konstruieren.

Wahrnehmung ist die Verbindung der realen Welt zu uns. Dabei können wir eine direkte, von dem Objekt der Welt, welches die Reize hervorgerufen hat, ausgehende Wahrnehmung und eine indirekte Wahrnehmung, bei der ein Zwischenträger, z. B. unsere Sprache, das neue Bild von der Welt ausgelöst hat, unterscheiden. Beiden gemeinsam ist das Entstehen eines neuen Bildes von der Welt in unserem Kopf.

Ergebnis der Wahrnehmung ist eine Veränderung oder Bestätigung unseres Wissens.

Wahrnehmung ist der Prozess der Konstruktion eines Bildes von unserer Welt, welcher durch einen von der Welt kommenden Reiz ausgelöst wird.

Das Bild, das wir bei der Wahrnehmung entwerfen, hat nur bedingt etwas mit der Realität zu tun. Wir kennen viele systematische Verzerrungen unserer Wahrnehmung. In Bezug auf die visuelle Wahrnehmung sind das z. B.:

- Der „blinde Fleck", d. h. das Loch in unserer visuellen Reizaufnahme, welches wir nicht sehen, (Auf der Rückseite unseres Auges befinden sich viele Rezeptoren, die das durch die Pupille aufgenommene Licht in Nervensignale übersetzen. In der Mitte des Augapfels, wo der Sehnerv im Auge endet, gibt es keine Rezeptoren, an dieser Stelle gibt es ein Loch in unserer Rezeption. Wir nehmen dieses Loch jedoch nicht wahr, da wir es durch Bewegung der Augen ausgleichen (das Loch wird durch ergänzende Wahrnehmungen ausgeglichen und in unserem mentalen Bild ergänzt). Dies können wir experimentell demonstrieren.).
- Die perspektivischen Verzerrungen, die wir bei der Verarbeitung von visuellen Reizen systematisch vornehmen (s. Abb. 2.5),
- die Vorprägungen der Bildinterpretation durch unsere gewohnten Wahrnehmungsschemata, die uns zu einer subjektiven Interpretation aber auch zu Hochleistungen beim Erkennen von Bildern verhelfen.

Zwei Beispiele für die perspektivischen Täuschungen sind links und rechts abgebildet. Auch wenn die drei Figuren links gleich groß sind, täuscht uns unser Gehirn – angeregt durch die perspektivische Darstellung – vor, dass die Figuren von rechts nach links größer werden. Psychologen sagen: Wir sehen das, was wir zu sehen glauben, nicht umgekehrt. Auf dem rechten Bild erscheinen uns die neun Quadrate nach außen verbogen, dabei verlaufen die horizontalen und vertikalen Linien jeweils parallel. Der Effekt entsteht dadurch, dass die Mitte als Fluchtpunkt dient und die Strahlen dem Gehirn eine Bewegung suggerieren.

Darüber hinaus zeichnet sich unsere Wahrnehmung durch Subjektivität aus und wird zusätzlich von den individuellen Erwartungen und Gewohnheiten geprägt. Ein Polizist, der tagtäglich mit Kriminellen zu tun hat, sieht in jedem eher einen potenziellen Verbrecher (vgl. Abb. 2.6, linkes Bild). Unsere Neigung, die Bilder zu interpretieren und zu vervollständigen, kann uns allerdings auch behilflich sein. Erkennen Sie auf dem rechten Bild einen Dalmatiner?

Menschliche Wahrnehmung und menschliches Denken werden bestimmt von vorgeprägten, gelernten Schemata, die wir als Assoziationsgrundlage benutzen. Wir reduzie-

Abb. 2.5 Perspektivische Verzerrungen bei der Wahrnehmung. (vgl. Spiegel, 2011)

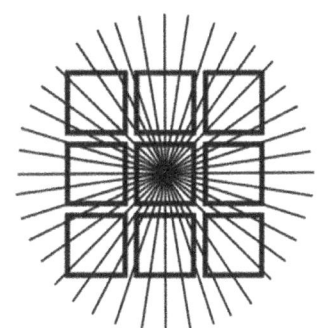

Abb. 2.6 Subjektive Interpretation, Wahrnehmung komplexer Bilder. (Anderson, 1988, S. 107)

ren die Komplexität der Informationsaufnahme, indem wir neue Informationen zunächst mit bekannten Schablonen vergleichen und diesen zuordnen. Dadurch können wir auch aus relativ diffusen Informationen schnell wichtige Zusammenhänge erkennen. Andererseits sind wir dadurch vorgeprägt.

Als Konsequenzen ergeben sich daraus für unser Wahrnehmungs- und Denkverhalten charakteristische Tendenzen:

- Jeder betrachtet die Welt durch seine individuelle Brille, die von seinen gelernten Schemata geprägt wird.
- Wir tendieren allgemein dazu, Informationen leichter aufzunehmen, wenn sie nicht im Widerspruch zu unseren bisherigen Anschauungen stehen.
- Wir suchen neue Informationen für die Lösung von Problemen immer zuerst im Umfeld dessen, was wir schon kennen.

Solche Verhaltenstendenzen werden auch Unternehmen zugerechnet (vgl. Cyert & March, 1963).

Ähnlich wie beim Denken können wir eine explizite (bewusste) und eine implizite (unbewusste) Wahrnehmung unterscheiden. Explizite Wahrnehmung erfolgt durch eine bewusste Aufmerksamkeitssteuerung mit oder ohne Einsatz spezifischer Instrumente. Implizite Wahrnehmung wird von der wahrnehmenden Einheit nicht bewusst erfasst. Implizite Wahrnehmung resultiert aus bestimmten Eigenschaften unseres Wahrnehmungs- und Aufmerksamkeitssystems. Zum Beispiel werden visuelle Reize, die maximal 50 Millisekunden präsentiert werden, nicht bewusst wahrgenommen. Solche Reize werden trotzdem unterschwellig registriert und schaffen eine „Vorbereitung" in der Wahrnehmung, wenn die Präsentation die Grenze von 50 Millisekunden überschreitet (Priming). Hinweis für das Marketing: Sie fördern jedoch nicht einen Kaufwunsch.

Die menschliche Wahrnehmung kann durch vielerlei Technik unterstützt werden. Wir benutzen Mikroskope, Teleskope, Kopfhörer, Hörgeräte, Geschmacksverstärker und vieles mehr. Eine der neuen Entwicklungen ist die erweiterte Realität (Augmented Reality). Erweiterte Realität bezeichnet die computergestützte Erweiterung unserer Wahrnehmung von der Realität durch Einspielen von Zusatzinformationen. Das bekannteste Beispiel dazu sind Applikationen auf dem Smartphone, die zu einem Kamerabild verbunden mit der Ortsinformation (GPS) Erklärungen über die zu sehenden Objekte liefern. Man wird darauf hingewiesen, dass man jetzt vor dem Kölner Rathaus steht und es nach links zum Dom geht. Solche Anwendungen können vielfältig eingesetzt werden, z. B. zur Unterstützung von Wartungstechnikern bei der Reparatur von komplexen Maschinen oder zur Unterstützung von Verkaufsprozessen im Modegeschäft, wenn ein Bildschirm – wie in einem Spiegel – uns selbst in einer bestimmten Kleidung darstellt, die wir kaufen möchten, aber gar nicht anprobiert haben.

Ergebnis der Wahrnehmung der realen Welt ist die Bildung von mentalen Modellen des betrachteten Realitätsausschnittes als Mentaler Zwilling.

Unsere Wahrnehmung umfasst zeitlich stabile Zustände und Prozesse der Welt. Damit können wir die mentalen Zwillinge zur Prognose der Welt insbesondere der Reaktion der Welt auf ein Eingreifen unsererseits benutzen. Wir können dadurch die möglichen Folgen unserer Handlungen prognostizieren und bewerten. Es wird möglich, erst zu denken und dann eine Handlung auszuführen.

Neben der Wahrnehmung generieren wir Wissen auch durch eigene Denkprozesse (Ideengenerierung). Den gesamten Prozess bezeichnen wir als Lernen (vgl. Kap. 6 und 7).

2.3.2   Veränderung der realen Welt

Allgemein können wir **Handeln** kennzeichnen durch:

- Handeln *ist ein Prozess von Aktionen*, der von einem Ereignis ausgelöst wird und auf eine Veränderung der Welt im Sinne des Handelnden ausgerichtet ist.
- Handeln *erfordert einen vorgelagerten Denkprozess.*
- Handeln *ist verbunden mit Verantwortung* für die Änderung der Welt.
- Handeln *kann fehlschlagen* (Abweichung vom Plan).
- Handeln hat immer einen *Zeitbezug.*
- Handeln *erfordert häufig den Einsatz von Ressourcen* (Artefakte) und damit verbunden. ein Verfügungsrecht über diese Ressourcen.

▷ **Handeln** ist ein Prozess von Aktionen, der der Realisierung eines bestimmten Zieles dient und der daran in seiner Durchführung orientiert ist.

Bei unserem Handeln setzen wir häufig zusätzlich Artefakte ein, deren „inneres Funktionieren" wir nicht kennen, wir kennen nur die Handhabung des Artefaktes und seine

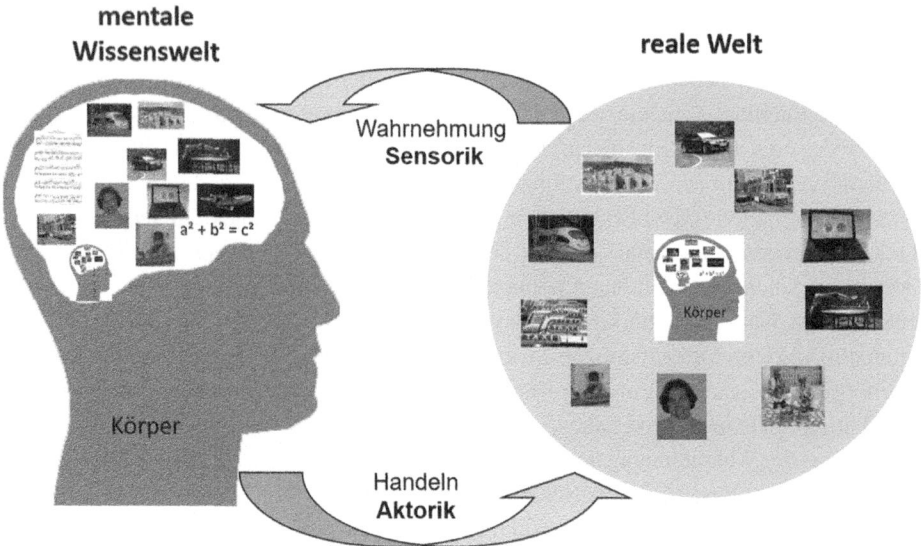

Abb. 2.7 Handeln in der realen Welt. (Quelle: eigene Darstellung)

Wirkung, z. B. Auto, Smartphone usw. Auf diese Weise konsumieren wir indirekt vorhandenes, kulturelles Wissen, welches nicht in unserem Kopf gespeichert ist. Wir vergrößern damit unsere eigene Intelligenz (unseren nutzbaren Wissensbestand). Wir verfügen über direktes (in unserem Kopf gespeichertes) und indirektes (in Artefakten gespeichertes) Wissen.

Grundlage unseres Handelns zur Veränderung der realen Welt (vgl. Abb. 2.7) ist unser Weltbild der realen Welt (Welt 1). Für die Gestaltung unseres Weltbildes der Welt 1 müssen wir zeitlich stabile Objekte identifizieren und ihnen Eigenschaften und Verhaltensweisen zuordnen können. Die Objekte befinden sich in einem spezifischen Zustand (ihre Eigenschaften haben bestimmte Ausprägungen) und sind mit anderen Objekten verbunden. Sie beeinflussen sich gegenseitig. (Alles beeinflusst alles.) Außerdem können unterschiedliche Veränderungen im System der Objekte stattfinden. Die notwendige Information, die ich über die Welt benötige, um mich in ihr zu verhalten, ist also sehr komplex. Als Grundelement der Wahrnehmung der realen Welt wollen deshalb ein Ereignis betrachten.

▶ **Ereignisse** sind

- zeitlich abgrenzbare Vorgänge in einem verbundenen System von Objekten, mit einem zeitlichen Anfang und einem Ende,
- in einem System interdependenter Objekte, dessen dynamischer Zustand für mich einen „Wert" – positiv oder negativ – hat
- und die ich durch eigene Aktionen beeinflussen kann.

Für die Durchführung der Aktionen benötige ich eigene Fähigkeiten und gegebenenfalls Artefakte als Werkzeuge.

Andere Autoren, z. B. Gerald Hüther (2009), sprechen statt von Ereignissen von Bildern, denen sie die gleiche Funktion wie den Ereignissen zuordnen. Wir sind von dem Begriff „Bild" abgewichen, da seine Assoziation statisch ist und die Beziehungen zwischen den Objekten unserer Welt 1 nicht erfasst.

Die wahrgenommenen Ereignisse der Welt 1 werden von uns erfasst und analysiert. Dabei sind die wahrgenommenen Prozesse in der Welt von besonderer Bedeutung. Für die Entwicklung von adäquaten Handlungsstrategien benötigen wir eine Prognose der Vorgänge in der Welt und der Reaktionen der Welt auf unsere möglichen Handlungen. Unser Gehirn entwickelt einen mentalen Zwilling des relevanten Weltausschnitts und nutzt ihn zur Prognose für die Auswirkungen möglicher Handlungen. Geleitet von unseren Bewertungen der Welt setzen wir unsere Aktionen in Gang und greifen in die Prozesse der Welt ein.

Zur Durchführung von Handlungsprozessen benötigen wir also unterschiedliche Formen von Wissen, die einer besonderen Betrachtung bedürfen.

2.3.2.1 Formen des Wissens

Die verschiedenen Wissensformen erfordern einen unterschiedlichen Umgang mit dem Wissen und stellen damit besondere Anforderungen an das Wissensmanagement. Wir werden diese Wissensformen sowohl aus individueller Sicht, als auch später aus Unternehmenssicht betrachten.

2.3.2.1.1 Wissensdimensionen: Beschreibendes, prozessuales und wertendes Wissen

Handeln erfordert Wissen über:

- den Zustand der Welt und seine Entwicklung (beschreibendes Wissen),
- die Wünsche an die Welt (wertendes Wissen),
- die Fähigkeit zur Veränderung der Welt (unter Einsatz von Instrumenten) (prozessuales Wissen).

Die Unterscheidung von beschreibendem, prozessualem und wertendem Wissen hat schon in den 1970er- und 1980er-Jahren bei der Entwicklung der Wissenschaft der „Künstlichen Intelligenz" eine wichtige Rolle gespielt, da diese Wissensdimensionen bei ihrer Repräsentation im Computer sehr verschieden behandelt werden müssen.

- **Beschreibendes Wissen** gibt unsere Vorstellungen von der Welt wieder. Es beschreibt wie die Welt ist oder sein sollte. Sprachlich wird es in Narrationen, Theorien, Bildern o. ä. repräsentiert. Im Computer repräsentieren wir es durch Objekte (abgrenzbare Einheiten) mit ihren Eigenschaften, ihren Verhaltensweisen und ihren Beziehungen zu anderen Objekten.

- In Unternehmen gehört dazu beispielsweise das in Enterprise Resource Planning (ERP)- oder Rechnungswesen-Systemen gespeicherte Wissen über das Unternehmen selbst, oder Marktstudien, Kundeninformationen etc. mit Wissen über die Umwelt des Unternehmens.

- **Prozessuales Wissen** befähigt uns, die Welt zu verändern. Es ermöglicht uns, Tätigkeiten auszuführen, die zu einer Veränderung dessen führen, was ist. Zu dem prozessualen Wissen gehören alle motorischen Fähigkeiten wie laufen, schreiben, aber auch komplexere Vorgänge wie Auto fahren oder Klavier spielen oder das Lernen selbst, mit dem wir unsere Wissenswelt verändern. Wir können prozessuales Wissen nur sehr begrenzt sprachlich erfassen. Im Computer wird es durch Programme, die etwas verändern, repräsentiert.

- In Unternehmen sind es Prozesse, die meist von einer Mehrzahl von Personen durchgeführt werden, z. B. die Abwicklung einer Bestellung von ihrem Eingang im Unternehmen bis zur Bezahlung der Rechnung durch den Kunden.

- **Wertendes Wissen** gibt uns an, welchen Zustand der Welt wir wie stark anstreben. Es ist der Motor unseres Handelns. Dazu gehören beispielsweise Emotionen, Einstellungen, Präferenzen, Motive oder Ziele. Im Computer sind es Entscheidungsregeln, die angeben, welche alternative Handlungen unter welchen Bedingungen durchgeführt werden sollen (incl. Optimierungsregeln).

    Wertendes Wissen kann in Unternehmen z. B. in Form von Visionen, Strategien, Plänen oder durch Bewertungsvorschriften (Investitionen werden durch ihren Kapitalwert bewertet) gegeben sein.

Über die Rolle der drei Wissensdimensionen beim Entstehen unseres Handelns gibt es derzeit sehr unterschiedliche Auffassungen. Insbesondere der Einfluss des wertenden Wissens ist einer der provokanten Diskussionspunkte, die durch die Neurowissenschaften aktuell besonders in den Vordergrund gestellt werden. „Das limbische System (die Emotion) hat gegenüber dem rationalen corticalen System das erste und das letzte Wort. Das erste beim Entstehen unserer Wünsche und Zielvorstellungen, das letzte bei der Entscheidung darüber, ob das, was sich Vernunft und Verstand ausgedacht haben, jetzt und so und nicht anders getan werden soll." (Roth, 2005, S. 162).

Wir wollen hier von der These ausgehen: Handeln ist generell nur durch ein Zusammenspiel aller drei Wissensformen, die eng miteinander verknüpft sind, möglich. Wir könnten deshalb auch sagen, dass Beschreibung, Prozess und Werte drei Dimensionen des Wissens sind. Als Einheiten unseres Denkens wollen wir mentale Modelle ansehen, die als Verbindung von Komponenten aller drei Wissensdimensionen gespeichert sind. Mentale Modelle erfassen Prozesse, die zu situationsbedingten Aktionen mit einem bewerteten Ergebnis führen.

2.3.2.1.2 Explizites und implizites Wissen
Explizites und implizites Wissen sind eng verbunden mit dem Bewusstsein.

Explizites Wissen wird bewusst verarbeitet, es hängt stark von der Bereitstellung kognitiver Ressourcen (Arbeitsgedächtnis) ab, benötigt Aufmerksamkeit, läuft langsam (Sekunden bis Minuten) und mühevoll ab, benötigt intensiven Zugriff auf das Langzeitgedächtnis, ist störanfällig, zeigt wenig Übungseffekte, ist schnell veränderbar und sprachlich berichtbar (vgl. Roth, 2003, S. 238).

Bewusstsein ist nötig, wenn das Gehirn mit Sachverhalten konfrontiert wird, die hinreichend neu (keine Standardlösung vorhanden), hinreichend komplex und hinreichend wichtig sind. „Bewusstsein ist für das Gehirn ein Zustand der tunlichst zu vermeiden und nur im Notfall einzusetzen ist. Wir Menschen leben jedoch in einer Umwelt, besonders einer sozialen Umwelt, die uns ständig neue, wichtige und komplizierte Probleme stellt, sodass es ratsam ist, das Bewusstsein mehr oder weniger durchgehend ‚eingeschaltet' zu lassen." (Roth, 2003, S. 240).

Implizites Wissen wird unbewusst, quasi automatisiert verarbeitet, ist unabhängig von der Begrenzung kognitiver Ressourcen, ist der willentlichen Kontrolle weitgehend entzogen, benötigt keine Aufmerksamkeit, läuft schnell und mühelos ab, hat eine geringe Fehleranfälligkeit, verbessert sich durch Übung, ist schwer veränderbar, wenn es einmal eingeübt ist, und in seinen Details sprachlich nicht berichtbar (vgl. Roth, 2003, S. 237 f.).

Explizites und implizites Wissen spielen für die „Ökonomie" unseres Denkens eine wichtige Rolle. Alle impliziten Prozesse belasten uns nur in geringem Ausmaß. Wenn wir einmal darüber nachdenken, welche enormen Informationsverarbeitungsprozesse wir z. B. beim Autofahren leisten und dabei noch Musik hören, telefonieren oder ein Gespräch mit unserem Mitfahrer führen, wird die Leistung des impliziten Wissens deutlich. Deswegen ist dringend davon abzuraten, die Prozesse des Autofahrens bewusst durchführen zu wollen. Andererseits erfordert das Lesen eines Buches viel Zeit, da wir uns mit dem Text explizit/bewusst beschäftigen.

Diese Bedeutung von explizitem und implizitem Wissen für Unternehmen ist insbesondere durch die Theorie von Nonaka und Takeuchi zum Ausdruck gebracht worden (vgl. Abschn. 7.1.3).

2.3.2.2 Zeitbezug des Wissens

Rein formal kann sich Wissen auf die Vergangenheit, die Gegenwart oder die Zukunft beziehen. Unabhängig von diesem Bezug entwickelt sich unser Wissen ständig und kann sich damit auch ständig verändern. Dies gilt insbesondere für das Wissen von der Vergangenheit. Wir verändern unsere Vorstellungen von der Vergangenheit ständig auf der Grundlage des aktuellen Wissens, der aktuellen Sicht der Welt ebenso wie der aktuellen Werte.

Von besonderer Bedeutung ist unser Wissen über die Zukunft. Wie bereiten wir uns auf unsere ungewisse Zukunft vor? Können wir diese Zukunft prognostizieren?

Menschen und Unternehmen bewegen sich hauptsächlich in einem kulturellen Umfeld. Die Wirklichkeit sozialer Bedingungen (Markt, Technologie etc.) wird konstruiert und unterliegt damit einer kollektiven Wahlfreiheit. Sie ist nur soweit prognostizierbar, wie wir uns auf das Verhalten anderer Akteure verlassen können. Die beste Prognose ist also eine Vereinbarung.

Wenn wir auch die Zukunft nicht prognostizieren können, wir können uns doch auf sie vorbereiten und wir können sie gemeinsam gestalten. Unternehmen haben dazu verschiedene Instrumente entwickelt, z. B. die Szenariotechnik.

Die Szenariotechnik ist ein organisatorischer Lernprozess des Unternehmens. Es geht darum, gemeinsame Zukunftsbilder zu entwickeln, ihre Relevanz für das Unternehmen zu bewerten und gemeinsame aufeinander abgestimmte Handlungskonzepte zu entwerfen, auf die bei Bedarf zurückgegriffen werden kann. Ergebnis ist eine verbesserte Handlungsfähigkeit des Unternehmens.

▶ **Szenario** ist ein Zukunftsbild, das eine Beschreibung von zukünftigen Situationen oder zukünftigen Ereignisfolgen, die Ergebnis eines bewussten Konstruktionsprozesses sind, ist. Es beschreibt eine mögliche Zukunft (ohne Vorhersageanspruch).

Im Allgemeinen entwickelt man mehrere Szenarien der Zukunft, um sie zu vergleichen, darunter ein optimistisches, positives Szenario, ein realistisches, wahrscheinlichstes Szenario und ein pessimistisches, negatives Szenario. Die Szenarien werden innerhalb des Unternehmens diskutiert und abgestimmt.

Aufbauend auf den Szenarien müssen alle betroffenen Bereiche des Unternehmens Handlungsoptionen, die sie durchführen würden, wenn dieses Szenario Realität wäre, entwerfen und miteinander abstimmen. Diese Handlungsoptionen werden dann wieder im Unternehmen diskutiert, damit sie in das kollektive Gedächtnis aller eingehen.

Als Ergebnis verfügt das Unternehmen über vorgedachte Handlungsentwürfe, die es bei Bedarf einsetzen kann.

Die Szenariotechnik wird seit den 1980er-Jahren von vielen großen Unternehmen angewandt, um sich auf potenzielle Entwicklungen ihrer Umwelt vorzubereiten (siehe z. B. die Darstellung der Anwendung bei Shell im Jahre 1983 in de Geus, 1998). Eine ähnliche große Studie hat auch Lufthansa Mitte der 1980er-Jahre unter dem Titel „Flotte 2000" durchgeführt. Die Ergebnisse dieser Studie haben eine Vielzahl von Ideen zur Reaktion auf einen stark wachsenden Markt hervorgebracht, die einige Jahre später bei der Öffnung des „sowjetischen Marktes" für westliche Airlines gute Dienste geleistet haben.

2.3.2.3 Planen

Das Ergebnis der Wahrnehmung der realen Welt ist ein mentales Modell, welches einer Bewertung unterzogen werden kann und welches sich dazu eignet, zu erwartende Veränderungen durch ein Eingreifen des Individuums zu prognostizieren. Parallel zur Wahrnehmung können in dem vorgelagerten Denkprozess alternative Modelle zur Gestaltung der Welt entwickelt werden (Ziele), die ebenfalls zu bewerten sind. Für die Ziele gilt es, ein System von Aktionen zu entwickeln, die diese ausgehend von der Ist-Situation der Welt realisieren würden (prozessuales Wissen). Eine Bewertung der Realisationsprozesse und der sich daraus ergebenden Zielvorstellungen ist die Grundlage für einen Handlungsplan. In einer abschließenden Entscheidung gilt es, eine Entscheidung über den umzusetzenden Handlungsplan aus der Menge der möglichen Pläne und der damit zu erreichenden Ziele zu treffen.

Der Handlungsplan besteht dann aus einem Netzwerk von Aktionen, die zeitlich aufeinander abgestimmt sind. Jede der Aktionen benötigt i. a. bestimmte Arbeitszeiten und Ressourcen (Werkzeuge mit Fähigkeiten, Vorprodukte mit Eigenschaften, Arbeitskapazität und Fähigkeiten des durchführenden Akteurs), die verfügbar sein müssen. Die Handlungsplanung muss die Durchführbarkeit der Handlung theoretisch überprüfen und sicherstellen. Damit kann der Plan zur Realisation verabschiedet werden.

Für das Ergebnis und die durchzuführenden Aktionen mit ihren möglichen Nebenwirkungen ist der Akteur verantwortlich.

2.3.2.4 Steuerung

Die Durchführung des Planes kann auch bei sorgfältiger Planung immer noch schiefgehen. Niemand kann Prognosen mit 100 %er Sicherheit aufstellen. Insbesondere wenn bei der Umsetzung andere Akteure (Kunden, Freunde und Feinde der durchführenden Handlungseinheit o. ä.) involviert sind, können diese durch ihre Entscheidungen Bedingungen schaffen, die Abweichungen vom geplanten Ablauf hervorrufen. Aber auch die Natur, z. B. das Wetter, ist nicht immer prognostizierbar.

Die Umsetzung eines Planes bedarf also einer ständigen Steuerung, d. h. einer Beobachtung der realen Welt und ihre Überprüfung auf Abweichungen von dem geplanten Ablauf der Veränderungen. Bei Entstehen von Abweichungen sind Maßnahmen zur Gegensteuerung zu treffen. Solche Abweichungen können im Verdachtsfalle während der Planung schon in einem Alternativplan berücksichtigt werden.

2.3.2.5 Kontrolle und Lernen

Nach einer vollständigen Umsetzung eines Planes erfolgt i. a. eine Gesamtkontrolle, die sowohl für den Planungsprozess als auch für sein Ergebnis, den Plan, zu Lernvorgängen führen kann. Welche Prämissen des Handlungsprozesses waren falsch oder unvollständig? War das prozessuale Wissen für einige Aktionen falsch oder nicht verfügbar?

Eine offene, umfangreiche Kontrolle ist wichtig, um für weitere Handlungsplanungen Verbesserungen generieren zu können.

2.4   Welt 2: das Universum der mentalen Welten

Die Welt 2 ist ein Konstrukt, das wir uns selbst zum Zweck der Auseinandersetzung mit der Welt 1, von der wir ein Teil sind, geschaffen haben. In der Welt 2 spielt daher der mentale Zwilling der Welt 1 eine besondere Rolle. Über ihn definieren und gestalten wir uns selbst in der Welt (1 und 2). Wir können die Welt verändern und die Welt kann uns verändern. Wir verbinden sie mit emotionalen Zuständen und orientieren daran unser Handeln in der Welt.

2.4.1 Elemente der Welt 2

Ähnlich wie die mentalen Bilder von der Welt 1 können wir auch eigene Bilder von für uns möglichen Welten entwickeln. Wir schreiben Romane über Welten der Zukunft oder der Vergangenheit, die nie eine reale Grundlage aus Wahrnehmungen gehabt haben. Wir komponieren oder hören Musik – eigentlich ganz abstrakte Einheiten unserer Welt – und erfreuen uns an ihrem Klang. In der Mathematik entwickeln wir Formelwelten, die keinen Bezug zur realen Welt haben müssen. Aber wir definieren Regeln, wie wir mit den Formeln umgehen dürfen, um sie innerhalb ihrer Welt zu verändern. Und ein echter Mathematiker findet die entstehenden Formeln schön und verbindet positive Emotionen mit ihnen. Usw.

Auf diese Weise bevölkern wir unser mentales Universum mit den verschiedensten Welten.

2.4.2 Symbolische Repräsentation von Wissen

Neben den Bildern in unserem Kopf gibt es eine symbolische Repräsentation, die mit diesen Bildern verknüpft ist (vgl. Abb. 2.8).

Das Symbol „Baum" verweist in unserem Kopf auf die Vorstellung, die wir von einem Baum haben usw.

Die symbolische Repräsentation hat einen großen Nutzen für unser Denken und für unsere Interaktion:

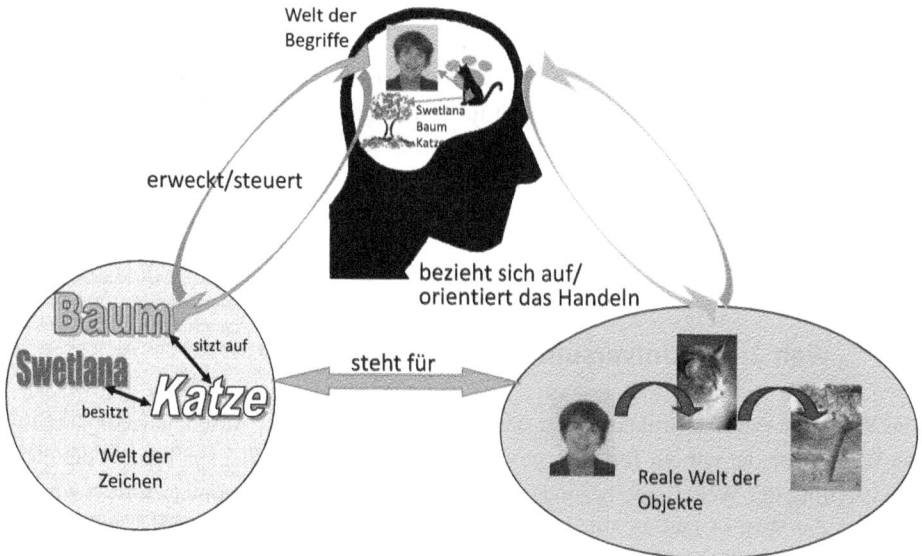

Abb. 2.8 Symbolische Repräsentation von Wissen. (Quelle: eigene Darstellung)

- Wir können uns damit eine unabhängige Form des Gedächtnisses schaffen, wenn wir die Symbole außerhalb unseres Kopfes „aufschreiben" und aufbewahren.
- Wir können die Zeichen zur Simulation und Antizipation (Vorwegnahme) der Welt benutzen, wenn wir den Zeichen die gleichen Eigenschaften zuweisen, wie den Objekten der Welt, für die sie stehen, und damit kompatible Veränderungsformen verbinden.
- Und schließlich können wir über die Symbole Wissen austauschen, wenn es uns gelingt, die Bedeutung der Symbole innerhalb unserer Kommunikationsgemeinschaft so weit abzustimmen, dass wir uns gegenseitig aufgrund unseres Verhaltens und dem Gebrauch der Symbole „Verstehen" bestätigen. Die Herstellung von Verstehen ist ein ständiger Prozess der gegenseitigen Abstimmung.

Häufig wird in älteren Abhandlungen die engere Definition von Wissen benutzt: Wissen ist die symbolische Repräsentation der Welt, die das Handeln eines Menschen oder allgemeiner einer Handlungseinheit bestimmt. Dies korrespondiert z. B. mit der Definition von Wissen über die sogenannte „Wissenstreppe": Zeichen – Daten – Informationen – Wissen usw. (vgl. North, 2021, S. 36 ff.).

Symbole sind Einheiten eines Symbolsystems, welches der Repräsentation der Welt in einem bestimmten Medium dient, z. B.

- Sprache (gesprochen, geschrieben),
- Bilder/Film,
- standardisierte Geräusche etc.

Nach dieser Definition gäbe es jedoch nur bewusstseinsfähiges Wissen. Damit würden wir den Bereich „implizites Wissen" aus der Betrachtung ausklammern.

Die symbolische Repräsentation von Wissen zum Zwecke des Austausches wollen wir als **Information** bezeichnen.

Die Bedeutung des symbolischen Wissens wurde von Allen Newell und Herbert Simon (1976) durch ihre Symbolsystem-These hervorgehoben: Die Entwicklung und Nutzung von Symbolsystemen ist notwendige und hinreichende Bedingung für intelligentes Handeln.

Die Einführung von Symbolen ist nur dann nützlich, wenn die Symbole etwas zeitlich stabiles, wiederholt Auftretendes beschreiben. Voraussetzung für die Bezeichnung mit Symbolen ist also, dass es solche zeitlich stabilen Elemente gibt und dass wir sie beim Wiederauftreten identifizieren können.

Es gibt aber auch Wissen, welches wir lernen und lehren können und welches trotzdem nicht vollständig symbolisch repräsentierbar ist. Zum Beispiel das Klavierspielen. Man müsste reproduzierbar angeben können wann, welche Taste in welcher (relativen) Geschwindigkeit und mit welcher Intensität zu drücken ist. Die Noten auf dem Papier können dies nur zum Teil wiedergeben. Die erforderliche körperliche Bewegung selbst ist gar nicht zu erfassen. Die Lehre vom Klavierspielen erfolgt nicht über Symbole, sondern über Imitation. Allgemein ist Lehre nicht nur die Übertragung von Wissen wie durch ein Buch, sondern auch mit der Vermittlung der persönlichen Emotionen des Lehrenden in der Interaktion verbunden.

Symbolisches Wissen kann immer in eine digitale Form übersetzt werden. Jedem Symbol wird ein „digitales Symbol" in Form einer Kette von „0" und „1" zugeordnet. Diese Kette kann sehr lang sein. Dies gilt für Sprache ebenso wie für Bilder, Töne etc. Symbolisches Wissen ist die Grundlage für die Digitalisierung.

Informationen, die wir auf Trägermedien (Papier, Tonträger, Film, digitale Speichermedien etc.) niedergelegt haben, können wir sammeln, lagern und wie ein Objekt der realen Welt behandeln, im Gegensatz zu Wissen.

Die Nutzung der Informationen für das Handeln und damit das Wissen ist an eine Handlungseinheit gebunden. Die Handlungseinheit muss die Information interpretieren und in ihre inneren Modelle übertragen. Eine Handlungseinheit kann jedoch nicht nur der Mensch sein, sondern genauso ein Computer, der aufgrund einer Lagerbestandsinformation eine Bestellung auslöst, ein Automobil, das dem hinter ihm fahrenden Automobil mitteilt, wie schnell es fahren soll, um nicht aufzufahren usw. Wissen ist damit nicht an Menschen gebunden.

Durch die technologische Entwicklung des Internets und der mobilen Kommunikation (Smartphone, Laptop) bekommt die Eigenständigkeit des Wissens eine besondere Bedeutung. Die Welt des Wissens entwickelt aufgrund der technischen Kommunikations- und Speichermöglichkeiten eine eigene Dynamik, deren langfristige Konsequenzen wir noch nicht erahnen können. Wissen kann unabhängig von Personen an unterschiedlichsten Orten gespeichert und von dort abgerufen und genutzt werden. Computer übernehmen immer mehr Aufgaben der Wissensverarbeitung, die noch vor ein paar Jahren den Menschen vorbehalten waren. Die aktuellen Diskussionen um das Cloud Computing und die KI sind Musterbeispiele für die Möglichkeiten und Probleme, die auf uns zukommen. Es ist Aufgabe des Wissensmanagements, diese Möglichkeiten konstruktiv zu gestalten.

Der Nutzen einer symbolischen Wissensrepräsentation ist vielfältig:

- Wir können die Zeichen zur Simulation und Antizipation der Welt benutzen, wenn wir den Zeichen die gleichen Transformationsregeln zuweisen, wie der Welt, die sie bezeichnen, Dadurch werden wir intelligent, da wir erst Denken und dann Handeln können.
- Wir können uns damit eine unabhängige Form des Gedächtnisses schaffen (z. B. Knoten im Taschentuch, Buch, File aus 0 und 1).
- Wir können Zeichen zur Kommunikation mit anderen verwenden, denen wir den Umgang mit den Zeichen vermittelt haben.

2.4.3   Die mentale Welt ist kollektiv

Zu den wichtigsten Elementen der Welt 1 gehören die anderen Akteure, mit denen wir die Welt 1 teilen. Unser Ziel ist, mit ihnen eine gemeinsame Welt aus Vorstellungen, Gefühlen und Veränderungspotenzialen zu bilden und zu nutzen.

(A4)   Wir sind soziale Wesen, leben in und bilden eine gemeinsame soziale Welt.

Grundlage dafür ist das kulturelle Lernen.

2.4.3.1 Kulturelles Lernen

Kulturelles Lernen entsteht in der Interaktion mit Anderen, es gibt drei Formen (vgl. Tomasello, 2002, S. 15):

- **Imitation**,
  (ein Individuum versteht das intentionale Verhalten von Anderen und deren Gebrauch von Artefakten und versucht eine der darin erkannten Rollen zu übernehmen). Basis: Spiegelneuronen und Nachmachen.
- **symbolische Kommunikation**,
  (der Austausch erfolgt indirekt über den Gebrauch gelernter kultureller Symbole [eine Sprache], Grundlage für das Erlernen von Symbolen ist Imitation).
- **direkte Zusammenarbeit**
  (mehrere Individuen arbeiten gemeinsam an einem Problem, suchen und lernen dabei eine gemeinsame, reproduzierbare Lösung).

Dem kulturellen Lernen kommt die mit Abstand größte Bedeutung bei der Entwicklung des Wissens zu. Der Mensch ist ein kulturelles Wesen.

Grundlage für jeden Wissensaustausch ist die Imitation. Sie basiert darauf, dass ein Individuum das intentionale Verhalten von Anderen und deren Gebrauch von Artefakten versteht und versucht, eine der darin erkannten Rollen zu übernehmen. Die Neurowissenschaften haben diese Fähigkeit mit der Entdeckung der Spiegelneuronen biologisch untermauert (vgl. die zusammenfassende Darstellung bei Rizzolatti & Sinigaglia, 2008).

Vereinfacht ausgedrückt, hängt diese Fähigkeit damit zusammen, dass Wahrnehmung, Denken, Emotionen und Motorik in unserem Kopf eng verwoben sind. Wenn wir einen anderen Menschen eine Tasse Tee trinken sehen, dann wird dies nicht nur als bildliche Wahrnehmung verarbeitet, sondern gleichzeitig werden auch alle anderen Bereiche des Gehirns angesprochen. Aus eigener Erfahrung und der Wahrnehmung des entspannten Gesichtsausdruckes meines Gegenübers entwickele ich ein Gefühl von der wohltuenden Wärme und dem Geschmack des Tees und als Reaktion darauf läuft mir das Wasser im Munde zusammen. Die Wahrnehmung der Bewegung vermittelt mir die Problematik, mit einer vollen, heißen Tasse umzugehen, und ermöglicht mir, aus meinem eigenen Bewegungsrepertoire eine ähnliche Bewegung zu reproduzieren. Als Ergebnis kann ich die Erfahrung in ihrer Gesamtheit imitieren, mit allen ihren Gefühlen, der Bewegung und dem Verstehen der Abläufe. Die Imitation muss nicht sofort perfekt sein, kann aber durch Wiederholung immer besser angepasst werden.

Über die Imitation lernen wir auch die sprachliche Kommunikation (vgl. Abschn. 6.3.2). Wenn wir die kommunikativen Absichten des anderen verstehen, können wir einen Rollentausch vollziehen und die neuen Symbole selbst verwenden.

Die Zusammenarbeit ist ein Teil der Generierung eines kollektiven Wissens. Wenn mehrere Individuen gemeinsam an einem Problem arbeiten, suchen und lernen sie dabei eine gemeinsame, reproduzierbare Lösung. Dabei muss jeder seine Rolle verstehen und beherrschen.

2.4.3.2 Symbolische Kommunikation

Der symbolische Kommunikationsprozess insgesamt umfasst neben der Herstellung des Verstehens der Symbole auch noch die Herstellung der Akzeptanz des Verstandenen auf der Basis der sozialen Rollenverteilung zwischen den Kommunikationspartnern (zur ausführlichen Diskussion des Themas „Kommunikation" vgl. Franken, 2019, S. 138 ff.). Eine wichtige Grundlage für die symbolische Kommunikation ist das Vorhandensein von abgestimmten sozialen Weltbildern in unseren Köpfen. Sie erleichtern die Aufnahme und Einordnung von Informationen.

Zusammen mit der sprachlichen Koordination entsteht ein kollektives Wissen, welches allen Mitgliedern der Sprachgemeinschaft zugänglich ist, von ihnen genutzt wird, aber unabhängig von den Individuen existiert. Die kollektive Welt des Wissens bekommt eine eigenständige Existenz.

2.4.3.3 Normierung der Kommunikation: Ontologien

Die Kommunikation ist darauf gerichtet, einen gemeinsamen, für alle Mitglieder einer Gemeinschaft nutzbaren Fundus an Wissen aufzubauen und damit das Handlungspotenzial aller aufeinander abzustimmen, zu erweitern und zu verbessern. Dies ist ein wesentliches Ziel des Wissensmanagements.

In und zwischen Unternehmen bedeutet dies, das i. a. nicht nur Menschen miteinander kommunizieren, sondern auch Maschinen. Es gibt verschiedene Formen der Kommunikation je nach den beteiligten Kommunikationsteilnehmern, dem auszutauschenden Inhalt und den Medien der Kommunikation, wie es in der Abb. 2.9 dargestellt wird.

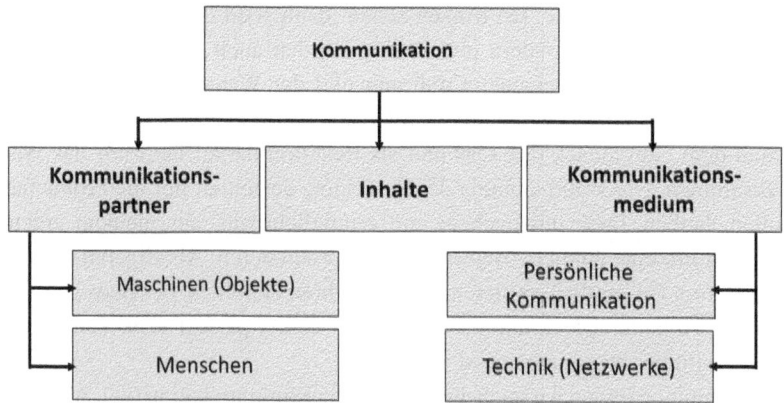

Abb. 2.9 Kommunikationsformen von Wissen in und zwischen Unternehmen. (Quelle: eigene Darstellung)

Dies erfordert eine besondere Präzision im Sprachgebrauch, damit auch Maschinen die ausgetauschten Symbole verstehen können. Grundlage dafür sind Ontologien.

▶ **Ontologien** sind formale sprachliche Systeme, die von und für eine Kommunikations-gemeinschaft gebildet und entwickelt werden, um diese Gemeinschaft zu interoperablen Handlungssystem zu gestalten.

In diese Definition gehen mehrere Konzepte ein, die einer Erläuterung bedürfen:

1. Ontologien werden von und für *Kommunikationsgemeinschaften* gebildet. Mitglieder dieser Kommunikationsgemeinschaft können technische Einheiten, Menschen und/oder Organisationen aber auch Tiere (Hund und Herrchen entwickeln eine gemeinsame Sprache aus Gesten und Worten) sein. Aus der Zusammensetzung der Kommunikations-gemeinschaft ergeben sich Anforderungen an die Konstruktion der Ontologie. Die Be-teiligung von technischen Systemen erfordert z. B. ein besonders hohes Maß an Forma-lisierung der benutzten Sprache. Menschliche Gemeinschaften erfordern eine klare Regelung der pragmatischen Sprachdimension (Rollenkonzepte) auf der Basis einer unterstützenden Machtverteilung.
2. Ontologien sind *formale Sprachsysteme* auf der Basis klarer Sprachelemente (einer **Metaontologie**) und mit ihnen verbundener Regeln für den Sprachgebrauch. Dies be-trifft alle drei Dimensionen der Semiotik: Syntax, Semantik und Pragmatik. Durch den Rückgriff auf die Umgangssprache oder spezifische Fachsprachen als Basisontologie sind Ontologien zumeist durch den Grad ihrer Formalisierung (Verallgemeinerung und symbolische Repräsentation im Rahmen eines weniger formalisieren Sprachsystems) gekennzeichnet. Bezogen auf eine Domäne können zur Vereinheitlichung Referenz-ontologien (core-ontologies) entwickelt werden.
3. Ziel von Ontologien ist die *Befähigung zur Interoperabilität* in der Kommunikations-gemeinschaft. Ontologien sind also immer zweckgebunden und ihre Ausgestaltung sollte sich an diesem Zweck orientieren.
   Blad und Potts (2003, S. 140) definieren: „Interoperability: 'the ability of systems, units or forces to provide service to and accept services from other systems, units and forces and to use these services so exchanged to enable them to operate effectively to-gether'." Dies darf nicht nur technisch gesehen werden, sondern umfasst auch „the shared understanding which only cognitive and doctrinal interoperability can provide".

▶ **Interoperabilität** ist die Fähigkeit eines Systems, durch Kommunikation (Senden und Empfangen von Nachrichten) und/oder den Bezug auf ein geteiltes Verständnis seine Mit-glieder zu einem Handeln im Sinne des Systems zu bewegen.

4. Ontologien sind *dynamische Sprachsysteme*, die entwickelt und gemäß ihrem Zweck weiterentwickelt werden sollten. Sie sollten also in ihrer Konstruktion über Verfahren ihrer eigenen Änderung verfügen: Wissensinhalte können sich ändern, neue Kommuni-

kationspartner können aufgenommen werden, die Sprache muss an die Bedürfnisse der Kommunikationspartner angepasst werden. Falls die neuen Mitglieder aus einer anderen Sprachgemeinschaft stammen, müssen Übersetzungsregeln erarbeitet werden.

Fasst man diese Aspekte zusammen, so ist es erforderlich für die Definition einer Ontologie folgende Elemente festzulegen:

- Eine Kommunikationsgemeinschaft,
- einen Zweck und eine
- Metaontologie, die die Typen von sprachlichen Elementen und ihre formale Repräsentation charakterisiert.

Ontologien für spezifische Domänen können von enormer Komplexität sein, sodass es einzelnen Mitgliedern der Kommunikationsgemeinschaft nicht mehr möglich ist, die gesamte Ontologie zu überblicken, geschweige denn sie zu entwickeln oder zu handhaben. Die Lösung dieses Problems kann organisatorisch durch Modularisierung und die Einführung verschiedener Granularitätsstufen in der Ontologiedefinition erfolgen. Ein Ontologiemodul soll dabei als ein Element einer Ontologie angesehen werden, welches selbst wiederum eine komplette Ontologie umfasst, auf einer bestimmten Betrachtungsstufe aber zunächst als Einheit angesehen wird.

Die gemeinschaftlich abgestimmte „kollektive Ontologie" repräsentiert das Kollektive Wissens von Gemeinschaften.

Dabei unterstellen wir sowohl ein

- kollektives beschreibendes Wissen,
- kollektives prozessuales Wissen (Rollenkonzepte für die beteiligten Einheiten) und
- kollektives emotionales Wissen (Motivation, Zielsysteme).

Als **Vorstufe einer Ontologie** unter Ausblendung der Semantik kann auch der Google-**Index** für die Welt des Internets angesehen werden. Sprachelemente sind hier Zeichenketten (Worte) ohne vereinbarte Inhalte (Semantik). Google identifiziert die Zeichenketten in den ausgewerteten Seiten des Internets und merkt sich die Adressen, in denen diese Zeichenkette vorkommt. Eine Gewichtung hinsichtlich der unterstellten Bedeutung der Worte wird durch den Algorithmus zur Erstellung der Anzeigereihenfolge gegeben. Prinzipiell wird die Bedeutung (die Semantik) der Worte der Interpretation des Nutzers überlassen.

Will man eine höhere semantische Präzision erreichen, so muss man einen zweiten Schritt tun und ein **Wörterbuch** erstellen, in dem die Bedeutung der syntaktisch als Zeichenkette gegebenen Worte definiert wird. Derartige Wörterbücher sind für viele Bereiche unserer Wirtschaft von großer Bedeutung. Sie werden z. B. bei der Verschlagwortung von Dokumenten, also der Organisation des Wissens über Metawissen, eingesetzt.

Besonders wichtig sind z. B. Wörterbücher für den elektronischen Handel. Wenn Computer Bestellungen für Produkte aufgeben oder annehmen sollen, so müssen sie sich sehr genau darüber einig sein, welches Produkt sie kaufen oder verkaufen. Der Preis ist sehr einfach auszutauschen, da Zahlen und Währungssymbole international eindeutig sind, aber die Spezifikation des Produktes ist schwer, insbesondere dann, wenn Lieferant und Abnehmer aus unterschiedlichen Sprachgemeinschaften stammen. Daher arbeiten viele Interessengemeinschaften an Produktklassifikationsstandards. Einige Beispiele dafür sind:

- eCl@ss, (https://www.eclass.eu/standard.html)
- EPC (Electronic Product Code) häufig in Zusammenhang mit RFID verwendet,
- UNSPSC (United Nations Standard Protocol for Services and Goods),
- proficl@ss,
- ETIM (Elektrotechnischer Informationsmode).

Stellvertretend für diese Beispiele wird der eCl@ss-Standard erläutert.

eCl@ss-Standard

Die Homepage des eCl@ss-Standards zeigt sehr anschaulich, worum es bei der Einführung eines Produktklassifikationsstandards geht. eCl@ss ist ein Verein, der zunächst von einigen großen Unternehmen, die auch eine große Einkaufsmacht repräsentierten, gegründet wurde. Die Mitglieder erstellen gemeinsam Standardbeschreibungen von Produkten, wie z. B. eines Apfels (vgl. Abb. 2.10).

Der Apfel wird durch eine Klassifikationsnummer (16-04-01-01) und weitere vorgegebene oder wählbare Merkmale beschrieben (Artikelbezeichnung usw.) und evtl. durch ein Bild dargestellt. Auf diese kann bei einer Bestellung oder generell bei einem Schriftverkehr Bezug genommen werden. Dadurch wird die Kommunikation zwischen den Nutzern des Standards normiert und für alle präziser. ◄

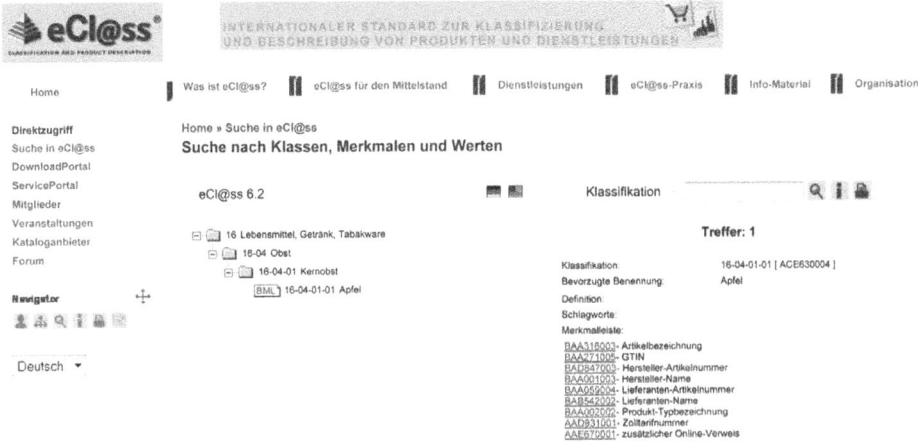

Abb. 2.10 eCl@ss-Standardproduktbeschreibung eines Apfels. (Quelle: eCL@ss, o. J.)

Ein nächster Schritt zur Einführung einer komplexeren Sprachstruktur ist die Einführung von Beziehungen zwischen Begriffen (mit oder ohne inhaltliche Standardisierung). Dies führt zu einem **Semantischen Netz**.

Als Beispiel wird in der folgenden Abbildung ein semantisches Netz für das Arbeitsumfeld eines Professors dargestellt. Die verschiedenen Begriffe (in der Abbildung als Pyramiden dargestellt) sind durch Beziehungen miteinander verbunden. Professoren halten Vorlesungen, schreiben Veröffentlichungen, betreuen Promotionen, beschäftigen drittmittelfinanzierte Mitarbeiter usw. (vgl. Abb. 2.11).

Durch die Beziehungsstrukturen werden semantische Inhalte auch ohne inhaltliche Spezifikation wiedergegeben. Man kann die Bedeutung der Begriffe sehr viel besser erkennen, wenn man ihr begriffliches Umfeld ebenfalls kennt. Um den Begriff „Mars" zu verstehen, ist es z. B. wichtig zu wissen, ob er dem Umfeld der Schokoladenriegel, der römischen Götter, der Planeten etc. angehört. Semantische Netze sind die Grundlage für alle weiteren Beispiele für Ontologien.

Innerhalb der semantischen Netze gibt es einige besondere Beziehungen, die zu spezifischen Netzwerktypen führen:

- **Ist-Teil-von Beziehung**. (Ein Motor ist Teil eines Autos.) Sie führt zu einer hierarchischen Struktur der Begriffe, die vor allem zur Klassifikation von Dokumenten, Büchern usw. eingesetzt wird (vgl. auch die Klassifikation im eCl@ss-Standard). Das Ergebnis ist ein **Thesaurus**, wie er von Bibliotheken häufig benutzt wird. Man betrachte z. B. den

Abb. 2.11 Semantisches Netz: Arbeitsumfeld eines Professors. (Quelle: eigene Darstellung, erstellt mit dem Ontology Generator von Magenta)

Thesaurus Wirtschaft der Deutschen Zentralbibliothek für Wirtschaftswissenschaften, der diese Struktur hat (ZBW Leibniz-Informationszentrum Wirtschaft, 2011).

- **Hat-die-Eigenschaft (Verhaltensweise)-Beziehung.** Durch die Zuordnung von Eigenschaften und Verhaltensweisen werden einzelne Begriffe zu einer komplexeren Struktur, die als Objekt bezeichnet wird. **Objekte** sind strukturierte Elemente mit Namen, Eigenschaften und Verhaltensweisen. Sie stehen für reale Objekte in unserer Welt und beschreiben diese durch ihre Eigenschaften und Verhaltensweisen.
- **Ist-ein-Beziehung.** Sie ist die Grundlage für eine Taxonomie. Durch sie ordnen wir unsere Welt durch die Bildung von Klassen (Typen) von Objekten.

▶ Die **Taxonomie** beschreibt ein hierarchisches System von Klassen von Objekten, deren Eigenschaften aufeinander aufbauen.

Das wird am Beispiel von Fahrzeugen erklärt (vgl. Abb. 2.12).

Die Klasse Fahrzeuge kann z. B. die Eigenschaft haben, dass alle Fahrzeuge Räder besitzen und damit fahren, daraus folgt, dass auch alle nachgelagerten Klassen (Automobile, Fahrräder, PKW usw.) Räder besitzen und damit fahren. Alle Automobile besitzen darüber hinaus einen Motor. Dies gilt auch für alle PKW, LKW und Busse, nicht aber für Fahrräder. Objektklassen „erben" alle Eigenschaften hierarchisch übergeordneter Klassen, unterscheiden sich aber von gleichgeordneten Klassen. Die untergeordneten Einheiten einer Objektklasse werden auch als **Instanzen** bezeichnet.

Objektbasierte Ontologien, die auf den Sprachelementen Objekte und Beziehungen aufbauen, spielen heute bei der Klassifikation von Wissenselementen eine große Rolle, z. B. für die Spezifikation von Multiagentensystemen (MAS) bzw. von betrieblichen Anwendungssystemen, auf die wir noch näher eingehen werden. Derzeit in der Entwicklung befinden sich Ansätze zur Nutzung des Web für die Gestaltung von verteilten Wissens-

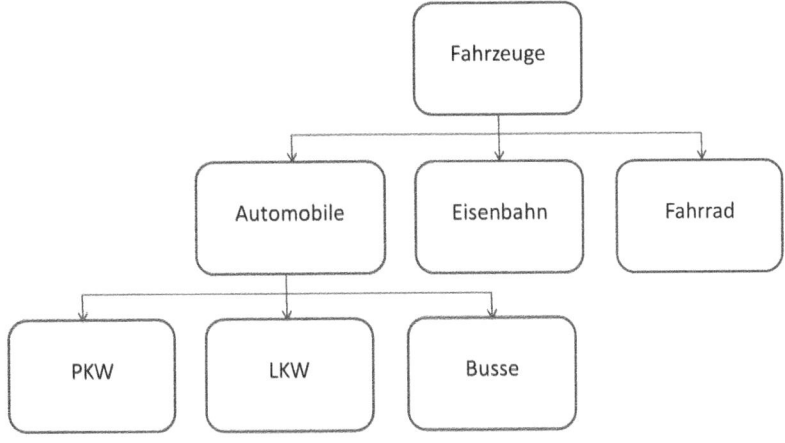

Abb. 2.12 Taxonomie Fahrzeuge. (Quelle: eigene Darstellung)

beständen, die über eine Ontologie (vereinheitlichte Metadatenbeschreibung) zu neuen Web-Services integriert werden können.

Im Rahmen der inner- und zwischenbetrieblichen Kommunikation werden Ontologien als Standardisierungen von Produkt- oder Unternehmensbeschreibungen eingesetzt, um Geschäftsvorfälle (Anfragen, Bestellungen, Inventarlisten etc.) zu vereinfachen und mit einer eindeutigen Bedeutung zu versehen.

2.5   Welt 3: Kollektive Handlungseinheiten und ihr Wissenssystem

Je nach dem in welchem sozialen Kontext wir uns bewegen, spielt das spezifische, relevante Wissen eine andere Rolle. Es wird anders bewertet und genutzt, seine Verfügbarkeit und Verbindlichkeit ist anders geregelt. Wissen in einer Familie, einem Unternehmen, einer Gesellschaft oder einer Religionsgemeinschaft sind nicht gleich zu behandeln. Wir leben aber parallel in verschiedenen solchen Kollektiven und müssen mit den Unterschieden umgehen. Die Gesamtheit aller kollektiven Handlungseinheiten ist die Welt 3, mit einem besonderen individuellen und kollektiven mentalen Multiversum des Wissens. Wir müssen uns immer überlegen in welchem Kontext wir uns gerade befinden, wie wir uns darin verorten und unser Handeln daran ausrichten.

Wir möchten dies im Weiteren an dem abstrakten Beispiel „Unternehmen" näher spezifizieren, wohl wissend, dass es nicht „das Unternehmen" gibt und alles relativ ist.

2.5.1   Kollektive Handlungseinheiten

Die Elemente der Welt 3 sind kollektive Handlungseinheiten.

▶ **Kollektive Handlungseinheiten** bestehen aus einer Mehrzahl von Akteuren, die gemeinsam Handlungen planen und durchführen und für diese verantwortlich sind. Sie nutzen gemeinsame Ressourcen (Werkzeuge, Energie, Finanzen usw.) über deren Einsatz das Kollektiv entscheidet und sie benötigen ein aufeinander abgestimmtes Wissen.

Betrachtet man das Kollektiv als eine Einheit, so tritt sie nach außen wie ein individueller Akteur auf. Sie hat jedoch eine innere Struktur, die von den Akteuren des Kollektivs selbst bestimmt wird. Für diese innere Struktur benötigen Kollektive ein eigenes Management. Sie arbeiten arbeitsteilig, d. h. die Prozesse werden von mehreren Akteuren kollaborativ ausgeführt. Dies gilt sowohl für die Handlungsprozesse in der realen Welt wie für die mentalen „Denkprozesse".

Dadurch entsteht ein neues Problem für kollektive Akteure. Sie benötigen nicht nur einen mentalen Zwilling für die Welt 1, um ihr Handeln daran zu orientieren, sondern sie besitzen eine interne Welt, deren Struktur (Management) sie selbst gestalten müssen. Dies betrifft sowohl die innere Welt 1 (welche Akteure mit welchen Rollen gehören zu der Handlungseinheit?), als auch die innere Welt 2 (welche Wissenseinheiten sind für das Handeln der Einheit relevant und verbindlich? Wer hat Zugriff darauf?)

2.5.1.1 Kollektive Mentale Modelle

Organizational Memory und betriebliche Wissensstrukturen

In einer Studie haben Freimuth, Hauck und Asbahr sehr anschaulich die Wissensrepräsentation von Teams in der Automobilproduktion dargelegt. Sie stellen fest, dass die Teammitglieder verschiedene Spezialistenrollen (für den Umgang mit bestimmten Maschinen, für soziale Probleme des Teams, für den Kontakt zum Unternehmen) übernehmen und damit über Wissen verfügen, welches die Anderen nicht haben. Jeder tut das, was er am besten kann. Insgesamt gibt es jedoch genügend Redundanz in der Wissensverteilung, sodass der Ausfall eines Mitgliedes das Team nicht blockiert. Für den Abruf und die Nutzung des Wissens entwickeln sich spezifische Kommunikationsformen. Häufig genügt ein Blick oder eine Geste, und der Angesprochene weiß Bescheid. Es gibt keine Barrieren für den Abruf. Für Problemlösungen entstehen gemeinsame Suchbewegungen. So entstehen innerhalb eines Teams verteilte Wissensstrukturen, auf deren Grundlage man gemeinsam mehr Probleme lösen kann als jeder Einzelne. Mit ihnen verbunden sind auch die Zuständigkeiten für das Handeln (vgl. Freimuth et al., 2002). ◄

Verallgemeinert können wir sagen, dass wir in unserer Gesellschaft für kollektives, arbeitsteiliges Handeln auch kollektive mentale Modelle entwickeln.

▶ **Kollektive Mentale Modelle** (**KMM**) sind von allen Mitgliedern eines Kollektivs geteilte Vorstellungen über die Welt, die Möglichkeiten ihrer Veränderung, die Intentionalität des Kollektivs und die Wertigkeit bestimmten Handelns. Sie basieren auf einer vorgegebenen Rollenverteilung der in dem Modell gedachten Individuen und Objekte und führen zu einem aufeinander abgestimmten Handeln.

Dies kann der Gebrauch einer Sprache, wie auch die Produktion eines Automobils sein. Kollektive Handlungssysteme entstehen als Netzwerke aufeinander bezogener KMM. Bei dem Gebrauch von KMM ist es nicht unbedingt erforderlich, dass alle jedes Handeln in dem System beherrschen, sondern nur das ihrer eigenen Rolle. In dem Sinn gibt es Arbeitsteilung bei der Nutzung von KMM. Beispielsweise muss ein Chefsekretär eine Tagesplanung machen und Termine vergeben können, aber die Moderation einer Sitzung und die Verhandlungsführung liegen in der Kompetenz des Chefs, der entsprechende Rituale kennt.

Im Rahmen eines KMMs benötigt jedes Individuum als Mitglied des Kollektivs:

- eine Vorstellung von der eigenen Rolle in dem Kollektiv: Ein KMM definiert verschiedene Rollen in dem System, die von einzelnen Individuen übernommen werden können. Eine solche Rolle umfasst Handlungserwartungen an den jeweiligen Rolleninhaber, die dieser kennen und erfüllen muss. Dazu benötigt er insbesondere:
- das Wissen zur Erfüllung der eigenen Rolle,
- häufig damit verbunden eine Vorstellung von der Situation, in der sich das Kollektiv befindet (da das erwartete Handeln situationsbedingt definiert sein kann),
- eine Vorstellung von den Zielen (Intentionen) des Kollektivs (sie dient vor allem der Steuerung einer zielgerechten Ausfüllung von Handlungsspielräumen, die jede Rollendefinition in einem KMM den Mitgliedern lässt) und
- eine Vorstellung von den Schnittstellen (Beziehungen) zu den Anderen (die Kenntnis der Auswirkungen des eigenen Handelns auf die anderen Mitglieder des Kollektivs ermöglicht den Umgang mit Interdependenzen in außergewöhnlichen Fällen).

KMM bestimmen unser Handeln in **sozialen Situationen**. Sie prägen unsere Erwartungen und leiten unser eigenes Handeln. Damit schaffen sie die Grundlage jeglichen kollektiven Handelns. Es gibt eine große Vielfalt derartiger Modelle in unserem alltäglichen Leben, die von unterschiedlich großen Gemeinschaften als Bestandteil ihrer Kultur getragen werden.

Alle sozialen Standardsituationen werden durch KMM bestimmt. Jeder Mitarbeiter in einem Unternehmen hat ein Modell im Kopf, wie er sich in einer alltäglichen Arbeitssituation verhalten soll, was die Folge eines Fehlers sein könnte, wie sein besonderes Engagement belohnt wird usw. Derartige Modelle erleichtern uns die Orientierung in der Welt und machen diese prognostizierbar.

Zu den Inhalten von KMM zählt neben der sozialen Interaktion auch der Gebrauch von **physischen Artefakten** (Werkzeuge) als Mittel für unser Handeln. Diese Mittel erweitern unser individuelles Wissen, ohne dass wir ihr eigentliches Funktionieren verstehen müssen. Wir müssen nur ihre Handhabung beherrschen. In Verbindung mit dem KMM muss der Einsatz der Werkzeuge und ihre Verfügbarkeit geregelt sein.

Eine weitere wichtige Eigenschaft der KMM ist ihre **Veränderbarkeit**, wenn diese Veränderung von dem Kollektiv getragen wird.

Die Einheiten der Welt 3 haben also ein besonderes Problem durch die notwendige Gestaltung ihrer inneren Welt. Wie diese Gestaltung geregelt wird, kann sehr verschieden sein. Und stellt besondere Anforderungen an die zugehörigen Akteure einer kollektiven Einheit.

Die Gestaltung des Handlungssystems, eines Kollektivs wollen wir als **Management** bezeichnen.

Die Gestaltung des mentalen Multiversums für eine kollektive Handlungseinheit der Welt 3 wollen wir als **Wissensmanagement** bezeichnen.

Management und Wissensmanagement hängen sehr stark voneinander ab.

2.5.1.2 Management der kollektiven Handlungseinheiten

Der für die Gesamthandlung verantwortliche kollektive Akteur kann durch eine vorgesetzte Einheit repräsentiert sein und/oder eine virtuelle Einheit, die durch die Interaktion (Kommunikation) der „ausführenden Einheiten" und die Abstimmung ihres Wissens entsteht.

Im Allgemeinen gibt es Spielräume für das Handeln der ausführenden Einheiten, die durch Koordination zu Verbesserungen des kollektiven Handelns gebracht werden können.

Zu den Aufgaben des kollektiven Akteurs gehören (siehe Abschn. 1.2.3):

* Die Abgrenzung der kollektiven Handlungseinheit (zugehörige Akteure und die Beziehungen zu ihnen und untereinander, verfügbare Werkzeuge, Finanzen …)
* Die Festlegung der Handlungsziele in der Umwelt (Auswahl der Interaktionspartner und der Beziehungen zu ihnen, speziell: Interaktion mit den Kunden und sonstigen Stakeholdern, Generierung und Festlegung des Produktes …)
* Organisation
  – Bildung von Teileinheiten der Akteure
    * Die Zuteilung der Aufgaben (Einzelprozesse) an die ausführenden Akteure unter
    * Abgleich von Fähigkeiten und Anforderungen an die ausführenden Akteure (Kompetenzabstimmung) und
    * Koordination der Arbeitszeiten der ausführenden Akteure (Kapazitätsplanung)
  – Die Zuteilung der Verfügungsrechte über die notwendigen Ressourcen (Hilfsmittel und Werkzeuge) nach Zeit, Ort und Menge unter
  – Abgleich von Fähigkeiten und Anforderungen an die notwendigen Ressourcen (Kompetenzabstimmung) und
  – Koordination der Einsatzzeiten der notwendigen Ressourcen (Kapazitätsplanung)
* Die Koordination des Wissens der ausführenden Akteure: Beschreibendes Wissen, Wertendes Wissen, Prozessuales Wissen. Der kollektive Akteur ist auch Repräsentant des Wissens des kollektiven Handlungssystems.
  Der kollektive Akteur muss die die Folgen von Ereignissen im und in der Umwelt des Systems auf die relevanten (Teil-)Systeme, für die er verantwortlich ist, abschätzen, um darauf reagieren zu können.
* Die Zuordnung von Akteuren und Ressourcen zu Vorgängen kann variabel nach verschiedenen Kriterien erfolgen: Kosten, Qualität der Fähigkeiten, notwendige Arbeitszeit der Akteure ….
* Bei einem Auseinanderfallen der geplanten Einsatzorte und der Aufenthaltsorte der Akteure und Ressourcen sind eventuell zusätzliche Logistikaktivitäten zu planen und durchzuführen.

Wissen ist generell bezogen auf einen Akteur und entspricht der Welt 2 dieses Akteurs. Wenn der Akteur Teil einer kollektiven Handlungseinheit ist, so ist der mit der Handlungseinheit abgestimmte Teil seines Wissens das Handlungswissen des Akteurs für diese Handlungseinheit.

Wissen einer kollektiven Handlungseinheit ist das individuelle Wissen der einzelnen Einheiten des Kollektivs, welches auf ein gemeinsames Handeln abgestimmt ist und in einen gemeinsamen Prozess eingeht oder Wissen, über welches die kollektive Handlungseinheit verfügen und damit den individuellen Akteuren einen Zugriff ermöglichen kann.

Die Individuen übernehmen in einem gemeinsamen Prozess eine organisatorische Rolle. Sie übernehmen die „übergeordneten", organisatorische Ziele (Wertungen, Motivation) und Weltbilder (deskriptives Wissen) und bringen spezifische Fähigkeiten (prozessuales Wissen) zur Realisierung der Ziele mit Hilfe der von der Organisation zur Verfügung gestellten Ressourcen ein. Das Wissen einer kollektiven Handlungseinheit ermöglicht der gesamten Einheit auf interne und externe Ereignisse (ungeplante Vorgänge) zu reagieren und – im Idealfall – diese auszugleichen, um das kollektive Ziel nicht zu gefährden. Es umfasst Selbst- und Umweltwissen.

2.5.1.3 Wissensmanagement kollektiver Handlungseinheiten

Der Wissensaustausch zwischen den Mitgliedern eines Kollektivs ist darauf gerichtet, einen gemeinsamen, für alle nutzbaren Fundus an Wissen aufzubauen und damit das Handlungspotenzial aller aufeinander abzustimmen, zu erweitern und zu verbessern. Daneben gibt es die Tendenz zu einer immer größer werden Spezialisierung: Menschen arbeiten zusammen, ohne dass jeder versteht, was der Andere tut.

Neben dem von allen Mitgliedern eines Kollektivs geteilten Wissen (KMM) verfügen die Wissensträger eines Unternehmens über individuelles Wissen, welches sie bei Bedarf und mit Zustimmung des Kollektivs ebenfalls in das Handeln des Unternehmens einfließen lassen können.

Implizites Wissen erschließen

Ein Mitarbeiter eines international tätigen Unternehmens erhält einen Brief aus China, der leider chinesisch geschrieben ist und für ihn daher nicht lesbar. Ein Kollege erklärt ihm, dass sein Zimmernachbar mit einer Chinesin zusammenlebt und diese ihm sicher helfen kann. So erhält er eine Übersetzung des Inhaltes und das Versprechen, seine Antwort ins Chinesische zu übersetzen. Nach Rücksprache mit dem Unternehmen beschließt man diesen Weg zu gehen. Das Unternehmen greift auf implizites Wissen seiner Wissensbasis zurück. ◀

▶ **Wissensbasis** ist das gesamte für die kollektive Handlungseinheit gegebenenfalls verfügbare Wissen.

Wissensträger in kollektiven Handlungseinheiten sind verteilte, autonome Einheiten in Form von

- Menschen,
- Kollektiven,
- Computern,
- Dokumenten,
- Maschinen, Gebäuden, technische Anlagen (Potenzialfaktoren)
- Produkten, Vorprodukten

mit parallel arbeitenden Kommunikationsnetzen.

Die Wissensbasis ist also ein verteiltes System mit unterschiedlichen Wissensträgern, deren Einzelwissen nicht notwendig konsistent ist. Die Abgrenzung der Wissensbasis einer kollektiven Handlungseinheit von dem Rest der Welt des Wissens ist Aufgabe des Managements. Es kann Meinungs- und Zielkonflikte zwischen den verschiedenen Wissensträgern und ihren Kontexten geben. Ein Mensch kann mit solchen Widersprüchen nicht leben, da er sonst entscheidungs- und handlungsunfähig würde. Bei einer kollektiven Handlungseinheit ist dies nicht der Fall, da auch das Handlungssystem durch unabhängige Einheiten gebildet wird. Eine Aufgabe des Wissensmanagements ist es demnach zur Abstimmung des vorhandenen Wissens in der kollektiven Handlungseinheit beizutragen.

Die Verteilung des Wissens in der Wissensbasis und seine Zugänglichkeit für die Akteure ist nicht notwendig kongruent zum Handlungssystem mit den dort geregelten Zuständigkeiten und/oder den Handelnden nur unvollständig bekannt. Eine zentrale Aufgabe des WM ist also die Wissenslogistik. D. h. durch Kommunikation verbunden mit Zwischenspeicherung, Aufbereitung und Kommissionierung sind die Handlungsträger zeit- und problemgerecht mit dem für sie relevanten Wissen zu versorgen.

Schon aus diesen Gründen ist für jede kollektive Handlungseinheit ein Wissensmanagement notwendig. Die Handlungseinheit muss entscheiden, welches Wissen sie selbst aufnehmen oder generieren will, wie sie es bewertet, wie sie dieses Wissen speichern und verteilen will und wie es für das Handeln des Kollektivs genutzt werden soll.

2.6   Wissen von Unternehmen

2.6.1   Handlungseinheit Unternehmen

Unternehmen sind kollektive Handlungseinheiten, deren Existenz durch externe Einheiten (Kunden, Lieferanten usw.) und das Ziel, eine Leistung für diese Einheiten zu produzieren, begründet ist. Die Mitglieder des Handlungskollektivs werden von den externen Einheiten für ihre Aktivitäten belohnt.

Ähnlich wie ein Individuum kann ein Unternehmen als handelndes Subjekt hinsichtlich seines Wissens und Handelns analysiert werden.

Abb. 2.13 Airline-Cateringprozess. (Quelle: eigene Darstellung)

Das Handeln von Unternehmen ist ebenso wie das Handeln von Individuen oder Maschinen (Handlungseinheiten) ein Prozess, der jedoch sehr viel komplexer ausfallen kann als individuelles Handeln. Im Unterschied zu einer elementaren Handlungseinheit können in Unternehmen viele Subprozesse parallel ablaufen, da die Denk- und Handlungsprozesse von Unternehmen von einer Vielzahl von Handlungseinheiten ausgeführt werden.

Wir möchten dies am Beispiel eines Airline-Catering-Unternehmens – da es sich um einen relativ gut nachvollziehbaren Prozess handelt – verdeutlichen, vgl. Abb. 2.13 (wir kommen auf dieses Beispiel noch mehrfach zurück). Der Markt für die Airline-Caterer hat sich zwar durch den Preiswettbewerb in der letzten Zeit wesentlich verändert. Früher war durch die staatliche Regulation von Preis und Menge des Angebotes von Fluggesellschaften das Catering ein wesentliches Marketinginstrument. Die Prozesse sind jedoch gleichgeblieben.

Airline-Catering

Ein Airline-Catering-Unternehmen liefert für jeden beauftragten Flug alle Objekte für den Service während des Fluges gemäß den Servicerichtlinien der Airline in das Flugzeug. Es muss dazu alles einkaufen und in einem Lager zwischenlagern, die Gerichte kochen, die Brötchen backen, sie wieder zwischenlagern und schließlich für die Verladung in Trolleys packen und in das Flugzeug transportieren. ◄

Diese Prozessskizze ist natürlich sehr oberflächlich. Im Detail als ARIS-EPK-Modell aufgezeichnet entsteht ein Bild, das mehrere Wände füllt – vgl. Abb. 2.14.

Die Details des Modells eignen sich jedoch sehr gut, um ein Wissensmodell des Unternehmens aufzustellen.

Die Veranlassung und die Steuerung des Prozesses erfolgt über eine Welt des Wissens, welche durch verschiedene Wissensträger geprägt ist. Dazu gehören:

- Der beauftragende Kunde, der den Prozess auslöst,
- die den Prozess durchführenden Akteure,
- Vorgesetzte, koordinierende Einheiten,
- zusätzliche Computer,
- intelligente Ressourcen (intelligenter Trolley),
- intelligente Produkte (Essen, Champagnerflasche) etc.

Abb. 2.14 Ausschnitt aus dem Cateringprozess als ARIS-EPK. (Quelle: eigene Darstellung)

Die Wissensträger sind untereinander vernetzt und kommunizieren miteinander. Sie müssen nicht, können aber identisch sein mit den Akteuren im System, wie es in der Abb. 2.15 dargestellt wird.

Wichtig ist zunächst einmal folgende allgemeine Aussage:

▶   Jeder Kundenwunsch muss von dem Unternehmen in einen auszuführenden Prozess, dessen Ergebnis das gewünschte Produkt ist, übersetzt werden. Dieser Prozess ist die Planungsgrundlage für das Unternehmen. Selbstverständlich laufen in einem Unternehmen auch noch vielfältige andere (Handlungs- und Denk-) Prozesse zur Unterstützung der Produktion ab. Das Prinzip ist jedoch das gleiche, nur dass der „Kunde" aus dem Unternehmen stammt.

Die Methode, wie der Prozess letztendlich festgelegt wird, kann sehr unterschiedlich sein. Bei einem Standardprodukt kann das Unternehmen auf bekannte Prozessbeschreibungen zurückgreifen, diese organisatorisch verankern und ablaufen lassen (z. B. Fließband). Ein individuelles, evtl. noch nicht genau spezifizierbares Produkt erfordert besondere Prozesse zur Spezifikation des Produktes und seines Produktionsprozesses (z. B. Scrum).

Als Basismodell für die Beschreibung eines kollektiven Handlungsprozesses können wir von dem folgenden Bild (s. Abb. 2.16) ausgehen.

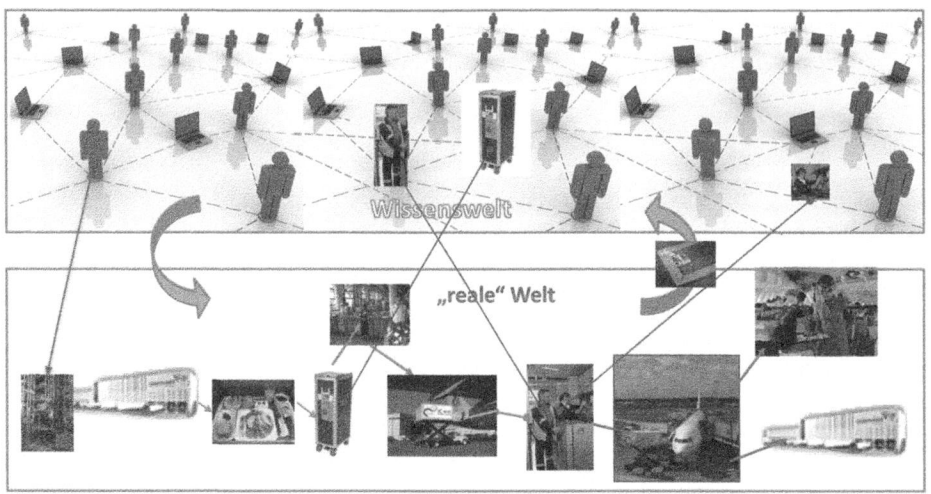

Abb. 2.15 Zwei Welten des Kollektiven Handelns. (Quelle: eigene Darstellung)

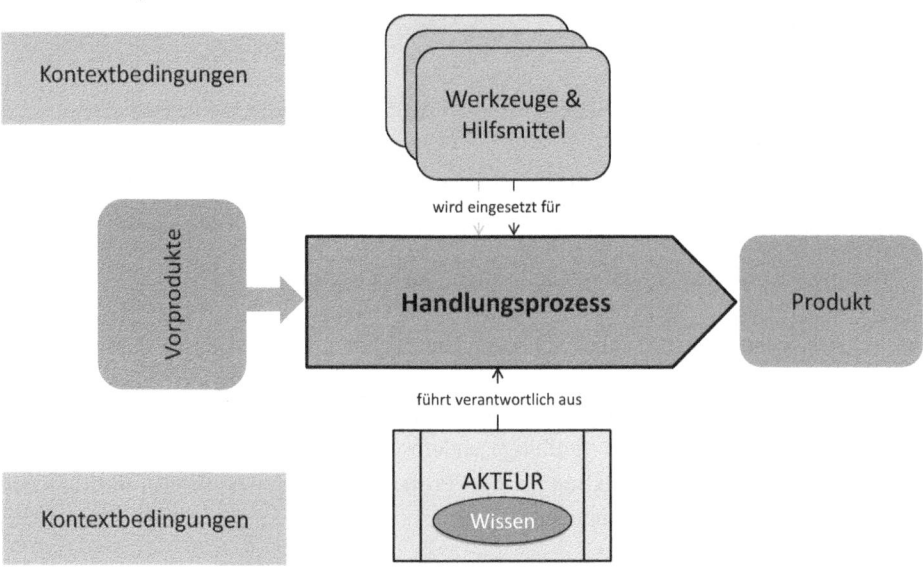

Abb. 2.16 Elemente einer Handlungseinheit. (Quelle: eigene Darstellung)

Der Gesamtprozess wird zerlegt und dargestellt in vielen zusammensetzbaren Handlungseinheiten. Jede Handlungseinheit beschreibt einen spezifischen Handlungsprozess, der von einem Akteur verantwortlich unter Einsatz von Werkzeugen und Hilfsmitteln durchgeführt wird und vorgegebene Vorprodukte in ein gewünschtes Produkt transformiert. Für die Durchführung des Handlungsprozesses benötigt der Akteur ein spezifisches Wissen und Werkzeuge und Hilfsmittel, die ebenfalls als Artefakte notwendige

Fähigkeiten repräsentieren und für den Akteur verfügbar (Verfügungsrechte) sein müssen. Das handelnde Subjekt (der Akteur) ist verantwortlich für die Durchführung der Handlung. Das notwendige Wissen umfasst

- planungsbezogenes Wissen (Ziel, Zeitfenster der Durchführung, Wertigkeit des Produktes für die Handlungseinheit, Kontext etc.) und
- transformationsbezogenes Wissen (Wie stelle ich das Produkt her? Welche Ressourcen muss ich einsetzen? Wie sind die Verfügungsrechte über die Ressourcen geregelt? etc.).

Lieferung der Trolleys in das Flugzeug

Betrachten wir dies an unserem Standardbeispiel des Airline-Caterings. Der für die Lieferung der Trolleys zuständige Mitarbeiter (siehe Abbildung) bekommt zunächst einen Arbeitsplan, in dem steht, dass er in einem bestimmten Zeitfenster die bereitgestellten Trolleys (Aktion einer vorgelagerten Handlungseinheit „Bestückung und Bereitstellung der Trolleys") gemäß einer Liste in die dafür vorgesehenen Boxen der Galley einstellen soll (Planungswissen). Für die Durchführung ist ein spezieller Hubwagen erforderlich, der dem Mitarbeiter in dem notwendigen Zeitfenster zur Verfügung steht. Der Mitarbeiter muss dabei nicht nur die Fähigkeit haben, den Wagen zu fahren und am Flugzeug zu handhaben (Transformationswissen), sondern auch die Berechtigung (Erlaubnis) besitzen, ein Transportmittel auf dem Flughafen zu bewegen. ◄

Das Wissensmanagement des Unternehmens muss sicherstellen, dass alle erforderlichen Wissenselemente zeitgerecht dem Akteur vermittelt werden. Sollten mehrere Akteure auf die gleichen Werkzeuge und Hilfsmittel zugreifen, muss eine Abstimmung erfolgen, die die zeitliche Verfügbarkeit für alle garantiert.

Wenn in einem Handlungssystem mehrere Akteure sequenziell und/oder parallel zusammenarbeiten, um gemeinsam ein Produkt zu erstellen, wird das Bild (vgl. Abb. 2.17) etwas komplizierter.

Die individuelle Wahrheit des Akteurs, also seine subjektive Überzeugung, dass die Welt so ist, wie er sie für sein Handeln unterstellt (subjektive Wahrheit) geht über in eine Überzeugung, wie sie das Kollektiv erwartet. Das Individuum hat also eine Rechtfertigungspflicht gegenüber dem Kollektiv (dem Unternehmen), welches deskriptive, prozessuale und wertende Wissen es bei seinem Handeln unterstellt hat (Bereitstehende Trolleys mit bestimmtem Inhalt, Verfügbarkeit des Hubwagens, Bedienungswissen des Hubwagens, Wichtigkeit der Einhaltung des Zeitfensters …). Umgekehrt muss das Unternehmen dafür sorgen, dass dem Individuum ein adäquates Wissen zur Verfügung steht (kollektive Wahrheit).

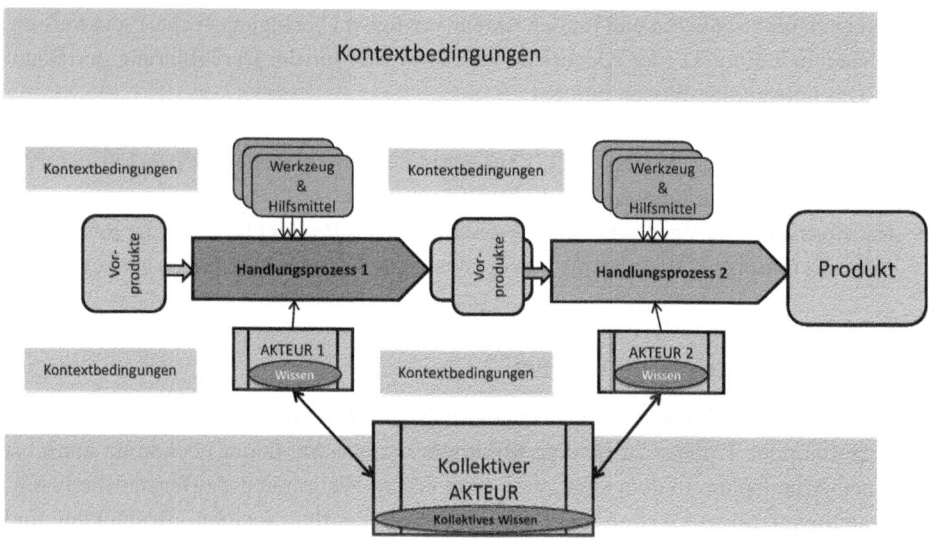

Abb. 2.17 Kollektive Handlungssysteme. (Quelle: eigene Darstellung)

2.6.2 Wissensmanagement von Unternehmen

Eine der Aufgaben des Wissensmanagements ist die Wissenslogistik, d. h. durch Kommunikation verbunden mit Zwischenspeicherung, Aufbereitung und Kommissionierung sind die Handlungsträger zeit- und problemgerecht mit dem für sie relevanten Wissen zu versorgen.

Schon aus diesen Gründen ist für jedes Unternehmen ein Wissensmanagement notwendig. Ein Unternehmen muss – ähnlich wie ein Individuum – Wissen über Wahrnehmung und/oder Generierung aufnehmen, zu einem neuen Weltbild verarbeiten, daraus Pläne für sein Handeln entwickeln, diese umsetzen und den gesamten Prozess kontrollieren und bewerten. Diese Aufgaben bezeichnen wir als **Wissensmanagement**.

Wissensmanagement ist also wesentlich mehr als nur die Verwaltung von Dokumenten und Datenbanken und die Organisation von Communities, es sollte sich auch in die Gestaltung der Unternehmensprozesse aus wissensorientierter Sicht einbringen und sich selbst gestalten. Zu dem Wissensmanagement im weiten Sinn gehören auch die wissensbezogenen Aufgaben in diversen Unternehmensbereichen, wie

- auf der strategischen Ebene die Gestaltung und Steuerung der Wahrnehmungs- und Wissensgenerierungssysteme und -prozesse für das Handeln des Unternehmens,
- operativ die Entwicklung von Plänen für das Handeln des Unternehmens auf der Basis eines kollektiven Weltmodells und seiner Bewertung,
- die Steuerung und Kontrolle der Durchführung der geplanten kollektiven Handlungsprozesse,

- die Motivation der einbezogenen Handlungseinheiten,
- auf der Metaebene die Gestaltung und Durchführung des Lernens bei den Handlungsprozessen und
- die Unterstützung der Entwicklung und Einführung neuer Prozesse und Produkte für das Unternehmen (Innovation).

Diese Aufgaben werden in Unternehmen arbeitsteilig von verschiedenen Bereichen gelöst. Sie müssen gemanagt werden, d. h. für diese Aufgaben müssen Ziele gesetzt werden, Ressourcen bereitgestellt, die Umsetzung organisiert, geplant und gesteuert werden.

Die Lösung dieser Aufgaben erfolgt durch explizites Gestalten entsprechender Systeme. Die Möglichkeiten der Gestaltung hängen dabei von den Trägern und den unterschiedlichen Formen des Wissens im Unternehmen ab.

Die Wissensträger sind über parallel arbeitende Kommunikationsnetze verbunden. Die für die praktische Handhabung wichtigsten Repräsentationsformen von Wissen sind in der Abb. 2.18 wiedergegeben.

Formalisiertes Wissen, ist Wissen, welches in einem kommunizierbaren Symbolsystem repräsentiert ist. Es kann strukturiert oder unstrukturiert vorliegen.

Strukturiertes, formalisiertes Wissen ist durch formalisiertes Metawissen in seiner Nutzung vorgeprägt. Das formalisierte Metawissen ermöglicht die gezielte Auswertung des strukturierten Wissens nach den definierten Kriterien. Zu strukturiertem Wissen in Unternehmen gehören z. B. Datenbanken, Karteisysteme, Kontobücher, ausgefüllte Formulare.

Kundendatenbank als strukturiertes, formalisiertes Wissen

Die Struktur einer Datenbank entspricht z. B. einer Tabelle. Die Spalten haben Überschriften, die angeben, was in den darunterliegenden Feldern abgespeichert ist, Bei einer Kundendatenbank z. B. Name, Postleitzahl oder Adresse eines Kunden. Jede

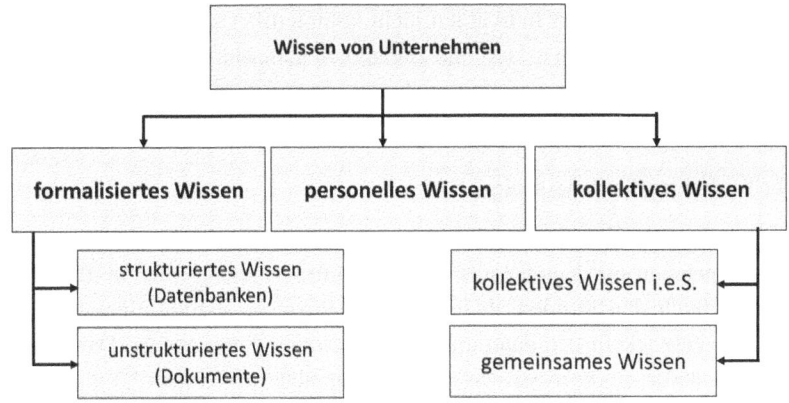

Abb. 2.18 Repräsentationsformen von Wissen in Unternehmen. (Quelle: eigene Darstellung)

Zeile entspricht den Informationen über einen Kunden. So können über die Postleitzahl sehr schnell alle Kunden einer bestimmten Region ermittelt werden. Aus Wissens-management-Sicht sollte z. B. in der Tabelle auch notwendiges Kontextwissen über die Kunden, ihre Verwendung der gekauften Produkte, ihre Motive und Abneigungen usw. vernetzt werden. ◄

Unstrukturiertes, formalisiertes Wissen hat keine feste Form, dazu gehören z. B. Dokumente, E-Mails, Bilder u. a. Es erschließt sich nur durch einen Inhalt. Für eine automatisierte Auswertung und Verarbeitung bereitet dieses Wissen einige Schwierigkeiten.

Personelles Wissen eines Unternehmens ist das Wissen der Menschen im Unternehmen. Es ist dem direkten Zugang durch andere entzogen und nur durch Kommunikation und freiwillige Preisgabe zugänglich. Das Management personellen Wissens ist immer ein Kommunikationsmanagement. Als unterstützendes Metawissen sind z. B. „Gelbe Seiten", welche die Experten eines Unternehmens auflisten, oder Communities einsetzbar.

Kollektives Wissen ist aufeinander abgestimmtes, den Einzelindividuen aber nicht komplett verfügbares Wissen, welches in seiner Gesamtheit das Handeln des Kollektivs bestimmt.

Dazu gehört einerseits **das kulturelle Unternehmenswissen**, d. h. von allen Individuen des Unternehmens geteiltes (verstandenes und akzeptiertes) Wissen, welches zumeist implizit gespeichert ist. Die Mitglieder eines Unternehmens nutzen z. B. eine gemeinsame Sprache, die von jedem verstanden wird, über die aber nicht weiter nachgedacht wird. Neben der allgemeinen Sprache gehören dazu z. B. unternehmensspezifische Symbole (Wörter, Abkürzungen usw.), die von Außenstehenden nicht notwendig verstanden werden, innerhalb des Unternehmens aber zum Standard gehören.

Ein Beispiel sind die 3-Letter-Codes für Flughäfen im Airline-Sektor, also z. B. CGN (Köln), FRA (Frankfurt), QKL (Köln Hauptbahnhof – der Airportexpress von LH definiert einen Flug).

Kollektives Wissen i. e. S. sind die KMM zur Regelung gemeinschaftlichen Handelns. Sie sind häufig den einzelnen Individuen nicht komplett bekannt und können nur durch spezielle Erhebungsmethoden erfasst und zugänglich gemacht werden.

Ein wichtiges Beispiel sind institutionalisierte Prozesse, die in einem Unternehmen ausgeführt werden, aber nicht formal erfasst sind.

Bearbeitung eines Kundenauftrages

So kann normalerweise kein Unternehmensmitarbeiter genauer beschreiben, wie in dem Unternehmen ein Kundenauftrag vom Auftragseingang bis zur Bezahlung der Rechnung durch den Kunden abläuft. Solche Prozesse werden einmal formell eingeführt und entwickeln sich dann informell im Unternehmen weiter. Dabei weiß jeder Teilnehmer an diesem Prozess, was er zu tun hat, aber „entferntere" Teilaufgaben sind ihm unbekannt. ◄

2.6.3   Bewertung von Wissen in Unternehmen

Ziel des Wissensmanagements ist es, den Umgang mit Wissen zu gestalten und es für Zwecke der Unternehmensführung nutzbar zu machen. Ein zentrales ökonomisches Problem ist dabei die Frage: Gibt es ein Kriterium, welches uns erlaubt „gutes" oder „wertvolles" Wissen zu identifizieren? Wenn ja, sollten wir unsere Aufmerksamkeit primär diesem Wissen widmen.

In der philosophischen und betriebswirtschaftlichen Diskussion sind verschiedene Ansätze zur Bewertung von Wissen entwickelt worden, die kurz skizziert werden sollen:

- Semantischer Reichtum: Aussagegehalt, Universalität;
- Wahrheit, Vertrauenswürdigkeit; (Wahrheit wird oft zum Definitionsmerkmal von Wissen generell gemacht.)
- Nutzungswert, Handlungswert.

Bei allen Ansätzen geht es primär um die Beurteilung sprachlich formalisierten Wissens.

2.6.3.1 Semantischer Reichtum (Aussagegehalt)

Die Beurteilung des semantischen Reichtums vergleicht sprachliche Ausdrücke hinsichtlich der Anzahl der einmaligen individuellen Wahrnehmungsereignisse, über die sie eine Aussage treffen.

Wir können nach dem Aussagegehalt drei Ebenen von sprachlichen Ausdrücken unterscheiden: Basissätze, allgemeine Aussagen und Theorien, wie es im Abschn. 1.2.1.2 bereits erläutert wurde.

Basissätze bilden z. B. die Grundlage für Eingaben in betrieblichen Wahrnehmungssystemen. Zu den Basissätzen gehören auch Sensordaten, die zu einem bestimmten Zeitpunkt von einem Sensornetz gemessen und weitergeleitet werden.

Allgemeine Aussagen entstehen durch die Klassifikation von Basissätzen z. B. durch den Übergang von individuellen Objekten zu allgemeinen Klassen oder ein KI-Programm. Die Klassenbildung kann entweder durch Maschinelles Lernen entwickelt oder vorgegeben sein. Allgemeine Aussagen erlauben uns Prognosen abzugeben, wenn sie zeitinvariant (zeitunabhängig) formuliert sind und Sachverhalte ausdrücken, die immer wieder vorkommen.

Die Gestaltung der Aussageform spielt logisch gesehen eine große Rolle bei der Bewertung der Wahrheit. Die Zusammenhänge zwischen den allgemeinen Werten werden i. a. durch statistische Verfahren ermittelt und geprüft.

2.6.3.2 Vertrauenswürdigkeit von Wissen

Die Vertrauenswürdigkeit von Wissen ist philosophischer Diskussionsgegenstand seit dem Bestehen von Wissenschaft. Sie betrifft das berufliche Selbstverständnis von allen, die als Wissenschaftler, Berater, Lehrer o. ä. tätig sind, genauso wie jeden Menschen oder jedes Unternehmen, der oder das einen anderen von etwas überzeugen möchte. Wir haben die verschiedenen wissenschaftstheoretischen Ansätze in Abschn. 1.2.1 ausführlicher diskutiert und sind zu dem Ergebnis gekommen, dass ein allgemein gültiges Wissen nicht existiert.

Die Lösung besteht darin, den Anspruch auf Objektivität generell aufzugeben und ihn durch praktische Formen der Regelung von Verlässlichkeit zu ersetzen.

Diese praktischen Formen haben eine wichtige Bedeutung für alle Gemeinschaften, insbesondere für Unternehmen. Festzulegen, welches Wissen relevant und vertrauenswürdig ist, ist eine sehr wichtige und wesentliche Aufgabe der Unternehmensführung. Dazu eine kleine Geschichte.

Wahrheit in Unternehmen

Die erste Aufgabe eines frisch gebackenen Vorstandsassistenten war eine Produktionsstatistik für die vom Unternehmen hergestellten Produkte zusammenzustellen. Diese wollte der Vorstand am nächsten Tag auf einer Pressekonferenz präsentieren. Nach einigem Hin-und-her-Telefonieren mit verschiedenen Abteilungen im Unternehmen hatte er endlich die gewünschte Tabelle fertig. Als er sie bei dem Vorstandsmitglied ablieferte, zog dieser einen zweiten Zettel aus seiner Schublade, blickte auf beide, gab sie seinem Assistenten und sagte: „Diese Zahlen sind von Ihrem Kollegen. Es ist mir egal, wer sich warum verrechnet hat, aber ich als Mitglied des Vorstandes kann mir nicht leisten, die Wahrheit nicht zu kennen. Also klären Sie, welchen Zettel ich benutzen soll, und kümmern Sie sich darum, dass niemand im Unternehmen andere Zahlen benutzt als ich."

Ergebnis: Alle an der Erstellung der Tabellen Beteiligten haben sich zusammengesetzt und festgelegt, wer für welche Zahlen unter welchen Bedingungen zuständig ist und diese weitergibt. ◄

Ein Unternehmen muss über Mechanismen verfügen, die die kollektive Wahrheit bestimmen und die festlegen, welches Wissen in welcher Situation herangezogen werden soll, also relevant ist.

Die allgemeine Beurteilung von Informationsquellen ist stark kulturell geprägt und abhängig von der eigenen Situation, z. B. bevorzugen wir in der westlichen Kultur menschliche Informationsquellen bei unstrukturierten Problemsituationen. Das Vertrauen in eine Person gleicht die sachliche Unsicherheit aus. Gedruckte Informationsquellen werden i. a. als verlässlicher, genauer und breiter als menschliche Quellen angesehen, insbesondere, wenn sie ein Beurteilergremium (Experten) durchlaufen haben. Dies gilt auch für Radio und Fernsehen. Das Internet hat allgemein einen schlechteren Ruf, es gibt jedoch viele Institutionen, die sich um die Qualität kümmern (Eine Suche nach „Criteria for evaluation of Internet Information Resources" lieferte bei Google 135.000.000 verschiedene Treffer mit Hinweisen und Richtlinien (Oktober 2022)).

Die Beurteilung von Wissen ist ein Vertrauensproblem, welches den allgemeinen Mechanismen zur Bildung von Vertrauen unterliegt.

„**Vertrauen** ist die positive Erwartung, dass sich ein anderer – in Worten, in Taten oder bei Entscheidungen – nicht opportunistisch verhalten wird" (Robbins et al., 2017, S. 527), d. h. sich nicht nur an seinen individuellen Interessen orientieren wird. Fremdem Wissen kann ich umso mehr vertrauen, wenn ich dem Urheber ein Interesse an einer allgemeinen Akzeptierbarkeit seines Wissens unterstellen kann.

Nach Robbins et al. (2017, S. 527) basiert das Vertrauen in Menschen oder Institutionen auf deren Integrität, Kompetenz, Konsistenz, Loyalität und Offenheit:

- Integrität bedeutet Ehrlichkeit und Aufrichtigkeit. Diese Eigenschaften machen eine Person in den Augen einer anderen glaubwürdig. Moralische Werte und Einstellungen spielen dabei eine entscheidende Rolle. Welche Erfahrungen haben ich oder Andere bisher mit Wissen aus dieser Quelle gemacht? Welchen Ruf hat diese Quelle bezüglich der Ehrlichkeit ihrer Äußerungen?
- Die Kompetenz umfasst sowohl fachliche als auch soziale Kompetenzen eines Individuums oder einer Institution. Über welche Kompetenz verfügt die Quelle?
- Die Konsistenz wird als Übereinstimmung zwischen Wort und Tat verstanden, die sich in der Verlässlichkeit und Berechenbarkeit äußert.
- Loyalität wird als Bereitschaft bezeichnet, einen anderen Menschen in Schutz zu nehmen und seinen Ruf zu verteidigen.
- Offenheit ist die Bereitschaft des Partners, seine Motive und Informationen offenzulegen und nichts zu verheimlichen.

Konsistenz, Loyalität und Offenheit lassen sich nur heranziehen, wenn ein direkter Kontakt zur Informationsquelle besteht.

Vertrauen kann – insbesondere innerhalb von Unternehmen – auch eine Frage der Macht sein. Das Unternehmen mit seiner gegebenen Machtstruktur definiert, welche Informationen als Grundlage für Entscheidungen und damit das Handeln von Unternehmensmitgliedern herangezogen werden sollen.

Zur Herstellung von Vertrauen können verschiedene Maßnahmen eingesetzt werden:

- Entwicklung einer gemeinsamen Kultur oder die Unterstützung einer multikulturellen Basis: Eine gemeinsame Kultur liefert die Grundlage für ein gegenseitiges Verständnis. Eine Qualitätskultur kann z. B. durch spezielle Maßnahmen wie Zertifizierung oder Nennung von Referenzen dokumentiert und damit glaubhaft gemacht werden.
- Kommunikation: Kommunikation ermöglicht fehlendes Verständnis aufzubauen und zu erhalten. Probleme müssen offen diskutierbar sein. Der Produzent von Wissensartefakten muss ansprechbar sein.
- Emotionale Beziehungen: Emotionale Beziehungen überbrücken die immer bestehenden Verständnislücken und schaffen einen Vertrauenskredit. Persönliche Beziehungen sind also für ein gegenseitiges Vertrauen von großer Bedeutung.

- Kontroll- und Sanktionspotenzial (z. B. durch Verträge): Kontroll- und Sanktionspotenzial vermittelt Sicherheit gegenüber möglichem strategischem Verhalten der
  Partner.

2.6.3.3 Nutzungswert von Wissen

Der ökonomische Wert von Wissen ist theoretisch sehr gut erklärt und in der mathemati-
schen Entscheidungstheorie mit klaren Formeln ausgedrückt. Ihn praktisch zu bestimmen
ist jedoch ein anderes Problem. Das Grundprinzip ist einfach: Der Wert (Erwartungswert)
des Handelns einer Handlungseinheit mit dem zu beurteilenden Wissen, verglichen mit
dem Wert ohne das Wissen, ergibt den Wert des Wissens. Der Wert des Handelns bestimmt
sich dabei aus dem Nutzen des Handlungsergebnisses für die bewertende Einheit.

Trotz dieses klaren Denkprinzips ist es so gut wie unmöglich, den Wert praktisch zu
berechnen. Abschreckende Beispiele für konkretisierende Ansätze liefern einige Theorien
aus dem Bereich des Wissenscontrollings. Eine beliebte Veranschaulichung des Wertes
des Wissens eines Unternehmens ist der Vergleich von Marktwert (Wert der Aktien an der
Börse) und Buchwert (gemäß Bilanz) des Unternehmens. Aus diesem Vergleich lässt sich
hervorragend demonstrieren, dass der Wert des Softwareproduzenten SAP sehr stark von
dessen Wissen abhängt, im Gegensatz beispielsweise zu dem Chemieunternehmen Bayer.
Die Unsinnigkeit derartiger Vergleiche ergeben sich leicht aus den Überlegungen, die bei
sinkendem Börsenwert anzustellen sind. Ist das gleiche Wissen plötzlich so viel weniger wert?

Unter ökonomischen Aspekten stellt Wissenscontrolling eine sehr wichtige und schwierige Aufgabe dar.

2.7   Handeln von Unternehmen

Unternehmen sind – wie Individuen – Akteure, die in ihren Welten (1, 2 und 3) agieren.
Die Grundstrukturen sind dabei die gleichen. Unternehmen nehmen ihre Welt 1 wahr,
bilden sich ein mentales Modell der Welt, das sie bewerten und reagieren darauf. Sie entwickeln ihre eigene Welt 2 und interagieren mit anderen Akteuren bei neuen Konstruktionen der Welt 3. Der Unterschied liegt vor allem darin, dass die einzelnen Prozesse kollektiv durchgeführt werden und die Akteure damit nicht nur die „externe Welt 2" kennen
sondern zusätzlich auch über eine mentale Repräsentation der Welt 3 verfügen müssen
(Wie läuft der gesamte Prozess in meinem Unternehmen ab?), um ihr eigenes Handeln
bewerten zu können.

2.7.1   Wahrnehmung von Unternehmen

Unternehmen richten spezielle Wahrnehmungssysteme ein, die für alle Standardwahr-
nehmungen zuständig sind. Nur wenn ein Wahrnehmungssystem für einen bestimmten

Wissensinhalt existiert und in die Wissensverarbeitungs- und Entscheidungsprozesse im Unternehmen integriert ist, kann das Unternehmen gemäß dieser Wahrnehmung handeln.

Dies lässt sich sehr gut an den politisch relevanten Themen von Unternehmen aufzeigen. Vor einigen Jahren war das Thema „Qualitätsmanagement" für alle kleinen und mittleren Unternehmen wichtig. Große Unternehmen forderten von ihren Lieferanten, dass sie sich nach ISO 9000 zertifizieren lassen sollten. Das bedeutete für die kleinen und mittelständischen Zulieferer, dass sie sich mit dem Thema Qualität in ihrem Unternehmen explizit auseinandersetzen mussten. Die Zertifizierung nach ISO 9000 verlangte, dass die Unternehmen ein Qualitätsmanagementsystem einrichten mussten, welches auf einem Qualitätskontrollsystem aufbaut und damit eine Qualitätssteuerung ermöglicht. Ein Qualitätssystem zu implementieren erfordert, Qualität wahrnehmen zu können.

Ähnlich geht es weiter mit dem Thema „Risiko". Große Unternehmen sind verpflichtet, ein Risikomanagementsystem einzurichten, welches ihnen ermöglicht, den Fortbestand des Unternehmens gefährdende Entwicklungen rechtzeitig zu erkennen und Anteilseigner und Kapitalgeber über diese Risiken zu informieren. Zentrales Problem der Einrichtung eines Risikomanagementsystems ist das Wahrnehmungssystem von Risiken. Es gibt noch keine Standards, wie Risiken wahrgenommen werden können bzw. sollten. Welche internen und externen Risiken gibt es?

Nachhaltigkeit und Umweltschutz, Sozialstandards (Zertifizierung nach Social Accountability 8000) und derzeit die Digitalisierung sind ähnliche Themen.

Das klassische Wahrnehmungssystem zur Beurteilung des wirtschaftlichen Handelns ist das Rechnungswesen. Zu Marketingzwecken sind Kundeninformationssysteme und Verkaufsstatistiken erforderlich, Personalinformationssysteme informieren über das vorhandene Personal, seine Fähigkeiten evtl. auch seine Motivation oder Zufriedenheit, usw.

Alle Aspekte von Entscheidungen erfordern zunächst einmal, dass das Unternehmen die Probleme wahrnimmt, also über ein Messsystem verfügt, welches es über die eigene Situation informiert.

Bei der Wahrnehmung von Unternehmen kann es um verschiedene Formen und diverse Instrumente gehen.

Explizite Wahrnehmung erfolgt in Unternehmen durch dazu explizit eingerichtete Stellen unter Einsatz spezifischer Instrumente oder technischer Messeinheiten. Nur wenn ein Wahrnehmungssystem für einen bestimmten Wissensinhalt existiert und in die Wissensverarbeitungs- und Entscheidungsprozesse im Unternehmen integriert ist, wird das Wissen standardmäßig genutzt. Ein Unternehmen entscheidet bewusst, welche Informationen es verarbeiten will (was es sehen will) und welche nicht, aus welchen Quellen diese Informationen kommen sollen usw. Ausblendung von Informationsangeboten durch „kognitive Ignoranz" kann auch bewusst geschehen. Alle explizit ermittelten Wissenselemente des Unternehmens müssen von den personellen Wissensnutzern selbst wieder kognitiv verarbeitet werden, unterliegen also einer individuellen kognitiven Interpretation.

Implizite Wahrnehmung erfolgt durch alle Mitarbeiter oder technische Stellen, die ihr aufgenommenes Wissen nicht in offizielle Verarbeitungsprozesse überleiten, z. B. ein Außendienstmitarbeiter (bzw. ein Einkäufer), der die Reaktionen der Kunden (Lieferan-

ten) aufnimmt, diese aber nicht weiterleitet; Mitarbeiter, die einen privaten Fortbildungslehrgang besuchen; ein Produktionsmitarbeiter, der einen technischen Fehler vertuscht
usw. Die Nutzung implizit wahrgenommenen Wissens ist abhängig von der „Durchlässigkeit" der Strukturen.

2.7.1.1 Formen der Wahrnehmung im Überblick

Die Wahrnehmung externer Faktoren von Unternehmen lässt sich nach verschiedenen Kriterien unterscheiden. Choo bezeichnet diesen Prozess als „environmental scanning" und
unterscheidet vier Formen, je nachdem, ob sich das Unternehmen dabei aktiv oder passiv
verhält und ob die Umwelt als analysierbar oder nicht analysierbar betrachtet wird:

1. Bedingte Wahrnehmung (passives Verhalten und analysierbare Umwelt) – Aufnahme
   von Wissen aufgrund von Routinen.
2. Ungerichtete Wahrnehmung (passives Verhalten und nicht analysierbare Umwelt) –
   Aufnahme von Wissen ohne spezifischen Zweck.
3. Entdeckung (aktives Verhalten und analysierbare Umwelt) – aktives Suchen und auswerten von Wissen für Unternehmenszwecke wie strategische Planung.
4. Wissenskonstruktion (aktives Verhalten und nicht analysierbare Umwelt) – Gestaltung
   und Test von neuen Weltbildern durch „learning by doing".

Man könnte weiter danach unterscheiden, was das Objekt der Wahrnehmung ist (Selbst-
wahrnehmung oder Wahrnehmung der Umwelt) oder was das Ziel der Wahrnehmung ist
(explorative Wahrnehmung oder Kontrollwahrnehmung).

Wir wollen die folgenden drei Formen herausstellen, die diese Kriterien verbinden:

- **Strategische Wahrnehmung**
  Strategische Wahrnehmung hat das Ziel Handlungspotenziale oder -chancen zu entdecken und zu verfolgen. Sie ist primär explorativ ausgerichtet, auch wenn sie zunächst
  eingeübten Suchprozessen folgt. In Bezug auf das Unternehmen selbst werden Kompetenzen ermittelt und systematisiert, die Umwelt wird nach Chancen und Risiken untersucht. Für die strategische Wahrnehmung gibt es eine Vielzahl von Methoden und
  Techniken, die vor allem im strategischen Management eingesetzt werden. Bezogen
  auf Innovationen gibt der Abschnitt „Zukunfts- und Trendforschung" einen Überblick
  (vgl. Abschn. 9.2).

  Die Wahrnehmung der Umwelt erfolgt zumeist auf der Grundlage sekundärer Informationen durch das Internet. Als ein weiteres Beispiel wird auch die Wahrnehmung in
  der Personalbeschaffung dargestellt (vgl. Abschn. 2.7.1.4).
- **Operative Wahrnehmung**
  Die operative Wahrnehmung dient vor allem dazu, Handeln zu planen und zu steuern
  und seine Umsetzung zu sichern. Sie ist primär eine Kontrollwahrnehmung, d. h. es
  sind feste Inhalte vorgegeben, auf die sich die Wahrnehmung konzentriert. Explorativ
  ist die operative Wahrnehmung nur bei Frühwarnsystemen, wenn es darum geht, nicht

bekannte Einflussfaktoren auf das geplante Handeln zu erkennen. Besondere Bedeutung erlangt die operative Wahrnehmung in Zusammenhang mit der Steuerung der
Produktion (des kundenbezogenen Handelns) des Unternehmens. Die Ansprüche der
Kunden hinsichtlich Variabilität der Wünsche sowie Zeit und Qualität der Lieferung
erfordern ein präzises Handeln und eine hohe Flexibilität um dieses Handeln zu sichern.
Grundlage dieses Handelns ist eine kontinuierliche und sehr genaue Wahrnehmung des
internen und externen Geschehens. Das Unternehmen benötigt eine detaillierte, unmittelbare Wahrnehmung der eigenen Prozesse. In diesem Sektor wurde bzw. wird eine
Fülle von technischen Hilfsmitteln entwickelt.

*   **Vergangenheitsbezogene Wahrnehmung**
    Die vergangenheitsbezogene Wahrnehmung dokumentiert und bewertet ab-
    geschlossenes Handeln. Sie schafft damit die Grundlage für bewusste Lernprozesse
    und dient als Legitimation für die Korrektheit des Handelns. Das bewusste Aufarbeiten
    der Vergangenheit und ein darauf aufbauendes Lernen sind leider noch sehr wenig ver-
    breitet. (vgl. das Instrument Lessons learned Abschn. 7.4.1). Das Rechnungswesen, als
    das dominierende vergangenheitsorientierte Wahrnehmungssystem, verfolgt primär
    Legitimationszwecke. Wir werden im Weiteren als Beispiel das Storytelling als eine
    Methode des Wissensmanagements zum Umgang mit Vergangenheitswissen darstellen.

Für alle Wahrnehmungssysteme gemeinsam gilt: Ein Unternehmen entscheidet bewusst,
welche Informationen es verarbeiten will (was es sehen will). Die im Wahrnehmungs-
prozess involvierten Instrumente und Personen definieren das Bild des Unternehmens von
seiner Welt und damit auch die „Wahrheit" des Unternehmens und seine Verlässlichkeit.
   Die Konstruktion der Wahrnehmungssysteme bestimmt, was die Unternehmen wahrnehmen wollen und können. Z. B. erlauben die Strukturen des Rechnungswesens (Kosten-
und Ertragsarten, -stellen, -träger; Kontextinformationen: Kunden, Aufträge, Verkäufer)
immer nur bestimmte Sichten auf die wirtschaftliche Lage des Unternehmens. Auch im
Bereich des strategischen Managements wird zunehmend über den Zusammenhang zwischen kognitiven Strukturen und Strategien nachgedacht (vgl. Lüer, 1998).
   Neben der expliziten gibt es in Unternehmen eine Fülle von impliziter Wahrnehmung,
vor allem durch die Mitarbeiter. Außendienstmitarbeiter, die die Reaktionen der Kunden
oder Lieferanten aufnehmen, Mitarbeiter, die einen privaten Fortbildungslehrgang besuchen, sie alle nehmen Wissen auf, haben aber häufig keinen institutionalisierten Zugang
zu den offiziellen Wissensverarbeitungsprozessen des Unternehmens, über den sie ihr individuelles Wissen in das Unternehmen einbringen können. Hier müssen die unter-
nehmensinterne Sensibilität und die Durchlässigkeit für Informationen in die offiziellen
Entscheidungsprozesse gesteigert werden, z. B. durch Kommunikationstreffen potenziell
betroffener Einheiten.
   Verschiedene Formen der Wahrnehmung werden anhand einzelner Beispiele in Unternehmen erläutert. Strategische Wahrnehmung wird am Beispiel der Analyse sekundärer
Informationen durch das Internet und der Auswahl von Kandidaten bei der Personal-

beschaffung aufgezeigt. Für die operative Wahrnehmung wird das Beispiel von Sensornetzen beschrieben und für die vergangenheitsbezogene Storytelling.

2.7.1.2 Strategische und operative Wahrnehmung im Internet

Immer mehr Wissen nehmen wir und Unternehmen nicht mehr direkt, sondern kommunikativ über verschiedene Medien auf. Diese Form der Wahrnehmung hat ihre eigenen Potenziale und Gefahren.

Die technische Grundlage dazu ist die Verkabelung und die immer breiter ausgebaute Funktechnologie. Glasfaser und LTE (Long Term Evolution), der Nachfolgestandard von UMTS, und seit neuestem 5G ermöglichen immer höhere Datenraten im kommunikativen Austausch.

Die Welt aus Sicht von Google?

Inhaltlich wächst das Angebot des Internets in einem geradezu beängstigenden Ausmaß. Gleichzeitig findet eine immer stärkere Monopolisierung auf dem Markt der Suchmaschinen und damit bei der Lenkung der Zugriffe statt. In Deutschland verfügt das Unternehmen Google über einen Marktanteil im Bereich Desktop von 80 % [mobile 87,59 %], gefolgt von Bing 10,3 % [mobile Baidu 9,53 %] und Yandex 4,63 %. (statista, Jan 2022). Sehen wir die Welt also nur noch durch die Brille von Google? Ganz so schlimm ist es nicht, denn Google beschäftigt sich nur zum Teil mit dem Inhalt des Internets (Google-Books). Die Hauptarbeit von Google liegt nicht in der Verfügbarmachung des Inhaltes (der Indexierung der Welt) sondern in der Auswertung des Nutzerverhaltens zu Werbezwecken (vgl. z. B. die geradezu beängstigende Studie von Shoshana Zuboff, 2018). Umso wichtiger ist es heutzutage, die Mechanismen des Internets zu verstehen und richtig zu nutzen.

Das Informationsangebot des Internets geht weit über das hinaus, was Suchmaschinen erfassen. Neben dem indexierten Internet gibt es das sogenannte „Deep Web", das sind Datenbanken, die zwar über das Web zugänglich, aber nicht in Suchmaschinen indiziert sind. Allein deren Datenbestand wird auf ca. das 500-fache des „Surface Web" der Suchmaschinen geschätzt. Diese Datenbanken sind teilweise kostenfrei, z. B. die Datenbanken der Central Intelligence Agency (CIA) – gut und immer aktuell für Länderstudien, oder der Deutschen Zentralbibliothek für Wirtschaftswissenschaften ZBW (ZBW- Leibniz-Informationszentrum Wirtschaft) und vieler öffentlicher Einrichtungen (Landesbetrieb IT. NRW Statistik und IT-Dienstleistungen, Europäisches Parlament etc.), oder werden von kommerziellen Anbietern betrieben. Kommerzielle Datenbanken vermarkten entweder spezielle selbstgenerierte Informationen wie D&B oder die Creditreform, die Wirtschaftsinformationen – speziell Auskünfte über Unternehmen – anbieten, oder sie fassen Inhalte anderer Informationsquellen (Nachrichten, Publikationen) zusammen, z. B. GENIOS, LexisNexis oder Scopus.

Der Zugriff auf die Informationen des Deep Web erfolgt anbieterindividuell. Für den Zugriff auf das Surface Web stehen neben Suchmaschinen auch Web-Kataloge (z. B. dmoz) und Metasuchmaschinen zur Verfügung (Schweiz: eTools.ch; Jobsuche: BackinJob.de). Web-Kataloge haben den Vorteil, dass sie vorstrukturiert sind und damit für einen ersten Einstieg in ein Themengebiet eine bessere Orientierung ermöglichen.

Zentrales Problem bleibt: Wie finde ich die richtigen Informationen? Zumeist sind vorgeprägte Suchstrategien hilfreich, was am Beispiel einer Internetrecherche zur Wettbewerbsanalyse illustriert werden soll.

Die Wettbewerbsanalyse kann in Brancheninformationen, Informationen über Wettbewerber, Marktinformationen, Statistiken und allgemeine Wirtschaftsinformationen gegliedert werden (vgl. Tab. 2.1).

Tab. 2.1 Beispielhafte Informationen für eine Wettbewerbsanalyse am Automobilmarkt

Informationsinhalt	Quellen	Beschreibungen
Brancheninformationen	Verbände, Communities; Deutsches Verbände Forum (http://www.verbaende.com)	Die meisten Verbände unterstützen Communities zum Wissensaustausch über offene Diskussionsrunden, moderierten oder unmoderierten Expertenaustausch zu einem Thema. Beispiel: Competence Center Automobil (http://www.competencesite.de/automotive)
Wettbewerber		
Allgemeines, Geschäftsberichte, Unternehmensstruktur, Pressemitteilungen etc.	Internet (Homepages)	
Bonitätsauskünfte/ Finanzlage	z. B. Creditreform, Dun & Bradstreet (D&B)	
Handelsregister	z. B. Genios, GBI	
Konzernstruktur/ Unternehmensverflech-tungen	M&A-Datenbanken	
F&E-Aktivitäten		
Patentdatenbanken	Deutsches Patent- und Markenamt: DEPATIS (http://www.depatisnet.de) Europäisches Patentamt: Espacenet (http://ep.espacenet.com)	Sie enthalten Informationen zu Neuentwicklungen, die zum Patent angemeldet werden. Die Patentanmeldung wird mit der Einreichung beim Patentamt offengelegt, unabhängig vom Ausgang des Erteilungsverfahrens. Damit ist eine Überwachung der Wettbewerber und Produktklassen möglich. Recherchehilfe: IPC International Patent Classification
Produkte		
Produktbeschreibungen, Gebrauchsanweisungen, Technische Dokumentationen, Wissenschaftlich-technische Publikationen, Patente	Internet (Homepages)	

(Fortsetzung)

Tab. 2.1 (Fortsetzung)

Informationsinhalt	Quellen	Beschreibungen
Marktinformationen	Studien (GfK, Online-Daten-banken – kostenpflichtig)	
Statistiken	Statistisches Bundesamt (www.destatis.de) Statistisches Landesamt (http://www.lds.nrw.de)	Basisdaten in Tabellenform, grobe Klassifizierung; Zeitreihen gegen Entgelt
Allgemeine Wirtschaftsinformationen	Wirtschaftsnachrichten in Print- oder Onlinemedien, Netzwerke, lokale Verbände, IHK, Tagungen und Kongresse, Beziehungspflege zu Kunden und Lieferanten, Interne Vernetzung von Kundenberatern, Ingenieuren und Geschäftsleitung	

Das sogenannte Web 2.0 spielt dabei eine wichtige Rolle. Unter dieser Bezeichnung werden verschiedene Softwareangebote zusammengefasst, bei denen der menschliche Informationsaustausch im Mittelpunkt steht. Zu diesen Angeboten zählen RSS (die Nachrichtenfunktion, die darin besteht, eine Website zu abonnieren), Wikis, Blogs, Podcasts, Social Media, Bookmarks, Twitter und viele mehr. Zentrale Idee und Vorteil dieser Anwendungen ist die Nutzung der Schwarmintelligenz bzw. der Intelligenz des Kollektivs.

Das Internet ermöglicht auf eine geradezu geniale Weise die Realisierung der inter-subjektiven Wahrheit. Es bildet ein Forum der gemeinsamen Konstruktion einer Welt des Wissens, die ständig von vielen Menschen überprüft, geändert und kommentiert wird. Wenn viele es genauso sehen wie ich, kann ich doch nicht falsch liegen. Wenn ich es nicht weiß, vielleicht haben andere eine Lösung für das Problem. Dieser Ansatz wird auch immer mehr von Unternehmen intern genutzt, die gezielt den Wissensaustausch durch den Einsatz von Social Software fördern.

Darüber hinaus können vor allem für die operative Wahrnehmung Sensornetze eingesetzt werden. Zur Steuerung der Handlungsprozesse von Unternehmen werden immer mehr automatisierte Wahrnehmungsprozesse auf der Grundlage von RFID und anderen Sensoren eingesetzt. Die Technik und ihre Arbeitsweise haben wir schon im Abschn. 3.1.2 „Sensorik, RFID, GPS & Co." dargestellt und diskutiert.

2.7.1.3 Storytelling als vergangenheitsorientierte Wahrnehmung

Damit ein Unternehmen Lehren aus der Vergangenheit ziehen und für erfolgreiches Handeln weiterhin nutzen kann, ist gerade das oft mangelnde kollektive Nachdenken – die gemeinsame Reflexion über gemachte Erfahrungen – unabdingbar.

Andererseits: An was erinnert man sich besser als an Geschichten? Was hält eine Gemeinschaft zusammen, wenn man sich nach Jahren wieder trifft? Geschichten sind die älteste Form des menschlichen kollektiven Gedächtnisses.

Dies hat eine Gruppe von Wissenschaftlern um Reinmann-Rothmeier (vgl. Reinmann-Rothmeier et al., 2000; Thier, 2006), zusammen mit einem Industriepartner dazu geführt, eine neue narrative Wissensmanagementmethode zu entwickeln (zur aktuellen Diskussion vgl. Chlopczyk, 2017).

Storytelling kann im Wissensmanagement und beim Lernen eingesetzt werden, was mit drei Wirkungsebenen begründet wird (vgl. Ravalli, 2021, S. 40):

1. Geschichten bleiben besser in Erinnerung. Emotionen sind nicht nur Begleiter des Denkens und Lernens von Menschen, sondern beeinflussen die Entscheidungs- und Erinnerungsprozesse.
2. Geschichten wirken sich auf die Motivation aus. Geschichten erregen verstärkt unsere Aufmerksamkeit, liefern Anknüpfungspunkte zu unserem Alltag.
3. Geschichten bewegen uns zum Handeln. Geschichten bewegen uns zum Nachahmen (vgl. Lernen am Modell im Abschn. 6.3.2), schaffen Vorbilder, geben Antrieb.

Geschichten sollen bewusst genutzt werden, um ein Unternehmen dazu zu befähigen, aus seinen Erfahrungen zu lernen. In einem strukturierten Verfahren sollen in einem Unternehmen Geschichten über besondere Ereignisse (positive oder negative) erfasst, dokumentiert und im Unternehmen verbreitet werden. Die Geschichten müssen also zunächst neu wahrgenommen und dann in das Unternehmensgedächtnis überführt werden.

Der Prozess soll in sechs Schritten ablaufen (vgl. Reinmann-Rothmeier et al., 2000, S. 6 ff.):

- **Planen**: Zunächst muss die Geschichte abgegrenzt und zur Ausarbeitung an ein Team übergeben werden.
- **Interviewen**: Zu den Ereignissen, auf die man sich geeinigt hat, werden direkt Beteiligte sowie indirekt Betroffene interviewt: Was ist genau passiert? Was haben einzelne Personen gesehen und/oder gehört? Alle Interviews werden wörtlich festgehalten (z. B. aufgezeichnet), transkribiert und später von den Befragten gegengelesen.
- **Extrahieren**: Entscheidende Aussagen aus dem Rohmaterial der Interviews extrahieren. Die extrahierten Aussagen werden dann zu einer Reihe zentraler Themen – im Sinne von Kurzgeschichten – zusammengefügt.
- **Schreiben**: Im nächsten Schritt werden die erarbeiteten Themen zu einer emotionsbetonten, aber beweiskräftigen Geschichte verwoben.
- **Validieren**: Der erste Entwurf der so entstandenen Erfahrungsgeschichte geht zurück an die Beteiligten. Darüber hinaus werden Workshops zur Validierung mit den Schlüsselpersonen durchgeführt.
- **Verbreiten**: Sobald eine Erfahrungsgeschichte als Dokument (vorläufig) abgeschlossen ist, dient sie als Grundlage für Gruppengespräche in hierzu geplanten Workshops.

Wie auch andere Studien zeigen (vgl. die schon dargestellte Studie von Freimuth et al., 2002), erfolgt die Speicherung von kollektivem Wissen in Unternehmen nicht in Form von „Theorien" sondern in Form von Fallbeispielen, Geschichten, gemeinsamen Erlebnissen. Dieser Effekt soll durch das Storytelling aufgegriffen und systematisch genutzt werden. Unternehmen haben somit einen Ansatz, aus Erfahrung zu lernen. Als Formate für Storytelling eignen sich Text, Podcast, Kurzvideo oder auch ein Lernspiel.

2.7.1.4 Kauf von Wissen als besondere Form der Wahrnehmung

Unternehmen haben noch eine weitere Möglichkeit, Wissen aus ihrer Umwelt aufzunehmen und zu nutzen, die sich einem einzelnen Menschen nicht erschließt: Sie können Wissen kaufen oder als Mitarbeiter einstellen.

Menschen und Unternehmen können Artefakte (Maschinen, Computer u. a.) kaufen und für sich nutzen, ohne deren Funktionsweise, also deren gespeichertes Wissen, verstehen zu müssen. Unternehmen können darüber hinaus Mitarbeiter speziell wegen ihres Wissens einstellen. Nach der Integration in das System verfügt das Unternehmen damit über Wissen, welches es sich selbst nicht erarbeitet und auch nicht indirekt über sprachliche Wissensträger gelernt hat. Damit wird Headhunting zu einer speziellen Form der Wissensaufnahme von Unternehmen.

2.7.2   Planung und Steuerung des Handelns von Unternehmen

Handlungsplanung von Unternehmen ist ein kollektiver Prozess an dem idealerweise alle ausführenden Einheiten beteiligt sind. Sie planen ihr Handeln für einen festgelegten Planzeitraum (z. B. ein Jahr). Um kollektives Handeln zu regulieren, sind jedoch vielfältige Koordinationsprozesse erforderlich. Es bedarf einer vertikalen und einer horizontalen Abstimmung.

Vertikale Koordination ist die Abstimmung des Handelns aller Teileinheiten auf das übergeordnete Unternehmensziel. Praktisch gesprochen: Der Vorstand möchte gern erreichen, dass am Ende des Planzeitraumes für seine nächste Hauptversammlung ein „gutes Ergebnis" erreicht wird. Dies sollen die ausführenden Einheiten durch ihre Einzelpläne versprechen. Der Vorstand muss dann im Laufe des Planzeitraumes dafür sorgen, dass die Versprechen der Teileinheiten eingehalten werden.

Im Rahmen der **horizontalen Koordination** müssen die Teileinheiten ihre Einzelpläne untereinander abstimmen. Der Einsatz von Ressourcen muss so miteinander abgestimmt werden, dass keine Überschneidungen bei ihrem Einsatz auftreten. Die Leistungserstellung der Teileinheiten muss zeitlich und inhaltlich so konzipiert werden, dass ein gemeinschaftlicher Handlungsprozess sichergestellt werden kann.

Diese Koordinationsprozesse müssen sowohl für das strategische Management als auch für die operative Planung durchgeführt werden.

2.7.2.1 Strategisches Management

Das **strategische Management**

- definiert die Handlungspotenziale durch Grenzziehung des Systems (welche Objekte gehören zu dem System);
- sorgt für die Entwicklung der Fähigkeiten der Objekte;
- strukturiert das Realisationssystem durch Gestaltung der Aufbau- und der Prozessorganisation;
- ermittelt die Eigenschaften und Anforderungen der Umwelt des Unternehmens (Marktpotenziale, Anforderungen der Stakeholder);
- definiert die Produkte, welche das Unternehmen an den Markt bringen will, d. h. legt fest, welche Ergebnisse die Produktionsprozesse erzeugen sollen, welche Handlungseinheiten sie ausführen können und sollen (Fähigkeiten und Berechtigungen) und welche Ressourcen dafür notwendig und (prinzipiell) verfügbar sind;
- und bestimmt das Verhalten des Unternehmens gegenüber seinen Stakeholdern.

Das strategische Management ist also systemgestaltend ausgerichtet und umfasst daher nach der klassischen Gliederung auch die Aufgaben der Organisation.

Wissensaspekte sind bei der Systemgestaltung – also als Thema des strategischen Managements – von großer Bedeutung, sowohl aus der organisatorisch-personellen Sicht als auch bezüglich der technologischen Anforderungen.

2.7.2.2 Operative Planung und Steuerung

Die **operative Planung** liefert die konkreten Entscheidungen darüber, was wann von wem getan werden soll, d. h.

- sie bestimmt die konkreten Handlungsziele des Systems und
- legt fest, welche Handlungseinheiten des Systems unter Einsatz von welchen Hilfsmitteln welche Handlungen ausführen sollen (dazu gehört auch, die Qualität und Quantität der konkreten Handlungseinheiten und Hilfsmittel festzulegen).

Die Methodik der operativen Planung basiert darauf, konkrete Einsatzpläne (Schedules) aller durch die strategische Planung definierten Objekte zu bestimmen. Die Einsatzpläne der Objekte (Handlungseinheiten, Werkzeuge, Hilfsmittel) können anonym (nur mit definierter Anzahl bzw. Kapazität) oder personalisiert erstellt werden.

Zur Verdeutlichung der Aussagen sollen im Folgenden konkrete Beispiele herangezogen werden. Die Darstellung erfolgt anhand des Airline Business und wird auch für die Explikation der weiteren theoretischen Ausführungen fortgesetzt.

Flugplanung bei Airlines

Aus der Sicht des Kunden ist das Produkt einer Airline das, was er für ein Ticket bekommt, nämlich ein Flug auf einer von ihm gewählten Strecke mit einem bestimmten Service und – wenn er es genauer betrachtet – auch einer bestimmten „Sicherheitsgarantie" (technischer Service), der zu einer bestimmten Zeit durchgeführt wird. Aus der Sicht der Produktion einer Linienfluggesellschaft ist das Produkt etwas Anderes: Ein Flug einer Linienfluggesellschaft – wie er produziert und angeboten wird – ist ein Versprechen, innerhalb eines Kalenderzeitraumes (Flugplanperiode), an bestimmten Wochentagen (Verkehrstage), zu gegebenen Zeiten (Arrival- und Departure-Zeiten), auf einer definierten Strecke und mit einer zu erwartenden Kapazität (Flugzeugmuster) eine Transportleistung durchzuführen. Jeder Flug wird mit einem bestimmten Servicekonzept durchgeführt, welches festlegt, welche Zusatzleistungen ein Passagier während seines Fluges an Bord erhält.

Die Einhaltung dieses Versprechens ist rechtlich verbindlich und darf nur unter ganz bestimmten Bedingungen höherer Gewalt verletzt werden (z. B. bei technischen Problemen).

Das strategische Management bestimmt, welche Strecken angeboten werden sollen, wieviel Flugzeuge von welchem Typ dafür angeschafft werden, wieviel Mitarbeiter mit welchen Qualifikationen für alle notwendigen Operationen eingestellt werden sollen, von welcher Organisationseinheit die Operationen ausgeführt werden und welche Hilfsmittel dabei eingesetzt werden sollen.

Das zentrale Element der operativen Planung einer Airline ist die Flugplanung. Ausgangpunkt der Flugplanung ist die Produkt- oder Streckenplanung. Auf der Grundlage von Markt- und Wettbewerbsanalysen werden für die verschiedenen Streckengebiete Konzeptionen für das Angebot an Transportleistungen erarbeitet. Dabei spielen sowohl das erwartete wirtschaftliche Ergebnis wie auch marktstrategische Aspekte eine Rolle. Es werden Produktideen entwickelt, d. h. man überlegt sich, zu welchen Orten würde sich im Planzeitraum eine Transportverbindung mit welcher Kapazität lohnen. Diese werden in einem „Sollprogramm" zusammengefasst. Die Sollprogramme sind zunächst Grundlage für die Kapazitätsbeschaffungsplanung, d. h. die Beschaffung von Flugzeugen und Crews sowie Sicherstellung von Wartungskapazitäten, um eine operationelle Durchführbarkeit des Sollprogramms gewährleisten zu können.

Die Flugplanung hat dann die Aufgabe, auf der Basis des gegebenen Flottenprogramms die Flugwünsche des Streckenmanagements unter Einhaltung aller internen und externen Restriktionen möglichst optimal in einen Produktionsplan umzusetzen. Die Erstellung des Flugplanes aus einem Sollprogramm gleicht einem Puzzle mit teilweise verformbaren Teilen, die in einen ungleichmäßigen Rahmen von Randbedingungen eingefügt werden müssen. Die einzelnen Sollprogrammelemente müssen zu konsistenten Arbeitsplänen für die einzelnen Flugzeuge zusammengefügt werden. Diese Prozesse werden in der Abb. 2.19 dargestellt, für die wir den ehemaligen Kollegen von der Flug- und Rotationsplanung der Deutschen Lufthansa AG danken, die sie einmal entwickelt haben.

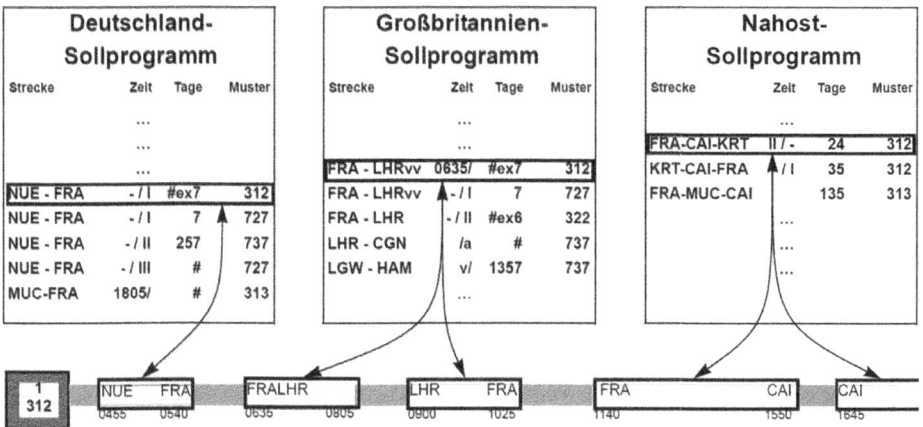

Abb. 2.19 Flug- und Rotationsplanung. (Quelle: eigene Darstellung)

Dabei muss eine große Zahl von Restriktionen (Start- und Landerechte, Arbeitszeiten des Personals, technische Wartungsanforderungen etc.) eingehalten bzw. schrittweise eingearbeitet werden, auf die hier nicht näher eingegangen werden soll. Grundprinzip der Flugplanung ist die Erstellung eines Arbeitsplanes für die Flugzeuge. Auf der Grundlage des daraus entstehenden Flugplanes werden alle weiteren Anforderungen an die Leistungserstellung der Airline abgeleitet: Creweinsatzplanung, Wartungsplanung der Technik, Catering usw. Für die Erstellung der Cateringpläne werden für alle Flüge, die an einem bestimmten Airport starten, zunächst die Cateringanforderungen ermittelt. Dies geschieht durch die Übersetzung der Servicekonzeptionen und der erwarteten Passagierzahlen in den Cateringbedarf (Stücklistenauflösung). Die Cateringprozesse beschreiben dazu die erforderlichen Arbeitsschritte und die dafür notwendigen Potenzialfaktoren (Personal, Fahrzeuge, Trolleys usw.). Verbunden mit dem Flugplan lässt sich somit auch für diese Potenzialfaktoren und Cateringobjekte ein Einsatzplan bestimmen. ◄

Zur Umsetzung der Pläne werden die Einsatzpläne „personalisiert", die erforderlichen Handlungen ausgelöst und kontrolliert. Für die Airline bedeutet dies konkret das Ausdrucken von Arbeitsplänen für die Mitarbeiter und die Kontrolle ihrer Ausführung.

Diese Grundstruktur der Planung und Steuerung ist ein weitgehend akzeptiertes Denkmodell. Nicht diskutiert wird normalerweise, dass in der Praxis und in zukünftigen Planungsunterstützungssystemen noch eine weitere parallele Planungsebene existiert.

Pläne werden immer mit Bezug auf Standardbedingungen, -handlungen und -ziele aufgestellt. Die Durchführung einer Tätigkeit dauert einen bestimmten Standardzeitwert, die Handlungseinheiten und Hilfsmittel sind mit einer Standardleistung verfügbar, die Beurteilung der Pläne erfolgt durch Kosten oder Deckungsbeiträge. In der Realität treten aber immer Ereignisse, d. h. wahrgenommene Abweichung von den bisherigen Erwartungen über die Welt (aktuell oder zukünftig) auf. Auslöser von Ereignissen sind Informationen (basierend auf Wahrnehmungen, Nachrichten u. a.). Diese Ereignisse sind nicht prognostizierbar (sonst wären sie schon in die Planung eingearbeitet worden), ihr Auftreten, vor allem die Zeitspanne bis zur erforderlichen Reaktion auf die Ereignisse, ist aber durch ein gutes Informationsmanagement verlängerbar. Die Verbesserung der Wahrnehmungssysteme schafft ein größeres Potenzial für Reaktionen.

Die Reaktionen auf ungeplante Ereignisse bestehen aus plansichernden (Sonder-)Maßnahmen, die abhängig von der Situation und der noch verfügbaren Zeit bis zur ursprünglich geplanten Realisation durchgeführt werden können. Es werden Überstunden angeordnet, die Mitarbeiter motiviert, etwas schneller zu arbeiten, oder auf Kundenbedingungen Rücksicht genommen, obwohl dies die Kosten erhöht. So kommt es zu einer parallelen plansichernden Ebene, in der ständig neue Maßnahmen geplant werden.

Ereignisse, die eine Plansicherung oder eine Neuplanung erfordern, treten auf allen Planungsebenen auf. Ihnen wird jeweils mit individuellen Maßnahmen begegnet. Es gibt normalerweise ein Standardrepertoire an Plansicherungsmaßnahmen, verbunden mit Regeln über ihren Einsatz. Dieses Standardrepertoire repräsentiert eine besondere Form der Unternehmensintelligenz, die von Unternehmen gepflegt und erhalten werden muss.

Plansichernde Maßnahmen bei Airlines

Ereignisse und plansichernde Maßnahmen können sowohl strategische als auch operative Planung und Steuerung betreffen.

Strategisches Management

Ereignisse: Ereignisse auf strategischer Ebene können sehr vielfältig sein. Politisch z. B. die Öffnung des ehemaligen sowjetischen Luftraumes für den Flugverkehr westlicher Gesellschaften, Kriege, Umweltauflagen oder politische Spannungen, die eine Umorientierung des Flugangebotes erforderlich machen. Technologisch z. B. die Entwicklung neuer Flugzeuge (A350) oder RFID, die neue Produktionspotenziale eröffnen. Naturbedingt z. B. Vulkanausbrüche (Island) oder Umweltkatastrophen. Wirtschaftlich z. B. die Änderung der Finanzierungsbedingungen durch Bankenzusammenbrüche. Politisch der aktuelle Krieg zwischen Russland und der Ukraine und die damit verbundenen Sanktionen.

Maßnahmen: Ebenso vielfältig und individuell sind die Maßnahmen, z. B. Aufbau neuer Märkte, Überlegungen zur Nutzung neuer Produktionstechnologien (RFID, A350), Einstellung aller Flüge in und über den Kriegsgebieten usw. Da die Zeiträume bis zur notwendigen Reaktion (Ausnahme: Naturereignisse, kriegerische Ereignisse) meistens länger sind, ergibt sich hier kein so hoher Planungsdruck und die Reaktionen bestehen hauptsächlich aus einer Anpassung der operativen Pläne. Lediglich der Krieg erforderte unmittelbare, schnelle Entscheidungen.

Operative Planung und Steuerung

Ereignisse: Bei der operativen Planung und der Steuerung sind die Ereignisse wesentlich alltäglicher und häufig in ähnlicher Form wiederkehrend. Für das Airline-Catering sind das z. B. die Verspätung eines Flugzeuges, der Wechsel des Flugzeugtyps, die bei der RFID-basierten Kontrolle am Eingang des Flugzeuges festgestellte Abweichung vom Sollbestand des Cateringbedarfs usw.

Maßnahmen: Auf diese Ereignisse kann wiederum mit unterschiedlichen Maßnahmen reagiert werden: Der Fahrer des Cateringtrucks kann Überstunden machen oder schneller fahren, er kann auf ein virtuelles Lager von Cateringartikeln zurückgreifen (vorbereitete Artikel für andere Flüge, deren Ersatz bis zur erforderlichen Auslieferung möglich ist) usw.

Bei allen Ereignissen lohnt es sich, einmal erdachte und getestete Maßnahmen (Erfahrungswissen) zu speichern. Sie definieren das Handlungspotenzial für zukünftige Ereignisse. Sie können situations- und zeitabhängig wiederverwendet werden und sollten damit Inhalt von Lernprozessen sein. Grundlage für ein effizientes Steuern der Unternehmensaktivitäten ist ein gut ausgebautes Wahrnehmungssystem und die Fähigkeit schnell reagieren zu können. Beides kann durch die neue Technik wesentlich verbessert werden. Unternehmen benötigen neue Planungs- und Steuerungssysteme, die den Anforderungen ihrer Umwelt besser gerecht werden und die ihnen einen Wettbewerbsvorteil durch ein flexibleres Handeln aufgrund besser genutzten Wissens ermöglichen. Im Folgenden sollen einige Tendenzen für zukünftige Systeme aufgezeigt werden. (Siehe Abschn. 4.3.2) ◄

Verständnisfragen und Aufgaben

1. Was ist Wissen? Welche Definitionen kennen Sie und wo liegen deren Probleme?
2. Was charakterisiert die reale, physische Welt, in der wir leben (Welt 1)? Was für Elemente umfasst sie und in welcher Beziehung stehen wir zu ihr?
3. Was ist die mentale Welt (Welt 2) und in welcher Beziehung stehen wir und die Welt 1 zu ihr?
4. In einem Buch steht nicht immer die Wahrheit: Was ist Ihre Welt? In welcher Beziehung stehen Sie zu ihr? Woher kommt sie? Können Sie Ihre Welt verändern?
5. Welche Akteure beeinflussen Ihr Handeln?
6. Welchen Einfluss hat ihre Wahrnehmung auf Ihre Entscheidungen?
7. Beschreiben Sie das funktionale Basismodell von Wissen und Handeln!
8. Welche philosophischen Axiome gehen in die Gestaltung des Modells von Wissen und Handeln ein?
9. Wissenseinheiten haben drei Dimensionen. Beschreiben Sie diese!
10. Was kennzeichnet explizites und implizites Wissen? Welche Rolle spielen diese beiden Formen für die Ökonomie der Wissensnutzung?
11. Zum Umgang mit Wissen über die Zukunft haben Unternehmen verschiedene Instrumente entwickelt. Beschreiben Sie die Szenariotechnik und ihre Leistung für das Unternehmen!
12. Beschreiben Sie das Instrument „Augmented Reality"! Welche Einsatzgebiete kennen Sie?

13. Kollektives Wissen basiert auf kulturellem Lernen. Welche Formen des kulturellen Lernens kennen Sie?
14. Wie entsteht eine symbolische Repräsentation von Wissen und welchen Nutzen hat sie?
15. Was ist eine Ontologie? Wie unterstützen Ontologien den elektronischen Handel?
16. Was ist Interoperabilität und wie kann sie unterstützt werden?
17. Wie entsteht das Handeln eines Unternehmens?
18. Welche Elemente gehören zu einer Handlungseinheit?
19. Was ist Wissen eines Unternehmens und wie bestimmt es das Handeln des Unternehmens?
20. Welche Repräsentationsformen von Wissen gibt es in Unternehmen? Nennen Sie Beispiele.
21. Wie kann ein Unternehmen das Vertrauen in sein kollektives Wissen herstellen?
22. Was sind Kollektive Mentale Modelle?
23. Wie entsteht die Wahrnehmung von Unternehmen? Was sind Inhalte der strategischen Wahrnehmung?
24. Welches Wissen von Unternehmen wird durch Storytelling erhoben und wie wird dieses genutzt?
25. Was sind plansichernde Maßnahmen und wie werden sie eingesetzt?

Literatur

Anderson, J. R. (1988). *Kognitive Psychologie*. Heidelberg: Spektrum.

Blad, T., & Potts, D. (2003). Beyond interoperability: Part 1. In *Potts, D.* (2003). The Big Issue: Command and Combat in the Information Age (S. 139–150). http://www.dtic.mil/cgi-bin/GetTRDoc?Location=U2&doc=GetTRDoc.pdf&AD=ADA458363. Zugegriffen am 12.12.2010.

Chlopczyk, J. (Hrsg.). (2017). *Beyond storytelling. Narrative Ansätze und die Arbeit mit Geschichten in Organisationen*. Springer Gabler.

Cyert, R. M., & March, J. G. (1963). *A behavioral theory of the firm*. Englewood Cliffs.

eCL@ss. (o. J.). https://www.eclass.eu/standard.html. Zugegriffen am 20.11.2022.

Franken, S. (2019). Verhaltensorientierte Führung. In *Handeln, Lernen und Diversity in Unternehmen* (4. Aufl.). Springer Gabler.

Freimuth, J., Hauck, O., & Asbahr, T. (2002). Organizational Memory und betriebliche Wissensstrukturen. Dargestellt am Beispiel von Teams in einer industriellen Fertigung. *Zeitschrift Führung & Organisation, 71*, 96–104.

de Geus, A. (1998). *Jenseits der Ökonomie. Die Verantwortung der Unternehmen*. Klett-Cotta.

Hüther, G. (2009). *Die Macht der inneren Bilder. Wie Visionen das Gehirn, den Menschen und die Welt verändern*. Vandenhoeck & Ruprecht.

Lüer, C. U. (1998). *Kognition und Strategie. Zur konstruktiven Basis des Strategischen Managements*. Gabler.

Maderthaner, R. (2017). *Psychologie*. Facultas.

Mittelstraß, J. (Hrsg.). (2004). *Enzyklopädie Philosophie und Wissenschaftstheorie* (Sonderausgabe, Bd. 4). J.B. Metzlersche Verlagsbuchhandlung und Carl Ernst Poeschel Verlag.

Newell, A., & Simon, H. A. (1976). Informatik als empirische Untersuchung: Symbole und Suche. *Communications of the ACM, 19(3)*, 113–126.

North, K. (2021). *Wissensorientierte Unternehmensführung: Wissensmanagement im digitalen Wandel.* Springer.

Popper, K. R. (1978). Three Worlds. The Tanner Lecture on human Values. Delivered at The University of Michigan April 7, 1978. https://tannerlectures.utah.edu/_documents/a-to-z/p/popper80.pdf. Zugegriffen am 22.03.2023

Popper, K. R., & Eccles, J. C. (1989). *Das Ich und sein Gehirn.* Piper.

Probst, G., Raub, S., & Romhardt, K. (2013). *Wissen managen: Wie Unternehmen ihre wertvolle Ressource optimal nutzen* (7. Aufl.). Springer Gabler.

Ravalli, P. (2021). Storytelling macht Wissensmanagement erfolgreicher. *wissensmanagement – Das Magazin für Digitalisierung, Vernetzung & Collaboration, 1/2021*, 40–41.

Reinmann-Rothmeier, G., Erlach, C., & Neubauer, A. (2000). *Erfahrungsgeschichten durch Story Telling. Eine multifunktionale Wissensmanagement-Methode* (Forschungsbericht Nr. 127). Ludwig-Maximilians-Universität.

Rizzolatti, G., & Sinigaglia, C. (2008). *Empathie und Spiegelneurone. Die biologische Basis des Mitgefühls.* Suhrkamp.

Robbins, S., Coulter, M., & Fischer, I. (2017). *Management. Grundlagen der Unternehmensführung.* Pearson Studium.

Roth, G. (2003). *Fühlen, Denken, Handeln.* Suhrkamp.

Roth, G. (2005). Wer entscheidet, wenn ich entscheide? Das menschliche Ich zwischen Verstand, Vernunft und Gefühl. *Wissenschaft und Wirtschaft, 1/2005*, 50–57.

Searle, J. R. (2012). *Wie wir die soziale Welt machen: Die Struktur der menschlichen Zivilisation.* Suhrkamp.

Simon, H. A. (1990). *Die Wissenschaften vom Künstlichen.* Kammerer & Unverzagt.

Spiegel. (2011). *Spiegel Online Wissenschaft.* http://www.spiegel.de/fotostrecke/fotostrecke-32369.html. Zugegriffen am 06.02.2011.

Thier, K. (2006). *Storytelling. Eine narrative Managementmethode.* Springer Medizin.

Tomasello, M. (2002). *Die kulturelle Entwicklung des menschlichen Denkens. Zur Evolution der Kognition.* Suhrkamp.

ZBW Leibniz-Informationszentrum Wirtschaft. (2011). http://www.zbw.eu/stw/version/latest/about.de.html. Zugegriffen am 28.01.2020.

Zuboff, S. (2018). *Das Zeitalter des Überwachungskapitalismus.* Campus.

Technologien als Chancen und Anforderungen an das Management der Zukunft

Zusammenfassung

Unser Ziel ist es, zu diskutieren, wie wir Unternehmen unter gegebenen Rahmenbedingungen intelligenter machen können. Zu diesem Zweck werden in diesem Kapitel zunächst die vorhandenen technischen Instrumente und die politischen Ziele der Gesellschaft dargestellt. Zentrale Instrumente sind die Informations- und Kommunikationstechnologien. Der Überblick über die wichtigsten Instrumente ist bewusst historisch orientiert, um die Hintergründe ihrer Entwicklung und die zeitliche Komponente (Entwicklungsgeschwindigkeit) besser zu verstehen. Normalerweise leben wir in einem Strom der Entwicklungen, passen uns an und denken nicht weiter darüber nach. Es ist jedoch wichtig, sich klar zu werden, wie schnell sich unsere Lebens- und Arbeitsbedingungen ändern und wie groß unsere Verantwortung für die Veränderungen ist.

Zunächst betrachten wir die Entwicklungsgeschichte der Computer (Hardware) und der mit ihnen verbundenen unterstützenden Techniken, insbesondere der Wahrnehmungs- und der Kommunikationstechnik. Eng damit verbunden ist die funktional orientierte Software für den Einsatz der Technik. Was können wir damit machen? Welche Probleme entstehen bei ihrem Einsatz? Die Entwicklung und der Einsatz der Technik in unserer Gesellschaft (Teil der Kultur) ist auch ein politisches Problem. Die Regierung unterstützt Entwicklung und Einsatz mit Geld und diskutiert Ziele. Die Unternehmungen selbst bilden Kooperationen, die das Gleiche tun. Welche Ziele verfolgen dabei die Gesellschaft und die Wirtschaft?

Management will die gesellschaftliche Realität aktiv gestalten. Dabei muss das Management selbstverständlich auch die aktuellen Trends der gesellschaftlichen Veränderung aufnehmen und sich an ihnen orientieren. Die Technik macht enorme Fortschritte, die Menschen werden immer älter und entwickeln ein neues Selbstverständnis und neue Bedürfnisse, klassische Ländergrenzen lösen sich auf, Kulturen vermischen sich, der Klimawandel macht uns zu schaffen. Außerdem sind in der Politik aktuelle Themen angesagt – Digitalisierung, Internet der Dinge, Industrie 4.0, Arbeit 4.0 –, die man zum Wohle unserer Gesellschaft nutzen möchte. Diese schaffen neue Bedingungen für das Management der Unternehmen, insbesondere das Wissensmanagement.

Welche Technologien sind für Unternehmen im Kontext des Wissensmanagements, organisationalen Lernens und Innovation vor zentraler Bedeutung? Meistens werden in aktuellen Studien und Publikationen folgende Technologien genannt (vgl. Gartner, 2021; Gassmann & Sutter, 2013; Meyer, 2019; Schüller & Steffen, 2017; Unternehmer, 2021): Computertechnologie, Sensortechnologie, Autonome Systeme, Internet der Dinge (IoT), Künstliche Intelligenz, Machine Learning, Robotik, 3D-Druck, Cloud Computing und Cybersecurity-Technologie. Große Chancen hat auch ein kombinierter Einsatz von mehreren Technologien.

Eine Diskussion aller dieser Trends und ihrer Auswirkungen auf das Management würde ein eigenes Buch erfordern, deshalb sollen hier ohne Anspruch auf Vollständigkeit nur ausgewählte Tendenzen aufgegriffen werden, die zur besseren Verständlichkeit in drei Gruppen eingeteilt werden: physische Technik (Computer-, Sensor-, Kommunikationstechnologie, Robotik, 3D), mentale Technik (KI, Machine Learning, Virtualität) und kombinierte Technologien (Autonome Systeme, IoT, Industrie 4.0).

3.1   Wichtige Entwicklungen der physischen Technik

Die derzeitigen Veränderungen in unserer Wirtschaft und Gesellschaft entstehen besonders durch das Zusammenspiel der verschiedenen Techniken, insbesondere der Computertechnik und damit verbunden die technische Sensorik und Aktorik und die notwendige Kommunikationstechnik für ihren Einsatz.

▶ **Technik** bezeichnet die Gesamtheit der Werkzeuge und mentalen Verfahren zur Unterstützung von Akteuren bei der Veränderung ihrer Welt oder ein einzelnes Element dieser Gesamtheit.

Zur weiteren Eingrenzung der Felder benutzen wir den Begriff Technik mit Ergänzungen wie Informations- und Kommunikationstechnik (IKT), die im Zentrum der meisten Entwicklungen steht.

Den Begriff **Technologien** verwenden wir, wenn wir Techniken im Kontext mit ihren Anwendungen zur Lösung von bestimmten Problemen beschreiben, also auf das technische Wissen in Verknüpfung mit seinen praktischen Anwendungen Bezug nehmen (vgl. zu den begrifflichen Abgrenzungen BMWi, 2021b, S. 7 f.).

Die Anzahl der Technologien, die derzeit unsere Welt verändern, hat enorm zugenommen und wird immer unübersichtlicher. Einen sehr guten, wenn auch immer noch nicht vollständigen Überblick liefern die beiden Studien des Bundesministeriums für Wirtschaft und Klimaschutz (BMWi) (siehe BMWi, 2021a, b). Wir wollen hier in Zusammenhang mit dem Wissensmanagement nur einige Technologiefelder herausnehmen und diese in ihrem Entstehungsprozess kurz darstellen. Der zeitliche Bezug soll dabei besonders die Geschwindigkeit der Entwicklung verdeutlichen.

Alle für uns als Endnutzer täglich genutzten Werkzeuge der IKT, die aktuell unser Leben bestimmen und ohne die wir uns unsere Welt gar nicht mehr vorstellen können, sind eigentlich erst wenige Jahre alt.

Ein Blick auf die zeitliche Verteilung des Entstehens dieser Werkzeuge soll uns verdeutlichen, wie sehr wir noch am Anfang dieser Entwicklung stehen und in welcher Geschwindigkeit sich unsere Welt weiter verändern wird. Wohin es gehen könnte, ist nur schwer zu erahnen, aber wir sollten bedenken, dass wir die Urheber der Entwicklung sind. Wir prägen die Welt unserer Kinder.

Die Technik ist dabei immer eine Verschmelzung von Hard- und Software. Es geht also nicht um eine technisch besonders leistungsfähige Maschine (Automotor mit 200 PS), sondern um eine intelligente Maschine (selbstfahrendes Auto). Dies macht die Kategorisierung der verschiedenen technischen Entwicklungen sehr schwer. Die folgende Darstellung ist daher mehr eine Auflistung von Beispielen.

Generell ist allen technischen Entwicklungen gemeinsam:

- Die Technik wird mit einer enormen Geschwindigkeit immer leistungsfähiger,
- die technischen Einheiten werden immer kleiner,
- die Technik wird mobil, d. h. sie kann ortsunabhängig eingesetzt werden,
- die Kosten pro Leistungseinheit der Technik sinken rapide, sodass technische Einheiten immer stärker in Konkurrenz zu menschlicher Arbeit stehen (der Stundenlohn eines Roboters bezogen auf seine Lebensdauer ist geringer als der eines Menschen).

3.1.1 Grundlage: die Entwicklung der Computertechnik

Im Zentrum der IKT steht der Computer. Vorläufer der Rechenmaschinen lassen sich über 3000 Jahre zurückverfolgen (Abakus). Die ersten Maschinen, die diese Bezeichnung in unserem heutigen Sinne wirklich verdienen, entstanden jedoch erst in den 1930er- und 1940er-Jahren. In der Anfangsphase waren verschiedene technische Lösungen im Einsatz, u. a. auch Analogrechner, die im Gegensatz zu unseren heutigen Digitalrechnern auf der Modulation kontinuierlicher Größen, z. B. der elektrischen Spannung, basierten und durch Verkabelung der technischen Einheiten programmiert wurden (vgl. Abb. 3.1).

Analogrechner wurden noch bis in die 1970er-Jahre in der betriebswirtschaftlichen Forschung (Kapital- und Materialflussmodelle) eingesetzt. Ihr besonderes Einsatzgebiet waren dynamische Modelle der Systemtheorie (vgl. Forrester, 1972).

Während Analogrechner vor allem bei der Bearbeitung von dynamischen Systemen große Vorteile aufweisen konnten, waren die digitalen Computer vor allem spezialisiert für Aufgaben wie: Rechnen, Sortieren, Klassifizieren, Entscheidungen und waren dort sehr viel effizienter.

Abb. 3.1 Programmierung eines Analogrechners. (Quelle: eigene Darstellung)

Die Entstehung und die Einsatzgebiete der digitalen Rechner zeigt sehr anschaulich ein kleiner Werbefilm der Remington-Rand Corporation für ihren UNIVAC-Rechner von 1951. Siehe https://www.youtube.com/watch?v=j2fURxbdIZs (Remington-Rand, 1951).

In den 1960er-Jahren traten die digitalen Rechner ihren Siegeszug an. Zentrale Messgröße für ihre Leistungsfähigkeit war die Anzahl der 0-1-Speichereinheiten (Transistoren). 1965 veröffentliche Gordon Moore seine berühmt gewordene Prognose (Moore'sches Gesetz), dass die technische Entwicklung es ermöglichen würde, die Anzahl der Transistoren in einem Computer jedes Jahr zu verdoppeln. Später wurde dies relativiert auf alle 2 Jahre, in dieser Form gilt dieses Gesetz jedoch bis heute. Die Leistungsfähigkeit der Computer wächst also exponentiell. Die Einheiten werden dabei immer kleiner und auch die Verarbeitungsgeschwindigkeit nimmt entsprechend zu (vgl. Abb. 3.2).

Diese Abbildung verdeutlicht, welche Entwicklung die Welt der Computer seit 1970 durchgemacht hat. Kernspeicher waren damals noch das verbreitete Speichermedium für „Großrechner" mit 2 oder 4 KiloByte Hauptspeicher an Universitäten. Ein kleiner Speicherchip, den wir heute in jeden Computer oder in unser Handy einstecken können, wiegt ein Gramm, kostet unter 50 € und kann die enorme Informationsmenge von 400 GigaByte speichern. Wichtigster Treiber war dabei die Digitalisierung der Darstellung aller Infor-

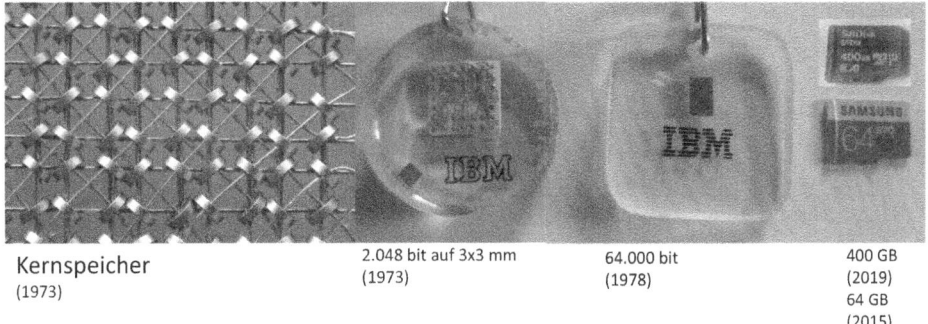

Kernspeicher (1973) | 2.048 bit auf 3x3 mm (1973) | 64.000 bit (1978) | 400 GB (2019) 64 GB (2015)

Abb. 3.2 Entwicklung der Speichermedien. (Quelle: eigene Abbildung in Anlehnung an Lanzet, o. J.)

mationen (Zahlen, Texte, Bilder, Musik etc.). Eine Bibliothek mit über 1000 Büchern benötigt ca. 7,5 GB Speicherplatz und kann damit problemlos transportiert und jederzeit überall gelesen werden.

Die Verarbeitungsgeschwindigkeit der Informationen im Computer ist in ähnlicher Weise gestiegen.

In den Anfängen der Künstlichen Intelligenz, die uns heute wieder besonders beschäftigt, war die zentrale Sprache für die Entwicklung von Programmen LISP (**LIS**t **P**rocessing – die zweitälteste Programmiersprache nach FORTRAN). Da die ersten digitalen Rechner für diese Sprache sehr ineffizient waren, gab es spezielle LISP-Computer, deren Prozessoren die Listenverarbeitung durch ihre Hardware unterstützten und daher wesentlich effektiver waren als die gängigen Computer nach dem IBM-Standard. Einer der fortschrittlichsten Hersteller war die Firma Symbolics.

3.1.2 Sensorik, RFID, GPS & Co.

Für den Informationsinput in die Rechnersysteme sorgt die Sensorik. Sensoren erfassen die Welt in Form von Wahrnehmungsdaten und bilden diese in eine symbolische Repräsentation der Welt (Wissen) ab. Sensoren erfassen sowohl das Wissen eines Systems über die Welt als auch das Wissen über sich selbst.

Ein Sensor wandelt die über einen Messfühler zu messende physikalische Größe und ihre Änderungen in elektrische Größen und ihre Änderungen um und verarbeitet diese so, dass sie leicht übertragen und weiterverarbeitet werden können (vgl. Böge & Böge, 2021, S. 641).

Der Preis für hoch entwickelte Sensoren ist über die vergangenen Jahre rasant gefallen, wodurch die Möglichkeiten für Hersteller und Anwender immens geworden sind (vgl. Schüller & Steffen, 2017, S. 119).

Die Sensortechnik ist verantwortlich für die Menge der automatisch erhobenen Informationen, die uns das Phänomen „Big Data" beschert haben.

Es gibt verschiedene Ansätze zur Definition von Big Data. Nach Lehner (2021, S. 265) lässt sich **Big Data** durch die folgenden vier **V** charakterisieren:

1. **Volume** bezeichnet die Datenmenge, bzw. den Umfang der Daten, die gespeichert und verarbeitet werden. Die Größenordnungen erreichen in Unternehmen aktuell bis zu 10^{24} Bytes, eingespeist durch die Erfassung von Mess-, Steuer- und Kommunikationsdaten einschließlich Nutzerdaten, Verhaltens- und Kontextdaten sowie Metadaten.
2. **Variety** beschreibt die Unterschiedlichkeit der Daten, die aus vielfältigen Quellen stammen und in diversen Datenformaten strukturiert, semistrukturiert oder auch unstrukturiert vorliegen können. Klassische Datenbanksysteme stoßen damit an ihre Grenzen.
3. **Velocity** beschreibt die Geschwindigkeit, mit der Daten erzeugt und verarbeitet (z. B. die schnelle Analyse riesiger Datenmengen in Echtzeit) werden.
4. **Veracity** bezeichnet die Datenqualität, da die Güte und Korrektheit der Analyseergebnisse von der Qualität der Datenbestände abhängig ist. Nur wenn diese ausreichend hoch ist, können auch aussagekräftige und valide Analyseergebnisse (z. B. Empfehlungen einer an den Daten trainierten Künstlichen Intelligenz) generiert werden.

Analyse von Big Data ermöglicht vielfältige Anwendungen in verschiedenen Bereichen, vor allem in Kombination mit der Künstlichen Intelligenz (vgl. Abschn. 3.3).

Technische Sensoren sind inzwischen wesentlich leistungsfähiger als die menschlichen Sinnesorgane und können außerdem Größen erfassen, die den menschlichen Sinnen nicht zugänglich sind, wohl aber in unser Verständnis von der Welt eingehen. Auch sie werden immer kleiner und immer kostengünstiger. Die Wahrnehmungsdaten können in ihren jeweiligen Kontexten zu unterschiedlichen Informationen verarbeitet werden (vgl. Hesse & Schnell, 2018).

Eine sehr wichtige Information ist z. B. die Position eines Objektes. Sie wird durch ein komplexes, satellitengesteuertes Navigationssystem ermittelt. Das bekannteste System ist das **GPS** (Global Positioning System), welches über US-amerikanische Militärsatelliten betrieben wird. Das Europäische Konkurrenzsystem ist Galileo.

Die eindeutige Identifizierung eines Objektes ist wesentlicher Teil unserer Orientierung und In-Beziehung-Setzung zu unserer Welt. Identifizierten Objekten geben wir einen Namen und machen sie zum dominierenden Organisationsprinzip unseres Wissens über die Welt. Die menschliche Wahrnehmung identifiziert ein Objekt über ein Muster von Wahrnehmungsdaten. Da dies eine unsichere Methode ist, führen wir zusätzliche Legitimationsmittel zur Autoidentifizierung ein. Menschen erhalten Ausweise. Technisch gehören dazu z. B. Barcodes (ein- oder zweidimensional), OCR (Optical Character Recognition) oder RFID.

▶ **RFID** (Radiofrequenz Identifikation) ist eine Autoidentifikationstechnik, die das automatische, eindeutige Erkennen eines physischen Objektes und die Übermittlung weiterer wesentlicher Informationen ermöglicht.

RFID unterstützt die Integration von realer Welt und Welt des Wissens. Ein RFID-System besteht aus folgenden Komponenten:

- dem RFID-Transponder,
- einem Schreib-/Lesegerät mit Antenne,
- einem Computer zur Steuerung des Prozesses und
- auf der Softwareseite einem Produktcode.

Der **Transponder** (auch als „Tag" bezeichnet) ist eine technische Einheit, die aus einem Computerchip als Datenspeicher und -verarbeitungseinheit und einer Sende- und Empfangseinheit („**Trans**mitter" (Sender) und „Res**ponder**" (Empfänger)) besteht.

Es gibt aktive Transponder, die über eine eigene Energiequelle verfügen und von sich aus aktiv werden können, und passive Transponder, deren Energieversorgung über die elektromagnetischen Wellen der Antenne des Schreib-/Lesegerätes erfolgt. Passive Transponder können nur mit Hilfe des Schreib-/Lesegerätes angesprochen werden. Transponder können auf fast jedem Objekt angebracht oder sogar implantiert oder eingebaut werden (Abb. 3.3).

Links in der Abbildung ist ein konventioneller Barcode abgebildet, in der Mitte – ein Transponder zum Anbringen auf verschiedene Objekte (z. B. zur Warensicherung in Geschäften) und rechts – ein Transponder zur Implantierung (z. B. bei Tieren oder in den menschlichen Arm als Dauerkarte für einen Club).

Über das Schreib-/Lesegerät kann der Inhalt des Chips abgerufen oder neuer Inhalt gespeichert werden. Die Verarbeitung des Inhaltes erfolgt über einen Computer, normalerweise durch verschiedene Schichten von Programmen gesteuert.

Was als Inhalt auf dem RFID-Chip steht, ist frei wählbar. Für den RFID-Einsatz – und daher stammt auch der Name – ist besonders der eindeutige Objektcode wichtig. Alternative Identifikationstechniken wie der Barcode umfassen nur eine Produktgruppenkennzeichnung.

Barcode vs. RFID

Anhand des Barcodes auf einer Flasche Wasser, kann festgestellt werden, dass es eine Flasche Wasser ist, aber nicht welche. Der RFID-Code ist wesentlich komplexer und identifiziert genau die Flasche, die vor mir auf dem Tisch steht, mit ihrer Herkunft, ihren Inhaltsstoffen usw. ◀

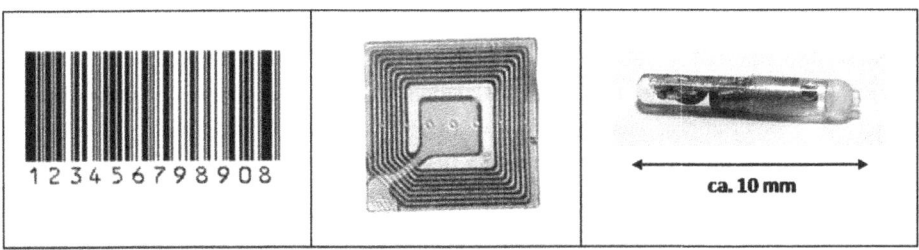

Abb. 3.3 Barcode und RFID-Transponder. (Quelle: eigene Darstellung)

Tab. 3.1 Vergleich von Autoidentifikationstechniken

	Barcode 1D	Barcode 2D	OCR	RFID
Datenkapazität pro Label	bis zu 252 Zeichen	bis zu 2335 Zeichen	nicht definiert	typischerweise bis zu 32 kByte
Pulkerfassung (parallele Erfassung mehrerer Objekte)	nicht möglich	nicht möglich	nicht möglich	möglich
Labelposition bei Erfassung	Sichtkontakt	Sichtkontakt	Sichtkontakt	positionsunabhängig
Lesbarkeit durch Personen	nicht möglich (zusätzliche Klarschrift)	nicht möglich	leicht möglich	nicht möglich
Verbindung mit Sensoren	nicht möglich	nicht möglich	nicht möglich	möglich

In der Praxis werden verschiedene Codes diskutiert, von denen der Electronic Product Code (EPC) der bekannteste ist.

Auf der technischen Seite ist die RFID-Technologie noch mit einigen Problemen behaftet, die ihren universellen Einsatz schwierig machen, doch diese Probleme sollen zunächst einmal undiskutiert bleiben.

Die besonderen Vorteile der RFID-Technologie liegen in der Lesbarkeit und der Informationsmenge, die auf einem Chip abgespeichert werden kann. Die Information eines RFID-Transponders kann positionsunabhängig und als Pulk erfasst werden. Der Barcode muss einzeln an einem Lesegerät vorbeigeführt werden (Tab. 3.1).

Was macht nun eine solche Technik so revolutionär aus der Perspektive des Wissensmanagements? Wir wollen dies anhand von einigen Beispielen eines möglichen Einsatzes von RFID diskutieren.

Der RFID-Technologie wird eine große Zukunft im Einzelhandel zugeschrieben. Ein intelligenter Einkaufswagen voller getagter Produkte kann in einem Lesevorgang ohne spezielle Einzelausrichtung erfasst werden. Das macht beispielsweise eine Kassiererin, die Barcodes von jeder Ware abliest, überflüssig, und ermöglicht zudem eine automatische, bestandsabhängige Nachbestellung der Ware.

Smarte Einkaufswagen von Wanzl

Firma Wanzl, der weltweit führende Anbieter für Einkaufswagen, arbeitet an der digitalen Vision von Einkaufswagen, um das Kundenerlebnis zu erhöhen. Wanzl will Einkaufswagen im Supermarkt zu kleinen Datenlieferanten machen und Supermärkten das Kauf- und Bewegungsverhalten ihrer Kunden liefern. Einkaufswagen werden zudem eine deutliche Wertsteigerung durch zusätzliche Funktionalitäten wie Scanner, Tablets oder Waagen erfahren. Aus den erhobenen Daten lassen sich Handlungsempfehlungen zur Wartung der Einkaufswagen und der Anzahl der tatsächlich benötigten Einkaufswagen ableiten. Darüber hinaus können die Laufwege und Aufenthaltszeiten der Kunden in den jeweiligen Marktbereichen innerhalb des kompletten Stores exakt und in

Echtzeit nachverfolgt werden. Entsprechend lassen sich mittelfristig Rückschlüsse für die Optimierung des Warenangebots, von Marketing-Aktionen oder der generellen Gestaltung des Stores ziehen. Zudem kann auf übliche Stoßzeiten genauso wie auf sich ad-hoc bildende Ansammlungen reagiert werden, was zu einem optimierten Personaleinsatz und der Vermeidung von langen Warteschlangen an den Kassen führt (vgl. Wanzl, 2021). ◄

Auch in anderen Bereichen verspricht der Einsatz von RFID wesentliche Vorteile, wie z. B. die Individualisierung von Serviceleistungen für die Kunden beim Catering.

RFID im Airline-Catering

Das Servicekonzept ist von besonderer Bedeutung für die Positionierung einer Airline am Markt, da sich die verschiedenen Anbieter für die Kunden besonders darüber unterscheiden. Ein besonderes Konzept wäre das Angebot von **meal on demand**.

Dem Passagier soll ein möglichst weitgehender zeitlicher Spielraum zur Bestellung eines individuellen Essens auf seinem Flug eingeräumt werden. Es soll möglich sein, bis relativ kurz vor dem Flug ein individuelles Essen aus einer umfangreichen Speisekarte auszuwählen, welches dann im Flugzeug serviert wird.

Herr Maier möchte als Vegetarier gern ein fleischloses Gericht aus europäischen Gemüsesorten auf seinem Flug von Frankfurt nach New York genießen (mit Einschränkungen ist dies auch heute schon möglich, aber kein Standardprodukt).

Ein solches Angebot erfordert zunächst einmal eine schnelle Reaktion der Produktion auf die Wünsche des Kunden. Es stellt aber auch ein logistisches Problem dar, Passagier und Essen im Flugzeug zusammenzubringen. Das Essen und mit ihm das Kabinenpersonal muss wissen, wo der Passagier sitzt. Der Caterer muss dafür sorgen, dass dieses Essen in dem richtigen Trolley in der richtigen Galley landet, sodass es beim Austeilen sofort verfügbar ist. Man stelle sich vor, dass fast alle Fluggäste eines A380 mit zwei Etagen individuelle Essen bestellt hätten und erst im Flugzeug die zugehörigen Passagiere zu den jeweiligen Essen gesucht werden müssten: Chaos. Die Zuordnung erfolgt in der Welt des Wissens, im Computer. Doch wie verlässlich ist das Wissen des Computers? Wurde das Essen wirklich in den richtigen Trolley verladen? Hat der Passagier Maier auch nicht seinen Platz mit einer anderen Person getauscht? Über RFID-Transponder in der Bordkarte des Herrn Maier und auf seinem Essen lassen sich zumindest häufige Abgleiche zwischen den geplanten und realen Positionen herstellen und gegebenenfalls Korrekturmaßnahmen planen. Selbst wenn Herr Maier seinen Platz nicht einhält oder vom Reservierungssystem einen anderen Platz zugeteilt bekommt, ist das Servicepersonal des Caterers oder der Airline (im Flugzeug) doch in der Lage, eine Umsortierung der Essen vorzunehmen, wenn z. B. die intelligenten Trolleys ihren Inhalt kennen und sofort veranlassen können, welches Essen von wo nach wo umsortiert werden muss. Dafür erfordert das logistische Problem einen kontinuierlichen Abgleich von der Welt des Wissens und der realen Welt auf einer sehr detaillierten Ebene.

RFID ermöglicht aber auch noch weiteren Service zur Verbesserung der Essensqualität an Bord. Neuartige Induktionsöfen ermöglichen ein individuelles Erwärmen der Speisen auf jedem Tablett. Ein Steak erfordert für den optimalen Geschmack eine andere Wärmezufuhr als ein Gemüsegericht. Auf dem Chip des RFID-Transponders kann zusätzlich die Information für eine optimale Erwärmung gespeichert und von dem Ofen ausgelesen und genutzt werden. ◄

Dieses Beispiel zeigt, dass eine zunehmende individualisierte Massenproduktion eine Technologie wie RFID erfordert. Verbindet man die Identifikationsfunktion von RFID mit weiteren Informationen wie z. B. einer Lokalisierung über GPS oder Umgebungsinformationen wie Temperatur, Luftzusammensetzung usw. (Einsatz von Sensornetzen), so ergeben sich vielfältige neue Einsatzgebiete für diese Technologien (vgl. Ausführungen zu IoT Abschn. 3.3.1). Für einen Betriebswirt ist dabei besonders wichtig, dass die Steuerung in den entstehenden Systemen die wirtschaftlichen Kriterien Kosten, Erträge, Qualität und Zeit hinreichend berücksichtigt.

Die kleinen Chips an den Objekten unserer Welt und auch an uns selbst – man denke an die neuen Personalausweise – geben die Möglichkeit, in großem Ausmaß sehr detailliertes Wissen über unsere Welt zu sammeln, welches wir nur noch genauso intelligent auswerten und für unser Handeln nutzen müssen.

RFID unter der Haut?

RFID-Chips können auch zu ungewöhnlicheren Zwecken eingesetzt werden: Sie lassen sich als kleine Glasröhrchen unter die Haut implantieren und damit für verschiedene Zwecke nutzen, z. B. Zugangsberechtigungen, Türöffner, Entsperrung von Smartphones, Bezahlung in Kantinen oder an Automaten, Austausch von persönlichen Daten (Visitenkarte) usw. Eine 26-jährige Hamburgerin, die sich in ihrer Bachelorarbeit im Bereich Marketing und Digitale Medien mit dem Thema NFC, sogenannter Nahfeldkommunikation (engl. Near Field Communication), befasst hat, hat sich zwei NFC-Chips unter die Haut pflanzen lassen (vgl. Klesse, 2022).

In Schweden erfreuen sich die Chips unter der Haut besonderer Beliebtheit. Tausende haben sich schon einen Chip implantieren lassen (Kleine Zeitung, 2022). Mitarbeiter der TUI Nordic haben sich freiwillig auf einer sogenannten „Chipping Party" einen Chip implantiert lassen (vgl. Deutsche Wirtschaftsnachrichten, 2019). ◄

Die RFID-Technologie birgt Chancen und Gefahren, auf jeden Fall müssen die Unternehmen und wir persönlich uns damit auseinandersetzen.

3.1.3 Kommunikationstechnik

Eine weitere Basistechnik für die Schaffung intelligenter Systeme ist die Kommunikationstechnik, insbesondere die mobile Kommunikationstechnik. Die vielen in Daten repräsentierten Informationen, die von Menschen angehäuft oder durch Sensoren erfasst und gespeichert werden, müssen an ihre Einsatzorte gebracht und für intelligentes Handeln genutzt werden.

Die Kommunikationstechnik ist nicht nur eine reine Technik, sondern insbesondere eine gesellschaftliche Infrastruktur.

Ob wir über Kupferkabel, Glasfaserkabel oder Antennenmasten verbunden sind, bestimmt zwar die Grenzen der Leistungsfähigkeit bei der Kommunikation. Die Netzleistung (übertragbare Informationsmenge und Geschwindigkeit) muss ergänzt werden durch die Netzabdeckung (Tab. 3.2).

Uns als Verbrauchern sind 4G- und 5G-Kommunikationstechnologie bekannt, die zurzeit eingeführt wird. **5G** bezeichnet das Netz der fünften Mobilfunkgeneration und ist damit direkter Nachfolger von LTE bzw. Advanced LTE (4G) und UMTS (3G). Der neue Standard zielt auf höhere Datenraten, verbesserte Kapazität und ein intelligentes Netz ab. Für Unternehmen eröffnen sich neue Möglichkeiten bei der Digitalisierung. So kann 5G beispielsweise die Vernetzung innerhalb und zwischen Firmen verbessern oder die Anlagensteuerung mittels Maschine-zu-Maschine-Kommunikation (M2M) revolutionieren. Für Verbraucher bedeutet die Technik ein in Zukunft deutlich schnelleres mobiles Netz und eine wachsende Zahl vernetzter Gegenstände im alltäglichen Umfeld. 5G verspricht höhere Übertragungsgeschwindigkeiten bei gleichzeitig sinkenden Kosten und niedrigerem Energieverbrauch und soll außerdem kaum spürbare Latenzzeiten aufweisen, also Reaktionsgeschwindigkeiten ermöglichen, die bisher unerreichbar sind. Das ist für autonome Systeme wie selbstfahrende Autos ausschlaggebend (vgl. BSI, o. J.-a).

Tab. 3.2 Generationen der Kommunikationstechnologie. (Quelle: eigene Darstellung in Anlehnung an BSI, o. J.-a und BMWi, 2021b)

Jahr	Generation	Technische Leistungen
1958	**1G**	Einrichtung des ersten analogen Mobilfunknetzes, A Netz, 10.500 Teilnehmer. 1972 startete das B-Netz, ermöglichte Selbstwählverfahren 1985 das neue C-Netz, war das erste – zumindest teilweise – digitale Mobilfunknetz. Es konnte automatisch der genaue Aufenthaltsort eines Teilnehmers ermittelt werden
1991	**2G**	Zeitalter des digitalen „Global System for Mobile Communication" (GSM), SMS möglich, ab 2000: Daten werden mobil, mobile Internetnutzung
2002	**3G**	UMTS Standard, mobiles Internet, Multimedia Streaming, Videokonferenzen
2009	**4G**	LTE Standard, mobiles high-speed Internet, Multimedia Streaming in HD
2019	**5G**	Enhanced Mobile Broadband Communication, private Netzwerke, Internet der Dinge, vernetzte Autos, Kommunikation zwischen Maschinen und Anwendungen
Forschung	**6G**	Weiterentwicklung von G5 mit vierzigmal höheren Übertragungsraten und Anschluss von zehnmal mehr Geräten

Bei **6G** handelt es sich um die Weiterentwicklung der bisherigen Telekommunikationstechnologien 4G und 5G. 6G soll ein robustes Kommunikationsnetzwerk zwischen der land-, see- und luftgestützten Kommunikation darstellen, das Netzwerk kann eine größere Anzahl an Geräten mit gleichzeitig niedrigeren Latenzanforderungen integrieren. Aktuell steht die Forschung der 6G-Technologie noch am Anfang. Das Potenzial von 6G ergibt sich vor allem aus der Kombination mit anderen Spitzentechnologien wie künstlicher Intelligenz, Quantenkommunikation, Blockchain oder Machine Learning. Diese Technologien erfordern eine besonders niedrige Latenz und ein stabiles Netz, um zuverlässig eingesetzt zu werden. Durch die geringe Latenz von 6G kann beispielsweise die Identitätsüberprüfung vollständig digitalisiert werden. Ein großes Anwendungsgebiet für 6G wird die Kommunikation im Weltraum und der Tiefsee sein, da hier bisherige Mobilfunktechnologien an ihre Grenzen stoßen. Auch in der Industrie bietet 6G in Zukunft zahlreiche Vorteile. So wird beispielsweise die Echtzeit-Diagnose und Betriebsüberwachung durch die geringen Latenzzeiten deutlich erleichtert. Dadurch ergeben sich effizientere, kostengünstigere und ressourcenschonendere Produktionsprozesse (vgl. BMWi, 2021b, S. 22).

3.1.4 Robotik

Robotik beschäftigt sich mit dem Handeln von und in Unternehmen. Klassische Roboter sind mechanische Systeme mit einem besonderen Bewegungsapparat. Ihre Fähigkeiten sind enorm. Sie produzieren Autos und Maschinen durch die hintereinandergeschaltete Ausführung verschiedener Tätigkeiten durch einzelne Roboter. In der klassischen Variante ist die Ausführung der Tätigkeiten fest programmiert und kann nur in einem festen Schema durchgeführt werden (Abb. 3.4).

Die moderne Robotik entwickelt sich rasant und unterscheidet sich von den früheren Ansätzen. Früher hat man vor allem an Industrierobotern gearbeitet, die schwere, gefähr-

Abb. 3.4 Robotik in der Fertigung. (Quelle: Logistik aktuell, 2016)

liche und schmutzige Arbeiten in der Produktion übernommen haben und getrennt von Menschen, eingezäunt gearbeitet haben. Heute stehen Cobots – kooperierende Roboter – im Mittelpunkt, die mit den Mitarbeitern zusammenarbeiten können, auf Menschen reagieren (Sensortechnologie) und für die Mitarbeiter ungefährlich sind. Sie sind lernfähig und können angeleitet werden.

Außerdem greift Robotik verstärkt in die Bürotätigkeit und in den Alltag ein. Die Hilton Hotelkette hat kürzlich den ersten Rezeptionisten-Roboter namens Connie getestet, dessen Intelligenz auf IBMs Watson basiert (vgl. Schüller & Steffen, 2017, S. 120). Humanoide Roboter arbeiten auch als Köche, Restaurantbedienung oder Barmixer.

In den Verwaltungsbereichen der Unternehmen – besonders in Versicherungen und Banken – wird die Idee der Robotisierung auf eine ganz andere Art umgesetzt. Einzelne Teile der Verarbeitungsprozesse werden durch Programmmodule (APPs) übernommen. So können sich häufig wiederholende Prozessschritte wie beim mechanischen Arbeiten automatisiert werden. Im Rahmen einer Robotic Process Automation (RPA) werden die automatisierbaren Teilprozesse identifiziert und für die einzelnen Schritte APPs geschrieben. Durch Einbeziehung von KI können immer mehr Prozessschritte automatisiert werden. RPA wird zu einer weitgehenden Veränderung von Arbeitsprozessen in der Verwaltung führen.

3.1.5 3D-Druck

Die 3D-Drucker sind im Begriff, die Fertigungsindustrie komplett auf den Kopf zu stellen. Die Auswirkungen auf die Fabrikation, den Handel, die Logistikindustrie, Abfallproduktion und letztlich auf ganze Volkswirtschaften sind enorm und schwer absehbar. Schon heute lässt sich ein komplettes Auto binnen eines Tages an einem einzigen Standort 3D-drucken (vgl. Schüller & Steffen, 2017, S. 118).

Die meisten 3D-Druck-Geräte arbeiten mit dem sogenannten Schmelzdruckverfahren, bei dem das Material hoch erhitzt wird und in flüssigem Zustand durch einen Extruder in sehr dünnen Schichten auf die Arbeitsplattformen gespritzt wird. Lage für Lage werden dabei die Schichten mithilfe eines Laserstrahls ausgehärtet, sodass ein fertiges 3D-Objekt entsteht.

Einer der Vorteile der 3D-Druck-Technologie ist, dass Produkte auch in kleinen Auflagen „on demand" hergestellt werden können. Was in den kommenden Jahren mit 3D-Druckern möglich sein wird, ist schwer zu prognostizieren. Vielleicht werden Ärzte aus den körpereigenen Zellen eine neue Niere oder Leber drucken lassen? Und selbstverständlich wird es gängig, dass die Ersatzteile für ältere Maschinen und Geräte, die nicht mehr hergestellt werden, im individuellen Druck produziert werden.

So können Effizienz, Leistung und Produktionsgeschwindigkeit erhöht werden, während sich gleichzeitig die Kosten senken lassen. Diese Vorteile lassen sich in Industrieunternehmen erschließen, wie verschiedene Beispiele aus der Praxis belegen.

Aktuelle Einsatzgebiete für den 3D-Druck

Der 3D-Druck wird meistens für den schnellen Gebrauchsmusterbau eingesetzt, was allgemein auch als Rapid-Prototyping bezeichnet wird. Damit ist ein günstiger und vor allem schneller Bau von Prototypen möglich. Zudem werden additive Fertigungsverfahren bereits seit einigen Jahren für die Herstellung von Formen und Werkzeugen eingesetzt (Rapid Tooling). Damit werden sowohl Spezialwerkzeuge als auch Werkzeuge für die konventionelle Massenproduktion hergestellt. In der Luft- und Raumfahrt sind additive Verfahren von besonderem Interesse, denn damit können hochwertige, komplexe Leichtbauteile mit neuartigen Funktionen kostengünstig realisiert werden. Aber auch im Automobilsektor sowie in der Elektronik werden zahlreiche Leichtbauteile benötigt, sodass sich hier ebenfalls der Einsatz additiver Fertigungsverfahren lohnt. So können noch vor einer Serienproduktion Bauteile, Ausstellungsstücke und Miniaturmodelle in Originalgröße für Tests und Analysen gefertigt werden (vgl. Innovations-Report, 2020). ◄

Basierend auf den beschriebenen Basistechniken – Computer, Sensoren, Kommunikation und Roboter – sind viele Spezialtechniken entstanden, die für das Management relevant sind (vgl. Abschn. 3.3). Die Digitalisierung beschleunigt die Entwicklungen im Unternehmen und seinem Umfeld, bis zu exponentiellen Veränderungen, die schwierig zu prognostizieren sind. Allein die Verbreitung des Smartphones (eingeführt im Jahr 2008) hat unser Verhalten und die Prozesse der Wissensgewinnung und des Lernens geradezu revolutioniert. Neue Technologien drängen kontinuierlich auf den Markt und bescheren uns neue Chancen, aber auch unbekannte Gefahren.

3.2   Entwicklungen der mentalen Technik

Enorme Entwicklungen sind in den vergangenen Jahrzehnten auf dem Gebiet der Software stattgefunden. „Sensoren sehen alles, Algorithmen rechnen alles, das Internet weiß alles. Und künstliche Intelligenzen werden bald bessere Gespräche führen können als der Mensch. Nur wer neue Technologien, neue Geschäftsmodelle und neue Arbeitsmethoden willkommen heißt, wird am Markt bestehen", bringen es Schüller und Steffen (2017, S. 110) auf den Punkt.

Die aktuellen Entwicklungen der mentalen Technik (Software) – insbesondere KI, Machine Learning und Virtualität – werden in diesem Unterkapitel erläutert.

3.2.1   Künstliche Intelligenz

Die Künstliche Intelligenz (KI) hat sich zu einem zentralen Themengebiet entwickelt, welches enorme Auswirkungen auf den Menschen, Unternehmen und die Gesellschaft hat und haben wird. In den USA wurde 2014 ein ständiger Ausschuss ins Leben gerufen, der die Entwicklung der KI und ihrer Auswirkungen in den nächsten 100 Jahren dokumentieren und bewerten soll. Alle 5 Jahre wird er dazu einen Bericht erstellen und fortschreiben. Der erste Bericht erschien 2016 unter dem Titel: „Artificial Intelligence and Life in 2030." One Hundred Year Study on Artificial Intelligence: Report of the 2015–2016 Study Panel (vgl. Stone et al., 2016). Seitdem folgten weitere Jahresreports. Der fünfte Zwischenreport erschien unter dem Titel „The AI Index 2022 Annual Report" im Jahr 2022 (vgl. Zhang et al., 2022). Die Einschätzung der Bedeutung ist also ungebrochen.

Die Entwicklungen in der Vergangenheit haben den Begriff KI geprägt, aber in den letzten Jahren erlebt das Thema KI einen Hype, der auf den neuen technischen Möglichkeiten der Informationsverarbeitung basiert.

3.2.1.1 Historische Entwicklung

„Künstliche Intelligenz ist die Untersuchung von Ideen, die es Computern ermöglichen, intelligent zu sein." (Winston, 1987, S. 21) Diese Definition bleibt offen, wenn wir nicht wissen, was Intelligenz ist. Deshalb hat Winston zwei Ziele für die KI formuliert:

- Die KI will Computer nützlicher machen und
- die KI will die Prinzipien verstehen, die Intelligenz ausmachen.

Durch den konstruktiven Ansatz der KI können wir unser eigenes Denken simulieren und dadurch besser verstehen und technisch unterstützen. Die KI hilft uns, eine wesentliche Verbesserung des menschlichen Problemlösens, Denkens und Entscheidens zu entwickeln. Durch den Entwurf von komplexen Mensch-Maschine-Systemen, können wir darüber hinaus dem Problem der Intelligenz von kollektiven Handlungssystemen (Unternehmen), von dem wir bisher nur wenig Kenntnisse haben, näherkommen.

Zu den Themen der KI gehörten von Anfang an solche wie: Wissensrepräsentation, Suche, Problemlösen, Wissensakquisition, natürliche Sprache und Übersetzung, Modelle des Denkens, Lernen, Planen, Bildverarbeitung usw. Die Anwendungsgebiete waren und sind sehr breit gestreut. KI ist also nicht nur Mustererkennung in großen Datenmengen.

Als Geburtsstunde der KI gilt das „Summer Research Project on Artificial Intelligence", eine sechswöchige Konferenz am Dartmouth College in Hanover (New Hampshire) im Jahre 1956. Diese Hochkarätig besetzte Konferenz wurde von John McCarthy organisiert. Teilnehmer waren u. a. Marvin Minsky (Computerwissenschaftler), Claude Shannon (Gründer der Informationstheorie), Allan Newell und Herbert A. Simon (Nobelpreis 1978) als Wirtschaftswissenschaftler. Sie alle wurden von einem großen Enthusiasmus getragen.

So prophezeite Simon schon 1966: „Hand in Hand mit der Entwicklung komplexer Informationsverarbeitungstechniken für Vielzweckcomputer geht der rapide Fortschritt in der Technik der Automatisierung aller Arten von Produktions- und Büroarbeiten. Lege ich diese beiden Linien der Entwicklung zusammen, so komme ich auf die folgenden allgemeinen Voraussagen: In allernächster Zukunft – in viel weniger als 25 Jahren – werden wir die technische Fähigkeit erlangt haben, für jede einzelne menschliche Funktion innerhalb einer Organisation eine Maschine einzusetzen. In derselben Zeit werden wir uns eine ausgedehnte und empirisch erhärtete Theorie der menschlichen Erkenntnisprozesse und deren Interaktionen mit menschlichen Emotionen, Verhaltensweisen und Werten angeeignet haben." (Simon, 1966, S. 47).

Diese Prognose war sicher etwas zu optimistisch, aber sie beschäftigt uns heute wieder – ausgelöst durch die Studie „The future of employment: how susceptible are Jobs to computerisation?" von Frey und Osborne (2013).

Seit ihrem Entstehen hat die KI verschiedene Phasen der inhaltlichen Entwicklung und der Popularität durchlaufen. Einzelne Ansätze (z. B. Wissensrepräsentation, Multiagentensysteme) werden wir im Weiteren noch ausführlicher darstellen. Geblieben ist von Anfang an das mythische Flair des Namens, verbunden mit sehr viel Nichtwissen über die eigentlichen Ideen und ihre Nützlichkeit.

3.2.1.2 Aktuelle KI-Anwendungen

Wahrscheinlich keine andere Technologie verursacht zurzeit so viel Begeisterung und Angst zugleich, wie die Künstliche Intelligenz (KI). Der KI-Begriff ist uneinheitlich und lässt verschiedene Interpretationen zu.

Nach Schüller und Steffen (2017, S. 119) ist KI die Fähigkeit eines Softwareprogramms, eigenständig Probleme zu bearbeiten, indem versucht wird, die Funktionsweise des menschlichen Gehirns und damit menschenähnliche Intelligenz nachzubilden.

Die Fraunhofer Gesellschaft definiert Künstliche Intelligenz als ein Teilgebiet der Informatik mit dem Ziel, Maschinen zu befähigen, Aufgaben „intelligent" auszuführen (vgl. Fraunhofer, 2018, S. 8). Diese Definition impliziert die Problematik der Abgrenzung zwischen der KI und maschinellem Lernen und intelligenten Algorithmen.

Bereits heutzutage kommt die KI in den Bereichen zum Einsatz, wo umfangreiche Daten analysiert werden müssen, zum Beispiel in der Bilderkennung oder der Datenanalyse. Die KI-Anwendungen erstrecken sich von den bereits allgemein bekannten persönlichen Assistenten wie Alexa von Amazon und Cortana von Google bis zu KI-gestützten Rekrutierungs- und Auswahlverfahren im Personalbereich und KI-Diagnostizierung von Krankheiten aufgrund von Watson von IBM.

In den wichtigsten strategischen Technologietrends für 2022 von Gartner bildet Künstliche Intelligenz die Grundlage für drei von zwölf Technologietrends der nächsten fünf Jahre (vgl. Gartner, 2021):

- KI verbessert organisatorische Entscheidungen im Rahmen von **Decision Intelligence**, wobei jede Entscheidung als eine Reihe von Prozessen modelliert wird. Decision Intelligence kann die menschliche Entscheidungsfindung unterstützen und verbessern und sie potenziell durch den Einsatz von erweiterten Analysen, Simulationen und KI automatisieren.
- Das **KI-Engineering** automatisiert die Aktualisierung von Daten, Modellen und Anwendungen, um die Bereitstellung von KI zu optimieren. In Kombination mit einer

starken KI-Governance wird das KI-Engineering die Bereitstellung von KI operationalisieren, um ihren kontinuierlichen Geschäftswert zu gewährleisten.
- **Generative KI** lernt über Objekte aus Daten und erzeugt innovative neue Kreationen, die dem Original ähnlich sind, es aber nicht wiederholen. Generative KI hat das Potenzial, neue Formen kreativer Inhalte, wie beispielsweise Videos, zu erzeugen und Forschungs- und Entwicklungszyklen in allen Bereichen und Branchen zu beschleunigen.

In vielen Bereichen könnte die KI in der Zukunft dem Menschen Entscheidungen abnehmen, was allerdings durchaus bedenklich wäre. Wenn wir Menschen die Logik der KI nicht mehr nachvollziehen können, werden wir ihr blind vertrauen müssen. Man sollte sich dieser potenziellen Gefahren bewusst sein. Als optimal erscheint dabei eine Arbeitsteilung zwischen der menschlichen und der künstlichen Intelligenz, in der beide Akteure ihre Stärken einsetzen können: Menschen ihre Kreativität, kritisches und strategisches Denken, soziale Kompetenzen und Empathie, moralisches Bewusstsein; intelligente Algorithmen – ihre Schnelligkeit, Datenverarbeitungsvolumen, analytische Kompetenzen. Und: In der Menschen immer das letzte Wort haben.

KI-Einsatz wird in vielen Unternehmen als Zukunftstreiber angesehen, wie aktuelle Studien zeigen (vgl. Staufen, 2021): Künstliche Intelligenz und Machine Learning werden von 56 % der Befragten hochgeschätzt, 27 % der Unternehmen haben bereits konkrete Projekte verwirklicht. Nach Marr (2020, S. 15 f.) nutzen die meisten Unternehmen KI, um Kundenkenntnis und Kundeninteraktionen zu verbessern, um intelligentere Produkte und Dienstleistungen anzubieten und um Geschäftsprozesse zu optimieren und zu automatisieren (vgl. dazu die Darstellung der Chancen von KI für neue Geschäftsmodelle im Abschn. 9.3.3).

Viele Großunternehmen arbeiteten in den vergangenen Jahren an praktischen KI-Anwendungen für Predictive Maintenance (d. h. vorausschauende Wartung), wie das Beispiel der Deutschen Bahn demonstriert.

KI-Anwendungen bei der DB Systel

Bei der IT-Tochtergesellschaft der Deutschen Bahn DB Systel ist 2019 die KI-basierte Lösung AIM („Acoustic Infrastructure Monitoring") entstanden. Sie erkennt über Luftschallmikrofone und Körperschallsensoren akustische Unregelmäßigkeiten an mechanischen Anlagen und meldet ggv. diese, noch bevor eine Störung eintritt. Die Bahn testet das System etwa an Rolltreppen im Düsseldorfer Hauptbahnhof und in Hamburg. Für die intelligenten Algorithmen gibt es im DB-Konzern vielfältige Einsatzmöglichkeiten, neben Predictive-Maintenance-Systemen für das „rollende Material" stattet die Bahn beispielsweise auch Weichen mit Sensoren aus, die drohende Defekte frühzeitig erkennen sollen (vgl. Herrmann, 2019). ◄

Es ist schwierig, KI-Anwendungen von intelligenten Algorithmen und dem Machine Learning abzugrenzen, dafür ist die begriffliche Definition zu unscharf.

3.2.1.3 Machine Learning

In Expertenkreisen wird Maschinelles Lernen als Schlüsseltechnologie der Künstlichen Intelligenz verstanden (vgl. Fraunhofer Gesellschaft, 2018).

Vor der KI steht allerdings das Training, auch Machine Learning genannt. Dabei bekommen die Systeme korrigierendes Feedback von außen, zum Beispiel von einem Menschen oder einer anderen Software. Anhand dieser Rückmeldung zieht das System seine Schlüsse und lernt daraus (vgl. Schmidt, 2019).

Wenn wir beispielsweise Alexa oder Cortana nutzen, trainieren wir ihre Intelligenz mit Machine Learning. Indem man die Algorithmen mit den neuen Daten füttert, lernen sie selbstständig immer weiter.

Maschinelles Lernen (ML) bezweckt die Generierung von „Wissen" aus „Erfahrung", indem Lernalgorithmen aus Beispielen ein komplexes Modell entwickeln. Das Modell, und damit die automatisch erworbene Wissensrepräsentation, kann anschließend auf neue, potenziell unbekannte Daten derselben Art angewendet werden. Immer wenn Prozesse zu kompliziert sind, um sie analytisch zu beschreiben, aber genügend viele Beispieldaten (Sensordaten, Bilder oder Texte) verfügbar sind, bietet sich Maschinelles Lernen an. Mit den gelernten Modellen können Vorhersagen getroffen oder Empfehlungen und Entscheidungen generiert werden – ganz ohne im Vorhinein festgelegte Regeln oder Berechnungsvorschriften (vgl. Fraunhofer Gesellschaft, 2018, S. 8).

In der KI-Forschung werden Systeme genutzt, die ähnlich wie das neuronale Netzwerk unseres Gehirns funktionieren (vgl. Ausführungen zum individuellen Lernen Kap. 6).

Diese Technologie wird als Tiefes Lernen (Deep Learning, DL) bezeichnet und bedeutet das Lernen in Künstlichen Neuronalen Netzen mit mehreren bis sehr vielen inneren Schichten. Tiefes Lernen ist ursächlich für die Erfolge in der Sprach-, Text-, Bild- und Videoverarbeitung (Fraunhofer Gesellschaft, 2018, S. 43).

Künstliche Neuronale Netze

Ihre Lernfähigkeit verdankt KI den sogenannten Künstlichen Neuronalen Netzen. Neuronen sind Nervenzellen im menschlichen Gehirn, die durch endlos viele Verknüpfungen dynamisch vernetzt sind. Das menschliche Gehirn lernt, indem diese Verknüpfungen laufend neu gewichtet werden. Regelmäßig genutzte Pfade werden stärker, selten genutzte Verbindungen verkümmern. Ein Künstliches Neuronales Netz versucht, diese Struktur nachzubilden. Untereinander vernetzte künstliche Neuronen nehmen dabei Eingabewerte auf und füttern in nachgeschalteten Ebenen angelegte Neuronen mit diesen Informationen. Am Ende dieser Kette liefert eine Ebene von Output-Neuronen einen Ergebniswert. Die variable Gewichtung der einzelnen Verbindungen verleiht dem Netzwerk eine bemerkenswerte Eigenschaft: die Lernfähigkeit. Heute weisen die Netze aufgrund der gestiegenen Rechnerkapazitäten immer mehr dieser Ebenen auf; sie sind komplexer, weiter verschachtelt – sie sind tiefer. Tiefe neuronale Netzwerke bestehen teilweise aus mehr als hundert dieser hintereinandergeschalteten Programmebenen (vgl. Schmidt, 2019).

Maschinelles Lernen und insbesondere Deep Learning eröffnen völlig neue Möglichkeiten in der automatischen Sprachverarbeitung, Bildanalyse, medizinischen Diagnostik, Prozesssteuerung und dem Kundenmanagement.

ML-Anwendungen sind nicht nur auf physische Geräte und Roboter beschränkt, sondern können auch rein digitale Anwendungen in IT-Systemen sein, verschiedene Arten von „Robos" und Bots, zum Beispiel Chatbots, Social Bots, Gamebots oder Robo-Player, Robo-Advisors oder Robo-Journalisten. ML-Techniken und KI-Anwendungen sind dabei, sämtliche Branchen und Lebensbereiche nachhaltig zu beeinflussen (Fraunhofer Gesellschaft, 2018, S. 8).

▶ **Bot** ist Computerprogramm, das weitgehend automatisch wiederkehrende Aufgaben abarbeitet.

Die Einsatzgebiete für Maschinelles und Deep Learning sind sehr vielfältig – von der Produktion (Industrie 4.0) über Bild- und Spracherkennung bis zu Medizin und Pflege.

Deep Learning im Gesundheitswesen

Das Gesundheitswesen stellt eine der zentralen Anwendungsbranchen für ML dar. Hier wird vor allem das Deep Learning zur Analyse von medizinischen Bildern (MRT, CT, Röntgen) und anderen komplexen, unstrukturierten Daten eingesetzt. Weitere Einsatzbeispiele sind die effiziente Verwaltung von Patientendaten und die derzeit meist noch prototypischen Systeme zur Entscheidungsunterstützung bei der klinischen Diagnostik sowie Anwendungen in der Radiologie, Pathologie und Dermatologie. Derzeit erlauben ML-Techniken schon, Brustkrebs, Herzerkrankungen, Osteoporose und erste Anzeichen von Hautkrebs zu identifizieren (Fraunhofer Gesellschaft, 2018, S. 25) ◀

3.2.2   Virtualität

Das Thema Virtualität wird derzeit zu einem zentralen Diskussionsthema der Betriebswirtschaftslehre. Die zentralen Anwendungen „virtual reality", „augmented reality", digitaler Zwilling und Simulation haben vielfältige Anwendungsbereiche im Marketing, der Arbeitsgestaltung, der Produktion usw. (siehe das Umfangreiche „Handbuch Virtualität" hrsg. von Kasprowicz & Rieger, 2020).

▶ **Virtualität** bezeichnet Eigenschaften eines Objektes der Welt 1, die nur in unserer Vorstellung (Welt 2) existieren, aber als reale Wahrnehmungen empfunden werden.

Die Literatur und eigentlich unsere gesamte narrative soziale Welt haben uns schon immer die Grenze zwischen realer und virtueller Wahrnehmung verwischen lassen. Computer und Internet haben aber neue Nutzungsmöglichkeiten geschaffen, über die es zu reden gilt.

▶ **Virtual Reality (VR)** sind Computersysteme, die ein komplexes, in der Wahrnehmung real wirkendes Modell der Realität entwickeln und dem Nutzer über besondere technische Komponenten vermitteln.

Im Mittelpunkt steht dabei die visuelle Wahrnehmung, die über eine spezielle Brille vermittelt wird. Dies kann unterstützt werden durch Gleichgewichts- und Beschleunigungswahrnehmungen, die mechanisch – zumeist über einen Sitz – erzeugt werden.

Damit kann ich eine Probefahrt meines speziell für mich konfigurierten und ausgestatteten Automobils in einer ansprechenden Landschaft oder auf einer Rennstrecke erleben.

Verbesserungen an dem Automobil können in kollaborativen, virtuellen Arbeitsumgebungen für Team-Meetings gemeinsam von den Entwicklungstechnikern an 3D-Modellen erarbeitet werden.

Aber auch das Reklamefoto des Autos mit der hübschen Blondine auf der Kühlerhaube mit an meine Farbwahl für den Autolack und die Innenausstattung angepasster Kleidung, auf einer einsamen Passstraße in den Bergen wurden vom Computer erzeugt. Das Model hat sich dafür scannen lassen und die Landschaftsaufnahmen hat ein Naturfotograf beigesteuert. Sogar Schauspieler beliebter Fernsehserien lassen sich einscannen, damit die Serie nicht zusammenbricht, falls dem Schauspieler etwas zustößt.

▶ **Augmented Reality (AR)** arbeitet ähnlich wie VR, belässt jedoch die Wahrnehmung der Realität wie sie für den Nutzer ist und ergänzt oder überspielt diese nur durch spezifische alternative oder ergänzende Informationen.

Technische Grundlage für das Einspielen der Zusatzinformationen ist eine Brille, Kontaktlinsen, ein Handy mit Kamera und GPS, ein Spiegel, vor dem der Kunde steht und das zu ihm passende Outfit sucht, oder ein tragbarer Computer.

Für die Einführung einer augmented reality-Software muss der Computer über ein mentales Model seiner relevanten Umwelt verfügen und dieses mit seinen sensorischen Daten vergleichen können. Er muss erkennen, was der Nutzer gerade wahrnimmt und dies gemäß seiner Zielsetzung über sein Gedächtnis identifizieren und die dazugehörigen Informationen kommunizieren können. Dazu benötigt er eine Objekterkennungs- (Identifikation) und -interpretationssoftware (in welchem Zustand ist das Objekt). Die erweiterten Informationen müssen in den Kommunikationsmodus des Nutzers übertragen werden.

Die bekanntesten Anwendungsbeispiele dazu sind Applikationen auf dem Smartphone oder über eine Brille, die zu einem Kamerabild verbunden mit der Ortsinformation (GPS) Erklärungen über die zu sehenden Objekte liefern. So kann man Museumsbesucher unterstützen und z. B. eine Führung per Kopfhörer anbieten, bei der der Museumsbesucher die Entscheidungen über seinen Besichtigungsweg selbst trifft. Wenn er vor einem Gemälde steht, erkennt es die Software und doziert: „Sie stehen jetzt vor den Sonnenblumen des Malers van Gogh, dieses Bild …"

Im betrieblichen Kontext werden z. B. Montagearbeiten unterstützt, bei denen der Computer Anweisungen über die jeweils als nächstes einzubauenden Teile und die dazu benötigten Werkzeuge gibt. In der innerbetrieblichen Logistik hilft eine AR-Brille den Weg zu den benötigten Teilen im Regal zu finden und zu kontrollieren, ob der Mitarbeiter das richtige Teil aus dem Regal entnommen hat. Bei Wartungsarbeiten erkennt die AR-Software die zu reparierenden Teile und vermittelt dem Mitarbeiter den Vorgang zum Einbau eines Ersatzteiles.

3.3   Kombinierte Technologien und Sicherheit

Nicht nur die Schwierigkeiten mancher Begriffsabgrenzung, sondern auch die gegenseitigen Abhängigkeiten der bereits skizzierten Technologien machen ihre ganzheitliche Betrachtung erforderlich. Big Data, die mithilfe von Sensortechnologie gesammelt werden, entfalten ihre Vorteile nur durch Machine Learning oder KI-Technologie.

Besonders innovative und erfolgreiche Unternehmen wie Tesla, Uber, AirBnB und andere Newcomer nutzen neuste Technologien, um die Online- mit der Offline-Welt im Interesse der Kunden zu verbinden. Die digitale Welt bringt Vorteile, die das physisch Mögliche weit übersteigen. Die Kombination aus mobilen Endgeräten mit Zugang zu künstlichen Intelligenzen, aus dem Internet und unseren menschlichen Stärken lässt die besten Synergien entstehen (vgl. Schüller & Steffen, 2017, S. 113).

Kombinierte Technologien basierten auf einer Kombination aus modernen Hard- und Software-Techniken, die intelligent verknüpft werden. Dazu zählen IoT und autonome Systeme, bis zu Industrie 4.0. Außerdem ermöglichen neue Technologien die Gewährleistung der Sicherheit und Transparenz, wie es am Beispiel von Blockchain- und Cyber Security-Technologien aufgezeigt wird.

3.3.1   Internet der Dinge (Internet of Things)

Ein prominentestes Beispiel von kombinierten Technologien ist das Internet der Dinge. Die Bezeichnung „Internet der Dinge" steht für eine Vision, dass sich das Internet von einem Computernetz zu einem Netz untereinander verbundener Gegenstände entwickelt. Diese Gegenstände werden bisweilen sogar eine eigene Internetprotokoll-Adresse haben, in komplexe Systeme eingebettet sein und über Sensoren verfügen, um Informationen aus ihrer Umgebung aufzunehmen (vgl. Kommission der Europäischen Gemeinschaften, 2009, S. 2). Die Kommission der Europäischen Gemeinschaften hat dafür einen Aktionsplan entwickelt, um das Internet der Dinge zu lenken. Anwendungen dazu gibt es schon sehr viele, von vernetzten Autos, die sich untereinander koordinieren, bis hin zu Gesundheitsüberwachungssystemen zur Prävention von Erkrankungen bzw. akuten Notfällen (vgl. die Übersichtsbände Fleisch & Mattern, 2005; Bullinger & ten Hompel, 2007).

▶ **Internet der Dinge** (engl. Internet of Things, kurz IoT) ist die Bezeichnung für das Netzwerk physischer Objekte („Things"), die mit Sensoren, Software und anderer Technologie ausgestattet sind, um diese mit anderen Geräten und Systemen über das Internet zu vernetzen, sodass zwischen den Objekten Daten ausgetauscht werden können (vgl. Oracle, o. J.).

In den letzten Jahren hat sich das Internet der Dinge (IoT) zu einer der wichtigsten Technologien entwickelt. Die Alltagsgegenstände wie Küchengeräte, Autos, Thermostate, Babyfone können über eingebettete Geräte mit dem Internet verbunden werden, was uns im Alltag spürbare Vorteile verschafft.

Zu der Entwicklung von IoT haben die Fortschritte bei folgenden Technologien geführt, die als **Voraussetzungen** für die praktische Umsetzung von IoT dienen (vgl. Oracle, o. J.):

- Verfügbarkeit **kostengünstiger Sensortechnologie** mit geringem Stromverbrauch, d. h. vor allem erschwingliche und zuverlässige Sensoren.
- **Konnektivität.** Eine Vielzahl von Netzwerkprotokollen für das Internet hat es einfach gemacht, Sensoren mit der Cloud und anderen „Dingen" zu vernetzen, um eine effiziente Datenübertragung zu erreichen.
- **Cloud-Computing**-Plattformen. Die zunehmende Verfügbarkeit von Cloud-Plattformen ermöglicht Unternehmen und Verbrauchern den Zugriff auf die nötige Infrastruktur, um eine Skalierung durchzuführen, ohne diese tatsächlich verwalten zu müssen.
- **Machine Learning** und Analysen. Dank der Fortschritte bei Machine Learning und Analysen sowie des Zugriffs auf vielfältige und riesige Datenmengen, die in der Cloud gespeichert sind, können Unternehmen schneller und einfacher neue Erkenntnisse gewinnen.
- **Künstliche Intelligenz** (KI) für Gesprächsfunktionen. Fortschritte in neuronalen Netzen haben die Verarbeitung natürlicher Sprache (Natural-Language Processing, NLP) durch IoT-Geräte (wie etwa die digitalen persönlichen Assistenten Alexa, Cortana und Siri) möglich gemacht, wodurch diese für den Heimgebrauch attraktiv und erschwinglich wurden.

Für die moderne Industrie und insbesondere Logistik ist IoT-Technologie von entscheidender Bedeutung.

Internet der Dinge in der Logistik für mehr Nachhaltigkeit

Ein Bereich, in dem besonders intensiv auf diesem Gebiet geforscht wird, ist die Logistik. In diesem Bereich geht es z. B. um die Einsatzsteuerung von Transportmitteln (Gabelstapler, LKW, Schiffe, Lokomotiven) für eine kostengünstige und umweltfreundliche (CO_2 minimierte) Durchführung von Transportaufgaben durch Logistik-Kooperationen. RFID und GPS liefern dabei die notwendigen Informationen über die jeweils aktuelle Situation der Welt. ◄

IoT kann als Basis für vernetzte Autos (**Connected Cars**) eingesetzt werden. Damit können Autobesitzer ihre Autos aus der Ferne bedienen – z. B. das Auto vorheizen, bevor der Fahrer einsteigt, oder es per Handy aus der Ferne herbeirufen. Das vernetzte Auto ermöglicht Autoherstellern oder -händlern neue Geschäftsmodelle. Früher endete die Beziehung des Herstellers zum Auto, sobald es an den Händler überführt wurde. Mit vernetzten Autos können Automobilhersteller und -händler nun jedoch eine anhaltende Beziehung zu ihren Kunden pflegen. Anstatt Autos zu verkaufen, können sie den Fahrern

nun Nutzungsgebühren in Rechnung stellen, indem sie einen „Transport-as-a-service"
über autonome Autos anbieten. Mit dem IoT können Hersteller ihre Autos – wie Tesla –
kontinuierlich mit neuer Software aufrüsten, ein gewaltiger Unterschied zum traditionellen Modell des Autobesitzes, bei dem Fahrzeuge sofort an Leistung und Wert einbüßen
(vgl. Oracle, o. J.).

3.3.2 Autonome Systeme

Autonome Systeme stellen ein weiteres Beispiel von kombinierten Technologien dar. Das
sind selbstverwaltete physische oder Softwaresysteme, die von ihrer Umgebung lernen
und ihre eigenen Algorithmen in Echtzeit dynamisch ändern, um ihr Verhalten in komplexen Ökosystemen zu optimieren. Autonome Systeme erzeugen eine Reihe flexibler technologischer Fähigkeiten, die in der Lage sind, neue Anforderungen und Situationen zu
unterstützen, die Leistung zu optimieren und Angriffe ohne menschliches Eingreifen abzuwehren (vgl. Gartner, 2021).

In der Industrie basieren autonome Systeme auf dem so genannten industriellen IoT
(IIoT), d. h. die Anwendung der IoT-Technologie in industriellen Umgebungen,
insbesondere in Bezug auf die Instrumentierung und Steuerung von Sensoren sowie auf
Geräte, die Cloud-Technologien einsetzen. In letzter Zeit haben viele Branchen Maschine-
zu-Maschine-Kommunikation (M2M) eingesetzt, um eine drahtlose Automatisierung und
Steuerung zu erreichen. Mit dem Aufkommen von Cloud-Technologien und diesen ergän-
zenden Technologien (wie Analysen und Machine Learning) können viele Branchen jedoch ein neues Niveau bei der Automatisierung erreichen und so neue Umsatz- und Geschäftsmodelle schaffen (vgl. Oracle, o. J.).

Das IIoT wird manchmal als die vierte industrielle Revolution (Industrie 4.0) bezeichnet (vgl. dazu Abschn. 3.4).

Eine weitere Kombination verschiedener Technologien stellt Autonomes Fahren dar.

Autonomes Fahren als Zukunftsvision

Wir setzen uns ins Auto, und los geht's, ohne Lenkrad und Gaspedal. Wir müssen es
nicht selbst durch den Verkehr lotsen, das übernimmt eine eingebaute KI. Es ist nur
noch eine Frage der Zeit, bis autonome Fahrzeuge auf die Straßen kommen. Fast alle
Automobilkonzerne entwickeln sie bereits. Die Autos werden mit Sensoren ausgestattet sein, miteinander kommunizieren und so auch den Verkehr optimieren. Dadurch
wird es weniger Staus, weniger Unfälle und weniger Luftverschmutzung durch Abgase
geben. Als eigenes Auto oder im Car-Sharing (bezahlt pro Strecke oder im Abo), selbstfahrende Autos werden unser Leben verändern (vgl. Deeg, 2018). ◄

Neben diesen vielversprechenden Technologien sind die Anwendungen für die Nachhaltigkeit, Transparenz und Sicherheit bedeutsam.

3.3.3   Blockchain

▶ **Blockchain** ist eine technische Lösung, um Daten in einer verteilten Infrastruktur ohne zentrale Instanz nachvollziehbar und manipulationssicher im Konsens zu verwalten. Mit Blockchain ist es möglich, Transaktionen (zum Beispiel im Zahlungsverkehr mit Kryptowährungen) ohne zentrale Instanz vertrauensvoll und transparent zu verifizieren (BSI, o. J.-b).

Mit Blockchain könnte ein Internet, in dem sensible Daten vollkommen sicher sind, Realität werden. Meistens wird der Begriff im Zusammenhang mit Kryptowährungen wie Bitcoin und Ethereum verwendet. Hinter Blockchain verbirgt sich jedoch eine Technologie, mit der sich Daten generell verwalten und vor Cyber-Attacken schützen lassen. Das liegt an dem Funktionsprinzip: Jeder so genannte „Block" ist eine Liste von Datensätzen, die sich erweitern lassen und mittels Kryptografie verkettet sind („chain" ist Englisch für „Kette"). Die Blöcke enthalten Informationen über den jeweils vorhergehenden Block, einen Zeitstempel und Transaktionsdaten. Wird ein Block im Nachhinein modifiziert, ändern sich auch alle darauffolgenden Blöcke. Jegliche Eingriffe werden so sichtbar und lassen sich nachvollziehen (vgl. Deeg, 2018).

Die wichtigsten Ziele der Blockchain-Technologie sind (vgl. BSI, o. J.-b):

- praktisch unveränderliche Daten,
- für alle Nutzer transparente und nachvollziehbare Transaktionen,
- verteilte (und keine zentrale) sowie konsensuale Datenspeicherung,
- Verzicht auf Mittelsmänner.

Die Blockchain trägt zum sicheren elektronischen Handel bei und ist deswegen für digitale Währungen geeignet. Die Technologie lässt sich allerdings auch dafür einsetzen, um alle möglichen elektronischen Informationen auszutauschen und zu speichern, um zum Beispiel die Umweltverträglichkeit entlang der ganzen Wertschöpfungskette eines Produktes zu überprüfen und zu dokumentieren.

Die Zuverlässigkeit von Blockchain basiert darauf, dass die Informationen auf mehreren Servern gleichzeitig gespeichert werden, die untereinander dezentral vernetzt sind. Tritt ein Fehler auf, verfügt jeder beteiligte Server über eine Kopie der Daten. Die Blockchain speichert Daten fast in Echtzeit, sodass große Mengen an aktuellen Informationen schnell ausgetauscht werden können. Auch Objekte, etwa autonome Fahrzeuge oder Produkte, können über die Blockchain im Internet der Dinge miteinander kommunizieren (vgl. Deeg, 2018).

Die Blockchain fasziniert nicht nur die Finanzwelt, sondern bringt Vorteile in anderen Bereichen. Blockchain als Technologie könnte Vertrauen und Transparenz vermittelt. So können Verbraucher eine Transaktion verfolgen, ohne dass eine zentralisierte Partei (z. B. eine Bank) erforderlich ist. Dies reduziert Geschäftsprobleme und kann neben dem Finanzbereich bei Behörden, im Gesundheitswesen, in der Fertigung oder in der Wertschöpfungskette eingesetzt werden. Blockchain könnte potenziell die Kosten senken und die Abwicklungszeiten verkürzen.

Pilotprojekte zu Blockchain bei der Deutschen Bahn

Seit gut einem Jahr beschäftigt Bahn Systel ein rund 30-köpfiges Blockchain-Team, das sich aus Entwicklern, Softwarearchitekten und Projekt-Managern zusammensetzt. Es wird derzeit an rund 20 Anwendungsfällen für die Blockchain-Technologie gearbeitet, das Spektrum reicht von Logistiklieferketten über verkehrsträgerübergreifendes Ticketing bis hin zum Bahnbetrieb. Zu den ersten Pilotprojekten gehört die konzerninterne Verrechnung von Leistungen mit Hilfe von Smart Contracts. Ein weiterer Anwendungsfall dreht sich um die Einnahmeaufteilung im Nahverkehr, die mit der Blockchain transparenter werden soll. Dahinter steckt ein typisches Problem im Bahnbetrieb: Für Verkehrsverbünde, die Ticketerlöse regelmäßig auf die Verkehrsunternehmen im Tarifverbund aufteilen, ist es eine komplexe Aufgabe, eindeutig zu ermitteln, welche Einnahmen auf welchen Anbieter entfallen. Nahtlose Reiseketten, die künftig immer mehr Anbieter integrieren, erschweren die Zuordnung von Umsätzen zusätzlich (vgl. Herrmann, 2019). ◄

3.3.4 Cybersecurity-Technologien

Die Vielzahl der IT-Systeme, ihre unterschiedlichen Nutzungsarten und ihre Innovations- und Lebenszyklen haben zu hohen Sicherheitsrisiken für Unternehmen und staatliche Einrichtungen geführt. Diese Risiken werden sich auch langfristig nicht so einfach aus der Welt schaffen lassen. Daher müssen Institutionen Strategien und Lösungen zu ihrem Selbstschutz entwickeln (vgl. Bartsch & Frey, 2018).

Die Anzahl der Cyberangriffe in Deutschland wächst. Unternehmen bieten Cyberkriminellen durch digitales Arbeiten, Industrie 4.0 sowie KI und IoT stetig neue Angriffsflächen – sowohl auf die IT- als auch OT-Infrastruktur (Operational Technology (OT) bezeichnet Hardware und Software, die die Leistung physischer Geräte überwacht und steuert). Dabei ist das Risiko einer Bedrohung durch das Ausspähen, Abfangen und Manipulieren von Daten oder eines Produktionsausfalls viel höher, als viele Unternehmen erwarten. Viele Unternehmen sind zu nachlässig und unvorbereitet im Umgang mit digitalen Bedrohungen. Unternehmen sollten ein ganzheitliches Sicherheitskonzept entwickeln und Maßnahmen ergreifen, um ihre Organisation nachhaltig vor den schlimmsten Folgen einer Cyberattacke zu bewahren. Mit einer fokussierten Threat Intelligence, Incident Response und einem Risiko- und Krisenmanagement mit effektiver Governance, klaren Verantwortlichkeiten sowie vollständigen Zielen und Kontrollen können sich Organisationen gegen Cyberbedrohungen wappnen (vgl. pwc, o. J.).

Die Gartner-Studie 2021 bezeichnet **Cybersicherheitsnetz** (Cybersecurity Mesh) als einen der wichtigsten Technologietrends für die kommenden Jahre. Cybersecurity Mesh, als eine flexible, zusammensetzbare Architektur, die weit verteilte und ungleiche Sicherheitsdienste integriert, ermöglicht die Zusammenarbeit von branchenführenden, eigenständigen Sicherheitslösungen, um die Gesamtsicherheit zu verbessern. Sie kann schnell und zuverlässig die Identität, den Kontext und die Einhaltung von Richtlinien in Cloud- und Nicht-Cloud-Umgebungen überprüfen (vgl. Gartner, 2021).

Cybersecurity Mesh ermöglicht es Menschen, sicher auf jedes digitale Gut zuzugreifen, unabhängig davon, wo sich dieses Gut oder diese Person befindet. Das heißt, es konzentriert sich darauf, einen Sicherheitsbereich um alle BenutzerInnen herum zu schaffen. Dies ist auf die wachsende Nachfrage nach Cloud-Technologien und die zunehmende Zahl von Remote-MitarbeiterInnen zurückzuführen. Die bisherige Herangehensweise der Sicherheit in Unternehmen funktioniert nicht mehr – viele NutzerInnen sind außerhalb von ihnen verstreut. ExpertInnen gehen davon aus, dass bis 2025 mehr als die Hälfte der Anforderungen an das digitale Zugriffsmanagement über das Cybersicherheitsnetz abgewickelt werden (vgl. Unternehmer, 2021).

Oft fehlen Unternehmen jedoch die interne Expertise beziehungsweise Fachkräfte, die ein wirksames Sicherheitssystem bewerkstelligen könnten. Viele IT-Dienstleister (z. B. Dell, Fraunhofer FKIE etc.) befassen sich seit langem mit dem Thema der IT Security und implementieren IT-Lösungen für ein Sicherheitsmanagement, das sowohl Bedrohungen von innen als auch von außen abdeckt (s. dazu Ansätze und Best Practices bei Bartsch & Frey, 2018).

Neben den aktuellen Entwicklungen in der Technologie spielen auch die politischen Prioritäten und Förderungen eine bedeutende Rolle, vor allem das Thema Industrie 4.0.

3.4   Politische Themen zur Entwicklung unserer Gesellschaft: Industrie 4.0

Viele der Themen im Umfeld der Digitalisierung – so auch die KI – sind politisch gewollt und werden von den Bundesministerien oder der EU gefördert. Ihre Namen sind zumeist Modeerscheinungen, weisen jedoch auf ganz spezifische Ziele hin: Unternehmen 2.0, RFID, Internet der Dinge, Industrie 4.0, Arbeit 4.0, Digitalisierung und KI. International werden noch weitere Schlagworte benutzt: factory oft he future, society 5.0. Eines der wichtigsten Themen für die deutsche Gesellschaft ist die „**Industrie 4.0**".

3.4.1   Entstehungsgeschichte der Industrie 4.0

Der Begriff Industrie 4.0 entstand in einem wissenschaftlichen Arbeitskreis und wurde 2011 zum ersten Male von der Bundesregierung auf der Hannover-Messe als Vision über die anzustrebenden Veränderungen in der wirtschaftlichen Produktion in die Öffentlichkeit getragen. Der Grundgedanke ist die intelligente Vernetzung von Produkten und Prozessen in der industriellen Wertschöpfung. Diese Intelligenz ermöglicht die Generierung von Mehrwerten durch effizientere oder neue Prozesse und die Erzielung besserer Absatzchancen für höherwertige Produkte, Dienstleistungen und deren Kombinationen. Dadurch sollte die Wettbewerbsfähigkeit Deutschlands erhöht und eine flexible Fertigung individueller Produkte ohne Kostensteigerung ermöglicht werden.

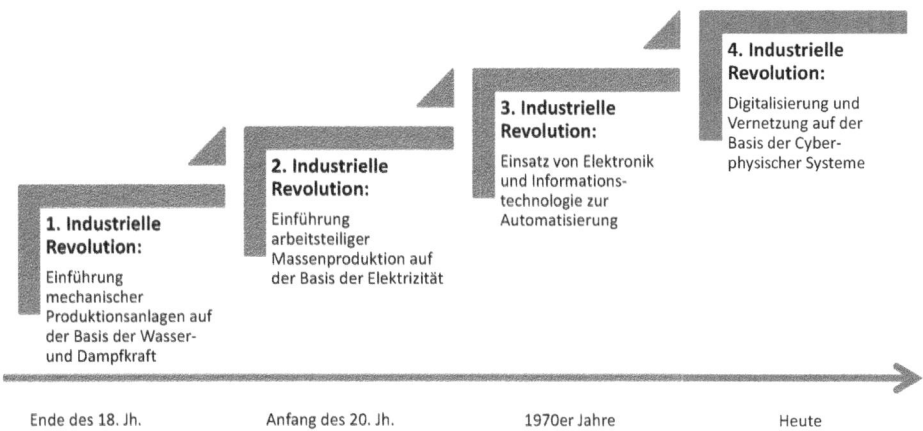

Abb. 3.5   Vier industrielle Revolutionen im Überblick. (Quelle: eigene Darstellung in Anlehnung an DFKI, 2021)

Der Name Industrie 4.0 wurde abgeleitet von einer Phaseneinteilung der Industriellen Revolutionen (vgl. Abb. 3.5):

- Die erste industrielle Revolution brachte (ab ca. 1800) die Mechanisierung der Arbeit durch den Einsatz von Maschinen.
- Ihr folgte in der zweiten industriellen Revolution (ab ca. 1900) die Teilautomatisierung der Arbeit durch den Einsatz von Elektrizität und Elektronik.
- Die dritte industrielle Revolution (ab ca. 1970) schuf neue Formen der Automatisierung durch den Einsatz von Computern zur Steuerung der Prozesse.
- Die vierte industrielle Revolution (ab ca. 2000) entsteht durch die Vernetzung von allen Beteiligten in der Produktion (Maschinen, Produkte, Menschen) und die intelligente Verarbeitung von Sensordaten über den Zustand der Systeme (Cyber Physical Systems) und führt zu einer intelligenten Fabrik (Smart Factory).

Zu dem zehnten Jubiläum des Konzeptes Industrie 4.0 hat einer der Gründer Prof. Wahlster vom DFKI beschrieben, inwieweit Industrie 4.0 in deutschen Industrieunternehmen umgesetzt wurde: Das Internet der Dinge und darauf aufsetzende cyber-physische Systeme sind in modernen Fabriken heute Realität. Die digitale Konnektivität zwischen allen Maschinen, Werkzeugen, Werkstücken und den Facharbeitern hat auch in Bestandsfabriken große Fortschritte gemacht. Die sensorische Aufrüstung aufgrund neuer preiswerter Sensoren und deren drahtlose Anbindung geht stetig voran, sodass immer mehr Produktionsschritte durch Multisensor-Fusion in Echtzeit u. a. zur Qualitätskontrolle überwacht werden können (vgl. DFKI, 2021).

3.4.2   Aktueller Stand: Plattform Industrie 4.0

Unternehmen, ihre Belegschaft, Gewerkschaften, Verbände, Wissenschaft und Politik haben sich in der Plattform Industrie 4.0 (https://www.plattform-i40.de/) zusammengeschlossen, um die digitale Transformation der Produktion in Deutschland voranzubringen. Ihre gemeinsamen Ziele sind:

- Die Schaffung einer flexiblen und wandelbaren Produktion,
- für individuelle, kundenzentrierte Lösungen über den gesamten Produktlebenszyklus mit optimaler Logistik,
- durch die kontinuierliche Erfassung und Verarbeitung von Daten und ihren Austausch zwischen Produkten, Maschinen, Menschen und Unternehmen zum Zwecke der Optimierung.

Die Umsetzung der Idee „Industrie 4.0" zeigte eine Reihe von neuen Problemen auf, die inzwischen das Leitbild bestimmen. Die kommunikative Vernetzung aller Akteure im Unternehmen und zwischen den Unternehmen erfordert die Schaffung von Kommunikationsfähigkeit. In den Fabriken der Unternehmen stehen Maschinen von unterschiedlichen Herstellern mit nicht kompatiblen Kommunikationsschnittstellen, die Kommunikation zwischen Menschen und Maschinen und auch zwischen Menschen oder Unternehmen ist geprägt durch Sprach- und Kulturprobleme. Dies führt zu einem neuen Konzept für offene, digitale Ökosysteme.

Die Plattform Industrie 4.0 strebt die Entwicklung offener, globaler, digitaler Ökosysteme, die Vielfalt und Pluralität betonen und den Wettbewerb aller Akteure am Markt unterstützen, in Form von flexiblen, hochdynamischen und weltweit vernetzten Wertschöpfungsnetzwerken mit neuen Arten der Kooperation an.

Zentral für eine in diesem Sinne erfolgreiche Umsetzung von Industrie 4.0 sind drei strategische Handlungsfelder und deren enge Verknüpfung miteinander: Souveränität, Interoperabilität und Nachhaltigkeit (vgl. Plattform Industrie 4.0, 2019a, S. 3) – vgl. Abb. 3.6.

Leitbild Industrie 4.0

a. **Souveränität**

Digitale Wertschöpfungsnetzwerke in der Industrie 4.0 sollten auf dem Leitgedanken der Freiheit aller Akteure selbstbestimmte, unabhängige Entscheidungen zu treffen und im fairen Wettbewerb miteinander zu agieren basieren. Dies erfordert eine digitale Infrastruktur, die allen Akteuren gleichermaßen offen zugänglich ist, Sicherheit der Daten, verbunden mit einer souveränen Entscheidung über deren Verwendung, und Datenschutz und Sicherheit „by design" bei der Technologieentwicklung (Plattform Industrie 4.0, 2019b, S. 9). Die daraus entstehenden Anforderungen an das Wertschöpfungsnetzwerk werden in Kap. 5 noch näher diskutiert.

Abb. 3.6 Leitbild Industrie 4.0. (Quelle: Plattform Industrie 4.0, 2019a)

b. **Interoperabilität**

▶ **Interoperabilität** ist die Fähigkeit eines Systems, durch Kommunikation (Senden und Empfangen von Nachrichten) und/oder den Bezug auf ein geteiltes Verständnis seine Mitglieder zu einem Handeln im Sinne des Systems zu bewegen.

(Eine Handlung ist ein Prozess von Operationen zum Zwecke der Veränderung der (realen und/oder virtuellen) Welt, der von einem handelnden (verantwortlichen) Subjekt (Akteur) durchgeführt wird.) Das System selbst wird dadurch zu einer Handlungseinheit, der diese Handlung verantwortlich zugerechnet werden kann.

Blad und Potts (2003, S. 140) definieren: „Interoperability: 'the ability of systems, units or forces to provide service to and accept services from other systems, units and forces and to use these services so exchanged to enable them to operate effectively together'." (S. 149). Dies darf nicht nur technisch gesehen werden, sondern umfasst auch „the shared understanding which only cognitive and doctrinal interoperability can provide".

Die Schaffung einheitlicher Systemlösungen erfordert wiederum die Entwicklung von Standards für die Kommunikation und das Denken der Einheiten. Die Plattform Industrie 4.0 arbeitet an einer Vielzahl von national und international etablierten Standards (vgl. Plattform Industrie 4.0, 2019b) und einem rechtlichen Rahmen für die Einführung von Industrie 4.0.

c. **Nachhaltigkeit**

Industrie 4.0 ist kein unabhängiges Konzept, sondern existiert in einem gesellschaftlichen Rahmen und ist damit auch an die Werte und Normen der Gesellschaft gebunden. Ökonomische, ökologische und soziale Nachhaltigkeit sind fundamentale Eckpfeiler der Gestaltung von Industrie 4.0. Dazu gehört die Rolle des Menschen in seinem

Beschäftigungsverhältnis in Industrie 4.0-Unternehmen: die Schaffung von ausreichend vielen Arbeitsplätzen, neue Arbeitsformen, die Weiterbildung für einen Arbeitsplatz im digitalen Umfeld, die aktive Teilhabe an den notwendigen Transformationsprozessen. Auch der Umweltschutz ist ein wichtiges Thema, da Industrie 4.0 ein wesentlicher Befähiger für notwendige Maßnahmen ist.

Als prägende Megatrends für die **Zukunft der Industrie 4.0** nennt Wahlster die industrielle KI, das Edge-Computing bis hin zur Edge-Cloud, 5G in der Fabrik, die Team-Robotik (Zusammenarbeit von Menschen und Cobots), autonome Intralogistik-Systeme sowie vertrauenswürdige Dateninfrastrukturen. Selbstlernfähigkeit und modulare Langzeit-Autonomie werden die neue Generation von Smart Factories auszeichnen und neben einer extremen Flexibilität auch eine hohe Produktionsrobustheit, Arbeitssicherheit und hohes Maß an Ressourcenschonung garantieren (vgl. DFKI, 2021).

Dieses Kapitel skizziert eine Vielzahl von technischen Entwicklungen und politischen Konzeptionen, die alle unsere derzeitige Welt in einem rasanten Tempo verändern. Sie sind alle erst „vor kurzem" entstanden. Oder ist eine Zeitspanne von vor 10 oder 20 Jahren heutzutage schon uralt? Wir nutzen diese Technik, um unsere neue Welt zu gestalten und weiterzuentwickeln, deshalb müssen wir sie verstehen und in unser Denken einbeziehen.

In folgenden Kapiteln (vgl. insbesondere Kap. 5) werden wir diese Überlegungen noch weiterfortführen, um vor diesem Hintergrund die Entwicklung des Wissensmanagements und seiner Bedeutung für die Gestaltung von Unternehmen aufzuzeigen.

Verständnis- und Reflexionsfragen

1. Welche technischen Entwicklungen bestimmen die Unternehmen besonders stark?
2. Was besagt das Moore'sche Gesetz zur Entwicklung der Computertechnologie? Von wann stammt es? Hat es immer noch seine Gültigkeit?
3. Welche Rolle spielen Sensorik, RFID und GPS für die Informations- und Kommunikationstechnik?
4. Was ist RFID und wie funktioniert es?
5. Wozu kann RFID eingesetzt werden? Nennen Sie einige Beispiele, die Sie kennen.
6. Welche Generation der Kommunikationstechnik bestimmt unseren derzeitigen Entwicklungsstand? Was leistet sie?
7. Was ist Künstliche Intelligenz?
8. Was ist Maschinelles Lernen? Wie können Maschinen lernen?
9. Was ist Virtualität und zu welchen Anwendungszwecken wird sie eingesetzt?
10. Auf welchem aktuellen Entwicklungsstand befindet sich die Robotik?
11. Was leistet der 3D-Druck? Wo kann er eingesetzt werden?
12. Was versteht man unter dem Internet der Dinge?
13. Was sind autonome Systeme?
14. Wozu wird die Blockchain-Technik eingesetzt?
15. Woher kommt die Bezeichnung „Industrie 4.0"?
16. Was sind die zentralen Handlungsfelder für die aktuelle Gestaltung der Industrie 4.0?

Literatur

Bartsch, M., & Frey, S. (Hrsg.). (2018). *Cybersecurity Best Practices. Lösungen zur Erhöhung der Cyberresilienz für Unternehmen und Behörden.* Springer.

Blad, T., & Potts, D. (2003). Beyond interoperability: Part 1. In D. Potts (2003). The Big Issue: Command and Combat in the Information Age (S. 139–150). http://www.dtic.mil/cgi-bin/GetTRDoc?Location=U2&doc=GetTRDoc.pdf&AD=ADA458363. Zugegriffen am 12.12.2010.

BMWi (Bundesministerium für Wirtschaft und Energie). (Hrsg.). (2021a). *Digitalisierung der Wirtschaft in Deutschland. Technologie- und Trendradar 2020.* https://www.de.digital/DIGITAL/Redaktion/DE/Digitalisierungsindex/Publikationen/publikation-download-technologie-trendradar-2020.pdf?__blob=publicationFile&v=10. Zugegriffen am 29.10.2022.

BMWi (Bundesministerium für Wirtschaft und Energie). (Hrsg.). (2021b). *Digitalisierung der Wirtschaft in Deutschland. Technologie- und Trendradar 2021.* https://www.de.digital/DIGITAL/Redaktion/DE/Digitalisierungsindex/Publikationen/publikation-download-technologie-trendradar-2021.pdf?__blob=publicationFile&v=3. Zugegriffen am 29.10.2022.

Böge, A., & Böge, W. (Hrsg.). (2021). *Handbuch Maschinenbau. Grundlagen und Anwendungen der Maschinenbau-Technik.* Springer.

BSI (Bundesamt für Sicherheit in der Informationstechnik). (o. J.-a). *Was versteht man unter '5G'?* https://www.bsi.bund.de/DE/Themen/Verbraucherinnen-und-Verbraucher/Informationen-und-Empfehlungen/Technologien_sicher_gestalten/5G/5g-was-versteht-man-darunter.html. Zugegriffen am 29.10.2022.

BSI (Bundesamt für Sicherheit in der Informationstechnik). (o. J.-b). *Was ist Blockchain?* https://www.bsi.bund.de/DE/Themen/Verbraucherinnen-und-Verbraucher/Informationen-und-Empfehlungen/Technologien_sicher_gestalten/Blockchain-Kryptowaehrung/blockchain-kryptowaehrung_node.html. Zugegriffen am 29.10.2022.

Bullinger, H.-J., & ten Hompel, M. (Hrsg.) (2007). *Internet der Dinge.* Springer. Aktueller Stand unter www.internet-der-dinge.de. Zugegriffen am 29.10.2022.

Deeg, J. (2018). *10 Technologien, die die Welt verändern. Spektrum – Die Woche, 52/2018.* https://www.spektrum.de/wissen/10-technologien-die-die-welt-veraendern/1580904. Zugegriffen am 29.10.2022

Deutsche Wirtschaftsnachrichten. (2019). *Schweden lassen sich RFID-Chips unter die Haut setzen.* https://deutsche-wirtschafts-nachrichten.de/500878/Schweden-lassen-sich-RFID-Chips-unter-die-Haut-setzen. Zugegriffen am 10.11.2022.

DFKI. (2021). *Zehn Jahre Industrie 4.0 – Deutschland als Treiber von industrieller KI für die Zukunft der Wertschöpfung.* DFKI-Gespräch mit Prof. Dr. Wolfgang Wahlster, aus DFKI NEWS, Ausgabe 1/2021. https://www.dfki.de/web/news/10-jahre-industrie-4-0-deutschland-als-treiber-von-industrieller-ki-fuer-die-zukunft-der-wertschoepf. Zugegriffen am 29.10.2022.

Fleisch, E., & Mattern, F. (Hrsg.). (2005). *Das Internet der Dinge. Ubiquitous Computing und RFID in der Praxis: Visionen, Technologien, Anwendungen, Handlungsanleitungen.* Springer.

Forrester, J. W. (1972). *Grundzüge einer Systemtheorie.* Gabler.

Fraunhofer Gesellschaft. (Hrsg.). (2018). *Maschinelles Lernen. Eine Analyse zu Kompetenzen, Forschung und Anwendung.* https://www.bigdata.fraunhofer.de/content/dam/bigdata/de/documents/Publikationen/Fraunhofer_Studie_ML_201809.pdf. Zugegriffen am 29.10.2022.

Frey, C., & Osborne, M. A. (2013). *The future of employment: How susceptible are jobs to computerization?* University of Oxford.

Gartner. (2021). *Die wichtigsten strategischen Technologie-Trends für 2022 von Gartner.* https://www.gartner.de/de/informationstechnologie/insights/top-technologie-trends. Zugegriffen am 08.08.2022.

Gassmann, O., & Sutter, P. (2013). *Praxiswissen Innovationsmanagement. Von der Idee zum Markterfolg.* Hanser.

Herrmann, W. (2019). *Deutsche Bahn-IT schafft Führungskräfte ab.* https://www.cio.de/a/deutsche-bahn-it-schafft-fuehrungskraefte-ab,3602696. Zugegriffen am 29.10.2022.

Hesse, S., & Schnell, G. (2018). *Sensoren für die Prozess- und Fabrikautomation. Funktion – Ausführung – Anwendung* (7. Aufl.). Springer Vieweg.

Innovations-Report. (Hrsg.). (2020). *3D Drucker: Innovative Einsatzmöglichkeiten in Unternehmen.* https://www.innovations-report.de/html/berichte/innovative-produkte/3d-drucker-innovative-einsatzmoeglichkeiten-in-unternehmen.html. Zugegriffen am 29.10.2022.

Kasprowicz, D., & Rieger, S. (Hrsg.). (2020). *Handbuch Virtualität.* Springer VS.

Kleine Zeitung. (2022). *Tausende Schweden mit implantierten Mikrochips: Jetzt auch mit Covid-19-Pass.* https://www.kleinezeitung.at/wirtschaft/6077642/Unter-der-Haut_Tausende-Schweden-mit-implantierten-Mikrochips. Zugegriffen am 10.11.2022.

Klesse, A. (2022). *Die Frau mit dem Chip im Arm.* https://www.welt.de/regionales/hamburg/article238191785/Implantate-Die-Frau-mit-dem-Chip-im-Arm.html. Zugegriffen am 29.10.2022.

Kommission der Europäischen Gemeinschaften. (Hrsg.). (2009). *Internet der Dinge – ein Aktionsplan für Europa KOM (2009) 278.* Brüssel. https://eur-lex.europa.eu/LexUriServ/LexUriServ.do?uri=COM:2009:0278:FIN:DE:PDF. Zugegriffen am 29.10.2022.

Lanzet, K. (o. J.). *Kernspeicher: „KL Kernspeicher Makro 1" von Konstantin Lanzet – received per EMailCamera: Canon EOS 400D.* Lizenziert unter CC BY-SA 3.0 über Wikimedia Commons. https://commons.wikimedia.org/wiki/File:KL_Kernspeicher_Makro_1.jpg#/media/File:KL_Kernspeicher_Makro_1.jpg. Zugegriffen 29.10.2022.

Lehner, F. (2021). *Wissensmanagement. Grundlagen, Methoden und technische Unterstützung* (7. Aufl.). Hanser.

Logistik aktuell. (2016). *„… wenn Dein starker Arm es will?" Roboter übernehmen die Fertigung der Zukunft.* https://logistik-aktuell.com/2016/08/10/wenn-dein-starker-arm-es-will-roboter-uebernehmen-die-fertigung-der-zukunft/. Zugegriffen am 29.10.2022.

Marr, B. (2020). *Künstliche Intelligenz in Unternehmen. Innovative Anwendungen in 50 erfolgreichen Firmen.* Wiley-VCH.

Meyer, J. U. (2019). *Digitale Gewinner. Erfolgreich den digitalen Umbruch managen.* BusinessVillage.

Oracle. (o. J.). *Was ist das IoT?* https://www.oracle.com/de/internet-of-things/what-is-iot/. Zugegriffen am 29.10.2022.

Plattform Industrie 4.0. (2019a). *Leitbild 2030 für Industrie 4.0. Digitale Ökosysteme global gestalten.* https://www.plattform-i40.de/PI40/Redaktion/DE/Infografiken/leitbild2030.html. Zugegriffen am 29.10.2022.

Plattform Industrie 4.0. (2019b). *Fortschrittsbericht 2019. Industrie 4.0 gestalten. Souverän. Interoperabel. Nachhaltig.* https://www.plattform-i40.de/PI40/Redaktion/DE/Downloads/Publikation/hm-2019-fortschrittsbericht.pdf?__blob=publicationFile&v=6. Zugegriffen am 29.10.2022.

Pwc. (o. J.). *Cyber security & privacy services.* https://www.pwc.de/cybersecurity?utm_source=google&utm_medium=cpc&utm_campaign=XM_thenewequation_CS&utm_id=suche&utm_content=text&utm_term=cyber%20security. Zugegriffen am 29.10.2022.

Remington-Rand. (1951). *Remington-rand presents the Univac.* https://www.youtube.com/watch?v=j2fURxbdIZs. Zugegriffen am 29.10.2022.

Schmidt, J. (2019). *Die wichtigste Technologie der Zukunft.* https://www.elektronikpraxis.vogel.de/die-wichtigste-technologie-der-zukunft-a-788859/. Zugegriffen am 29.10.2022.

Schüller, A. M., & Steffen, A. T. (2017). *Fit für die Next Economy. Zukunftsfähig mit den Digital Natives.* Wiley-VCH.

Simon, H. A. (1966). *Perspektiven der Automation für Entscheider.* Schnelle.

Staufen AG. (Hrsg.). (2021). *Studie Digitalisierung 2020.* https://www.staufen.ag/wp-content/uploads/STAUFEN.AG_Studie_Digitaliserung_2020_web.pdf. Zugegriffen am 22.02.2022.

Stone, P., Brooks, R., Brynjolfsson, E., Calo, R., Etzioni, O., Hager, G., Hirschberg, J., Kalyanakrishnan, S., Kamar, E., Kraus, S., Leyton-Brown, K., Parkes, D., Press, W., Saxenian, A., Shah, J., Tambe, M., & Teller, A. (2016, September). *"Artificial intelligence and life in 2030." One hundred year study on artificial intelligence: Report of the 2015–2016 study panel.* Stanford University. https://ai100.stanford.edu/sites/default/files/ai_100_report_0906fnlc_single.pdf. Zugegriffen am 31.09.2016.

Unternehmer. (Hrsg.). (2021). *8 Technologie Trends für 2022.* https://unternehmer.de/it-technik/286012-technologie-trends-2022. Zugegriffen am 08.08.2022.

Wanzl GmbH. (2021). *Smarte Einkaufswagen verbessern die Customer Journey.* https://www.wanzl.com/de_DE/wanzl-inside/presse-und-news/smarte-einkaufswagen-verbessern-die-customer-journey~n5505. Zugegriffen am 29.10.2022.

Winston, P. H. (1987). *Künstliche Intelligenz.* Addison-Wesley.

Zhang, D., Maslej, N., Brynjolfsson, E., Etchemendy, J., Lyons, T., Manyika, J., Ngo, H., Niebles, J. C., Sellitto, M., Sakhaee, E., Shoham, Y., Clark, J., & Perrault, R. (2022). *The AI index 2022 annual report.* Stanford University. https://aiindex.stanford.edu/wp-content/uploads/2022/03/2022-AI-Index-Report_Master.pdf. Zugegriffen am 24.10.2022.

Wissensmanagementsysteme

4

Zusammenfassung

Für die Unterstützung des Wissensmanagements wurden traditionell spezifische Wissensmanagementsysteme entwickelt. Einige von ihnen sollen in diesem Kapitel kurz dargestellt und diskutiert werden. Zunächst werden die Funktionen eines allgemeinen Wissensmanagementsystems dargestellt und dann spezifische Systeme wie Dokumentenmanagementsysteme und Wissensgemeinschaften diskutiert. Als besonderes Beispiel für die Unterstützung von Managementfunktionen wird der Einsatz von Multiagentensystemen für die Produktionsplanung und -steuerung auf strategischer und operativer Ebene vorgestellt. Abschließend werden einige Thesen zur Veränderung der Planung und Steuerung in Unternehmen durch den Einsatz von Technik aufgestellt.

4.1 Wissensmanagementsysteme im Überblick

Aufgabe des Wissensmanagements ist die Gestaltung der Wissenswelt (vgl. Abb. 2.7 in Abschn. 2.3.2) des Unternehmens zum Zwecke der Optimierung des Handelns, d. h. der Planung inkl. Zielbestimmung und Steuerung des Handelns. Wissensmanagement ist also Management auf der Ebene des Wissens, es ist der mentale Zwilling des Managements.

Unternehmen sind kollektive, arbeitsteilige Systeme, deren Struktur und Zusammenarbeit von uns selbst bestimmt werden. Die Denk- bzw. Wissensverarbeitungs- und Ausführungsstrukturen sind im Allgemeinen nicht kongruent, d. h. die ausführenden Handlungseinheiten haben sich das gewünschte Handeln nicht selbst ausgedacht, sondern übernehmen vorgegebene Rollen im System. Die ausführenden Einheiten müssen deswegen vom System das notwendige Wissen für ihr Handeln zur Verfügung gestellt be-

© Der/die Autor(en), exklusiv lizenziert an Springer Fachmedien Wiesbaden GmbH, ein Teil von Springer Nature 2023
R. Franken, S. Franken, *Wissen, Lernen und Innovation im digitalen Unternehmen*, https://doi.org/10.1007/978-3-658-40822-0_4

Wissensträger

• Menschen

• Computer

• Dokumente

• Produkte

• Maschinen …

Organisationsprobleme

• Verteilung des Wissens

• Kommunikation

• Kollaboration

Abb. 4.1 Wissensmanagementsysteme. (Quelle: eigene Darstellung)

kommen und umgekehrt ihr Wissen in das Wissenssystem einbringen. Dafür werden verschiedene Instrumente eingesetzt.

Die Wissenswelt von Unternehmen mit ihren Trägern und ihren Nutzern ist in der Regel kein einheitliches System, sondern besteht wiederum aus einer Vielzahl von Subsystemen, die mehr oder weniger aufeinander abgestimmt und miteinander verbunden sind.

Wissensmanagementsysteme bestehen aus verschiedenen Wissensträgern, die durch organisatorische Regelungen strukturiert sind (s. Abb. 4.1).

▶ **Wissensmanagementsysteme** (WMS) sind (verteilte, soziotechnische) Systeme von Wissensträgern, die entweder spezifische Inhalte erwerben, besitzen, sie entwickeln und sie Handlungssystemen verfügbar machen
oder
bestimmte Funktionen der Wissensverarbeitung übernehmen bzw. unterstützen: Wahrnehmung, Kommunikation, Organisation und Speicherung, Planung und Steuerung.

Zu einer umfassenden Diskussion theoretischer Ansätze zu Wissensmanagementsystemen vgl. ausführlicher Lehner 2021, einen Überblick über die technische Seite geben Maier 2007 und Maier et al. 2009.

Die Handlungssysteme eines Unternehmens werden von den Wissensmanagementsystemen mit dem für sie notwendigen Wissen versorgt. Klassische Beispiele für Wissensmanagementsysteme sind die Planungs- und Kontrollsysteme, das Rechnungswesen, Dokumentenmanagementsysteme usw.

Die Gestaltung von Wissensmanagementsystemen ist ein mehrdimensionales Problem, das sich aus dem Zusammenspiel von drei Hauptdimensionen bestimmt (vgl. Abb. 4.2).

Abb. 4.2 Gestaltungs-
dimensionen von Wissens-
managementsystemen. (Quelle:
eigene Darstellung)

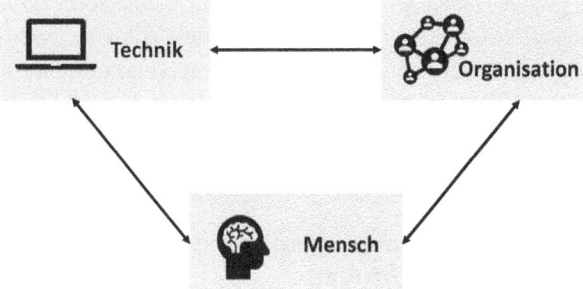

Diese Gestaltungsdimensionen lassen sich wie folgt charakterisieren:

- **Technik**: Technische Hilfsmittel dienen vor allem der Speicherung, Verarbeitung und Kommunikation von formalisiertem Wissen. Ihre Eigenschaften bestimmen sich durch die Leistungsfähigkeit der technischen Komponenten (Speichergröße, Kommunikations- und Verarbeitungsgeschwindigkeit) und durch die Leitungsfähigkeit der implementierten Verarbeitungs- und Kommunikationsprozesse (insbesondere der Anpassung an die Bedürfnisse des Handlungssystems (vgl. Mahringer & Gabler, 2018)).
    - Informationsverarbeitungsverfahren helfen bei der Aufbereitung und Analyse von Wahrnehmungswissen, Übersetzungsverfahren und Ontologien unterstützen die Kommunikation.
    - Klassifikation, Verknüpfungen (Links) und Suchverfahren unterstützen die Speicherfähigkeit des Wissens.
    - Kollaborationsfunktionen helfen den Nutzern bei der gemeinsamen Arbeit mit dem Wissen.
- **Organisatorische Regelungen**: Organisatorische Regelungen bestimmen die Zuständigkeiten von Handlungseinheiten innerhalb des Unternehmens und definieren Prozesse für den organisatorischen Handlungsablauf. Sie beschränken damit das zulässige bzw. gewünschte Handeln der Handlungseinheiten und koordinieren es in Bezug auf das organisatorische Handeln des Unternehmens.
    - Netzwerkstrukturen und Modularisierung der Zuständigkeiten erhöhen die Flexibilität und Skalierbarkeit von Systemen, erhöhen aber auch die Schnittstellenprobleme zwischen den Modulen.
- **Mensch (Verhalten)**: Verhaltensregeln für Handlungseinheiten ergänzen die organisatorischen Regeln. Sie dienen der Abstimmung des individuellen Handelns der Einheiten mit den Erfordernissen aus der Sicht des Unternehmens oder schaffen eine allgemeine Kultur von Verhaltenserwartungen im Unternehmen, auf die sich alle verlassen. Andererseits erfordern sie dazugehörige Fähigkeiten der Ausführung von gewünschten Handlungen.
    - Das Potenzial von menschlichen Handlungseinheiten ist über Personalentwicklungsmaßnahmen beeinflussbar. Dieses Potenzial muss entwickelt und gemäß den gewünschten Fähigkeiten angepasst werden (vgl. Abschn. 7.2).

Wissensmanagementsysteme werden einerseits für spezifische Inhalte, den Repräsentationsformen und Inhaltstypen des Wissens, und andererseits von den speziellen Managementfunktionen, für die sie eingesetzt werden sollen, bestimmt.

4.2 Wissensmanagementsysteme für spezifische Wissensinhalte

4.2.1 Wissensmanagementsysteme in Abhängigkeit von Wissensformen

Die Gestaltung eines Wissensmanagementsystems wird weitgehend von der Repräsentationsform des in ihm gespeicherten und entwickelten Wissens bestimmt.

Formalisiertes Wissen ermöglicht einen dominierenden technischen Zugang bei der Gestaltung des Systems.

Strukturiertes, formalisiertes Wissen wird vor allem in Datenbanken und Data Warehouse verwaltet.

In einem **Data Warehouse** werden verschiedene strukturierte Informationen zusammengefasst und unterschiedlichen Nutzern für ihre Fragen intelligent zur Verfügung gestellt. Die Ziele der Einführung sind vor allem eine Schnittstellenminimierung, die Abstimmung und Vereinheitlichung der Datenbasis und eine verbesserte Analysefähigkeit durch Anreicherung mit Metadaten und Schaffung einer einheitlichen Zeitdimension. Eine darauf aufbauende spezielle Funktionalität ist das Data Mining. **Data Mining** sind Prozesse oder Methoden zur Aufdeckung von bisher unbekannten Strukturen, Gesetzmäßigkeiten und/oder Regeln in einer großen Menge von Ausgangsdaten mit Hilfe formalisierter Verfahren aus dem Bereich der Statistik und darüber hinaus gehender neuer Verfahren. Beispielsweise die Aufdeckung von Gesetzmäßigkeiten im Kundenverhalten aus den vorhandenen Informationen über die Einkäufe der Kunden (Kassenzettel).

Unstrukturiertes, formalisiertes Wissen ist das Anwendungsgebiet von Dokumentenmanagementsystemen.

Dokumentenmanagementsysteme (DMS) sind zentrale Ablagesysteme für Dokumente jeder Art mit den Zielen, sie einer großen Anzahl von Nutzern zugänglich zu machen, den Nutzern Hilfen beim Auffinden der relevanten Dokumente zu liefern und die gemeinsame Bearbeitung von Dokumenten zu ermöglichen. Eine Variante von DMS, die hauptsächlich auf die Publikation von Texten in Netzen ausgerichtet ist, sind **Content Management Systeme**. Sie definieren Strukturen für die Intra- oder Internetpräsentation bestimmter Informationen und liefern Verwaltungssysteme für die Publikation in diesen Strukturen.

Bei technischen Systemen kann zwischen zentralen und dezentralen Wissensmanagementsystemen unterschieden werden.

Zentrale Wissensmanagementsysteme sammeln das Wissen an einem zentralen Punkt (zumeist einem Computer) und nutzen es von da aus für die zu unterstützenden Funktionen. Alle Funktionalitäten, Ablagesysteme, Sprachsysteme usw. werden zentral definiert und gelten für alle Nutzer des Systems gleichermaßen. Die Ablage wird z. B. durch eine zentrale, kollektive Ontologie gestaltet. Beispiele für technische zentrale Systeme sind Dokumenten-Management-Systeme, Data Warehouse u. a.

Dezentrale Systeme belassen das Wissen wo es ist und unterstützen stattdessen die Kommunikation zwischen den beteiligten Einheiten. Ein Beispiel dafür sind peer-to-peer (p2p) -Systeme.

p2p ist ein Kommunikations- und Interaktionsmodell, bei dem gleichberechtigte Handlungseinheiten die Generierung, Verwaltung und Verbreitung von Wissen ohne zentral organisierte Struktur selbst realisieren. Jeder Teilnehmer ist Geber und Nehmer zugleich. Die Regeln des Austausches werden von den Teilnehmern gemeinsam bestimmt und kontrolliert. p2p-Systeme gibt es z. B. im Internet in Form von Tauschbörsen.

Zentrales Problem beider Systeme ist die Regelung bzw. das menschliche Verhalten in Bezug auf den Zugriff und die Zur-Verfügung-Stellung von Wissen. Technische Systeme ermöglichen normalerweise Regelungen über die Zugriffsrechte von Nutzern auf das in ihnen gespeicherte Wissen. Schwierig ist es, die Menschen dazu zu bringen, ihr Wissen anderen zur Verfügung zu stellen oder sogar in ein technisches System einzustellen.

Personelles Wissen ist schon per definitionem der Technik nicht zugänglich. Es ist in den Köpfen der Wissensträger gespeichert und nur kommunikativ auszutauschen. Die Entwicklung und Nutzung personellen Wissens erfordert vor allem die Anregung und Organisation von menschlicher Kommunikation, wie es in Communities angestrebt wird (vgl. Abschn. 4.2.4).

Kollektives Wissen liegt Unternehmen meistens nicht kommunizierbar vor. Es ist primär implizites Wissen, welches Bestandteil der Unternehmenskultur oder von evolutorisch entstandenen Kollektiven Mentalen Modellen ist. Für ein explizites Management von kollektivem Wissen ist daher ein vorgeschalteter Schritt der Explikation erforderlich. Das Wissen muss erhoben und formal dargestellt werden. Dies kann über Prozessdarstellungen, Organisationserhebungen oder über narrative Methoden wie das Storytelling erfolgen. Erst nach seiner formalen Dokumentation kann kollektives Wissen einem rationalen Wissensmanagement unterzogen werden.

Auch die Wissensformen explizit und implizit spielen eine wichtige Rolle für die mögliche Gestaltung von Wissensmanagementsystemen. Meistens denken wir bei der Gestaltung von Wissensmanagementsystemen nur an explizites Wissen. Wie aber können wir das implizite Wissen eines Unternehmens entwickeln und verbessern? Implizites Wissen von Unternehmen ist das Wissen, welches unreflektiert die Standardprozesse der Unternehmen beherrscht. Es macht das Handeln der Unternehmen effizient, verhindert aber auch das Entstehen innovativer Ideen, wenn wir es nicht hinterfragen und nach neuen Ideen suchen.

Nonaka und Takeuchi haben einige Hinweise gegeben, wie neues Wissen in Unternehmen entwickelt und eingeführt werden kann. Sie propagieren die Schaffung spezieller individueller Arbeitsbedingungen, die Einführung einer Hypertextorganisation und ein Middle-up-down-Management (s. die Darstellung in Abschn. 7.1.3 Wissensgenerierung nach Nonaka & Takeuchi). Die Organisationslehre geht schon seit langem der Frage nach, wie formale Organisationsstrukturen überwunden werden können, um Unternehmen mehr Kreativität und Innovativität zu ermöglichen. Eine der Hypertextorganisation sehr nahekommende Lösung war z. B. der Vorschlag von Schnelle „vermaschte Teams" einzuführen (vgl. Schnelle, 1966, S. 74 ff., mehr in Abschn. 10.1).

Ein Beispiel der Bosch GmbH zeigt, wie Unternehmen Synergieeffekte gemischter Entwicklungsteams erschließen können.

Multikulturelle Zusammenarbeit für autonomes Fahren bei Bosch

Die Entwicklung komplexer Produkte für Märkte in aller Welt profitiert von unterschiedlichen Perspektiven. Denn verschiedene Sichtweisen liefern Impulse für Kreativität und Ideen. Weltweit arbeiten bei Bosch Menschen aus über 150 Nationen zusammen. Ein Beispiel dafür ist autonomes Fahren, ein Schlüsselprojekt für den Unternehmensbereich Mobility Solutions, an dem Menschen aus verschiedenen Ländern zusammenarbeiten. Autonomes Fahren wird in Deutschland, Japan, den USA und in China entwickelt und erprobt. Entwickler und Ingenieure aus Deutschland, den USA, Indien und Spanien sind an der Aufgabe beteiligt (vgl. Bosch, 2019). ◀

Bolte und Porschen (2006) haben Modelle zur Überwindung formaler Strukturen durch die Förderung informeller Kooperation im Arbeitsalltag entwickelt. Dazu gehören:

- Die Förderung von Netzwerken durch arbeitsbezogene persönliche Kontakte und Beziehungen, die z. B. über Einstiegsseminare, Best Practice Workshops oder Projektarbeit gefördert werden können.
- Ein Hospitations- und Rotationsmodell, bei dem einzelne Mitarbeiter bewusst zum Kennenlernen in andere Abteilungen geschickt werden und dort hospitieren oder zeitlich begrenzt mitarbeiten.
- Ein Beauftragten- oder Wanderermodell, bei dem spezielle Beauftragte oder „Wanderer" stellvertretend für die Abteilung dafür eingesetzt werden verschiedene Abteilungen zu durchlaufen, um deren Arbeitsweisen kennen zu lernen.

Alle drei Modelle tragen dazu bei, die Kommunikationshemmnisse in formalen Organisationsstrukturen aufzubrechen und damit neue Ideen durch Explikation entstehen zu lassen und Veränderungen in Gang zu setzen.

Beschreibendes, prozessuales und wertendes Wissen sind ebenfalls Kategorien, die eine getrennte Betrachtung rechtfertigen würden. Bei allen Systemen, die dargestellt und diskutiert werden, dominiert die Betrachtung von beschreibendem Wissen. Wie aber gehen Unternehmen mit prozessualem und wertendem Wissen um? Diese Hinweise deuten darauf hin, dass das Wissensmanagement noch eine Fülle von nicht durchdachten Problemen beinhaltet, die bisher durch eine unvollständige Reflexion des Wissensbegriffes gar nicht gesehen werden. Auch wir können diese Probleme nur anreißen. Es soll uns zunächst einmal darum gehen, anhand von Beispielen die Vielfalt der Facetten des Wissensmanagements aufzuzeigen.

4.2.2 Struktur von Wissensmanagementsystemen für spezifische Inhalte

Wissensmanagementsysteme für spezifische Inhalte erfüllen alle zentralen Wissensmanagementfunktionen im Umgang mit dem Wissen, für das sie eingerichtet wurden, also Wahrnehmung, Speicherung und Verarbeitung und Weitergabe für die Nutzung (s. Abb. 4.3).

Wissensmanagementsysteme nehmen wahrgenommenes Wissens auf, filtern und bewerten es und übergeben es zur Speicherung den dafür vorgesehenen Wissensträgern.

Das Wissen durchläuft zunächst Input-Filter. Sie dienen vor allem der Qualitätsdefinition und Qualitätssicherung der Wahrnehmungen. Die Qualitätsdefinition wird von den Trägern des Wissensmanagementsystems bestimmt. Grundlage dafür ist das Ziel bzw. die Zweckbestimmung des Systems. Die Qualitätssicherung erfolgt durch spezielle Einrichtungen (z. B. Redaktionsgremien) oder durch das Verfahren der Wissensaufnahme. Eine wichtige Grundlage für die Qualitätsbeurteilung ist die Quelle des Wissens.

Die Filterung von Informationen verfolgt über die normale Suche hinaus das Ziel, ein differenziertes Interessenprofil des Wissensmanagementsystems (als Nutzer) aufzustellen und für die Suche zu nutzen. Zur Erstellung des Interessenprofils kann u. a. eine Auswertung des bisherigen Wahrnehmungsverhaltens zugrunde gelegt werden.

Ein anderer Ansatz ist, die Bewertung von Informationen über Social Media, also durch soziale Netzwerke, vornehmen zu lassen. Auch die Einbeziehung von aktuellen Kontextinformationen ist für die Filterung von Bedeutung.

Input-Filter müssen teilweise auch die Rolle der konstruktiven Ignoranz übernehmen. Dies gilt besonders in Unternehmen, wenn z. B. Führungskräften bewusst Informationen

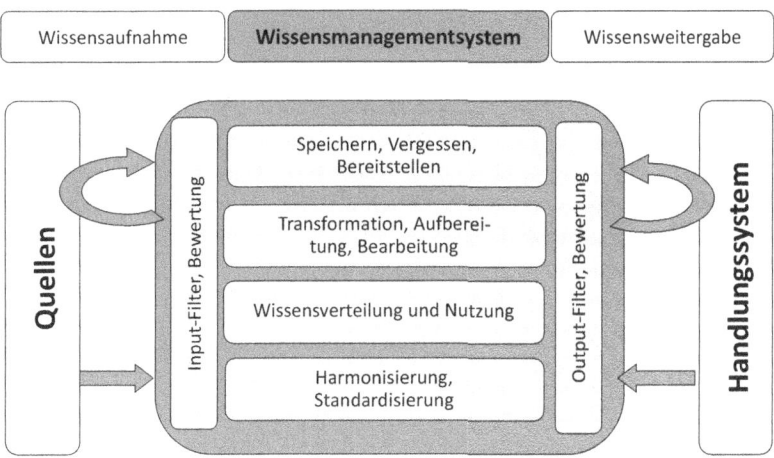

Abb. 4.3 Komponenten und Funktionen von Wissensmanagementsystemen. (Quelle: eigene Darstellung)

vorenthalten werden, um sie in ihrem aktuellen Denken nicht zu sehr abzulenken – ein schwieriges Problem z. B. für Vorstandsassistenten. Weil wir uns alle die Frage nach dem Umgang mit Ignoranz ständig stellen müssen, ist sie sehr Nachdenkens wert (vgl. die Diskussion bei Schneider, 2006).

Auf der anderen Seite soll das Wissen zur Nutzung weitergegeben werden. Verteilungsmodelle regeln Form und Inhalt des Nutzerzugriffs auf das Wissen. Verteilungsmodelle können aktiv oder passiv sein:

- bei aktiven Modellen (**Push-Konzepte**) bekommt der Nutzer das Wissen unaufgefordert (z. B. Nachrichtendienste, Abonnements usw.),
- bei passiven Modellen (**Pull-Konzepte**) muss der Nutzer die Information abfragen.

Besondere Formen sind z. B. Agentensysteme für Angebot und Nachfrage („aushandeln" des Wissensbedarfs) oder die Eingliederung des Wissens in Workflowsysteme (arbeitsprozessbezogene Wissensweitergabe).

Pull-Konzepte basieren auf dem aktiven Nachfrageverhalten des Nutzers. Bei technischen Informationssystemen kann dies z. B. durch Navigation in vorgegebenen Strukturen, Datenbankabfragen, Nutzung der Ablagestrukturen von Dokumenten, „Gelbe Seiten" zum Finden von Experten oder durch eine Suche erfolgen. Für die Suche in unstrukturierten Dokumenten gibt es mittlerweile eine große Anzahl von Algorithmen je nach Dokumenttyp (Text, Bild, Ton).

Neben dem Suchverhalten der Nutzer spielen bei der Wissensweitergabe auch eingeräumte Zugriffsrechte eine wichtige Rolle. Diese können entweder technisch oder sozial durch Teilnahmerechte an Besprechungen, Gruppen oder Veranstaltungen geregelt sein.

Die Einräumung von Zugriffsrechten ist in Unternehmen ein wichtiges und häufig zu oberflächlich durchdachtes Problem.

Speichern, Vergessen und Bereitstellen von Wissen sind Probleme, die häufig mehr technisch als inhaltlich betrachtet werden. Gegen das Vergessen technischer Systeme (Datenverlust durch technische Fehler) hilft nur ein regelmäßiges Backup zur Risikominderung.

Bezogen auf das menschliche Gedächtnis ist Vergessen jedoch nicht unproblematisch. Für Unternehmen kommen noch einige zusätzliche Probleme hinzu. Vergessen oder Wissensverlust können bei Unternehmen auch das Ausscheiden von Individuen aus dem Unternehmenskollektiv als Grund haben.

Das Ausscheiden kann dabei unerwartet (z. B. durch Kündigung) oder vorhersehbar durch Alter oder Krankheit eines Mitarbeiters begründet sein. Unerwartetem Ausscheiden kann nur durch rechtzeitige Schaffung von Redundanz bei der Speicherung des Wissens begegnet werden. Vorhersehbarem Ausscheiden kann durch spezielle Maßnahmen der Wissensübergabe entgegengewirkt werden. Rechtzeitig vor dem Ausscheiden sollte eine Form der Übergabe des Wissens vereinbart werden. Es muss analysiert werden, um welches Wissen in welcher Form es sich dabei handelt und wie eine Übergabe (Formalisierung, Anlernen von Nachfolgern (Mentoring), Einführung der Nachfolger in wichtige Gemeinschaften usw.) erfolgen kann.

Das Vergessen kann aber auch umgekehrt ein gewünschter Effekt sein. Nicht nur in Bezug auf das Internet, auch für viele alte Datenbestände in Unternehmen ist ein rechtzeitiges Löschen manchmal sinnvoll. Es entlastet die Suche nach dem wirklich Wichtigen.

Wissensmanagementsysteme speichern nicht nur, sie transformieren und bereiten das gespeicherte Wissen auf. Ein besonderes Problem ist dabei die kollaborative Bearbeitung von Wissen durch mehrere Personen.

Die gemeinsame Bearbeitung von formalisiertem Wissen durch mehrere Bearbeiter erfordert klare organisatorische Regelungen. Dabei gelten zwei Grundprinzipien:

1. Segmentieren und Verteilen: Der gemeinsam zu bearbeitende Wissensbestand muss aufgeteilt und mit klaren Zuständigkeiten an die einzelnen Bearbeiter übergeben werden.
2. Transaktionen: Während eine Person an einem Teil arbeitet, ist dieser für weitere Bearbeitungen gesperrt. Erst nach Beendigung der Bearbeitung und Freigabe durch den Bearbeiter darf eine andere Person ebenfalls damit arbeiten.

Dauert eine Bearbeitung durch einen Akteur länger, so können besondere Koordinationsmechanismen eingeführt werden:

- gegenseitiges Ausleihen von Teilen, die in Bearbeitung sind,
- die Weitergabe von Teilen zur Bearbeitung durch einen anderen Akteur, der dann die Verantwortung für den Inhalt übernimmt (z. B. Urlaubsvertretung),
- das Entwickeln von alternativen Bearbeitungsständen, die unter bestimmten Bedingungen ausgetauscht werden können.

Diese Prinzipien gelten nicht nur für gemeinschaftliche Hausarbeiten von Studierenden, sondern werden auch in Unternehmen z. B. bei kollektiven Planungsprozessen angewandt (z. B. Produktionsplanung für einen gemeinsamen Maschinenpark).

Um unvorhergesehenen Problemen vorzubeugen, wird ein Versionenmanagement eingeführt, d. h. ältere Stände der Bearbeitung werden besonders gesichert. Derartige Systeme spielen gleichzeitig eine wichtige Rolle für die Arbeitsorganisation und erlauben eine Kontrolle über den Bearbeitungsstand. Bei komplexen Bearbeitungsprozessen kann eine Workflow-Integration durchgeführt werden. Dokumente werden gemäß ihrem Bearbeitungsstand in einem vordefinierten Prozess an andere Bearbeiter weitergeleitet.

Eines der zentralen Aufgaben von Wissensmanagementsystemen ist die Sinngebung, d. h. das Strukturieren und Einordnen des Wissens in bestimmte Kontextzusammenhänge, die ihre Bewertung und ihr Wiederfinden erleichtern.

Menschen denken in Bildern, Geschichten oder Beispielen und nur selten in logischen Theorien. Diese Erkenntnis haben schon Adriaan de Groot und Herbert Simon in ihren Experimenten zum menschlichen Denken herausgefunden.

De Groots Experimente zur Wahrnehmung beim Schach

„De Groot legte Versuchspersonen Schachstellungen aus wirklich gespielten (dokumentier-ten) Partien vor. Nach etwa fünf Sekunden entfernte er die Vorlage und ersuchte die Versuchs-personen um eine Rekonstruktion. Großmeister und Meister konnten die Stellungen (mit vielleicht 20 bis 24 Figuren auf dem Brett) beinahe fehlerlos rekonstruieren, währen Laien kaum eine der Figuren korrekt zu platzieren vermochten; Mittelklassespieler rangierten irgendwo dazwischen. Bemerkenswert war jedoch, dass Meister und Großmeister wie Laien abschnitten, sobald man ihnen die gleiche Anzahl Figuren zufällig übers Brett verteilt vor-setzte, während die Laien so gute oder schlechte Ergebnisse erzielten wie vorher." (Simon, 1990, S. 64.) ◄

In Unternehmen kommt noch die kulturelle Dimension hinzu: die Geschichten und Bilder müssen möglichst gleich interpretiert werden, damit sie einen kollektiven Sinn er-geben. Diese Sinngebung ist eine wichtige Grundlage für das kollektive Denken eines Unternehmens.

In Zusammenhang mit technischen Systemen bekommt die Sinngebung einen formalen Charakter. Das Wissen in Datenbanken oder Dokumentenmanagementsystemen wird in vorgeprägte Strukturen von Metawissen (Wissen über das Wissen) eingeordnet. Durch dieses Metawissen werden die einzelnen Wissenseinheiten (Dokumente, Datenbankein-träge) in einen Kontext gestellt, der einen leichteren Zugriff auf sie ermöglicht. In Dokumentenmanagementsystemen erfolgt dies über eine Ontologie zur Verschlagwortung, häufig in Form eines semantischen Netzes (siehe das Beispiel der ThyssenKrupp Com-World Abschn. 4.2.4).

Mit der Sinngebung eng verbunden ist die Harmonisierung und Standardisierung des Wissens. Die Bedeutung der Standardisierung wurde schon am Beispiel der Produkt-klassifikationsstandards diskutiert (vgl. Abschn. 2.4.3). Darüberhinausgehend ist eine ständige Harmonisierung des Wissens in Unternehmen erforderlich. Auch wenn die einzelnen Personen spezialisiert und damit in ihrem Wissen einmalig sind, so ist doch zur Entwicklung von Kollektiven Mentalen Modellen für ein gemeinsames Handeln eine Ab-stimmung des individuellen Wissens der Personen in dem Umfang wichtig, wie es not-wendig ist, um die gewünschten kollektiven Handlungen hervorrufen zu können. Diese Prozesse sind Grundlage des kollektiven Lernens.

4.2.3   Dokumentenmanagementsysteme (DMS)

DMS waren einer der treibenden Faktoren für die Entwicklung des Wissensmanagements generell. Die Technologie benötigte einen Markt und griff das positiv belegte Wort „Wissensmanagement" für sich auf. So kam es, dass eine Zeit lang praxisorientierte Pu-blikationen zum Thema Wissensmanagement eigentlich nur etwas über Dokumenten-management aussagten.

Mit dem Dokumentenmanagement verließ die Datenverarbeitung den bis dahin dominierenden Bereich strukturierter Informationen und ermöglichte neue Formen des Umgangs mit unstrukturierten Dokumenten. Dabei kamen viele technische Entwicklungen zusammen: das Scannen und Erkennen (OCR) als Eingabemedium, die Verwaltung unterschiedlicher Dokumenttypen in einem System und vor allem die neu entwickelten „Suchmaschinen" zum Finden und Analysieren der Dokumente.

▶ **Dokumentenmanagementsystem** ist ein Programmsystem, welches es ermöglicht, Dokumente in unterschiedlichen Formaten aufzunehmen, zu verwalten, zur Verfügung zu stellen und kollektiv zu bearbeiten. Es umfasst eine Vielzahl von Funktionalitäten, die je nach Einsatzgebiet sehr unterschiedlich zusammengesetzt sein können.

Einsatzgebiete von DMS sind u. a.:

- Das Archivieren und Verwalten von Geschäftsdokumenten zur Schaffung eines papierlosen Büros (mit Zulassung vom Finanzamt). Zum Beispiel, erfasst eine große Kölner Krankenversicherung den gesamten Geschäftsverkehr mit ihren Kunden elektronisch durch Einscannen und Umsetzen in bearbeitbare Textdokumente. Das Einscannen wird mittlerweile weitgehend durch die Kunden durchgeführt, die ihre Abrechnungen elektronisch einreichen. Die Bearbeitung der Geschäftsvorfälle erfolgt dann am Computer auf der Grundlage des elektronischen Archivs.
- Das Schaffen kollektiver Ablagesysteme für Abteilungen oder das ganze Unternehmen. Erfasst werden alle erstellten Dokumente, E-Mails und Faxe. Insbesondere der Umgang mit E-Mails kann dabei eine große Rolle spielen, da Mehrfachspeicherungen bei Sendern und Empfängern mit eventuell entstehenden Inkonsistenzen vermieden werden können usw.
- Das Schaffen von Informationssystemen für spezifische Einsatzbereiche. In technischen Bereichen, z. B. bei der Entwicklung und Wartung großer technischer Anlagen, entsteht eine Fülle unterschiedlicher Dokumente (Bedienungsanweisungen, technische Zeichnungen, Produktbeschreibungen von Herstellern von Zulieferteilen) und Expertenwissen bei Mitarbeitern, die an oder mit diesen Anlagen gearbeitet haben. Für die weitere Wartung oder Störfallbeseitigung ist es erforderlich, alle diese Informationen möglichst schnell im direkten Zugriff zu haben. Deshalb haben beispielsweise große Chemiewerke DMS für die Verwaltung und Bereitstellung des entsprechenden Wissens (Dokumente, Telefonnummern usw.) eingerichtet.
- Das Schaffen einer Arbeitsgrundlage für räumlich und zeitlich verteilt arbeitende Teams. Teams in Großunternehmen sind häufig über die ganze Welt verstreut und können nicht immer an einem Ort gemeinsam zusammenkommen. Um ihnen eine Arbeitsgrundlage zu schaffen, benötigen sie Systeme, die gemeinsam erstellte Berichte aufnehmen und einer kollektiven Bearbeitung zugänglich machen, die einen gemeinsamen Terminplan verwalten und ähnliche Funktionen erfüllen.

Diese Beispiele zeigen, dass DMS sehr verschiedene Aufgaben erfüllen können. Dementsprechend verschieden sind auch die auf dem Markt angebotenen Systeme. Jedes Unternehmen, welches an den Einsatz eines DMS denkt, sollte zunächst eine ausführliche Marktanalyse durchführen, um das für sich richtige System zu finden.

Die Hauptfunktionalitäten, die ein DMS haben kann, sind:

- Eingabe, Speicherung und Verwaltung von Dokumenten. Eingabe, Speicherung und Verwaltung von Dokumenten sind die zentralen Funktionen eines DMS. Schon hier zeigen sich die Unterschiede in dem, was ein System kann. Bei der Eingabe entstehen vor allem die Fragen, ob das Einscannen eine besondere Bedeutung hat, wie mit E-Mails oder Faxen umgegangen werden kann und – bei Neueinführung eines Systems – wie mit Altbeständen von Dokumenten verfahren werden soll. Bei der Verwaltung sind die Gestaltungsmöglichkeiten des Ablagesystems von Bedeutung. Was sich so trivial anhört, denn schließlich hat jeder Sekretär schon immer ein Ablagesystem gehabt, wird schnell zum Problem, wenn man sich vergewissert, wie viele Personen mit welchen Vorstellungen über ein Ablagesystem zusammengebracht werden müssen und ob es nicht angebracht ist, die Möglichkeiten des Computers für neue, nicht hierarchische Ablagesysteme zu nutzen. Welcher Arbeitsaufwand entsteht aber dann? Die Speicherung betrifft z. B. die Frage, ob eine sichere, behördlich genehmigte Speicherung auf DVD oder ähnlichen Medien erforderlich ist.
- Aufbereitung und Verbreitung der Dokumente. Das Gegenstück zur Eingabe ist die Verfügung über die Dokumente. Im Zentrum dieser Funktionalität steht natürlich die Art und Weise, wie man ein Dokument findet und präsentiert bekommt. Zum Finden gibt es einerseits Navigationshilfen (die Ablagestruktur), um durch den Dokumentenbestand zu blättern, andererseits Suchfunktionen, um mit eigenen Kategorien den Weg zum Dokument, d. h. zum gesuchten Wissen zu finden. An dieser Stelle spielen die schon besprochenen Ontologien eine große Rolle. In Ontologien wird ein Metawissen über die Dokumente in einer einheitlichen Sprache aufgebaut und zur Beschreibung (Verschlagwortung für die Suche) der Dokumente eingesetzt. In der Intelligenz der Such- und Navigationsfunktion gibt es erhebliche Unterschiede:
  - Volltextsuche mit klassischen Logikfunktionen, evtl. mit Berücksichtigung von Synonymen, grammatischer Bereinigung (finden von Singular, Plural, Deklinationen) oder automatischer mehrsprachiger Suche;
  - erweiterte Suchfunktionen wie Phonetische Suche (findet Wörter mit ähnlicher Aussprache), Assoziative Suche (Arbeitet mit ganzen „Musterdokumenten" als Ausgangspunkt), Suche auf der Basis von Informationsstatistik (Abstände zwischen Worten (im gleichen Satz, Abschnitt. ...), oder Worthäufigkeiten im Text), lernende Suche (Suchabfragen werden gespeichert und lernen aus Rückmeldungen des Nutzers, sie werden somit immer präziser und passen sich an Veränderungen des Suchverhaltens des Nutzers an) oder wissensbasierte Suche.
- Schließlich entsteht die Frage, wie man das Dokument angezeigt bekommt, ob es nutzergerecht aufbereitet wird. Bei ständiger Arbeit an einem bestimmen Thema

möchte man z. B. über alle neu in das System hineinkommenden Dokumente zu dem eigenen Bedarfsprofil unterrichtet werden.

- Rechteverwaltung. Für Unternehmen sind die Gestaltungsmöglichkeiten der Zugriffsrechte und die Sicherheit gegenüber Missbrauch von besonderer Bedeutung. Aus Wissensmanagementsicht ist zwar eine Tendenz zur möglichst weiten Verfügbarkeit von Wissen im Unternehmen wünschenswert. In der Praxis wird dies immer noch anders gesehen. Großunternehmen sind teilweise sehr restriktiv, was den Zugang zu bestimmten Dokumenten angeht.

Zugriffsrechte auf Informationen

In einer Sparkasse gab es zwei verschiedene Typen von Wertpapierberatern: die Spezialisten und die allgemeinen Berater. Bei der Gestaltung des Informationssystems für die Berater sollte sichergestellt werden, dass die allgemeinen Berater bestimmte Informationen, z. B. über Termingeschäfte, nicht einsehen konnten. Diese Entscheidung hatte einen konkreten Hintergrund, denn die allgemeinen Berater sollten keine Auskünfte zu diesen Themen geben, da die Sparkasse sonst für alle haften muss. Andererseits konnten die Kunden nicht erkennen, wer welche Auskunft geben durfte und wer nicht, sie stellten ihre Fragen an jeden Berater und die haben sich lieber aus externen Quellen informiert, um nicht als dumm dazustehen. ◀

Dieses Beispiel zeigt, dass die Diskussion um den Zugang zu Wissen nicht so einfach zu entscheiden ist. Generell bedarf es aber in Unternehmen und in unserer Gesellschaft noch vieler Diskussionen über das Wissen: was sollte man austauschen und was nicht? Die Gestaltung der Zugriffsfunktionalität in DMS kann sehr flexibel sein und so weit gehen, dass unterschiedliche Nutzer beim Öffnen eines Dokumentes unterschiedliche Inhalte sehen, ohne es zu merken, z. B. Produktinformationen für Verkäufer (Preislisten) oder Servicetechniker (technische Dokumentationen).

Die weiteren Funktionsgruppen spielen eine sekundäre Rolle und sind anwendungsspezifisch.

- Bewertung der eingestellten Dokumente durch die Nutzer, um anderen Nutzern Hinweise zu geben.
- Kollaborative Dokumentenbearbeitung. Sie umfasst alle Funktionen, die notwendig sind, wenn mehrere Nutzer „gleichzeitig" an Dokumenten arbeiten, die gerade unter der Funktion „Transformation und Aufbereitung, Kollaboration" beschrieben wurden.
- Zusatzfunktionalitäten. Angebotene Zusatzfunktionalitäten sind zum Beispiel Bewertungsfunktionen bezüglich der Dokumente (Punktbewertung durch die Nutzer, Kommentare usw.) und die Einbeziehung des Internets, also interner und externer Quellen in die Suchfunktionen.

Der Einsatz von DMS zum allgemeinen Wissensaustausch in einem Unternehmen kann nur funktionieren, wenn die einbezogenen Mitarbeiter auch mit dem System umgehen. Sie müssen es nutzen, aktiv wie passiv, und sie müssen es richtig nutzen. Wenn z. B. die Verschlagwortung von Dokumenten zur Ablage als lästig angesehen wird, kann auch niemand das Dokument anschließend wiederfinden.

4.2.4   Wissensgemeinschaften (Communities)

In großen Unternehmen, in Hochschulen, in der Gesellschaft gibt es sie eigentlich schon immer – Gruppen von Menschen, die sich treffen und austauschen, weil sie sich gemeinsam für ein bestimmtes Thema interessieren. Egal ob dieses Thema „Briefmarken", „Science Fiction Literatur" oder ein fachliches Problem wie die „Nutzung des Intranets für den Einsatz in Lehrveranstaltungen" ist, wenn Gesprächspartner feststellen, dass sie ein gemeinsames Problem haben und voneinander lernen können, treffen sie sich häufiger zum gemeinsamen Fachsimpeln. Das Wissensmanagement hat diese Tendenz nur registriert und aufgegriffen. Die Gruppen bekamen Namen wie „Communities of practice", „Communities of interest" oder im deutschen Sprachgebrauch „Wissensgemeinschaften".

▶ **Wissensgemeinschaften** sind Gruppen von Personen mit gemeinsamen Interessen an einem Wissensgebiet, die schwerpunktmäßig dem Wissensaustausch dienen, sich selbst organisieren und auf freiwilligem Entschluss gebildet werden.

Wissensgemeinschaften unterscheiden sich von Projektgruppen oder Teams vor allem durch die Freiwilligkeit und Selbstorganisation (vgl. Abschn. 7.4).

Aufgrund des freiwilligen Zusammenschlusses zu Wissensgemeinschaften und ihrer internen Selbstorganisation sind sie besonders geeignet, den Wissenstransfer innerhalb der Gemeinschaft zu fördern. Es entstehen eine offene, vertrauensvolle Atmosphäre, verstärkt durch die intrinsische Motivation zum Austausch, und damit die besten Voraussetzungen für einen Wissenstransfer.

Die Existenz von Wissensgemeinschaften, die sich mit für das Unternehmen relevanten Themen beschäftigen, ist für das Unternehmen und für die Mitglieder von Nutzen. Also haben Unternehmen angefangen, Wissensgemeinschaften zu unterstützen oder gar selbst zu initiieren. In Unternehmen können somit Wissensgemeinschaften in verschiedenen Formen auftreten, als

- **Verborgene Gemeinschaft**: Ist organisatorisch unsichtbar, ohne Zugriff auf Unternehmensressourcen und hat eine große Handlungsbreite.
- **Adaptierte Gemeinschaft**: Entwickelt sich häufig aus ehemaligen, nicht mehr existenten Strukturen (Projekte, Abteilungen), ist ohne Zugriff auf Unternehmensressourcen, verfügt aber über ein großes Unternehmenswissen.

- **Legitimierte Gemeinschaft**: Wird von den Unternehmen wahrgenommen und als nützlich anerkannt, es werden ihr Ressourcen bereitgestellt. Zum Beispiel, Treffen von Flugplanern oder Controllern von Airlines rund um die Welt (die Reisen werden als Dienstreisen anerkannt).
- **Positionierte Gemeinschaft**: Wird von den Unternehmen bewusst initiiert.

Da Unternehmen die Vorteile der Wissensgemeinschaften erkannt haben, sind sie besonders daran interessiert, diese zu fördern und für die Unternehmenszwecke zu nutzen. Sie versuchen legitimierte und positionierte Gemeinschaften zu bilden und an den Unternehmenszielen zu orientieren. Dadurch entstehen leicht Widersprüche zu dem Grundsatz der Freiwilligkeit und Eigenständigkeit bei der internen Organisation und damit Probleme bei der Akzeptanz.

Ein positives Beispiel für die Gestaltung eines Unterstützungssystems für Wissensgemeinschaften in Unternehmen ist die ThyssenKrupp ComWorld.

ThyssenKrupp CommunityWorld

Im Jahr 2001 startete die ThyssenKrupp AG eine Wissensmanagement-Initiative mit dem Ziel einer „Steigerung des Unternehmenswertes durch effizientes Managen des Produktionsfaktors Wissen." (Mühlhoff & Vollmar, o. J., S. 3).

Die strategische Mission umfasste folgende Statements:

„Wir wollen bei ThyssenKrupp vorhandenes Wissen allen Mitarbeitern zugänglich machen und unsere Innovationskraft mit Wissens- und Innovationsmanagement-Tools ständig steigern.

Bei ThyssenKrupp wird es in Zukunft keine Wissensbarrieren mehr geben: Wir können eigene Ideen einbringen und in einem Innovationsprozess in Marktvorteile ummünzen.

Ziele dieser Initiative sind die Förderung bereichsübergreifenden Wissenstransfers beispielsweise bei Produktdaten, Wettbewerberdaten, Kooperationen oder Lieferanteninformationen sowie der Austausch von Methodenwissen und erfolgreichen Problemlösungen." (Mühlhoff & Vollmar, o. J., S. 3).

Um diese Ziele zu erreichen hat ThyssenKrupp ein Unterstützungssystem entwickelt, welches die Kommunikation der Mitarbeiter und die Bildung von Wissensgemeinschaften unterstützen soll, die ComWorld. „Eine ThyssenKrupp Community ist eine Personengruppe, die auf Basis eines gemeinsamen Interesses an einem geschäftsrelevanten Themengebiet über die Grenzen von Organisationseinheiten und Standorten hinweg Wissen austauscht und entwickelt sowie sich gegenseitig unterstützt. Durch die zeitlich nicht begrenzte Zusammenarbeit, die virtuellen und face-to-face-Charakter haben kann, verfolgen die Beteiligten sowohl geschäftliche als auch individuelle Ziele." (ebd. S. 13).

„Die ThyssenKrupp CommunityWorld ist die Gemeinschaft aller ThyssenKrupp Community-Mitglieder, die den offenen und fairen Informations- und Wissensaus-

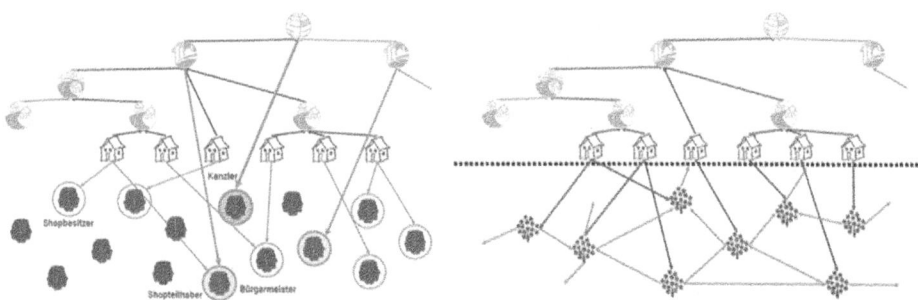

Abb. 4.4 Organisationsstruktur/Experten (links) und Themenstruktur in der ComWorld (rechts). (Quelle: eigene Darstellung nach Mühlhoff, 2003)

tausch im ThyssenKrupp Konzern aktiv unterstützen. Die ThyssenKrupp Community-World-Plattform (kurz: ThyssenKrupp ComWorld) stellt die technologische Basis zur Unterstützung des Informations- und Wissensaustausches der CommunityWorld-Mitglieder dar." (Mühlhoff, 2003).

Mit der ComWorld wurde von ThyssenKrupp eine Plattform entwickelt, welche die Idee der Wissensgemeinschaften aufgreift und weiter in ein komplexes hierarchisches System von Gemeinschaften übersetzt. Die gedachte Organisationsstruktur der Gemeinschaften erhält ein Pendant auf der Systemseite.

Im technischen System gibt es Wissensshops, -straßen, -viertel, -städte und ein Wissensland. Diesen sind die Teilnehmer des Systems mit entsprechenden Rollen Shopteilhaber, -besitzer, Bürgermeister usw. zugeordnet. Die Teilnehmer können entsprechende Einheiten einrichten, dazu müssen sie die jeweilige Rolle bei der zentralen Verwaltungsstelle beantragen und bekommen dann die gewünschten Rechte (s. Abb. 4.4).

Die Wissensshops sind Bereiche im System, in die die Shopteilhaber Dokumente mit ihrem Wissen einstellen können. Dieses Wissen kann allen Teilnehmern am System oder nur der Gruppe der Shopteilhaber (Gemeinschaft) zugänglich sein (linkes Bild). Damit auch die diskutierten Themen erfasst werden und neue Interessenten nicht nur die Gruppenstruktur sehen, sondern auch vom Problem her suchen können, gibt es eine parallele Struktur der Themen (rechtes Bild). Die wird mit den Shops und damit auch mit den Personen, den Teilhabern dieser Gemeinschaft, verknüpft.

Die Strukturen innerhalb des gesamten Systems sind als semantische Netze repräsentiert und werden zentral verwaltet, um die begriffliche Konsistenz sicher zu stellen. Da ThyssenKrupp ein international arbeitender Konzern ist, sind alle Strukturen in 6 Sprachen abgebildet und ansprechbar. Da auch die Unternehmenshomepage mit der Darstellung aller Standorte, Produkte, Konzerngesellschaften in dem gleichen System als semantisches Netz repräsentiert ist, wurde auch eine Verknüpfung der ComWorld-Elemente mit der Konzernstruktur hergestellt.

Die Gesamtkonzeption der ComWorld kann als ein ideales Instrument angesehen werden, das in einem internationalen Konzern die Möglichkeiten schafft, Wissensstrukturen aufzubauen, die räumliche und zeitliche Grenzen überwinden und für eine weltumspannende Kommunikation sorgen. Der ThyssenKrupp Konzern hat sich damit ein wegweisendes Instrument für die Zukunft geschaffen und kann als Vorbild dienen.

Ein Problem in der Anfangszeit waren die Teilnehmerzahlen an der ComWorld. Gemessen an der Gesamtbeschäftigtenzahl, blieben sie hinter den Erwartungen zurück. Da es sich um eine vom Unternehmen positionierte Struktur von Gemeinschaften handelte, fehlte kurze Zeit nach der Einführung noch die unternehmenskulturelle Verankerung des Systems. Auch waren nicht alle länderspezifischen kulturellen Grenzen überwunden, die Internationalisierung des Systems nicht vollständig umgesetzt.

Dies bestätigte eine Umfrage, die im Juni 2005 bei 3000 zielgruppenspezifisch ausgewählten Mitarbeitern des Unternehmens (Rücklauf: 1032) durchgeführt wurde: Die Mitarbeiter hatten die Bedeutung und den Wert des Systems für das Unternehmen voll erkannt, und schätzten diesen sehr hoch ein. Sie konnten andererseits seine Bedeutung noch nicht auf sich selbst übertragen. Es fehlte ihnen der persönliche Bezug zu ihrer Arbeit und ihrem Umfeld. Die Mitarbeiter waren zwar der Meinung, dass ihr Wissen für andere im Unternehmen von Bedeutung ist, die ComWorld lieferte ihnen aber nicht das, was sie benötigten, und so stellten sie auch nicht sehr viel in die ComWorld ein, sie nutzten das System zu wenig.

Diese Ergebnisse zeigen noch einmal sehr deutlich, dass Wissensmanagement nur im Zusammenspiel zwischen Technik, Organisation und individuellem Verhalten der Mitarbeiter funktionieren kann. Bis ein System wie die ComWorld sich in einem Unternehmen durchgesetzt hat, bedarf es einer sehr langen Zeit mit viel Überzeugungsarbeit. Es muss eine Kultur entstehen, die diese Technik in den normalen Arbeitsalltag integriert. Da das System umso leistungsfähiger und für die Mitarbeiter umso interessanter wird, je mehr Teilnehmer sich aktiv engagieren, ist vor allem in der Anfangszeit ein hoher Aufwand erforderlich, um die notwendige kritische Masse zu erzeugen. Inzwischen hat sich die digitale Kultur der Gesellschaft enorm geändert und Systeme wie die ComWorld sind weitgehend akzeptiert und werden „selbstverständlich" genutzt. ◄

Systeme wie die ComWorld sind heutzutage einfacher zu implementieren, da sich die allgemeine gesellschaftliche Kultur hin zu der Nutzung von Systemen im Internet entwickelt hat. Insbesondere für die Generationen Y, Z und neuer ist der Umgang mit Tools im Netz selbstverständlich.

Aktuell geht die Tendenz bei thyssenkrupp zu spezialisierten Communities wie die Open Digital Community für IT-Professionals oder die Darstellung von vielen Stories über die Homepage des Unternehmens unter der Rubrik „Stories", wie „Fahrwerk-Profis auch bei Datenanalyse auf der Überholspur" (Connected-Factory von thyssenkrupp BILSTEIN) oder „Wie künstliche Intelligenz unsere Logistik fit für die Zukunft macht" usw. (vgl. Thyssenkrupp, 2022).

4.3   Funktionsbezogene Wissensmanagementsysteme

Die meisten Wissensmanagementsysteme sind heutzutage funktionsorientiert. Sie dienen spezifischen Aufgaben, vom Datenaustausch zwischen zwei Produktionsmaschinen bis hin zur Entscheidungsunterstützung für das Topmanagement. Dementsprechend basieren sie auf ganz unterschiedlichen Konzepten, müssen jedoch als eine Einheit für das Unternehmen einsetzbar sein. Das Wissensmanagement muss dafür sorgen, dass die Wissenswelt des Unternehmens ein interoperables System ist. Die Einheiten müssen sich untereinander verstehen, ihr Wissen, für das sie zuständig sind, muss konsistent sein in Hinblick auf das Handeln des Unternehmens.

Wir wollen hier nur eine Auswahl von funktionsbezogenen Wissensmanagementsystemen vorstellen. In Kap. 5 folgt dann ein weiterer Überblick über die wissensorientierte Gestaltung von Funktionen in digitalisierten Unternehmen.

4.3.1   Managementunterstützungssysteme

Wissensnutzung erfolgt durch die Umsetzung des wahrgenommenen oder generierten Wissens im Handeln der Handlungseinheit. Handlungen werden im Rahmen der Organisationsstruktur geplant (dabei müssen Entscheidungen getroffen werden) und schließlich ausgeführt.

▶ **Plansysteme** beschreiben, was in einem Unternehmen getan werden soll. Sie legen die Kennziffern fest, an denen das Handeln in dem Unternehmen orientiert werden soll.

▶ **Planungssysteme** sind Systeme zur Erstellung der Pläne.

Im Bereich der Wissensmanagementliteratur fehlt die Betrachtung von Organisation, Planungs- und Steuerungssystemen als Systeme der Wissensnutzung fast ganz. So diskutieren Probst, Raub und Romhard in ihrem Klassiker „Wissen managen" unter der Überschrift Wissensnutzung mehr das Problem der Akzeptanz von fremdem Wissen und nicht die Gestaltung des Wissenseinsatzes (vgl. Probst et al., 2013, S. 181 ff.).

Die Technisierung der Wahrnehmungsfunktion durch RFID, Sensoren und GPS ermöglicht eine hochauflösende Wahrnehmung der Umwelt in einem Ausmaß, wie sie bisher für Unternehmen nicht existiert hat.

Organisation und strategische Planung erfordern eine Simulation alternativer Potenzialstrukturen der Unternehmung, um deren Tauglichkeit für die strategischen Ziele zu bewerten. Dies erfolgt traditionell nur durch kollektive menschliche Diskussionsprozesse, da bisher nur unzureichende technische Unterstützung möglich war. Die technische Entwicklung geht jedoch immer mehr hin zur Entwicklung von digitalen Zwillingen des Unternehmens. Dadurch wird die Simulation des Unternehmens oder zumindest einiger Teile immer greifbarer. Simulation des Unternehmens heißt dann: das Verhaltens des

Unternehmens (oder seiner Teile) kann unter gegebenen oder angenommenen Bedingungen durchgespielt und bewertet werden. Unternehmen werden intelligent.

Die operative Planung kann mit entsprechenden Instrumentarien in Realtime Prozessen mit hochauflösender Information erfolgen. Unternehmen müssen permanent auf Veränderungen in der Außen- und/oder Innenwelt reagieren können (**Eventmanagement**). Es muss eine ständige offene Kommunikation über Veränderungen in und zwischen Unternehmen in einer Wertschöpfungskette erfolgen.

▶ **Real Time Planung**   Unter **Real Time Planung** soll eine permanente, im Rahmen der Arbeitszeiten reagierende Planung verstanden werden, die keine künstlichen Planperioden einführt. Planung und Kontrolle werden permanent mit offenem Planungshorizont durchgeführt. Die Kontrolle erfolgt nicht nur durch einen Vergleich der Pläne mit der schon erfolgten Realisation, sondern bezieht sich auch auf das in die Planung eingegangene Wissen.

Die Organisation, Planung und Steuerung des Handelns von Unternehmen ist das Ziel aller Maßnahmen des Wissensmanagements. Es geht darum, ein intelligentes Handeln des Unternehmens zu gestalten. Unternehmen sollten agil, innovativ, global integriert und revolutionär sein. Das Management wird daher auch am meisten durch den Einfluss neuer Technologien und neuer Wissenskonzepte geprägt. Um an die technologischen Möglichkeiten von RFID & Co. bei der Wahrnehmung anschließen zu können, wollen wir zunächst einen kurzen Abstecher in die Welt der Multiagentensysteme, einem Konzept der Informatik unternehmen und anschließend die wichtigsten Tendenzen für eine mögliche Änderung des Handelns von Unternehmen aufzeigen.

4.3.2   Multiagentensysteme als Managementtechnologie

Erkenntnisse aus eigener Forschung
Die im Folgenden beschriebenen Erfahrungen entstammen dem Forschungsprojekt iC-RFID. An dem Verbundprojekt „iC-RFID – Intelligent Catering mittels Radio Frequency Identification" (Förderkennzeichen: 01MT06001A, gefördert durch BMWi, Projektträger DLR) waren als Konsortialpartner Airbus Deutschland, EADS, die Fraunhofer Institute IAO und PYCO, sowie die KMU autoID-Systems, MGS, B&W-Engineering und die Technische Hochschule Köln beteiligt. Es wurde in den Jahren 2007 bis 2010 durchgeführt. Im Rahmen dieses Projektes wurde von uns ein Simulations- bzw. Planungs- und Steuerungssystem entwickelt, welches in der Lage ist, die detaillierten Informationen, wie sie von Sensorsystemen wie RFID, GPS, Temperaturmessung u. a. geliefert werden, in die Produktionsplanung und -steuerung aufzunehmen, diese anzupassen, die beteiligten Produktionseinheiten neu aufeinander abzustimmen und gegebenenfalls Sonderaktionen zu veranlassen. Weitere EU-Forschungsprojekte mit ähnlichen Themen zur Produktionsplanung und -steuerung bei der Flugzeugproduktion folgten (vgl. auch Franken, 2009, für eine ausführlichere Darstellung von Agentensystemen vgl. z. B. Weiss, 1999 und Andreev et al., 2009).

▶ **Definition   Agenten** sind autonome, intelligente, interagierende Programmeinheiten, d. h. Programmeinheiten, die

- ihr eigenes Verhalten ohne Intervention von außen bestimmen können (autonom),
- ihr Verhalten an der Verfolgung ihrer gegebenen Ziele orientieren (intelligent),
- bei ihrem Verhalten von anderen Agenten oder Menschen beeinflusst werden und deren Verhalten beeinflussen können (interagierend).

Agenten können wiederum zu Agentensystemen zusammengefasst und gekapselt werden, sodass ein Agentensystem nach außen wie ein Agent auftreten kann.

Die Einsatzbereiche sowie die konzeptionelle und programmiertechnische Ausgestaltung von Multiagentensystemen (MAS) kann sehr unterschiedlich gestaltet werden. In unseren Projekten haben wir ein Multiagentensystem in Zusammenarbeit mit unserem russischen Partner Knowledge Genesis aus Samara entwickelt, welches folgende wesentliche Charakteristika aufweist:

- Das System basiert auf einer objektorientierten Ontologie. Die Ontologie beschreibt die Beziehungen, Verhaltensmöglichkeiten und Entscheidungsparameter der in der realen Welt als relevant erachteten Objekte. Alle Objekte erhalten einen digitalen Zwilling als Agenten. Grundidee des MAS ist die Isomorphie (strukturelle Gleichheit) der relevanten realen Welt mit der Welt der Agenten. Die Objekte der Welt haben Eigenschaften, die ihnen ermöglichen, bestimmte Leistungen zu erfüllen, und für sie gibt es jeweils einen individuellen Arbeitsplan, der Auskunft darüber gibt, ob sie in einem gewünschten Zeitfenster verfügbar sind. Damit können sie als Anbieter von Leistungen auftreten (vgl. Abb. 4.5).

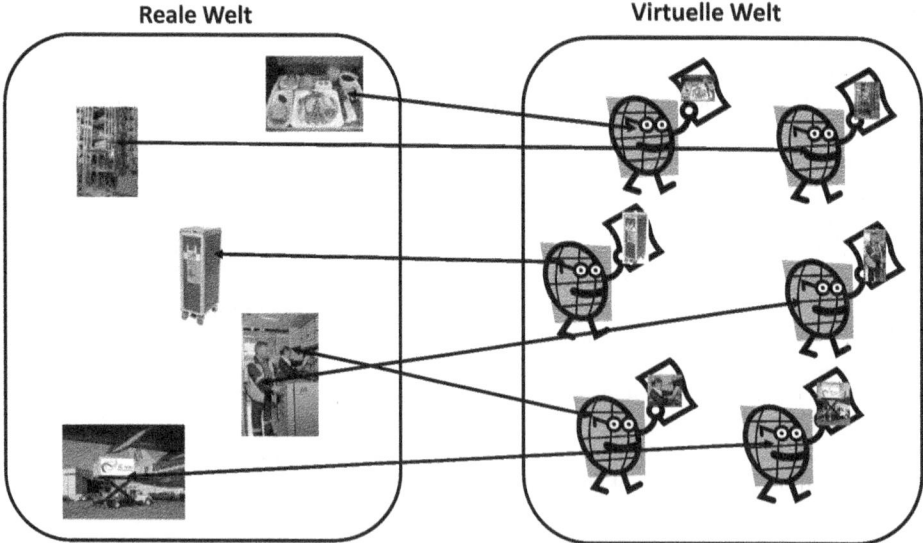

Abb. 4.5 Die Objekte der Welt und ihre digitalen Zwillinge. (Quelle: eigene Darstellung)

Digitale Zwillinge

Die Idee der digitalen Zwillinge ist mittlerweile auch für andere Zwecke weit verbreitet:

Die Produktspezifikation von Maschinen wird zwischen Herstellern und Kunden zunächst über digitale Zwillinge abgestimmt. Unternehmen streben für sich eine digitale „Zwillingsfabrik" zu Simulationszwecken oder zur Steuerung der Produktion an (vgl. Abb. 4.6). Ein Problem ist dabei noch die Standardisierung der Schnittstellen, da Unternehmen zumeist Maschinen unterschiedlicher Hersteller einsetzen.

- Ebenso wie die realen Objekte werden auch die für einen Kundenauftrag durchzuführenden Aufgaben durch einen Agenten als digitalen Zwilling repräsentiert. Diese Agenten benötigen ausführende Einheiten (reale Akteure) mit der Eigenschaft, die erforderlichen Aufgaben in einem vorgegebenen Zeitfenster zu erfüllen. Sie treten als Nachfrager für die erforderlichen Leistungen auf (s. Abb. 4.7).
- Die Koordination der Agenten beruht auf Verhandlungen zwischen Nachfragern und Anbietern von Diensten, die auf einem virtuellen Markt mit vollkommener Information stattfinden.

Auf der Basis der objektorientierten Ontologie wird jedes relevante Objekt der realen Welt durch einen Agenten in der Wissenswelt repräsentiert. Der Abgleich zwischen beiden Welten erfolgt über verschiedene Wege, die von der IKT immer besser unterstützt werden. Die Eigenschaften und Fähigkeiten der Objekte, Leistungen zu erbringen, wird als bekannt erachtet. Diese zu erheben und zu beschreiben ist Aufgabe der Technik (für die Maschinen) und des Human Ressource Managements (für die menschlichen Mitarbeiter). Sensoren, RFID, jede Art von Funktechnik sind Instrumente des Abgleichs zwischen realer und digitaler Welt. Deswegen sind RFID & Co. in diesem Modell wichtige ergänzende Technologien für den Einsatz des entwickelten Multiagentensystems. Die Verknüpfung in der

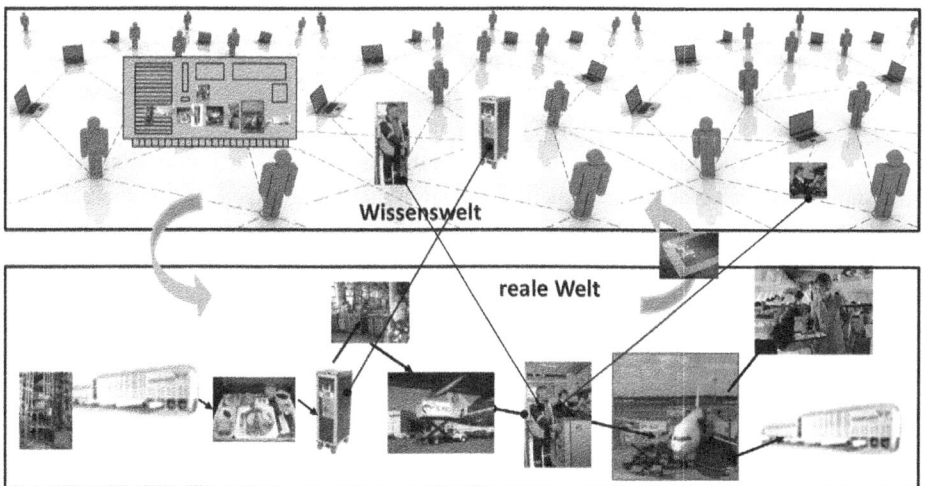

Abb. 4.6 Wissenswelt mit Selbstbild des Unternehmens. (Quelle: eigene Darstellung)

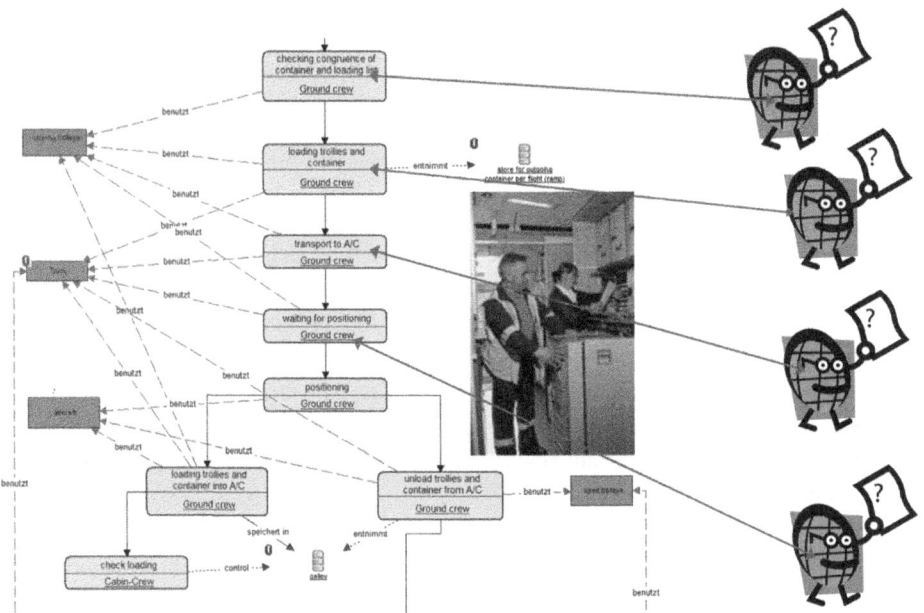

Abb. 4.7 Repräsentation des Kundenauftrages. (Quelle: eigene Darstellung)

Welt des Wissens erfolgt über Kommunikation innerhalb eines Rechners oder zwischen unabhängigen MAS über Netz- und Funkverbindungen (Cloud).

Handlungseinheiten und sonstige Ressourcen werden über ihre Eigenschaften, ihre Kompetenzen (Fähigkeiten und Berechtigungen, Aufgaben zu erfüllen) und ihre Kapazitäten (zeitlich und mengenmäßig) beschrieben. Ihnen ist ein Einsatzplan (Schedule) für ihre Aktivitäten im Rahmen der Leistungserstellung zugeordnet, der z. B. durch ein Gantt-Diagramm dargestellt werden kann (vgl. Abb. 4.8).

Produkte, die von einem realen Handlungssystem erstellt werden können, sind hybride Systeme aus Dienstleistungen und Sachgütern. Ihre Erstellung ist beschreibbar durch ihren Produktionsprozess, d. h. eine zeitlich strukturierte Menge von Aufgaben, die zur Erbringung der Produktleistung erforderlich sind. Jede Aufgabe erfordert Kompetenzen und Kapazitäten von Handlungseinheiten und zusätzlich einzusetzenden Ressourcen.

Die festen zeitlichen Strukturen der Aufgabenerfüllung für Produkte aus dem Prozessmodell können variabel durch notwendige Bedingungen (States) für die Durchführung der Aufgaben ersetzt werden. Modelle auf der Grundlage dieser Beschreibungselemente sind sowohl kompatibel zur klassischen aufgabenorientierten Organisationslehre wie sie von Fritz Nordsieck geprägt wurde, als auch zu prozessorientierten Ansätzen, wie sie ARIS oder BONAPART zugrunde liegen. Eine flexible Prozessplanung für die Produktion ist ebenfalls möglich, da jederzeit neue Agenten in das System eingespielt werden können.

Die Aufgabe des Managements von Unternehmen besteht in der Gestaltung der Welt des Unternehmens zur Erstellung seiner Produkte. Diese erfolgt auf der Grundlage der

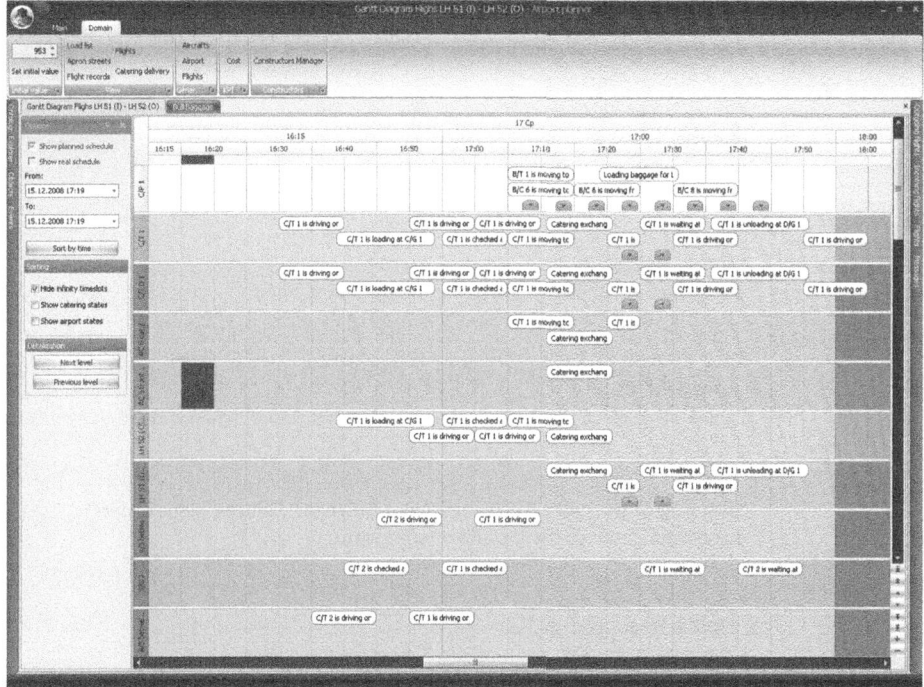

Abb. 4.8 Einsatzplan der realen Objekte. (Quelle: eigene Darstellung)

strategischen Planung des Unternehmens. Die strategische Planung kann durch digitale Modelle unterstützt werden, da durch sie Verhaltensweisen des entworfenen Systems simuliert und bewertet werden können (z. B. Realtime Kostenrechnung). Die Elemente des Systems können jederzeit neu konfiguriert und dann das neue Verhalten des Systems simuliert werden (s. Abb. 4.9).

Die Multiagentensysteme reagieren in Echtzeit auf alle aktuell von außen kommenden Informationen (Abweichungs- oder Störmeldungen) und können kontinuierlich durch die Einführung neuer oder Veränderung bestehender Objekte (neue Aufträge, neue Ressourcen usw.) weiterentwickelt werden. Wenn wir davon ausgehen, dass die Real Time gültigen Pläne in der realen Welt umgesetzt werden, so entspricht dies dem Verhalten eines intelligenten Systems, welches ständig seine Handlungen in Abhängigkeit von seinen Zielen und seiner Situation in der realen Welt neu plant und umsetzt.

Die skizzierte Technologie der MAS ermöglicht die Entwicklung einer neuen Generation von Managementsystemen, die in den nächsten Jahren auf uns zukommen werden.

Computermodelle dieser Art können in unterschiedlicher Rollenverteilung von Mensch und Computer in die betrieblichen Planungs- und Steuerungsprozesse integriert werden. Ein Problem stellt dabei noch die Mensch-Computer-Kommunikation dar.

Service-Concepts
(service classes, flight properties, booking, loadbility ...)

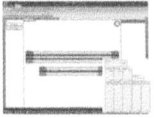
Fleets
(service-class configuration, galley-layouts)

Global Networks
(routes, airports, flights / rotations – import from Excel)

Apron Fields
(gates, streets, stands, work-positions at aircrafts, coordination with other services)

Catering Shopfloors / Picking lines / Storages / Gates (goods-specific
handling of items, provision and return-logistics)

Mobile Resources
(catering equipment, catering-highloader, baggage equipment)

Abb. 4.9 Systemgestaltung des Airline Catering. (Quelle: eigene Darstellung)

4.3.3   Tendenzen für die Entwicklung zukünftiger Managementsysteme

Aus der vorhandenen Technik ergeben sich vielfältige Entwicklungsmöglichkeiten für die Managementsysteme von Unternehmen. Zu den wichtigsten Tendenzen zählen Real Time Planung, High Resolution Management, Dezentralisierung und Mobilität.

4.3.3.1 Real Time Planung und Steuerung
Die klassischen betriebswirtschaftlichen Planungsmodelle gehen in der Regel von einem zeitlich geschlossenen Problem mit festem Planungshorizont und einer festen internen Periodenstruktur aus. Die gängigste Struktur ist eine rollierende Planung mit periodisch wiederkehrenden Planungsaktivitäten (s. Abb. 4.10).

Diese Struktur ist auch in den meisten Programmsystemen zur Planungsunterstützung realisiert. Besondern problematisch ist dabei die Periodisierung der Planerstellung.

Zeitliche Interdependenzen zwischen den geplanten Handlungen und die Dynamik des Planungswissens (Änderungen des Wissensstandes häufig noch vor der Realisation der geplanten Handlungen) (vgl. Scholl et al., 2003) erfordern eine permanente Überarbeitung der Pläne und teilweise auch eine Abkehr von der Periodisierung der Planzeiträume. Die

Planerstellung   Bezugszeitraum der Plandaten

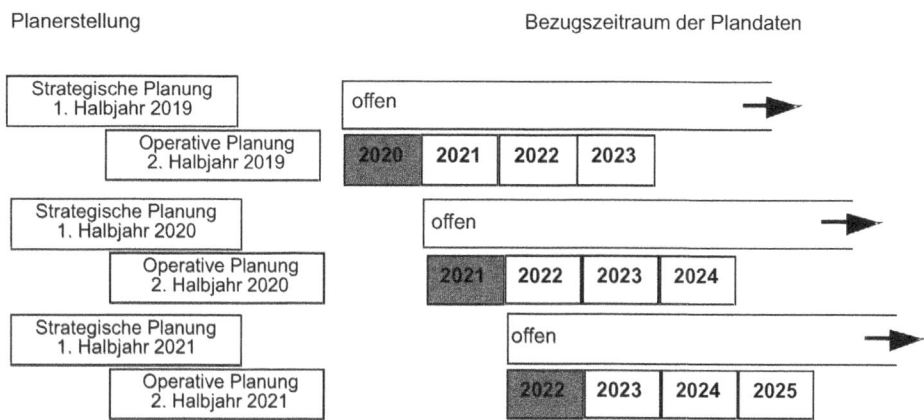

Abb. 4.10 Rollierende Planung. (Quelle: eigene Darstellung)

Unternehmenspraxis arbeitet daher häufig schon mit einer permanenten Planung. Pläne werden abhängig vom Informationsstand permanent überarbeitet. Die Periodenstruktur entsteht primär durch feste Veröffentlichungstermine für aktuelle Planungsstände.

Permanente Planung bei Airlines

Die Flugplanung einer Airline ist eine permanent durchgeführte Tätigkeit. Ihre Periodisierung ergibt sich vor allem durch die notwendige Veröffentlichung von Planständen zu bestimmten Terminen. Anlässe dazu können unterschiedlich sein: die Einarbeitung in die an Geschäftsjahren orientierte Kosten- und Ertragsplanung, die Freigabe der Flugpläne für Buchungen, die Abstimmung der Pläne im internationalen Rahmen (Slotkonferenzen der IATA zur Koordination der Start und Landezeiten auf den Flughäfen), Festlegung einer Grundlage für interne Koordinationstreffen bzw. die Koordination mit Partnerairlines u. a. Die Pläne selbst haben zwar eine periodische Grundstruktur (1 Woche), aber auch diese ist nur bedingt aufrechtzuerhalten, da es teilweise kürzere Sonderzeiträume gibt (z. B. Messezeiten) und bei einem Wechsel Anschlussprobleme auftreten, da das Gleichgewicht der eingehenden und abgehenden Flüge je Airport eingehalten werden muss. ◄

Aufgrund der immer stärker werdenden Informationsdichte wird die Zukunft einer permanenten Real Time Planung gehören (s. Abb. 4.11).

Unter Real Time Planung soll dabei eine permanente, im Rahmen der Arbeitszeiten reagierende Planung verstanden werden, die keine künstlichen Planperioden einführt. Die Entwicklung der IKT unterstützt diese Entwicklung. MAS-basierte Planungssysteme sind in der Lage, eine solche Planung zu realisieren.

Planung und Kontrolle werden permanent mit offenem Planungshorizont durchgeführt. Abweichungen zwischen aktuellem Wissensstand und den aktuell gültigen Plänen führen zu einer Überarbeitung der Pläne und/oder einer Planung von Sicherungsmaßnahmen. Die

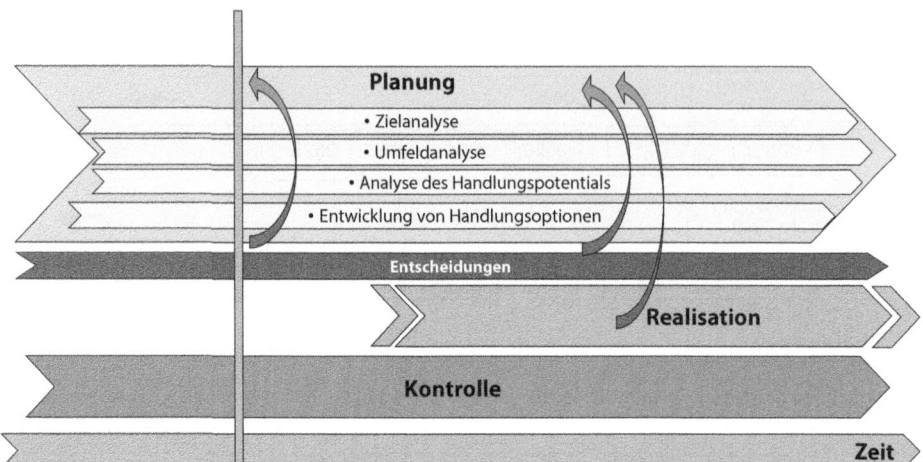

Abb. 4.11 Real Time Planung und Steuerung. (Quelle: eigene Darstellung)

Abweichungen können sich dabei sowohl auf Informationen über die Umwelt oder das eigene Handlungspotenzial als auch auf eine Änderung der Ziele beziehen.

Die Kontrolle erfolgt nicht nur durch einen Vergleich der Pläne mit der schon erfolgten Realisation, sondern bezieht sich auch auf das in die Planung eingegangene Wissen. Dazu gehört das Wissen über die Umwelt genauso wie die in die Planung eingegangenen Ziele. Auch Bewertungen können sich ändern. Deswegen wird Kontrolle ebenfalls zu einer permanent auszuführenden Aufgabe. Die Real Time Planung erfolgt auf allen Ebenen (strategisch und operativ) parallel.

4.3.3.2 High Resolution Management

Die Technisierung der Wahrnehmungsfunktion durch RFID, Sensoren und GPS ermöglicht eine hochauflösende Wahrnehmung der Umwelt in einem Ausmaß, wie sie bisher für Unternehmen nicht existiert hat. Dies schafft zunächst einmal eine ungeheure Datenfülle, die verarbeitet und genutzt werden muss.

In relativ kurzen Zeitabschnitten immer wieder zu wissen, wo sich die Champagnerflasche eines Cateringunternehmens befindet, ist zunächst einmal kein Fortschritt. Wenn damit jedoch kontrolliert wird, ob in der First Class eines Fluges genügend Flaschen vorhanden sind, wo die nach dem Flug übrig gebliebenen Flaschen gelandet sind und ob neue Flaschen bestellt werden müssen, dann führt diese Information zu einer Verbesserung der Handlungsmöglichkeiten des Caterers bzw. seines Kunden der Airline. High Resolution Management macht also erst dann Sinn, wenn es in das Handeln des Unternehmens und seiner Partner (Lieferanten, Kunden usw.) integriert ist (vgl. zu den Möglichkeiten und weiteren Beispielen auch Fleisch & Müller-Stewens, 2008).

Die Möglichkeit zur adäquaten Verarbeitung dieser Informationen schafft z. B. die MAS-Technologie. Wenn jedes mit einem RFID-Chip versehene Objekt einen Agenten in der virtuellen Welt besitzt, der über seinen geplanten Zustand informiert ist und gegebenenfalls Aktivitäten zur Wiederherstellung eines akzeptablen Zustandes der Welt auslösen kann, so ist die Verarbeitung der Information angemessen möglich und führt zu einem besseren Verhalten des Unternehmens. Unternehmen erlangen ein neues Maß an Flexibilität und Qualität der Leistungserstellung.

4.3.3.3 Dezentralisierung und Netzwerke

Die zeitliche und inhaltliche Detaillierung der Planung und Steuerung führt zu einem Komplexitätsproblem, welches nur durch eine ebenfalls stärkere Dezentralisierung aufgefangen werden kann. Zwischen den unabhängigen Teilbereichen besteht jedoch ein hoher Koordinationsaufwand, wenn man nicht bewusst auf die Vorteile der Koordination verzichten möchte. Ein ähnliches Problem entsteht in Netzwerken, wenn sich Unternehmen zu Kooperationen zusammenschließen. Diese Unternehmen möchten weiter unabhängig agieren, aber in ihren gemeinsamen Aktivitäten eine optimale Abstimmung erzielen.

Die flexibelste Koordinationsform ist die direkte Kommunikation. Regeln und die Koordination durch spezielle (z. B. vorgesetzte) Einheiten sind sehr inflexibel oder erfordern einen höheren Zeitaufwand. Die Übergabe der Entscheidungsbefugnisse an spezielle Einheiten ist dazu meistens nicht gewollt. Partner in einem Unternehmensnetzwerk möchten keine vorgesetzte Einheit und schon gar nicht ihre eigene Situation komplett offenlegen. Eine Abstimmung durch direkte Kommunikation kann wiederum nur dann erfolgen, wenn die notwendige Kommunikation schnell realisiert werden kann und wenn die sich abstimmenden Einheiten in der Lage sind, über ihr eigenes Handeln sehr schnell zu entscheiden. Wenn zwei kooperierende Unternehmen gemeinsam einen Auftrag annehmen wollen, dessen Erfüllung zeitlichen Restriktionen unterliegt, so müssen sie sich schnell entscheiden, ob sie in der Lage sind, ihre Teilaufgaben in den sich ergebenden Zeitfenstern zu erbringen. Da beide in der Regel auch noch andere Aufträge auszuführen haben, bedeutet dies, den eigenen Arbeitsplan auf Umsetzbarkeit zu überprüfen und eine Entscheidung zu treffen.

So treffen zwei notwendige Anforderungen an die zu koordinierenden Handlungseinheiten zusammen: Kommunikationsfähigkeit und Fähigkeit zur schnellen Planung der eigenen Kapazitäten. Beides kann durch die neue IKT erheblich unterstützt werden. Die neue mobile Kommunikationstechnik und die Fähigkeiten zur flexiblen Real Time Planung mit MAS-Technik schaffen hier die Voraussetzung.

4.3.3.4 Mobilität

Die zunehmende Leistungsfähigkeit von Mobilfunknetzen, Laptops und Handys mit zeit- und ortsunabhängigem Internetanschluss ermöglichen neue Formen der Arbeitsorganisation. Das formalisierte Wissen der Unternehmensmitglieder und des Unternehmens kann jederzeit jedem anderen Unternehmensmitglied verfügbar gemacht werden. Mobile Lösungen haben einerseits ein breites Einsatzfeld bei der Organisation des Handlungspotenzials von Unternehmen (mobile kontextbezogene Informations- und Assistenzsysteme als Hilfestellung für Arbeitsprozesse, mobile Messsysteme) und schaffen andererseits die Möglichkeit für neue

Geschäftsmodelle vor allem im Dienstleistungssektor (zum technologischen Überblick siehe z. B. Rügge, 2006, ein Überblick über die ökonomischen Einsatzgebiete gibt z. B. Reichwald, 2002).

Verständnisfragen und Aufgaben

1. Was sind Wissensmanagementsysteme?
2. Beschreiben Sie die Gestaltungsdimensionen von Wissensmanagementsystemen!
3. Die Gestaltung von Wissensmanagementsystemen wird weitgehend von der Repräsentationsform des zugrunde liegenden Wissens bestimmt. Beschreiben Sie, welche Wissensmanagementsysteme für welche Repräsentationsformen eingesetzt werden!
4. Beschreiben Sie die Funktionen eines Wissensmanagementsystems und ihr Zusammenspiel!
5. Was sind Dokumentenmanagementsysteme und wozu werden sie in Unternehmen eingesetzt?
6. Diskutieren Sie die Gestaltung der Zugriffsrechte in Dokumentenmanagementsystemen! Wer sollte Zugriff auf welche Informationen erhalten?
7. Wie organisieren Sie die gemeinsame Erstellung einer Seminararbeit in einer Gruppe?
8. Was sind Wissensgemeinschaften?
9. Welche Formen von Wissensgemeinschaften gibt es?
10. Beschreiben Sie die ThyssenKrupp CommunityWorld!
11. Welche Probleme entstehen bei der Einführung von Wissensgemeinschaften durch ein Softwaresystem wie das der ComWorld?
12. Was sind Multiagentensysteme und wozu kann man sie für Managementunterstützungssysteme nutzen?
13. Beschreiben Sie die Grundidee der digitalen Zwillinge!
14. Welche Leistungen erbringen Planungs- und Steuerungssysteme auf der Basis von Multiagentensystemen?
15. Welche Änderungen der Planung und Steuerung zeichnen sich durch den Einsatz der aktuellen IKT ab?

Literatur

Andreev, M. V., Ivashenko, A. V., Simonova, E. V., & Skobelev, P. O. (2009). *Die Automatisierung der adaptiven Produktionssteuerung im Industriebetrieb.* Powolschski Staatliche Universität für Telekommunikation und Informatik.

Bolte, A., & Porschen, S. (2006). *Die Organisation des Informellen. Modelle zur Organisation von Kooperationen im Arbeitsalltag.* VS Verlag für Sozialwissenschaften.

Bosch. (Hrsg.). (2019). Diversity-Management bei Bosch. https://www.bosch-presse.de/pressportal/de/de/aktives-diversity-management-bei-bosch-106701.html. Zugegriffen am 02.11.2022.

Fleisch, E., & Müller-Stewens, G. (2008). High-Resolution-Management: Konsequenzen des „Internet der Dinge" auf die Unternehmensführung. *zfo, 77*(5), 272–281.

Franken, R. (2009). High Resolution Management durch das Zusammenspiel von RFID und Multiagentensystemen, Fachhochschule Köln, Forschungsbericht 2009, S. 148–151.

Mahringer, C. A., & Gabler, M. (2018). Wie können Wissensmanagementsysteme nutzerorientiert gestaltet werden? Die Rolle organisationaler Routinen. *HMD Praxis der Wirtschaftsinformatik, 55*(4), 791–800.

Mühlhoff, T. (2003). ThyssenKrupp CommunityWorld. Ein Konzern will wissen, was er weiß (Vortrag), Düsseldorf.

Mühlhoff, T., & Vollmar, G. (o. J.). ThyssenKrupp CommunityWorld. Von Kanzlern, Bürgermeistern und Shopbesitzern (Vortrag), Düsseldorf.

Probst, G., Raub, S., & Romhardt, K. (2013). *Wissen managen. Wie Unternehmen ihre wertvollste Ressource optimal nutzen* (7. Aufl.). Springer Gabler.

Reichwald, R. (Hrsg.). (2002). *Mobile Kommunikation. Wertschöpfung, Technologien, neue Dienste*. Gabler.

Rügge, I. (2006). *Mobile Solutions. Einsatzpotenziale, Nutzungsprobleme und Lösungsansätze*. Teubner Research.

Schneider, U. (2006). *Das Management der Ignoranz. Nichtwissen als Erfolgsfaktor*. Deutscher Universitäts-Verlag.

Schnelle, E. (1966). *Entscheidungen im Management. Wege zur Lösung komplexer Aufgaben in großen Organisationen*. Schnelle.

Scholl, A., Klein, R. & Häselbarth, L. (2003). Planung im Spannungsfeld zwischen Informationsdynamik und zeitlichen Interdependenzen, Arbeits- und Diskussionspapiere der Wirtschaftswissenschaftlichen Fakultät der Friedrich-Schiller-Universität Jena, 14/2003, Jena.

Simon, H. A. (1990). *Die Wissenschaften vom Künstlichen*. Kammerer & Unverzagt.

Thyssenkrupp. (2022). *Stories*. www.thyssenkrupp.com/de/stories. Zugegriffen am 31.10.2022.

Weiss, G. (Hrsg.). (1999). *Multiagentsystems – A modern approach to distributed artificial intelligence*. MIT-Press.

Wissensorientierte Gestaltung des digitalen Unternehmens

Zusammenfassung

Wir leben in einer sich digitalisierenden Welt. Der Prozess ist noch nicht abgeschlossen und wird es vermutlich nie sein. Anhand verschiedener Prognosen und Studien (Brynjolfsson & McAfee, Gartner und eigenen Überlegungen) wollen wir aufzeigen, was passiert und was weiter auf uns zukommen wird.

Unternehmen haben die Aufgabe, sich selbst zu gestalten, aber es gibt dafür keine Vorlage. Die meisten von den Unternehmen durchgeführten Änderungen beziehen sich immer nur auf ganz bestimmte Anwendungsbereiche wie Produktgestaltung, Organisation usw. Deshalb werden wir die Digitalisierung zunächst immer mit Bezug auf ganz bestimmte Funktionen des Unternehmens diskutieren und abschließend die Digitalisierung des Wissensmanagements selbst betrachten.

5.1 Unternehmen im Kontext der Digitalisierung

Die Entwicklung der Technik, insbesondere die Digitalisierung, verändert die Welt für Menschen und Unternehmen. In den vorangegangenen Kapiteln haben wir immer wieder die wichtigsten Komponenten für die Veränderungen der Unternehmen vorgestellt: KI, Robotik, Cloud Computing, Plattformen, 3D-Druck usw. Diskussionen aus der Sicht der einzelnen Themen führen sehr schnell zu mehrbändigen Werken, wie man an den beiden Bänden der MIT-Professoren Brynjolfsson und McAfee sehen kann (vgl. Brynjolfsson & McAfee, 2014; McAfee & Brynjolfsson, 2018). Trotz ihres Umfanges lesen sie sich spannend wie Science-Fiction Romane, sind aber Beschreibungen der vorhandenen Realität.

McAfee und Brynjolfsson reduzieren die Entwicklungen auf drei große Trends, die im Moment die Wirtschaft umformen:

© Der/die Autor(en), exklusiv lizenziert an Springer Fachmedien Wiesbaden GmbH, ein Teil von Springer Nature 2023
R. Franken, S. Franken, *Wissen, Lernen und Innovation im digitalen Unternehmen*, https://doi.org/10.1007/978-3-658-40822-0_5

1. *Die sich ausweitenden Fähigkeiten von Maschinen*
   (bei Standardentscheidungen sind Computer schon lange sicherer und schneller als Menschen, Roboter entwickeln aber immer mehr Fähigkeiten wie Kochen, Bedienen usw. und Computer können immer mehr „kreative" Tätigkeiten ausführen, z. B. Komponieren wie Beethoven)
2. *Plattformen als furchteinflößende Konkurrenten für traditionelle Branchen*
   (Plattformen übernehmen die Koordination von Aktivitäten und schaffen neue Märkte (Uber, Airbnb)) und
3. *das Entstehen der Crowd zur gemeinsamen Entwicklung des menschlichen Wissens*
   (Das Internet ermöglicht verschiedenste Wissensfragmente aus allen möglichen Quellen, aus der ganzen Welt, von vielen Menschen nahezu ohne Zeitverzug zu sammeln und zu verarbeiten).

Die meisten Studien gehen immer von einer oder einer geringen Anzahl von technischen Komponenten (KI, 3D-Druck, …) aus und zeigen deren Veränderungspotenzial ausgehend von dem aktuellen Stand der Technik auf. Die Veränderungen der Welt basieren aber auf einem Zusammenspiel aller technischen Komponenten und ihrer Nutzung für spezifische Zwecke. Sie erfordern Maßnahmen und Tools für eine abgestimmte Entwicklung. Dies wird z. B. an der politischen Diskussion um die Industrie 4.0 deutlich (siehe dazu Plattform Industrie 4.0 und die dort dokumentierten Aktivitäten).

Aktuelle Prognosen gehen schon weiter in ihren Betrachtungen. Gartners Top 10 Strategic Technology Trends for 2020 (vgl. Cearley et al., 2019) prognostizieren eine immer stärkere Verschmelzung der digitalen und der physischen Welt mit Auswirkungen auf den Menschen. Neue Schnittstellen zwischen Menschen und digitaler Welt schaffen neue Potenziale für das Individuum, ermöglichen eine neue Gestaltung unserer Welt und sind die Grundlage für neue Unternehmensmodelle (s. Abb. 5.1).

Wie verändert sich unsere Welt durch die Digitalisierung?

Betrachten wir dies einmal vor dem Hintergrund unseres zentralen Weltbildes (vgl. Abb. 2.7 im Abschn. 2.3.2).

1. *Die Welt wird intelligenter.*
   Durch die Sensortechnik, die zunehmende Kapazität der Datenverarbeitung und die intelligenten Algorithmen (KI) schaffen wir immer mehr intelligent handelnde Einheiten in unserer Welt. Werkzeuge können sich selbst und ihre Umwelt wahrnehmen, Muster erkennen und Schlüsse aus ihrem Zustand oder der Veränderung der Welt ziehen. Auf dieser Basis können sie selbst Entscheidungen treffen und Handlungen ausführen oder veranlassen.
2. *Die Welt wird vernetzter.*
   Menschen, Maschinen und Dinge (Produkte) können miteinander kommunizieren, immer größere Datenmengen mit immer größerer Geschwindigkeit austauschen und sich darüber abstimmen. Die Kommunikation ermöglicht den Aufbau von mehr Interoperabilität, sowohl bei der Erarbeitung gemeinsamer Ziele als auch bei der Umsetzung

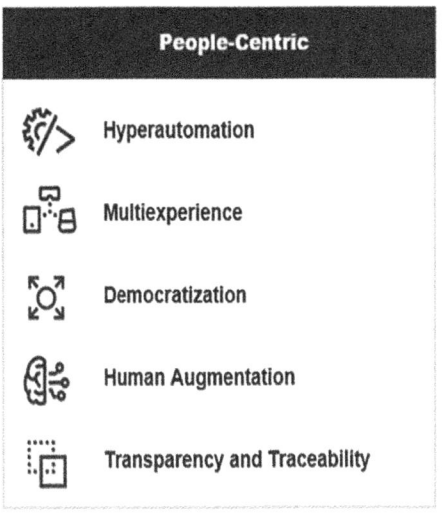
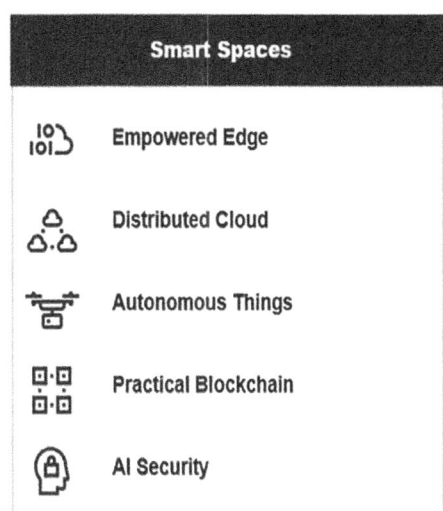

Abb. 5.1   Top 10 Strategic Technology Trends for 2020 Gartner

der Ziele. Komplexe technische, menschliche und/oder Mensch-Maschine Einheiten können gebildet werden und agieren als neue Handlungseinheiten.

Als Folge davon wird die Welt auch immer komplexer. Ihre Reaktionen auf unser Handeln sind nicht mehr so einfach zu prognostizieren. Wir benötigen neue Formen der Wahrnehmung und der Handlungssteuerung, um in dieser Welt zu leben.

3. *Human Augmentation.*

Als Gegenstück dazu entwickelt auch der Mensch neue Fähigkeiten für das Leben in der Welt. Die physische Augmentation verbessert den Menschen, indem sie seine inhärenten physischen Fähigkeiten verändert. Neue oder leistungsfähigere Sensoren können entwickelt und in bzw. mit dem menschlichen Körper integriert werden. Exoskelette, Prothesen, genetisch oder medikamentös geförderter Muskelaufbau verändern die physische Leitungsfähigkeit. Der Einsatz von Computern und neuen Mensch-Maschine-Schnittstellen verbessert unsere kognitive Leistungsfähigkeit, d. h. unsere Fähigkeit zu denken und zu entscheiden.

Ein Extrembeispiel für die Verschmelzung von Mensch und Maschine ist der Ansatz von Elon Musk (vgl. Musk & Neuralink, 2019). Musks Unternehmen Neuralink entwickelt eine Schnittstelle, welche direkt in das Gehirn implantiert wird und in der Lage sein soll, direkt mit einem Computer zu kommunizieren. (siehe neuralink.com/science/) Der Computer kann die Hirnströme auslesen und durch Stimulation des Gehirns menschliche Reaktionen generieren. Erste Versuche mit Tieren sind schon geglückt, Tierschützer entsetzt.

4. *Wahrnehmung*

Die neue Komplexität der Welt erfordert insbesondere eine ganzheitliche Wahrnehmung der neuen Einheiten und ihres Zusammenwirkens. Grundlage dafür ist eine neue „Visualisierung" der komplexen Systeme mit ihren internen und externen Zusammenhängen. Die Zustände und Prozesse der Systeme müssen erkannt und bewertet werden, um adäquat auf sie reagieren oder sie steuern zu können. Dazu benötigen wir neue Wahrnehmungsmuster.

Mobile Multiexperience-Schnittstellen mit Virtueller Realität (VR), erweiterter Realität (AR) und gemischter Realität (MR) verändern die Art und Weise, wie Menschen die digitalisierte Welt wahrnehmen. Ihre Anwendungsbereiche reichen von Produktdesign, Außendienst und Betrieb (Einrichtung, Wartung und Betriebsunterstützung von Maschinen) bis zu Ausbildung und Simulation. Gleichzeitig schaffen Sie eine neue Erlebniswelt, in die Menschen (Kunden, Auszubildende, …) eintauchen und sie gestalten können.

Hilfsmittel der Digitalisierung der Wahrnehmung und des Handelns sind digitale Zwillinge. Sie ermöglichen das (Wieder-)Erkennen von Objekten, Ergänzung der Wahrnehmung durch Backgroundinformationen, Soll-Ist-Vergleiche, um Abweichungen zu erkennen, Simulationen zum Durchspielen von (alternativen) Abläufen, um, verbunden mit einer Realtime Bewertung, bessere Entscheidungen zu treffen.

5. *Handeln, Automatisierung.*

Die Durchführung komplexer Aufgaben, die den Menschen belasten, kann auch ganz auf Maschinen oder Netzwerke von intelligenten Maschinen übertragen oder zumindest von ihnen unterstützt werden. Die neue Komplexität der ausführenden Einheiten lässt Gartner schon von einer Hyperautomation reden (vgl. Cearley et al., 2019, S. 10).

Dabei können sowohl physisch schwer auszuführende Aufgaben an Fertigungsroboter übergeben werden – z. B. die Aufgaben der Automobilfertigung (s. Abb. 3.4 im Abschn. 3.1.4) – als auch kognitive Aufgaben im Rahmen der Robotic Process Automation (RPA) an Programme (z. B. bei Verwaltungs- oder Beratungsprozessen).

Die Details der Entwicklungen sind nicht eindeutig, viele Lösungen können im Zusammenspiel sehr unterschiedlicher technischer Komponenten realisiert werden. Die Unterstützung der Wartung einer Maschine kann z. B. über eine AR-Brille oder über ein Tablet mit Kamera erfolgen. Beide Lösungen erfordern unterschiedliche Hard- und Software.

Generell können wir sagen: Wir gestalten unsere Welt durch Wissensmanagement und den Einsatz von Technik. Aber: Wie sollten Unternehmen dabei vorgehen, wenn sie sich selbst und ihre Umwelt gestalten? Welche Technikkomponenten sollte das Unternehmen einsetzen? Ist es überhaupt erforderlich, über Digitalisierung nachzudenken? Diese und ähnliche Fragen wurden über viele Jahre hinweg diskutiert und in unzähligen Studien durch Befragungen immer wieder neu thematisiert. Zusammenfassend können wir dazu nur sagen: Digitalisierung passiert, denn wir haben die Technik. Wir können sie als Einzelne nicht verhindern, aber wir können und sollten sie gestalten.

Der entscheidende Faktor, der die Auswirkungen der Digitalisierung auf unsere Wirtschaft und Gesellschaft bestimmt, ist der ökonomische Faktor. Leistungen der Technik, insbesondere der IKT, werden in einem solchen Maß billiger und besser, dass es sich immer mehr lohnt, andere Produktionsfaktoren – wie die menschliche Arbeit – durch

Technik zu ersetzen oder zu ergänzen. Wer die vorhandene Technik nutzt, kann daraus Vorteile generieren.

Um einen Überblick über die Einsatzmöglichkeiten der Digitalisierung in Unternehmen zu geben wollen wir die Frage ganz praktisch angehen und für einige Beispiele und Probleme aufzeigen, welche Lösungen dort möglich sind. Diese Darstellung ist nicht umfassend und keine Vorgabe für die Neugestaltung, sondern eine Anregung, die uns unter zwei Aspekten beschäftigen sollte:

- Unternehmen sollten ein eigenes Modell von sich selbst haben und im Rahmen ihrer strategischen Planung ihr Umfeld beobachten, ob sich Änderungen ausmachen lassen. Bei der Geschwindigkeit der Veränderungen kann auch kurzfristiges Wegschauen schnell zum Tode führen, wenn die Welt sich ändert und man selbst nicht mehr in die neue Welt passt.
- Außerdem ist es gut, selbst Ideen für die eigene Rolle in der neuen Welt zu entwickeln – es könnten sich Vorteile daraus ergeben.

Ausgangspunkt für alle Diskussionen ist das Schlagwort „Digitalisierung". Damit ist nicht nur gemeint, dass traditionell analoge Wissensrepräsentationen in digitale umgestellt werden, sondern dass mit der Umstellung auf digitale Wissensrepräsentationen das Wissen einer maschinellen Verarbeitung zugänglich wird und damit ein neuer Nutzen generiert und viele Aufgaben automatisiert, also günstiger umgesetzt werden können. Es entsteht ein **digitales Unternehmen**, bei dem sämtliche Funktionen digitalisiert worden sind.

Dies bringt uns zurück zu den zentralen Fragen: „Wie sollte sich unser Unternehmen in dieser neuen Welt gestalten und positionieren?" und „Welche Rolle spielen wir als Menschen demnächst in diesem Unternehmen?".

Wir wollen die Möglichkeiten der Digitalisierung und die damit verbundenen Auswirkungen anhand einiger Beispiele aufzeigen.

5.2   Digitalisierung von Funktionen des Unternehmens und ihre Auswirkungen

Die Funktionen, die ein Unternehmen für sein Handeln gestalten muss, sind sehr vielfältig und in ihrer Komplexität und gegenseitigen Abhängigkeit zumeist nicht sofort überschaubar. Gehen wir schrittweise vor und schauen uns die Möglichkeiten und Folgen der Digitalisierung an einzelnen Beispielen an.

5.2.1   Digitalisierung der Produktgestaltung

Im Zentrum jedes Unternehmensmodells steht das Produkt. Welchen Nutzen will das Unternehmen für seine Kunden schaffen? Allein oder als Teil eines Wertschöpfungsnetzwerkes?

Durch die Digitalisierung kann der Produktnutzen durch ganz neue Komponenten erweitert oder seine bisherigen Komponenten verbessert werden. Neue Produkte sind (vgl. Noll et al., 2016, S. 13):

- datenzentriert,
- intelligent,
- vernetzt,
- kommunikationsfähig,
- flexibel erweiterbar und/oder
- individualisierbar.

Durch den Einsatz von Sensoren und Aktoren können die Produkte sich selbst und ihre Umwelt wahrnehmen, die dabei erhobenen Daten (datenzentriert) analysieren (intelligent) und die Daten oder ihre Analysen weitergeben (kommunikationsfähig) an andere Einheiten (vernetzt), um Handlungen zu initiieren, oder die Handlungen selbst ausführen. Sie können sich damit selbst steuern und ihren Einsatz optimieren, ihre Wartung initiieren und beaufsichtigen (Predictive Maintenance, s. Abb. 5.2), Hilfen bei der Handhabung geben, notwendiges Verbrauchsmaterial bestellen (z. B. Druckerfarbe).

Mit Hilfe digitalisierter Unterstützungsprozesse können die Produkte personalisiert werden (z. B. Möbel, Kleidung, Zahnersatz) (siehe auch Scheer, 2018, S. 9 ff.). Der Produktnutzen kann durch begleitende Dienstleistungen erweitert werden (vgl. Abschn. 8.2).

Ein besonders interessantes Gebiet aus der Sicht der Einnahmengenerierung ist der Umgang mit Kundeninformationen. Dass der Kunde einen bestimmten Geldbetrag für sein erworbenes Produkt bezahlt, ist systembedingt. Was aber ist mit den Informationen,

Max von thyssenkrupp

Die Box MAX kontrolliert und analysiert laufend alle Daten des Aufzugs: Wie schnell schließt sich die Tür? Wie schnell beschleunigt der Aufzug? Wie ist der Zustand aller Komponenten?

Die Antworten auf diese Fragen werden als Daten in die Cloud geschickt und dort analysiert.

Die Servicetechniker bekommen in Echtzeit eine Meldung auf ihr Smartphone – zum Beispiel: "Im Aufzug in der thyssenkrupp Allee ist ein Austausch einer Komponente nötig."

Wir reparieren den Aufzug, bevor er stillsteht!

Abb. 5.2 MAX von ThyssenKrupp. (Vgl. TKE, o. J.)

die das Unternehmen über den Kunden erhält? Wer darf sie nutzen und wie werden die dadurch erzielten Einnahmen verrechnet. Kundenkarten, Payback oder auch von den Produkten selbst erfasste und an den Hersteller zurückgesendete Informationen (z. B. Predictive Maintenance) können zu verschiedenen Zwecken verwendet werden.

Das Smart Home umfasst verschiedene Geräte, die miteinander kommunizieren und Informationen sammeln. Fernseher und Laptops können ihre Verwendung protokollieren und evtl. Aufzeichnungen über eingebaute Kameras o. ä. speichern. Diese Informationen können an das Lieferunternehmen gesendet werden, ohne dass der Kunde davon etwas mitbekommt. Unabhängig von der rechtlichen Problematik der Verwendung kommen damit neue Fragestellungen für das liefernde Unternehmen auf. Wie nutzen wir diese Informationen und wie beteiligen wir unseren Kunden an dem Gewinn? Für viele Unternehmen sind dies komplett neue Fragen, die über das klassische Geschäftsmodell hinausgehen und über die man zunächst einmal nachdenken muss, aber auch nicht gern darüber redet.

Digitalisiertes Restaurant

Eine kleine Restaurantkette in Köln bietet ihren Kunden leichte Mittagsmenus an, die vor allem von Bürokräften der Umgebung gern in Anspruch genommen werden. Dies führte zu einem Kapazitätsproblem um die Mittagszeit, was den Inhaber auf die Idee brachte, Vorbestellungen über eine Handy-App einzuführen. Ein kurzes Brainstorming mit einer Gruppe von Studierenden generierte eine Vielzahl weiterer Ideen:

- Man könnte das Menu auch ins Büro oder mit GPS in den Park um die Ecke liefern, wenn man mit einem Lieferunternehmen zusammenarbeitet.
- Das Produktangebot könnte erheblich erweitert werden (Getränke, Wein, einen Strauß Blumen für die nette Kollegin, warum eigentlich nicht den Haushaltsbedarf für den Abend usw.) Man müsste dazu nur mit Lieferanten kooperieren (Supermarkt um die Ecke usw.).
- Für sich abzeichnende Produktionsengpässe könnte man einen flexiblen studentischen Hilfsdienst organisieren, von angelernten Studierenden, die gerade mal mit ein paar Stunden Arbeit ihre finanzielle Situation aufbessern wollen.
- Die Bezahlung könnte auch elektronisch erfolgen. Man muss nur mehr Informationen über die Kunden erheben und verwalten.

Schon entwickelt man ein ganz neues Geschäftsmodell, an dessen Ende man Konkurrent von Amazon wird und ein neues Arbeitsökosystem orchestriert. Aber wo sollte sich das Unternehmen positionieren? ◄

5.2.1.1 Digitale Produkte

Der digitale Zusatznutzen verursacht dabei häufig nur sehr geringe Kosten, denn die Nutzung des Internets ist sehr kostengünstig, da die technische Basisstruktur von öffentlichen

Anbietern getragen wird. In einigen Branchen, z. B. der Consultingbranche, lassen sich noch weitere Vorteile durch den Einsatz der Kommunikationstechnik generieren (s. z. B. Scheer, 2018).

Physische Produkte werden auch verstärkt durch digitale bzw. digital organisierte Services ersetzt. Benötigen wir ein Auto oder nur eine Mobilitätsdienstleistung? Benötigt eine Stadt einen Flugplatz oder nur eine Anbindung an das internationale Flugverkehrsnetz? Benötigen wir einen Fotoapparat oder nur ein Handy? Brauchen wir eine CD oder kann die Musik auch aus dem Netz kommen? Benötigt die Hausverwaltung einen Aufzug oder nur die Dienstleistung für den Transport der Hausbewohner in höhere Stockwerke?

Vernetzung und Kommunikationsfähigkeit ermöglichen den Produkten sich selbstständig zu organisieren und damit Nutzenbündel zu generieren, die sonst für den Kunden sehr arbeitsaufwendig wären. Das Internet of Things ist ein gutes Beispiel dafür. Warum sollte ich mich um den Transport kümmern, wenn das Produkt doch weiß, dass es zu mir kommen soll?

5.2.1.2 Partnerstrukturen

Die aufgelisteten Beispiele zeigen auf, dass viele Produkte besonders gut durch Kooperationen von Unternehmen hergestellt werden können. Die Partnerstrukturen zwischen den Unternehmen können entweder institutionalisiert oder ad hoc entstehen.

Eine besondere Form der Produktgestaltung sind „Netzwerkprodukte". Das gesamte an den Kunden gelieferte Produktpaket wird nicht mehr von einem Unternehmen produziert, sondern von einem Unternehmensnetz oder einem Ökosystem.

▶ **Unternehmensnetzwerke** – als institutionalisierte Form – sind Kooperationen zwischen Unternehmen, die einem gemeinsamen Zweck dienen, der eine Koordination erfordert, und bei denen die Mitglieder als selbstständige Unternehmen erhalten bleiben.

Unternehmensnetzwerke sind eine sehr alte Idee, die im 19. Jahrhundert schon von den Gründern der ersten Genossenschaften – Friedrich Wilhelm Raiffeisen (1818–1888) und Hermann Schulze-Delitzsch (1808–1883) – umgesetzt wurden. Die Gestaltung von Netzwerken kann – ebenso wie die damit zu erzielenden Vorteile – sehr unterschiedlich sein. Die wichtigsten Formen sind Wertschöpfungsnetzwerke und Verbände.

Betriebsverbände werden für die Koordination und Erfüllung bestimmter betrieblicher Teilaufgaben eingerichtet. Sie haben im Rahmen der Digitalisierung eine große Bedeutung, wie z. B. an den Verbänden „Plattform Industrie 4.0" (www.plattform-i40.de) oder „it's owl" (www.its-owl.de) zu sehen ist. Die Plattform Industrie 4.0 kümmert sich z. B. um die Standardisierung und Normierung von technischer Kommunikation und viele andere koordinationsbedürftige Themen (IT-Sicherheit, Anwendungsszenarien, Aus- und Weiterbildung usw.) auf globaler Ebene, it's owl ist ein regionales Technologienetzwerk, um die Aktivitäten von Unternehmen, Forschungseinrichtungen und Organisationen zur digitalen Transformation abzustimmen.

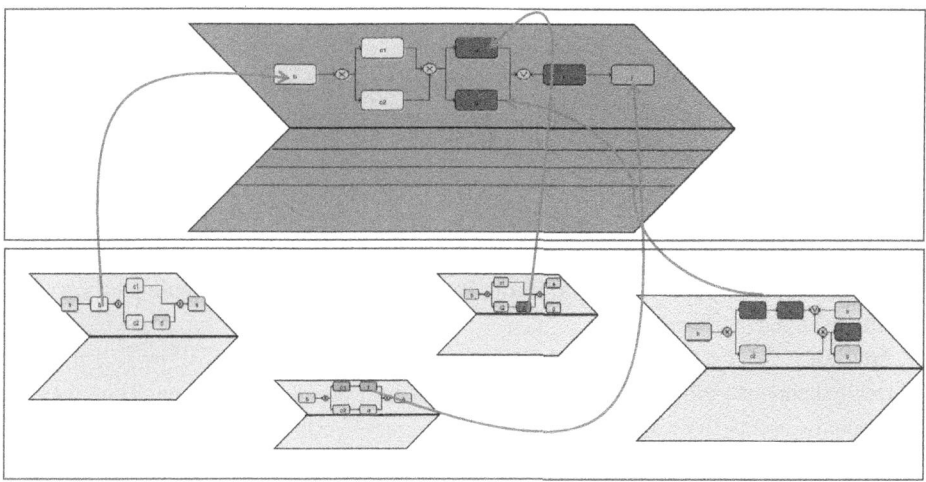

Abb. 5.3 Wertschöpfungsnetze (eigene Darstellung)

Wertschöpfungsnetzwerke sind Unternehmensnetzwerke, deren Zweck die Erstellung einer Leistung mit einer eigenständigen Wertschöpfung für den Markt ist. Sie agieren nach außen wie ein Unternehmen, haben jedoch im Innenverhältnis eine spezifische Struktur, die auf der Zusammenarbeit selbstständiger Unternehmen basiert (vgl. Abb. 5.3).

Die Mitglieder des Wertschöpfungsnetzwerkes (Netzwerkpartner) sind Unternehmen, die eigenständig sind, also eigene Produkte und Märkte haben und damit auch ohne das Netzwerk bestehen könnten. Das Netzwerk eröffnet ihnen einen „zweiten" Markt für Produkte, die sie i. a. allein nicht herstellen könnten, sei es aus Kompetenz- oder Kapazitätsgründen.

Besondere Probleme von Wertschöpfungsnetzen liegen in der Ausgestaltung der Vertriebsfunktion und der Auftragsabwicklung in der Produktion. Bei der Auftragsabwicklung entstehen netzwerkinterne Koordinationsprobleme, die häufig zu Konflikten führen. Im digitalen Sektor gibt es verschiedene Modelle zur Vertriebsfunktion (vgl. ausführlicher Abschn. 9.3.3):

- **E-Commerce Modell**
  Es verbindet das klassische Offline-Modell des Handels mit der Online-Welt. Der stationäre Handel ist mittlerweile auch online vertreten, um konkurrenzfähig zu bleiben. Zalando und Amazon, sind klassische Beispiele für das E-Commerce Modell.
- **Plattformen**
  wie ImmobilienScout24, Check 24, AirBnb usw. vereinen auf ihren Seiten die Angebote verschiedener Anbieter und machen dem Nutzer damit die Suche und den Vergleich leichter, den bestmöglichen Preis bzw. das beste Angebot zu finden. Sie organisieren teilweise die Beziehung zwischen dem Unternehmen und seinem Kunden durch Übernahme von Teilfunktionen wie Bezahlung und Logistik (e-commerce).

- **Freemium-Modell**
  Bekannte Beispiele für das Freemium-Modell sind Dropbox oder Spotify. Sie bieten ihren Basisservice gratis an, gegen einen Aufpreis erhalten die Nutzer aber auch den Premiumservice – sei es mehr Speicherplatz, oder das unbegrenzte Musikhören ohne Werbeunterbrechung.
- **Subscription**
  Der Abnehmer muss einen monatlichen Beitrag zahlen, um den Dienst in Anspruch nehmen zu können. Netflix oder Parship sind klassische Beispiele. Der Bezug von Fachbüchern kann durch Download aus dem Gesamtangebot gegen eine jährliche Gebühr erfolgen (Springer).
- **Auction**
  Der bekannteste Nutzer des Auction-Modells ist Ebay-Kleinanzeigen. Hier werden Produkte an den Höchstbietenden verkauft.

Eine ähnliche Organisationsform der Zusammenarbeit von Unternehmen sind die derzeit viel diskutierten Ökosysteme. Wir werden auf sie im Abschn. 5.2.3.2 noch zurückkommen.

5.2.2   Kunden und Kundenbeziehungen

Wer sind überhaupt die Kunden, denen wir unsere Produkte verkaufen wollen und in welcher Beziehung stehen wir zu ihnen? Das Internet ermöglicht einen problemlosen Zugang zur ganzen Welt. Alle Internetnutzer können prinzipiell als Kunden angesprochen werden (Übersetzungssoftware). Wissen Sie, das der größte Umsatz von Kuckucksuhren aus dem Schwarzwald in Shanghai gemacht wird?

Der Anteil der Internetnutzer in Deutschland ist im Jahr 2021 erneut gestiegen und liegt nun bei 91 %. Unter den 14- bis 49-jährigen Deutschen zählen mittlerweile nahezu 100 % zu den Internetnutzern (vgl. Statista, 2021). Im Jahr 2022 gab es in der deutschsprachigen Bevölkerung ab 14 Jahre rund 33,39 Mio. Personen, die mehrmals täglich das Internet nutzten (vgl. Statista, 2022).

Wichtiger als die Menge ist die gezielte Ansprache der Kunden. Jedes Unternehmen sollte ein Bild von seinem Zielkunden haben. Für wen produzieren wir unsere Produkte? Differenziert nach Alter, Einkommen, Wohnverhältnissen usw. Welche Eigenschaften haben diese Kunden und wie viele gibt es davon? Wie kann ich sie ansprechen? Diese Fragen sollten zentral für die strategische Planung jedes Unternehmens sein. Für die Spezifizierung des Kundenmodells bietet sich die Persona-Methode an. Die Basisdaten dazu liefern wiederum Netzwerkunternehmen wie Google, Amazon oder Soziale Netzwerke (Facebook, Instagram, Twitter, WhatsApp). Auf der Grundlage der verfügbaren Informationen ist eine individualisierte Ansprache jedes Kunden möglich.

Das Internet ist ein wichtiges Instrument der Demokratisierung, dies gilt auch für die Beziehung zu den Kunden. Das klassische Modell „der Kunde kommt vorbei, sieht sich das Produkt an, kauft und bezahlt es und nimmt es mit", ist sicher schon lange überholt.

Die klassischen Kommunikationskanäle zwischen Unternehmen und Kunden, wie Face-to-Face, Print-Medien, Radio und Fernsehen, sind ebenfalls schon lange von den Internetmedien abgelöst. Homepage und Newsletter sind Pflicht, ebenso wie Auftritte in den Social Media. Wichtig sind die Form und der Inhalt des Auftritts.

Der Einsatz von Influencer im Marketing, YouTube zur Vermittlung von unterhaltsamen Produktpräsentationen u. ä. sind Standardthemen im Marketing und sollen hier nicht weiter diskutiert werden. Aus Wissensmanagementsicht ist der Einsatz von Geofencing über GPS im öffentlichen Raum oder von auf Bluetooth basierenden Sendern oder Empfängern – Beacon – in geschlossenen Räumen eine besondere Herausforderung.

Customer Leadership

Eine Person, die gerade auf ihrem Handy im Internet nach einem bestimmten Produkt gesucht hat, welches mein Unternehmen auf Lager hat, bekommt eine Nachricht: Kommen Sie doch bei uns vorbei, wir sind ganz in Ihrer Näher und können Ihren Wunsch erfüllen. Das Handy hilft Ihnen den Weg zu finden. Ja, kommen Sie herein, wir weisen Ihnen den Weg zur Verkaufsstelle. Herr Schmitz zeigt Ihnen das Produkt. ◄

Jedes Unternehmen sollte sich das Rollenmodell zwischen Kunde und Unternehmen neu überlegen. Wie und wann sprechen wir den Kunden an? Welchen Einfluss räumen wir dem Kunden auf die Gestaltung des Produktes, die Produktion (z. B. Zeit) und die Lieferung ein?

Wenn wir dem Kunden eine neue, aktive Rolle in seinem Verhältnis zum Unternehmen einräumen, benötigen wir in der Regel auch mehr Informationen über ihn. Wir möchten mit einem gleichberechtigten Partner interagieren und über den müssen wir auch etwas wissen.

Durch die Kundeninformationen können neue Anwendungen und Services entstehen (vgl. Abschn. 5.2.1.1).

Digitale Services in Verbindung mit einer Dienstreise

Ein Manager möchte gern eine Dienstreise unternehmen. Er benötigt dazu Transportmöglichkeiten (Bahn, Taxi usw.) und ein Hotel. Damit er in dem Hotel keine Probleme beim Einchecken bekommt, bietet man ihm an, sein Zimmer per Handy-App auszuwählen. Die App produziert auch gleich einen Zugangscode zum Zimmer. Möchte er nach der Ankunft noch etwas Essen und Trinken, dann kann er es direkt buchen und bekommt es bei seiner Ankunft direkt auf das Zimmer geliefert. Wenn er am Abend noch etwas unternehmen (Konzert, Nachtclub) oder sich Gäste einladen möchte, so ist dies selbstverständlich auch über die App buchbar.

Alle Rechnungen werden zentral erfasst und zu einer Abrechnung zusammengeführt. Vor der Bezahlung kann der Manager alle Positionen noch einmal durchgehen und entscheiden, welche er dienstlich an seinen Arbeitgeber weiterleiten möchte, welche er selbst bezahlt und wie sie für das Finanzamt und seine „offizielle" private Abrechnung zusammengestellt werden sollen. Alles ist möglich, wenn das Hotel über die entsprechenden Informationen verfügt. ◄

Sollte ein Hotel ein solches Produkt einführen und wie kalkuliert es die internen Verrechnungspreise mit den Partnern (Taxi, Konzertagentur)? Welche Informationen werden an wen weitergeleitet oder gar verkauft? So entwickeln sich viele neue Produkte für die beteiligten Unternehmen.

Ein noch weitergehendes Thema für eine gemeinsame Produktentwicklung von Unternehmen und Kunden ist „Open Innovation". Dies wird in Kapitel Innovationsstrategie (Kap. 9) ausführlicher diskutiert.

Die generellen Tendenzen dabei sind die individuelle Produktentwicklung und ihre Flexibilisierung. Dies erfordert aber auch neue Fähigkeiten von den Unternehmen.

5.2.3   Organisation im digitalen Unternehmen

Das Unternehmen muss regeln, wie es seine dem Kunden versprochene Leistung inklusive der dazu notwendigen sekundären Unterstützungsaufgaben erbringt. Wer soll welche Aufgaben im Unternehmen erledigen (Aufbauorganisation) und wie sollen die dazu notwendigen Prozesse gestaltet werden? Eine kundenorientierte Produktion von Einzelprodukten stellt andere Anforderungen an die Lösung dieser Probleme als die Produktion von Standardprodukten.

Die Schnittstelle zwischen den Kundenwünschen und dem Produkt zu ihrer Befriedigung sind Prozesse. Ein **Prozess** ist ein Verfahren bestehend aus einer zeitlich geordneten Menge von Vorgängen (Prozesselemente) zur Erstellung einer bestimmten Leistung (Produkt) durch ein Realisationssystem (vgl. Abb. 5.4).

Unternehmen müssen in der Lage sein, Kundenwünsche in Erfüllungsprozesse zu übersetzen und die Kompetenz für die Erfüllung der notwendigen Prozessschritte bereitzustellen (intern oder extern in Kooperation). Dies erfordert ein Fähigkeitsmanagement und ein Zeit- bzw. Kapazitätsmanagement für die Mitarbeiter bzw. Partner. Diese sollten einer Organisationsstruktur zugeordnet sein. Bei der Einbeziehung von externen Kooperationspartnern müssen diese in der Lage sein, sehr schnell die internen erforderlichen Prozesse auf ihre Realisierbarkeit zu prüfen und in ihren Gesamtprozess zu integrieren.

5.2.3.1 Klassische Organisationsstrukturen
Die Gestaltung der Organisation aus klassischer Sicht geht zunächst von einer erforderlichen Standardkapazität für gleichbleibende Produkte aus. Bei stabilen Produktionsprozessen ist lediglich eine kapazitätsmäßige Anpassung durch parallele Verdoppelung von Teilprozessen erforderlich. Das klassische Organisationsproblem besteht also darin, eine stabile Unternehmensaufgabe so lange in Untergruppen aufzuteilen, bis die ver-

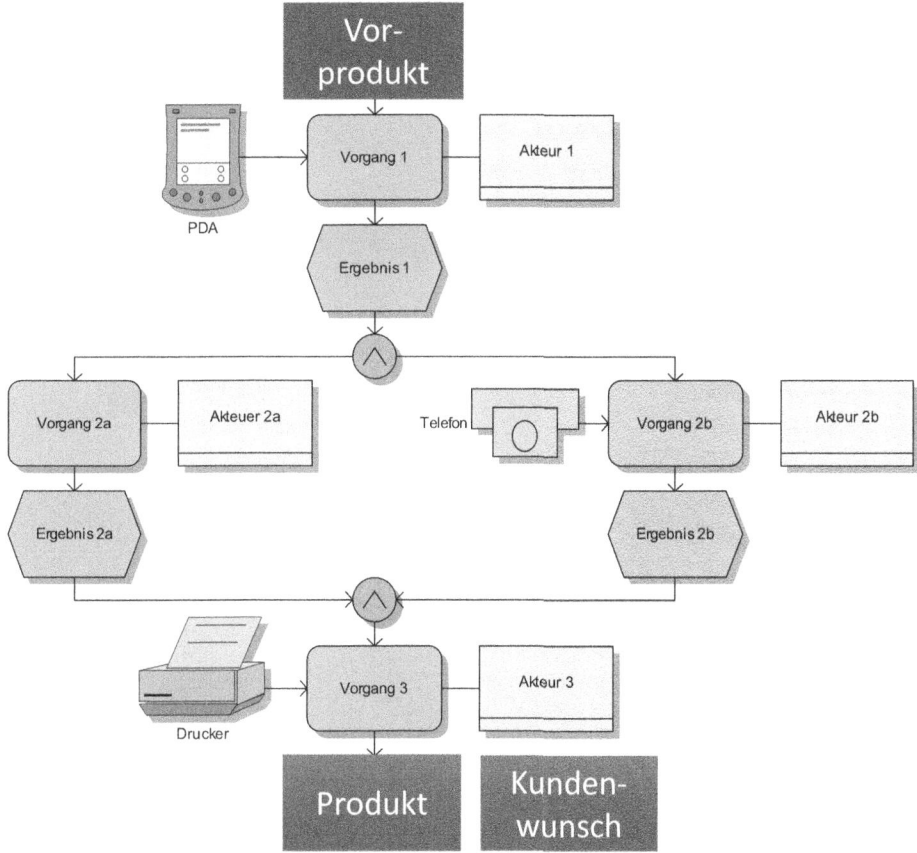

Abb. 5.4 Produktionsprozess (eigene Darstellung)

bleibende Aufgabenmenge auf einer Ebene von einem Akteur mit den zugehörigen Hilfsmitteln erfüllt werden kann (vgl. Abb. 5.5).

Die Personen müssen so ausgewählt werden, dass sie die Fähigkeit haben, die ihnen
übertragenen Aufgaben (Stellen) zu erfüllen.

5.2.3.2 Alternative: Netzwerke, Ökosysteme

Geht man davon aus, dass das Unternehmen in einer digitalen Wirtschaft kundenindividuell
produziert, dabei flexibel ist und über eine optimierte Logistik verfügt, so werden klassische Organisationsstrukturen auf der Basis stabiler Aufgaben(verteilungen) ineffektiv. Wir
brauchen eine agile Organisation (Kompetenzbereiche statt Stellenbeschreibungen), d. h.
z. B. Netzwerke aus Kompetenzträgern, auch überbetriebliche Wertschöpfungsnetze, Pro-
jekt- und Teamarbeit, Cloud Working. Das Organisationsproblem muss ausgehend von
den Kundenprojekten gelöst werden. Jedes Projekt benötigt bestimmte Kompetenzen zur
Erfüllung der notwendigen Aufgaben, für die muss dann jeweils ein Kompetenzträger gesucht werden, dem die Aufgabe übertragen werden kann (vgl. Abb. 5.6).

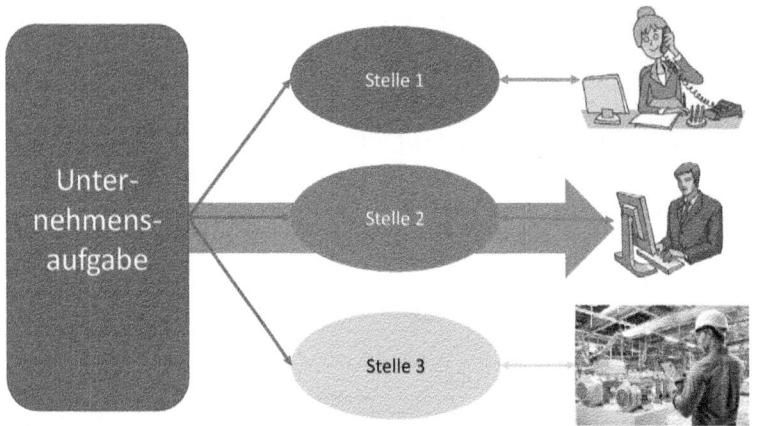

Abb. 5.5 Denkmodell des klassischen Organisierens (eigene Darstellung)

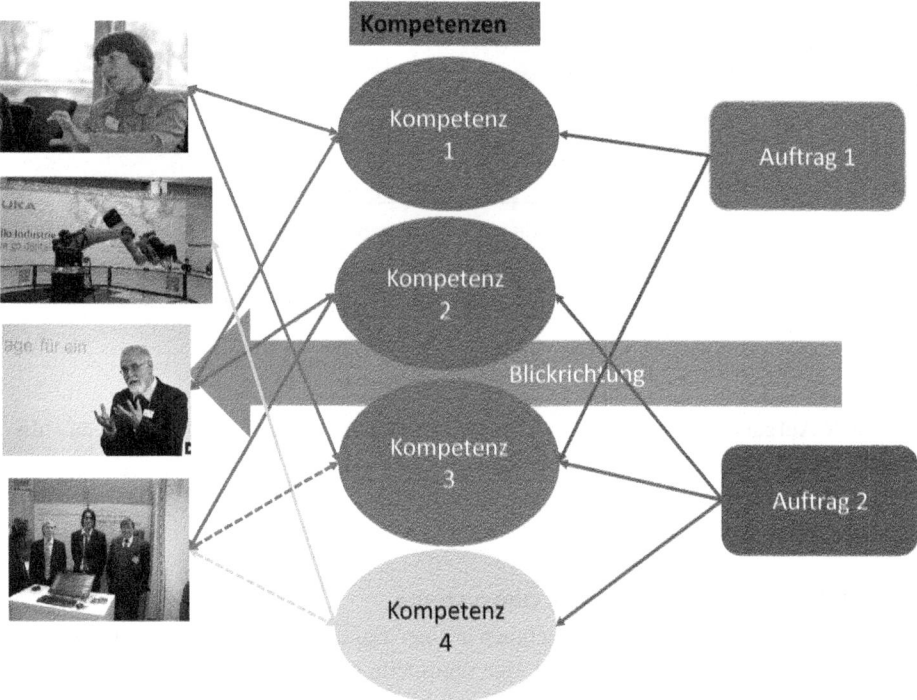

Abb. 5.6 Denkmodell des Organisierens in der digitalen Wirtschaft (eigene Darstellung)

Organisationsstrukturen sind nicht mehr zeitlich stabil, sondern tendieren zur Projektorganisation. Dabei können von Projekt zu Projekt neue Anforderungen entstehen. Projekte können selbst variabel werden. Außer internen Kompetenzträgern können notfalls auch weitere, externe Kompetenzträger hinzugezogen werden, wenn das Unternehmen selbst über diese Kompetenz nicht oder nicht in ausreichender Kapazität verfügt.

Das Unternehmen zerfällt in eine zeitlich variable Netzwerkstruktur, die sich je nach Projektanfall immer wieder neu strukturiert und gegebenenfalls auch durch externe Kompetenzträger ergänzt wird (vgl. Abb. 5.7). Die wichtigste Aufgabe des Unternehmens ist dabei, Aufgabenträger (Personen und Maschinen) mit den strategisch erforderlichen Fähigkeiten (Kompetenzen) vorzuhalten. Folgen sind offene Unternehmen, Netzwerke, Schwarmorganisation, Ökosysteme oder auch Crowdworking (s. Abschn. 5.2.4.3).

Netzwerke bestehen aus

• einer Gruppe von unabhängigen Partnern (Unternehmen oder Aktionseinheiten) mit verschiedenen Rollen,
• die gemeinsam ein Produkt (physisch oder Dienstleistung)
• mit einem spezifischen Nutzenversprechen für den Abnehmer (Kunden) erstellen.

Um das Nutzenversprechen realisieren zu können, benötigt die Gruppe eine spezielle Ausrichtung und Koordination auf dieses Nutzenversprechen.

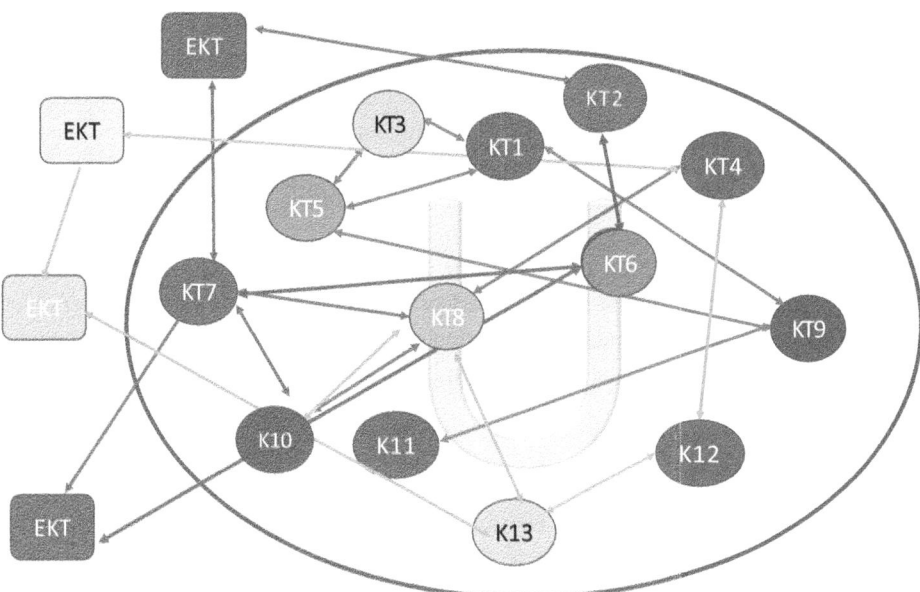

Abb. 5.7 Netzwerkorganisation (eigene Darstellung)

Derartige Netzwerke bezeichnen wir auch als **Wertschöpfungsnetzwerke** wenn sie auf ein bestimmtes Produkt ausgerichtet sind oder im aktuellen Sprachgebrauch als **Ökosysteme**, wenn das Produkt kundenindividuell variieren kann.

Viele Großunternehmen, darunter auch Daimler, haben in den vergangenen Jahren massive Transformationsprozesse angestoßen, die in Richtung Netzwerkstrukturen und Ökosysteme gehen.

Daimler: von Hierarchie zu Ökosystem und Schwarmorganisation

Mit dem Programm „Leadership 2020" möchte sich der Daimler-Konzern neu erfinden und zukunftsfähig machen. Und so hat Daimler 2016 angefangen, eine neue Form der Zusammenarbeit in das Unternehmen hineinzubringen. Um eine neue Unternehmenskultur zu entwickeln, wurden 144 Mitarbeiter nominiert und ausgewählt, die in globalen Workshops ein neues Führungsleitbild und zentrale Themenfelder herausarbeiteten. Die neue Organisationsform von Daimler wird als **Ökosystem** beschrieben, das sich ständig weiterentwickelt, lernt und versucht, Bewegung in den Konzern zu bringen. Dazu zählt auch die Entwicklung hin zur **Schwarmorganisation**: Um das kollektive Denken im Konzern zu stärken, sollen demnächst 20 % der Mitarbeiter in agilen und flexiblen Arbeitsstrukturen agieren. Eine große Rolle spielt auch ein neues hierarchiefreies Feedback-Instrument. Dafür arbeitet Daimler in sogenannten Squads: bereichsübergreifend bringen HR, IT, User und Führungskräfte ihre Kompetenzen in Teams ein, konkretisieren die Themen und bauen gemeinsam neue Produkte dafür (vgl. Hornung, 2018). ◄

In einem Ökosystem erfolgt die Ausrichtung und Koordination der Partner durch einen Vorgang der Orchestrierung, durchgeführt von einem Orchestrator. Die Rolle des Orchestrators in einem Ökosystem kann je nach Typ des Ökosystems von einem der Partner (Lösungsökosystem) oder einer IT-Plattform (Plattformökosystem) evtl. unterstützt durch spezifische Regeln der Leistungsgestaltung erfüllt werden. Dabei entsteht ein Schnittstellenproblem, da die Einzelleistungen kompatibel sein müssen.

Das Problem der Koordination in einem Unternehmens-Ökosystem (Partner sind Unternehmen) besteht in der doppelten Koordination der Aktivitäten. Einerseits muss das Ökosystem bei der Erstellung des Produktes auf diesen Prozess ausgerichtet und abgestimmt werden, andererseits ist jedes Partnerunternehmen selbst darauf ausgerichtet seine Produkte herzustellen und Gewinn dadurch zu erwirtschaften. Zwischen diesen beiden Perspektiven kann es leicht zu Konflikten kommen, wie das Beispiel des GenerationenCenters aufzeigt.

GenerationenCenter

Um das Jahr 2010 hatten sich in Dortmund und Umgebung über 30 Handwerker und Dienstleistungsunternehmen unter der Bezeichnung „GenerationenCenter Dortmund-Hörde eG" zusammengeschlossen, um für den Markt 50+ gemeinsam Produkte und Dienstleistungen zu den Themen Wohnen (z. B. barrierefreie Wohnformen im Neubau und Bestand), Gesundheit, Einkaufen, Handel, Bildung, Kultur und Freizeit anzubieten. Ältere Leute sollten sich mit ihren Wünschen und Problemen beim GenerationenCenter melden und ihnen sollte geholfen werden. Die Organisationsform „Ökosystem" war bestens geeignet, um die Vielzahl von flexibel definierbaren, individuellen Produkten (Dienstleistungsprozessen) mit den vielfältigen Ressourcen und Kompetenzen des Netzwerkes anbieten zu können. Der Start verlief positiv, doch bald zeigten sich die ersten Probleme. Die Partner stammten aus unterschiedlichen Branchen mit ganz verschiedenen Kulturen und waren daher nur schwer zu koordinieren. Es fehlte ein Orchestrator mit Durchsetzungsfähigkeit. Die Konkurrenz zwischen den Partnern war zu groß, denn jeder wollte zunächst einmal seinen Profit maximieren. So wurde das GenerationenCenter im Jahre 2013 wieder liquidiert. Schade, denn die Idee war gut, aber leider fehlte die zugehörige gemeinsame Unternehmenskultur (vgl. zur Historie Northdata, o. J.). ◄

Oft ist es erforderlich, in einem Unternehmen beide Organisationstypen – hierarchische und Netzwerke oder Ökosysteme – zu kombinieren, was als Ambidextrie bezeichnet wird.

5.2.3.3 Ambidextre Organisation

Netzwerkorganisationen, die immer wieder neu gebildet werden, sind bei Standardaufgaben nicht so gut durchoptimiert wie klassische Organisationsstrukturen. Für die Implementierung der Netzwerkorganisation ist i. a. eine systemische und **ambidextre** Vorgehensweise erforderlich (vgl. ausführlicher Abschn. 9.4.2). Das laufende Geschäft soll in der klassischen Form aufrechterhalten und parallel dazu eine innovative Organisationsstruktur entwickelt werden.

In vielen Unternehmen wird die Umstellung auf die ambidextre Organisation durch die Digitalisierung und neue Kundenanforderungen vorangetrieben. Es entstehen kleine innovative Einheiten wie Garagen und Innovationslabore, in denen – parallel zu dem laufenden Geschäft – neue Produkte und Geschäftsmodelle entwickelt werden.

Elektromobilität als Treiber der Ambidextrie bei Automobilproduzenten

Der Paradigmenwechsel von konventionellen Antrieben, wie Otto- oder Dieselantrieb, zu elektrischen Antrieben zwingt Fahrzeughersteller und Automobilzulieferer zu einem drastischen Strategiewechsel. Vor allem deutsche Unternehmen sind davon stark betroffen, weil sie viel zu lang an fossilen Brennstoffen festgehalten haben. Einigen Großunternehmen wie Daimler ist es gelungen, durch die Konzentration aller Entwicklungsaktivitäten im Bereich Elektromobilität in eigens dafür geschaffenen, agilen Organisationseinheiten hier etwas an Boden gut zu machen. Auch die großen Zulieferer, wie Bosch und Continental, gehen diesen Weg. Allerdings sind die neu geschaffenen Einheiten oft viel zu groß und zu schwerfällig und die darin tätigen Menschen hängen meistens an klassisch-hierarchischen Organisationsstrukturen. Die Automobilbranche ist noch immer im Umbruch und es fehlt oft an Mut, wirklich neue Wege auf Basis von ambidextren Konzepten zu gehen (vgl. Schmidt, 2020). ◄

Wesentlich schneller und erfolgreicher bei der Umstellung auf neue Organisationsformen sind Softwareunternehmen und Dienstleister wie Banken und Versicherungen.

Ambidextrie bei Ergo Versicherung

Ergo befindet sich bereits seit fünf Jahren in einem Transformationsprozess, der das
Unternehmen in eine digitale Zukunft bringen soll. Ambidextrie findet in vielen Varianten Anwendung. So werden immer wieder andere Teile der Stammorganisation heraus-
gebrochen und einer agilen Transformation unterzogen. Zudem gibt es mit der **Digital
Factory** eine vollständig agile Organisationseinheit. Mit 160 Mitarbeitern werden hier
eine Vielzahl unterschiedlicher digitaler Tools – insbesondere Bots für die Robotic Process Automation – entwickelt. Auch bei der Softwareentwicklung nutzt Ergo die Vorteile der strukturellen Ambidextrie. Die Bestandssysteme werden von den bisherigen
Entwicklern der Stammorganisation gepflegt und weiterentwickelt. Parallel entstehende
neue Systeme, die die Bestandssysteme in Zukunft ablösen sollen, werden in separaten
Organisationseinheiten von Null auf neu entwickelt. Die dort tätigen Menschen sind
eigens dafür rekrutiert worden und weisen ganz andere Persönlichkeitsmerkmale auf.
Sie arbeiten ausschließlich agil und nutzen die modernsten Methoden der Softwareentwicklung (vgl. Schmidt, 2020). ◄

5.2.4   Auswirkungen der Digitalisierung auf die Arbeit

Die digitale Transformation trifft nicht nur die Produktgestaltung und die Organisation des
Unternehmens, sondern in ganz besonderem Maße auch die Arbeit. Damit sollte die digitale Transformation nicht nur durch die Kunden sondern auch durch die Mitarbeiter des
Unternehmens bestimmt werden. Wie verändert sich unsere Arbeitswelt durch den Einsatz
der Technik?

Generell können wir folgende Kategorien der Veränderung betrachten:

- *Automatisierung*
  die vollständige Übertragung von Arbeitsinhalten vom Menschen auf die Maschine;
- *inhaltliche Veränderung der Arbeit*
  Welche Tätigkeiten werden weiterhin von Menschen ausgeführt, wie verändern sie sich
  und welche Kompetenzen erfordern sie in der veränderten Form?
- *Flexibilisierung*
  d. h. welche Bedingungen bei der Ausführung der Arbeit können durch die arbeitenden
  Menschen selbst bestimmt werden?

5.2.4.1 Automatisierung
Im Zentrum der Diskussion um die Automatisierung standen zunächst die Auswirkungen
auf die Arbeitsplätze. Ausgelöst durch die Studie von Frey & Osborne, 2013, die fest-

stellten, dass über 47 % der Jobs von Beschäftigten in den USA ein hohes Risiko haben, automatisiert zu werden und damit wegfallen können, gab es natürlich einen Aufschrei in der Politik und bei den Arbeitenden in der ganzen westlichen Welt: Kann mir das auch passieren? Bin ich überflüssig? Fast jedes Land in Europa hat eigene „regionale" Studien durchgeführt mit den beruhigenden Ergebnissen: Nein nicht 47 % sind betroffen, sondern nur 42 % (ZEW, 2015 in seiner Studie für Deutschland). Die Frage ist natürlich nicht „Bin ich überflüssig?", sondern besser „Was verändert sich und wie sollten wir damit umgehen?".

Die Automatisierung hat sichtbar zunächst die Arbeitsplätze in der Fließband-produktion, insbesondere der Automobilproduktion, getroffen. Dabei handelte es sich um körperlich sehr anstrengende Arbeit, auf die man gern verzichtet hat. Erst jetzt beginnt die Automatisierung der Verwaltungsarbeit.

Robotik Process Automation (RPA) dient der Automatisierung manueller oder digitalisierter, standardisierter Prozesse, d. h. ein Bot übernimmt und automatisiert repetitive, regelbasierte, manuelle Tätigkeiten, etwa das Abrufen von Informationen aus unterschiedlichen Datenbanken, die Erstellung von Berichten, die Bearbeitung von Rechnungen oder die Datenweiterleitung an verschiedene Systeme und Abteilungen (vgl. Bläsing, 2021, S. 24).

Robotik Process Automation (RPA)

RPA ist ein Ansatz, der die menschliche Verwaltungsarbeit am Computer durch Roboter – in diesem Fall APPs – ersetzen oder erleichtern will. Analog zum Einsatz der Roboter in der Fertigung beginnt RPA damit, die Arbeitsprozesse an einem (Computer-)Arbeitsplatz zu analysieren und die einzelnen Arbeitsschritte aus der Perspektive zu betrachten: Können wir diesen Arbeitsschritt (z. B. das Auf-rufen einer Datenbank, die Abfrage bestimmter Informationen usw.) durch ein kleines Programm, eine APP, ersetzen und wenn ja: lohnt es sich, dieses Programm zu schreiben. Die Arbeitsschritte in einem Prozess müssen also analysiert werden auf Häufigkeit der Wiederholung, Zeitaufwand für die Durchführung, Wiederkehr des gleichen Arbeitsschrittes an anderen Stellen usw., um damit die Einsparung an Arbeitszeit (Kosten) zu ermitteln. Durch Standardisierung von Prozessen kann die Wiederverwendbarkeit der APPs erhöht werden. Durch die Einbettung der APPs in einen Workflow kann also zumindest eine Teilautomatisierung des Gesamtprozesses erreicht werden.

Von besonderem Interesse sind Arbeitsschritte, die traditionell mit menschlichen Entscheidungen verbunden sind, bei denen sich die Frage ergibt, ob eine KI-Komponente diese ersetzen kann.

Zum Beispiel, die Bearbeitung eines Kreditantrages: Das Zusammentragen der Ausgangs-informationen (persönliche und Kontodaten des Antragstellers usw.) sind sicherlich automatisier-bar. Die zentrale Frage ist: Kann die Entscheidung über die Kreditwürdigkeit des Antragstellers einem Algorithmus überlassen werden oder sollten doch persönliche Erfahrungen von geschulten Sachbearbeitern den Ausschlag geben? Die Diskussion dazu ist im Gange. Vorteile der Auto-matisierung sind u. a. die Verfügbarkeit des e-banking über das Internet und die Gleichbehandlung aller Antragsteller.

Allerdings sind die Einsatzbereiche von RPA auf regelbasierte Prozesse beschränkt. Als logische Fortsetzung von RPA gelten KI-basierte **Intelligent Automation** oder **Intelligent Business Process Management Suites** (IBPMS).

Durch den Zugriff auf die verfügbaren Daten ist es auch möglich, eine KI zu integrieren und so anzulernen, dass sie mit den vorhandenen Daten trainiert wird und zukünftige Entscheidungen unterstützen kann. Die Kommunikation mit Menschen wird durch ein Chatbot gewährleistet, der zu gegebener Zeit die richtigen Fragen oder Informationen liefert. Auf diese Art kann Automatisierung in Kombination mit fortschrittlichen Technologien wie RPA, Predictice Analytics und Chatbots den gesamten Prozess verbessern (vgl. Bläsing, 2021, S. 24).

Komplexere Prozesse können auch durch Intelligente Geschäftsprozessmanagement-Suiten (IBPMS) unterstützt werden, die ebenfalls eine Zusammenstellung von verschiedenen Tools darstellen.

Robo-Advisor ROBIN von der Deutschen Bank

Fortschritte in der Finanztechnologie (FinTech) ermöglichen die vollständige Automatisierung vieler Vermögensverwaltungs-Dienstleistungen – von der Neukunden-Aufnahme bis zum Portfolio-Management und dem Umschichten dieser Portfolios. Die Kombination dieser automatisierten Dienstleistungen durch sogenannte Robo-Advisors wird häufig als echte Innovation in der Vermögensverwaltung mit erheblichem Wachstumspotenzial gesehen. Ein Robo-Advisor kümmert sich um das Portfolio eines Kunden, der dadurch Zeit und Arbeit spart. Außerdem erzielen Robo-Advisors im Schnitt höhere Renditen als die von personell gemanagten Fonds (vgl. Kaya, 2019). Der Robo-Advisor ROBIN von der Deutschen Bank verhilft den Anlegern, digital und diversifiziert in ein Portfolio zu investieren, in einer der Deutsche Bank Filialen, telefonisch oder online. Er wurde 2017 eingeführt und wird überwiegend von jüngeren Kunden genutzt, die ihr Vermögen flexibel und digital verwalten möchten (vgl. Dreiskämper, 2019). ◀

Intelligente Automatisierungslösungen können im Endeffekt sämtliche Prozesse eines Unternehmens automatisieren und eine ganzheitliche Optimierung entlang der gesamten Wertschöpfungskette ermöglichen.

5.2.4.2 Inhaltliche Veränderung der Arbeit

Werden die Prozesse nur teilautomatisiert, so ergibt sich für den Mitarbeiter eine neue Arbeitssituation. Die Anforderungen an seine Tätigkeit ändern sich. Durch den Einsatz von neuen Maschinen, RPA und neuer Kommunikationstechnik (Tablets, Handys usw.), die variablen Anforderungen aus kundenindividueller Fertigung, den Einsatz neuer Assistenzsysteme am Arbeitsplatz entstehen für den Mitarbeiter neue Kompetenzanforderungen. Diese müssen bei vorhandenen Mitarbeitern durch Schulung gelernt werden oder werden bei Neueinstellungen direkt gefordert. Die Liste der erforderlichen neuen Schlüsselqualifikationen von Mitarbeitern, wie sie von Unternehmen gesucht werden, ist lang:

- ganzheitliches Denken (eine vernetzte Produktion verlangt von den Mitarbeitern, über das eigene Kompetenzfeld hinauszudenken und ihre Arbeit im Zusammenhang der gesamten Produktion zu sehen),

- IT-Kenntnisse,
- Selbstorganisation,
- Veränderungs- und Lernfähigkeit,
- interdisziplinäre Kommunikation, um mit Kollegen aus anderen Disziplinen zusammen arbeiten zu können,
- Kreativität usw.

Kompetenzanforderungen und Weiterbildung bei Weidmüller

Die zunehmende Dynamik in Wirtschaftsprozessen und gesellschaftlicher Entwicklung erfordert ein hohes Innovationstempo, agiles, markt- und kundenorientiertes Handeln. Damit entwickeln sich auch für die Mitarbeiter permanent neue Anforderungen an Flexibilität, Wandlungsfähigkeit, Kundenorientierung, digitale Kompetenzen. Aufgabe des Human Ressource Managements von Weidmüller ist es, die Mitarbeiter entsprechend zu befähigen, Change-Management-Kompetenzen zu vermitteln und entsprechende Prozesse zu begleiten. Agile Arbeitsmethoden, die Möglichkeit zu zeit- und ortsunabhängigem Arbeiten und ein strukturierter Einarbeitungsprozess sind nur einige Elemente, mit denen Weidmüller sicherstellt, dass sowohl langjährige Mitarbeiter als auch neue Kollegen den Weg in die Zukunft mitgestalten können. Im Zentrum der Weiterbildung steht digitales Learning Management System mit einem umfangreichen Programm an Onlinekursen und digitalen Wissensbeständen, welches durch zahlreiche Präsenztrainings und umfangreiche themen- oder zielgruppenspezifische Bildungsprogramme ergänzt wird (vgl. Weidmüller, o. J.). ◄

Für die Mitarbeitenden bedeutet die Digitalisierung neue Anforderungen, und die fortschrittlichen Unternehmen sehen es als eigene Aufgabe, die Beschäftigten bei der digitalen Transformation mit Weiterbildungsangeboten zu unterstützen (s. ausführlich Organisationales Lernen im Kap. 7).

5.2.4.3 Flexibilisierung der Arbeit

Endlich das Leben und die Arbeit besser integrieren zu können, das ist ein Traum, der von vielen Mitarbeitern schon lange geträumt und mit der Flexibilisierung der Arbeit verbunden wird. Flexibilisierung bedeutet, dass die Mitarbeiter Freiräume eingeräumt bekommen, innerhalb derer sie ihre Arbeit selbst bestimmten können. Die Digitalisierung ermöglicht diese Freiräume in hohem Maße.

Im Mittelpunkt steht zunächst die Flexibilisierung von Arbeitszeit und Arbeitsort. Der Mitarbeiter kann selbst entscheiden, wann und wo er arbeiten möchte. Die dazu notwendigen Mittel Laptop, Tablets und Handys sind in den Unternehmen – auch in KMU – weit verbreitet. Homeoffice und flexible Arbeitszeit sind möglich. Die lange Zeit gegebene kulturelle Hürde der Umsetzung von Homeoffice ist durch Corona beseitigt und fast in das Gegenteil umgesetzt worden.

Verbreitung von Homeoffice in Deutschland

Die Homeoffice-Nutzung unter Vollzeitbeschäftigten in Deutschland hat sich nach der Pandemie auf durchschnittlich 1,4 Tage pro Woche eingependelt. Im Nachbarland Frankreich sind es 1,3, in den USA 1,6 und in Japan 1,1 Tage. Damit hat Corona die Arbeitsbedingungen dauerhaft stark verändert. Das ist das Ergebnis einer Studie des ifo Instituts, die 27 Länder vergleicht. Über die Hälfte der befragten Beschäftigten sagen, sie seien im Homeoffice produktiver, als sie es erwartet hätten. Je positiver die Beschäftigten ihre Produktivität im Verhältnis zu ihren vorherigen Erwartungen einschätzten, desto mehr Homeoffice-Tage bieten die Arbeitgeber an. Die Beschäftigten möchten die Arbeit von zuhause nicht mehr missen. 26 % würden eine neue Arbeitsstelle suchen, wenn ihr Arbeitgeber nur noch Präsenzarbeit anbietet (vgl. ifo Institut, 2022).

Ein Problem stellt dabei die Leistungskontrolle dar, dessen einzige Lösung eine ergebnisorientierte Erfolgskontrolle ist. Das Unternehmen muss also in der Lage sein, klar spezifizierte Arbeitspakete für seine Mitarbeiter zu formulieren. Weitere Probleme können die Unfallversicherung und ein verfügbarer, den gesetzlichen Vorschriften entsprechender Arbeitsplatz sein. Die von der Aufgabenlogik erforderliche Anwesenheit der Mitarbeiter ist zumeist nur durch Tests zu ermitteln. Die Beaufsichtigung von Maschinen in der Fertigung ist manchmal einfacher von außen zu gewährleisten als die Abstimmung von im Team arbeitenden Softwareentwicklern. Für die IT ist die Datensicherheit in den verteilten Systemen eine besondere Herausforderung.

Wenn die Flexibilisierung von Arbeitszeit und Arbeitsort möglich ist, können auf der nächsten Ebene weitere Elemente flexibilisiert werden:

- Die Arbeitsverteilung,
  Welche Arbeit nehme ich an und sind die Kompetenzanforderungen gegeben?
- Arbeitsmethode und
  Wie und mit welcher Methode arbeite ich? Halte ich mich an Standardabläufe?
- Arbeitskontext.
  Mit wem arbeite ich zusammen? Welche Arbeitsmittel setze ich ein?

Eine vollständige Flexibilisierung ermöglicht ganz neue Arbeitsmodelle wie Cloud- und insbesondere Crowdworking.

Crowdworking bedeutet, dass das Unternehmen seine Aufgabenpakete über eine Plattform an die anonyme Gemeinschaft aller Werktätigen auf der Welt ausschreibt und damit von jedem erledigen lässt, der ein akzeptables Angebot abgibt. Die Ausschreibung kann auch per Intranet auf die Unternehmensmitarbeiter beschränkt werden. Wie diese die Aufgabe erledigen, ist dann aber wiederum offen (zur weiteren Diskussion der Problematik vgl. Pfeiffer et al., 2019).

Ergebnis von Crowdworking sind Arbeitskräfteökosysteme, die Unternehmen vor besondere Herausforderungen stellen.

▶ **Arbeitskräfteökosysteme** (Workforce Ecosystems) umfassen neben den festangestellten Arbeitnehmern externe Freiberufler, Gigworker, langfristige Auftragnehmer,

Dritte und professionelle Dienstleistungsunternehmen, die alle an der Wertschöpfung eines Unternehmens beteiligt sind. Das Unternehmen selbst übernimmt die Orchestrierung des Ökosystems (vgl. Altman et al., 2022).

Bei Unternehmen, die ihre Belegschaft als Ökosystem sehen, führt die Orchestrierung des Arbeitskräfteökosystems zu signifikanten Veränderungen bei Managementpraktiken, technologischen Voraussetzungen, Integrationsarchitekturen und Führungsansätzen. Eine besondere Bedeutung spielen dabei Vielfalt, Gerechtigkeit und Integration in der Unternehmenskultur (vgl. Altman et al., 2022, S. 7–8).

In Zusammenhang mit dem Crowdworking ergeben sich auch ganz neue Wissensmanagementprobleme. Einerseits erfordert die Erledigung von Unternehmensaufgaben häufig auch den Zugang zu internem Wissen, andererseits kann die Nutzung der internationalen Crowd neue Wissensressourcen für Innovative Aufgaben bereitstellen.

5.2.5 Führung im digitalen Unternehmen

Der zunehmende Einsatz von digitalen Technologien in der Arbeitswelt bringt viele Chancen, aber auch wesentlich Herausforderungen für die Führungskräfte (s. ausführlicher Franken, 2022).

Der HR-Report des Personaldienstleisters Hays 2021 stellt fest, dass obwohl mehr als die Hälfte der über 1000 befragten Unternehmen in Deutschland eine zeitliche und örtliche Flexibilisierung von Arbeit, projektbasierte und agile Organisationsformen implementiert haben, haben sich die Führungs- und Machtstrukturen kaum verändert. Drei Fünftel der Führungskräfte tun sich schwer, Mitarbeitende in ihre Entscheidungen einzubeziehen oder überhaupt Selbstorganisation zuzulassen (vgl. Gieseler, 2021, S. 40–41).

Die Flexibilisierung der Arbeit sollte mit einer Demokratisierung der Führung einhergehen, um die Vorteile der Agilität und Digitalisierung zu erschließen.

5.2.5.1 Chancen von digitalen Technologien in der Führung

Führungskräfte, die Offenheit und Kompetenz für neue Technologien aufweisen, können mithilfe digitaler Assistenz ihre standardisierbaren Routinen reduzieren und sich auf strategische Aufgaben und kommunikative Führung konzentrieren.

KI zur Unterstützung von Führungsaufgaben

Laut einer aktuellen internationalen Microsoft-Studie wird insbesondere die Künstliche Intelligenz die Aufgaben der Führung verändern. KI ist nicht nur ein Wachstumstreiber, sondern verändert auch die Unternehmensführung in allen untersuchten Ländern: Neben Effizienzsteigerung wollen Entscheider KI auch für Führungsaufgaben nutzen – die Zeit, die sie durch den Einsatz von KI sparen, soll vorrangig in die Motivation und Inspiration ihrer Beschäftigten (28,5 %), aber auch in die Identifizierung neuer Marktchancen (23,8 %) und das Setzen der richtigen Ziele (22,3 %) investiert werden (vgl. Microsoft, 2019). ◀

Wie bereits beschrieben (vgl. Abschn. 5.2.4.3), werden durch Digitalisierung Flexibilisierung und Virtualisierung der Arbeit möglich, die von Ort und Zeit entkoppelt wird. Allerdings braucht Remote Arbeit spezielle Konzepte und Tools. Zeitlich und räumlich flexibles Arbeiten kann durch digitale Anwendungen, wie Fernzugänge zu Firmennetzwerken (VPN), Kollaborationstools und Videokonferenzen, unterstützt und gefördert werden.

Videokonferenz als effizientes Kommunikationsformat

Das Unternehmen Easysoft nutzt in der Zeit der Corona-Beschränkungen wie viele andere Unternehmen digitale Kommunikationstools. Ein Gesamtmeeting mit knapp 80 Mitarbeitern wird als Videokonferenz durchgeführt. Klare Regeln sind dabei wichtig: Kamera an, Mikro aus, virtuelles Handheben und Reaktionen. Für offene Fragen wird Chat benutzt. Was in der vorgegebenen Zeit nicht mehr beantwortet werden konnte, wird ins Unternehmens-Wiki gestellt und dort bearbeitet (vgl. Gieseler, 2021, S. 40). ◄

Mobiles Arbeiten, Teilzeitarbeit und Homeoffice können ohne Verluste realisiert werden, falls die Mitarbeiter es sich wünschen und die Unternehmen für erforderliche Rahmenbedingungen sorgen. So kann Arbeitszufriedenheit, Lebensqualität und Vereinbarkeit von Familie und Beruf gesteigert werden.

Die Softwarelösungen für die Gruppenarbeit tragen dazu bei, dass beispielsweise in der Cloud für alle zugänglich abgespeicherte Dokumente schneller erstellt und abgestimmt werden. Auch die Kommunikation und Terminabsprachen können durch digitale Tools unterstützt werden. Videokonferenzen und Skype-Technologie machen manche Reisen überflüssig und sparen Zeit und Ressourcen.

Diese Chancen der Digitalisierung für die Führungsaufgaben und optimale Organisation der Teamarbeit sollten genutzt werden und bringen vielfältige Vorteile. Allerdings entstehen für die Führungskräfte durch die Flexibilisierung und Virtualisierung der Arbeit bestimmte Herausforderungen.

5.2.5.2 Herausforderungen für Führung durch digitale Technologien

Führung in der digitalisierten Arbeitswelt, die oft auf Distanz stattfindet, erfordert einen Wandel bei Führungskonzepten, -methoden und -kommunikation.

Das Format Videokonferenz ist wesentlich effizienter als unmittelbare Treffen. Allerdings ist Effizienz nicht alles – der Teamgeist, die Verbundenheit bleiben oft auf der Strecke. Zu den neuen Aufgaben der Führungskräfte in digitalen Unternehmen gehört, für einen Zusammenhalt und Sinn auch unter virtuellen Bedingungen zu sorgen. Es ist wichtig, in der (digitalen) Kommunikation persönliche und soziale Aspekte anzusprechen und Zusammengehörigkeit zu fördern.

Für viele Führungskräfte bedeutet die Distanz einen gefühlten Verlust an Einfluss und Kontrolle. Die Vorstellung, dass Anwesenheit gleich Leistung bedeutet, ist in vielen Köpfen fest verankert. Wie kann eine Führungskraft im Fall einer virtuellen Zusammenarbeit für Motivation und Teamgeist sorgen?

Wenn die Mitarbeiter nicht in einem Raum sitzen, sondern mobil oder von Zuhause arbeiten, ist eine Kombination aus der zielorientierten und werteorientierten Führung hilfreich. Gemäß dem Konzept der zielorientierten Führung sollte jedes Teammitglied eine abgrenzbare, exakt definierte Aufgabe bekommen, an der es individuell arbeitet. Die Führungskraft bekommt die Lösung und gibt Feedback, was auch digital abgewickelt werden kann. Diese Führung nach Leistung sollte aber durch die werteorientierte Führung ergänzt werden, die Visionen schafft, Anregungen gibt und Teamspirit schafft. Dafür sind regelmäßige persönliche (im Zweifelsfalle über Microsoft Teams oder Zoom) Treffen erforderlich, um gemeinsame Ziele abzustimmen, Teamzusammenhalt zu stärken, die Rolle jedes Einzelnen für die gemeinsame Aufgabe zu definieren. Bei diesen Treffen stehen strategische Fragen und kreative Ideen im Vordergrund.

Auch die Belange jedes einzelnen Mitarbeitenden dürfen bei den grundsätzlich teamorientierten Führungsmethoden nicht vernachlässigt werden. Erforderlich sind regelmäßige persönliche (eventuell virtuelle) Gespräche mit jedem Teammitglied, bei denen es um die individuelle Entwicklung, Leistung und Arbeitszufriedenheit jedes Einzelnen geht.

Diese Führungsmethoden entsprechen einem kooperativen, delegativen und coachenden Führungsstil, wobei kooperative und delegative Führung im Umgang mit dem Team und coachender Führungsstil im individuellen Führungsverhältnis angewandt werden.

Die Führungskommunikation verläuft in der digitalisierten Arbeitswelt überwiegend über digitale Kollaborations- und Kommunikations-Tools, die jede Führungskraft beherrschen soll. Für die digitale Kommunikation braucht man Regeln, die man im Team gemeinsam definieren muss. Sind Mails am Feierabend oder am Wochenende erlaubt? Wird eine schnelle Antwort erwartet? Ist eine WhatsApp-Gruppe für die Kommunikation im Team förderlich? Welche Rolle spielen neben den beruflichen Belangen private Angelegenheiten? Die Antworten auf diese und weitere Fragen können nur gemeinsam gefunden werden.

Allerdings gewinnt gerade bei dem flexiblen und virtuellen Arbeiten die persönliche Kommunikation an Bedeutung, deswegen sollte eine Führungskraft persönliche Teamtreffen und individuelle Gespräche planen, gut vorbereiten und dazu nutzen, das Team zusammenzuschweißen, mit Visionen zu motivieren und kreative Ideen zu entfalten.

Weitere Herausforderungen für die Führungskräfte in der digitalisierten Arbeitswelt sind das Schützen der Persönlichkeit vor Datenmissbrauch und digitaler Kontrolle. Auch wenn eine totale Kontrolle in der Digitalisierung technisch möglich ist, ist sie aus ethischen Gründen unzulässig. Eine Führungskraft trägt Verantwortung für ihre Mitarbeitenden und sollte sich um ihr Wohl bemühen.

Digitalisierung ermöglicht darüber hinaus ein schnelles Feedback und die Bewertungen nicht nur „von oben nach unten", sondern auch umgekehrt.

Swisscom Feedback-System

Der führende Schweizer Telekommunikationsanbieter Swisscom nutzt das Appbasierte Instant-Feedback-System „Pulse" des Schweizer Internetunternehmens Creaholic, um den Puls der Mitarbeiter zu fühlen: Was denken sie über neue Projekte? Fühlen sie sich wohl? Wie bewerten sie die Leistung von Kollegen und Vorgesetzten? Das Unternehmen verfolgt damit das Ziel, die Feedbackkultur zu stärken, weil ein schnelles, gezieltes Feedback wesentlich ist, um zu lernen und sich weiterzuentwickeln, als Person, aber auch als Unternehmen (vgl. Stehr, 2018). ◄

Die Entscheidung über ein regelmäßiges Feedback seitens der Beschäftigten fällt vielen Führungskräften nicht leicht, da sie eventuell mit kritischen und unangenehmen Äußerungen rechnen. Allerdings können mutige Führungskräfte davon profitieren, dass sie die ehrliche Meinung ihrer Mitarbeiter über ihr eigenes Führungsverhalten erfahren und dadurch ihre Methoden und Verhaltensweisen optimieren. Ein lebenslanges Lernen, auch hinsichtlich der Führungskompetenz, ist ein wesentlicher Bestandteil der digitalisierten Arbeitswelt.

5.3   Wissensmanagement im digitalen Unternehmen

Die Fähigkeit, Wissen zu generieren, zu nutzen und weiterzuentwickeln, um es in innovative Produkte, Dienstleistungen und Geschäftsmodelle umzusetzen, prägt die langfristige Wettbewerbsfähigkeit eines Unternehmens. Diese Tatsache macht Wissensmanagement zu einem entscheidenden Erfolgsfaktor für Unternehmen.

Wissensmanagement befasst sich grundsätzlich mit dem Erwerb, der Entwicklung, dem Transfer, der Speicherung und der Nutzung von Wissen. Dabei geht Wissensmanagement weit über reines Dokumenten- oder Informationsmanagement hinaus. Information ist lediglich eine Voraussetzung zur Generierung von Wissen, welches jedoch nicht durch die bloße Anhäufung von Informationen entsteht, sondern eine Verknüpfung der neuen Informationen mit vorhandenem Vorwissen, eine Interpretation und Nutzung erfordert. Wissensmanagement beschäftigt sich sowohl mit dem expliziten als auch mit dem impliziten Wissen, die mit unterschiedlichen Instrumenten gemanagt werden. Das explizite Wissen kann relativ leicht erfasst und geteilt werden, z. B. in Form von Anleitungen oder Handbüchern. Das implizite Wissen kann nicht so leicht übertragen werden und erfordert eine intensive Interaktion.

5.3.1   Status quo: Wissensmanagement in der Praxis

Viele Unternehmen haben die Bedeutung des Wissensmanagements erkannt und arbeiten an dessen Umsetzung. Diese Erfahrungen liefern Best Practices sowie Erkenntnisse über Erfolgsfaktoren und Stolpersteine für die Wissensarbeit in Unternehmen.

Eine Befragung von elf Konzernen und marktführenden Mittelständlern in Deutschland aus dem Jahr 2020 liefert überraschende Erkenntnisse: Die meisten Unternehmen messen dem Wissensmanagement eine große Bedeutung bei, aber es **mangelt an einem gezielten**

Management des Wissens. 55 % der Unternehmen haben kein Budget für Wissensmanagement, bei 54 % sind Wissensbestände unstrukturiert, 27 % haben keinen Verantwortlichen für Wissensarbeit, lediglich 36 % der Unternehmen arbeiten systematisch an Identifizierung und Vernetzung ihrer Wissensträger (vgl. Knobbe & Wiesmann, 2020, S. 9–10).

Dabei ist Wissensmanagement vor allem vor dem Hintergrund des zunehmenden Fachkräftemangels ein wichtiges Instrument zum Erhalten der Wettbewerbsfähigkeit eines Unternehmens. Insbesondere die Problematik der **Wissenssicherung** in Unternehmen wird immer dringender. Die geburtenstarke Generation der Babyboomer geht in Rente, und es entsteht eine Fachkräftelücke von geschätzt 350 Tsd. Arbeitnehmern pro Jahr. Dieser Prozess wird von einem Wissensverlust begleitet, wenn die Unternehmen das Knowhow der ausscheidenden Arbeiter nicht sichern. Laut Wissenssicherungs-Monitor 2020 des Magazins Wissensmanagement und des Steinbeis-Beratungszentrums Wissensmanagement sichern nur knapp **14 %** der befragten 124 Unternehmen das Wissen ihrer Mitarbeiter systematisch, 69 % situativ und 17 % gar nicht (vgl. Lehnert, 2021, S. 39).

5.3.2 Geeignete Instrumente für digitales Wissensmanagement

Welche Tools können für einzelne Aufgaben/Funktionen des Wissensmanagements verwendet werden?

Wie bereits beschrieben, sind je nach Form des Wissens verschiedene Wissensmanagementsysteme geeignet (vgl. Abschn. 4.2). Für formalisiertes, explizites Wissen können Dokumentenmanagementsysteme eingesetzt werden, implizites Wissen kann lediglich in der Kommunikation und Zusammenarbeit geteilt und weitergegeben werden, hierfür sind Communities, Storytelling und andere Instrumente geeignet.

Ohne Anspruch auf Vollständigkeit werden in diesem Abschnitt geeignete Instrumente und Best Practices für Wissensmanagement im digitalen Unternehmen erläutert, die auf Sichtbarkeit und Vernetzung sowie auf Teilen, Weitergeben und Erhalten des Wissens abzielen.

5.3.2.1 Wissen sichtbar machen

Da Wissen – insbesondere implizites Wissen – oft nur in den Köpfen der Mitarbeitenden existiert, ist für viele Unternehmen zunächst die Frage nach dem vorhandenen Wissen und vorhandenen Kompetenzen aktuell. „Wenn wir wüssten, was wir wissen …" Oft wird das individuelle Wissen nur sehr begrenzt genutzt und ist schlecht auffindbar.

Mit den Instrumenten wie Skill Management oder Social Intranet können die Kompetenzen der Beschäftigten transparent gemacht werden.

Das **Skill Management** macht Mitarbeiterkompetenzen sichtbar, um das Erreichen individueller und organisationaler Ziele durch die geeignete Nutzung und Entwicklung von Kompetenzen sicherzustellen. Die Bewertungssystematik kann durch eine attribut- oder eine skalenbasierte Bewertung erfolgen (vgl. Krause, 2021, S. 21).

Persönliches Wissen einzelner Mitarbeiter kommt zu Tage, wenn es in Interaktionen gebraucht wird, z. B. wenn in einem **Social Intranet** von einem Mitarbeiter eine Frage gestellt wird und ein anderer diese liest und beantworten kann. Auch bisher „unbekannte" Wissensbestände werden so genutzt. Die Expertenfindung kann in Unternehmen durch die aus sozialen Netzwerken bekannten Funktionen, wie Activity Streams oder einen Team Chat, beschleunigt werden. Social Software kann den Informationsfluss auch über Hierarchieebenen und Abteilungsgrenzen hinweg unterstützen (vgl. Herzog, 2022).

Die Auffindbarkeit von Wissen ist ein weiteres Problem des Wissensmanagements in Unternehmen, das mit digitalen Mitteln gelöst werden kann, beispielsweise mit den Werkzeugen für **Dokumentenmanagement** und **Enterprise Search**. Hierfür ist eine Taxonomie hilfreich (vgl. Abschn. 2.4.3), um ein einheitliches Verständnis von Begrifflichkeiten und schnelles Finden von Wissenseinträgen zu gewährleisten. Mithilfe von ausgefeilten Berechtigungskonzepten und einer Vertraulichkeitsklassifizierung kann man den Zugang zu einzelnen Einträgen regeln (vgl. Krause, 2021, S. 21).

Eine intelligente Dokumentenverarbeitung mit KI – **Intelligent Document Processing** (IDP) – stellt ein weiteres geeignetes Tool dar, um die riesigen Datenmengen zu erfassen und zu analysieren.

Wichtige Funktionen von Dokumenten-KI sind (vgl. Köstler, 2021, S. 21):

- Klassifizierung: Dokumente werden automatisiert einer oder mehreren Kategorien zugeordnet und mit Strukturinformationen versehen (Tagging). So können Dokumente in definierte Ordner abgelegt oder an zuständige Abteilungen weitergeleitet werden.
- Inhalte erfassen: Nach der Klassifizierung können Algorithmen domänenspezifische Begriffe erkennen und extrahieren, etwa für den Einsatz in Rechnungswesen- oder Finanzsystemen.
- Textanalyse oder Zusammenfassung: KI versteht das Thema bzw. den Inhalt als Ganzes und kann ihn zusammenfassen. Große und komplexe Dokumente können so schnell erfasst werden.
- Deep Document Recognition: Erkennen von Inhalten mit komplexen Formatierungen und Darstellungen wie z. B. Dokumente mit mehreren Spalten, Tabellen, Bildern, Diagrammen etc., aber auch Sprachen oder Dateien mit gescannten Grafiken, die in andere Formate konvertiert werden müssen. In diesem Bereich macht KI gerade große Sprünge.

Mithilfe von IDP, das sich auf eine Vielzahl von Technologien stützt (optische Zeichenerkennung, natürliche Sprachverarbeitung, Computer Vision, Machine Learning), können Unternehmen automatisiert die benötigten Daten aus hochkomplexen Dokumenten herausfiltern, vorausgesetzt, dass Papierdokumente digitalisiert worden sind (vgl. Köstler, 2021, S. 22).

Das Beispiel von IBM Deutschland zeigt, wie digitale Tools, insbesondere KI, im Wissensmanagement für schnellere Auffindbarkeit von Wissen eingesetzt werden können.

Digitale Tools und KI unterstützen die Auffindbarkeit des Wissens bei IBM

Aktuell nutzen die Beschäftigten von IBM diverse digitale Tools, wie Webex für Kommunikation, Mural als Whiteboard für Sammeln von Ideen, Slack für Abstimmung in den Workspaces und IBM Box als intelligentes Ablagesystem. Um vorhandenes Wissen und frühere Lösungsansätze schnell aufzufinden und miteinander in Beziehung zu setzen, wird gezielt KI eingesetzt. Im Bereich Lieferketten-Management unterstützt etwa die Lösung IBM Sterling Supply Chain Insights Mitarbeiter durch KI beim schnellen Zugriff auf aktuelle und frühere Informationen, indem Daten innerhalb kürzester Zeit aus isolierten Systemen korreliert, unternehmensweites Wissen erfasst und digitale Playbooks erstellt werden (vgl. Pillen, 2021, S. 12). ◄

Das beschriebene Beispiel zeigt zugleich einige Instrumente des Vernetzens und Teilens von Wissen, da das schnell auffindbare Wissen direkt im Netzwerk zugänglich gemacht und geteilt werden kann.

5.3.2.2 Wissen vernetzen und teilen

Wissensnetzwerke oder Communities erfreuen sich seit Jahrzehnten großer Beliebtheit, wie das Beispiel von ComWorld bei ThyssenKrupp (vgl. Abschn. 4.2.4) aufgezeigt hat. Heutzutage, angeregt durch die Corona-Lockdowns nutzen Unternehmen moderne Kollaborationstools wie Microsoft 365 und Microsoft Teams, um ihre Wissensnetzwerke attraktiver zu gestalten, auch speziell für die Remote Arbeit.

Es bilden sich vermehrt Wissensstrukturen, die parallel zu der Aufbauorganisation existieren und auf Wissensknotenpunkten basieren, in denen Wissensflüsse aus verschiedenen Kollaborationsbereichen zusammenlaufen. Die Migration der Kollaborationsbereiche in die Cloud spielt dabei eine wichtige Rolle und bietet einige Vorteile. In einem solchen **Wissensnetzwerk** kann das Wissen über Abteilungs- und Unternehmensgrenzen hinweg fließen, sich entwickeln und genutzt werden. So werden die Mitarbeitenden nach Themen, und nicht mehr nach Abteilungen und Gruppen, persönlich und digital vernetzt (vgl. Staub & Zillmann, 2021, S. 12).

Wissensnetzwerk bei ifm

Während der Corona-Lockdowns wurde bei ifm electronic Microsoft 365 eingeführt und dabei das gesamte ifm-Wissensnetzwerk mitsamt Social Intranet und Wiki neu gedacht. Die Abteilung Wissensmanagement ergriff die Gelegenheit für eine nachhaltige Verbesserung der digitalen Arbeitsabläufe. Dabei ist eine innovative Hub-Struktur nach drei Prinzipien entstanden: effektive Arbeitsabläufe, digitale Strukturentwicklung entlang realer Arbeitsläufe statt entlang von Organigrammen und Etablierung attraktiver Netzwerkknotenpunkte durch thematische SharePoint Hubs, in denen Wissen aus verschiedenen Kollaborationsbereichen zusammenfließen. Als Ergebnis kann Unternehmenswissen von allen genutzt und Doppelarbeiten vermieden werden. Die leichte Auffindbarkeit und Weiterverwendung des Wissens über die Teams-Strukturen hinaus sind weitere Vorteile (vgl. Staub & Zillmann, 2021, S. 12). ◄

Moderne Kommunikations- und Kollaborationstools wie Microsoft 365 ermöglichen zugleich eine **intelligente Analyse von Wissensnetzwerken**, z. B. mit dem Tool Microsoft Workplace Analytics. Auf der Basis von Daten über E-Mails, Kalendereinträgen, Gesprächen über Microsoft Teams kann analysiert werden, wie oft Beschäftigte ein zweistündiges Zeitfenster haben, in dem es keine Unterbrechung durch Meetings oder E-Mails gibt, oder wie oft Besprechungen frühmorgens oder spätabends stattfinden, oder wie breit und dicht das soziale Netzwerk von Mitarbeitenden ist (vgl. Gärtner, 2020, S. 34).

Microsoft Workplace Analytics kann für die organisatorische Netzwerkanalyse angewandt werden, z. B. auf die Wissensverteilung in einem Netzwerk. Es können vielfältige Ergebnisse erzielt werden (vgl. Gärtner, 2020, S. 36):

- Wer ist eher ein Wissensmakler, wer ein in sich gekehrter Experte?
- In welchen Beziehungsstrukturen entstehen neue Ideen?
- Wer trägt zur Vernetzung zwischen Teams, Abteilungen und Organisationen bei?
- Wessen E-Mails oder Posts erzeugen viele Reaktionen, sind also offenbar relevant?
- Welche Personen werden oft um Rat gefragt (per E-Mail oder Besprechungseinladung)?

Mit diesen Kerndaten können Aussagen zu Wissensnetzwerkstruktur und Expertentum abgeleitet werden, wie: Welche Akteure können anderen mit ihrem Wissen und ihrem Einfluss zu besserer Leistung verhelfen? Wo gibt es strukturelle Löcher, sodass Akteure vom Informationsfluss abgeschnitten sind? (vgl. Gärtner, 2020, S. 36).

Das Tool Microsoft Workplace Analytics sollte jedoch konform mit der Datenschutzproblematik eingeführt werden, da die Sammlung von Daten in Deutschland mitbestimmungspflichtig ist.

Das Vernetzen und Teilen des Wissens gelingen am besten, wenn digitale Tools (für explizites Wissen) mit den Instrumenten für Management des impliziten Wissens kombiniert werden. Der persönliche, mündliche Austausch ist ein zentrales Element des Teilens vom Wissen, deswegen bemühen sich Unternehmen um formelle und informelle Gespräche und Treffen der Beschäftigten, vor allem über Abteilungs- und Bereichsgrenzen hinweg. Als erprobte Instrumente dafür eignen sich bereits beschriebene Communities, interdisziplinäre Projektarbeit, Expertentreffen, Erfahrungsaustauschgruppen, informelle Begegnungen auf Betriebsfeier, Ausflügen, in der Kaffeeecke etc. (vgl. Abschn. 7.4).

Auch hier kann das Wissensmanagement bei IBM Deutschland als Beispiel dienen.

Mix aus verschiedenen Formaten für Vernetzen und Teilen des Wissens bei IBM

Wissen nur schriftlich über Dokumente zu teilen, wäre zu einseitig. IBM nutzt dafür verschiedene mündliche Formate. Es gibt monatliche „Expertise-Calls", in denen Kollegen über ein Thema sprechen, das sie interessiert und zu dem sie ihre Erfahrung teilen möchten. Für die Unterhaltung abseits von rein beruflichen Themen gibt es bei IBM z. B. eine regelmäßige „Espresso Time", wo die Kollegen via Webex zusammenkommen, auch wenn in der Homeoffice-Zeit jeder seinen Espresso in eigener Küche zubereitet (vgl. Pillen, 2021, S. 13). ◄

5.3.2.3 Wissen erhalten

Eine weitere wichtige Funktion des Wissensmanagements ist, dass im Unternehmen vorhandene Wissen zu erhalten, was insbesondere bei dem impliziten Wissen problematisch ist. Erfahrungen aus der Vergangenheit und erfolgreiche spezifische Lösungen sollen dokumentiert werden, damit sie bei Bedarf von den Nutzern schnell abgerufen werden können.

Personalabgänge durch Pensionierungen, Reorganisation oder Fluktuation bedeuten für jedes Unternehmen ein Risiko, dass vorhandenes Wissen verloren geht. Um dieses Wissen zu erhalten, könnten zwei grundlegende Methoden anwenden: Wissen verschriftlichen oder durch Lernen am Modell direkt weitergeben.

Das implizite Erfahrungswissen sollte soweit es geht **verschriftlicht** werden, z. B. in Form von Projekt- und Erfahrungsberichten. Einige Unternehmen praktizieren dafür so genannte „Knowledge One-Pager".

In einem überschaubaren **Knowledge One-Pager** wird das wesentliche Wissen für eine existierende Lösung kompakt und strukturiert zusammengefasst, damit es erhalten bleibt und genutzt werden kann. Ein One-Pager beinhaltet neben allgemeinen Informationen wie Titel und Kategorie, Angaben zu Vorteilen der existierenden Lösung, eine Aufgabenbeschreibung, Hintergrundinformationen und Historie sowie Ideen für künftige Verbesserungen. Zusätzliche Informationen und Kontaktdaten eines Ansprechpartners werden mit einem One-Pager verlinkt (vgl. Lescher & Oechsle, 2020, S. 14). Das Erfahrungswissen aus einem Projekt kann auf diese Weise festgehalten werden.

Mit solchen One-Pagern als Standardformat arbeiten IBM, Siemens und andere Großunternehmen. Für Ausfüllen von One-Pagern nutzen Unternehmen Interviews oder eine spezielle Software zum automatisierten Erstellen von Online-Formularen (vgl. Lescher & Oechsle, 2020, S. 14).

Ein bedeutendes Problem bei der Verschriftlichung des Erfahrungswissens ist die Motivation der Beteiligten. Wie bereits am Beispiel ComWorld von ThyssenKrupp aufgezeigt wurde, müssen die Beteiligten einen persönlichen Nutzen für sich erkennen, um das System aktiv zu nutzen, d. h. Wissen einzustellen und abzurufen.

Einige Unternehmen, wie Siemens AG, setzen dabei auf **Gamification** – Anwendung spieltypischer Elemente im spielfremden Kontext (mehr zu Gamification s. Abschn. 6.5.2).

Gamification im Wissensmanagement bei Siemens

Ein Pilotprojekt im Finanzbereich von Siemens zeigt, dass Gamification das Potenzial dazu hat, Mitarbeiter zu motivieren, ihr Wissen digital aufzubereiten und mit anderen zu teilen. Im Jahr 2020 wurde bei Siemens ein neuer Ansatz für Gamification-basiertes Wissensmanagement eingeführt. Das entwickelte System beinhaltet drei Aspekte: 1) Wissen finden: über eine komfortable Online-Suche lässt sich vorhandenes Wissen finden und abrufen. 2) Wissen beitragen: in einem interaktiven Verfahren können neue

Wissensbausteine eingebracht werden. 3) Motivation durch Gamification: durch spieltypische Elemente wie Punkte, Auszeichnungen und öffentliche Ranglisten erfahren Mitarbeiter Anerkennung für ihre Beiträge und die Nutzung des Systems. (vgl. Lescher & Oechsle, 2020, S. 13). ◄

Bei der Weitergabe des Wissens durch das **Lernen am Modell** geht es darum, dass ein unerfahrener Mitarbeiter einen erfahrenen begleitet, sein Handeln beim Problemlösen beobachtet und dadurch lernt (vgl. Lernen am Modell im Abschn. 6.3.2). Auf diesem Prinzip basiert das Anlernen von Produktionsarbeitern durch einen Meister. Bei komplexeren Tätigkeiten in der Verwaltung und Führung ist eine kurzfristige Doppelbesetzung einer wichtigen Position vor der Verrentung eines erfahrenen Mitarbeiters mit einem Nachfolger möglich, der sich das Erfahrungswissen des Vorgängers aneignet.

Weitere brauchbare und erprobte Tools sind Knowledge Landscapes und Knowledge Maps, die auf **Visualisierung** des Erfahrungswissens basieren (vgl. Krause, 2021, S. 21–22):

- **Knowledge Landscapes** sind Werkzeuge zur Erschließung expliziten Wissens. Hier handelt es sich um eine grafische Darstellung, welche Beziehungen und Schnittstellen zwischen den eingesetzten Informationsquellen verdeutlichen soll. Dieses Tool eignet sich besonders, wenn eine schnelle Einarbeitung in neue Themenfelder ermöglicht werden soll. Neue Mitarbeiter haben so die Gelegenheit, sich einen effizienten Überblick über die Wissenslandschaft zu verschaffen.
- **Knowledge Maps** sind Werkzeuge zur Erschließung impliziten Wissens. Sie eignen sich hervorragend, wenn ein vollständiger Wissenstransfer von einer Person zu einer anderen Person sichergestellt werden muss. In dieser Visualisierungsmethode werden nicht nur Informationsquellen dargestellt, sondern vielmehr die Arbeitsstrukturen dokumentiert, gemäß der Frage „Wer bekommt wann und in welcher Form und Regelmäßigkeit von welcher Person/Rolle welche Informationen?"

Verständnis- und Reflexionsfragen

1. Welche großen Trends, die unsere Wirtschaft umformen, unterscheiden Brynjolfsson & McAfee und was beinhalten sie?
2. Was beinhalten die „Strategic Technology Trends for 2020" von Gartner?
3. Welchen Entwicklungen unterliegen die Komponenten des Modells vom Wissen und Handeln, die Grundlage dieses Buches sind?
4. Welche Ansätze zur Digitalisierung ihrer Produkte kann ein Unternehmen verfolgen?
5. Was leisten Betriebsverbände?
6. Welche Rolle spielen Wertschöpfungsnetzwerke bei der Produktgestaltung?

7. Welche Ansätze zur Gestaltung einer digitalisierten Vertriebsfunktion von Produkten kennen Sie?

8. Wie kann ein Unternehmen seinen Wunschkundenkreis bestimmen? Was sind überhaupt Wunschkunden?

9. Wie sollte nach Ihrer Meinung das Rollenpaar Unternehmen – Kunde gestaltet werden?

10. Die Zusammenarbeit von Unternehmen mit Partnern ist angesagt. Welche Formen der Zusammenarbeit kennen Sie?

11. Das klassische Organisationsmodell wird durch die Digitalisierung ineffizient. Warum? und Wie sollte es geändert werden?

12. Welche aktuellen Organisationsmodelle für Unternehmen in der digitalisierten Welt kennen Sie?

13. Was sind die Folgen der Digitalisierung für die Arbeitsorganisation?

14. Was ist RPA und wie wird es durchgeführt?

15. Welche Anforderungen an Mitarbeiter entstehen durch die Digitalisierung?

16. Was ist Flexibilisierung der Arbeit und worauf bezieht sie sich?

17. Unter welchen Bedingungen können eine flexible Arbeitszeit und ein flexibler Arbeitsort eingeführt werden?

18. Welche neuen Möglichkeiten eröffnet Digitalisierung der Führung? Wie sollen diese Möglichkeiten genutzt werden?

19. Die Führung von flexibel arbeitenden Teams erfordert spezielle Führungsmethoden und -instrumente. Welche sind das?

Literatur

Altman, E. J., Kiron, D., Jones, R., & Schwartz, J. (2022, May). *Orchestrating workforce ecosystems: Strategically managing work across and beyond organizational boundaries.* MIT Sloan Management Review and Deloitte.

Bläsing, N. (2021). KI-basierte Intelligent Automation erweitert RPA. In wissensmanagement – Das Magazin für Digitalisierung, Vernetzung & Collaboration 6/2021, S. 24–25.

Brynjolfsson, E., & McAfee, A. (2014). *The Second Machine Age. Wie die nächste digitale Revolution unser aller Leben verändern wird.* Plassen.

Cearley, D., Jones, N., Smith, D., Burke, B., Chandrasekaran, A., & Lu, C. K. (2019). *Top 10 strategic technology trends for 2020.* Gartner.

Dreiskämper, O. (2019). *Wir „leben" eine Symbiose aus Mensch und Maschine. Interview von Oliver Dreiskämper, Leiter Robo Advisory Privat- und Firmenkunden der Deutschen Bank für Brockervergleich.de.* https://www.brokervergleich.de/robin/interview-mit-oliver-dreiskaemper/. Zugegriffen am 28.01.2020.

Franken, S. (2022). *Führen in der Arbeitswelt der Zukunft. Instrumente, Techniken und Best-Practice Beispiele* (2. Aufl.). Springer Gabler.

Frey, C. B., & Osborne, M. A. (2013). *The future of employment: How susceptible are jobs to computerisation?* https://www.oxfordmartin.ox.ac.uk/downloads/academic/The_Future_of_Employment.pdf. Zugegriffen am 27.02.2020.

Gärtner, C. (2020). Objektive Arbeitsbeurteilung oder Überwachungsalbtraum? *Personalmagazin plus, 10*, 34–37.

Gieseler, J. (2021). Home-Office: Bleibt das implizite Wissen auf der Strecke? *wissensmanagement – Das Magazin für Digitalisierung, Vernetzung & Collaboration, 3*, 40–42.

Herzog, C. (2022). *Erfolg dank Wissensmanagement.* https://www.computerwoche.de/a/erfolg-dank-wissensmanagement,3332004. Zugegriffen am 23.11.2022.

Hornung, S. (2018). *Daimler erfindet sich neu – Musterbrüche und Lessons learned.* https://newmanagement.haufe.de/leadership/daimler-erfindet-sich-neu-musterbrueche-und-lessons-learned. Zugegriffen am 24.11.2022.

ifo Institut. (2022). *Homeoffice etabliert sich in Deutschland mit 1,4 Tagen pro Woche.* https://www.ifo.de/pressemitteilung/2022-09-16/homeoffice-etabliert-sich-deutschland-mit-14-tagen-pro-woche. Zugegriffen am 21.11.2022.

Kaya, O. (2019). *Deutsche Robo-Advisors – Schnelles Wachstum, solide Performance, hohe Kosten. Deutsche Bank Research.* https://www.deutsche-bank.de/dam/deutschebank/de/shared/pdf/201902-Deutsche-Robo-Advisors-Schnelles-Wachstum.pdf. Zugegriffen am 28.01.2020.

Knobbe, T., & Wiesmann, W. (2020). Wie wissensorientiert sind deutsche Unternehmen? *wissensmanagement – Das Magazin für Digitalisierung, Vernetzung & Collaboration, 1*, 8–11.

Köstler, K. (2021). KI bewältigt unüberschaubare Dokumentenmengen. *wissensmanagement – Das Magazin für Digitalisierung, Vernetzung & Collaboration, 6*, 22–23.

Krause, T. (2021). Wissen generieren, weitergeben und wiederfinden. *wissensmanagement – Das Magazin für Digitalisierung, Vernetzung & Collaboration, 4*, 20–22.

Lehnert, N. (2021). Wissen von 350.000 Beschäftigten in Gefahr – pro Jahr. *wissensmanagement – Das Magazin für Digitalisierung, Vernetzung & Collaboration, 2*, 36–39.

Lescher, C., & Oechsle, M. (2020). Spielerisch motiviert: Gamification bei Siemens. *wissensmanagement – Das Magazin für Digitalisierung, Vernetzung & Collaboration, 4*, 12–15.

McAfee, A., & Brynjolfsson, E. (2018). *Machine, Platform, Crowd. Wie wir das Beste aus unserer digitalen Zukunft machen.* Plassen.

Microsoft. (2019). *Microsoft-Studie zu KI & Leadership: Künstliche Intelligenz verändert Führung in Unternehmen.* https://news.microsoft.com/de-de/microsoft-studie-ki-leadership/. Zugegriffen am 27.02.2020.

Musk, E., & Neuralink. (2019). *An integrated brain-machine interface platform with thousands of channels preprint.* https://www.biorxiv.org/content/10.1101/703801v4.full. Zugegriffen am 15.11.2022.

Noll, E., Zisler, K., Neuburger, R., Eberspächer, J., & Dowling, M. (Hrsg.). (2016). *Neue Produkte in der digitalen Welt.* Münchner Kreis.

Northdata. (o. J.). *GenerationenCenter Dortmund.* https://www.northdata.de/GenerationenCenter+Dortmund-H%C3%B6rde+eG,+Dortmund/GnR+472. Zugegriffen am 20.11.2022.

Pfeiffer, S., Kawalec, S., Held, M., & Held, V. (2019). Crowdworking und Leistungsgerechtigkeit. Ansprüche von Crowdarbeitenden an distributive, prozedurale und informationale Gerechtigkeit. *HMD Praxis der Wirtschaftsinformatik, 4*, 748–765.

Pillen, G. (2021). Wissen schafft Innovation, wenn alle daran teilhaben. *wissensmanagement – Das Magazin für Digitalisierung, Vernetzung & Collaboration, 5*, 11–13.

Plattform Industrie 4.0. (o. J.). https://www.plattform-i40.de/PI40/Navigation/DE/Home/home.html. Zugegriffen am 21.11.2022.

Scheer, A.-W. (2018). *Unternehmen 4.0 – Vom disruptiven Geschäftsmodell zur Automatisierung der Geschäftsprozesse* (2. Aufl.). AWSi Publishing.

Schmidt, S. (2020). *Ambidextrie – Die Rettung für Unternehmen in dynamischen Märkten.* https://www.schwarmorganisation.de/2020/12/15/ambidextrie-die-rettung-fuer-unternehmen-in-dynamischen-maerkten/. Zugegriffen am 24.11.2022.

Statista. (2021). *Entwicklung der Internetnutzung in Deutschland seit 2001.* https://de.statista.com/
statistik/daten/studie/13070/umfrage/entwicklung-der-internetnutzung-in-deutschland-
seit-2001/. Zugegriffen am 10.10.2022.

Statista. (2022). *Häufigkeit der Internetnutzung.* https://de.statista.com/statistik/daten/studie/
171009/umfrage/haeufigkeit-der-internetnutzung/. Zugegriffen am 10.10.2022.

Staub, J., & Zillmann, L. (2021). Wissensmanagement bei ifm electronic. *wissensmanagement –
Das Magazin für Digitalisierung, Vernetzung & Collaboration, 6,* 11–13.

Stehr, Ch. (2018). *Instant Feedback: Per App immer wieder erinnern.* https://www.haufe.de/perso-
nal/hr-management/instant-feedback-apps-erfolgreich-einfuehren-und-nutzen_80_464118.html.
Zugegriffen am 27.02.2020.

TKE (Thyssenkrupp Elevator). (o. J.). MAX. Maximale Verfügbarkeit, jederzeit. https://www.tkele-
vator.com/de-de/produkte/max/. Zugegriffen am 13.08.2022.

Weidmüller. (o. J.). *Unternehmen.* https://www.weidmueller.de/de/unternehmen/unser_unterneh-
men/human_resourses/index.jsp. Zugegriffen am 21.11.2022.

ZEW (Zentrum für europäische Wirtschaftsforschung GmbH). (2015). *Übertragung der Studie von
Frey/Osborne (2013) auf Deutschland. Endbericht.* http://ftp.zew.de/pub/zew-docs/gutachten/
Kurzexpertise_BMAS_ZEW2015.pdf. Zugegriffen am 27.02.2020.

Teil III

Lernen in Unternehmen

Theoretische Grundlagen des Lernens

6

Zusammenfassung

Die moderne Wirtschaft und Gesellschaft zeichnen sich durch eine hohe Dynamik aus, die von einem explosionsartigen Zuwachs von Wissen und einem verstärkten Einsatz digitaler Technologien begleitet wird. Der Erfolg von Unternehmen hängt immer stärker von ihrer Fähigkeit ab, sich an die neuen Bedingungen anzupassen und diese sogar vorauszusehen, ihr Wissen kontinuierlich zu aktualisieren, neue Geschäftsmodelle, Produkte und Prozesse zu entwickeln. Nur Unternehmen, die in der Lage sind, auf die in der Wirtschaft und Gesellschaft stattfindenden Veränderungen mit Lernprozessen auf allen Ebenen und in allen Bereichen zu reagieren, haben dauerhaft eine Chance, die für eine nachhaltige Wettbewerbsfähigkeit notwendige Innovationskraft zu entfalten. Das Verständnis des Lernens ändert sich, weg vom Lernen auf Vorrat, hin zu einem kontinuierlichen, überwiegend informellen, bedarfsorientierten, arbeitsintegrierten Lernen. Diese Veränderungen werden basierend auf den Lerntheorien des Behaviorismus, Kognitivismus und Konstruktivismus analysiert und an den Kontext des digitalen Unternehmens angepasst. So werden die Grundlagen für eine optimale Gestaltung individueller und gruppenbezogener Lernprozesse sowie für die Lernende Organisation geschaffen.

6.1 Lernen und Lernprozess

Das Lernen begleitet uns das ganze Leben lang, es ist ein natürlicher Vorgang, zumindest aus der Perspektive des Gehirns. In der Kindheit lernen wir nicht nur laufen, essen und sprechen, später schreiben, rechnen und lesen, sondern auch wovor wir Angst haben müssen und worüber wir uns freuen können, wie man Beziehungen gestaltet und mit anderen zu Recht kommt. Das bedeutet, dass in der Primärsozialisation nicht nur psychomotorische

Fertigkeiten und kognitive Kenntnisse, sondern auch soziales Verhalten und Umgang mit Emotionen erlernt wird. Alle drei Wissensdimensionen – beschreibendes, prozessuales und wertendes/emotionales (vgl. Abschn. 2.3.2.1) – werden dabei gleichzeitig weiterentwickelt.

In der modernen Wissensgesellschaft gewinnt das lebenslange Lernen an Bedeutung. Das Tempo der Veränderungen ist so hoch geworden, dass das Wissen, das wir einmal in der Schule und im Studium erworben haben, schnell veraltet und immer wieder auf den neusten Stand gebracht werden muss. Das Lernen des Lernens hat sich zu einer wichtigen Kompetenz entwickelt.

6.1.1 Lernbegriff

Die Lernpsychologie definiert Lernen als ein Prozess der relativ stabilen Veränderung des Verhaltens, Denkens oder Fühlens. Es ist ein individueller, aktiver Vorgang, bei welchem Wissen, Emotionen, Fertigkeiten, aber auch Verhalten, Einstellungen und Werte durch Erfahrungen verändert werden.

Beim Lernen agiert ein Mensch aktiv, indem er seine eigene Erfahrungs- und Erlebenswelt in den Lernprozess einbringt und dabei individuell vorhandenes Wissen und Können anpasst. Neue Informationen werden in bestehende Wissensstrukturen eingegliedert.

Lernen basiert auf Wahrnehmung und Gedächtnis und führt zum Entstehen von neuem Wissen. Als Auslöser für einen Lernprozess können unsere Erfahrungen mit der Umwelt, Kommunikation mit Anderen oder auch bewusste Impulse aus dem Inneren (eigene Motivation zur Veränderung) fungieren.

▶ **Lernen** ist ein psychischer Prozess, der zu relativ stabilen Veränderungen im Verhalten oder im Verhaltenspotenzial führt und auf Erfahrung oder Selbstveränderung basiert.

Man kann von offensichtlichen Lernergebnissen sprechen, wenn wir Auto fahren oder Klavier spielen gelernt haben. Hier geht es um Veränderungen im beobachtbaren Verhalten. Die Vorgänge im Gehirn oder den Lernprozess an sich kann man nicht einfach sehen, vielmehr zeigt sich das Ergebnis des Lernens in der Leistung.

Das Lernen kann auch zur Veränderung der nicht beobachtbaren Verhaltensdispositionen wie Kenntnisse, Fähigkeiten, Überzeugungen, Einstellungen oder Werthaltungen führen. Um diese Art des Lernens geht es beispielsweise im Studium, da die erworbenen Kenntnisse und Kompetenzen erst im Berufsleben angewendet werden.

Die Verhaltensänderung als Folge des Lernens ist relativ dauerhaft und ist zurückzuführen auf Interaktionen mit der Umwelt (z. B. Beobachtung, Nachahmung, Kommunikation), auf gemachte Erfahrungen sowie auf Gewinnen und Durchdenken von Informationen (Einsicht).

Die durch das Lernen verursachten Veränderungen beziehen sich auf drei Formen des Wissens: beschreibendes, prozessuales und wertendes (emotionales) Wissen

Tab. 6.1 Wissensformen und Kompetenzen beim Lernen. (Quelle: eigene Darstellung)

Dimension der Kompetenz	Formen des Wissens	Inhalte
kognitive	beschreibendes	Kenntnisse, Vorstellungen von Objekten und ihren Zusammenhängen (Begriffe, Definitionen, Beschreibungen)
konative	prozessuales	Fertigkeiten (meistens psychomotorischer Natur) von einfachen Bewegungsgriffen beim Essen bis zu komplizierten Tätigkeiten wie Autofahren oder strategische Planung in Unternehmen
emotionale	wertendes	Ziele, Motive, Bewertungen, persönlicher Kontext, Stimmungen, Einstellungen

(vgl. Abschn. 2.3.2.1). Insofern kann man Lernen als Veränderung aller Formen des Wissens definieren (vgl. Tab. 6.1).

Beim Lernen werden meistens sämtliche Kompetenzarten (kognitive, konative und emotionale) gefördert.

Präsentationskompetenz als Kombination aus verschiedenen Wissensformen

Erlernen wir die Kompetenz des Präsentierens, so werden alle Formen des Wissens gebraucht: beschreibendes (theoretische Kenntnisse über Aufbau einer Präsentation, Regeln der Argumentation, Gestaltung der Präsentationsfolien etc.), emotionales (wie geht man mit dem Lampenfieber um, wie spricht man die Emotionen des Publikums an etc.) und Prozesswissen (Gestik und Mimik beherrschen, Körperhaltung, Bedienen des Präsenters etc.). Wir benutzen bereits vorhandenes (Vor)Wissen und bringen es durch das Üben der Präsentation auf einen neuen Stand. ◄

Die Lernfähigkeit ist in unserem Gehirn verankert. Die ca. 100 Mrd. Nervenzellen mit ihren Verbindungen im Gehirn bilden ein Grundgerüst für unser Wissen, das wir uns im Laufe des Lebens aneignen.

Verschiedene Teile des Gehirns spielen beim Lernen unterschiedliche Rollen. Für die Aufnahme, Verarbeitung und Speicherung von Lerninhalten sind im Wesentlichen der Hirnstamm (Aktivierung), das limbische System (Bewertung) und das Großhirn (Speicherung) verantwortlich. An einem Lernprozess sind beide Hirnhälften beteiligt und ermöglichen Verarbeitung von verschiedenen Wissensinhalten. Die linke Großhirnhälfte kontrolliert überwiegend die Speicherung, Verarbeitung und Produktion sprachlicher Signale (unterstützt Logik, Fremdsprachen, Mathematik), während die rechte Großhirnhälfte zumeist stärker auf die Speicherung, Verarbeitung und Produktion von Vorstellungsinhalten (Kunstverständnis, Auffassungskraft, bildhaftes Empfinden, Fantasie) spezialisiert ist (vgl. Maderthaner, 2021, S. 178).

Um die Vorgänge beim Lernen zu verstehen, muss man sich genauer mit dem individuellen Lernprozess beschäftigen.

6.1.2 Individueller Lernprozess

Die individuellen Lernprozesse setzen bereits vor der Geburt an und dauern unser Leben lang. Entwicklungspsychologen, die sich mit der Entwicklung der Persönlichkeit befassen, haben nachgewiesen, dass die mentale Programmierung des Gehirns schon im Mutterleib beginnt und insbesondere in der frühen Kindheit intensiv vorangeht. Bis zum fünften-sechsten Lebensjahr werden im Gehirn viele neue Synapsen (Verbindungen zwischen den Gehirnzellen) gebildet, später lernen wir primär, indem wir einen Teil der Synapsen wieder entfernen („umlernen") oder anders gewichten.

In der Primärsozialisation eignen sich Kinder kognitive Kenntnisse, psychomotorische Fertigkeiten und die Grundlagen des sozialen Verhaltens an. Somit wird ein Gerüst aus dem beschreibenden, prozessualen und emotionalen Wissen festgelegt, das sich im Laufe des Lebens dauernd weiterentwickelt. Deswegen ist ein lebenslanges Lernen, das in der Wissensgesellschaft erforderlich ist, durchaus möglich.

Allerdings muss unsere Lernfähigkeit, genauso wie jede Fähigkeit, trainiert werden. Mit dem Alter nehmen Neugier und Lust am Lernen tendenziell ab. Nur eine ständige Beschäftigung mit neuen Informationen kann die Lernfähigkeit bis ins hohe Alter hinaus aufrechterhalten. Gleichzeitig lernen wir im Laufe des Lebens, wie man am besten lernt, entwickeln analytische Fähigkeiten und effiziente Methoden der Informationsverarbeitung. Man kann bei älteren Menschen von einer etwas abnehmenden fluiden Intelligenz (Schnelligkeit beim Erfassen und Wahrnehmen von Informationen) und einer zunehmenden kristallinen Intelligenz (Lebenserfahrungen, methodisches Wissen) sprechen.

Das Erfahrungswissen älterer Mitarbeiter stellt ein besonderes Kapital des Unternehmens dar und sollte mithilfe spezieller Maßnahmen bewahrt werden, wenn ein Mitarbeiter in Rente geht oder das Unternehmen verlässt. Damit kein Wissensabfluss stattfindet, praktizieren viele Unternehmen spezielle Mentoring-Programme, in denen Jüngere von den Älteren direkt im Arbeitsprozess lernen (vgl. Abschn. 7.3.1).

Am individuellen Lernprozess sind alle drei Gedächtnisarten beteiligt: sensorisches, Kurz- und Langzeitgedächtnis. Die Erkenntnisse der Neurobiologie belegen, dass bei jedem Lernvorgang Inhalte des kurzzeitigen Gedächtnisses in Inhalte des langzeitigen Gedächtnisses überführt, oder wie es heißt, konsolidiert werden (vgl. Roth, 2021, S. 121).

Gedächtnisarten bei Menschen
In der Neurobiologie wird zwischen dem Ultrakurzzeit-, Kurzzeit- und Langzeitgedächtnis unterschieden. Ein sensorischer Speicher, sensorisches Gedächtnis oder Ultrakurzzeitgedächtnis genannt, wird für 1–2 s reizspezifisch erregt. Dies ermöglicht uns, etwas soeben Gesehenes oder Gehörtes unmittelbar wiederzugeben. Das Kurzzeitgedächtnis mit einer Behaltensspanne bis ca. 30 s und zum Teil identisch mit dem Arbeitsgedächtnis, ist durch seine begrenzte Speicherkapazität gekennzeichnet. Das Langzeitgedächtnis ist weitgehend unempfindlich gegen Störfaktoren und hat eine sehr große Speicherkapazität. Das Langzeitgedächtnis ist dynamisch, d. h. wird durch neue Erlebnisse und Erfahrungen ständig umgeschrieben und wiederaufgefrischt sowie intern reorganisiert, was an Datenkompression erinnert (vgl. Roth, 2021, S. 121).

Nach Roth (2021) ist Lernen auf mentaler Ebene äußerst komplex und erfordert die Beteiligung aller Gedächtnisarten, basiert auf vorhandenem Wissen, aktiver Aufmerksamkeit und selektiver Wahrnehmung und läuft in mehreren Schritten ab. Der Lernprozess beginnt im Langzeitgedächtnis: Unser Interesse, das Neue zu erlernen, basiert auf dem vorhandenen Wissen, das für einen Zustand der Aufmerksamkeit im Kurzzeitgedächtnis sorgt und unsere sensorischen Organe auf ein Objekt oder einen Prozess hin ausrichtet.

Ist das Vorwissen nicht vorhanden, an das die neuen Informationen angeknüpft werden können, so sind wir nicht in der Lage, das Neue wahrzunehmen. Zum Beispiel wird ein komplizierter Fachvortrag über eine neue Programmiersprache einen Arzt oder Sozialwissenschaftler inhaltlich überfordern. Es ist unwahrscheinlich, dass ein Laie diesem Vortrag folgt.

Die von unseren Sinnesorganen gelieferten Informationen (beispielsweise die Inhalte des Vortrags) kommen ins Kurzzeitgedächtnis, wo die neuen Informationen mit den alten aus dem „Archiv" des Langzeitgedächtnisses verglichen werden. Kann das Individuum neue Information verstehen (Vorwissen ist vorhanden), erscheint sie ihm wichtig und neu (es lohnt sich, das Neue zu lernen), so kommt es zu einem „bedeutungshaftigen Verstehen" und das Erlernte wird in die bestehenden Strukturen des Langzeitgedächtnisses eingeordnet.

Die Natur hat dafür gesorgt, dass wir fürs Lernen belohnt werden – bei erfolgreichem Lernen wird im Gehirn der Neurotransmitter Dopamin ausgeschüttet, der positive Hochgefühle erzeugt. Dopamin wird als „Glücksbotenstoff" bezeichnet, es wird in unserem Gehirn aktiv, wenn wir uns besonders gut fühlen oder etwas Schönes erleben. Je öfter wir ein Erlebnis haben, bei dem wir uns glücklich fühlen, desto stärker ist der Impuls, diese Handlung zu wiederholen. Bemerkenswert ist, dass das Gehirn dieses Hormon auch als Belohnung für kleine und große Leistungen ausschüttet. Unser Lernen wird direkt im Gehirn belohnt.

Das Lernen kann dabei in diversen Formen stattfinden, die in der Geschichte der Verhaltenswissenschaft von Vertretern verschiedener Denkrichtungen – Behavioristen, Kognitivisten und Konstruktivisten – untersucht und beschrieben worden sind. Die Grenze zwischen den behavioristischen und kognitivistischen/konstruktivistischen Lernkonzepten lässt sich im Wesentlichen durch die Ebene der Betrachtung definieren: Die behavioristischen Ansätze halten das menschliche Gehirn für eine Black Box und messen die Lernergebnisse nur an den sichtbaren Veränderungen im Verhalten, wogegen die kognitivistische (und konstruktivistische) Schule sich mit der Informationsverarbeitung auf der Ebene des Gehirns befassen.

6.2 Lernformen aus Sicht des Behaviorismus

Nach dem Begründer des amerikanischen Behaviorismus John Broadus Watson (1879–1958) ist jedes menschliche (und tierische) Verhalten gezielt von außen veränderbar, wenn man nur genügend Geduld und Umsicht aufbringt. Die Behavioristen vertreten die Lehre von der Veränderung des Verhaltens nach den Prinzipien der klassischen und

operanten Konditionierung. Nach einem weiteren bedeutenden Vertreter des Behaviorismus Burrhus F. Skinner (1904–1990) wird jedes willkürliche (also nicht reflexbedingte)
Verhalten über Verstärkungs- und Vermeidungslernen gesteuert, und zwar über die Konsequenzen des Verhaltens (vgl. Roth, 2021, S. 24). Die behavioristischen Formen des Lernens basieren auf dem Reiz-Reaktions-Modell und werden als klassisches und operantes
Konditionieren bezeichnet.

6.2.1   Klassisches Konditionieren, oder Signallernen

Klassisches Konditionieren besagt, dass einem natürlichen, meist angeborenen, sogenannten unbedingten Reflex durch Lernen ein neuer, bedingter Reflex hinzugefügt werden
kann. In diesem Prozess lernt ein Organismus (ein Tier oder ein Mensch), dass ein Ereignis auf ein anderes folgt. Durch Wiederholung dieses Vorgangs kann man ein bestimmtes
Verhalten einüben. Der russische Begründer der Theorie des klassischen Konditionierens
Iwan Pawlow (1849–1936) löste bei Hunden eine Speichelsekretion als Reaktion auf das
Läuten einer Glocke aus, indem er einem Hund wiederholt ein Stück Fleisch vorhielt und
gleichzeitig eine Glocke ertönen ließ. Nach einigen Übungen reagierte der Hund allein auf
den Klang der Glocke mit Absondern des Speichels.

▶ **Klassisches Konditionieren** beschreibt eine Form des Lernens, bei der eine Reaktion,
die ein Mensch oder Tier in einer bestimmten Situation spontan zeigt, über einen Lernvorgang durch Reize und Reizsituationen ausgelöst werden kann, die vorher nicht in dieser
Weise wirksam waren (vgl. Roth, 2021, S. 112).

Alltagsbeispiele für klassisches Konditionieren sind zahlreich und beziehen im Grunde
alle Reaktionsbildungen mit ein, bei denen Reflexe, physiologische Prozesse, Gefühle
oder Triebauslöser durch Signale angekündigt werden (deswegen bezeichnet man klassische Konditionierung auch als Signallernen). Wenn wir uns beim Eintritt in ein uns be-
kanntes Prüfungszimmer unbehaglich fühlen oder bei Erwähnung unseres Lieblingsreise-
ziels innerlich lächeln, haben wir es mit emotionalem Konditionieren zu tun (vgl.
Maderthaner, 2021, S. 188).

Klassisches Konditionieren in der Werbung

Häufig werden die Mechanismen der klassischen Konditionierung in der Werbung eingesetzt, wobei neue Produkte mit positiven Emotionen verknüpft werden. Für ein Medikament wird mit einer glücklichen Oma geworben, die durch bessere Beweglichkeit
wieder mit ihrem Enkelkind spielen kann. Den (älteren) Konsumenten wird suggeriert,
dass sie mit dem neuen Medikament nicht nur Wohlbefinden, sondern auch ein harmo-
nisches Familienleben erwerben können. Es ist zu bedenken, dass die Werbung lediglich für nicht verschreibungspflichtige, meistens wenig wirksame Medikamente gemacht wird. ◀

Das Lernen durch das klassische Konditionieren ist fremdgesteuert, meistens emotional geprägt und als Lernform für die Arbeitswelt weniger relevant, und trotzdem kann man Beispiele für das klassische Konditionieren im Arbeitsleben finden. Beispielsweise kann dezente fröhliche Musik in einer Kaffeeküche oder Cafeteria in Unternehmen für positive Atmosphäre bei Gesprächen unter Kollegen sorgen und Arbeitszufriedenheit steigern.

Bei dem klassischen Konditionieren geht es darum, dass wir bereits etablierte spontane Reaktionen auf neue Ereignisse hin ausrichten, das Verhaltensrepertoire wird hierbei nicht erweitert, der Lerneffekt ist minimal. Anders ist es bei dem operanten Konditionieren.

6.2.2 Operantes Konditionieren, oder Erfolgslernen

Bei dem operanten Konditionieren geht es neue Verhaltensweisen. Hier wird gelernt, dass eine bestimmte Handlung Konsequenzen nach sich zieht. Menschen lernen sich so zu verhalten, dass sie etwas Erwünschtes bekommen oder etwas Unerwünschtes vermeiden. Diesem Lernprozess liegt ursprünglich ein spontanes Verhalten zugrunde, dessen Häufigkeit durch seine Konsequenzen nachhaltig verändert wird. Positive Konsequenzen (Belohnung) machen das Verhalten wahrscheinlicher, negative (Bestrafung) führen zu seiner Vermeidung. Diese Form des Lernens wurde von Edward Lee Thorndike (1874–1949) beschrieben und später von Skinner an Ratten und Tauben erforscht. Operantes Konditionieren wird auch als instrumentelles Lernen oder Erfolgslernen bezeichnet.

Man findet durch Ausprobieren (Versuch und Irrtum) heraus, dass bestimmte Handlungen zu positiven oder negativen Konsequenzen führen. Als „operant" wurde diese Lernform von Skinner deshalb bezeichnet, weil Mensch und Tier eine bestimmte Handlung aktiv ausführen („agieren" oder „operieren") und nicht einfach reagieren müssen wie beim klassischen Konditionieren (vgl. Roth, 2021, S. 115).

▶ **Erfolgslernen (operantes Konditionieren)** findet dann statt, wenn ein Individuum wiederholt eine bestimmte Situation wahrnimmt, in der bestimmte Verhaltensweisen zu bestimmten Konsequenzen führen.

Das operante Konditionieren findet sowohl im alltäglichen Leben, z. B. in der Erziehung, als auch im Arbeitsleben statt. Aus der Sicht der Führung bietet das operante Konditionieren eine Möglichkeit, das Verhalten mithilfe des Feedbacks wirksam zu beeinflussen.

Feedback als operantes Konditionieren

Jedes gute, rechtzeitige, begründete Feedback einer Führungskraft auf Leistungen oder Verhalten eines Mitarbeiters basiert auf den Mechanismen des operanten Konditionierens. Hat ein Projektmitarbeiter eine besonders kreative Leistung erbracht, sollte ein fundiertes Lob, in dem die Bedeutung des Ergebnisses für das ganze Projekt erläutert wird, die Leistung anerkennen, eventuell auch in Anwesenheit anderer Mitarbeitenden. ◀

Zu den Regeln für erfolgreiches operantes Konditionieren gehören die so genannten Gesetze der Bereitschaft, der Wirkung und der Übung. Nur unter diesen drei Bedingungen kann das Erfolgslernen funktionieren. Bereitschaft meint, dass ein Mensch unbefriedigte Bedürfnisse hat und grundsätzlich bereit ist zu handeln. Unter Übung werden Wiederholungen der Situation verstanden. Und als Wirkung kommt eine Belohnung oder Bestrafung infrage, wobei man zwischen positiver und negativer Verstärkung sowie Bestrafung unterscheiden kann.

Positive Verstärkung Unter positiver Verstärkung wird das Geben eines angenehmen Reizes (Belohnen) als Konsequenz auf ein gewünschtes Verhalten verstanden. Das können die Auszahlung einer Prämie an einen Vertriebsmitarbeiter als Folge exzellenter Verkaufszahlen oder auch Lob und positives Feedback sein. Als positive Verstärker kommen dabei sowohl Dinge infrage, die bestimmte Bedürfnisse (z. B. nach Anerkennung) unmittelbar befriedigen, als auch solche, die eine Bedürfnisbefriedigung in Aussicht stellen (z. B. finanzielle Belohnungen, Aussicht auf Beförderung). Positives Feedback in einem Mitarbeitergespräch oder ein unmittelbar nach einer besonderen Leistung geäußertes Lob gehören zu den gängigen Führungsinstrumenten.

Negative Verstärkung Von negativer Verstärkung wird dann gesprochen, wenn die Auftretenswahrscheinlichkeit eines bestimmten Verhaltens dadurch erhöht wird, dass ein negativer Reiz beim Zeigen eines gewünschten Verhaltens entfernt wird. Beispielsweise muss ein Mitarbeiter keine Überstunden machen, wenn er die Aufgabe rechtzeitig in der Arbeitszeit erledigt hat.

Bestrafung Unter einer Bestrafung wird eine negative Konsequenz auf ein (unerwünschtes) Verhalten verstanden. Durch ein negatives Feedback, eine Kritik oder eine Sanktion soll das Auftreten dieses Verhaltens verringert werden. Bestrafungen oder Sanktionen sind allerdings in vielen Fällen für eine Verhaltensänderung schlecht geeignet. Ein Mitarbeiter, der Angst vor der Bestrafung für einen Fehler hat, wird diesen Fehler verheimlichen, anstatt daraus zu lernen. Das Kritisieren von neuen Ideen kann die Kreativität der Menschen zunichtemachen. Deswegen sollte eine Führungskraft die Mechanismen der Bestrafung – wenn erforderlich – mit Bedacht anwenden.

Wir alle kennen Erfolgslernen aus Erfahrung: Wenn ein Kind für eine Tat (eine gute Leistung in der Schule, ein nettes Verhalten) gelobt wird, neigt es zur Wiederholung dieses Verhaltens. Ein ähnlicher Mechanismus ist Grundlage vieler Motivationstheorien: Lob und Belohnung für eine gute Leistung, Tadel und Bestrafung bei Fehlern und mangelnder Leistung.

Jedoch fehlt es dem behavioristischen Ansatz des Lernens an dem inneren Faktor des Lernens: Er berücksichtigt nicht die Lernmotive und -bedürfnisse einer Person und ihre Lust am Lernen, die nicht von außen, sondern aus der Persönlichkeit selbst entstehen. Schließlich ist Konditionieren nichts Anderes als Dressur, es lässt keinen Platz für die persönliche Einmaligkeit und menschlichen freien Willen.

Lesetipp
Einen Entwurf, wie man mit den Methoden des Behaviorismus eine komplett neue, aggressionsfreie Gesellschaft gestalten kann, hat B.F. Skinner in seinem Buch „Futurum Zwei" (im Original „Walden Two") beschrieben (Skinner, 1978, das Original erschien 1948 in den USA). Eine lesenswerte Utopie.

6.3 Lernen im Kognitivismus und Konstruktivismus

In den 1960er-Jahren begann in den USA und anderen Ländern der Niedergang des Behaviorismus, die sogenannte „kognitive Wende" in der Psychologie, die unter anderem durch Arbeiten des Linguisten Noam Chomsky (geb. 1928) und der Psychologen Albert Bandura (1925–2021) eingeleitet wurde. Zu den Prozessen, die man nun untersuchte, gehörten komplexe Wahrnehmung, Denken, Vorstellen und Erinnern – also genau das, was der Behaviorismus als Untersuchungsgegenstand strikt abgelehnt hatte. Die so entstehende Kognitionspsychologie, auch Kognitivismus genannt, befasste sich mit der Frage, wie Menschen ihre Erfahrungen strukturieren, ihnen Sinn beimessen, und wie sie ihre gegenwärtigen Erfahrungen zu vergangenen, im Gedächtnis gespeicherten Erfahrungen in Beziehung setzen (vgl. Roth, 2021, S. 26).

Die Theorie des Kognitivismus stellt Informationsverarbeitung im menschlichen Gehirn und die kognitiven Prozesse, d. h. Denkprozesse und alle psychischen Abläufe, die Voraussetzungen oder Folgen von Denkprozessen sind, in den Vordergrund (vgl. Maderthaner, 2021, S. 197).

Erforschung von kognitiven Aspekten des Lernens geht auf Jean Piaget (1896–1980) zurück, der die im Lernenden entwickelten kognitiven Strukturen und Stufen als Voraussetzung des Lernens betrachtete. Das sozial-kognitive Lernen am Modell wurde später von Bandura geprägt. Kognitivsten gehen davon aus, dass ein Organismus (hier kann die Rede nur von Menschen oder hoch entwickelten Tieren sein) die Fähigkeit hat, seine Umwelt in Form von mentalen Modellen zu repräsentieren. So ist es möglich, etwas zu lernen, ohne auszuprobieren. Man operiert nicht mit den Gegenständen der Realität, sondern mit Begriffen, Modellen und Vorstellungen. Die kognitiven Lerntheorien versuchen die Lernprozesse aus dem Inneren eines Menschen zu erklären, verbinden das Lernen mit den Zielen und Motiven einer Person.

Zu den Lernformen aus kognitivistischer Perspektive werden elementares kognitives Lernen, Lernen am Modell (Imitationslernen) und Lernen durch Einsicht gezählt.

6.3.1 Elementares kognitives Lernen

Denkprozesse werden dann erleichtert, wenn vorher der komplexe Informationsinput der Wahrnehmung gefiltert und klassifiziert wurde, was vor allem durch die Ausbildung von Kategorien und Begriffen passiert (vgl. Maderthaner, 2021, S. 197).

Die Bildung von Kategorien (Objektklassen) ist eine wesentliche kognitive Leistung des menschlichen Gehirns. Je nach Komplexität der Wahrnehmungsinhalte und Differenzierungsvermögen werden verschiedene Ebenen der Abstraktion gebildet, z. B. „ein Hund" als Sammelbegriff für verschiedene Hunde, „ein Tier" als Sammelbegriff für Hunde, Katzen, Fische usw.

Die mentalen Repräsentationen von Kategorien werden Begriffe oder Konzepte genannt, die im Laufe der Sozialisation in neuronalen Verschaltungen (mentalen Modellen) abgespeichert werden. Sie symbolisieren gesetzmäßige Zusammenhänge der Erfahrungswelt und gewährleisten eine effiziente Klassifikation, Weiterverarbeitung und Weitergabe von Informationen. Diese Prozesse werden als elementares kognitives Lernen bezeichnet (Maderthaner, 2021, S. 199).

▶ **Elementares kognitives Lernen** besteht in Ausbildung von Begriffen oder Konzepten, als abstrakte mentale Repräsentationen von Erlebnis- und Erfahrungsinhalten.

Im Rahmen des elementaren kognitiven Lernens werden sogenannte Schemata oder Skripte entwickelt. Schemata sind kognitive begriffsähnliche Strukturen. Die Abstraktionen verschiedenartiger komplexer Erlebnisstrukturen charakterisieren. Das sind kondensierte Wissensinhalte über komplexe Sachverhalte unserer Lebenswelt. Schematisiert wird beispielsweise der Charakter von Menschen (Typologien), typische Lebensentwicklungen (Karrieren, Schicksale) oder regelhafte Handlungsabläufe, die als Skripte bezeichnet werden (Skript Restaurant ist Eintreten in ein Lokal, Platznehmen, Bestellen, Konsumieren, Bezahlen) (vgl. Maderthaner, 2021, S. 200).

6.3.2 Lernen am Modell, oder Imitationslernen

Das Lernen am Modell, oder Imitationslernen, gehört ebenfalls zu den kognitivistischen Lernformen: Man macht nach, handelt nach einem Vorbild.

▶ **Lernen am Modell (Imitationslernen)** findet statt, wenn ein Individuum als Folge der Beobachtung des Verhaltens anderer Individuen sowie der darauffolgenden Konsequenzen sich neue Verhaltensweisen aneignet oder schon bestehende Verhaltensmuster weitgehend verändert.

Bandura hat eine sozial-kognitive Lerntheorie entwickelt, die besagt, dass es auch bei der klassischen und operanten Konditionierung nicht die beobachtbaren Reaktionen sind, die gelernt werden, sondern in Wirklichkeit die verdeckten, inneren Erwartungen und Bewertungen, die zwischen Reiz und Reaktion „vermitteln" (vgl. Maderthaner, 2021, S. 201).

Ein wichtiges Merkmal des Imitationslernens ist das Auftreten neuer Verhaltensweisen oder neuer Kombinationen vorhandener Verhaltensweisen. Echte Imitation liegt vor, wenn der Beobachtende nicht nur dazu gebracht wird, sich mit einer bestimmten Sache zu beschäftigen, sondern wenn er die Aufgabe in mehr oder weniger derselben Weise löst wie der Beobachtete (vgl. Roth, 2021, S. 117).

Bandura bezeichnete den Vorgang des Lernens am Modell als das Auftreten einer Ähnlichkeit zwischen dem Verhalten eines Modells und dem einer anderen Person unter Bedingungen, bei denen das Verhalten des Modells als der entscheidende Hinweisreiz für die Nachahmungsreaktionen gewirkt hat. Bei dieser Form des Lernens steht der soziale Aspekt im Vordergrund: Neues Wissen entsteht im Prozess der unmittelbaren Interaktion zwischen einem Lehrer und einem Lernenden, die zwischenmenschliche Beziehung ist dabei von überragender Bedeutung.

Das Imitationslernen bedarf nach Bandura (1986) einiger Bedingungen:

- Das beobachtete Verhalten sollte erfolgreich sein und positive Konsequenzen haben,
- Das Modell sollte Macht besitzen und Dominanz in der sozialen Gruppe zeigen,
- Das Modell sollte als positiv, beliebt und respektiert empfunden werden,
- Das Modell sollte dem Lernenden in gewisser Weise ähnlich sein (Alter, Geschlecht, Interessen).

Beim Lernen am Modell geht es um Prozesse der Beobachtung und des Nachahmens von Verhaltensweisen anderer Menschen, im Unternehmenskontext von Kollegen oder Vorgesetzten.

Lernen am Modell bei Mentoring

Eine gängige Anwendungsform des Lernens am Modell in Unternehmen ist Mentoring. Ein erfahrener, älterer Mentor wird dabei von einem jüngeren Mentee begleitet und dieser „guckt sich" die Vorgehensweisen und Arbeitsmethoden des Mentors ab. Zu den Voraussetzungen für ein erfolgreiches Lernen zählen eine gewisse Sympathie zwischen Mentor und Mentee sowie Vertrauenswürdigkeit und starke Persönlichkeit des Mentors. ◀

6.3.3 Lernen durch Einsicht

Kognitives Lernen kann auch über Lernen durch Einsicht erfolgen, ohne Versuch und Irrtum und ohne Modell. Bei diesem Lernen steht, anders als bei Imitationslernen, der Sinnaspekt im Vordergrund. Hierzu gehört die Einsicht in das Prinzip, z. B. beim Handhaben eines Werkzeugs. Das erlaubt die Abwandlungen der Prozedur und eine flexiblere Anwendung bei Veränderungen (vgl. Roth, 2021, S. 118). Im Gegensatz zu anderen Lernformen passiert hier die Verhaltensänderung aus der Sicht des Außenstehenden plötzlich.

Für diese Form des Lernens braucht man besondere mentale Fähigkeiten zur Entwicklung von Strategien und zur Analyse der Alternativen. Man hat beim Lernen durch Einsicht keine Vorbilder, probiert nicht aus, sondern entwickelt im Kopf eine Lösung.

▶ **Lernen durch Einsicht** ist ein Prozess, bei dem eine Person ein Problem gedanklich analysiert, strukturiert und neu organisiert und so eine Lösung findet.

Die Einsicht ist abhängig von der Anordnung der Problemsituation, aber die gewonnene Lösung kann auf andere Situationen angewendet werden. Diese Möglichkeit der Übertragung auf die weiteren Situationen ist für das Handeln von besonderer Bedeutung.

Lernen durch Einsicht in der Unternehmenspraxis

Lernen durch Einsicht kommt dann zustande, wenn neue Probleme gelöst werden sollen, und hat mit Kreativität zu tun. Es geht darum, zunächst das Problem richtig zu formulieren, um dann nach Lösungen zu suchen. Durch mentales Durchspielen von verschiedenen Lösungswegen kann es zu einer „Erleuchtung" kommen. Dieses Lernen kann sowohl individuell (durch intensives Nachdenken über ein Problem) als auch in einer Gruppe (durch Diskutieren und gegenseitige Anregung) stattfinden. ◄

Gemeinsam haben alle kognitivistischen Lernformen, dass sie das Lernen auf der Ebene des Gehirns betrachten und erklären, als Informationsverarbeitung mit den Schritten Wahrnehmung, Speicherung von Informationen und schlussfolgerndes Denken. Innere Faktoren einer Person wie Motive, Ziele und Fähigkeiten spielen dabei eine zentrale Rolle.

6.3.4   Lernen im Konstruktivismus

Grundidee des Konstruktivismus ist die Vorstellung, dass uns in unserer Wahrnehmung ebenso wie in unserem Denken die bewusstseinsunabhängige Welt (Realität) nicht direkt zugänglich ist. Was als Seh-, Hör- und Tasteindrücke empfunden wird, spiegelt nicht die Beschaffenheit der auf die Sinnesorgane einwirkenden Ereignisse wider, vielmehr sind alle Sinnesempfindungen reine Konstrukte in dem Sinn, dass ihre empfundenen Eigenschaften vollständig auf die Aktivität des Gehirns zurückgehen und nicht auf die Natur der Reize (vgl. Roth, 2021, S. 289).

Der Konstruktivismus versteht unter Lernen eine individuelle Konstruktion des Wissens in jedem einzelnen Kopf und betont seinen subjektiven Charakter.

▶ **Lernen im Konstruktivismus** ist ein aktiver Konstruktionsprozess, in dem jeder Lernende eine individuelle Repräsentation der Welt erschafft.

Die Konstruktivisten definieren keine eigenen Lernformen, für sie stehen die Subjektivität und die Konsequenzen des Lernens für die Person und ihre Umwelt im Mittelpunkt.

Jeder Mensch lernt auf der Grundlage seiner persönlichen Erfahrung, im Kontext eigener Werte, Überzeugungen und Begrifflichkeiten. „Jeder lebt in seiner Welt", so Gerhard Roth (2021, S. 272).

Wie ein Mensch die Welt sieht und versteht, hängt von den genetischen Besonderheiten seiner Sinnessysteme, von den Einflüssen in der kindlichen und späteren Sozialisation über Familie, Kameraden, Freunde, Schule etc. sowie von eigenen persönlichen Erfahrungen ab. Das macht jeden Menschen zu einem Unikat (vgl. Roth, 2021, S. 272).

Wenn ein Lehrer einem Schüler etwas erklärt, speichert der Schüler die Informationen nicht einfach ab, sondern konstruiert sich anhand der aufgenommenen Informationen sein persönliches Bild der Realität, das von seinem Vorwissen und seinen Einstellungen abhängt.

Nach Roth (2021, S. 266) ist die gängige Vorstellung der Kommunikation als Austausch bedeutungshafter Informationen falsch, denn was der Lehrer ausspricht, sind Schalllaute, keine Bedeutungen. Bedeutungen verlassen nicht das Gehirn des Lehrers. Im Gehirn eines Schülers findet eine Konstruktion möglicher Bedeutungen statt, vorausgesetzt dass die Worte des Lehrers wirklich gehört wurden und die un- und vorbewusste Analyse des Gehörten korrekt verlaufen ist.

Erfolgreiches Lernen ist nur möglich, wenn es dem Lernenden gelingt, eine eigene Perspektive für sein Lernen zu entwickeln, indem er sich motiviert, sein Lernen selbst organisiert, sich seiner mentalen Muster bewusst wird und diese handlungsorientiert entwickelt.

Wichtig aus konstruktivistischer Sicht ist, dass das Lernen eine komplexe, selbstorganisierte und auf erfolgreiches Handeln bezogene Tätigkeit ist. Durch Lernen konstruieren wir unsere Wirklichkeit. Deswegen werden schwerpunktmäßig die Konsequenzen des Lernens für die Person und ihre Umwelt betrachtet. Diese Folgen des Lernens betreffen sowohl das Individuum als auch – durch die Kommunikationsprozesse – seine unmittelbare und weitere Umwelt. So ist jeder auch für die Folgen seines Lernens bzw. Nichtlernens verantwortlich. Die konstruktivistischen Ansätze gehen davon aus, dass Lernen ein konstruktiver Prozess ist und behaupten, dass jeder Lernende auf der Grundlage seiner „Experience" (Erfahrungen, Erlebnisse) lernt und dabei eigene Werte, Überzeugungen, Muster und Vorerfahrungen einsetzt.

6.4 Gestaltung und Erfolgsfaktoren des Lernens

Für eine optimale Gestaltung des Lernens im Unternehmen sind die Definition der Ziele, die Auswahl von Lernmethoden, die Schaffung der Rahmenbedingungen und die Eigenschaften der Lehrenden und Lernenden relevant. Diese Gestaltungsoptionen unterscheiden sich je nach Lernkonzept. Außerdem ist es wichtig, die neurobiologischen Erfolgsfaktoren im Lernprozess zu berücksichtigen. Auf dieser Grundlage können die Empfehlungen für die optimale Gestaltung des Lernens abgeleitet werden.

6.4.1 Lerndidaktiken in Behaviorismus, Kognitivismus und Konstruktivismus

Je nach Lernkonzept – Behaviorismus, Kognitivismus und Konstruktivismus – unterscheiden sich die Ziele des Lernens, die Lerndidaktiken, darunter die Lernmethoden und die Rolle der Lernenden und Lehrenden. Allerdings schließen sich die Lernkonzepte nicht komplett aus, sondern ergänzen und vervollständigen einander.

Die **Ziele** des Lernens werden im Konstruktivismus wesentlich weiter gefasst als in anderen Lerntheorien. Es geht nicht wie bei Behavioristen darum, einen Lernenden als kontrollierbares offenes System zu betrachten und sein Verhalten zu konditionieren. Auch nicht um die Anregung von individuellen Denkprozessen in den Köpfen von Lernenden durch die Denkanregungen und Motivation der Lehrenden, wie im Kognitivismus. Zu den Zielen des Lernens im Konstruktivismus zählen vor allem Lernen des Problemlösens, Lernen des Lernens, Lernen des kritischen Denkens, Entwicklung einer Werthaltung oder Einstellung.

Aus konstruktivistischer Sicht ist Lernen eine selbstreferenzielle Konstruktion der Wirklichkeit, die erfolgreiches Handeln ermöglicht. Damit sind die älteren Lerntheorien – zum Beispiel das behavioristische Lernen am Erfolg (durch Verstärkung) und das Imitationslernen – nicht widerlegt, sondern relativiert und ergänzt. Menschen imitieren Vorbilder, aber sie entscheiden selbst, mit wem sie sich identifizieren. Menschliches Verhalten wird durch Belohnungen und Zuwendungen verstärkt, aber die Individuen bestimmen selbst, welche Verstärkungen für sie relevant sind. Meist ergänzen sich mehrere Motive: Erwachsene lernen am Erfolg und zugleich durch Einsicht.

Die **Rolle** des Lernenden wird in verschiedenen Lerntheorien unterschiedlich dargestellt. Für die Behavioristen ist ein Individuum ein passives Subjekt, eine Black Box, das Ziel des Lernens ist, auf diese Black Box von außen zu wirken, um bestimmte sichtbare Verhaltensweisen zu erzeugen. Für die Kognitivsten steht das menschliche Gehirn mit seinen komplexen Prozessen der Informationsverarbeitung im Mittelpunkt. Man kann nur aufgrund eines Feedbacks erkennen, was sich im Inneren eines Individuums im Laufe des Lernens verändert hat. Die Konstruktivisten schreiben einem Menschen eine relative Unabhängigkeit im Lernprozess zu, die zur Subjektivität und Einmaligkeit seines Wissenskonstrukts führt.

Die verschiedenen Konzepte zeichnen sich durch unterschiedliche **Rollenverteilung** zwischen dem Lehrer und dem Lernenden aus:

- Im Behaviorismus ist der Lehrer ein Vermittler des Faktenwissens. Das Ziel der Vermittlung ist es, richtige Antworten zu bekommen. Die Vorgehensweise heißt belehren und kontrollieren.
- Im Kognitivismus übernimmt der Lehrer die Rolle eines Tutors. Sein Ziel ist es, den Lernenden auf selbstständige Problemlösungen vorzubereiten. Seine Vorgehensweise ist, zu beobachten, vorzuführen, zu helfen.
- Im Konstruktivismus agiert der Lehrer als Coach. Sein Ziel ist es, den Lernenden bei der Bewältigung von komplexen Situationen zu unterstützen. Die Vorgehensweise des Lehrers heißt Kooperieren auf Augenhöhe.

Diese Erkenntnisse sind für die Gestaltung des Gruppen- und organisationalen Lernens von Bedeutung und sollen individualisiert, je nach Reifegrad und Lernerfahrungen einzelner Menschen, angewendet werden.

In einer repräsentativen Studie der Hochschule für angewandtes Management Berlin, Vodafone Stiftung und des Bundesinstitut für Berufsbildung zum Lernverhalten wurden

Tab. 6.2 Lernstile der Mitarbeiter in Deutschland anhand der Studie der Hochschule für angewandtes Management Berlin, Vodafone Stiftung und des Bundesinstitut für Berufsbildung. (Vgl. Graf et al., 2016, S. 40)

Lernstil laut Studie	Typ des Lernens	Bedeutung ja nach Altersgruppe	Bedeutung je nach Bildungsstand
Aktivist – Lernen durch eigene Erfahrung/ Ausprobieren	Erfolgslernen (operante Konditionierung)	Kommt oft bei Personen unter 35 Jahren vor	Bevorzugter Lernstil bei Personen ohne Schulabschluss
Beobachter – Lernen durch Beobachtungen, Zusehen	Modelllernen (Imitationslernen)	Bevorzugter Lernstil bei Jüngeren (unter 21 Jahren)	Kommt oft bei Personen mit mittleren Abschlüssen vor
Nachdenker – Lernen durch Verstehen, logisches Denken	Lernen durch Einsicht	Bevorzugter Lernstil bei Älteren (über 50 Jahre)	Bevorzugter Lernstil bei Personen mit Abitur und Hochschulabschluss

drei Lernstile unter 10.000 Befragten identifiziert – Aktivist, Beobachter und Nachdenker, wobei eine klare Zuordnung zu dem Erfolgslernen, Beobachtungslernen und Lernen durch Einsicht erkennbar ist (vgl. Graf et al., 2016, S. 36 f.).

Interessanterweise variiert die Häufigkeit von diesen Lernstilen je nach Alter und Bildungsabschluss der Befragten. Der Lernstil „Nachdenker" nimmt mit der steigenden Schul- oder Berufsbildung zu, der Lernstil „Aktivist" nimmt mit der zunehmenden Bildung ab und wird am häufigsten von den Personen ohne Schulabschluss bevorzugt. Auch mit dem Alter verändern sich die Lernstile merkbar: Vor allem Jüngere lernen häufig durch Beobachtungen, danach (ab 21 Jahren) geht der Anteil der Beobachter deutlich zurück, die Lernstile des Aktivisten und des Nachdenkers werden wichtiger (vgl. Tab. 6.2).

Diese Studie bestätig die individuellen Präferenzen einzelner Personen beim Lernen, die sämtliche Typen des Lernens praktizieren, jedoch mit dem zunehmenden Alter und Bildungsstand diese Präferenzen aufgrund der Lernerfahrung ändern. Die Lernangebote und -bedingungen sollen individuell, je nach Zielgruppe unterschiedlich sein. Die Erkenntnisse der Lernpsychologie helfen dabei, die Voraussetzungen für ein erfolgreiches Lernen fundiert zu gestalten.

6.4.2 Neurobiologische Erfolgsfaktoren des Lernens

Die Gehirnforschung hat umfassende Erkenntnisse über Lernprozesse bei Menschen gewonnen, die für die Gestaltung des Lehrens und Lernens von großem Interesse sind. Auf einige relevante Erkenntnisse der Neurobiologie ist bereits in den vorigen Kapiteln eingegangen worden, hier werden weitere für Lernprozesse wichtige Bereiche mit ihren Konsequenzen systematisch betrachtet: Muster und Mustererkennung; Sinn, Relevanz und Bedeutung; Emotion und Kognition.

6.4.2.1 Muster und Mustererkennung beim Lernen

Wie bereits früher erläutert, spielen unsere Neuronen und ihre Verbindungen die Schlüsselrolle im Lernen. Die 60 bis 100 Mrd. Neuronen in unserem Gehirn, jeder für sich selbst wieder mit bis zu 10.000 anderen Neuronen verbunden, bilden neuronale Netze, in denen letztlich alles gespeichert ist, was wir an Verhaltens-, Denk- und Handlungsmustern benötigen. Bei der Geburt sind diese Neuronen weitgehend unspezifisch und nicht strukturdeterminiert. Mit jedem Wahrnehmungs- und Verarbeitungsvorgang entstehen in den neuronalen Strukturen Ladungsprozesse. Wiederholen sich die Inputs, so verstärken sich bestimmte neuronale Netze und es findet Lernen statt. Auf diese Weise werden Neuronen und Netzwerke für bestimmte Signale und Muster zuständig und werden aktiv, wenn diese neuronalen Muster angesprochen und gebraucht werden.

Durch die Musterverarbeitung entstehen ganze Cluster von ähnlichen Mustern, die sich zu neuronalen Netzen verbinden, die von einfachen bis zu hochkomplexen Wahrnehmungsmustern alles verarbeiten, was wir zur Bewältigung unserer Lebenswirklichkeit benötigen.

Solche **gespeicherten Muster** sind feste Bestandteile unseres Lernens. Sie helfen beim Aufbau expliziten, abrufbaren Wissens ebenso wie bei der Entwicklung impliziter Kompetenzen. Wir lernen vieles ganz bewusst, vieles jedoch eher unbewusst im Laufe unserer Entwicklung, z. B. Verhaltensweisen, Gewohnheiten, Einstellungen, die wir durch Imitation, am Modell in der Familie, Schule, Umfeld gelernt haben. Im Laufe des Lebens wird unser neuronales Potenzial zunehmend strukturierter und funktionaler.

Je fester die neuronalen Muster werden, desto schwieriger ist das Umlernen. Es fällt unserem Gehirn schwer, alte bewährte Muster durch neue zu ersetzen, besonders wenn es um Routinen und Gewohnheiten geht.

6.4.2.2 Sinn, Relevanz und Bedeutung

Im Gegensatz zu einem Computer speichert das menschliche Gehirn nicht alles, was man ihm eingibt, sondern nur das, was es für sinnvoll hält. Unser Gehirn arbeitet nach Kategorien Sinn, Relevanz und Bedeutsamkeit, verarbeitet aufgenommene Eindrücke und vernetzt neue und bereits verarbeitete Erfahrungen miteinander. Wir lernen und behalten nur das, was Sinn ergibt, was wichtig für uns ist und was für uns Bedeutung hat.

Nach Roth (2021, S. 126 ff.) nimmt unser Gehirn nicht einfach alles auf, sondern bewertet und gewichtet die Vielzahl der über unsere Sinne einstürmenden Eindrücke und beteiligt sich bearbeitend, sortierend und vernetzend am Aufbau von Gedächtnissen. Es geht dabei um das Ultrakurzzeit-, Kurzzeit- und Langzeitgedächtnis sowie um deklaratives (explizites Wissen) und prozedurales (implizites Können) Gedächtnis. Unser deklaratives Gedächtnis lässt sich in ein semantisches und ein episodisches Gedächtnis unterteilen. Im semantischen Gedächtnis werden Fakten, Kenntnisse, Sachwissen von der Welt, Sprache, Denkkonzepte, Zeit- und Raumbezüge, mathematische Lösungszugänge u. a. gespeichert. In episodischem Gedächtnis werden unsere autobiografischen Erlebnisse, Ereignisse und Erfahrungen sowie situative und zeitliche Einbindungen gespeichert. Das prozedurale Gedächtnis ist für das Erlernen von motorischen oder kognitiven Routinen (wie Tennis spielen, Treppen steigen oder Erlernen von Sprache), manuelle Fertigkeiten und klassisches Konditionieren zuständig. Auf solche Funktionen und Routinen können wir zugreifen, ohne groß darüber nachzudenken und sie explizit in Erinnerung zu bringen.

Die Rolle der praktischen Erfahrung ist im Lernen außergewöhnlich groß – wir lernen am besten das, was wir selbst getestet haben. Neurobiologisch gesehen, bildet das Gehirn während des Lernens mögliche Handlungsstrategien, und nur das Wissen, das im Zusammenhang mit überzeugenden Aktionsmöglichkeiten aufgenommen wird, wird optimal gespeichert. Deswegen ist das Lernen durch Handeln besonders effizient.

Aber auch das, worüber wir sprechen, wird relativ gut gelernt. Wenn wir unsere Vorstellungen und Kenntnisse in Worte fassen, verdeutlichen wir die Definitionen und Zusammenhänge, die in unserem unbewussten, impliziten Wissen nicht so klar waren. Eine positive Auswirkung von Gesehenem zusätzlich zu Gehörtem beweist die Wichtigkeit von Bildern für das menschliche Gehirn. Ganzheitliche Wahrnehmung von Bildern kann Zusammenhänge und Verbindungen verdeutlichen.

Die Schlussfolgerungen für die Gestaltung des Lernens sind: Der Sinn und die Bedeutsamkeit der Lerninhalte sollen den Lernenden klar sein, um ihre Lernmotivation zu steigern. Deswegen ist eine Anwendungsorientierung von theoretischen Ansätzen unverzichtbar, sodass jeder für sich den Nutzen erkennen kann. Lernangebote sollten gezielt überraschende Darstellungen, Rätsel und Humor einsetzen, um das Gehirn anzuregen und Ablegen von Informationen zu unterstützen.

6.4.2.3 Emotion und Kognition im Lernen

Die neurobiologische Forschung hat auch zu einem neuen Verständnis des Zusammenwirkens von kognitiven und emotionalen Prozessen geführt. Die unbewusst ablaufenden Prozesse der Bedeutungs- oder Wissenskonstruktion sind im starken Maß von Affekten, Gefühlen und Motivation abhängig, die als Hauptkontrolleure des Lernerfolgs agieren (vgl. Roth, 2021, S. 199 ff.).

Emotionale Zustände können sich positiv oder negativ auf Lernen und Gedächtnisleistungen auswirken. In angstbesetzten Situationen, bei Druck oder Überforderung verschlechtern Stresshormone die Leistungsfähigkeit vieler neuronaler Funktionen. Wir können dann zwar Routineaufgaben bewältigen, kommen jedoch mit kreativen und divergenten Aufgaben nicht zurecht. Die emotionalen Faktoren der Lernsituation, bezogen auf Lehrer, Lernende und Lernumgebung, spielen für den Lernerfolg eine entscheidende Rolle. Dazu zählen vor allem die Glaubwürdigkeit, fachliche Kompetenz, Feinfühligkeit und Motivationsfähigkeit des Lehrenden sowie Zielorientierung, Selbstmotivation, Ausdauer und Fleiß der Lernenden (vgl. Roth, 2021, S. 313 f.).

Eine auf Wertschätzung individueller Fähigkeiten und Anstrengungen angelegte Lernatmosphäre und ein gutes soziales Klima sind Schlüsselvariablen für erfolgreiches Lernen.

6.4.3   Empfehlungen für optimale Gestaltung des Lernens

Abschließend lassen sich in Anlehnung an Roth (2021, S. 323 ff.) einige Schlussfolgerungen für optimale Gestaltung des individuellen Lernens in Unternehmen anhand der Erkenntnisse der Hirnforschung ableiten:

- Lernsituationen und methodische Gestaltungsformen sollten so angelegt sein, dass sie **Aufmerksamkeit** und **Konzentration** der Lernenden fördern.
- Die Anschlussfähigkeit des Stoffes ist wichtig – es muss ein ausreichendes **Vorwissen** vorhanden sein.
- Da neuronale Muster aufeinander aufbauen, ist es wichtig, beim Lernen mit einfachen Begriffen zu beginnen und dann Schritt für Schritt komplexere **Zusammenhänge** aufzuzeigen.
- „**Übung** macht den Meister" – je häufiger bestimmte Muster angeboten und im Gehirn verarbeitet werden, desto intensiver ist die Repräsentation dieser Muster im Gedächtnis.
- Man braucht **vielfältige Lernmethoden**. Für verschiedene Arten des Wissens sind unterschiedliche Lernprozesse erforderlich. Deklaratives Wissen lässt sich anhand eines Fachbuches oder Vortrages vermitteln, für die Vermittlung des prozessualen Wissens sind Übungen und ein Vorbild (Modell) erforderlich, emotionales Wissen eignen wir uns in sozialen Kontexten an.
- **Verschiedene Sinne** ansprechen. Ein Vortrag sollte durch Bilder, Grafiken und Videos unterstützt werden. Wenn möglich, sollte die Möglichkeit, zu testen und auszuprobieren gegeben sein.
- **Fachübergreifende** Aufgabenstellungen und Probleme sind beim Lernen besonders förderlich, um die Bedeutsamkeit des Stoffes für die Praxis aufzuzeigen.
- Die gegenseitige Wertschätzung von Anstrengungen und Ergebnissen muss zu einem Bestandteil des Lernprozesses werden. Ein verdientes, begründetes **Lob** spielt dabei eine wichtige Rolle.
- Die Motivation und Begeisterung des Lehrenden für das Fach wirkt sich stark auf den Lernerfolg aus. Die **Lehrenden sind Modelle** für die Entwicklung von Verhaltens- und Einstellungsmuster der Lernenden.

Die in diesem Kapitel genannten Faktoren wirken im Gehirn des Lernenden nachhaltig auf den Lernerfolg ein. Auch wenn man keinen direkten, willentlichen Einfluss auf den Lernerfolg nehmen kann, ist es durchaus möglich, gehirngerechte Rahmenbedingungen des Lernens zu gestalten, um die Prozesse des Abspeicherns, Behaltens und Abrufens des Wissens zu optimieren.

Die in diesem Abschnitt dargestellten theoretischen Grundlagen des Lernens sollen nun in den Kontext der Digitalisierung übertragen werden, wobei die Besonderheiten der digitalen Technologien und ihrer Nutzung durch verschiedene Generationen berücksichtigt werden.

6.5   Lernen und Digitalisierung

Die Digitalisierung führt zu rasanten und tiefgreifenden Veränderungen in der Arbeitswelt: kürzere Innovationszyklen, agile Geschäftsprozesse, neue (digitale) Geschäftsmodelle. Dabei sinkt die Halbwertszeit von Wissen rapide, und die kontinuierliche Weiterbildung wird zu einer zentralen Aufgabe, um mit dem Wandel mithalten zu können. Wir können Wissen und Kompetenzen in Zukunft immer weniger auf Vorrat erwerben, lebenslanges Lernen wird zum kritischen Erfolgsfaktor für Unternehmen, individuelle Karrieren sowie die Arbeits- und Beschäftigungsfähigkeit von Arbeitnehmern (vgl. Jacobs et al., 2020).

Im Kontext der digitalen Transformation sind digitale Kompetenzen für IT-Anwendungen und Datenanalyse erforderlich, aber auch weitere Soft Skills, die strategisches, kritisches Denken und Agilität ermöglichen (vgl. Kienbaum & StepStone, 2021; Siepmann, 2021). Die Beschäftigten müssen sich auf den Umgang mit ständiger Veränderung einstellen und lebenslang dazulernen.

Da das Lernverhalten einzelner Menschen je nach Alter, Generationszugehörigkeit, Bildungsabschluss, Berufsgruppe und anderen Faktoren variiert, sind im Kontext der Digitalisierung generationen- und personenbedingte Lernkonzepte erforderlich. Die Besonderheiten von Digital Natives und Digital Immigrants sollten genauso berücksichtigt werden wie die Unterschiede im Lernverhalten zwischen den Beschäftigten in der Produktion und Verwaltung, allerdings sollten Unternehmen alle Beschäftigten mitnehmen und für die digitalisierte Arbeitswelt fit machen. Das kann mit einer Kombination aus analogen und digitalen Lernmethoden und unter Voraussetzung einer fördernden Lernkultur gelingen.

6.5.1   Kompetenzanforderungen durch die Digitalisierung

Digitale Transformation in Unternehmen erfordert von Führungskräften und Mitarbeitenden neue Kompetenzen, die zu einem Erfolgsfaktor für Unternehmen avancieren. Auch wenn die Definitionen von notwendigen Kompetenzen uneinheitlich sind, kann man bestimmte Trends erkennen: es werden nicht nur direkte digitale Kompetenzen verlangt, sondern auch Soft Skills wie persönliche, soziale Kompetenzen und lebenslanges Lernen.

6.5.1.1 Hoher Bedarf an Qualifizierung und Weiterbildung

Aufgrund der Digitalisierung, Automatisierung und Robotisierung von standardisierbaren Tätigkeiten werden intelligente Maschinen, Algorithmen und Künstliche Intelligenz (KI) immer mehr Aufgaben übernehmen. Monotone, schwere und gefährliche Arbeitsabläufe in der Fertigung werden in Zukunft weitestgehend ohne menschliches Zutun erfolgen. Auch die standardisierbaren Büro- und Verwaltungsaufgaben werden von Algorithmen ausgeführt, sodass viele einst menschliche Arbeitsaufgaben wegfallen werden. Allerdings werden zugleich neue Jobs für die Beschäftigten entstehen, die spezifische menschliche Fähigkeiten zum strategischen Denken, zur Bewältigung von unvorhergesehenen Situationen, zur Kreativität, zur Empathie und zum sozialen Verhalten zur Geltung bringen. Zwar ist noch nicht klar absehbar, wie diese neuen Tätigkeiten genau aussehen werden, doch kann man von einem starken Anstieg von IT-Jobs, Datenanalyse sowie kreativen und sozialen Aufgaben ausgehen.

Für die Arbeit in digitalisierten Unternehmen benötigen die Beschäftigten spezifische Kompetenzen. Der Mangel an diesen Kompetenzen (Skill-Gap) ist für viele Unternehmen zu einem Risikofaktor geworden, um digitale Transformation voranzutreiben. Es entsteht ein enormer Weiterbildungsbedarf, um das Know-how zum zielgerichteten Umgang mit den neuen Maschinen, Geräten oder Programmen aufzubauen. In einer Weiterbildungserhebung des Instituts der deutschen Wirtschaft (IW) berichten 65 % der Unternehmen, dass der Weiterbildungsbedarf durch die Einführung neuer digitaler Technologien gestiegen ist (vgl. Seyda, 2021, S. 81).

Laut Kienbaum und StepStone Studie 2021 erkennen die meisten befragten Führungskräfte in deutschen Unternehmen die hohe Relevanz der Zukunftskompetenzen, bemängeln jedoch ihre unklare Definition in Unternehmen. Mehr als die Hälfte (59 %) der Befragten sieht ihr Unternehmen mit einem Skill-Gap konfrontiert, insbesondere im Bereich IT und Datenanalyse. Die Gründe für Skill-Gap sehen die Befragten im War for Talent, in der Digitalisierung und digitalen Technologien (vgl. Kienbaum & StepStone, 2021).

Der Mangel an funktionaler Expertise in den Bereichen KI, Blockchain, IoT und Data Analytics zählen zu den größten Hürden bei der digitalen Transformation in deutschen Unternehmen. Nur 15 % der Unternehmen gaben in einer Studie der TU München an, dass sie genügend Mitarbeiter mit den erforderlichen Fähigkeiten haben (vgl. Frankenberger et al., 2021, S. 239).

6.5.1.2 Kompetenzanforderungen für die digitale Arbeitswelt

Künstliche Intelligenz, Automatisierung und Industrie 4.0 sind die Stichworte für die Herausforderungen, mit denen Wirtschaft und Gesellschaft derzeit konfrontiert sind. Durch die Vermittlung erforderlicher „Future Skills" versuchen Unternehmen ihre Beschäftigten für die Aufgaben der Digitalisierung zu rüsten, um Beschäftigung zu sichern und Wettbewerbsfähigkeit zu erhalten (vgl. Siepmann, 2021). Dafür sollten zunächst die für die Zukunft notwendigen Kompetenzen definiert werden, welche in zahlreichen internationalen und nationalen Studien untersucht werden.

Der Bericht der OECD „Skills for a Digital World" bezeichnet digitale Kompetenzen als Voraussetzung für eine erfolgreiche Digitalisierung und definiert drei Stufen von **digitalen Kompetenzen** (vgl. OECD, 2016):

1. spezialisierte digitale Kompetenzen, z. B. die Fähigkeit, neue Applikationen zu entwickeln und zu programmieren;
2. generische digitale Kompetenzen, z. B. die Fähigkeit, neue Technologien für professionelle Zwecke zu nutzen;
3. komplementäre digitale Kompetenzen, z. B. die Fähigkeit, neue Aufgaben auszuführen, die mit den neuen Technologien verbunden sind.

Diese Stufen der digitalen Kompetenz sind je nach Berufsgruppe und Position in Unternehmen zu differenzieren. So gilt die Stufe der spezialisierten digitalen Kompetenz für die IT-Spezialisten und ist für die Fach- und Führungskräfte in anderen Bereichen nicht zwingend erforderlich. Die komplementären digitale Kompetenzen sind demgegenüber für alle Beschäftigten notwendig.

In der Studie von Kienbaum & StepStone (2021) wurden die entscheidenden digitalen Kompetenzen aus Sicht von Unternehmen identifiziert: die digitale Kommunikation (genannt von 63 % der Befragten), die Anwenderkompetenz (61 %), Fähigkeiten rund um digitale Strategie (58 %) und virtuelles Arbeiten (58 %). Diese Kompetenzen zählen zusammen mit einigen persönlichen und sozialen Kompetenzen (Soft Skills) zu den **Top 10 Zukunftskompetenzen** für die Arbeitswelt der Zukunft (vgl. Kienbaum & Stepstone, 2021):

1. digitale Kommunikation,
2. lebenslanges Lernen/Lernagilität,
3. Veränderungsbereitschaft/Anpassungsfähigkeit,
4. digitale Anwendungskompetenz,
5. Kundenzentriertheit,
6. Digitalstrategie,
7. Problemlösekompetenz,
8. virtuelles Arbeiten,
9. interpersonelle Zusammenarbeit,
10. technisches Grundverständnis.

Eine besonders wichtige Rolle wird in vielen Studien dem **lebenslangen Lernen** zugeschrieben. In der digitalisierten Arbeitswelt ändern sich die Jobanforderungen immer schneller, deswegen wird lebenslanges Lernen zu einer Notwendigkeit (vgl. BMWi, 2019; Deloitte, 2019; Jacobs et al., 2020; Siepmann, 2021). Im Kontext der Digitalisierung sollten die Beschäftigten in der Lage sein, innovative Methoden in ihrer Tätigkeit anzuwenden und offen im Umgang mit neuen Technologien zu sein. Deswegen müssen Unternehmen kontinuierliche Lernprozesse im Alltag verankern, zum Beispiel durch Training on the Job oder das Erarbeiten neuer Fragestellungen in Kleingruppen (vgl. ausführlicher Abschn. 6.5.2).

Als Schnittmenge aus Studienergebnissen zu den Kompetenzanforderungen im Kontext der Digitalisierung (vgl. Ahrens & Spöttl, 2018; Franken et al., 2019; Kienbaum & Stepstone, 2021; Manpower Group, 2018; Münchner Kreis, 2020) können folgende Kompetenzen – ergänzend zu der digitalen Kompetenz – genannt werden:

- ein Überblickswissen als Verständnis für die Zusammenhänge und das System als Ganzes,
- Fähigkeit zu interdisziplinärer Kommunikation und Zusammenarbeit,

- logisches, kritisches und problemorientiertes Denken,
- Fähigkeit zur Kreativität und Innovation,
- Veränderungs- und Lernbereitschaft als lebenslanges Lernen,
- Offenheit für das Neue.

Diese zusätzlichen Kompetenzen lassen sich in zwei Gruppen unterteilen: kognitive und soziale/persönliche Kompetenzen.

Die **kognitiven Kompetenzen** ermöglichen es den Beschäftigten, in einer komplexen, intelligenten Arbeitsumgebung die strategische Funktion zu übernehmen sowie bei Störungen und Problemen souverän zu handeln. Deswegen brauchen die Beschäftigten ein Verständnis für die Zusammenhänge und systemisches Denken. Weiterhin sind logisches und kritisches Denken, die Fähigkeit, das Gewohnte in Frage zu stellen, tägliche Routinen zu hinterfragen, neue kreative Wege zu gehen gefragt. Diese Eigenschaften werden in Zukunft unentbehrlich, damit der Mensch die Kontrolle über die intelligente Technik behält.

Da in Zukunft zunehmend in Teams und Projekten mit heterogenen Teammitgliedern gearbeitet wird, sind bestimmte **soziale und persönliche Kompetenzen** der Beschäftigten von Bedeutung: Fähigkeit zur interdisziplinären Zusammenarbeit und Kommunikation, Kreativität, Innovationsorientierung, Lernbereitschaft und Offenheit für das Neue im Sinne eines lebenslangen Lernens. Hohe Anforderungen werden auch an das Selbstmanagement der Mitarbeitenden gestellt, da dezentrale Entscheidungen in agilen Unternehmen mehr Autonomie, Selbstständigkeit und Selbstorganisation erfordern. Ein effizientes Selbst- und Zeitmanagement ist für den Umgang mit den flexiblen Arbeitsaufgaben, -zeiten und -orten wichtig.

Schlussfolgernd ergeben sich aus den zitierten Studien drei zentrale Bereiche für die Kompetenzvermittlung in Unternehmen: digitale, kognitive und soziale/persönliche Kompetenzen, die unterschiedliche Lerninhalte, -formate und -instrumente erfordern. Besondere Bedeutung wird dabei den digitalen Lernformaten zugeschrieben, die immer noch ausbaufähig sind, obwohl die Arbeit in der Corona-Pandemie der Digitalisierung einen starken Aufschwung verliehen hat. Wichtig ist auch der Trend zur Individualisierung der Weiterbildung, bei dem die Lernenden zunehmend die Verantwortung für eigene (lebenslange) Lernprozesse übernehmen.

6.5.2 Vermittlung von Kompetenzen für die digitale Arbeitswelt

Betriebliches Lernen wird zukünftig nach Meinung von Experten zum größten Teil im Arbeitsprozess integriert stattfindet. Dabei spielt der strukturierte Austausch mit Kollegen bzw. anderen Fachexperten eine wichtige Rolle. Neben den formalen Lernangeboten werden nichtformale Formen der Weiterbildung zunehmen. Das Lernen im Prozess der Arbeit ist mitarbeiter- und aufgabenspezifisch angelegt, wobei betriebliches Handeln im Mittelpunkt der Qualifizierung steht. Das Lernen wird vermehrt als Teil der realen betrieblichen Abläufe, Gruppenarbeit und Projekte angesehen (vgl. BMWi, 2019, S. 7; Deloitte, 2019, S. 6 f.).

Im Mittelpunkt der Aus- und Weiterbildung für die Arbeit in der digitalisierten Arbeitswelt sollen nicht nur digitale, sondern auch kognitive, soziale und persönliche Kompetenzen der Beschäftigten stehen. Für die Vermittlung von digitalen Kompetenzen sind verschiedene Lernformate geeignet, vor allem E-Learning und Blended Learning. Die Vermittlung von digitalen Kompetenzen sollte im Idealfall arbeitsbegleitend (on the Job), praxisnah, selbstgesteuert und digital erfolgen. Für die Förderung von kognitiven, sozialen und persönlichen Kompetenzen eignen sich am besten informelle Lernformate wie Projektarbeit, Kreativitäts- und agile Arbeitsmethoden, Erfahrungsaustausch.

6.5.2.1 Notwendigkeit der Digitalisierung bei der Kompetenzvermittlung

Optimale arbeitsbegleitende, praxis- und problemorientierte Schulungen basieren auf persönlichen Erfahrungen und auf Problemstellungen aus der Praxis und ermöglichen einen unmittelbaren Lerntransfer. Bei dem selbst gesteuerten Lernen übernimmt der Lernende selbst die Verantwortung für das eigene Lernen und gestaltet seinen individuellen Lernweg. Selbstverständlich sollte die Vermittlung der digitalen und Medienkompetenzen auf digitalen Technologien basieren, deswegen gewinnen E-Learning und Blended Learning an Relevanz.

E-Learning bedeutet individuelles computer- oder webgestütztes Lernen, es erfordert ein hohes Maß an Disziplin und Selbstlernkompetenz. Der Erfolg digitaler Lernangebote hängt von der Motivation, Verantwortung und Fähigkeit jedes einzelnen Mitarbeiters ab, sich Lernziele zu setzen und den eigenen Lernprozess zu steuern.

Der Trend geht in Richtung der Kombination aus klassischen Präsenztrainings mit verschiedenen E-Learning Formaten wie Mobile Learning oder virtuelles Klassenzimmer, zu sogenanntem **Blended Learning**. Mit digitalen Formaten spart man Zeit und Kosten, da die Beschäftigten nicht mehr an einem Ort zusammenkommen müssen und aus alltäglichen Arbeitsaufgaben oder Projekten herausgerissen werden. Mitarbeiter lernen ortsunabhängig und zeitlich flexibel, weil es digital möglich ist. Ihre Kursmaterialien können sie jederzeit online abrufen. Man lernt zum Beispiel durch Mikrolerneinheiten im Videoformat, Onlineforen oder standortübergreifende Webinare, die sich flexibel in den Arbeitsalltag einbinden lassen. Mit einer Kombination aus Face-to-Face-Veranstaltungen, digitalen Selbstlernphasen und dem Austausch mit anderen Personen bindet Blended Learning die Lernenden aktiv ein. Wenn die Inhalte praxisorientiert gestaltet werden, kann optimaler Transfer des Gelernten stattfinden.

Eine weitere Möglichkeit, Motivation und Lernerfolg zu steigern, liegt in der Anwendung von **Augmented Reality** (AR) und **Virtual Reality** (VR), die reale und virtuelle Welt verbinden, z. B. mithilfe von Datenbrillen (vgl. Anwendungsbeispiele im Abschn. 6.5.2.2).

Augmented Reality ist ein Kommunikationskanal zwischen der digitalen und der physischen Welt, sie kann die Lücke zwischen einer begrenzten mentalen Kapazität und Aufnahmefähigkeit von Menschen und der ständig wachsenden Menge an Daten der digitalen Produktwelt schließen. Mit einer AR-Anwendung werden digitale Daten in Form eines Bildes, eines 3D-Modells oder einer Animation auf die physische Welt projiziert (vgl. Rüsting, 2018, S. 10–11).

Zu den zentralen Einsatzgebieten für die AR zählen: Visualisierung, Interaktion mit Produkten und deren Steuerung und Anleitung und Schulung. Schriftliche Anweisungen, Betriebsanleitungen, Montagehinweise können durch Kurzvideos und dreidimensionale Modelle ersetzt werden, was das Verständnis erleichtert. Die AR-Anwendung erläutert in Echtzeit Schritt für Schritt den Arbeitsvorgang, z. B. mithilfe einer Datenbrille, damit beide Hände frei sind. Es kann auch auf Distanz passieren – eine Schulung oder Anleitung in einer Auslandsniederlassung wird dadurch möglich, ohne dass ein erfahrener Mitarbeiter hinzufahren braucht. Insbesondere in der Corona-Krise mit eingeschränkten persönlichen Kontakten und Reiseverboten haben sich die Vorteile von Datenbrillen als sehr nützlich erwiesen.

Fernwartung mit Datenbrillen bei Weidmüller

Der Elektrotechnikspezialist Weidmüller ermöglicht visuellen Fernzugriff vom heimischen Büro aus auf Maschinen und Anlagen in seinen Werken in China, Rumänien oder Tschechien bei Inbetriebnahme oder Wartung. Knapp 40 HoloLens Datenbrillen sind zurzeit im Einsatz. So können die Spezialisten und Experten bei Bedarf virtuell vor Ort sein (vgl. Behnke, 2020, S. 30). ◄

Bei Virtual Reality geht es um die virtuelle Realität, die physische Realität wird in einem computergenerierten Bild nachgebildet. VR kann zu Schulungszwecken zum Einsatz kommen, z. B. wenn Maschinen und Arbeitsumgebungen sich in gefährlichen oder abgelegenen Einsatzbereichen befinden (vgl. Rüsting, 2018, S. 12). Einige Unternehmen bieten auf Messen einen virtuellen Rundgang durch die Betriebshallen an, um den ganzen Produktionsprozess zu überschauen. Andere Anbieter ermöglichen in der Berufsausbildung eine „Besichtigung" des Inneren eines Automotors mithilfe einer VR-Brille.

Ein zusätzlicher Einsatz von spielerischen Elementen (Gamification) kann den Spaßfaktor bei diesen Anwendungen erhöhen. Als **Serious Games** werden meist digitale Spiele mit ernsthaftem Ziel bezeichnet. Dabei geht es darum, mit spielerischen Aspekten fachliche Themen zu erläutern und Spaß als Motivationsfaktor fürs Lernen zu nutzen. Serious Games schaffen angstfreie Lernräume, in denen Grenzen ausgelotet und überschritten werden können. Stärken und Schwächen sowie Lernfortschritte können spielerisch erkannt. Auch die soziale Dimension kann berücksichtigt werden – man kann eine Wettbewerbssituation schaffen, zwischen einzelnen Spielern oder Teams. Das Spektrum der Serious Games ist sehr breit und reicht von kleinen Simulationen eines Kundengesprächs bis zu Strategiespielen, bei denen mithilfe von Szenariotechniken die Zukunft des eigenen Unternehmens simuliert wird, indem man verschiedene Entscheidungen in ihren Auswirkungen auf den zukünftigen Erfolg berechnen lässt (vgl. Bodrozic, 2018, S. 24–25).

Wie sieht aktuell der **Status quo** der Anwendung verschiedener digitaler Lernformate in deutschen Unternehmen aus? Die IW-Weiterbildungserhebung 2020 belegt, dass digitale Lernangebote generell an Bedeutung gewonnen haben. Diese Tendenz wird dadurch begründet, dass die Mitarbeitenden so direkt an den neuen digitalen Arbeitsmitteln des Unternehmens lernen und damit ein konkreter Anwendungsbezug gesichert werden kann. Zu den besonders **verbreiteten** digitalen Lernformaten, die in mehr als der Hälfte von Unternehmen genutzt werden, zählen (vgl. Seyda, 2021, S. 82):

- elektronische Bereitstellung von Literatur, Bedienungsanleitungen und vergleichbaren Dokumenten,
- multimediale Formate für interaktives webbasiertes Lernen wie Webinare, Online-Kurse, virtuelle Klassenräume und sogenannte Massive Open Online Courses (MOOCs),
- Lernvideos, Podcasts und Audiomodule als niedrigschwellige flexible Formate,
- computer- und webbasierte Selbstlernprogramme,
- Lernen an mobilen Endgeräten, z. B. über Weiterbildungs-Apps.

Diese Top 5 Lernformate dominieren die Liste der digitalen Lernangebote. Demgegenüber werden firmeninterne kooperative Lernplattformen, Wissensbibliotheken, Wikis und Foren sowie Simulationen, „Serious Games" oder digitale Planspiele eher selten eingesetzt (vgl. Seyda, 2021, S. 84).

6.5.2.2 Digitale Lernangebote: Nachholbedarf und Best Practices

Die Studie von Kienbaum und StepStone 2021 deckt viele Defizite in betrieblichen Lernsystemen auf: Digitale und individualisierte Lernmethoden werden in kaum mehr als jedem vierten Unternehmen eingesetzt, obwohl sie von den Fach- und Führungskräften gewünscht sind. Mehr als die Hälfte der befragten Arbeitnehmer ist eher unzufrieden mit der Qualität (58%) und Vielfalt (65%) der Lern- und Entwicklungsangebote sowie dem Angebot an digitalen (62%) und nicht-digitalen (58%) Lernformaten. Diese Unzufriedenheit ist signifikant geringer, wenn es Angebote zum eigenverantwortlichen Lernen gibt. Positiv anzumerken ist jedoch, dass die Lerninhalte der nächsten fünf Jahre auf die Schließung des Skill-Gaps ausgerichtet sind: (Digitale) Führung, Digitalthemen und klassisches Management stehen auf den Prioritätenlisten von Top-Management, mittlerem Management sowie Fachkräften und Spezialisten (vgl. Kienbaum & StepStone, 2021).

Die Corona-Krise hat offensichtlich einen nicht unerheblichen Einfluss auf die Lernangebote. Das vor Corona von vielen Unternehmen favorisierte Blended-Learning als Kombination aus digitalen und analogen Einheiten ist wegen dem Ausfall von Präsenzformaten nicht mehr so verbreitet.

Es ist allerdings zu erwarten, dass analoge Lernformate nach Corona wieder an Relevanz gewinnen werden. Vor allem die Kreativitätsworkshops und agile Entwicklungsmethoden sind in virtuellen Kontexten kaum realisierbar.

Bei der Nutzung digitaler Lernangebote zeigt sich deskriptiv ein Zusammenhang zum Digitalisierungsgrad der Unternehmen. In multivariaten Berechnungen im Rahmen der IW-Weiterbildungserhebung 2020 sind positive Korrelationen zwischen digitalen Lernformaten und dem Fortschritt beim Einsatz von digitalen Technologien festgestellt worden, wobei Großunternehmen im Schnitt digitaler sind, als kleinere Unternehmen (vgl. Seyda, 2021, S. 87):

- Je mehr digitale Technologien ein Unternehmen einsetzt, desto größer ist die Wahrscheinlichkeit, dass es auch eine größere Anzahl digitaler Lernmedien nutzt.
- Die Qualifikation der Mitarbeiter steht in einem positiven Zusammenhang zur Anzahl digitaler Lernangebote im Unternehmen. Je mehr Mitarbeiter mit Fortbildungsabschluss oder Hochschulstudium im Unternehmen beschäftigt sind, umso höher ist die Anzahl der eingesetzten digitalen Medien. Das Alter hingegen hat keinen Einfluss.

Auch die Studie von Kienbaum und StepStone belegt einen positiven Effekt der Maßnahmen zur Vermittlung von digitalen Kompetenzen. Strategische Ausrichtung des Corporate Learning begünstigt insbesondere Innovationsleistung, Gesamtperformance und digitale Transformation. Ist das Corporate Learning stark an der Unternehmensstrategie ausgerichtet, wird die Unternehmensperformance signifikant höher eingeschätzt. Das gilt insbesondere für die Innovationsleistung, Gesamtperformance und digitale Transformation des Unternehmens. Auch die Zufriedenheit mit dem Lern- & Entwicklungsangebot geht mit erhöhter Unternehmensperformance einher (vgl. Kienbaum & StepStone, 2021).

Diese Tatsachen zeigen die Bedeutung des digitalen Lernens für die digitale Transformation und allgemein für den Erfolg eines Unternehmens in der digitalen Welt auf. Deswegen engagieren sich vor allem die Vorreiterunternehmen bei der Vermittlung von digitalen Kompetenzen für ihre Beschäftigten, die sie als Investition in die Zukunft betrachten.

Vermittlung von digitalen Kompetenzen bei Nestlé

Um die Mitarbeitende fit für die Aufgaben der digitalen Transformation zu machen, hat Nestlé drei Arten der Fortbildung entwickelt. Ein Training-on-the-Job unter dem Titel „15 Schlüsselkompetenzen für den digitalen Erfolg" wird für jede Marke und jede Region je nach Bedarf angeboten. Darüber hinaus hat Nestlé die Digital Academy gegründet, eine Plattform, auf der alle Beschäftigten grundlegende digitale Fähigkeiten erlernen, Fachwissen oder eine Ausbildung auf speziellen Fachgebieten erwerben können, die mit einem Zertifikat abgeschlossen wird. Außerdem gibt es noch das Digital Acceleration Team – eine achtmonatige Ausbildung für eine exklusivere Gruppe (vgl. Frankenberger et al., 2021, S. 254–255). ◄

Während der Corona-Pandemie haben sich vor allem die Instrumente für die Wissensvermittlung wie Lernvideos, interaktive E-Books, Webinare, Podcasts etc. bewährt, die auf einem Laptop oder Smartphone funktionieren. Das so genannte Mobile Learning, bei dem die Lerninhalte in kleinen Portionen (Lern-Nuggets) laufend angeboten werden, wird bestimmt auch in Zukunft eine wichtige Rolle spielen.

Immer häufiger werden in der Aus- und Weiterbildung Datenbrillen eingesetzt. Die Mitarbeiter können in der virtuellen Realität oder erweiterten Realität, neudeutsch Virtual und Augmented Reality, arbeiten und lernen. Bei Festo wird das Arbeiten mit der Datenbrille HoloLens in einem Pilotprojekt erprobt. Die Technologie leistet dabei eine individualisierte Unterstützung der Mitarbeitenden beim Lernen (vgl. Haidar, 2021).

Arbeiten und Lernen mit Datenbrillen bei Festo

Beim Einlernen von Mitarbeitern an Industriemaschinen kommt bei Festo die Holo-Lens zum Einsatz. Anstatt direkt an der Anlage im Werk zu arbeiten, wird in einem Schulungsraum der Montageprozess für Elektromotoren, pneumatische Antriebe oder Zylinder virtuell geübt. Der Arbeiter trägt dabei die Datenbrille, auf die holografische Bilder und Sprachanweisungen projiziert werden. Auf diese Weise kann er nicht nur die Montage üben, sondern auch Produkte kennenlernen und wichtige Verhaltens- und Sicherheitsschulungen erhalten. Die Geschwindigkeit kann individuell an die Lerngeschwindigkeit der Mitarbeiter angepasst werden. So können auch Menschen mithalten, die lernschwächer sind und mit dem Tempo der normalen Fertigungsprozesse zunächst überfordert wären (vgl. Haidar, 2021). ◄

Auch wenn aktuell nur wenige Unternehmen in der Aus- und Weiterbildung auf Gamification setzen, ist ihre Bedeutung für die Zukunft unumstritten. Gamification bedeutet eine Übertragung von spielerischen Elementen bzw. spielerischen Konzepten auf ein normalerweise nicht spielerisches Umfeld. Bei Gamification des Lernens werden Belohnungssysteme, die sonst bei Spielen verschiedener Art zum Einsatz kommen, in den Lernprozess integriert: Punkte, Ranglisten, Verfolgungsjagden. Der Vorteil ist dabei, dass ein menschlicher Spieltrieb zur Steigerung der Motivation genutzt wird. So können sich die Teilnehmer individuell oder in Gruppen mit anderen messen.

Gamification in Unternehmensplanspielen

Unternehmensplanspiele sind realitätsnahe, meistens virtuelle Simulationen eines Unternehmens und dessen Umfelds. Die Spielenden übernehmen Leitung und Steuerung dieses fiktiven Unternehmens und stehen dabei, häufig als Team, in Konkurrenz zu weiteren Spielenden. Über mehrere Spielrunden hinweg müssen Strategien entwickelt und Entscheidungen getroffen werden, deren Auswirkungen direkt simuliert und aufgezeigt werden. So entwickeln die Teilnehmer eine Vorstellung, wie verschiedene Faktoren zusammenspielen und welche Auswirkungen einzelne Entscheidungen haben. Als Spielelemente werden oft Rang- oder High-score-Listen integriert, um die Leistungen von Personen/Teams zu vergleichen, sowie direktes (digitales) Feedback nach jeder Spielrunde gegeben (vgl. Kilian, 2022, S. 34). ◄

Als Top 5 der **Erfolgsfaktoren** des Lernens wurden in der Studie von Kienbaum und StepStone folgende identifiziert: Eigenmotivation, Betreuung durch die direkten Vorgesetzen, Möglichkeiten, eigene Ideen einzubringen, Zugang zu Lerninhalten und -formaten sowie Möglichkeiten zum Wissensaustausch (vgl. Kienbaum & StepStone, 2021). Hier werden einige Überschneidungen mit den neurobiologischen Erfolgsfaktoren des individuellen Lernens sichtbar (vgl. Abschn. 6.4.2), darunter emotionale Faktoren wie Motivation, Vorbildfunktion der Lehrenden, Austausch mit anderen Personen, Möglichkeiten zum Anwenden und Ausprobieren.

6.5.3 Trend zur Individualisierung des Lernens

Mitarbeiter benötigen heute gezielte, individuelle und bedarfsgerechte Lernangebote, die sich an ihrem aktuellen Wissensstand und Reifegrad orientieren. Dabei kann man Unterschiede im Lernverhalten je nach Alter bzw. Generationenzugehörigkeit sowie nach Bildungsstand feststellen (vgl. Abschn. 6.4.1), die eine differenzierte Vorgehensweise bei der Gestaltung des Lernens erfordern. Darüber hinaus sollten die persönlichen Bedürfnisse, Lebenssituationen und Motivationsfaktoren der Beschäftigten berücksichtigt werden, um ein lebenslanges Lernen für alle zu ermöglichen.

6.5.3.1 Umgang mit digitalen Technologien im Generationenvergleich

Verschiedene Studien stellen fest: Jüngere Menschen sind besser im Umgang mit der Technik, ältere sind besser im kritischen Hinterfragen von Inhalten. Die Generationen Y (zwischen 1981 und 1995 Geborenen) und Z (zwischen 1996 und 2009 Geborenen) werden als **Digital Natives** bezeichnet, da sie zu einer Zeit aufgewachsen sind, in der bereits digitale Technologien wie Computer, das Internet und Smartphone verfügbar waren. Sie benutzen digitale Technik intuitiv und haben keine Berührungsängste beim Ausprobieren neuer Geräte. Die Älteren (so genannte Digital Immigrants) sind in der analogen Welt aufgewachsen und haben den Umgang mit digitalen Technologien gelernt.

Es wäre zu pauschal, einer Generation als Ganzes einheitliches Verhalten zu unterstellen, jedoch belegen fundierte Studien zu den Generationen Y und Z bestimmte Trends und Tendenzen in ihrem Verhalten, die sie von den älteren Generationen unterscheiden.

Auf Grundlage einschlägiger Studien wie Deloitte Millennial Survey 2018 lassen sich die Besonderheiten der Generationen Y und Z in der Arbeitswelt wie folgt hervorheben (vgl. Deloitte, 2018):

- Digital Natives – das sind die ersten Generationen, die mit dem Internet, Smartphones und sozialen Medien aufgewachsen und vertraut sind.
- Tech savvy – die Technologie der digitalen Welten ist für Generationen Y und Z nahezu intuitiv und wird von kaum jemandem besser verstanden und beherrscht.
- Multitasking Experten – die Schnelligkeit und Simultanität der digitalen Welten und Technologien gehört zum Alltag der Digital Natives. Häufig können sie mehrere Aufgaben parallel an verschiedenen Geräten und über unterschiedliche Kanäle erledigen.

- Geringe Konzentrationsspanne und hohe Zerstreuung – es ist allgemein bekannt, dass die jungen Generationen von heute ein verändertes Kommunikationsverhalten zeigt.
- Anforderungen an die Arbeitswelt – Generationen Y und Z fordern von Unternehmen gesellschaftliches Engagement und erwarten klare Ziele, Anerkennung, Flexibilität, Diversity und Weiterbildung.

Die Vertreter von Digital Natives beschreiben in prägnanter Form die zentralen Aspekte ihrer Realität und die Folgen für die Arbeitswelt der Zukunft (vgl. Schüller & Steffen, 2017, S. 38):

1. Vernetzung und Collaboration: via Technologie und mit dem Ziel des Teilens.
2. Flexibilität und Erlebnisse: über den Drang nach Freiheit und Kletterwand.
3. Mitbestimmung und Sinn: bedeutungsvolle Arbeit ersetzt Command & Control.
4. Alles für den Kunden: kundenorientiert statt prozessfixiert ist heute ein Muss.

Diese Besonderheiten der Generationen Y und Z haben Einfluss auf ihr Arbeits- und Lernverhalten und auf die grundsätzliche Einstellung gegenüber Lernen am Arbeitsplatz. Die jungen Generationen sind prädestiniert, **E-Learning** zu nutzen. Sie ziehen visuelles Lernen wie YouTube-Videos vor. Statt in einem Vortrag zu sitzen und zuzuhören, wollen sie lieber diskutieren und in Gruppen arbeiten. Ihre Informationen beziehen Digital Natives sowieso überwiegend aus dem Internet. Und sie haben kaum Hemmnisse, persönliche Daten offen zu legen.

Außerdem sind für jüngere Generationen kurzweilige, digitale Lernformate vom Vorteil, eventuell mit spielerischen Elementen (vgl. Grotherr, 2022, S. 44).

Die Neigung der jungen Generationen zum digitalen und vernetzten Lernen bildet eine wichtige Voraussetzung für erfolgreiches Funktionieren von **digitalen Wissensaustauschplattformen** und **Communities** in Unternehmen (Abschn. 7.4).

Die älteren Beschäftigten zeichnen sich häufig durch andere Stärken aus. Sie sind Träger des wertvollen **Erfahrungswissen**, besitzen ausgeprägte **soziale** und **methodische Kompetenzen** hinsichtlich der Arbeitsprozesse und Zusammenarbeit. Außerdem vertreten sie häufig **kritisches Denken** und haben eine gewisse Skepsis, wenn etwas Neues eingeführt werden soll. Dieses Hinterfragen ermöglicht eine ausgeglichene Entscheidungsfindung und ist ebenfalls wertvoll. Die Älteren brauchen bei neuen Technologien häufig eine schriftliche Betriebsanleitung und wollen sich im Voraus einlesen und vorbereiten, bevor sie etwas ausprobieren. Sie bereiten sich gründlich auf neue Anwendungen vor. Ihr Wissen erarbeiten sie oft selbstständig aufgrund der **Fachliteratur**, sie lesen Fachzeitschriften, besuchen Fachkonferenzen oder tauschen sich mit ihren Kollegen in Erfahrungskreisen aus.

Diese Besonderheiten im Lernverhalten von verschiedenen Generationen erfordern eine **Anpassung** von Aus- und Weiterbildungsmaßnahmen in Unternehmen. Klassische Instrumente wie Vorträge und Seminare sollten kurz und praxisorientiert sein (Workshops mit Ausprobieren und Diskutieren) und durch E-Learning und Serious Games ergänzt werden. Inhaltlich sollten vor allem logisches und kritisches Denken, Risikoabwägung, die Nutzung von gesicherten Datenquellen und die Weiterentwicklung der Selbstkompetenz im Mittelpunkt stehen. Als Lernmethoden eignen sich das Lernen in Gruppen, durch gemeinsames Problemlösen, sowie spezielle Coaching- und Mentoring-Programme, bei denen ein praxisbezogenes Lernen am Modell stattfindet. So können jüngere und ältere Beschäftigten ihre Stärken einbringen und dabei gemeinsam und voneinander lernen.

6.5.3.2 Individualisierung des Lernens in der Praxis

Die generationsbedingten Unterschiede können nicht die ganze Vielfalt an Motiven, Verhaltensbesonderheiten und Lebenssituationen der Menschen widerspiegeln. Das Lernen sollte individuell, zeitnah, ortsunabhängig und arbeitsplatznah sein.

Laut Deloitte (2019, S. 3) steht für Organisationen die Aufgabe im Mittelpunkt, die Ansätze für Lernen, Weiterbildung und Kompetenzentwicklung zu überdenken, **um Lernen in den Arbeitsalltag und den Lebenszyklus ihrer Mitarbeiter zu integrieren.** Unternehmen benötigen einen strukturierten Prozess, um diese Aufgabe zu meistern. Der Weg zu einem integrierten, personalisierten Lernprozess beinhaltet laut Deloitte folgende Schritte: Verständnis und Identifizierung der Mitarbeiterrolle im gesamten Arbeitsprozess, Leistungssteigerung auf Basis von Daten und Datenanalyse, Einsatz geeigneter Lerntools und Förderung einer offenen Lernkultur.

Sinnvoll sind Lernangebote, die sich am **konkreten Bedarf** der Mitarbeiter orientieren und unter anderem zeitnah zur Verfügung gestellt werden. Die Arbeitsaufgaben und Tätigkeiten eines Mitarbeiters verändern sich in der dynamischen Arbeitswelt sehr schnell und weichen oft von der ursprünglichen Stellenbeschreibung ab. Es ist bedeutend, diese Veränderungen zu identifizieren und vorauszusehen, um geeignete Weiterbildungsbedarfe zu definieren. Auf dieser Basis können erforderliche Lerninhalte bestimmt werden und entsprechende E-Learning-Formate oder auch soziales Lernen wie kollegiale Beratung, Erfahrungsaustausch, Coaching oder Mentoring eingesetzt werden. So wird Lernen individuell, zeitnah realisierbar und auf den Einzelnen fokussiert sein.

Unterschiedliche Bedarfe verlangen nach unterschiedlichen Lernangeboten und Formaten: Ein junger, unerfahrener Berufseinsteiger hat spezifische Lernbedarfe. Das gilt ganz altersunabhängig ebenso für jemanden, der einen neuen Job übernimmt, aber dementsprechend um viel Erfahrung an überfachlichem Wissen reicher ist. Beide benötigen zunächst formaleres Lernen, um mit den Grundlagen ihrer Arbeit vertraut zu werden. Anders ist es bei in ihrem Job erfahrenen Mitarbeitern und Profis. Sie verfügen über eine hohe persönliche und fachliche Reife und sind in der Lage, sich aus zur Verfügung stehenden Informations- und Weiterbildungsangeboten selbst das benötigte Wissen anzueignen.

Es geht nicht mehr nur um das formale Lernen im Seminar oder per E-Learning, das mit einem Abschluss oder Zertifikat abgeschlossen wird. Von steigender Bedeutung sind das informelle Lernen und das selbstgesteuerte Lernen.

Trainings und Seminare gehören zu den **formalen Lernangeboten** und können sowohl intern wie extern stattfinden, als Einzelmaßnahme oder auch als Bestandteil eines Weiterentwicklungsprogramms wie zum Beispiel in der Führungskräfteentwicklung oder Traineeprogrammen. Bei internen Trainings und Seminaren geht es häufig um Teamentwicklung oder Themen wie Compliance, zu denen alle Mitarbeitenden geschult werden müssen. Externe Trainings, die mit einer Reise und dem Aufenthalt in einem Hotel verbunden sind, dienen neben dem Lerneffekt auch der Bildung eines Netzwerks und erfüllen häufig den Zweck des Incentives, dienen also der Belohnung und der Motivation. Als Präsenzformate haben Seminare und Trainings unter der Corona-Pandemie besonders gelitten. Sie durften nicht stattfinden oder wurden neu konzipiert, teilweise als reine E-Learnings oder Live-Online-Veranstaltung angeboten, sowie als Blended Learning angelegt. Die Mischform aus Präsenzlehre und E-Learning beinhaltet dann einen Präsenzteil, der als Videokonferenz veranstaltet wird, bei der alle Teilnehmer zeitgleich vor dem Bildschirm sitzen, um interaktiv miteinander und mit dem Trainer zu arbeiten (vgl. Haufe, 2021).

Weiterbildung on the job findet als **informelles Lernen** am Arbeitsplatz statt, direkt im Prozess der Arbeit. Diese Personalentwicklungsmaßnahme ist in der agilen Arbeitswelt besonders bedeutsam. Jede Tätigkeit in der Wissensarbeit ist mehr oder weniger einmalig, relevantes Wissen wird zunehmend während des Arbeitens erworben. Damit Lernen direkt im Prozess der Arbeit stattfinden kann, brauchen die Beschäftigten herausfordernde Aufgaben, die ihnen Freiräume hinsichtlich der Arbeitsmethoden und Vorgehensweisen erlauben, und regelmäßiges Feedback von Kollegen und Führungskräften.

Eine weitere Möglichkeit für informelles Lernens sind Lerninhalte, die bei Bedarf vom Lernenden und unabhängig von Vorgaben der Personalentwicklung am Arbeitsplatz aufgerufen werden können. Sie helfen dem Mitarbeitenden im Sinne von „Performance Support" dabei, die anstehenden Aufgaben zu erledigen. Vor allem in einer Arbeitswelt, in der viele Mitarbeitende zumindest teilweise im Homeoffice arbeiten, sind **digitale Lernformate** unerlässlich. Die Werkzeuge dafür sind E-Learning, Webinare und Videokonferenzen ebenso wie digitale Teamentwicklungs-Tools, Coaching-Plattformen und -Apps. Auch Lernplattformen und Learning Experience Plattformen spielen eine immer größere Rolle. Letztere erleichtern es den Mitarbeitenden, ihr Lernen selbst zu gestalten. Intelligente Skills-Grafen erfassen vorhandene Kompetenzen im Unternehmen und gleichen diese mit benötigten Kompetenzen ab. So können diese Tools entsprechende Personalentwicklungsmaßnahmen einleiten (vgl. Haufe, 2021).

Individualisiertes Pull-Learning bei Nestlé

Nestlé besitzt bereits seit zehn Jahren eine Lernplattform, die ständig weiterentwickelt wird, um agiles lebenslanges Lernen für 297.000 Mitarbeitende weltweit zu ermöglichen. Die Lernangebote werden zunehmend individualisiert. Das alte System des Push-Learning, bei dem Mitarbeiter Präsenz- und digitale Lernkurse zugewiesen bekamen, wird durch ein Pull-Learning ersetzt. Das Lernmanagement-System weist nun Mitarbeitern je nach Bedarf digitale Lernkurse zu, schlägt aber auch automatisch Kurse je nach Profil der Person und dem individuellen Bedarf nach Weiterbildung und Karriereentwicklung vor. Außerdem können die Mitarbeiter aktiv werden und selbst Playlists erstellen und diese mit Kollegen teilen oder sich mit anderen über die Lerninhalte austauschen (vgl. Grotherr, 2021, S. 14). ◄

So rückt der Lernende immer mehr in den Fokus der Individualisierung. Man kann die Aus- und Weiterbildungsangebote auf den einzelnen Mitarbeiter zuschneiden, indem Personalentwickler und Trainer das Lernen auf Faktoren wie individuelle Bedürfnisse, Lernstil, Rolle, zeitliche und örtliche Verfügbarkeit des Lerners abstimmen. Die Inhalte und Medien der Aus- und Weiterbildung müssen entsprechend diesen Erkenntnissen angepasst werden (z. B. für die älteren Mitarbeiter – klassische Seminare und Erfahrungsrunden, für die jüngeren Mitarbeiter – E-Learnings mit Spielelementen). Darüber hinaus ist nach jeder Bildungsmaßnahme ein Feedback (schriftlich oder mündlich) erforderlich, um die Meinung der Teilnehmenden zu den Inhalten und Methoden zu erfassen und diese bei Bedarf schnell anzupassen.

6.5.3.3 Fördernde Lernkultur entwickeln

Wie Menschen sich in Unternehmen und sozialen Gruppen verhalten, wird wesentlich von der jeweiligen Kultur geprägt, die bestimmte informelle Regeln, Werte und Normen impliziert. Auch Art und Umfang des Lernens und der Weiterbildung in Unternehmen hängen von solchen Werten, Normen und informellen Regeln ab.

Eine **lernfördernde Unternehmenskultur** fokussiert die Gestaltung einer Lernumgebung, die Weiterbildung fördert und jedem Einzelnen sowie Unternehmen hilft, sich in einer sich wandelnden Welt zu bewegen. Eine Kulturveränderung hängt sowohl vom Arbeitsumfeld als auch von der Änderung der Erwartungshaltung des einzelnen Mitarbeiters ab. Kernpunkte sind die Weiterbildung am Arbeitsplatz, ein selbstorganisiertes und selbstgesteuertes Lernen und die Nutzung medien- und netzgestützter Qualifizierungsangebote (vgl. BMWi, 2019, S. 6).

Eine zukunftsfähige Lernkultur setzt im dynamischen Strukturwandel der Digitalisierung auf agiles Handeln und auf die Kompetenz ihrer Belegschaft und verbindet dies mit der Offenheit für Veränderung und partnerschaftliche Gestaltung. Diese Lernkultur sollte von folgenden **Prinzipien** geleitet werden (vgl. BMWi, 2019, S. 4):

- Kooperation und Partizipation,
- Kommunikation,
- Agilität,
- vorausschauendes Handeln.

Die Bedeutung der Kooperation und Partizipation ist offensichtlich: Welche Ansätze sich für das Vermitteln und Bündeln von Lerneinheiten im Unternehmen eignen, sollte **zusammen mit den Mitarbeitern** diskutiert werden. Dadurch kann auf die Bedürfnisse und Bedarfe der Mitarbeiter sowie Geschäftsanforderungen innerhalb des technisch machbaren Rahmens der Organisationsstrukturen eingegangen werden (vgl. Deloitte, 2019, S. 6).

Ansätze dafür legen den Schwerpunkt darauf, Mitarbeiter zu einem möglichst hohen Maß an Selbststeuerung zu befähigen, d. h., z. B. sowohl bei der Aufgabenauswahl als auch bei der -durchführung ausreichend Einflussmöglichkeiten und Mitspracherecht zu gewähren. Darüber hinaus ist es erforderlich, dass innerhalb der Organisation unmissverständliche und transparente Entscheidungswege definiert sind, sodass Klarheit darüber herrscht, welche Entscheidungen ohne Zustimmung oder Freigabe eigenständig vom Individuum getroffen werden können. Durch das Fördern von offenen Entscheidungsprozessen zeigt die Organisation Vertrauen in Mitarbeiter, begünstigt die Selbststeuerung (Empowerment) und somit eine offene Lernkultur. Um dieses Potenzial voll auszuschöpfen, sollten im Unternehmen Mechanismen verankert sein, die nicht nur Experimentier- und Innovationsfreudigkeit belohnen, sondern auch eine Risiko- und Fehlerkultur fördern (Deloitte, 2019, S. 8).

Auch eine offene, kooperative **Kommunikation auf Augenhöhe** spielt bei der Förderung des Lernens in Unternehmen eine bedeutende Rolle. Das Antizipieren von künftigen Veränderungen in der Arbeitswelt, in Berufsbildern, Tätigkeitsprofilen etc. sollte mit allen Beteiligten gemeinsam stattfinden, um die Auswirkungen dieser Entwicklungen einzuschätzen und zu steuern.

Unter **Agilität der Lernkultur** wird verstanden, dass die geplanten Maßnahmen und Formate einem ständigen Wandel unterworfen werden sollten. Die Lösungen für Weiterbildung und Qualifizierung müssen kontinuierlich hinterfragt und angepasst werden.

Und schließlich sollte die Lernkultur vorausschauend gestaltet werden: Wandel tritt unvorhergesehen auf und bedingt immer wieder gesellschaftliche Verwerfungen. Ein vorausschauendes, **proaktives Handeln** steigert die Zukunftsfähigkeit von Unternehmen und ganzen Gesellschaften (vgl. BMWi, 2019, S. 6).

Bei den Erläuterungen zum Thema Lernkultur ist unter anderem die Bedeutung des gemeinsamen Lernens und Arbeitens in Unternehmen offensichtlich geworden: zusammen mit anderen Menschen, in der Atmosphäre des gegenseitigen Vertrauens können wir als Individuen besser und motivierter lernen. Die Aspekte des Gruppenlernens mit seinen Vorteilen und Voraussetzungen werden im nächsten Abschnitt diskutiert.

6.6 Lernen in Gruppen

Gemeinsames, gruppenbezogenes Lernen ist eine entscheidende Voraussetzung für Wissensaustausch und lebenslanges Lernen in Unternehmen. Die Zunahme an interdisziplinären Teams im Rahmen der Projektarbeit, bei der Spezialisten aus verschiedenen Fachgebieten gemeinsam Probleme lösen müssen, macht gemeinsames Lernen unentbehrlich. Außerdem neigen insbesondere die jungen Generationen Y und Z zum Lernen durch Diskussionen und Vernetzung (vgl. dazu Abschn. 6.5.3.1).

Die Herausforderung des lebenslangen Lernens und der kontinuierlichen Weiterbildung erfordert eine **Verschmelzung von Lernen und Arbeit**, die besonders gut in der Gruppenarbeit gelingt. Bei der gemeinsamen Projektarbeit verstehen sich die Projektmitglieder als Partner auf Augenhöhe, tauschen sich aus und unterstützen sich gegenseitig. Das sind die hervorragenden Bedingungen für ein problembezogenes, laufendes Lernen voneinander.

Individuelles und Gruppenlernen befinden sich in einer Wechselwirkung. Auf der einen Seite findet Lernen immer individuell statt, weil das neue Wissen nur in ein im Gehirn existierendes Wissenssystem eingebaut werden kann. Wissen ist somit immer an eine Person gebunden: Es entsteht, entwickelt sich, wird getragen und benutzt von einem Individuum. Auf der anderen Seite wird das neue Wissen überwiegend durch soziale Interaktionen angeregt und geschaffen (vgl. das Modell des Wissensgenerierens von Nonaka und Takeuchi Abschn. 7.1.3). Die Lernprozesse von jedem Einzelnen werden durch die Gruppe beeinflusst – gruppenbezogenes Lernen bringt vielfältige Vorteile, erfordert jedoch bestimmte Voraussetzungen.

6.6.1 Bedeutung und Vorteile des Gruppenlernens in Unternehmen

Gemeinsames Lernen ist eine Interaktionsform, bei der die beteiligten Personen gemeinsam und in wechselseitigem Austausch ihr Wissen erwerben oder erweitern. Gruppenlernen spielt in der Unternehmenspraxis eine wichtige Rolle, da die Leistung einer Gruppe im hohen Maß von den Lernprozessen abhängig ist. Außerdem ist Gruppenlernen eine erforderliche Vorstufe des (gesamt)organisationalen Lernens, denn das Teilen des Wissens kann lediglich in unmittelbarer Interaktion, im Prozess gemeinsamer Arbeit im Team stattfinden. Aus diesem Grund sollten sich Unternehmen mit der Förderung des Gruppenlernens beschäftigen.

6.6.1.1 Lernprozesse in Gruppen

Die Zusammenarbeit in Gruppen wird von permanent laufenden individuellen und gruppenbezogenen Lernprozessen begleitet. Besteht in einer Gruppe eine offene vertrauliche Arbeitsatmosphäre, dann kommt es zu einem intensiven Wissensaustausch und die Gruppenmitglieder lernen voneinander. Ist dies nicht der Fall, lernt jeder nur für sich und das individuelle Wissen kommt der Gruppe nicht zugute. Deswegen ist es besonders wichtig, Austauschprozesse in Gruppen zu fördern. Als bewährte Instrumente dafür gelten Formulierung einer ganzheitlichen Gruppenaufgabe, Gruppenprämien für besondere Leistungen, spezielle Maßnahmen für eine positive Gruppenentwicklung wie Kommunikationstrainings, Maßnahmen für die Steigerung des Gruppenzusammenhalts wie gemeinsame Erfolgserlebnisse.

Jede Gruppensituation bietet die Möglichkeit, neue Sichtweisen und Perspektiven kennenzulernen und vom Wissen anderer zu profitieren. Wenn sich die Gruppenmitglieder gegenseitig unterstützen, kann jedes Mitglied seine Kenntnisse und Fähigkeiten erweitern.

Gruppenlernen bedeutet eine geteilte Kognition, die zur Entwicklung von gemeinsamen mentalen Modellen (mehr dazu in Abschn. 7.1) führt. Durch Gespräche innerhalb einer Gruppe verbessert sich das Wissen sowohl beim Individuum, das den anderen ein Problem erläutert, als auch bei den Zuhörern. Der Verbesserungseffekt beim Individuum hat mit der **Verbalisierung des Wissens** zu tun, bei der Zusammenhänge und Definitionen verdeutlicht werden. Während wir Zusammenhänge erklären, werden sie uns selbst verständlicher.

Darüber hinaus werden wir in einer Diskussion durch Andere zum Nachdenken angeregt und gegebenenfalls korrigiert, sodass es zu gegenseitiger Wissensbereicherung kommt. Die gemeinsam entwickelten Konzepte werden als Gruppenprodukt betrachtet, wodurch die Zusammengehörigkeit und Identifikation mit den Ergebnissen gestärkt werden.

In diesem Kontext ist die **heterogene Zusammensetzung** einer Gruppe wichtig, da verschiedene Sichtweisen, Betrachtungsperspektiven, Kenntnisse und Erfahrungen zu einem regen Meinungsaustausch, Kreativität und Synergieeffekten führen (vgl. Abschn. 10.1).

Silo-Denken als Hindernis für Lernen

Viele Unternehmen haben mittlerweile erkannt, dass die Grenzen zwischen einzelnen Abteilungen, Bereichen und Hierarchiestufen für die Kreativität und Innovation hinderlich sind. Deswegen werden in vielen Betrieben Expertennetzwerke oder Communities gefördert, die parallel zu der Linienorganisation existieren und einen bereichs- und hierarchieübergreifenden Wissens- und Meinungsaustausch ermöglichen. ◀

Ein Individuum gelangt durch Interaktionen mit anderen Menschen zu neuen Sichtweisen und Erkenntnissen. Die früher erworbenen kognitiven, emotionalen und konativen Kompetenzen einer Person ermöglichten ihr die Teilnahme an sozialen Interaktionen, und diese Interaktionen führen zu neuen Lernprozessen. So wird ein Kreislauf des lebenslangen sozialen (meist informellen) Lernens initiiert und aufrechterhalten. Durch Gruppeninteraktionen werden soziale und individuelle Ebenen des Lernens verbunden. Dieser Austauschprozess führt zur Steigerung der Gesamtleistung der Gruppe beim Lernen.

In der Gruppe wird das soziale Miteinander gelernt und soziale Kompetenzen der Mitglieder gefördert Eine besondere Bedeutung hat dabei die gegenseitige **Motivation zum Lernen**. Personen, die neugierig und offen für das Neue sind, regen die anderen auch, sich für neue Möglichkeiten zu öffnen.

6.6.1.2 Gruppenlernen als Vorstufe des organisationalen Lernens

Das Gruppenlernen spielt in Unternehmen eine bedeutende Rolle, da es eine Vorstufe des organisationalen Lernens bildet. Die Lernfähigkeit und Lernbereitschaft einer Organisation wird durch die Lernfähigkeit von Gruppen (einzelnen Teams, Abteilungen, Communities) beeinflusst.

Damit aus dem individuellen Lernen einer Person Vorteile für die Organisation resultieren, müssen die neu gelernten individuellen Inhalte mit weiteren Personen geteilt werden. Das neu erworbene Wissen soll in die Praxis transferiert und zu einem Bestandteil von unternehmerischen Abläufen und Routinen werden. Dies kann nur passieren, wenn die Person sich mit den Kollegen oder Untergebenen **austauscht** und die von ihr erworbenen Kenntnisse und Kompetenzen weitergibt. Das passiert meistens auf der Ebene der Arbeits- oder Erfahrungsgruppe.

Der unmittelbare Wissensaustausch findet dabei interaktiv, bedarfsorientiert und unmittelbar im Prozess der Arbeit statt. Bei diesem informellen Lernen lernen die Gruppenmitglieder nicht auf Vorrat (wie in einem geplanten Seminar oder Vortrag), sondern problem- und prozessorientiert. Das erhöht die Bedeutsamkeit des neu erworbenen Wissens, ermöglicht seine Implementierung in die Praxis und steigert die Lernmotivation. Werden in der Folge positive Auswirkungen neuer Abläufe oder Methoden, d. h. Erfolgserlebnisse festgestellt, dann werden die Erneuerungen weitergetragen und in andere Prozesse und Bereiche multipliziert. Dadurch kann die ganze Organisation lernen (vgl. ausführlicher Abschn. 7.2.3).

6.6.1.3 Vorteile des Gruppenlernens

Bei Gruppenlernen können unter günstigen Rahmenbedingungen folgende positive Effekte entstehen:

- jeder Einzelne bekommt durch die Vorbildfunktion anderer einen zusätzlichen **Ansporn zu lernen**,
- Wissensaustausch fördert einen **Wissenszuwachs**: Sowohl das individuelle Wissen (beschreibendes, prozessuales und emotionales) als auch das Gruppenwissen (geteiltes Wissen der Gruppe) wächst,
- durch emotionale Unterstützung wird das Lernen zusätzlich **gefördert**, das emotionale Wissen und die sozialen Kompetenzen der Mitglieder werden erweitert.

Eine Gruppe kann die Lernmotivation jedes Einzelnen steigern. Die von einer guten Gruppe ausgehende soziale Unterstützung trägt dazu bei, dass man sich anstrengt, auch wenn es schwierig wird. Beim Lernen in Gruppen ist nicht nur die reine Aufgabenbewältigung wichtig, sondern der Prozess des gemeinsamen Problemlösens an sich. Denn die Gruppenarbeit bietet die Möglichkeit, **neue Sichtweisen** und Perspektiven kennen zu lernen und vom Wissen anderer zu profitieren. Das Lernen in einer Gruppe ist anregender, als das Lernen allein. Da jedes Gruppenmitglied andere Vorkenntnisse, Ideen oder Ansichten hat, wird jeder auf neue Gedanken gebracht. Man lernt, zu argumentieren, zu diskutieren und sein Wissen verständlich und strukturiert vorzutragen. Das eigene Wissen wird überprüft, ergänzt, verändert und/oder stabilisiert. So trägt Gruppenlernen zu einem Zuwachs an beschreibendem und prozessualem Wissen bei (vgl. Abschn. 6.1.1).

Gruppen bieten auch die Möglichkeit zum sozialen Lernen und fördern damit emotionales Wissen der Beteiligten. In Gruppendiskussionen lernt man zu erkennen, dass es nicht nur eine richtige, sondern mehrere mögliche Wahrheiten gibt. Dies führt zu einer toleranteren Haltung gegenüber den Standpunkten anderer und zur Klärung von Missverständnissen und Konflikten. So werden auch die Ziele, Werte und Einstellungen hinsichtlich der Arbeit und des Lernens dauernd hinterfragt und neu definiert.

6.6.2 Voraussetzungen für Gruppenlernen in Unternehmen

Nicht jede Gruppe zeichnet sich durch erfolgreiche Lernprozesse aus. Intensität und positive Auswirkungen des Gruppenlernens sind von der Gruppenkonstellation und den Gruppenprozessen abhängig und müssen aktiv gesteuert werden.

6.6.2.1 Voraussetzungen für erfolgreiche Lernprozesse

Zu den zentralen Voraussetzungen für ein erfolgreiches Lernen in Gruppen werden gemeinsame Ziele der Gruppenmitglieder, soziale Kompetenzen der Beteiligten (inklusive Kommunikationsfähigkeit und Empathie) sowie regelmäßige Reflexion und Feedback gezählt.

Gemeinsame Ziele

Die erste wichtige Voraussetzung für ein erfolgreiches Lernen in einer Gruppe sind gemeinsame Ziele der Gruppenmitglieder, die klar definiert und kommuniziert werden. Nur dann entsteht in der Gruppe das Gefühl, „in einem Boot zu sitzen", sich gegenseitig unterstützen zu müssen, um gemeinsam erfolgreich zu sein. Erfolgreiches Gruppenlernen findet statt, wenn das Gruppeziel nur dann erreichet werden kann, wenn jedes einzelne Gruppenmitglied erfolgreich ist. Dies kann durch eine gemeinsame Gruppenidentität (wie Gruppenname, Logo, gemeinsame Rituale) und Nutzung von besonderen Talenten und Kompetenzen jedes Mitglieds (Aufgabenverteilung je nach Fähigkeiten, Wertschätzung von spezifischen Erfahrungen und Kompetenzen) unterstützt werden.

Soziale Kompetenzen

Die positiven Auswirkungen des Gruppenlernens kommen nur zustande, wenn die Gruppenmitglieder miteinander fair und offen umgehen, einander respektieren, wertschätzen und unterstützen sowie die Meinungsverschiedenheit konstruktiv betrachten. Selbst- und soziale Kompetenz spielen für das Lernen in Gruppen eine wichtige Rolle. Die persönlichen Eigenschaften wie Selbstkenntnis, persönliche Reife, Selbstständigkeit, Initiative, Anpassungsfähigkeit, Lernfähigkeit und Flexibilität schaffen notwendige Voraussetzungen für aktives Lernverhalten, Hilfsbereitschaft und Toleranz. Soziale Kompetenzen wie Offenheit, Aufgeschlossenheit, Kooperationsfähigkeit, Empathie sowie Kommunikationsfähigkeit und -bereitschaft, sind die Bedingungen für Meinungsvielfalt, offenen Wissensaustausch und emotionale Unterstützung der Lernprozesse.

Ohne Offenheit und Aufgeschlossenheit ist eine freie Meinungsäußerung in der Gruppe nicht denkbar, Vorteile der Vielfältigkeit kommen nicht zum Tragen. Unter solchen Bedingungen ist der gruppenspezifische Wissenszuwachs ausgeschlossen. Dasselbe gilt für die Kooperationsbereitschaft der Gruppenmitglieder: Sie ist eine Voraussetzung für das gemeinsame Lernen, das durch freiwilliges Geben und Nehmen funktioniert.

Empathie (Einfühlungsvermögen) unterstützt unsere Fähigkeit, Gefühle und Sichtweisen anderer Menschen zu verstehen und angemessen darauf zu reagieren. Es ist vor allem wichtig, wenn in einem Meinungsaustausch eine abweichende, ungewöhnliche Meinung nicht sofort kritisiert und verpönt wird, sondern aufmerksam aufgenommen und ernsthaft diskutiert. Nur dann wird in der Gruppe eine offene Kommunikations- und Lernatmosphäre entstehen, wo jeder sich wohl fühlt und keine Angst hat, seine Meinung zu äußern. Dadurch steigen die Kreativität und Meinungsvielfalt der Gruppe.

Die Kommunikationsfähigkeit und -bereitschaft der Gruppenmitglieder begünstigt ebenso Lernprozesse in Gruppen. Nur wenn zwischenmenschliche Beziehungen innerhalb der Gruppe sich etabliert haben, entsteht eine vertrauensvolle Atmosphäre, die einen Wissensaustausch ermöglicht und die verbreitete Einstellung „Wissen ist Macht" widerlegt. Langfristig entwickelt sich in der Gruppe das Verständnis, dass Wissen sich vermehrt, wenn man es teilt.

Die Fähigkeit sich klar und verständlich auszudrücken und anderen Menschen aktiv und aufmerksam zuzuhören ist für Wissensaustausch und -erweiterung unentbehrlich. Klare und einfache Formulierungen sind auch bei komplizierten Fragestellungen möglich: Wer klar denkt, kann sich klar ausdrücken. Zusätzlich ist aktives respektvolles Zuhören von Bedeutung. Jedes Gruppenmitglied soll in einer Diskussion genügend Zeit bekommen, um seine Meinung zu erläutern. Keine Meinung darf vernachlässigt und vergessen werden. Häufig wird eine Diskussion nicht durch die intelligentesten, sondern die besonders aktiven und lauten Personen dominiert. Es ist wichtig, auch den leisen und bescheidenen Teilnehmern das Wort zu geben.

Reflexion und Feedback
Eine weitere Voraussetzung für erfolgreiche Lernprozesse in Gruppen stellen Reflexion und Feedback dar. Reflexion der Gruppenprozesse bedeutet, dass die Gruppe die Ergebnisse ihres individuellen und gemeinsamen Arbeitsprozesses regelmäßig bewertet und reflektiert. Auf dieser Basis wird entschieden, welche Verhaltensweisen und Regeln beibehalten oder verändert werden sollen. Deswegen sind beispielsweise regelmäßige Besprechungen im Team nach jedem Sprint ein Bestandteil des Scrum-Arbeitskonzeptes (vgl. Abschn. 10.3.3) oder der anderen agilen Arbeitsmethoden. Allgemein sind Kurzbesprechungen im Team einmal pro Woche zu festen Zeiten üblich. Wichtig ist dabei, dass jedes Gruppenmitglied genug Zeit und Aufmerksamkeit bekommt, um seine individuellen Probleme zu erläutern.

Weiterhin ist eine konstruktive Feedbackkultur erforderlich. Es ist wichtig, in der Gruppe regelmäßig Feedback-Runden durchzuführen. Feedback geben und erhalten ist wichtig für individuelle Lernprozesse und persönliche Weiterentwicklung. Angemessenes Verhalten gegenüber Personen und Situationen wird dadurch gelernt, dass wir die Auswirkungen unseres Verhaltens auf andere beobachten und die entsprechenden Rückmeldungen konstruktiv nutzen.
Die positiven Wirkungen des Feedbacks liegen darin, störende Verhaltensweisen zu korrigieren und die Zusammenarbeit in der Gruppe zu optimieren. Allerdings ist es nicht immer leicht, Feedback zu geben oder zu nehmen. Insbesondere kritische Äußerungen gehen uns oft zu nah, rufen Abwehrreaktionen hervor, anstatt Lernprozesse in Gang zu setzen. Eine Gruppe muss es lernen, **gegenseitiges Feedback** zu einer **Selbstverständlichkeit**, zu einem Bestandteil des Lernprozesses zu machen. Genauso wie Kritik soll auch Lob stets begründet und konstruktiv sein. Nur dann kann sich die Wirkung des Feedbacks entfalten und Lernprozesse vorantreiben.

6.6.2.2 Hindernisse für Lernprozesse in Gruppen

Unter negativen Bedingungen wird das Lernen in Gruppen wesentlich erschwert, es können solche Gruppeneffekte wie soziales Faulenzen und Gruppendenken (Group Think) vorkommen.

Soziales Faulenzen führt bei Lernprozessen dazu, dass immer die gleichen, besonders fleißigen Gruppenmitglieder, die meiste Arbeit übernehmen, während die anderen ihre Leistungen reduzieren oder zunächst abwarten, dass die Anderen die Aufgabe erledigen. Ein offenes kritisches Feedback in der Gruppe könnte diesem negativen Verhalten vorbeugen.

Gruppendenken (Group Think) als psychologisches Phänomen beim Gruppenlernen heißt, dass man die dominierende Meinung blind übernimmt, ohne sie infrage zu stellen. Auch eine lange enge Spezialisierung auf spezifische Aufgabe kann zur Einengung der Sicht und des Wissens von einzelnen Menschen oder auch Gruppen (oder Abteilungen) führen, die als Betriebsblindheit bezeichnet wird. Die Möglichkeit, eine abweichende Meinung zu äußern, ohne dafür bestraft zu werden, sollte immer gegeben sein. Dafür hat vor allem der Gruppenleiter zu sorgen.

Für das Vorbeugen dieser negativen Auswirkungen und Unterstützung von positiven Effekten des Lernens in Gruppen können auch spezielle Techniken zur Förderung der Kreativität und Reduzierung des Gruppendenkens eingesetzt werden. Das sind gängige Kreativitätsmethoden wie Brainstorming oder Sechs-Hüte-Denken, Moderationstechniken mit Kartenumfrage oder agile Methoden, die in Abschn. 10.2 erläutert werden.

Die praktischen Gestaltungsmöglichkeiten des Lernens in Gruppen werden in Abschn. 7.4 erläutert.

Verständnisfragen und Aufgaben

1. Was versteht man unter Lernen? Welche Rolle spielen im individuellen Lernprozess sensorisches, Kurzzeit- und Langzeitgedächtnis?
2. Vergleichen Sie die Lernformen im Behaviorismus (Signallernen, Erfolgslernen) und im Kognitivismus (elementares kognitives Lernen, Lernen am Modell, Lernen durch Einsicht).
3. Wie wird das Lernen von Konstruktivisten definiert?
4. Welche Rolle spielt der Lehrer in den Lerntheorien des Behaviorismus, Kognitivismus und Konstruktivismus?
5. Wodurch unterscheidet sich das Lernverhalten der Digital Natives von dem der älteren Menschen?
6. In welchen Formaten kann digitales Lernen in Unternehmen stattfinden?
7. Warum nimmt der Trend zur Individualisierung der Lernangebote zu?
8. Welche Prozesse finden beim Lernen in Gruppen statt? Welche Vorteile hat das Gruppenlernen und welche Voraussetzungen sind dafür erforderlich?

Literatur

Ahrens, D., & Spöttl, G. (2018). Industrie 4.0 und Herausforderungen für die Qualifizierung von Fachkräften. In H. Hirsch-Kreinsen, P. Ittermann, & J. Niehaus (Hrsg.), *Digitalisierung industrieller Arbeit. Die Vision Industrie 4.0 und ihre sozialen Herausforderungen* (2. Aufl., S. 175–194). Nomos.

Bandura, A. (1986). *Social foundations of thought and action: A social-cognitive theory*. Prentice Hall.

Behnke, D. (2020). Fernwartung: Durchblick dank Datenbrille. *Wissensmanagement. Das Magazin für Digitalisierung, Vernetzung & Collaboration, 6*(2020), 30–31.

BMWi. (2019). Impulspapier Für eine zukunftsfähige Lernkultur im Unternehmen. Arbeitsgruppe 5: Arbeit, Aus- und Weiterbildung der Plattform Industrie 4.0. https://www.bmwk.de/Redaktion/DE/Publikationen/Industrie/industrie-4-0-zukuenftige-lernkultur-im-unternehmen.pdf?__blob=publicationFile&v=4. Zugegriffen am 26.04.2022.

Bodrozic, T. (2018). Serious Games: Mit Spiel und Spaß zu erfolgreicher Weiterbildung. *Wissensmanagement, 4*(2018), 24–25.

Deloitte. (2018). *Millennial survey 2018*. https://www2.deloitte.com/de/de/pages/innovation/contents/Millennial-Survey-2018.html. Zugegriffen am 10.05.2022.

Deloitte. (2019). Lebenslanges Lernen: integriert, personalisiert, kontinuierlich. https://www2.deloitte.com/content/dam/Deloitte/de/Documents/human-capital/Lebenslanges-Lernen-Deloitte-Deutschland.pdf. Zugegriffen am 26.08.2022.

Franken, S., Prädikow, L., & Vandieken, M. (2019). *Fit für Industrie 4.0? Ergebnisse einer empirischen Untersuchung im Rahmen des Forschungsprojektes Fit für Industrie 4.0*. FGW-Studie Digitalisierung von Arbeit 18, Herausgegeben von Hirsch-Kreinsen, H.; Karacic, A. FGW, Düsseldorf, ISSN 2510-4101.

Frankenberger, K., Mayer, H., Reiter, A., & Schmidt, M. (2021). *Das Digital Transformer's Dilemma. Wie Sie Ihr Kerngeschäft digitalisieren und gleichzeitig innovative Geschäftsmodelle aufbauen*. Wiley.

Graf, N., Gramß, D., & Heister, M. (2016). *Studie Gebrauchsanweisung fürs lebenslange Lernen. Erkenntnisse zur Weiterbildung und wie Betriebe sowie Mitarbeiter sie einsetzen können*. Eine Studie der Hochschule für angewandtes Management, gefördert von der Vodafone Stiftung Deutschland und unter Beratung des Bundesinstituts für Berufsbildung (BIBB), Düsseldorf.

Grotherr, M. (2021). Nestlé: Lebenslanges Lernen für 297.000 Mitarbeiter. *Wissensmanagement. Das Magazin für Digitalisierung, Vernetzung & Collaboration, 3*(2021), 14–15.

Grotherr, M. (2022). Betriebliche Weiterbildung: So lernt die Gen Z. *Wissensmanagement. Das Magazin für Digitalisierung, Vernetzung & Collaboration, 3*(2022), 44–45.

Haidar, L. (2021). Lernen und Arbeiten mit Datenbrille. https://www.stzw.info/allgemein/lernen-und-arbeiten-mit-datenbrille. Zugegriffen am 10.03.2022.

Haufe. (Hrsg.). (2021). Personalentwicklungsmaßnahmen. https://www.haufe.de/personal/hr-management/personalentwicklung-grundlagen-massnahmen-digitalisierung/personalentwicklungsmassnahmen-klassisch-und-digital_80_552634.html. Zugegriffen am 17.05.2022.

Jacobs, J. Ch., Kagermann, H., & Spath, D. (2020). Lebenslanges Lernen fördern – gute Beispiele aus der Praxis. Ein Good-Practice-Bericht des Human-Resources-Kreises von acatech. Lessons Learned, wissenschaftliche Analysen und Handlungsoptionen. https://www.acatech.de/publikation/good-practice-bericht/. Zugegriffen am 26.04.2022.

Kienbaum & StepStone. (Hrsg.). (2021). *Future skills – Future learning*. https://institut.kienbaum.com/wp-content/uploads/sites/24/2021/06/Kienbaum-StepStone-Studie_2021_WEB.pdf. Zugegriffen am 21.02.2022.

Kilian, D. (2022). Spielend besser werden: Gamification im Lernprozess. *Wissensmanagement. Das Magazin für Digitalisierung, Vernetzung & Collaboration, 1*(2022), 34–35.

Maderthaner, R. (2021). *Psychologie* (3. Aufl.). Facultas.

Manpower Group. (Hrsg.). (2018). *Skills revolution 2.0*. https://www.manpowergroup.de/neuigkeiten/studien-und-research/skills-revolution-ii/#_ga=2.212613268.1033596777.1558884674-2117599411.1558884674. Zugegriffen am 05.03.2022.

Münchner Kreis. (Hrsg.). (2020). Kompetenzentwicklung für und in der digitalen Arbeitswelt. Positionspapier 2020 des Arbeitskreises „Arbeit in der digitalen Welt". https://www.muenchner-kreis.de/download/MUENCHNER-KREIS-Kompetenzpapier.pdf. Zugegriffen am 05.03.2022.

OECD. (2016). *Skills for a digital world*. https://www.oecd.org/els/emp/Skills-for-a-Digital-World.pdf. Zugegriffen am 28.02.2022.

Roth, G. (2021). *Bildung braucht Persönlichkeit. Wie Lernen gelingt*. Klett-Cotta.

Rüsting, E. (2018). Augmented Reality: Bereiten Sie sich auf ein neues Zeitalter vor! *Wissensmanagement, 4*(2018), 10–14.

Schüller, A. M., & Steffen, A. T. (2017). *Fit für die Next Economy. Zukunftsfähig mit den Digital Natives*. Wiley-VCH.

Seyda, S. (2021). IW-Trends 1/2021. Digitale Lernmedien beflügeln die betriebliche Weiterbildung: Ergebnisse der zehnten IW-Weiterbildungserhebung. https://www.iwkoeln.de/fileadmin/user_upload/Studien/IW-Trends/PDF/2021/IW-Trends_2021-01-05_Seyda.pdf. Zugegriffen am 21.02.2022.

Siepmann, F. (Hrsg.). (2021). E-Learning Benchmarking Studie 2021. https://www.elearning-journal.com/ebook_bms2021_futureskills/. Zugegriffen am 26.08.2022.

Skinner, B. F. (1978). *Futurum Zwei*. Rowohlt.

Organisationales Lernen

7

Zusammenfassung

Ein Unternehmen, das in der dynamischen komplexen Umwelt erfolgreich agieren will, muss sich kontinuierlich weiterentwickeln und sein Wissen über sich selbst und die Außenwelt ständig erneuern – das ist die Aufgabe des organisationalen Lernens. Das zentrale Problem beim Lernen von Unternehmen besteht darin, sinnvolle Lernprozesse der Mitarbeiter zu initiieren und zu steuern, damit das ganze Unternehmen langfristig lernfähig und lernbereit ist. Das organisatorische Lernen basiert auf individuellem Lernen (vgl. Kap. 6), geht jedoch über dieses hinaus. Wissensaustausch und Lernen bei Mitarbeitenden und Arbeitsteams müssen institutionalisiert, koordiniert und an den Unternehmenszielen ausgerichtet werden. Auf der Basis bekannter Theorien des organisationalen Lernens (von Argyris & Schön, Senge, Nonaka & Takeuchi) werden in diesem Kapitel die Möglichkeiten der praktischen Gestaltung des Lernens in Unternehmen auf der individuellen, Gruppen-, organisationalen und überorganisationalen Ebene aufgezeigt und anhand konkreter Beispiele beschrieben.

7.1 Ausgewählte Theorien des organisationalen Lernens

Zwischen den Unternehmen im globalen Wettbewerb herrscht ein erbarmungsloser Kosten- und Leistungsdruck, dazu kommen soziale und ökologische Herausforderungen. Diese Herausforderungen erzeugen in Unternehmen ein Umfeld, in dem die Notwendigkeit und die Möglichkeit, sich Lernkompetenzen zu erarbeiten, dringlicher sind denn je (vgl. Senge, 2017, S. 5–6).

Das Wissen eines Unternehmens über die Umwelt, ihre Gesetzmäßigkeiten und Entwicklungen, über sich selbst als soziale Einheit, über die Kunden und Märkte etc. bestimmt sein Handeln und seinen Erfolg. Unternehmen als Handlungseinheiten müssen permanent lernen, um imstande zu sein, sich dauerhaft auf sich verändernde Realitäten einzustellen. Diese Prozesse werden in den Theorien des organisationalen Lernens analysiert.

Das Lernen findet zwar auf individueller Ebene statt, jedoch werden individuelle Lernprozesse erst durch die Übertragung von individuellem Wissen auf andere Organisationsmitglieder zu organisationalem Lernen, d. h. Organisationsmitglieder müssen über ein gemeinsames Wissen verfügen (vgl. Abschn. 2.5 zu dem kollektiven Wissen). Darüber hinaus muss sich das Wissen an den Organisationszielen orientieren. Organisationales Lernen kann somit als Prozess verstanden werden, bei dem individuelles Wissen von anderen Personen oder Quellen aufgenommen, bewertet, akzeptiert und in eigene Interpretationsschemata integriert wird (vgl. Lehner, 2021, S. 184).

Deswegen bedeutet organisationales Lernen eine Veränderung der organisationalen Wissensstrukturen oder der Wissensbasis einer Organisation (Lehner, 2021, S. 185).

▶ **Organisationales Lernen** ist ein Prozess der Veränderung der Wissensbasis des Unternehmens, der im Wechselspiel zwischen Individuen und dem Unternehmen und den Individuen im Unternehmen untereinander in Interaktion mit der Umwelt stattfindet und zu besserer Systemanpassung und Problemlösungsfähigkeit des Unternehmens führt.

Die Pioniere des organisationalen Lernens H. Simon, R. Cyert und J. March haben bereits in den 1960–70er-Jahren das Entscheidungsverhalten eines Unternehmens analysiert. „Organisationen und Menschen in ihnen lernen aus Erfahrung. Sie handeln, beobachten die Konsequenzen ihrer Handlungen, ziehen Schlussfolgerungen aus diesen Konsequenzen und leiten daraus Implikationen für künftiges Handeln ab." (March & Olsen, 1976, S. 67). In diesen frühen Theorien wurde dem Unternehmen nur eine passive Rolle unterstellt – es passt sich an die äußeren Gegebenheiten an, reagiert, anstatt zu agieren. Darin besteht die Begrenztheit dieser Ansätze, die hier nicht näher betrachtet werden. Gemäß einer konstruktivistischen Sicht auf ein Unternehmen ist es in der Lage, einen aktiven Einfluss auf seine Beschäftigten, Kunden, Konkurrenten und die Gesellschaft auszuüben und seine interne und externe Unternehmensrealität zu gestalten.

Spätere Theorien der lernenden Organisation zeichnen sich durch bessere Anwendungsmöglichkeiten aus und werden exemplarisch erläutert. Der Ansatz von C. Argyris und D. A. Schön (erschienen 1978, aktuelle Auflage 2018) beschäftigt sich mit dem Handeln innerhalb eines Unternehmens und beschreibt Lerntypen, die über das einfache Reagieren auf äußere Umstände hinausgehen. Die Theorie des lernenden Unternehmens von P. M. Senge (erschienen 1990, aktuelle überarbeitete Auflage 2017) hat einen ausgeprägten konstruktivistischen Charakter: Ein Unternehmen soll durch Lernen seine eigene Realität schaffen. Die Theorie „Organisation des Wissens" von I. Nonaka und H. Takeuchi (erschienen 1995, aktuelle Auflage 2012) kann auch zu den Lerntheorien gezählt werden, da sie die Prozesse des Wissensaustausches und der Wissensgenerierung darstellt. Diese Ansätze werden im Weiteren analysiert und bezüglich ihrer Anwendbarkeit hinterfragt.

7.1.1 Lerntheorie von Argyris und Schön

Argyris und Schön haben 1978 einen Ansatz des organisatorischen Lernens präsentiert, der eine entscheidende Rolle für die Weiterentwicklung der Lerntheorien spielt.

Sie betrachten organisatorisches Handeln als individuelles, durch bestimmte organisatorische Rollen geleitetes Handeln. Es wird zwischen zwei grundlegenden Typen von Handlungstheorien differenziert: Den geäußerten Handlungstheorien, die von Akteuren nach außen kommuniziert werden, und den realen Gebrauchstheorien. Diskrepanzen zwischen gewünschtem und tatsächlichem Handeln stimulieren Lernprozesse und bilden die Basis für das Lernen eines Unternehmens und seiner Mitarbeiter. Stimmen die Handlungsergebnisse eines Unternehmens nicht mit den Handlungserwartungen überein, so werden die Handlungstheorien in Frage gestellt und eventuell korrigiert. Es kommt zu einem organisationalen Lernen, das in drei verschiedenen Formen stattfinden kann (vgl. Argyris & Schön, 2018).

7.1.1.1 Drei Typen des organisationalen Lernens

Organisationales Lernen findet statt, wenn ein Unternehmen sich Informationen (Wissen, Verständnis, Know-how, Techniken oder Praktiken) auf welchem Weg auch immer aneignet. Argyris und Schön unterscheiden zwischen dem Einschleifen-Lernen („Single-loop-Learning") und dem Doppelschleifen-Lernen („Double-loop-Learning") und fügen diesen schließlich das „Deutero-Learning", eine Meta-Ebene des Lernens, hinzu (vgl. Abb. 7.1).

Das „Single-loop-Learning", oder anpassendes Lernen (Lernen Typ I) basiert auf der Vorstellung eines sozialen Regelkreises. Innerhalb eines festgelegten Bezugsrahmens, der vor allem die Definition des „richtigen" Systemzustandes (Soll-Zustandes) enthält, wer-

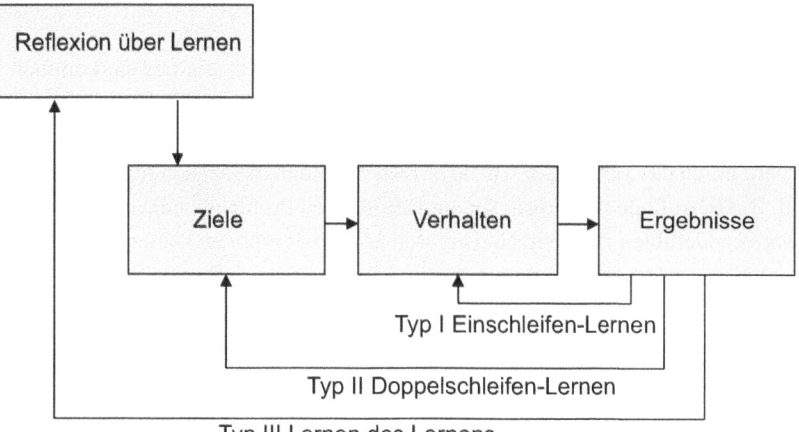

Abb. 7.1 Drei Typen des organisationalen Lernens nach Argyris und Schön. (Quelle: eigene Darstellung)

den auffällige Abweichungen registriert und korrigiert (vgl. Schreyögg & Geiger, 2016, S. 399). Das Einschleifen-Lernen findet statt, wenn mangelhafte Ergebnisse des Handelns durch die Korrekturen der Handlung innerhalb vorgegebener Ziele und Werte stattfinden. Es werden lediglich die Intensitäten in den Handlungsstrategien angepasst, um den Fehler zu beheben (vgl. Argyris & Schön, 2018). Dies ist das anpassungsorientierte Lernen (wie im behavioristischen Konzept), es geht nur um operative Anpassungen. Beispiel: Sinkender Absatz erfordert mehr Werbung und mehr Verkaufsaktivitäten.

Das „Double-loop-Learning", oder innovatives Lernen (Lernen Typ II) stellt im Gegensatz dazu die Führungsgrößen und Prämissen der operativen Handlungstheorien selbst infrage. Es zielt auf eine Modifikation oder Verbesserung der allgemeinen Regeln, Normen und Ziele ab. Dafür ist ein „Verlernen" von alten Handlungsregeln notwendig sowie die Erarbeitung von neuen kognitiven Orientierungen und Denkweisen. Es werden nicht nur Handlungsfehler korrigiert, sondern auch ihre Ursachen analysiert. Beispiel: Sinkender Absatz führt zur Überprüfung, ob dies an zu wenig Werbung oder mangelnder Produktqualität liegt. Eine Voraussetzung für erfolgreiches Double-loop-Learning sind Offenheit und Unvoreingenommenheit (vgl. Schreyögg & Geiger, 2016, S. 400).

Das „Deutero-Learning", oder Lernen des Lernens (Lernen Typ III) bedeutet eine Selbstreflexion der Lernprozesse. Dabei wird das Wissen über vergangene Lernprozesse (aus dem anpassenden und innovativen Lernen) gesammelt, kommuniziert und analysiert. Im Deutero-Lernen werden Lernkontexte reflektiert, Lernverhalten, Lernerfolge und -misserfolge diagnostiziert, es wird deswegen auch als Meta-Ebene des organisationalen Lernens bezeichnet (vgl. Lehner, 2021, S. 186; Schreyögg & Geiger, 2016, S. 400). Dieses reflektierende Lernen steigert das Problemlösungspotenzial eines Unternehmens und führt zur qualitativen Veränderung seiner Handlungsmuster. Deutero-Lernen kann allerdings nicht als ein Einzelakt betrachtet werden, sondern erfordert eine systematische Arbeit an Lernen und Lernfähigkeit einer Organisation.

7.1.1.2 Voraussetzungen für innovatives Lernen

Die Gründe, warum Unternehmen oft nicht zu einem innovativen Lernen kommen, sehen Argyris und Schön in den vorherrschenden Handlungstheorien der Mitarbeiter in Unternehmen, die zumeist durch ein defensives Verhalten bestimmt sind. Das defensive Verhalten wird durch das Vermeiden von negativen Gefühlen in sozialen Interaktionen hervorgerufen. Die Betroffenen unterdrücken und vertuschen Probleme, um sich und die anderen vor negativen Gefühlen zu schützen. Dadurch kommt es nicht zu klärenden, die Prinzipien infrage stellenden Interaktionen und damit nicht zu einem höheren Lernen. Notwendige Voraussetzung für bessere Lernprozesse ist eine Unternehmenskultur, die offene, konstruktive Diskussionen ermöglicht. Änderungen, die eine konstruktive Unternehmenskultur generieren, können den Unternehmen jedoch nicht von außen vorgeschrieben werden, sondern müssen durch eigene Einsicht entwickelt werden.

In Unternehmen, die agile Methoden wie Design Thinking oder Scrum einsetzen (vgl. Abschn. 10.3), sind Reflexionsprozesse (so genannte Retrospektiven) ein fester Bestandteil der Teamarbeit. So wird innovatives Lernen (Lernen Typ II) in agilen Teams verankert.

Die Lerntheorie von Argyris und Schön zeigt verschiedene Möglichkeiten des Lernens in Unternehmen auf, die ein unterschiedliches Ausmaß haben, – von dem Anpassungslernen über ein innovatives reflexives Lernen bis zu dem Lernen des Lernens, bei dem das ganze Managementsystem infrage gestellt wird. Auslöser für alle drei Lerntypen ist eine Differenz zwischen dem erwarteten und wahrgenommenen Ergebnis des eigenen Handelns.

In vielen modernen Unternehmen findet auch das Deutero-Lernen statt, vorausgesetzt, das Thema „Lebenslanges Lernen" wird zu einem Bestandteil der Unternehmensstrategie erklärt (vgl. dazu Abschn. 7.5.1).

Wie die drei Typen des Lernens in der Praxis funktionieren können, zeigt das Unternehmensbeispiel der DB Systel GmbH.

Drei Typen des Lernens bei der DB Systel GmbH

Als Tochterfirma und Digitalpartner der Deutschen Bahn nimmt DB Systel eine Vorreiterrolle in der digitalen Transformation des Konzerns ein. Seit 2014 arbeiten die ca. 4000 Mitarbeiter in agilen Teams nach Scrum. Um ihre Arbeit zu verbessern, stellen sich Teams bei der Reflexion die Fragen: Wie können die Ergebnisse besser erreicht werden (Single-Loop-Lernen) und welche Ziele sollten anders betrachtet werden (Double-Loop-Lernen). Allerdings haben die Teams kaum Zeit, um sich mit dem Lernen des Lernens zu beschäftigen (Deutero-Lernen). In einem Forschungsprojekt wurden die Teams aufgerufen, die gängigen Reflexionsfragen durch weitere zu ergänzen: Welche Maßnahmen haben wir umgesetzt und wie hat das unsere Arbeit beeinflusst? So wurden die durchgeführten Maßnahmen aus der Vogelperspektive betrachtet und Lernprozesse in Gang gesetzt. Die Einführung dieser Fragen in die Reflexionsprozesse hat die Lernkurven der Teams deutlich gesteigert (vgl. Lombard & Wallraff, 2021, S. 16–17). ◄

7.1.2 Theorie der lernenden Organisation von Senge

In der aktuellen Ausgabe des Klassikers „Die fünfte Disziplin. Kunst und Praxis der lernenden Organisation" betont Peter Senge, dass die Herausforderungen der globalen, dynamischen Wirtschaftswelt Unternehmen noch stärker als früher zum Lernen zwingen, allerdings sieht er zugleich neue Chancen für kontinuierliches Lernen und Innovation aufgrund der wachsenden Vernetzung der Organisationen und der Abschwächung herkömmlicher Managementhierarchien (vgl. Senge, 2017, S. 7).

Lernende Organisationen sind für Senge „Organisationen, in denen die Menschen kontinuierlich die Fähigkeit entfalten, ihre wahren Ziele zu verwirklichen, in denen neue Denkformen gefördert und gemeinsame Hoffnungen freigesetzt werden, Organisationen also, in denen Menschen lernen, miteinander zu lernen" (Senge, 2017, S. 13). Als Basis für das Entstehen von Lernprozessen identifiziert Senge die Gruppe. Kommunikations- und Interaktionsprozesse sind dabei ein zentrales Gestaltungsfeld (vgl. Lehner, 2021, S. 186).

7.1.2.1 Lernhemmnisse in Unternehmen

Zu Beginn beschäftigt sich Senge mit den typischen Lernhindernissen in Organisationen, die er als Berater in der Praxis erlebt hat. Als Lösung werden die sogenannten „Fünf Disziplinen" der lernenden Organisation definiert.

Nach Senge ist es kein Zufall, dass die meisten Unternehmen schlecht lernen: Die Führungspositionen, die starren Stellenbeschreibungen und vor allem bestimmte Denk- und Interaktionsmuster von Menschen verursachen Lernhemmnisse. Diese Hemmnisse müssen zunächst erkannt werden, um sie zu beheben. Die sieben Lernhemmnisse werden recht metaphorisch formuliert, lassen sich jedoch als aktuelle Phänomene wiedererkennen (vgl. Senge, 2017, S. 30–38):

1. „Ich bin meine Position". Die meisten Mitarbeiter eines Unternehmens sehen sich als Teil eines Systems, auf das sie wenig Einfluss haben. Sie tun ihre Arbeit (Dienst nach Vorschrift) und fühlen sich für die Ergebnisse des gemeinsamen Zusammenwirkens nicht verantwortlich.
2. „Der Feind da draußen". Wir alle neigen dazu, wenn etwas schiefgeht, die Schuld überall außer bei uns selbst zu suchen. Bei Problemen und Schwierigkeiten wird immer nach einem externen Sündenbock gesucht.
3. „Angriff ist die beste Verteidigung", oder die Illusion von der Kontrolle. Es gilt proaktiv zu sein, man geht oft angesichts schwieriger Probleme in die Offensive und verhält sich aggressiv. Echte Proaktivität hat jedoch damit zu tun, dass man erkennt, was man selbst zu seinen Problemen beiträgt.
4. „Fixierung auf Ereignisse". Wir sind darauf konditioniert, das Leben als eine Abfolge von Ereignissen zu betrachten, und wir glauben, dass jedes Ereignis eine klare Ursache hat. Solche Erklärungen mögen in sich wahr sein, aber sie lenken unsere Aufmerksamkeit von den langfristigen Veränderungsmustern ab, die hinter den Ereignissen stehen, und sie verhindern, dass wir die Ursachen dieser Muster begreifen. Durch die Konzentration auf kurzfristige Ereignisse werden die Wahrnehmung von langsamen, schleichenden Prozessen und die Kreativität verhindert.
5. „Gleichnis vom gekochten Frosch". Wenn Sie einen Frosch in einen Topf mit kochendem Wasser setzen, wird er sofort versuchen herauszuklettern. Wird das Wasser im Topf jedoch langsam aufgewärmt, bleibt der Frosch darinsitzen, bis er kocht. Auch wir sind nicht in der Lage, langsame, allmähliche Entwicklungen zu erkennen, dazu müssen wir unser hektisches Tempo drosseln und dem Subtilen genauso viel Aufmerksamkeit widmen wie dem Dramatischen.
6. „Illusion, dass wir aus Erfahrung lernen". Wir lernen aus Erfahrung, wenn wir die Folgen unseres Verhaltens erkennen können. In Unternehmen erfahren Menschen häufig nicht, wie sich ihre wichtigsten Entscheidungen auswirken, da diese Konsequenzen haben, die sich über Jahre oder Jahrzehnte erstrecken. Wenn unser Handeln Folgen hat, die jenseits unseres Lernhorizontes liegen, können wir nicht mehr aus diesen Erfahrungen lernen.

7. „Mythos vom Managementteam". An vorderster Front im Kampf gegen diese Probleme und Lernhemmnisse steht das Managementteam, erfahrene Führungskräfte aus verschiedenen Bereichen des Unternehmens. Solche Managementteams sind oft mit Revierkämpfen beschäftigt und vermeiden alles, was sie persönlich in ein schlechtes Licht bringen könnte. Es wird kaum ernsthaft über Probleme und schwierige Fragen diskutiert, das Lernen wird verhindert.

Senge geht von einer natürlich gegebenen Lernbereitschaft und -fähigkeit der Menschen aus („Kinder sind von sich aus wissbegierige Entdecker, die ganz von allein und meisterhaft lernen"), die unter den beschriebenen Bedingungen in einem Unternehmen verloren gehen, jedoch wiedergewonnen werden können. Die Bedeutung einer lernenden Organisation besteht darin, dass sie die Lust am Lernen wiederbelebt: „Eine lernende Organisation ist ein Ort, an dem Menschen kontinuierlich entdecken, dass sie ihre Realität selbst erschaffen. Und dass sie diese Realität verändern können." (Senge, 2017, S. 24).

7.1.2.2 Fünf Disziplinen der lernenden Organisation
Die Reaktivierung, Förderung und Weiterentwicklung der Lernfähigkeit einer Organisation ist von der Beherrschung folgender fünf Fähigkeiten (Disziplinen) abhängig (vgl. Senge, 2017, S. 16–23):

1. Persönlichkeitsentwicklung (Personal Mastery)
2. Mentale Modelle (Mental Models)
3. Gemeinsame Visionen (Building Shared Vision)
4. Teamlernen (Team Learning)
5. Systemdenken (System Thinking)

Jede Disziplin repräsentiert einen anderen Aspekt der lernenden Organisation, und alle zusammen ermöglichen sie das organisationale Lernen. Dabei kommt dem Systemdenken eine besondere Rolle zu: Das Systemdenken bedeutet einen Überblick über das Ganze, die Fähigkeit, Prozesse in ihren Zusammenhängen zu begreifen (vgl. Abb. 7.2).

Persönlichkeitsentwicklung ist die Disziplin der Selbstführung und persönlichen Weiterentwicklung. Sie hängt mit dem Selbstmanagement zusammen und bedeutet, eigenständig auf wahre persönliche Ziele hinzuarbeiten, Situationen realistisch einzuschätzen, Gewohntes in Frage stellen zu können. Personal Mastery ist kein Zustand, sondern ein lebenslanger Entwicklungsprozess. Diese Disziplin bedeutet, dass man seine persönliche Vision kontinuierlich klärt und vertieft, dass man seine Energien bündelt, Geduld entwickelt und die Realität objektiv betrachtet. Diese Inhalte machen Personal Mastery zu einem wesentlichen Eckpfeiler der lernenden Organisation – zu ihrer geistigen Grundlage. Ein Unternehmen ist daran interessiert, seine Mitarbeiter zum Lernen und zur Entwicklung zu motivieren. „Das Engagement einer Organisation, lernen zu wollen, kann immer nur so groß sein, wie das Engagement ihrer Mitglieder." (Senge, 2017, S. 18).

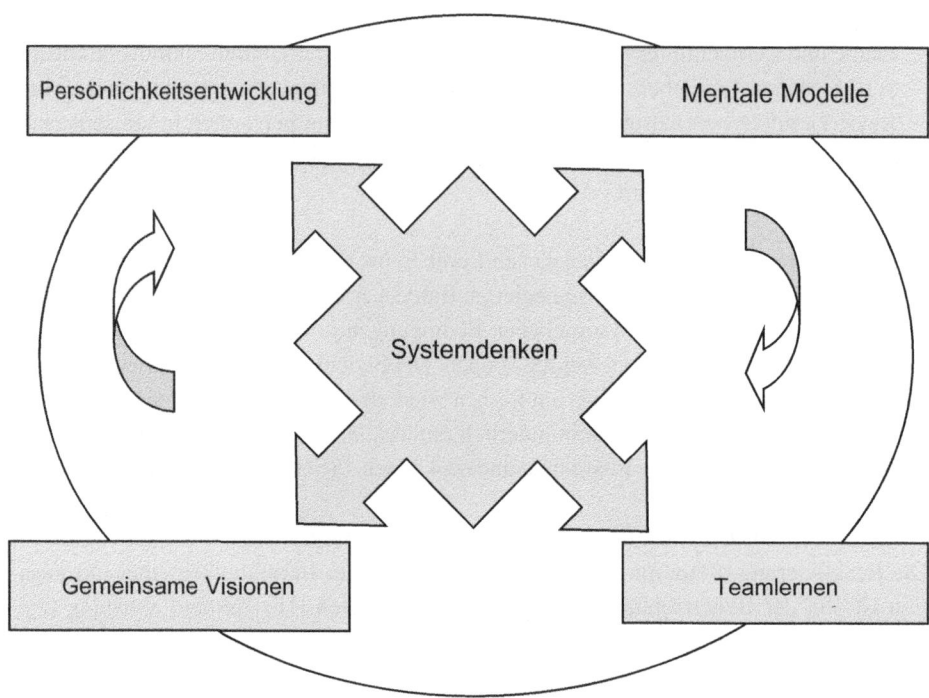

Abb. 7.2 Fünf Disziplinen der lernenden Organisation nach Senge. (Quelle: eigene Darstellung)

Mentale Modelle sind nach Senge tief verwurzelte Annahmen, Verallgemeinerungen oder auch Bilder und Symbole, die großen Einfluss darauf haben, wie wir die Welt wahrnehmen und wie wir handeln (Senge, 2017, S. 18). Das sind Annahmen und Geschichten, die wir von uns selbst, von unseren Mitmenschen, von Institutionen und von jedem anderen Aspekt der Welt in unseren Köpfen tragen. Unsere mentalen Modelle und ihre Auswirkungen auf unser Handeln sind uns selbst meistens nicht bewusst. Nach Senge muss man sich seiner mentalen Modelle bewusst werden, sie an die Oberfläche holen und einer kritischen Betrachtung unterziehen. Nur dann kann man neue Ideen hervorbringen. Deswegen ist Selbstreflexion von großer Bedeutung. Auch in zwischenmenschlichen Beziehungen ist es wichtig, mit mentalen Modellen richtig umzugehen: Verständnis für andere Meinungen zu haben, die Situation mit den Augen der Anderen zu betrachten. Das gleiche gilt auch für Unternehmen, auch sie sind in ihrem Denken durch mentale Modelle geprägt, die sich in ihrer Unternehmenskultur verfestigt haben und zu wenig hinterfragt werden.

Individuelle und gemeinsame mentale Modelle spielen eine wichtige Rolle im organisationalen Lernen: Individuelle mentale Modelle als kognitive Repräsentationen der Wirklichkeit sind Ergebnisse der Sozialisation, durch ihr Teilen und Kommunizieren in Unternehmen werden gemeinsame mentale Modelle geschaffen, die das Wissen und Handeln eines Unternehmens bestimmen. Im Endeffekt entscheiden die geteilten mentalen Modelle über die Anpassungs- und Wettbewerbsfähigkeit eines Unternehmens.

Gemeinsame Visionen sind wichtig, um neue Zukunftsbilder für die gemeinsame Arbeit zu entwickeln. „Man kann sich nur schwer vorstellen, dass irgendeine große Organisation auf Dauer ohne gemeinsame Ziele, Wertvorstellungen und Botschaften erfolgreich sein könnte." (Senge, 2017, S. 19). Visionen sind innere Bilder einer zukünftigen Wirklichkeit, die den Mitarbeitern eine Orientierung geben und Identifikation fördern sollen. Wenn eine echte Vision vorhanden ist, wachsen die Menschen über sich hinaus, sie lernen aus eigenem Antrieb und nicht, weil man es ihnen aufträgt. Zur Disziplin der gemeinsamen Vision gehört die Fähigkeit, gemeinsame Zukunftsbilder freizulegen, die nicht nur auf Einwilligung stoßen, sondern echtes Engagement und wirkliche Teilnehmerschaft fördern.

Das **Teamlernen** ist von entscheidender Bedeutung, weil Teams, nicht einzelne Menschen, die elementare Lerneinheit in heutigen Organisationen bilden. Nur wenn Teams lernfähig sind, kann die Organisation lernen (Senge, 2017, S. 21). Die von einzelnen Menschen gesammelten Wissensbestände und Erfahrungen sollten im Unternehmen kommuniziert und allen Beteiligten zur Verfügung gestellt werden, damit die gesamte Organisation lernt. Individuelle Lernerfahrungen können nur das Wissen und mentale Modelle einer Person verändern, dienen jedoch nicht automatisch der ganzen Organisation. Nur geteilte Erfahrungen, die anderen Mitgliedern der Organisation zugänglich gemacht werden, führen zu einem organisationalen Lernen. Das Teamlernen (Austausch in einer Face-to-Face-Gruppe) ist eine Möglichkeit, diese Prozesse anzuregen. Die Disziplin des Teamlernens beginnt mit dem Dialog, mit der Fähigkeit der Teammitglieder, eigene Annahmen aufzuheben und sich auf ein gemeinsames Denken einzulassen. Häufig ist das Verhalten eines Teams von tiefen Abwehrstrukturen geprägt, die das Lernen unmöglich machen. Aber wenn man sie erkennt und sich kreativ damit auseinandersetzt, können sie das Lernen vorantreiben.

Systemdenken bezeichnet Senge (2017, S. 23) als integrative Disziplin, die alle miteinander verknüpft und sie zu einer ganzheitlichen Theorie und Praxis zusammenfügt. Das Systemdenken ist die Fähigkeit, Abhängigkeiten, Interdependenzen und ganzheitliche Strukturen zu erkennen, um übergreifende Muster klarer zu erkennen und besser zu begreifen, wie diese Muster erfolgreich verändert werden können. Systemdenken ist damit ein integrierendes Denken, welches von verschiedenen Zusammenhängen ausgeht und möglichst viele Einflussfaktoren berücksichtigt.

Systemdenken als bedeutende Kompetenz für die Digitalisierung

Auch im Kontext der digitalen Transformation wird immer wieder von der Notwenigkeit eines Systemdenkens, eines Überblickswissens als einer bedeutenden Kompetenz der Beschäftigten in der digitalisierten Arbeitswelt diskutiert (vgl. Abschn. 6.5.1). Das macht die Theorie der lernenden Organisation von Senge für die heutigen Unternehmen aktuell, die sich mit der Gestaltung der Digitalisierung und mit der dafür erforderlichen Weiterbildung der Menschen beschäftigen. ◄

Für die Umsetzung des Systemdenkens ist laut Senge das sogenannte Feedback-Prinzip von besonderer Bedeutung, welches vor allem ein Denken in Regelkreisen und zyklischen Zusammenhängen meint. Der Einsatz von digitalen Technologien hat in Verbindung mit dem Systemdenken eine beschleunigende Wirkung in Bezug auf das organisationale Lernen. Die Technologien können für Simulationen realer Situationen angewandt werden und so Entscheidungsprozesse unterstützen und Verhaltensfehler verhindern (vgl. Lehner, 2021, S. 191).

Das Systemdenken braucht die anderen vier Disziplinen, um sein Potenzial entfalten zu können: „Die Entwicklung einer gemeinsamen Vision begünstigt ein langfristiges Engagement. Die Disziplin der mentalen Modelle fördert die Offenheit, die notwendig ist, damit wir die Fehler in unserer derzeitigen Realitätswahrnehmung aufdecken können. Das Teamlernen trägt dazu bei, dass Menschen in Gruppen ein Gespür für das größere Bild entwickeln, das sich hinter den Einzelperspektiven verbirgt. Personal Mastery lässt uns immer wieder aufs Neue erforschen, wie unsere Handlungen unsere Welt beeinflussen." (Senge, 2017, S. 23–24).

7.1.2.3 Zentrale Lernfähigkeiten von Teams

Ergänzend zu den früheren Auflagen hat Senge in der aktuellen Version des Buches, basierend auf neuen Erfahrungen und Analysen, eine Verknüpfung der fünf Disziplinen mit den drei aktuell erforderlichen Lernfähigkeiten erstellt. Diese drei Lernfähigkeiten sind Zielbewusstsein, reflexive Konversation und Verständnis für Komplexität. Basierend auf dem Gedanken, dass die elementaren Lerneinheiten einer Organisation Arbeitsteams sind (Menschen, die einander brauchen, um ein Ergebnis zu erzielen), bezeichnet er diese Elemente als die „zentralen Lernfähigkeiten von Teams" (vgl. Senge, 2017, S. 2). Die fünf Disziplinen verkörpern Ansatzpunkte, um diese Lernfähigkeiten herauszubilden: die Förderung von Zielbewusstsein durch Personal Mastery und gemeinsame Visionen, die Entwicklung einer reflexiven Konversation durch mentale Modelle und Dialog sowie das Verständnis der Komplexität durch das Systemdenken. Die Lernfähigkeiten werden symbolisch als ein Schemel mit drei Beinen dargestellt, um die Bedeutung dieser drei Elemente visuell zu vermitteln – der Schemel könnte nicht stabil stehen, wenn eines davon fehlte (vgl. Abb. 7.3).

Diese Darstellung erinnert an die Prozesse des Wissensgenerierens in der Theorie von Nonaka und Takeuchi (vgl. Abschn. 7.1.3), die in ihrer Wissensspirale die individuellen und gruppenbezogenen Lernprozesse dialektisch dargestellt haben. Sowohl das individuelle Lernen (Persönlichkeitsentwicklung) als auch die Externalisierung und Kombination des Wissens im Dialog sind die Eckpfeiler beider Lerntheorien.

Der Ansatz der Lernenden Organisation von P. Senge ist ein Meilenstein in der Entwicklung der Theorie des organisationalen Lernens, da er den systemischen Charakter des Lernens in Unternehmen und die erforderlichen Zusammenhänge zwischen einer

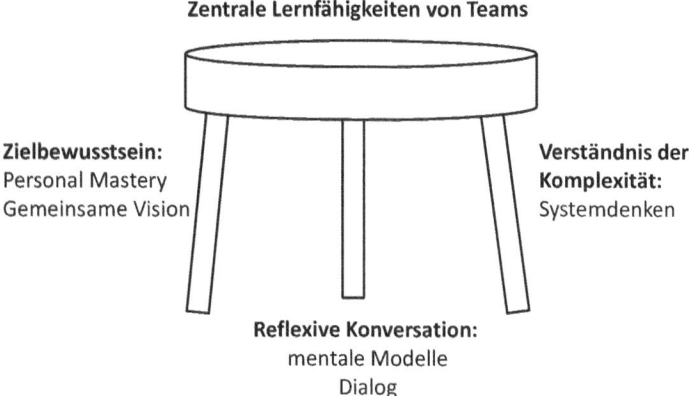

Zentrale Lernfähigkeiten von Teams

Zielbewusstsein:
Personal Mastery
Gemeinsame Vision

Verständnis der Komplexität:
Systemdenken

Reflexive Konversation:
mentale Modelle
Dialog

Abb. 7.3 Zentrale Lernfähigkeiten von Teams. (Quelle: eigene Darstellung in Anlehnung an Senge, 2017, S. 3)

kontinuierlichen persönlichen Weiterentwicklung und den Visionen und Lernprozessen in Teams aufgezeigt und das Ideal einer Lernenden Organisation beschrieben hat.

7.1.3 Die Organisation des Wissens von Nonaka und Takeuchi

Die japanischen Wissenschaftler I. Nonaka und H. Takeuchi haben 1995 eine Theorie des Wissensmanagements veröffentlicht, die zugleich als Lerntheorie bezeichnet werden kann. Das Spezifische der Theorie ist ihre Ausrichtung auf den Prozess der Schaffung von neuem Wissen, und nicht allein auf die Wissensnutzung und -verarbeitung. Deswegen zeigt der Ansatz die Beziehung zwischen organisationalem Lernen und dem Wissensmanagement auf. Wissen stellt nach Nonaka und Takeuchi zugleich Input als auch Output des organisationalen Lernens dar (vgl. Lehner, 2021, S. 193).

In ihrem aktuellen Buch „The Wise Company" (2019) widmen sich Nonaka und Takeuchi noch stärker dem Schaffen des neuen Wissens und der Innovation. Sie beschreiben, wie verschiedene Unternehmen sich der Herausforderung des schnellen Wandels stellen, um neue Produkte und Geschäftsmodelle zu entwickeln, von denen Mitarbeiter, Verbraucher und die Gesellschaft profitieren, und dabei einen Selbsterneuerungsprozess implementieren, bei dem Unternehmen die Zukunft verwirklichen, die sie sich vorstellen, anstatt nur auf Veränderungen in der Umwelt zu reagieren.

7.1.3.1 Bedeutung der Wissensgenerierung

Nach Meinung von Nonaka und Takeuchi messen viele Unternehmen der Wissensschaffung zu wenig Bedeutung bei und legen den Schwerpunkt lediglich auf die Wissensnutzung. Diese Kurzsichtigkeit im Umgang mit Unternehmenswissen bezeichnen die Autoren als einen Unterschied zwischen den westlichen und japanischen Unternehmen und gehen speziell auf die Lernhemmnisse in Unternehmen in der westlichen Kultur ein. „Unternehmen können sich verwandeln. Dennoch werden sie häufig als passiv und statisch betrachtet. Ein Unternehmen, das rasche Veränderungen im Umfeld dynamisch bewältigen will, darf Informationen und Wissen nicht nur effizient verarbeiten, es muss sie selbst hervorbringen. Es muss sich durch die Auflösung des existierenden Wissenssystems und durch die Entwicklung innovativer Denk- und Handlungsmodelle selbst erneuern." (Nonaka & Takeuchi, 2012, S. 71).

Der Ansatz von Nonaka und Takeuchi basiert auf der Unterscheidung zwischen zwei Formen des Wissens: explizitem und implizitem Wissen (vgl. Abschn. 2.3.2.1). Die westlichen Unternehmen, so Nonaka und Takeuchi, fassen das Wissen traditionell „als etwas Formales, Systematisches und somit Explizites auf. Explizites Wissen lässt sich in Worten und Zahlen ausdrücken und problemlos mit Hilfe von Daten, wissenschaftlichen Formeln, festgelegten Verfahrensweisen oder universellen Prinzipien mitteilen" (Nonaka & Takeuchi, 2012, S. 22). Japanische Unternehmen haben ein anderes Verständnis vom Wissen, für sie sind Daten und Zahlen nur die Spitze des Eisbergs. Wissen ist hauptsächlich implizit. „Implizites Wissen ist sehr persönlich und entzieht sich dem formellen Ausdruck, es lässt sich nur schwer mitteilen. Subjektive Einsichten, Ahnungen und Intuition fallen in diese Wissenskategorie. Darüber hinaus ist das implizite Wissen tief verankert in der Tätigkeit und der Erfahrung des einzelnen sowie in seinen Idealen, Werten und Gefühlen." (Nonaka & Takeuchi, 2012, S. 23). Das implizite Wissen lässt sich nicht käuflich erwerben, kann nur von Menschen besessen, benutzt und übertragen werden (Interaktion oder Praxis-Anleitung). Daraus ergeben sich besondere Handlungsroutinen, subjektive Einsichten sowie Intuition und Fingerspitzengefühl der Mitarbeiter.

Nonaka und Takeuchi kritisieren den Lernansatz der lernenden Organisation von P. Senge (vgl. Abschn. 7.1.2), der die Lösung des Problems im „systemischen Denken" sieht, um den Blick von den einzelnen Teilen auf das Ganze zu lenken, und damit den Schwerpunkt des Lernens auf Verstand legt. Für Japaner findet ein Lernprozess nur in der Einheit Kopf-Körper statt, man muss das Wissen fühlen (vgl. Nonaka & Takeuchi, 2012, S. 24). Damit ist Wissen subjektiv und personengebunden.

7.1.3.2 Modell der Wissensumwandlung

Lernprozesse finden nach Nonaka und Takeuchi in Form von Wissensumwandlung statt, die innerhalb zweier Koordinatensysteme abläuft: zwischen explizitem und implizitem Wissen sowie zwischen Individuum und Kollektiv/Organisation. Im Mittelpunkt stehen dabei die Prozesse des Wissensaustauschs in Gruppen. Die Gruppenmitglieder können in der sozialen Interaktion voneinander lernen und Synergieeffekte nutzen, die einem Individuum beim Lernen nicht zur Verfügung stehen. Beim Gruppenlernen wird nicht nur das explizite, sondern auch das implizite Wissen geteilt. Die Wissensumwandlung im Kontinuum explizit-implizit wird in der Tab. 7.1 dargestellt.

Die Gesamtheit aus der Sozialisation, Externalisierung, Kombination und Internalisierung ergibt das Bild des organisationalen Lernens. Diese vier Formen der Wissensumwandlung zeigen die Teilprozesse, die in Wechselbeziehung zueinanderstehen und ge-

Tab. 7.1 Formen der Wissensumwandlung nach Nonaka und Takeuchi

Wissensumwandlung	Inhalte
1. Sozialisation von implizit zu implizit	Erfahrungsaustausch, bei dem implizites Wissen ausgetauscht wird und entstehen kann. Fertigkeiten werden nicht durch Sprache, sondern durch Beobachtung, Nachahmung und Praxis erlernt.
2. Externalisierung von implizit zu explizit	Implizites Wissen wird in Form von expliziten Konzepten (Aussagen, Modelle, Theorien, Zahlen, Fakten) kommunizierbar gemacht, mit Hilfe von Wörtern, Formulierungen, Analogien, Bildern.
3. Kombination von explizit zu explizit	Verschiedene Inhalte expliziten Wissens werden in Diskussionen, Dokumenten, Workshops ausgetauscht und kombiniert, wobei neues Wissen entstehen kann.
4. Internalisierung von explizit zu implizit	Integration expliziten Wissens in die implizite Wissensbasis des Individuums oder der Organisation, z. B. Verinnerlichung des Gelernten, neue Standards und Abläufe in Unternehmen.

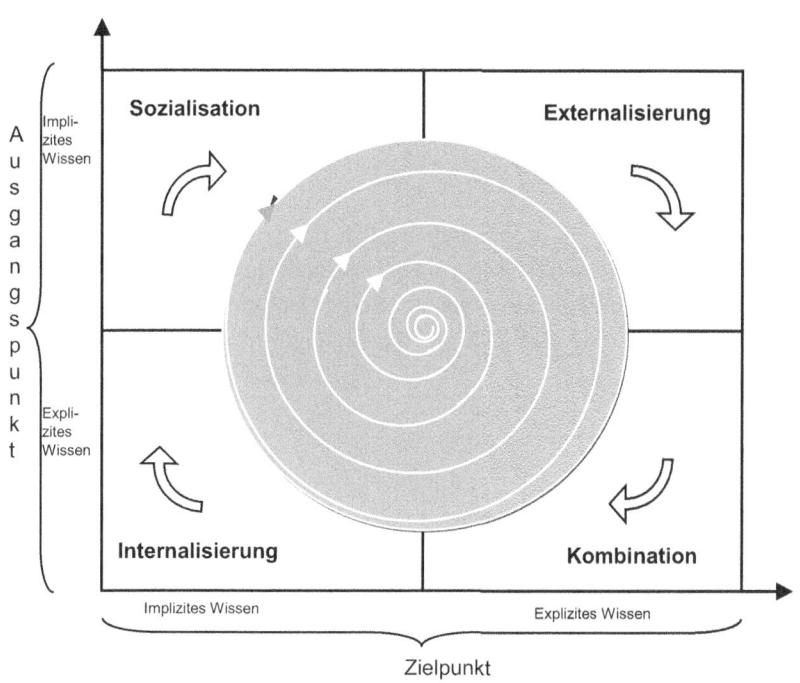

Abb. 7.4 Wissensspirale nach Nonaka und Takeuchi. (Quelle: eigene Darstellung nach Nonaka & Takeuchi, 2012, S. 89)

meinsam die so genannte Wissensspirale bilden, die die Wissensvermehrung in Unternehmen darstellt (vgl. Abb. 7.4).

Die Sozialisation dient dem Austausch von implizitem Wissen im Rahmen einer Interaktion. Die Externalisierung wird von einem Dialog oder kollektiver Reflexion ausgelöst und führt zur Artikulation vom impliziten Wissen. Die Kombination entsteht durch die

Verbindung neu geschaffenen und bestehenden Wissens, um sie zu einem neuen Produkt zu verschmelzen. Internalisierung resultiert aus „learning by doing" – einer Integration expliziten Wissens in die implizite Wissensbasis.

Basierend auf der Logik dieser Wissensspirale können nach Nonaka und Takeuchi Innovationen in Teams und Organisationen entstehen (vgl. Ideengenerierung im Abschn. 10.1). Um Innovationen und Lernen in Unternehmen zu fördern, sollte man folgende Prozessschritte gestalten:

- Wissen austauschen: Schaffung von Kommunikationsmöglichkeiten z. B. in selbstorganisierenden Teams;
- Konzepte schaffen: Entwicklung eines gemeinsamen mentalen Modells in einem kontinuierlichen kooperativen Dialog;
- Konzepte erklären: Unternehmen müssen die Konzepte bewerten und mit den Gesamtzielen und -strategien abstimmen;
- Einen Archetyp entwickeln: Es muss ein Prototyp oder im Falle einer Dienstleistung ein Modell geschaffen werden;
- Wissen übertragen: Um das Wissen im Unternehmen durchzusetzen, muss es horizontal und vertikal verbreitet und weiterentwickelt werden (Projekterfahrungen kommunizieren, Wissensdatenbank pflegen).

Die Wissensumwandlung im Kontinuum explizit-implizit wird durch die Beteiligung mehrerer Akteure (Individuum – Gruppe – ein Unternehmen – mehrere Unternehmen) um die Dimension individuell-kollektiv ergänzt. So ergibt sich eine erweiterte Wissensspirale, die den Zuwachs des Wissens durch die Beteiligung von weiteren Akteuren darstellt (s. Abb. 7.5).

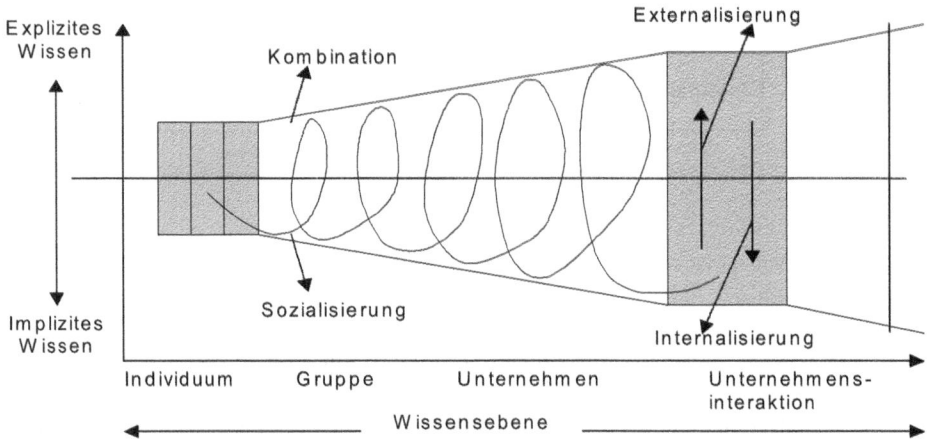

Abb. 7.5 Erweiterte Wissensspirale nach Nonaka und Takeuchi. (Quelle: eigene Darstellung nach Nonaka & Takeuchi, 2012, S. 91)

Die zusätzliche Dimension individuell-kollektiv beschreibt den Zuwachs des Wissens durch die Nutzung der kollektiven Intelligenz. Je mehr Sichtweisen, Meinungen und Erfahrungen in den Prozess der Wissensgenerierung involviert werden, desto höher die Wahrscheinlichkeit, innovative Ideen und Lösungen zu finden.

Allerdings wie findet der beschriebene Wissenszuwachs statt? Hier kommt eine dialektische Beziehung zwischen einem Individuum und der Organisation zum Tragen. „Streng genommen wird Wissen nur von Einzelpersonen geschaffen. Eine Organisation kann ohne Einzelne kein Wissen erzeugen. Die Organisation unterstützt kreative Personen oder bietet Kontexte, die der Wissensschaffung förderlich sind. Wissensschaffung im Unternehmen muss daher als Prozess verstanden werden, der das von Einzelnen erzeugte Wissen verstärkt und es im Wissensnetz des Unternehmens verankert. Dieser Prozess vollzieht sich in einer expandierenden Interaktionsgemeinschaft, die Grenzen und Ebenen in und zwischen Unternehmen überschreitet.“ (Nonaka & Takeuchi, 2012, S. 75).

Die Idee des Wissenszuwachses ist mittlerweile im Konzept der Open Innovation verkörpert, das in modernen Unternehmen gängig ist: Die internen und externen Akteure eines Unternehmens werden als Quelle für Ideen und Innovationen betrachtet und mit spezifischen Instrumenten für die Innovationsarbeit erschlossen (vgl. Abschn. 9.4.3).

7.1.3.3 Voraussetzungen für die Wissensgenerierung

Genau dieser Prozess wird in der erweiterten Wissensspirale dargestellt. Die Richtung der Wissensspirale wird von den Visionen und der Strategie des Unternehmens vorgegeben. Für eine erfolgreiche Wissensgenerierung müssen nach Nonaka und Takeuchi bestimmte Voraussetzungen erfüllt sein, die als Intention (Zielsetzung), Autonomie, Redundanz, Fluktuation und kreatives Chaos und notwendige Vielfalt beschrieben werden:

- **Intention** (Zielsetzung) ist ein Maßstab zur Beurteilung der Relevanz von Wissen. Diesen Maßstab kann ein Unternehmen in Form von Unternehmenszielen und Strategie in Bezug auf Wissen definieren.
- **Autonomie**: Die einzelnen Individuen innerhalb eines Teams wie auch die Teams als solche sollten so autonom handeln können, wie es die Umstände erlauben, um den Wissensschaffungsprozess zu optimieren.
- **Redundanz** ist eine absichtliche Überschneidung von Informationen über geschäftliche Tätigkeiten, Managementaufgaben, das Unternehmen als Ganzes etc. Diese, nicht unmittelbar benötigten Informationen können für den Austausch impliziten Wissens förderlich sein, als Hilfe für den Einzelnen, seinen Platz im Unternehmen besser zu verstehen und besseres Verstehen über das Arbeitsumfeld anderer Abteilungen oder Gruppen zu erlangen.
- **Fluktuation** und kreatives Chaos: dadurch werden Menschen angeregt, die Handlungsmuster und Vorstellungen ihres Unternehmensumfeldes neu zu überdenken. Personen- und Aufgabenwechsel sowie mehrdeutige Anweisungen mit einem gewissen Spielraum wirken anregend und zwingen die Beteiligten, das Gewohnte infrage zu stellen.

- Notwendige **Vielfalt**. Hohe Komplexität des Arbeitsumfeldes erfordert eine aus-
  reichende Vielfalt der Mitarbeiter einer Organisation. Um die Vielfalt zu steigern, können heterogene und temporäre Teams gebildet werden.

Diese Bedingungen zielen darauf ab, Kreativität und Eigeninitiative der Beteiligten zu
entfalten und dadurch individuelle Wissensschaffung in Gang zu setzen sowie Gruppen-
aktivitäten zu fördern.

7.1.3.4 Optimale Organisation für die Wissensgenerierung

Neben diesen Faktoren nennen Nonaka und Takeuchi zwei organisatorische Bedingungen
für die optimale Wissensschaffung in Unternehmen, die optimale Führungs- und
Organisationsstrukturen beschreiben: Middle-up-down-Management und Hypertextorganisation.

Weder eine hierarchische noch eine partizipative Führungsstruktur sind nach Meinung
von Nonaka und Takeuchi für die Wissensschaffung optimal. Eine hierarchische
Pyramidenstruktur setzt voraus, dass nur Führungskräfte Wissen schaffen können und dürfen, ihr explizites Wissen wird nach unten weitergegeben, das implizite Wissen wird vernachlässigt. Das hierarchische Modell erlaubt eine Umwandlung nur als Kombination (explizit zu explizit) und als Internalisierung (explizit zu implizit). Eine partizipative
Führungsstruktur, wo die Führungskräfte nur wenige Anweisungen geben und als Förde-
rer unternehmerisch gesinnter Mitarbeiter dienen, ist für den Umgang mit implizitem Wissen günstig, verhindert aber die Verbreitung des Wissens in Unternehmen über ein Team
hinaus. Das partizipative Modell lässt eine Umwandlung nur als Sozialisation (implizit zu
implizit) und als Externalisierung (implizit zu explizit) zu. Der optimale Prozess der
Wissensschaffung geht nach Nonaka und Takeuchi von der Mitte aus und wirkt sowohl
nach oben als auch nach unten. Die zentrale Rolle spielen die Mittelmanager als Schnitt-
punkte der vertikalen und horizontalen Informationsströme. Sie fungieren als Teamleiter,
steuern die Wissensschaffungsprozesse in Gruppen und werden als Wissensingenieure bezeichnet: „Die Geschäftsführung formuliert eine Vision, während das mittlere Management konkrete Konzepte entwickelt, die die Mitarbeiter verstehen und umsetzen können.
Mittelmanager bemühen sich also um eine Lösung des Widerspruchs zwischen den idea-
listischen Zielen der Führung und den realen Gegebenheiten."

Auch die traditionellen Organisationsstrukturen wie Bürokratie und Arbeitsgruppe
werden von Nonaka und Takeuchi in Bezug auf Wissensschaffung als mangelhaft bezeichnet. Nur eine Synthese der beiden wirkt sich positiv aus. Eine bürokratische Struktur
ist aufgrund ihrer Formalisierung, Spezialisierung, Zentralisierung und Standardisierung
hervorragend für Routinesituationen geeignet, taugt aber wenig in den Zeiten des Wandels. Eine Arbeitsgruppe ist umgekehrt flexibel, dynamisch und partizipativ und eignet
sich für die kreativen Aufgaben wie Entwicklung von neuen Produkten. Allerdings wird
durch die zeitliche Begrenztheit der Gruppe ihr Wissen kaum an andere Gruppen und Abteilungen weitergegeben. Damit ist die Arbeitsgruppe für eine kontinuierliche Ausschöpfung und Übermittlung von Wissen im gesamten Unternehmen ungeeignet.

Nur eine Kombination aus der Bürokratie, die für Ausschöpfung und Sammlung des Wissens steht, und der Arbeitsgruppe, die Wissensaustausch und -schaffung begünstigt, wirkt auf die Wissensprozesse optimal. Die Effizienz auf der Ebene der Zentrale und die lokale Flexibilität sollen sich gegenseitig ergänzen.

Als eine praktische Umsetzungsmöglichkeit solcher Kombination stellen Nonaka und Takeuchi die so genannte „Hypertextorganisation" dar. Ein Hypertext als Metapher stammt aus der Computerwissenschaft und bietet dem Anwender Zugriff auf mehrere Schichten, sodass man Einzelheiten und Hintergrundinformationen erfragen kann. Diese Schichten setzen das Wissen des Hypertextes in einen jeweils anderen Zusammenhang bzw. Kontext. Eine Hypertextorganisation besteht aus drei miteinander verbundenen Kontexten: Geschäftssystemschicht, Projektteamschicht und Wissensbasis (vgl. Abb. 7.6).

Die zentrale Schicht – die Pyramide des Geschäftssystems – sorgt für die Routinetätigkeiten. Auf der oberen Projektteamschicht sind mehrere Arbeitsgruppen mit wissenschaftlichen Aufgaben, wie der Entwicklung von neuen Produkten beschäftigt. Auf der unteren Schicht der Wissensbasis wird in den darüber liegenden Schichten erzeugtes Wissen neu klassifiziert und in neue Kontexte eingebunden. Diese Schicht existiert nicht als tatsächliche Organisationseinheit, sondern wird durch die Vision, Kultur und Technologie des Unternehmens verkörpert. Eine solche Hypertextorganisation besitzt die Fähigkeit zur Wissensumwandlung, wobei sowohl das interne Wissen der Belegschaft als auch das externe Wissen der Kunden und anderer Unternehmen integriert werden kann. Der Vorteil dieser Organisation besteht in ihrer Flexibilität beim Kontextwechsel, wodurch das Wissen des Unternehmens kontinuierlich ausgetauscht und geschaffen werden kann.

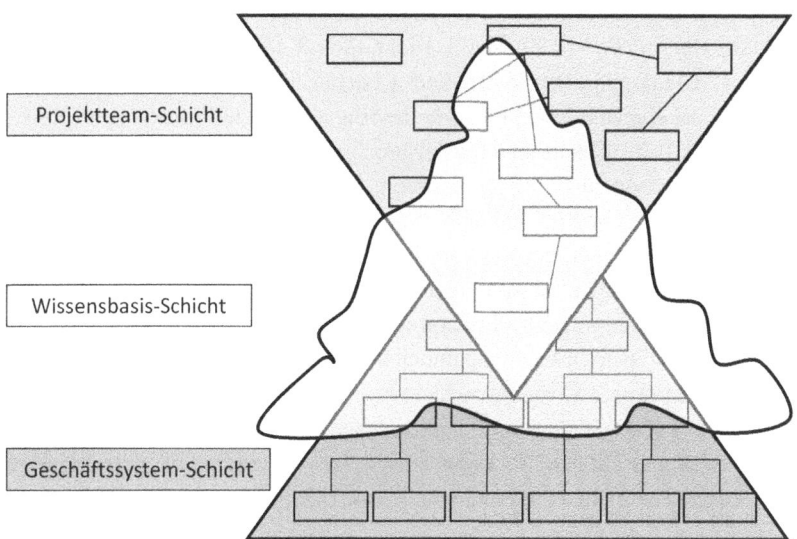

Abb. 7.6 Hypertextorganisation für die Wissensschaffung in Unternehmen. (Quelle: eigene Darstellung nach Nonaka & Takeuchi, 2012, S. 204)

Als kritische Würdigung der Theorie von Nonaka und Takeuchi kann die fundierte Betrachtung der Wissensumwandlungsprozesse im Kontinuum explizit-implizit und individuell-kollektiv hervorgehoben werden, die die Entstehung von neuem Wissen erklärt und ihre Voraussetzungen definiert. Auf dieser Basis können Unternehmen ihre Wissensarbeit auf der Mikroebene (in Arbeitsgruppen) gestalten und für die fördernden Rahmenbedingungen für Wissensaustausch und Wissensgenerierung sorgen.

In dem Buch „The Wise Company" (vgl. Nonaka & Takeuchi, 2019) werden die Ideen der Wissensgenerierung und Innovation an die heutigen Bedingungen des schnellen Wandels angepasst und mithilfe praktischer Beispiele erfolgreicher Unternehmen erläutert (vgl. ausführlicher Abschn. 7.7 und 11.3).

Die beschriebenen Lerntheorien und -ansätze zeigen die wichtigsten Zusammenhänge, Hindernisse und Konzepte des organisationalen Lernens auf, können jedoch nicht als Fertigrezepte für die praktische Gestaltung des Lernens in Unternehmen dienen. Das liegt daran, dass die meisten Theorien abstrakt sind und die Lernprozesse je nach Größe, Branchenzugehörigkeit, Vorgeschichte und Kultur eines Unternehmens individuell zu gestalten sind.

7.2   Gestaltung des Lernens in Unternehmen

Das organisationale Lernen befindet sich im Wandel – traditionelle Personalentwicklungsstrukturen und -methoden verlieren in der schnelllebigen digitalisierten Arbeitswelt an Bedeutung und müssen hinterfragt und neugestaltet werden.

Nach Robes (2021) werden sich die klassischen Personalentwicklungs- bzw. Learning & Development-Bereiche in vielen Unternehmen in den kommenden Jahren auflösen. Neue Ansätze sind in den Vordergrund gerückt, die oft als die „4 C's" gehandelt werden: Communities, Challenges, Curiosity und Coaches. Sie stehen für mehr Selbstverantwortung für die eigene Entwicklung, für das Engagement in Projekten und Netzwerken, die neue Perspektiven öffnen, und für Ansprechpartner, die bei der Wahl des richtigen Weges unterstützen (vgl. ausführlicher Abschn. 7.3).

Welche Maßnahmen und Instrumente des organisationalen Lernens sind für die digitalisierte Arbeitswelt geeignet und wie können sie praktisch umgesetzt werden? Dieses Kapitel versucht, Antworten auf diese Fragen zu geben und Best Practices ihrer Anwendung in Unternehmen zu untermauern. So kann jeder Unternehmensverantwortliche aufgrund dieser Beispiele geeignete Instrumente finden und an die individuellen Besonderheiten des Unternehmens anpassen. Es werden zunächst typische Zielsetzungen und Formen des organisationalen Lernens erläutert und danach ausgewählte Instrumente für die praktische Gestaltung des organisationalen Lernens auf der individuellen, Gruppen-, organisationalen und überorganisationalen Unternehmensebene beschrieben.

7.2.1 Ziele des Lernens in Unternehmen

Lernprozesse in Unternehmen dienen dazu, die Ziele des Unternehmens zu erreichen, auf die Herausforderungen der Umwelt angemessen zu reagieren und das Unternehmen auf eine erfolgreiche Zukunft vorzubereiten.

Die Lernprozesse in Unternehmen betreffen alle Felder der betrieblichen Tätigkeit: **Menschen**, **Technik** und **Organisation**. Die Rolle von Menschen ist dabei entscheidend, da Wissen überwiegend von Menschen generiert, genutzt, geteilt und weitergegeben werden kann. Mittlerweile ist auch die Künstliche Intelligenz (KI) in der Lage, zu lernen (vgl. Abschn. 3.2.1.2). Technische Lösungen sind für optimale Lernprozesse in Unternehmen unentbehrlich geworden, wie beispielsweise die Speicherung des Wissens in Datenbanken, Nutzung von intelligenten Algorithmen für Recherchen, KI-Anwendungen zur Analyse von Big Data etc. Und schließlich ist die Organisation des Unternehmens von den Lernprozessen betroffen: Neue Ideen und Abläufe sollen in die Organisation integriert und zu einem festen Bestandteil von Strukturen und Prozessen werden; die Organisation muss das Lernen fördern und ermöglichen.

Wichtig ist, dass das organisationale Lernen nicht nur als Reaktion, sondern auch als **proaktives Handeln** verstanden wird. Dafür gilt es die dynamischen Veränderungen der Wirtschaft und Technologie in erster Linie als Chance, und nicht als Bedrohung zu betrachten. Ein bloßes Reagieren auf bereits erkennbare Trends greift zu kurz und erlaubt keine langfristige Orientierung. Ein erfolgsorientiertes Unternehmen sollte verschiedene Möglichkeiten antizipieren und vorausschauend in seinen Strukturen, Prozessen, Produkten und in seinem Geschäftsmodell widerspiegeln.

Lernprozesse in Unternehmen sind kein Selbstzweck, sondern eine adäquate Antwort auf die Herausforderungen der Umwelt. Zu den Auslösern des organisationalen Lernens zählen in erster Linie die Veränderungen im Marktumfeld von Unternehmen, die mit der zunehmenden Veränderungsdynamik, der digitalen Transformation, der Globalisierung und Internationalisierung der Geschäftstätigkeit und mit dem Wertewandel in der Gesellschaft und daraus resultierenden Kundenanforderungen zusammenhängen. Ein Unternehmen muss seine Kunden und ihre Bedürfnisse kennen und auf dieser Grundlage neue Strategien, Produkte und Geschäftsmodelle entwickeln usw.

Die Notwendigkeit des Lernens wird auch durch die neuen, vor allem digitalen Technologien verursacht. Die digitalen Technologien eröffnen Chancen für neue Geschäftsmodelle, Produkt-Services-Kombinationen, (Produktions-)Prozesse, neue Wege zu den Kunden. Die Belegschaften müssen auf die neuen Aufgaben in der digitalisierten Arbeitswelt vorbereitet werden, da sie neue Kompetenzen erfordern. Ein erfolgsorientiertes Unternehmen sollte technische Möglichkeiten effizient und gewinnbringend implementieren und diese Prozesse mit Schulungen und Weiterbildungen der Führungskräfte und Mitarbeiter flankieren.

Die Zielsetzung des organisationalen Lernens beschränkt sich jedoch nicht auf einen kurzfristigen Gewinn und die Erhaltung der Liquidität, sondern strebt einen **nachhaltigen Erfolg** und eine permanente Wettbewerbs- und Lernfähigkeit an. Deswegen sollten sich Lernprozesse auf verschiedene Bereiche des Unternehmens ausdehnen: Menschen, Strukturen und Prozesse.

Organisationales Lernen ist mehr als die Summe des privaten Lernens der einzelnen Mitglieder. Das Individuum ist der Träger des Lernvorgangs, und das Unternehmen stellt den Kontext des Lernens dar. Für die Verankerung des Lernens sind spezielle Unternehmensstrukturen in Form von Organisationseinheiten und Zielsystemen notwendig. Lernprozesse benötigen klare Beschreibungen (inklusive einzelner Schritte) und Steuerung durch Planung und Kontrolle. Darüber hinaus sollte eine optimale Kombination aus interaktiven und digitalen Elementen gefunden werden. Die Investitionen in die Weiterbildung und Qualifizierung der Beschäftigten sind kein Luxus, den sich ein Unternehmen in „guten" Zeit leisten kann und auf den man in schlechteren Zeiten als erstes verzichtet. Ausgaben für organisationales Lernen sind eine Investition in die Zukunft, da die Wettbewerbsfähigkeit eines Unternehmens von der Kompetenz und Innovationsfähigkeit seiner Belegschaft abhängt.

7.2.2   Formen des organisationalen Lernens

Genauso wie für Individuen (vgl. Kap. 6) kann man auch für Unternehmen verschiedene Formen des Lernens definieren. Grundsätzlich kann zwischen vier Formen des organisationalen Lernens unterschiede werden: Lernen aus Erfahrung, vermitteltes Lernen, Lernen durch Inkorporation neuer Wissensbestände und Eigengenerierung neuen Wissens (vgl. Schreyögg & Geiger, 2016, S. 402–405).

Organisationales Lernen durch Erfahrung   Diese Form des organisationalen Lernens kann als Pendant zum Lernen am Erfolg bei Individuen angesehen werden (Abschn. 6.2.2). Man probiert etwas aus und lernt aus eigener Erfahrung, durch Versuch und Irrtum.

Der Ablauf des Lernens durch Erfahrung in Unternehmen entspricht der Theorie von Argyris und Schön (vgl. Abschn. 7.1.1). Die Lernprozesse knüpfen an den in der Vergangenheit gesammelten Erfahrungen eines Unternehmens an.

Jedes Unternehmen beobachtet und analysiert die Ergebnisse seines Handelns (Ist-Ergebnisse) im Vergleich zu den erwarteten Werten. Bei wesentlichen Abweichungen werden bestimmte Handlungen aktiviert (Einschleifen- oder Zweischleifen-Lernen).

Zu dieser Form des Lernens zählen Learning-by-Doing, Lernen als Resultat von Experimenten und aktiven Suchprozessen, die in einem Unternehmen konzipiert und durchgeführt werden, oder auch die zufällig gemachten Erfahrungen (vgl. Schreyögg & Geiger, 2016, S. 402).

Als Voraussetzung für das Lernen durch Erfahrung gilt, dass die Erfahrungen tatsächlich für das Lernen genutzt werden und die Erkenntnisse in die Wissensbasis einer Organisation fließen.

Vermitteltes Lernen in Unternehmen Dieses Lernen findet statt, wenn ein Unternehmen – gewollt oder ungewollt – aus Erfahrungen eines anderen Unternehmens lernen kann. Es kann durch Kontakte zwischen Organisationsmitgliedern auf Messen, Konferenzen etc. oder auch durch gemeinsame Lieferanten oder Tätigkeit von Beratern zustande kommen.

Hier kann man Parallelen zum Lernen am Modell bei Individuen finden – man beobachtet das Verhalten einer anderen Person und macht es ihr nach (vgl. Abschn. 6.3.2).

Dieses Lernen kann in Form von Benchmarking stattfinden, wobei ein Unternehmen seine Kennzahlen, seine Organisation, eigene Produkte oder Prozesse mit denen der Wettbewerber vergleicht und daraus Schlüsse zieht. Dafür können spezielle Analysen gemacht werden oder man nutzt wissenschaftliche Veröffentlichungen, um sich mit anderen Unternehmen zu vergleichen.

Inkorporation neuer Wissensbestände Dieses Lernen basiert auf der Übernahme und Eingliederung neuen Wissens, die durch eine Akquisition oder Fusion mit einem anderen mit spezifischem Wissen ausgestatteten Unternehmen, durch die Einstellung von Experten oder durch die Anschaffung einer neuen Technologie erfolgt (vgl. Schreyögg & Geiger, 2016, S. 403).

Die Voraussetzung für diese Form des Lernens ist die Fähigkeit eines Unternehmens, externes Wissen aufzunehmen und in das bestehende Wissenssystem zu integrieren, darunter auch die Fähigkeit zu verlernen und gegenseitiges Vertrauen aufzubauen.

Das Verlernen bedeutet, dass man auf die alten Wissensbestände verzichtet, sie durch neues, aktuelleres Wissen ersetzt. Das ist sowohl für einzelne Menschen als auch für eine Organisation nicht einfach: Das alte Wissen macht uns stark, verleiht uns Sicherheit bei Entscheidungen, wird als Erfahrung interpretiert. Eigenes Wissen für veraltet, für nichtig zu erklären und neu zu lernen, verlangt Mut und Offenheit.

Auch das Thema Vertrauen spielt bei dieser Form des organisationalen Lernens eine bedeutende Rolle: Das fremde Wissen zu übernehmen, bedeutet ein Risiko einzugehen, dass es nicht vollkommen, nicht perfekt sein kann. Trotzdem muss man einem Anderen vertrauen, dass sein Wissen (seine Kompetenz) relevant und ausreichend ist.

Lernen als Generierung neuen Wissens Diese Form des Lernens entspricht dem Lernen durch Einsicht bei Einzelpersonen – man lernt ohne auszuprobieren und ohne nachzunahmen (vgl. Abschn. 6.3.3).

Der Prozess des Lernens als Generierung des neuen Wissens wurde von Nonaka und Takeuchi (vgl. Abschn. 7.1.3) beschrieben und bedeutet, dass ein Unternehmen aus eigener Kraft Innovationen entwickelt. Nach Nonaka und Takeuchi werden die Wissensinhalte der Organisationsmitglieder aufgrund von Wissensaustausch und Wissenskombination neu miteinander verknüpft, wodurch Innovation entstehen kann.

Die Generierung des neuen Wissens kann auch durch Experimentieren, gezielte Forschung und Entwicklung, Reflektieren oder durch Zufall stattfinden (vgl. Schreyögg & Geiger, 2016, S. 406).

Die erläuterten Formen des organisationalen Lernens werden in der Praxis (genauso wie beim individuellen Lernen) kombiniert. Sie betreffen alle Ebenen eines Unternehmens, die in weiteren Abschnitten differenziert, mit ihren spezifischen Maßnahmen betrachtet werden.

7.2.3 Ebenen des organisationalen Lernens

„Die Spitzenorganisationen der Zukunft werden sich dadurch auszeichnen, dass sie wissen, wie man das Engagement und das Lernpotenzial auf *allen* Ebenen einer Organisation erschließt", schreibt Senge (2017, S. 13). Organisationales Lernen ist mehr als die Summe des individuellen Lernens einzelner Beschäftigten. Jedes Mitglied der Organisation ist der Träger des Lernvorgangs, aber das Unternehmen stellt den Kontext des Lernens dar. Für die Verankerung des Lernens sind spezielle Unternehmensstrukturen in Form von Organisationseinheiten und Zielsystemen notwendig, um die Lernergebnisse allen Akteuren zur Verfügung zu stellen und zu einem Teil der Routine zu machen. Dafür sollte eine optimale Kombination aus interaktiven und digitalen Elementen gefunden werden, um das Wissen allen Akteuren zur Verfügung zu stellen.

Die Komplexität der Lernprozesse in einem Unternehmen erfordert eine strukturierte Darstellung und Analyse der Abläufe auf verschiedenen Ebenen. Man kann dabei zwischen vier Ebenen des Lernens in Unternehmen unterscheiden: der individuellen, Gruppen-, organisationalen und überorganisationalen Ebene (vgl. Abb. 7.7).

Zwischen diesen Ebenen findet ein kontinuierlicher Austausch statt, da sie sich gegenseitig beeinflussen. Ein Mitarbeiter, der auf einer Fachmesse die Bedienung einer neuen Anlage (individuell) gelernt hat, kann sein Wissen mit den Kollegen teilen und im Austausch ein Gruppenlernen anregen.

Auf der individuellen Ebene des Lernens sind praktische Maßnahmen denkbar, die traditionell zu dem Bereich der Personalentwicklung in Unternehmen gehören, wie Personalbildung und Personalförderung, Arbeitsumstrukturierung usw. Zusätzlich können Maßnahmen zur Steigerung der individuellen Kreativität sinnvoll sein.

Die Gruppenebene kann durch die Bildung von gemeinsamen Lernprozessen und abteilungsübergreifenden Arbeitsteams gefördert werden. Zu den praktischen Instrumenten zählen Team- und Projektarbeit, bereichsübergreifende Workshops und Gremien, spezielle Innovationsteams, Qualitätszirkel und Kontinuierliche Verbesserungsprozesse (KVP)

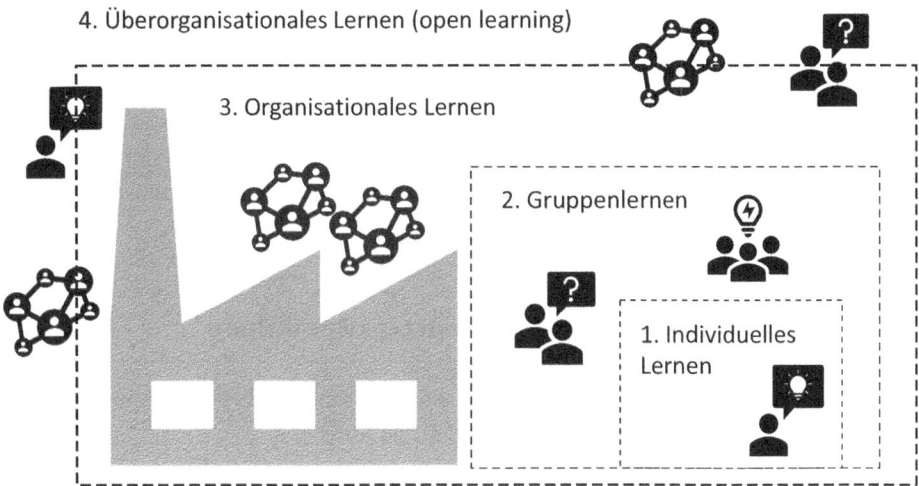

Abb. 7.7 Ebenen des Lernens in Unternehmen. (Quelle: eigene Darstellung)

sowie informelle Kommunikation und spezielle Formen des Wissensaustauschs wie Communities of Practice (siehe Abschn. 4.2.4).

Die Aufgaben des Lernens auf der organisationalen Ebene beinhalten in erster Linie bekannte und verbindliche Visionen und Strategien des Lernens, Offenheit fürs Neue, Maßnahmen zur Zukunftsforschung, systematische Wissensarbeit sowie eine lernfördernde Unternehmenskultur.

Die überorganisationale Ebene wird als Open Learning verstanden und soll auf das Lernen in Kooperationen und Netzwerken mit Kunden, Lieferanten, Wettbewerbern, der Wissenschaft, staatlichen und gesellschaftlichen Institutionen usw. ausgerichtet sein.

Die ersten zwei Ebenen zusammen (individuelles und Gruppenlernen) werden traditionell als Gegenstand der Personalentwicklung betrachtet, die eine systematische Förderung und Weiterbildung der Mitarbeiter beinhaltet (vgl. Abschn. 7.3.1.1). Im Gegensatz dazu wird im klassischen Personalmanagement von der Organisationsentwicklung gesprochen, als organisationstheoretischem Konzept zum Umsetzen geplanten sozialen Wandels in Organisationen. Wir verwenden bewusst den Begriff des organisationalen Lernens, um den ganzheitlichen, systemischen Charakter der Lernprozesse auf allen Ebenen des Unternehmens zu betonen.

7.3 Gestaltung des individuellen Lernens in Unternehmen

Die individuelle Lernebene ist entscheidend, da die Einzelpersonen die Träger des Wissens und Subjekte des Lernens sind. Auf dieser Ebene des Lernens stehen die geeigneten praktischen Maßnahmen der klassischen Personalentwicklung in Unternehmen zur Verfügung, wie Aus- und Weiterbildung, Schulungen, Qualifizierung der Mitarbeiter,

E-Learning und Karriereförderung. In diesem Bereich findet eine Verschiebung der Lern-formen von dem traditionellen formalen Lernen zu dem nicht-formalen, informellen und selbstgesteuerten Lernen sowie von analogen zu digitalen Lernformaten statt. Darüber hinaus sollten in der digitalisierten Arbeitswelt spezielle Maßnahmen zur Steigerung der individuellen Kreativität als charakteristischer menschlicher Eigenschaft im Kontext der Arbeitsteilung zwischen Mensch und Maschine eingesetzt werden, wie Innovationswork-shops, Ideenwettbewerbe etc.

7.3.1 Personalentwicklung und Kompetenzvermittlung

Das primäre Ziel der Personalentwicklung ist die Vermittlung und Förderung von Kompe-tenzen der Beschäftigten für aktuelle und zukünftige Aufgaben.

▶ **Kompetenz** ist die Fähigkeit einer Person, situationsadäquat zu handeln, die in der Regel auf Wissen, Erfahrungen, Intuition und Selbstorganisation basiert.

Eine Kombination aus Wissen, Erfahrungen, Intuition und Selbstorganisation befähigen Menschen, in konkreten Situationen effektiv und effizient zu handeln. Kompetenz wird nur im Zusammenspiel von einzelnen Menschen, Gruppen und Organisationen wirksam, da sie einen angemessenen Rahmen braucht, in dem sie sich entfalten kann.

Es wird in der Regel zwischen vier Arten der Kompetenz unterschieden: Fach-, Metho-den-, soziale und persönliche Kompetenz:

- Unter Fachkompetenz versteht man die Fähigkeit, berufstypische Aufgaben und Sach-verhalte selbstständig und eigenverantwortlich zu bewältigen. Sie baut auf theoreti-schen Kenntnissen und Praxiserfahrungen auf.
- Methodenkompetenz ist die Fähigkeit zur Anwendung bestimmter Lern- und Arbeits-methoden.
- Soziale Kompetenz (Soft Skills) beschreibt die Gesamtheit der Fertigkeiten, die für die soziale Interaktion nützlich oder notwendig sind.
- Persönliche Kompetenz (Selbstkompetenz) beschreibt die Fähigkeit, mit sich selbst, eigenen Stärken und Schwächen, Zielen und Motiven, Ressourcen und Zeit optimal umzugehen.

Alle vier Kompetenzen stehen in einer Wechselbeziehung zueinander. Mithilfe ver-schiedener Instrumente der Personalentwicklung können fachliche, methodische, soziale und persönliche Kompetenzen der Mitarbeiter vermittelt und/oder gefördert werden.

Die praktischen Instrumente der Personalentwicklung in Unternehmen werden in der Regel in Personalbildung (Berufsausbildung und Weiterbildung), Personalförderung und Arbeitsumstrukturierung gegliedert (s. Tab. 7.2).

Tab. 7.2 Beispielhafte Instrumente der Personalentwicklung in Unternehmen im Überblick. (Quelle: eigene Darstellung)

Personalbildung (Aus- und Weiterbildung)	Personalförderung	Arbeitsumstrukturierung
Berufsausbildung	Praktikum	Remote Arbeit
Anlernen, Einarbeitung	Traineeprogramm	Job Rotation, Job Enlargement, Job
Umschulung, berufliche	Fachberatung	Enrichment
Neuorientierung	Coaching	teilautonome Gruppe
Training on the Job, Training off the	Mentoring	Fertigungsteam
Job, Training near the Job	Supervision	Projektgruppe
selbstgesteuertes Lernen	360-Grad-	Community
E-Learning, mobile Learning	Feedback	Stellvertretung
Web- und videobasiertes Learning	Assessment Center	Versetzung, Beförderung
Blended Learning	Förderkreis	Auslandseinsatz
AR-/VR-Training	Outdoor-Training	Hospitation, Sabbatical

Die Vermittlung der fachlichen und methodischen Kompetenzen wird vor allem in der Personalbildung fokussiert (fachliche Aus- und Weiterbildung), die Förderung von sozialen und persönlichen Kompetenzen gelingt eher mit den Instrumenten der Personalförderungen und Umstrukturierung von Arbeitsaufgaben, die auf die ganzheitliche Entwicklung einer Person abzielen.

In Zeiten des digitalen Wandels sollen Mitarbeitende dazu befähigt werden, mit den schnellen Veränderungen Schritt zu halten. Umschulungen und Weiterbildungen gewinnen an Bedeutung. Kontinuierliches Lernen wird als Teil der Arbeit verstanden und mit den Arbeitsaufgaben verknüpft, Lernen am Arbeitsplatz (Training on the Job) wird zunehmend relevanter. Deswegen spielen die Maßnahmen der Arbeitsumstrukturierung eine bedeutende Rolle. Formelle Qualifizierungen werden oft durch informelle Lernprozesse, die analog und digital stattfinden, ersetzt oder zumindest ergänzt. Digitale Tools werden immer häufiger eingesetzt.

Aktuelle Entwicklungen innerhalb von einzelnen Säulen der Personalentwicklung werden in weiteren Abschnitten theoretisch und anhand von Unternehmensbeispielen aufgezeigt.

7.3.1.1 Aus- und Weiterbildung in Unternehmen

Das Ziel der Aus- und Weiterbildung ist in erster Linie die Vermittlung von fachlichen Qualifikationen und Kompetenzen für eine Berufstätigkeit. Im Rahmen der Berufsausbildung werden erstmalig die fachlichen und methodischen Berufskompetenzen vermittelt, in der Weiterbildung wird das Wissen der Mitarbeiter an den neusten Stand gebracht. Die Inhalte der Aus- und Weiterbildung verändern sich durch die neuen Kompetenzanforderungen der digitalisierten Arbeitswelt und dem Wandel von Berufsbildern (vgl. Abschn. 6.5.1).

Auch die Methoden und Instrumente der Aus- und Weiterbildung verändern sich in der schnelllebigen digitalisierten Arbeitswelt: Die traditionellen Methoden wie Vorträge,

Seminare und Schulungen, die Kenntnisse auf Vorrat vermitteln, verlieren allmählich an Bedeutung. Mitarbeiter, die sich überwiegend mit hoch qualifizierten und kreativen Tätigkeiten beschäftigen, lernen zunehmend im Prozess der Arbeit, selbstorganisiert, miteinander (in Gruppen) und in digitalen Formaten. Die fortlaufende Qualifizierung findet situativ, individuell und direkt in der Anwendung (learning by doing) statt. So kann ein **lebenslanges Lernen** realisiert werden.

Vision des lebenslangen Lernens von acatech

Wie kann lebenslanges Lernen in Unternehmen aussehen? acatech (Akademie der technischen Wissenschaften) hat folgende Vision entwickelt: Damit lebenslanges Lernen zur Selbstverständlichkeit wird, sollen Unternehmen ihren Mitarbeitenden lernfördernde Arbeitsplätze bieten und die individuellen Lernprozesse unterstützen. Das Lernen ist dabei situationsabhängig, selbstbestimmt und bedarfsgerecht. Es wird „on the job" und „on demand" gelernt. Auch digitale Lernangebote gewinnen an Bedeutung (vgl. Jacobs et al., 2017, S. 30). ◄

Durch die Anforderungen digitaler Arbeitswelt wird traditionelles formales Lernen zunehmend durch das nichtformale, informelle und selbstgesteuerte Lernen abgelöst (vgl. Tab. 7.3).

Die gängigen, traditionellen Weiterbildungsmaßnahmen erfolgen meist explizit und gezielt in formalisierter Form. Es sind jedoch implizite, informell erfolgende Lernprozesse erforderlich, zu denen es einerseits im Prozess der Arbeit und andererseits im sozialen Umfeld kommt. Günstig ist es, wenn die Weiterbildungsmaßnahmen von Unternehmen gezielt mit informellen Lernprozessen wie Jobrotation, Auslandsentsendung, Hospitieren in anderen Branchen oder Sabbaticals kombiniert werden (vgl. von Rosenstiel & Regnet, 2020, S. 78).

Die Zunahme von nicht formellen Lernformaten, zu denen auch informelles und selbstgesteuertes Lernen zählen, wird durch die immer kürzere Halbwertzeit des Wissens ver-

Tab. 7.3 Formen des individuellen Lernens in Unternehmen

Lernform	Charakteristika	Beispiele
Formales Lernen	Zielgerichtetes, abschlussbezogenes Lernen in der offiziellen Aus- und Weiterbildung im Unternehmen	Duale Berufsausbildung, Schulung bei der Einführung einer neuen Software
Nichtformales Lernen	Zielgerichtetes Lernen in alternativen Institutionen (ggf. mit einem Abschluss)	Sprachkurs an einer Volkshochschule, Zertifikatkurs an IHK
Informelles Lernen	Beiläufiges Lernen im Alltag, ohne Abschluss	Beobachtung und Austausch mit Kollegen, Erfahrungsgruppen
Selbstgesteuertes Lernen	Zielgerichtetes Lernen außerhalb der Aus- und Weiterbildung im Unternehmen, mit Selbstbestimmung der Ziele und Inhalte	Lernen im Internet (MOOCs, YouTube-Videos etc.)

ursacht, da das Erlernte immer schneller veraltet. Unter diesen Bedingungen lernt man am besten, indem man sich spezifisches, für die Erledigung akuter Aufgaben benötigtes Wissen erst dann aneignet, wenn man es braucht, mittels Internet, sozialer Medien, digitaler Werkzeuge (vgl. Pesch, 2019, S. 54).

Für dieses **New Learning**, das individuell, kontextbezogen und arbeitsnah stattfindet, bedarf es einer Lernkultur des Vertrauens und der Autonomie. Es ist von Zeit und Ort unabhängig, findet in Gesprächen mit Kollegen, in Internetforen oder am Feierabend statt, deswegen kann es nicht von dem Unternehmen gesteuert und kontrolliert werden. Gegenseitiges Vertrauen zwischen Arbeitsgeber und Arbeitnehmer ist hier unablässig.

Growth Mindset bei Microsoft

Eine wichtige Komponente des New Learning bei Microsoft ist das „Growth Mindset" – die Überzeugung, dass niemand mit bestimmten unveränderlichen Fähigkeiten ausgestattet ist, sondern jederzeit alles lernen und sich kontinuierlich weiterentwickeln kann. Der digitale Wandel versetzt uns in einen permanenten Anpassungsmodus, und neue Lernformate und Tools machen es möglich, überall und jederzeit zu lernen (vgl. Pesch, 2019, S. 54). ◄

In der Aus- und Weiterbildung aller Art werden zunehmend digitale Formate wie mobile learning, Blended Learning, Web- und videobasiertes Lernen, Lernen mit Datenbrillen (AR/VR) praktiziert. Auch Gamifizierung des Lernens gewinnt an Bedeutung (vgl. Abschn. 6.5.2).

Einen Einblick in den **Status quo der Weiterbildung** in deutschen Unternehmen in Bezug auf die gängigen Inhalte und Formate gibt die Studie von Kienbaum & StepStone, 2021. Auch wenn die Inhalte der Weiterbildung oft aktuelle digitale Themen fokussieren, werden digitale und individualisierte Lernmethoden in kaum mehr als jedem vierten Unternehmen eingesetzt, obwohl sie von Fach- und Führungskräften gewünscht sind. Am häufigsten werden immer noch die klassischen Weiterbildungsinstrumente wie Seminare und Workshops eingesetzt, die in der Corona-Zeit allerdings als Webinare angeboten werden, die selten die Möglichkeit der Interaktion und Arbeit in Kleingruppen beinhalten. Mehr als die Hälfte der befragten Arbeitnehmer ist eher unzufrieden mit der Qualität (58 %) und Vielfalt (65 %) der Lern- und Entwicklungsangebote sowie dem Angebot an digitalen (62 %) und nicht-digitalen (58 %) Lernformaten (vgl. Kienbaum & StepStone, 2021).

Die IW-Weiterbildungserhebung 2020 nennt als gängige **digitale Lernformate** in Unternehmen elektronische Bereitstellung von Literatur, Bedienungsanleitungen etc.; multimediale Formate für interaktives webbasiertes Lernen wie Webinare, Online-Kurse und Massive Open Online Courses (MOOCs); Lernvideos, Podcasts und Audiomodule als niedrigschwellige flexible Formate; computer- und webbasierte Selbstlernprogramme sowie Lernen an mobilen Endgeräten über Weiterbildungs-Apps (vgl. Seyda, 2021, S. 82).

Insbesondere in der Zeit der Corona-Pandemie haben die digitalen Lernformate an Bedeutung und Verbreitung gewonnen. Viele Unternehmen nutzen erfolgreich **Lernvideos** als niedrigschwelliges Format, das hohe fachliche Anschaulichkeit mit Unterhaltsamkeit kombiniert.

„Learning Tube" von Festo

Festo nutzt für die Weiterbildung der Beschäftigten digitale Lerninhalte in Form von Lernvideos. Der Bereich der Online-Lernplattform heißt „Learning Tube" und funktioniert ähnlich wie YouTube. Beschäftigte, die auf ein Fachgebiet spezialisiert sind, können selbstständig Lernvideos erstellen, die auf der Learning Tube hochgeladen werden. Die Inhalte von einigen Tausenden aktuell vorhandenen Lernvideos reichen vom Verkaufstraining über Software-Tipps bis hin zu Produkterklärungen (vgl. Blumenröder, 2022, S. 15). ◄

Ein bedeutender **Erfolgsfaktor** von Online-Lernformaten ist die Sequenzierung: die Lerninhalte werden in kleinere Einheiten über einen längeren Zeitraum unterteilt. So können die Teilnehmenden dauerhaft am Ball bleiben, das Gelernte in ihren Arbeitsalltag integrieren und Transfer bestmöglich umsetzen. Wichtig dabei ist eine intensive Betreuung und Kommunikation der Lernenden. Dazu eignen sich digitale Plattformen, Learning Management Systeme und Web-Konferenzsysteme, die sich in der Corona-Zeit deutlich entwickelt haben. Für die Kollaboration können auch virtuelle Whiteboards eingesetzt werden (vgl. Kurtz & Schätz, 2021, S. 36).

Die klassischen Personalentwicklungsmaßnahmen werden laut Robes (2021) zunehmend den neuen 4C-Ansätzen – Communities, Challenges, Curiosity und Coaches – Platz machen, die für mehr Selbstverantwortung für die eigene Entwicklung und für das Engagement in Projekten und Netzwerken stehen. Diese Ansätze sind der Personalförderung (s. Abschn. 7.3.1.2) und der Umstrukturierung des Arbeitsprozesses (s. Abschn. 7.3.1.3) sowie den Maßnahmen zur Förderung der Kreativität (s. Abschn. 7.3.2) und dem Gruppenlernen (s. Abschn. 7.4) zuzuordnen, die in weiteren Abschnitten erläutert werden.

7.3.1.2 Instrumente der Personalförderung

Zu dem individuellen Lernen in Unternehmen zählen verschiedene Instrumente der Personalförderung wie Praktikum, Stellvertretung, Mentoring, Coaching, Arbeit in Communities, Hospitation etc. Mit diesen Instrumenten werden neben den Fach- und Methodenkompetenzen auch soziale und persönliche Kompetenzen der Mitarbeiter gefördert. Hier geht es vor allem darum, neue Situationen zu schaffen, die einen Menschen beruflich und persönlich weiterbringen, Hilfe zur Selbsthilfe anzubieten. Im Gegensatz zur Aus- und Weiterbildung stehen hier die ganze Persönlichkeit eines Menschen und seine aktive Mitwirkung im Mittelpunkt.

Zu den beliebtesten Instrumenten der Personalförderung in Unternehmen gehören Mentoring und Coaching.

Mentoring bedeutet, dass eine erfahrene Person, zum Beispiel ein (Ex-)Manager als Mentor eine lernbereite Person, etwa eine junge, vielversprechende Führungskraft (Mentee) fachlich begleitet und an seinem Erfahrungswissen partizipieren lässt. Hier findet eher ein Imitationslernen statt.

Unter **Coaching** wird eine Begleitung und Unterstützung auf Augenhöhe verstanden, wobei der Coach zusammen mit dem Coachee die Situationen aus dem Berufsleben analysieren und nach Möglichkeiten suchen, diese zu optimieren. Im Gegensatz zum Mentoring dominiert der Coach nicht durch seine Erfahrung, sondern regt die Veränderungen an, ohne etwas vorzuschreiben. Dieses Instrument kann als Lernen durch Einsicht bezeichnet werden.

Mentoring und Coaching erfordern ein Vertrauensverhältnis zwischen den Beteiligten und sind meistens langfristig angelegt, um die individuellen Lernprozesse nachhaltig zu gestalten.

Eine innovative Form des Mentoring, die zunehmend Anerkennung findet, ist **Reverse Mentoring**, bei dem die älteren, erfahrenen Führungskräfte von jüngeren, manchmal auch von Azubis lernen (vgl. Franken, 2019, S. 292–293).

Reverse Mentoring bei der Telekom

Die Deutsche Telekom bringt im Rahmen des Reverse Mentoring Digital Natives mit Top-Führungskräften aus dem Konzern zusammen. So können jüngere Mitarbeitende ihre Expertise in einem modernen und agilen Themenumfeld der Digitalisierung und Nutzung von social media an eine ältere Führungskraft weitergeben (vgl. Initiative Chefsache, 2018, S. 43). ◄

7.3.1.3 Umstrukturierung des Arbeitsprozesses

Bei den Instrumenten der Umstrukturierung der Arbeit geht es um die Abwechslung, Vergrößerung oder Erweiterung der Arbeitsaufgaben, sodass eine Person unmittelbar im Prozess der Arbeit (on the job) informell und selbstgesteuert dazulernen kann.

Job Rotation bedeutet Wechsel von Aufgaben, sei es in der Fertigung oder in den Verwaltungstätigkeiten. Der Wechsel verhindert die Monotonie und ermöglicht Einarbeiten in neue Arbeitsgebiete und -bereiche und damit einen Lernprozess im Verlauf der Tätigkeit.

Varianten von Job Rotation in Unternehmen

Job Rotation kann in verschiedensten Formen vorkommen, z. B. Job Shadowing (einen Kollegen begleiten und lernen, wie und woran er arbeitet), Rotation im Rahmen der Trainee-Programme (die Trainees durchlaufen mehrere verschiedene Stationen in unterschiedlichen Bereichen des Betriebs), Projektarbeit oder Swapping (Mitarbeiter tauschen für einen bestimmten Zeitraum Aufgaben und Verantwortungen miteinander). ◄

Voraussetzung für Job Rotation ist es, dass die Beteiligten über die erforderlichen Basisqualifikationen verfügen, um eine andere Tätigkeit übernehmen zu können.

Job Enlargement ist eine Erweiterung der Aufgaben mit dem Ziel, gleichartige Tätigkeiten, die bisher von mehreren Mitarbeitern ausgeführt wurden, an einer Stelle zusammenzufassen. Job Enlargement bedeutet in erster Linie eine quantitative Ausdehnung des Tätigkeitsfeldes.

Job Enlargement in Unternehmen

Als Job Enlargement werden meistens folgende Maßnahmen praktiziert: schrittweise Umstrukturierung der Aufgaben mit verbundener Verdichtung der Aufgaben (z. B. Umstellung auf virtuelle Arbeitsplätze), Übernahme der Praktikantenbetreuung zusätzlich zu den täglichen Berufsaufgaben, dauerhafte Einbeziehung von Projekt- oder Sonderaufgaben in die Arbeitsorganisation (vgl. Gorges, 2019). ◄

Das Aufgabengebiet sollte allerdings so erweitert werden, dass der Mitarbeiter seine besonderen Fähigkeiten, Kenntnisse und Erfahrungen durch neue Anreize ausbauen und erweitern kann, und nicht nur um die Arbeit auf der gleichen Ebene zu verdichten, was zu Überlastung und Überforderung führen kann. Schließlich ist das Ziel des Job Enlargement die Qualifikation von Beschäftigten zu steigern.

Job Enrichment bedeutet eine qualitative Veränderung und Aufwertung des Aufgabengebiets. Der Mitarbeiter wird durch eine Anreicherung des Aufgabeninhalts, eine Erweiterung seiner Entscheidungskompetenzen und die Erhöhung seiner Verantwortung gefordert, anspruchsvollere Leistungen zu erbringen, was zu einer persönlichen Entwicklung führt.

Job Enrichment in der Praxis

Job Enrichment kann darin bestehen, mehrere, strukturell verschiedenartige und unterschiedlich schwierige Aufgaben (z. B. Planung, Vorbereitung, Durchführung und Selbstkontrolle) zu einer neuen, komplexen und ganzheitlichen Aufgabe zusammenzufügen. Eine andere Form des Job Enrichment ist Übernahme von Sonderaufgaben: Zu den gleichbleibenden oder qualitativ aufgewerteten Aufgaben der Stelle werden dem Mitarbeiter zusätzliche, in der Regel höherwertige Aufgaben übertragen (z. B. Durchführen einer Analyse oder Untersuchung, Erstellen eines Berichts, Urlaubsvertretung) (vgl. Gorges, 2019). ◄

Bei Job Enrichment wächst ein Mitarbeiter an seinen Aufgaben, die als Herausforderung empfunden werden. Hier findet ein intensives, ganzheitliches, selbstorganisiertes Lernen statt.

Darüber hinaus sind Arbeit in Communities, Hospitation in anderen Unternehmen oder in anderen Abteilungen des eigenen Unternehmens sowie Sabbaticals wirksame Instrumente der Arbeitsumstrukturierung und stellen vielversprechende Möglichkeiten dar, neue tätigkeitsrelevante Kompetenzen zu erwerben und die in der Persönlichkeit liegenden Fähigkeiten und Potenziale zu entfalten.

Die Beteiligung der Mitarbeitenden an **Communities** führt zu einem Wissens- und Meinungsaustausch über die alltäglichen Aufgaben hinaus und stellt eine Form des informellen Lernens dar. Communities spielen heute in Unternehmen eine sehr bedeutende Rolle (s. auch Abschn. 7.4.2). Die Gründe dafür sind eine internationale Ausrichtung von Unternehmensaktivitäten, flexible Arbeitsmodelle, eine starke Fokussierung auf Projekte anstatt auf Routineabläufe und die Zunahme der Wissensarbeit. Das Management von virtuellen Teams lässt sich über interne Communities effizienter durchführen, der Austausch von Wissen über die Abteilungs-, Hierarchie- und Ländergrenzen hinweg ist ohne Communities nicht durchführbar (vgl. Tanasic & Casaretto, 2017, S. 2).

Bei der externen **Hospitation** (Besuche von anderen Unternehmen) können Mitarbeitende neue Einblicke in Geschäfts- und Arbeitsmodelle gewinnen und ihre Horizonte erweitern. Auch interne Hospitation, d. h. Besuche oder kurzfristige Arbeit in anderen Abteilungen des eigenen Unternehmens, tragen zu einem informellen Austausch über Abteilungsgrenzen hinweg und zum kontinuierlichen Lernen bei.

Exchange Initiative bei Bertelsmann

Zur Förderung des Wissensaustausches und Lernens können die Beschäftigten und Führungskräfte von Bertelsmann im Rahmen der Exchange Initiative bis zu drei Monate einen anderen Unternehmensbereich kennenlernen und sich somit außerhalb ihres alltäglichen Arbeitsumfelds weiterentwickeln (Jacobs et al., 2017, S. 36). ◄

Neben den beschriebenen klassischen Maßnahmen zur Personalförderung und Umstrukturierung des Arbeitsprozesses können auch spezielle Instrumente der Kreativitätsförderung von Beschäftigten eingesetzt werden, um ihre Lernprozesse und Innovationsfähigkeit anzuregen.

7.3.2   Förderung der Kreativität und Ideengenerierung

Im Kontext der Digitalisierung und Automatisierung der Arbeitswelt wird immer wieder von einer neuen Rollenverteilung zwischen Menschen und (intelligenten) Maschinen diskutiert. Wenn die Maschinen und Algorithmen in der Zukunft alle standardisierbaren, regelbasierten Aufgaben übernehmen, werden wir Menschen uns mit den kreativ-intelligenten und sozial-intelligenten Tätigkeiten beschäftigen, die unsere spezifischen, menschlichen Stärken ausmachen.

Die Kreativität als Fähigkeit, neue Wege zu gehen, unbekannte neuartige Probleme zu lösen, wird zu den wichtigsten Fähigkeiten in der Arbeitswelt der Zukunft zählen. Deswegen ist es wichtig, die Kreativität und Ideengenerierung der Beschäftigten zu fördern.

Mit speziellen Methoden können kreative Fähigkeiten der Menschen in Unternehmen unterstützt werden (mehr dazu Abschn. 10.2). Die Verbreitung von agilen Arbeits- und

Entwicklungsmethoden wie Design Thinking trägt dazu bei, dass Kreativitätstechniken in Workshops häufiger zum Einsatz kommen (vgl. Abschn. 10.3).

Darüber hinaus werden die Beschäftigten mit speziellen Ideenwettbewerben und Maßnahmen des betrieblichen Ideenmanagements dazu angeregt, sich über ihre alltägliche Tätigkeit hinaus zu engagieren, um neue Produktideen und Verbesserungsvorschläge für Produktionsprozesse, organisatorische Abläufe, Arbeitsplatzgestaltung etc. zu entwickeln.

Viele Unternehmen praktizieren ein klassisches **Ideenmanagement**, bei dem für die neuen, realisierbaren Ideen einzelner Mitarbeitender bei Verbesserungen an Produkten, Prozessen oder Organisation Erfolgsprämien gezahlt werden.

Ideenmanagement bei der Volkswagen AG

Volkswagen AG fördert das Engagement ihrer Mitarbeiter mithilfe des Ideenmanagements: Die Mitarbeiter können ihre Kreativität und ihr Wissen in Form von Verbesserungsideen einbringen und tragen so dazu bei, Arbeitsabläufe schlanker zu gestalten, die Ergonomie am Arbeitsplatz weiter zu verbessern, Kosten zu senken und somit die Effizienz kontinuierlich zu steigern. Darüber hinaus liefert das System mit einer Prämienstruktur monetäre Anreize (vgl. Volkswagen, 2022). Jedes Jahr reicht etwa ein Drittel der Beschäftigten der Volkswagen AG Verbesserungsideen ein. Im Jahr 2019 hat VW mit einer neuen Betriebsvereinbarung das Ideenmanagement modernisiert, die die Rolle von Vorgesetzten neu definiert und die Prämienhöhen heraufsetzt. So steigt die Höchstprämie um nahezu 50 % von bisher rund 51.000 auf jetzt 75.000 €. Zugleich vereinfacht ein neues IT-System die Online-Eingabe der Verbesserungsideen. Vorgesetzte und Gutachter können die Ideen in einem benutzerfreundlichen System prüfen und bearbeiten (vgl. Volkswagen, 2019). ◄

Andere Unternehmen verzichten auf Prämien für neue Ideen und setzen auf eine ideenfördernde **Unternehmenskultur**, in der die systematische Arbeit an Verbesserungen als Kulturwert gelebt wird, ohne einer Prämie zu bedürfen. Diese Unternehmen geben ihren Beschäftigten – überwiegend aus den Forschungsbereichen – Zeit, sich mit Ideen für die Zukunft zu beschäftigen, so wie das Unternehmen 3M.

15-Prozent-Zeitregel als Bestandteil der 3M Kultur

Die einzigartige 15 % Regel von 3M ermutigt unsere Mitarbeiter dazu, einen Teil ihrer Arbeitszeit der Weiterentwicklung und -verfolgung innovativer Ideen zu widmen, die sie besonders spannend finden. Die Mitarbeiter haben die Möglichkeit, Neues auszuprobieren, kreativ zu denken und den Status quo infrage zu stellen, natürlich in Abstimmung mit ihrem Vorgesetzten, um sicherzustellen, dass die täglichen Pflichten trotzdem erfüllt werden. Es kann darum gehen, eine neue Technologie zu testen, eine spezielle Interessengruppe für eine neue Idee zu gründen oder eine neue Methode zur Ausführung eines Prozesses zu finden. Dank dieser Regel konnten bereits zahlreiche Innovationen geschaffen werden, darunter z. B. die optische Mehrschichtfolie, Cubi-

tron™ Schleifkörner, Emphaze™ AEX Hybrid-Aufbereiter, die APC™ Adhäsivvorbe-
schichtung sowie Post-It® Notes (vgl. 3M o.J.). ◄

Welches Modell wirksamer ist – mit oder ohne Prämien – kann nicht pauschal beantwortet werden, jedes Unternehmen findet seinen eigenen Weg, die Kreativität und
Ideengenerierung der Beschäftigten zu fördern.

7.4 Gestaltung des Gruppenlernens in Unternehmen

Das Lernen auf der Gruppenebene zielt auf die Bildung von gemeinsamen Lernprozessen
und abteilungsübergreifenden Arbeitsteams ab. In Gruppen lernen einzelne Personen voneinander, ergänzen und unterstützen sich gegenseitig im Prozess der gemeinsamen Arbeit.
Die Entstehung des neuen Wissens, die Nonaka und Takeuchi in ihrer Theorie beschrieben
haben, ist nur in Gruppen möglich und setzt Externalisierung und Kombination des Wissens voraus (vgl. Abschn. 7.1.3). Senge bezeichnet das Teamlernen als einen wichtigen
Bestandteil und Voraussetzung einer lernenden Organisation (vgl. Abschn. 7.1.2).
  Zu den praktischen Instrumenten des Gruppenlernens zählen Team- und Projektarbeit,
bereichsübergreifende Workshops und Gremien, spezielle Innovationsteams, Communities, Kontinuierliche Verbesserungsprozesse (KVP) sowie allgemeiner Maßnahmen zur
Förderung informeller Kommunikation.

7.4.1 Gruppen- und Projektarbeit

Die festen oder temporären Gruppen in Unternehmen bilden soziale Umgebungen für das
Lernen. Hier kann – im Gegensatz zu den klassischen Formen des individuellen Lernens
wie Seminare und Frontalunterricht – problem- und praxisorientiert gelernt werden, was
den Anforderungen der dynamischen Wissensgesellschaft eher entspricht.

Lernen in Arbeitsgruppen Die Einrichtung teilautonomer Gruppenarbeit (z. B. Ferti-
gungsteams in der Montage) bietet sich vor allem dort an, wo aufgrund der Arbeits-
struktur eine starke gegenseitige Abhängigkeit zwischen einzelnen Aufgaben innerhalb
einer Abteilung besteht. Durch die Verlagerung von Entscheidungskompetenzen auf die
Gruppe wird vor allem eine flexiblere und auch schnellere Abwicklung von Ab-
stimmungsproblemen innerhalb der Gruppe ermöglicht. Zusätzlich wird das Verständnis
von Zusammenhängen verstärkt und die Mitwirkung aller Gruppen an der Weiterentwicklung von Prozessen gefördert (vgl. Schreyögg & Geiger, 2016, S. 151). Aus diesem Grund bilden Arbeitsgruppen optimale Bedingungen für gemeinsames Lernen.

  Bei den festen Arbeitsgruppen findet das Lernen durch die gemeinsame Bewältigung
von konkreten Problemen statt. Hierbei geht es um soziales und situatives Lernen im Pro-

zess des Handelns, man erlebt konkrete Arbeitssituationen gemeinsam und diskutiert darüber, wie man diese verbessern und vorhandene Probleme lösen kann.

Allerdings ist das Gruppenlernen kein Automatismus, es setzt nicht an, sobald eine Gruppe zusammenkommt, sondern erfordert gemeinsame Ziele, Offenheit und Vertrauen zueinander.

Lernen in einem Fertigungsteam

In einem Fertigungsteam (z. B. in der Automobilindustrie) bekommt ein Team eine gemeinsame Aufgabe. Die Mitglieder verteilen die Arbeit untereinander und unterstützen sich gegenseitig, da alle an dem gemeinsamen Ergebnis interessiert sind. Dabei werden Job Rotation (Aufgabenwechsel), Job Enlargement (Aufgabenerweiterung) und Job Enrichment (Aufgabenvertiefung) praktiziert, da Teammitglieder sich gegenseitig helfen und gemeinsam die Verantwortung übernehmen. Dadurch werden Wissensaustausch, Kommunikation und Lernen angeregt. ◄

Gruppenlernen ist nicht nur im Prozess der gemeinsamen Arbeit, sondern auch parallel zur Arbeit möglich. Es kann in Form von Erfahrungsaustausch zwischen den Personen mit ähnlichen Positionen, Aufgaben und/oder Erfahrungen organisiert werden.

Kollegenaustausch

Das Format „Kollegen lernen von Kollegen" unterstützt das Lernen der Fachspezialisten voneinander. Zum Beispiel das zeitlich aufwändige Beobachten von Themenfeldern über das Abonnement von Newslettern, Inhalten von Fachportalen oder das Auswerten von Fachzeitschriften lässt sich effizienter gestalten, indem Kollegen untereinander Zuständigkeiten für Themen absprechen und periodisch den Wissensstand austauschen, z. B. als fester Bestandteil regelmäßiger Treffen. ◄

Lernen in interdisziplinären und heterogenen Gruppen Besonders intensive Wissensaustauschprozesse finden in heterogenen Gruppen wie Projektgruppen, die aus verschiedenen Spezialisten zusammengesetzt werden, statt, oder in bereichsübergreifenden Gremien. Nonaka und Takeuchi sprechen dabei von der „notwendigen Vielfalt", die durch einen Wandel der Organisationsstruktur oder wechselnde Teammitglieder erreicht werden kann.

Je vielfältiger die Kompetenzen und Erfahrungen der Teilnehmer in einer Arbeitsgruppe, desto höher ist die Wahrscheinlichkeit, dass ein Problem aus verschiedenen Blickwinkeln betrachtet wird und kreative Lösungen zustande kommen. Ältere und Jüngere, Männer und Frauen, Deutsche und Zuwanderer, Vertreter verschiedener Fachgebiete können durch den Austausch vielfältiger Einstellungen, Kenntnisse und Erfahrungen voneinander lernen.

Eine verbreitete Form des gemeinsamen Lernens bieten **temporäre Projekte**, in denen interdisziplinär neue, herausfordernde Fragestellungen bewältigt werden. In jedem Projekt werden durch die Teammitglieder Erfahrungen gemacht, welche für die Teilnehmer selbst und für zukünftige Teams mit ähnlichen Fragestellungen von großem Interesse sein könnten. In einem Prozess der Selbstreflexion sollte sich jedes Team nach Abschluss des Projektes die Frage stellen, welche kritischen Erfahrungen gemacht wurden und worauf zukünftige Teams bei ähnlichen Problemstellungen achten sollten. Häufig werden unterschiedliche Einschätzungen erst durch solche Reflexionsrunden sichtbar und können damit auch für die Beteiligten eine wertvolle Quelle zur Beurteilung der eigenen Arbeit darstellen.

Unter dem Stichwort **Lessons learned** versuchen Unternehmen, die Aufarbeitung von Erfahrungen aus Projekten voranzutreiben und sowohl aus Erfolgen als auch aus Fehlern konsequent zu lernen. Lessons learned repräsentieren die Essenz der Erfahrungen, welche in einem Projekt oder einer Position gemacht wurden. Um aus Lessons learned den entsprechenden Nutzen zu ziehen, muss vor allem ein geeigneter Kontext zu ihrer Sicherung vorhanden sein. Ergebnisse müssen dokumentiert und verfügbar gemacht und/oder die Beteiligten (Experten mit Erfahrung) benannt und bekannt gemacht werden.

Wichtig ist, dass ein lebendiger Austausch hinsichtlich Projekterfahrungen stattfindet, d. h. die Ergebnisse sollen nicht nur dokumentiert und (digital) zur Verfügung gestellt, sondern auch aktiv kommuniziert werden, z. B. mithilfe von Storytelling.

Storytelling ist die älteste Form, Erfahrungen, Emotionen und Informationen auszutauschen. Wir erzählen uns, was wir erlebt haben, welchen Herausforderungen wir gegenüberstanden, wie wir sie gelöst haben. Das alles ist schon Storytelling. Aber Geschichten zu erzählen, per Wort, Bild oder Film, die so sehr begeistern, dass sie sogleich weitererzählt und geteilt werden – das ist eine Kunst. In einer guten Geschichte wird nicht nur der Verstand, sondern auch das Herz und damit die emotionale Ebene der Zuhörer angesprochen. Eine bildhafte Sprache, ein lebhafter Erzähler, viele eindrückliche Emotionen – all das begünstigt, dass wir uns noch lange und gerne an das Gehörte erinnern. Und meist auch davon weitererzählen. Storytelling stammt ursprünglich aus Marketing und der Werbung, wird allerdings auch in anderen Bereichen eingesetzt: Es hilft dem Verkäufer und Anbieter dabei, Kunden für sein Produkt zu begeistern; dem Chef sein Team zu motivieren und dem Bewerber den Personaler zu überzeugen (vgl. Mai, 2021).

Gepackt in eine spannende Geschichte mit Fakten und Emotionen, können relevante Projektergebnisse und Lessons learned in Unternehmen verbreitet und weitergetragen, auch über Abteilungs- und Hierarchiegrenzen hinaus.

7.4.2 Innovationsteams, Qualitätszirkel, Communities

Mit interdisziplinären Innovationsteams und Innovationszentren, Qualitätszirkel und Kontinuierlichen Verbesserungsprozessen (KVP) versuchen viele Unternehmen das Lernen im Prozess der Ideenarbeit zu etablieren.

Innovationsteams und Innovationszentren Um nach neuen Geschäftsfeldern zu suchen, gründen Großunternehmen oft spezielle Innovationszentren, kleinere Unternehmen – Innovationsteams, die bereichs- und hierarchieübergreifend zusammenarbeiten.
So haben Firmen wie Cisco, Commerzbank, Daimler, Allianz, Deutsche Telekom und
andere eigene Innovationszentren gegründet, die zu einem Lernfeld für das ganze Unternehmen geworden sind (vgl. Schüller & Steffen, 2017, S. 129).

Die Innovationszentren sind geschützte Räume, in denen innovative Gedanken entwickelt und ausprobiert, künftige Produkte in Form von Prototypen getestet werden können.

Im Mittelpunkt eines Innovationszentrums oder Innovationsteams steht ein interdisziplinärer Austausch von Gedanken und Ideen, die Voraussetzungen dafür sind eine kreative
Atmosphäre und ein offener Wissensaustausch.

Ein Innovationszentrum ist ein Team, ein Raum und eine Denkweise. Das zentrale Ziel
ist dabei, die Innovationskraft des Unternehmens zu steigern. Hierfür können einzelne
Elemente des Geschäftsmodells hinterfragt werden, z. B. bestehende Produkte und
Kundenbeziehungen oder auch Schlüsselressourcen und Prozesse. Innovationszentren
analysieren die Anwendungsmöglichkeiten neuster Technologien wie Big Data, Robotik,
3D-Druck oder Künstliche Intelligenz. Dafür versuchen Unternehmen, eine Umgebung zu
schaffen, in der das Team Veränderungen im Markt erkennen, begreifen, testen, integrieren
und nutzen kann (vgl. Schüller & Steffen, 2017, S. 130).

Bei dieser kreativen Arbeit lernen die Teammitglieder voneinander und durch die konkreten Problemlösungen, durch Entwickeln, Umsetzen und Ausprobieren.

Qualitätszirkel und KVP In Qualitätszirkeln wird Gruppenlernen praktiziert, in dem
gemeinsame Problemstellungen, wie Steigerung der Qualität oder Suche nach Fehler-
ursachen, bewältigt werden. Die Gruppe setzt sich regelmäßig (z. B. einmal pro Monat)
während der Arbeitszeit zusammen.

Eine Weiterentwicklung der Qualitätszirkel sind formalisierte kontinuierliche Verbesserungsprozesse (KVP), bei denen Qualitätsarbeit zu einer Aufgabe des Arbeitsteams
erklärt wird. Zum Beispiel, ein autonomes Fertigungsteam in der Produktion beschäftigt
sich unter anderem mit der Verbesserung des Arbeitsprozesses und der Arbeitsbedingungen.
Oft wird ein Moderator hinzugezogen, um die Gespräche zu moderieren und den Einsatz
von Kreativitätstechniken zu unterstützen.

Mitarbeiter-Communities Ähnliche Ziele verfolgen selbstorganisierte Gemeinschaften
(Mitarbeiter-Communities), deren Mitglieder sich freiwillig zu verschiedenen Fachthemen
treffen, für die sie eine besondere Expertise oder ein Interesse haben (vgl. Abschn. 4.2.4).

Man unterscheidet zwischen internen, mitarbeiterorientierten, innerhalb eines Unternehmens agierenden Communities, die hier betrachtet werden, und externen, kundenorientierten, Communities (vgl. Abschn. 7.6).

Communities als Wissensgemeinschaften bestehen über einen längeren Zeitraum und sind um spezifische Inhalte gruppiert. Die Teilnahme ist freiwillig und persönlich.

▶ **Community** ist eine freiwillige Wissensgemeinschaft in einem Unternehmen, die sich mit bestimmten Themen beschäftigt.

Zu den Zielen einer internen Community (Community of Practice) zählen Sicherstellung des Wissensaustausches und Wissenstransfers, Vernetzung von Experten, Schaffung von Transparenz über interne Projekte und Belange des Unternehmens, Wahrnehmung der relevanten Trends, Analyse der Möglichkeiten der Digitalisierung etc. Wird eine Community für die externen Akteure wie Kunden geöffnet, können zusätzlich Kenntnisse über Kundenbedürfnisse und Märkte gewonnen, neue Nutzen für (potenzielle) Kunden kreiert und das Image des Unternehmens verbessert werden (vgl. Weis, 2022, S. 44).

Communities unterstützen Wissensaustausch und Lernen der Mitglieder und tragen zur Steigerung der Innovationsfähigkeit eines Unternehmens bei, indem sie aktuelle Probleme lösen oder neue Produkte und Geschäftsmodelle entwickeln. Communities zu spezifischen Themen können auch unternehmensübergreifend etabliert und unterstützt werden. So treffen sich z. B. Ideenmanager verschiedener Unternehmen oder Flugplaner aller Airlines auf dieser Welt relativ regelmäßig zu Fachgesprächen über ihre Arbeit.

Eine besondere Bedeutung von internen Communities für das Unternehmen besteht darin, dass sie Wissensaustausch zwischen Bereichen und hierarchischen Positionen ermöglichen, die in anderen Formen der Gruppenarbeit nur bedingt zustande kommen.

Communities können besser als Datenbanken Wissen am Leben erhalten, da auch die impliziten Elemente von Wissen erhalten und weitergegeben werden. Von daher sind diese Wissensgemeinschaften auch ideal, neue Mitarbeiter einzuführen, anzulernen und Erfahrungen weiterzugeben. Communities entwickeln Kompetenzen weiter und tragen neueste Entwicklungen in Unternehmen herein. Sie sind oft schneller und weniger schwerfällig als Geschäftseinheiten.

Communities als Instrument des Lernens sind auch für räumlich verteilte und virtuelle Teams in global agierenden Unternehmen geeignet. Die Mitglieder einer Community können untereinander hauptsächlich digital kommunizieren, brauchen jedoch regelmäßig persönliche Treffen, die in der Regel abwechselnd an verschiedenen Standorten organisiert werden.

Eine internationale Studie zu internen (mitarbeiterzentrierten) und externen (kundenzentrierten) Communities in Unternehmen aus dem Jahr 2020 hebt die **Bedeutung** von internen Communities für den Unternehmenserfolg hervor: Die Mitarbeiter-Communities haben die Fähigkeit, Unternehmen über Abteilungen und Grenzen hinweg zu vernetzen und bessere Entscheidungen und Lösungen zu ermöglichen. Dadurch werden die Potenziale der Mitarbeitenden in einem Unternehmen besser erschlossen. Interne Communities haben ein enormes Potenzial, Organisationen zu verändern, indem sie die Arbeits- und Lernmethoden der Mitarbeitenden verändern. Die Communities unterstützen und fördern Agilität und Innovation im Unternehmen. Viele interne Communities können Leistungen direkt mit Geschäftsergebnissen verknüpfen (vgl. Laub, 2022).

7.4.3 Förderung informeller Kommunikation

Ein weiteres zielführendes Instrument des Gruppenlernens ist die Förderung der informellen Kommunikation in Unternehmen. Das Ziel ist dabei, Begegnungen und Kontakte von Personen zu ermöglichen, die sonst nicht zusammenkommen.

Mitglieder eines Arbeitsteams haben im Rahmen ihrer Arbeitsaufgaben oft miteinander zu tun und tauschen sich während der Arbeitszeit aus. Die Beschäftigten verschiedener Teams oder Abteilungen begegnen sich nur selten. Um eine interdisziplinäre, hierarchie- und bereichsübergreifende Kommunikation zu fördern, sind Begegnungsräume und -situationen erforderlich.

Größere, **flexibel gestaltbare Arbeitsräume**, in denen mehrere Personen sich nach Bedarf zusammensetzen oder auch einzeln ungestört arbeiten können, werden von vielen Unternehmen getestet. Oft wird auf individuelle Schreibtische und Büroausstattung verzichtet, ein Mitarbeiter zieht mit seinem Laptop in einen Raum oder eine Sitzecke, je nachdem was zu seinen aktuellen Arbeitsaufgaben passt – individuelle analytische Arbeit, Telefonat mit Kunden oder ein Brainstorming im Team.

Lernräume bei dem Softwareentwickler Easysoft

Um vernetztes, problemorientiertes und offenes Lernen zu ermöglichen, hat der schwäbische Softwareentwickler Easysoft große Büroflächen für bis zu 16 Mitarbeiter eingerichtet. Hier werden schnell und auf kurzem Weg Probleme geklärt, diverse Kommunikationsflächen laden zum Austausch ein. Gleichzeitig dienen Slackline, Schaukeln oder ein Meditationsraum als kreative Pausenmöglichkeiten. Darüber hinaus fördert das Unternehmen die Weiterbildungen der Beschäftigten, indem es sämtliche Kosten übernimmt und Mitarbeiter verpflichtet, sich jährlich mindestens zwei Tage aufgabennah fortzubilden (vgl. Gieseler, 2018, 23). ◄

Außerdem können in Unternehmen Kaffeeecken eingerichtet, Betriebssport angeboten, kulturelle Veranstaltungen organisiert werden. So kommen Mitarbeiter aus verschiedenen Bereichen zusammen, die sonst im Alltag kaum Kontakt zueinander haben, und es entstehen informelle oder sogar freundschaftliche Beziehungen untereinander.

Eine positive emotionale Bindung an die Gruppe oder Unternehmen kann die Arbeitsleistungen von Beschäftigten steigern, wie regelmäßige Gallup Studien belegen. Aktuelle Gallup Studie 2021 belegt jedoch, dass nur 17 % der Befragten eine starke emotionale Bindung zu ihrem Unternehmen haben, hier gibt es einen großen Nachholbedarf (vgl. Tödtmann, 2022).

Insbesondere **im Fall** von **Remote-Arbeit**, bei dem die Beschäftigten zumindest teilweise im Homeoffice arbeiten, ist eine für informelle Kommunikation geeignete Bürogestaltung wichtig. Während individuelle Arbeit, die Konzentration erfordert, im Homeoffice erledigt werden kann, bedürfen Kreativitätsarbeit, Wissensaustausch und die Arbeit an der Zukunft einer unmittelbaren Kommunikation. Bunte, flexibel gestaltbare, inspirierende

Räume sind für diese Zwecke besonders gut geeignet. Viele Unternehmen bemühen sich um eine neue Gestaltung von solchen Arbeitsorten, um die Arbeit im Büro für die Beschäftigten attraktiver zu machen und ihre Ideen anzuregen.

7.5 Gestaltung der organisationalen Ebene des Lernens

Um das Lernen auf der Ebene der gesamten Organisation zu gestalten, ist eine systematische Vorgehensweise notwendig. Wie bereits erläutert wurde, findet das Lernen überwiegend in den Köpfen statt und wird durch den Wissensaustausch in Gruppen angeregt. Die Aufgaben der organisationalen Ebene des Lernens bestehen in erster Linie darin, eine Zukunftsvision des Lernens zu formulieren, Lernprozesse organisatorisch zu unterstützen, zu strukturieren, zu koordinieren und optimale Lernbedingungen zu schaffen. Ansprechende und breit kommunizierte Visionen und Strategien des Lernens sowie eine systematische Zukunftsforschung geben dem organisationalen Lernen eine Richtung. Eine kontinuierliche Wissensarbeit ermöglicht optimale Nutzung, Verteilung und Aufbewahrung des vorhandenen Wissens. Eine lernfördernde Unternehmenskultur schafft geeignete Rahmenbedingungen für Lernen auf der individuellen und Gruppenebene.

7.5.1 Visionen und Strategien des Lernens

Unternehmen können nur lernen, wenn einzelne Personen lernen, allerdings besteht die Aufgabe eines Unternehmens darin, Menschen zum Lernen zu animieren, einen Sinn des Lernens (Purpose) zu vermitteln und fördernde Rahmenbedingungen zu schaffen. Eine zukunftsorientierte unternehmerische Vision des Lernens soll diese sinnstiftende Rolle spielen.

7.5.1.1 Vision „Corporate Learning 2025"

Viele Unternehmen, Organisationen und Forschungsinstitute haben sich im Jahr 2017 zu einer Internet-Community unter dem Namen „Corporate Learning Community" (https://colearn.de/) vernetzt, um gemeinsam die Vision des organisationalen Lernens 2025 zu entwickeln. Tausende Mitglieder tauschen sich in social media (Xing, LinkedIn, Facebook u. a.) über die Strategien und Instrumente des Lernens der Zukunft aus, führen Veranstaltungen durch und erstellen E-Books mit Creative Commons Lizenz, die allen Interessenten zur Verfügung gestellt werden. Unter anderem werden Best Practices Beispiele des organisationalen Lernens und Hilfsmittel für die Umsetzung angeboten.

Die von der Corporate Learning Community formulierte Vision für organisationales Lernen im digitalen Zeitalter „Vision Corporate Learning 2025" beinhaltet vier Bereiche des organisationalen Lernens, die in der Tab. 7.4 dargestellt werden.

Tab. 7.4 Vision Corporate Learning 2025. (vgl. Corporate Learning Community, 2022)

Bereich	Inhalte
1. Die Rolle von Learning & Development: Von der Abteilung zum interdisziplinären Lern-Netzwerk.	Learning & Development (L&D) hat 2025 eine neue Ausrichtung, Organisationsform und Ansätze. Sie bietet weiterhin skalierbare und kosteneffiziente Lernangebote und -ressourcen an. Klassische Trainings werden jedoch verstärkt in Lernprozesse transformiert und erweitert. L&D agiert auch zunehmend als Initiator und Treiber eines übergreifenden und interdisziplinären Lern-Netzwerks. Gemeinsam mit Führungsebenen, anderen Organisationseinheiten und den Lernenden werden innovative Lernansätze erprobt und eine ganzheitliche Sicht auf das Lernen im Unternehmen etabliert. Externe Partner und Kunden werden als Lernende eingebunden. Aspekte wie Co-Creation oder die Förderung von Kreativität und Innovation sind fester Bestandteil der Lernangebote. L&D agiert als Learn-Coache, Lernberater, Tutor, Community Manager, Digital Enabler, Working Out Loud-Spezialist, MOOC- und Barcamp-Moderator.
2. Die Lernenden: Vom zentral gesteuerten Lernen zum selbstorganisierten und kollaborativen Lernen	Lernende übernehmen die Organisation ihrer individuellen Lernprozesse zunehmend selbst, lernen vermehrt kollaborativ in Lerngruppen, Netzwerken und Communities. Viele Lerninhalte werden von diesen Communities selbst erstellt, kuratiert und vermittelt. Lernende werden zu Lehrenden. L&D unterstützt diese Communities und Settings bedarfsorientiert in Form von unterstützenden Rollen, z. B. Prozessberatung, Didaktik, Lernbegleitung, Kuratierung. Technische Assistenten (Lern-Bots) und KI geben datenbasiert personalisierte Vorschläge für weiterführendes Lernen. Für das selbstorganisierte Lernen stehen klar definierte Freiräume in Form von Zeit- und Geld-Budgets zur Verfügung.
3. Lernumgebung: Vernetztes Arbeiten in virtuellen und physischen Räumen	Das Enterprise Social Network (ESN) hat sich zur zentralen Anlaufstelle für Lernende entwickelt und stellt offene Lern-Ressourcen und Zugang zu Lern-Communities zur Verfügung. Lernende können auch externe, digitale Medien und Inhalte nutzen und sich an externen Experten- und Lern-Communities beteiligen. Im Netzwerk verbindet sich menschliche Intelligenz und Kreativität mit künstlicher Intelligenz, Analytik und Maschinenlernen. Kreativitätsfördernde Arbeitsorte und Treffpunkte stehen für den formellen und informellen Wissenstransfer zur Verfügung und können innerhalb und außerhalb der Arbeitszeit und Arbeitsprozesse selbstverständlich genutzt werden. Der individuelle Zuschnitt des eigenen Lernraums ist durch Zugänge wie Apps und Plattformen möglich. Die Lerninhalte werden automatisiert an persönliche Präferenzen und Bedarfe angepasst.

(Fortsetzung)

Tab. 7.4 (Fortsetzung)

Bereich	Inhalte
4. Leadership & Lernkultur: Von „Wissen ist Macht" zu „Wissen teilen ist Macht"	Fortwährendes Lernen sowie das Teilen von Wissen sind in der DNA der Organisation und im Leitbild fest verankert. Lernstrategie leitet sich aus der übergeordneten Unternehmensstrategie ab und wird regelmäßig angepasst. Das Management der Organisation fördert die Lernkultur und lebt als Vorbild die gemeinsamen definierten Schlüsselwerte vor. Die Mitarbeiter übernehmen Verantwortung für ihren Kompetenzerwerb. Führungskräfte unterstützen als Lern-Coaches die Kompetenzentwicklung ihrer Mitarbeiter, schaffen Räume für selbstorganisiertes Lernen. Lernen und Arbeiten sind untrennbar verbunden. In alle wissensintensiven Arbeitsprozesse ist Lernen vor (Schulung), während (Working Out Loud) und nach der Prozessdurchführung (Lessons Learned) eingebaut. Die Lernkultur stützt sich auf gelebte Werte wie Offenheit, Vielfalt, Vertrauen, Partizipation, Augenhöhe, Kooperation, Autonomie, Experimentierfreude und Gemeinschaft. Fehler werden als Lernchance betrachtet.

Diese visionären Inhalte spiegeln die bereits diskutierten Trends im individuellen und organisationalen Lernen wider und können von jedem Unternehmen als Grundlage für die Formulierung seiner eigenen Vision des organisationalen Lernens der Zukunft dienen.

7.5.1.2 Beispiel: Lernvision von Bosch

Ein Praxisbeispiel der Implementierung einer inspirierenden Vision des organisationalen Lernens liefert die Bosch Learning Company-Vision von Bosch, die vor dem Hintergrund der digitalen Transformation formuliert wurde.

Vision „Bosch Learning Company"

Die Bosch Learning Company (BLC) ist eine seit November 2016 gestartete bereichsübergreifende agile, sich selbst steuernde Initiative, in der Learning Stakeholder sich das übergeordnete Ziel gesetzt haben, die Transformation bei Bosch zu unterstützen. Konkret verfolgt die BLC folgende Ziele (vgl. Corporate Learning Community, 2017):

- die Bedeutung von Wissen und Lernen für den Erfolg der Transformation bewusst zu machen.
- die Entwicklung und Umsetzung fokussierter Maßnahmen zur Verbesserung der Lernagilität auf allen Ebenen.
- die Weiterentwicklung und Umsetzung der Qualifizierungsprojekte für alle strategischen Initiativen.
- die Entwicklung und Bereitstellung attraktiver (digitaler) Learning-Tools und „Inspiring Learning Environment", um individuell, flexibel, schnell und kostengünstig Lernen zu ermöglichen.

- die Eigenverantwortung der Mitarbeiter und informelles Lernen im Team zu stärken, sowie Lernen und Arbeiten mehr miteinander zu verbinden („Working=Learning"). ◄

Die strategischen Lernziele des Unternehmens sollen nicht nur verständlich formuliert, sondern auch transparent gemacht und breit kommuniziert werden, insbesondere von Geschäftsführern und Führungskräften, die im Lernprozess als Vorbilder für die Belegschaft dienen. Deswegen ist ein kontinuierlicher Dialog zu Visionen und Kulturwerten erforderlich, da er Motivation zum Lernen und Verbundenheit mit der Gruppe und dem Unternehmen erzeugt. Nur so kann Raum für lebenslanges Lernen auf allen Ebenen des Unternehmens geschaffen werden. Auf der Basis der Lernvision werden konkrete Maßnahmen abgeleitet und umgesetzt.

7.5.2   Kontinuierliches Lernen ermöglichen

Um kontinuierliches Lernen der Menschen in Unternehmen zu implementieren, sollten die Lernvisionen und -strategien in konkrete Maßnahmen übersetzt werden, wie Lernprozesse gestaltet und begleitet werden und neue Spielräume für Lernen im Arbeitsalltag geschaffen werden.

7.5.2.1 Lernziele definieren, Lernprozesse gestalten

Auf der Grundlage der Visionen werden konkrete Ziele des Lernens abgeleitet, um die aktuelle Gesamtstrategie des Unternehmens zu unterstützen. Diese Zielsetzung kann im Rahmen der Personalentwicklung oder des Kompetenzmanagements vorgenommen werden und liegt in der Verantwortung der Geschäftsführung und Personalabteilung. Je nachdem, welche strategischen Ziele ein Unternehmen aktuell verfolgt (z. B. Entwicklung eines neuen Produktes, Vorstoß in einen neuen Markt, Umstellung auf eine neuartige Technologie usw.), sind die Ziele des Lernens unterschiedlich. Es geht darum, die künftigen Kompetenzen der Unternehmensakteure zu definieren, die für den langfristigen Erfolg notwendig sind, und diese zu fördern.

Beispielsweise zur Unterstützung der digitalen Transformation müssen digitale Kompetenzen für bestimmte Beschäftigtengruppen vermittelt und die Führungskräfte in Bezug auf die Unterstützung des Wandels geschult werden. Ist dieses Ziel als Priorität definiert, sollte ein Unternehmen entsprechende Angebote und Rahmenbedingungen schaffen.

So hat Bosch – basierend auf der Vision Bosch Learning Company – konkrete Maßnahmen zur Vorbereitung der Beschäftigten auf die Industrie 4.0 in Aus- und Weiterbildungsangebote integriert.

Bosch macht Mitarbeitende fit für Industrie 4.0

Bosch zählt zu den Industrie-4.0-Pionieren und treibt die Aus- und Weiterbildung von Mitarbeitern voran. Neue Qualifikationen sind gefragt: Wissen über Automatisierung, Sensorik, die vernetzte Produktion. Um Mitarbeiter bestmöglich auf den digitalen Wandel in der Fertigung vorzubereiten und zu schulen, hat das Unternehmen zahlreiche Initiativen und Programme gestartet. Mit Beginn des Ausbildungsjahres 2021/2022 bieten die Industrie- und Handelskammer Würzburg und Bosch Rexroth einen neuen Industrie-4.0-Lehrgang an. Teilnehmende des Kurses lernen, die Digitalisierung in den Bereichen Logistik, Produktion sowie Instandhaltung voranzutreiben und umzusetzen. Sie erkennen das Industrie-4.0-Potenzial im eigenen Unternehmen und entwickeln Lösungen. In vier Modulen wird Wissen vermittelt zu Smart Factory, vernetzten Geschäftsmodellen und moderner Arbeitsorganisation. Die Zielgruppe des Lehrgangs sind Projektleiter, Produktmanager und Administratoren (vgl. Bosch, 2021). ◄

Auch für andere Gruppen von Beschäftigten werden spezielle Fortbildungen angeboten. Die Ausbildungsprogramme werden an die Anforderungen der Industrie 4.0 angepasst. Rund 250 Mio. € investiert Bosch jährlich in die Qualifizierung seiner Mitarbeiter, rund 19.000 Schulungsprogramme stehen den Mitarbeitern zur Auswahl. Das Ziel ist dabei, Fähigkeiten vermitteln und die Mitarbeiter so auf dem Weg in neue Geschäftsfelder mitnehmen. Im Mittelpunkt steht das übergeordnete Ziel, ein selbstgesteuertes Lernen der Beschäftigten zu ermöglichen, bei dem Lernen direkt in den Prozess der Arbeit integriert wird (vgl. Bosch, 2019). So werden die Visionen des organisationalen Lernens nachhaltig vorangetrieben und in konkrete Maßnahmen umgesetzt.

Zur Förderung des Lernens auf der organisationalen Ebene gehört auch eine kontinuierliche Wissensarbeit, die der Identifizierung, Teilung, Erhaltung und Nutzung des vorhandenen Wissens dient. In den systematischen Aus- und Weiterbildungsprozessen, wie sie zum Beispiel bei Bosch angeboten werden, findet eine aktive Wissensvermittlung und Wissensteilung hinsichtlich aktueller Themen statt. Weitere Maßnahmen und Instrumente der Wissensarbeit zur Steigerung der Innovationsfähigkeit von Unternehmen werden im Abschn. 11.4 erläutert.

Die organisationale Ebene des Lernens sorgt für eine systematische, kontinuierliche Gestaltung der Lernprozesse in einem Unternehmen, d. h. ist für eine durchgehende Personalbildung und -förderung jedes Mitarbeiters zuständig (vgl. Abschn. 7.3.1). Betriebliche Weiterbildung und Qualifizierung begleitet einen Mitarbeitenden im Verlauf seiner Tätigkeit in einem Unternehmen, von dem Zeitpunkt seines Eintritts bis zu Rente oder Abgang. Als Ziele dienen dabei, die erforderlichen Qualifikationen und Kompetenzen einer Person für die aktuelle und zukünftige Tätigkeit sicherzustellen und die vorhandenen Potenziale und Talente zu erkennen und zu entfalten.

Die Schwerpunkte der Weiterbildung werden dabei immer mehr von formalen Maßnahmen auf die nichtformalen, informellen und selbstgesteuerten Maßnahmen verlagert,
d. h. die Beschäftigten sollen als aktive Akteure ihr eigenes lebenslanges Lernen gestalten
dürfen. Dafür sollte das Unternehmen neue Lernräume schaffen.

7.5.2.2 Neue Lernräume schaffen

Die Aufgaben der traditionellen Personalentwicklung, die dazu dienen, die Menschen an
die Aufgaben anzupassen, treten immer mehr in den Hintergrund und machen Platz für
eine potenzialorientierte Beschäftigung von Menschen, bei der ihre individuellen Stärken
zur Geltung kommen. Es ist bekannt, dass Menschen bei den Aufgaben besonders erfolgreich sind, die sie gerne machen. Deswegen ist es sinnvoll, geeignete Spielräume zu gestalten, in denen die Menschen ihre Talente und Interessen entfalten und zur Geltung bringen können. Dann profitiert auch das Unternehmen von den besonderen Stärken und dem
Engagement der Beschäftigten.

Als Beispiel kann eine Veränderung von Arbeitsaufgaben für ältere Beschäftigte dienen. Erfahrene Mitarbeiter aus der Fertigung können als Ausbilder oder Mentoren tätig
sein, um ihre Erfahrungen an die jüngeren Kollegen weiterzugeben.

Um eine Anpassung der Tätigkeit an die Fähigkeiten und Talente von Menschen zu ermöglichen, experimentieren viele Unternehmen mit flexiblen Organisationsformen, die
eine Fokussierung von besonderen Stärken und Vorlieben der Beschäftigten erlauben. In
diesem Kontext sind insbesondere teilautonome Arbeitsteams und interdisziplinäre Projekte (vgl. Abschn. 7.4.1) sowie Mitarbeiter-Communities (vgl. Abschn. 7.4.2) zu nennen,
die neue Spielräume eröffnen und laufende Qualifizierungen im Prozess der Arbeit ermöglichen.

Mit diesen beiden Tendenzen – mehr aktive Mitwirkung bei der Gestaltung des Lernens
und die Entfaltung der Talente und Fähigkeiten durch neue Spielräume – kann lebenslanges Lernen in Unternehmen systematisch vorangetrieben werden.

Allerdings kann lebenslanges Lernen nicht befohlen oder verordnet werden, sondern
man kann lediglich günstige Voraussetzungen und Rahmenbedingungen für das kontinuierliche Lernen gestalten. Und die lernfördernde Unternehmenskultur spielt dabei eine entscheidende Rolle.

7.5.3 Lernfördernde Unternehmenskultur

Wie schon die Pioniere des organisationalen Lernens Argyris und Schön und Senge gezeigt haben, sind bestimmte Rahmenbedingungen für das Lernen in Organisationen unentbehrlich: offene Kommunikation, Interaktion und Dialog, konstruktiver Umgang mit
Lernhemmnissen und Fehlern. Erfahrungen erfolgreicher Unternehmen zeigen ebenfalls,
dass die Bereitschaft der Menschen zu lernen und ihr Wissen mit anderen auszutauschen
von den kulturellen Rahmenbedingungen in Unternehmen abhängt. Deswegen ist die Im-

plementierung einer lernfördernden Kultur eine der wichtigsten Voraussetzungen für das organisationale Lernen.

Eine **lernfördernde Unternehmenskultur** zeichnet sich durch folgende Merkmale aus:

- Hoher Stellenwert des Lernens, der von der Geschäftsführung vorgelebt und kommuniziert und als Selbstverständlichkeit für jeden Mitarbeiter angesehen wird.
- Freiräume für Ideen und Experimente in allen Bereichen und Ebenen – die Aufgaben lassen Selbstorganisation und -koordination zu, die Mitarbeiter sind an Entscheidungen und an der Gestaltung der Arbeit beteiligt.
- Fehler- und Misserfolgstoleranz, damit keine Angst vor dem Neuen und negativen Ergebnissen entsteht. Fehler werden als Erfahrung und Chance angesehen.
- Offene Kommunikation, Transparenz bei Entscheidungen, intensiver Austausch und Zugänglichkeit des Wissens für alle Unternehmensakteure.
- Hohe Identifikation der Mitarbeiter mit dem Unternehmen, Wir-Gefühl, Vertrauen, Arbeitszufriedenheit und Loyalität.

Eine lernfördernde Unternehmenskultur zu etablieren, ist eine Kunst. Ausformulierte Statements und feierliche Ansprachen der Topmanager reichen nicht aus. Besonders wichtig sind dabei lebendige Vorbilder, und diese Rolle obliegt in erster Linie den Führungskräften eines Unternehmens.

Selbst lernen und das Lernen der Beschäftigten tatkräftig unterstützen – das sind die wirksamen Methoden, wie man eine Lernkultur auf Dauer implementiert.

Man braucht Führungskräfte, die bereit sind, ihre Fehler und Schwächen zu gestehen und dazuzulernen, die ihren Mitarbeitenden Zeit fürs Lernen geben, für Fehler und negative Versuchsergebnisse nicht bestrafen, sondern diese als Quelle für Lernen ansehen und erklären. Solche Führungskräfte sind Leuchttürme für eine gelebte Lernkultur.

Wie kann die Führung den Stellenwert der Lernkultur vorleben? Die Lernbereitschaft kann sich beispielsweise darin äußern, dass eine erfahrene Führungskraft von den jüngeren Mitarbeitern die Anwendungen von digitalen Geräten und Methoden erlernt (s. Beispiel Reverse Mentoring im Abschn. 7.3.1). Wenn eine Führungskraft in einem Meeting über einen Fehler aus der eigenen Vergangenheit berichtet und aufzeigt, wie sie daraus gelernt hat, ist es ein (mutiges) Signal für die Mitarbeitenden, Fehler nicht unter den Teppich zu kehren, sondern darüber zu sprechen und daraus zu lernen.

Von besonderer Relevanz ist der Umgang der Führenden mit den Veränderungen. Es ist bekannt, dass Change Prozesse oft Widerstände und Unzufriedenheit verursachen. Eine Führungskraft, die diese Ängste der Beschäftigten ernst nimmt und die Betroffenen zu Beteiligten macht, indem sie die Menschen fragt und einbezieht, kann als Vorbild des lebenslangen Lernens und der Veränderungsbereitschaft dienen.

Die erfahrenen Beschäftigten an der Basis wissen oft besser als Führungskräfte, wie man Erneuerungen implementieren kann. Man muss sie fragen, um Rat bitten, dann werden sie die Veränderungen mitgestalten, anstatt Widerstand zu leisten.

Der Stellenwert des Lernens kann auch dadurch kommuniziert werden, dass die Mitarbeiter selbst ihren Kollegen in einem informellen Lernprozess etwas beibringen können.

Programm Googlers-2-Googlers

Im Rahmen des unternehmensinternen Programms Googlers-2-Googlers geben die Mitarbeiter von Google ihren Kollegen freiwillig Kurse zu einem Thema ihrer Wahl. Die Themen können direkt arbeitsspezifisch sein, sich aber auch auf ein Hobby wie Tanzen oder hilfreiche Soft Skills wie Präsentationstechniken beziehen. Das Ziel ist es, die Lernorientierung im Unternehmen zu fördern (vgl. Welpe et al., 2018, S. 50). ◄

Eine bedeutende Rolle bei der Gestaltung der Lernkultur spielen Offenheit und transparenter Umgang mit Informationen. Das, was für das Unternehmen relevant ist, muss rechtzeitig mit allen Betroffenen kommuniziert werden, auch wenn es schwere Entscheidungen sind, die mit Kürzungen und Entlassungen einhergehen. Das für den Arbeitsprozess erforderliche Wissen muss für alle zugänglich vorliegen, z. B. in strukturierten Datenbanken im Intranet und in einem Expertenverzeichnis des Unternehmens, damit man die Experten persönlich ansprechen kann. So wird die Kultur des Wissensaustausches geprägt und gelebt.

Mithilfe dieser Maßnahmen können die Veränderungs- und Kooperationsbereitschaft sowie Lernorientierung der Beteiligten gesteigert werden, die einen intensiven Wissensaustausch und einen kontinuierlichen Lernprozess in Unternehmen fördern.

7.6   Gestaltung des Open Learning

Die überorganisationale Ebene wird als Open Learning verstanden und soll auf das Lernen in Kooperationen und Netzwerken mit externen Akteuren wie Kunden, Lieferanten, Wettbewerbern, der Wissenschaft, staatlichen und gesellschaftlichen Institutionen ausgerichtet sein.

Dieser Trend zum kollektiven Lernen wird durch immer tiefere Spezialisierung und Arbeitsteilung sowie zunehmende Komplexität der Technik verstärkt. Je enger ein Fach- und Arbeitsgebiet, desto wichtiger ist es, bei der Lösung von Aufgaben mit anderen zu kooperieren. Oft legen Unternehmen ihre Kompetenzen zusammen, um gemeinsam neue Produkte zu entwickeln oder neue technologische Standards durchzusetzen. Kleinere Unternehmen versuchen durch gemeinsame Lernprozesse Ressourcen zu sparen, z. B. indem sie eine gemeinsame Weiterbildung für ihre Mitarbeiter zu einem aktuellen Thema anbieten.

Die externen Akteure, mit und von denen man zusammen lernen kann, sind Kunden, Lieferanten, Universitäten und Forschungseinrichtungen, Berater, Wettbewerber, Investoren und andere.

7.6.1 Lernen von und mit Kunden

Lernen mit und von Kunden ist für Unternehmen von zentraler Bedeutung, weil von dem Verständnis des Kunden und seinen Vorlieben der Erfolg eines Unternehmens abhängt.

Zu den **traditionellen Instrumenten** zählen Kundenbefragungen oder spezielle Fokusgruppen-Workshops, an denen Kunden beteiligt werden. Es ist wichtig, mit realen Kunden in Dialog zu treten, um ihre wahren Wünsche und Meinungen zu erfahren. Auch das Beobachten der Kunden bei der Nutzung eines Produktes kann als Lernprozess dienen, bei dem man die Schwächen und Nachteile des eigenen Produktes nachvollziehen und dadurch für die Zukunft lernen kann. Ein wichtiges Instrument des Lernens von Kunden stellt Beschwerdemanagement dar. Dort werden systematisch erhobene Kundenbeschwerden, wie Unzufriedenheit über ein bestehendes Produkt, in konkrete Kundenbedürfnisse übersetzt. Diese Bedürfnisinformationen können bei Verbesserung oder Neuentwicklung von Produkten genutzt werden.

Heute verlieren die traditionellen Marktforschungsmethoden an Bedeutung, man setzt stattdessen auf die Vorteile der Digitalisierung. Der kurze Weg zum Kunden über das **Internet**, insbesondere soziale Netzwerke und konsumentenorientierte Corporate-Blogs, ermöglicht es einem Unternehmen, viele Kunden schnell nach ihrer Meinung zu bestehenden Produkten zu fragen, Prototypen von ihnen testen zu lassen oder sie an der Entwicklung neuer Produkte zu beteiligen. Als Motivation, neue Produkte im Internet zu bewerten oder Ideen für Produktinnovationen zu äußern, kann eine Belohnung oder Teilnahme an einer Verlosung angeboten werden. Häufig sind die Kunden auch ohne materielle Anreize bereit, sich an den Umfragen oder Diskussionen zum Produkt zu beteiligen, da sie sich dadurch als Experten wertgeschätzt fühlen.

Im Internet sind immer häufiger **virtuelle**, verbraucherinitiierte Produkt- oder **Kundengemeinschaften** zu beobachten, in denen bestimmte Produkte von einzelnen Herstellern oder sogar Branchen thematisiert werden. Die dort hinterlassenen Beiträge werden von Unternehmen systematisch analysiert und für die Gewinnung der Einblicke in das Kundenverhalten nutzbar gemacht. Da diese besonders aktiven und mitteilungsfreudigen Nutzer ein hohes Verwendungswissen und Interesse an neuen Entwicklungen mitbringen, ist ihre Meinung für Unternehmen von hohem Mehrwert.

Industrie 4.0 erfordert eine neuartige Zusammenarbeit mit den Kunden: Will man individualisierte Produkte herstellen, dann sollte man zunächst die Wünsche jedes einzelnen Kunden erfassen. So wie wir heute ein individuelles Auto einer bestimmten Marke mit verschiedenen Eigenschaften und Merkmalen bestellen können, wird es in Zukunft mit vielen anderen Produkten gehen. Der Kunde muss seine Wünsche schnell und einfach kommunizieren können. So werden Konsumenten zu „Prosumenten" (Produzent und Konsument in einem).

Für die Integration von Kunden als Mitentwickler neuer Produkte können auch **Ideenwettbewerbe** und Preisausschreibungen auf der Website des Unternehmens oder in sozialen Netzwerken angeboten werden. Hierbei wird von privaten oder öffentlichen Veranstaltern einer bestimmten Zielgruppe die Möglichkeit gegeben, themenbezogene

Beiträge innerhalb eines bestimmten Zeitraumes einzureichen. Am Ende werden diese Ideen von einer Expertengruppe anhand von verschiedenen Beurteilungskriterien bewertet. Kunden erweitern mit ihren Ideen die Sichtweise des Unternehmens hinsichtlich ihrer Bedürfnisse, Interessen, Unzufriedenheit etc. und liefern darüber hinaus konkrete Vorschläge.

Tchibo-Ideas-Plattform

Auf der Tchibo-Ideas-Plattform können Kunden ihre Produktideen und Alltagsprobleme einstellen und diese im Rahmen eines Ideenwettbewerbs von anderen Kunden ausarbeiten lassen. So diskutiert die ganze Online-Community über spezifische Ideen oder Probleme, um Lösungen für diese zu erarbeiten. Die besten Ideen werden als Idee des Monats ausgezeichnet und finanziell entlohnt (vgl. Welpe et al., 2018, S. 87). ◄

Auch **moderierte Blogs** für Endverbraucher sind verbreitet und liefern Informationen über Kundenvorlieben, Zufriedenheit und Unzufriedenheit, Vorschläge und Ideen.

Genussblog von Metro

In seinem Genussblog bietet Metro seinen Kunden nützliche Inhalte, wie Rezepte und Restaurant-Tipps an. Auch Marketing für eigene Produkte und die Imagebildung gehören zu den zentralen Funktionen. Das Blog wurde von einem internen kleinen Team des Unternehmens umgesetzt (vgl. Hoffmann, 2020). ◄

Ebenfalls gehört neuerlich die Analyse des Kundenverhaltens mithilfe von **Apps**, die basierend auf intelligenten Algorithmen die Vorlieben und Motive der Kunden transparent (und beeinflussbar) machen, zum Repertoire der meisten Unternehmen. Apps von Aldi, Lidl, Netto oder Rewe locken mit Angeboten und Payback-Systemen und analysieren unermüdlich die gewaltigen Datenmengen, die ihre Kunden dadurch erzeugen.

Weitere Möglichkeiten des Lernens mit und von Kunden werden bei den Themen Open Innovation (vgl. Abschn. 9.4) und externe Ideenfindung (vgl. Abschn. 10.4) thematisiert.

7.6.2   Lernen in Kooperationen

Auch das Lernen in Kooperationen mit Lieferanten, Wettbewerbern oder Wissenschaftlern bringt einem Unternehmen wesentliche Vorteile. Als positive Effekte können folgende genannt werden: Zugang zu technologischem Know-how, Verbesserung der Marktkenntnisse, Möglichkeiten des einfachen Benchmarkings, Erweiterung des Angebots und der Geschäftsfelder sowie geringere Entwicklungskosten und -zeiten bei neuen Produkten und Prozessen.

Praktische Instrumente des Lernens in Kooperationen sind vielfältig – von Co-Learning-Spaces, über gemeinsame Forschung und Entwicklung mit Zulieferern oder Wettbewerbern bis zu Forschungskooperationen mit der Wissenschaft.

Co-Learning-Spaces Einige Unternehmen testen innovative gemeinsame Lernräume, die gegenseitiges Lernen, Wissensaustausch und Generierung von neuen Ideen anregen sollen. Solche Lernräume werden oft als Co-Learning-Spaces bezeichnet. Co-Learning-Spaces sind Räume, in denen sich unternehmensoffen und unternehmensübergreifend Führungskräfte und Mitarbeiter verschiedener Firmen zusammenfinden, um zu lernen und sich ohne Konkurrenzgehabe auszutauschen (vgl. Walgenbach & Christlein, 2018, S. 20).

Co-Learning-Spaces sind für die Innovationsfähigkeit eines Unternehmens wichtig, da hier ein offener Meinungs- und Ideenaustausch diverser Spezialisten stattfinden kann, der für die Kreativität besonders förderlich ist. Spontane Begegnungen mit den Vertretern verschiedener Fachdisziplinen, ein Mix aus erfahrenen Fachkräften und Berufsanfänger sind sehr anregend und ermöglichen einen frischen Blick auf gestandene Probleme.

Um ein kollaboratives Lernen zu ermöglichen, wird ein Co-Learning-Space als großer offener Bereich mit verstellbaren Wänden konzipiert, um verschiedene Formate umzusetzen. Im Space können Menschen allein, in Zweier-Gruppen oder in Teams lernen, sie werden nach Wunsch von Dozenten oder Moderatoren unterstützt.

Es werden gemeinsame Feedback-Runden, Coachings und der gezielte kommunikative Wissensaustausch angeboten. Oft wird auf einer speziellen Mitgliederwand aufgelistet, was jedes Mitglied momentan lernt und auf welchem Lernlevel ein Mitglied ist. Auf diese Weise können sich Menschen zum gemeinsamen Lernen zusammenfinden, die sich auf demselben Level befinden oder für ähnliche Themen interessieren (vgl. Walgenbach & Christlein, 2018, S. 21).

Gemeinsame Forschung und Entwicklung mit Zulieferern und Wettbewerbern Neben den Kunden sind auch **Zulieferer** und **Wettbewerber** wichtige Akteure für gemeinsames Lernen und Innovation, insbesondere wenn es um komplexe Fragen wie radikale Innovationen und neue Geschäftsmodelle geht.

Im Rahmen der Digitalisierung von Produkten und Geschäftsmodellen muss die gesamte Wertschöpfungskette umgestaltet werden. Die Beteiligung von Zulieferern und häufig auch von Wettbewerbern (im Rahmen von gemeinsamen Plattformen) ist hierfür erforderlich. Gemeinsame Forschung und Entwicklung trägt dazu bei, dass man gemeinsam und voneinander lernt, aber auch Entwicklungskosten und Entwicklungszeiten reduziert (vgl. Abschn. 9.4).

So werden Elektromotoren, Batterien für E-Autos oder Software für autonomes Fahren von Automobilproduzenten gemeinsam mit den Zulieferern entwickelt.

VW und Bosch arbeiten gemeinsam an der Software für autonomes Fahren

Der größte Autobauer Europas Volkswagen und der weltgrößte Automobilzulieferer Bosch arbeiten künftig zusammen bei der Entwicklung von Roboterautos. Anfang 2022 gaben beide Unternehmen bekannt, dass sie ab sofort gemeinsam eine Software für automatisiertes Fahren entwickeln wollen. Damit gibt es erstmals eine Kooperation eines Zulieferers und eines Autobauers auf Augenhöhe. Bosch und Cariad, eine Softwaretochter von VW, wollen künftig mehr als 1000 Fachleute aus beiden Häusern an der Software arbeiten lassen. Ein wichtiger Vorteil der Zusammenarbeit ist die große Autoflotte von VW, so können große Mengen von Daten der vernetzten Fahrzeuge in der Realität gesammelt werden (vgl. Tagesschau, 2022). ◄

Mit den beschriebenen Instrumenten des gemeinsamen Lernens kann sich ein Unternehmen bei der Nutzung von digitalen Möglichkeiten Wissensvorteile schaffen und langfristige Erfolgschancen sichern.

Forschungskooperationen mit der Wissenschaft Das gemeinsame Lernen mit Hochschulen und Forschungsinstitutionen gewinnt für Unternehmen an Bedeutung. Dabei profitieren Unternehmen von den modernen Forschungserkenntnissen und wissenschaftlichen Methoden. Wichtige Voraussetzungen für einen erfolgreichen Lernprozess in einer Wissenschaft-Wirtschaft-Partnerschaft sind gegenseitiges Vertrauen und Lernbereitschaft der Beteiligten.

Zukunftsgarage der Denkfabrik Digitalisierte Arbeitswelt

Seit 2016 praktiziert die Denkfabrik Digitalisierte Arbeitswelt der FH Bielefeld zusammen mit regionalen Unternehmen ein neues Lernformat „Zukunftsgarage 4.0“. In einer Reihe interaktiver Workshops entwickeln bereichs- und hierarchieübergreifende Gruppen aus einem Unternehmen (besonders wichtig, um das Lernen des gesamten Unternehmens zu fördern), die von den Forschern der Denkfabrik eingeleitet und moderiert werden, Ideen für digitale Produkt- und Geschäftsmodellinnovationen. Dabei kommen Methoden wie Geschäftsmodellanalyse mit Canvas, Persona-Methode für die Fokussierung der Kunden, Design Thinking für die Entwicklung von Prototypen zum Einsatz. Parallel zu der Ideenentwicklung werden die Teilnehmenden für agile Methoden, geteilte Führung in Teams, interdisziplinäre Zusammenarbeit, neue Kulturwerte wie Ausprobieren und Fehlertoleranz sensibilisiert (vgl. Denkfabrik Digitalisierte Arbeitswelt, 2022). ◄

Jedes Unternehmen entscheidet selbst, ob und mit wem es zusammen lernen will. Oft wird eine Kooperation durch mangelndes Vertrauen oder durch das Streben nach schnellen Gewinnen erschwert. Wenn ausschließlich die Frage nach dem Return on Investment (RoI) die Entscheidung über gemeinsames Lernen dominiert, kommt keine vernünftige

Lernkooperation zustande. Um mit anderen Menschen oder Institutionen zusammen zu lernen, braucht man zunächst ein vertrauensvolles Verhältnis zueinander, und es ist ein langer Weg, dieses Vertrauen aufzubauen und über die Zeit hinweg aufrecht zu erhalten.

7.7 Von organisationalem Lernen zur Innovation

Vor dem Hintergrund dynamischer Veränderungen und des Wettbewerbsdrucks hängt der langfristige Erfolg eines Unternehmens unter anderem von seiner Fähigkeit ab, **kontinuierliche Lernprozesse** zu gestalten, die in allen Bereichen des Unternehmens und auf der individuellen, gruppen-, organisationalen und überorganisationalen Ebene stattfinden. Dieser Anpassungs- und Veränderungsdruck führt dazu, dass sich jedes Unternehmen mit dem Lernen auseinandersetzt. Organisationales Lernen ist überlebensnotwendig.

Unter der Überschrift „The Wise Company" zeigen Nonaka und Takeuchi auf, wie verschiedene Unternehmen sich der Herausforderung des schnellen Wandels gestellt haben, um neue Produkte und neue Geschäftsmethoden zu entwickeln, von denen Mitarbeiter, Verbraucher und die Gesellschaft profitieren. Zentral dafür ist ein ständiger Selbsterneuerungsprozess, bei dem Unternehmen ihre **Zukunft selbst aktiv gestalten**, anstatt lediglich auf Veränderungen in der Umwelt zu reagieren (vgl. Nonaka & Takeuchi, 2019).

Organisationales Lernen ist der Schlüssel zum nachhaltigen Erfolg. Allerdings stellt sich die Frage, welches Lernen ein Unternehmen langfristig innovativ und wettbewerbsfähig macht und wie man dieses Lernen in der Praxis gestalten kann?

Das auf dem behavioristischen Verständnis des Lernens basierende Single-loop-Learning von Argyris und Schön greift dabei zu kurz, da es nur Abweichungen innerhalb gegebener Systemstands korrigieren kann und damit rein reaktiv ist. Organisationales Lernen sollte in einer dynamischen Umwelt die Wahrnehmungsmuster und Denkmodelle des Unternehmens hinterfragen (Double-loop-Learning) und den Soll-Zustand neu definieren. Hierbei werden neue Ideen für Produkte und Prozesse gefunden, die zur effizienten Erreichung von Unternehmenszielen beitragen. Man braucht auf jeden Fall ein **reflexives Lernen**. Die Ziele des Lernens sollen kontinuierlich hinterfragt werden. Ein Unternehmen muss sozusagen die richtigen Fragen stellen, die zukunftsträchtig sind, und nicht nur die Antworten auf die bereits bekannten Fragen finden.

Jedoch geht auch reflexives Lernen nicht weit genug, wenn man in einer digitalen Wissensgesellschaft langfristig erfolgreich sein möchte. Um diesen Anforderungen zu entsprechen, brauchen Menschen wie Unternehmen ganzheitliches, lebenslanges Lernen. Im Sinne von Argyris und Schön bedeutet das, dass die dritte Schleife des Lernens notwendig ist – das Deutero-Learning, Lernen des Lernens. Bei diesem Modell werden nicht nur die Anpassungen vorgenommen (Steigerung der Effizienz) und die Zielsetzungen überprüft (Prüfung der Effektivität), sondern selbst die **Mechanismen des Lernens** evaluiert und optimal gestaltet. Geeignete Methoden und Formate des organisationalen Lernens müssen immer wieder neu gefunden und erfunden werden, was lediglich in einem ständigen Reflexionsprozess, durch Ausprobieren und gemeinsames Lernen gelingen kann.

Die Beherrschung von allen drei Typen des Lernens erlaubt es einem Unternehmen, langfristig lern- und wettbewerbsfähig zu sein. Single-loop- und Double-loop-Learning befähigen ein Unternehmen, sich an die Gegebenheiten der Umwelt anzupassen und kleine Veränderungen in Produkten, Prozessen und Strukturen durchzuführen (**Veränderungsinnovationen**). Ein lernendes Unternehmen begnügt sich nicht mit einer bloßen Anpassung an die Umwelt und minimale Veränderungen, sondern gestaltet seine Realität und die der Belegschaft, Kunden, Lieferanten, Gesellschaft und anderen Stakeholder mit. Das passiert durch **Innovationen bei Geschäftsmodellen** und **echten Produktinnovationen** – ein Unternehmen erfindet sich immer wieder neu (vgl. Senge, 2017).

Um sich dem Ideal der Lernenden Organisation anzunähern, braucht ein Unternehmen einen systematischen Umgang mit dem Lernen, z. B. auf der Basis der fünf Disziplinen nach Senge: Persönlichkeitsentwicklung und mentale Modelle (auf der individuellen Ebene), gemeinsame Visionen und Teamlernen, die durch Systemdenken (Ebene der Gesamtorganisation) zu einem lebenden System verbunden werden.

Diese **ganzheitliche Gestaltung** des organisationalen Lernens, kombiniert mit den neuen Möglichkeiten von digitalen Technologien, begünstigt das Erkennen von Chancen und Risiken, erschließt die Potenziale und Talente der Beteiligten, steigert die Innovationsfähigkeit und sichert damit einen nachhaltigen Unternehmenserfolg.

Schnelle Verarbeitung von großen Datenmengen kann einen Wissensaustausch zwischen Beschäftigten unterstützen und so Lernprozesse intensivieren und Ideengenerierung fördern. Damit werden **digitale Technologien** zu einem Treiber von Wissens-, Lern- und Innovationsprozessen. Die beschriebenen Tools und Anwendungsbeispiele (vgl. Kap. 5) geben einen Einblick in die vielfältigen Gestaltungsmöglichkeiten.

Eine besondere Rolle spielen digitale Technologien in Bezug auf radikale Innovationen (vgl. Abschn. 8.2). Der technologische Fortschritt begünstigt mithilfe von intelligenten Algorithmen die Konfiguration neuer Produkte und Dienstleistungen, die die Produktivität der Unternehmen und die Befriedigung der Kundenbedürfnisse verbessern können. Digitale Innovationen tragen dazu bei, eine große Menge an Daten, Informationen und Wissen zu generieren, die, wenn sie kodifiziert und genutzt werden, wertvolle Erkenntnisse für die Unternehmen liefern können, um Entscheidungen zu treffen und Produkte auf die Marktnachfrage abzustimmen. So werden neue Technologien und digitale Innovationen zu einem relevanten und wesentlichen Entwicklungsfaktor für die Wettbewerbsfähigkeit von Unternehmen (vgl. Schiuma et al., 2021).

Das Zusammenspiel von Wissen, Lernen und Innovation im digitalen Unternehmen ist offensichtlich, und diese Bereiche sollen ganzheitlich, unter Berücksichtigung ihrer Wechselwirkung im Unternehmen, gestaltet werden. Allerdings lassen sich Lernen und Innovation nicht erzwingen, finden nicht unter Druck oder auf Knopfdruck statt. Die Aufgabe eines Unternehmens, vor allem seiner Führungskräfte, besteht überwiegend darin, für eine kreative, offene Atmosphäre, Freiräume für Ideen und Ausprobieren, Vertrauen und Wertschätzung der Vielfalt sowie für die Voraussetzungen für einen intensiven analogen und digitalen Wissensaustausch zu sorgen. Nur dann wird das Lernen in Unternehmen zu einer Selbstverständlichkeit und zu einer Quelle für zukunftsträchtige Ideen und Innovationen. Konkrete Gestaltungskonzepte dafür werden in weiteren Kapiteln aufgezeigt.

Verständnisfragen und Aufgaben

1. Was wird unter dem organisationalen Lernen verstanden?
2. Beschreiben Sie den lerntheoretischen Ansatz von Argyris und Schön und die drei Schleifen des organisationalen Lernens.
3. Erläutern Sie die Theorie von P. Senge und die fünf Disziplinen der Lernenden Organisation. Warum spielt das Systemdenken eine besondere Rolle unter den Disziplinen?
4. Beschreiben Sie das Modell und die Voraussetzungen der Wissensgenerierung nach Nonaka und Takeuchi.
5. Welche Ziele werden mit dem organisationalen Lernen verfolgt?
6. In welchen Formen kann das organisationale Lernen stattfinden?
7. Beschreiben Sie die vier Ebenen des unternehmerischen Lernens: individuelle, Gruppenebene, organisationale Ebene und Open Learning und typische Instrumente auf jeder Ebene.
8. Erläutern Sie kurz das Zusammenspiel zwischen Wissen, Lernen und Innovation im Unternehmen.

Literatur

Argyris, C., & Schön, D. A. (2018). *Die lernende Organisation. Grundlagen, Methode, Praxis*. Schäffer-Poeschel.

Blumenröder, S. (2022). E-Learning bei den Dortmunder Stadtwerken, Festo & Co. *Wissensmanagement. Magazin für Digitalisierung, Vernetzung & Collaboration, 2*(2022), 14–15.

Bosch. (2019). Bosch: Umsatz und Ergebnis 2018 erneut auf Rekordniveau. https://www.bosch-presse.de/pressportal/de/de/bosch-umsatz-und-ergebnis-2018-erneut-auf-rekordniveau-182080.html. Zugegriffen am 09.09.2022.

Bosch. (2021). Bosch macht Mitarbeitende fit für Industrie 4.0. https://www.bosch-presse.de/pressportal/de/de/bosch-macht-mitarbeitende-fit-fuer-industrie-4-0-232192.html. Zugegriffen am 09.09.2022.

Corporate Learning Community. (2017). Lernen in Organisationen im digitalen Zeitalter. https://cogneon.de/wp-content/uploads/2018/04/20170912-CLC-2017-Lernen-in-Organisationen-im-Digitalen-Zeitalter-Druck-Audi.pdf. Zugegriffen am 08.09.2022.

Corporate Learning Community. (2022). Corporate Learning 2025. Unsere Vision. https://colearn.de/cl2025-vision/. Zugegriffen am 08.09.2022.

Denkfabrik Digitalisierte Arbeitswelt. (2022). Zukunftsgarage. https://www.fh-bielefeld.de/wirtschaft/forschung/denkfabrik-digitalisierte-arbeitswelt. Zugegriffen am 08.09.2022.

Franken, S. (2019). *Verhaltensorientierte Führung. Handeln, Lernen und Diversity in Unternehmen.* Springer Gabler.

Gieseler, J. (2018). Wissensarbeiter lernen problemorientierter und vernetzter. *Wissensmanagement, 4*(2018), 22–23.

Gorges, H. (2019). Instrumente und Maßnahmen der Personalentwicklung. Beitrag aus Haufe Personal Office Platin. https://www.haufe.de/personal/haufe-personal-office-platin/instrumente-und-massnahmen-der-personalentwicklung_idesk_PI42323_HI6587930.html. Zugegriffen am 08.09.2022.

Hoffmann, K. (2020). Beispiele für Corporate Blogs: Wie gut stehen deutsche Unternehmen da? https://www.upload-magazin.de. Zugegriffen am 08.03.2022.

Initiative Chefsache. (2018). Chefsache: Wandel gestalten – für Frauen und Männer. https://initiative-chefsache.de/content/uploads/2018/06/Chefsache-Report-2018.pdf. Zugegriffen am 08.09.2022.

Jacobs, J. C., Kagermann, H., & Spath, D. (Hrsg.). (2017). *Arbeit in der digitalen Transformation. Acatech Diskussionspapier.* Herbert Utz.

Kienbaum & StepStone (Hrsg.). (2021). *Future skills – Future learning.* https://institut.kienbaum.com/wp-content/uploads/sites/24/2021/06/Kienbaum-StepStone-Studie_2021_WEB.pdf. Zugegriffen am 08.09.2022.

Kurtz, L., & Schätz, R. (2021). Digital lernen – mit Erfolg. *Wissensmanagement. Magazin für Digitalisierung, Vernetzung & Collaboration, 3*(2021), 33–35.

Laub, T. (2022). Communities verändern die Art und Weise, wie sich Organisationen entwickeln. https://www.communitymanagement.de/community-management-status-2020-communities-veraendern-die-art-und-weise-wie-sich-organisationen-entwickeln/. Zugegriffen am 08.08.2022.

Lehner, F. (2021). *Wissensmanagement. Grundlagen, Methoden und technische Unterstützung* (7. Aufl.). Hanser.

Lombard, S., & Wallraff, B. (2021). Agile Lernprozesse bei DB Systel. *Wissensmanagement. Das Magazin für Digitalisierung, Vernetzung & Collaboration, 2*(2021), 14–17.

Mai, J. (2021). Storytelling: Definition, Aufbau, 10 Tipps + 3 Beispiele. https://karrierebibel.de/storytelling/. Zugegriffen am 08.08.2022.

March, J. G., & Olsen, J. P. (1976). *Ambiguity and choice in organizations.* Universitetsforlaget.

Nonaka, I., & Takeuchi, H. (2012). *Die Organisation des Wissens.* Campus.

Nonaka, I., & Takeuchi, H. (2019). *The wise company: How companies create continuous innovation.* Oxford University Press.

Pesch, U. (2019). Lernen auf Lücke. *Personalwirtschaft, 05*(2019), 54–55.

Robes, J. (2021). Vignette: Communities, challenges, curiosity, and coaches – A corporate learner in 2030. In S. Güldenberg, E. Ernst, & K. North (Hrsg.), *Managing work in the digital economy. Future of business and finance.* Springer.

Schiuma, G., Schettini, E., & Santarsiero, F. (2021). How wise companies drive digital transformation. *Journal of Open Innovation: Technology Mark and Complexity, 7,* 122. https://doi.org/10.3390/joitmc7020122. Zugegriffen am 09.09.2022.

Schreyögg, G., & Geiger, D. (2016). *Organisation. Grundlagen moderner Organisationsgestaltung. Mit Fallstudien.* Springer Gabler.

Schüller, A. M., & Steffen, A. T. (2017). *Fit für die Next Economy. Zukunftsfähig mit den Digital Natives.* Wiley-VCH.

Senge, P. M. (2017). *Die fünfte Disziplin. Kunst und Praxis der lernenden Organisation* (11. Aufl.). Schäffer-Poeschel.

Seyda, S. (2021). IW-Trends 1/2021. Digitale Lernmedien beflügeln die betriebliche Weiterbildung: Ergebnisse der zehnten IW-Weiterbildungserhebung. https://www.iwkoeln.de/fileadmin/user_upload/Studien/IW-Trends/PDF/2021/IW-Trends_2021-01-05_Seyda.pdf. Zugegriffen am 21.02.2022.

Tagesschau. (2022). Allianz von VW und Bosch bei Roboterautos. https://www.tagesschau.de/wirtschaft/technologie/autoindustrie-vw-und-bosch-entwickeln-automatisiertes-fahren-101.html. Zugegriffen am 07.03.2022.

Tanasic, J., & Casaretto, C. (2017). *Digital Community Management. Communitys erfolgreich aufbauen und das digitale Geschäft meistern.* Schäffer Poeschel.

Tödtmann, C. (2022). Gallup-Studie. Jobwechsel? Ja gern! Die Great Resignation erreicht Deutschland. https://www.wiwo.de/erfolg/management/gallup-studie-jobwechsel-ja-gern-die-great-resignation-erreicht-deutschland/28227928.html. Zugegriffen am 08.09.2022.

Volkswagen AG. (2019). Volkswagen Ideenmanagement hebt Höchstprämie für Verbesserungsideen auf 75.000 Euro an. https://www.volkswagenag.com/de/news/2019/02/volkswagen_idea_management.html. Zugegriffen am 08.08.2022.

Volkswagen AG. (2022). Konzernlagebericht 2021. Beteiligung der Mitarbeiter. https://geschaeftsbericht2021.volkswagenag.com/konzernlagebericht/nachhaltige-wertsteigerung/mitarbeiter/beteiligung-der-mitarbeiter.html?search-highlight=Ideenmanagements%3A. Zugegriffen am 08.08.2022.

von Rosenstiel, L., & Regnet, E. (2020). Entwicklung und Training von Führungskräften. In L. von Rosenstiel, E. Regnet, & M. E. Domsch (Hrsg.), *Führung von Mitarbeitern. Handbuch für erfolgreiches Personalmanagement* (8. Aufl., S. 77–98). Schäffer Poeschel.

Walgenbach, M., & Christlein, F. (2018). Co-Learning-Space: Neue Lernräume betreten. *Wissensmanagement, 4*(2018), 20–21.

Weis, S. (2022). Community of Practice: Wissensaustausch mit Mehrwert. *Wissensmanagement. Magazin für Digitalisierung, Vernetzung & Collaboration, 4*(2022), 44–45.

Welpe, I. M., Brosi, P., & Schwarzmüller, T. (2018). *Digital work design.* Campus.

Teil IV

Innovationsmanagement

Theoretische Grundlagen der Innovation

8

Zusammenfassung

Großkonzerne, Mittelständler oder Startups – alle Unternehmen müssen für eine permanente Entwicklung und Erneuerung ihrer Produkte, Prozesse und ihrer Geschäftsmodelle sorgen, um langfristig erfolgreich zu sein. Innovationen sind für die Wettbewerbsfähigkeit der Unternehmen von großer Bedeutung. Durch erfolgreiche Innovationen erhalten Wissensarbeit und Lernprozesse in Unternehmen ihre Vollendung und Bestätigung: Aus Wissen und Ideen entstehen Produkte, die zu wirtschaftlichem Erfolg und der Marktposition des Unternehmens beitragen und seine Zukunftschancen sichern. Globalisierung, technischer Fortschritt, digitale Transformation und hart umkämpfte Käufermärkte führen zu immer kürzeren Produktlebenszyklen, zu einer erheblichen Angebotsausweitung und einem enormen Innovationsdruck auf Unternehmen. Die Innovationen können nicht dem Zufall überlassen werden, sondern erfordern ein systematisches Management, wobei das Verständnis für die Kunden und ihre Wünsche von zentraler Bedeutung für den Erfolg von Innovationen ist. In diesem Kapitel werden die Definitionen der Innovation, die Innovationstypen nach Gegenstandsbereich, Neuheitsgrad und anderen Merkmalen betrachtet und zum Schluss die zentralen Aufgaben des Innovationsmanagements skizziert.

8.1 Innovationsbegriff

Der Innovationsbegriff gehört wahrscheinlich zu den schillerndsten Begriffen schlechthin – Innovation ist faszinierend und erschreckend zugleich. Ist Innovation ein ultimatives Erfolgsrezept für jedes Unternehmen? Oder ist das Bessere der Feind des Guten und wir als Menschheit sollten dem unendlichen Wachstum Grenzen setzen, um Ressourcen

R. Franken, S. Franken, *Wissen, Lernen und Innovation im digitalen Unternehmen*, https://doi.org/10.1007/978-3-658-40822-0_8

zu schonen? Jenseits dieser (recht spannenden) philosophischen Diskussionen wollen wir uns zunächst mit dem Innovationsbegriff und den Typen von Innovationen beschäftigen.

Alle Definitionen der Innovation gehen auf den lateinischen Wortstamm „innovare" zurück und stellen die Neuartigkeit in den Vordergrund. Allerdings setzen einige Autoren Innovation mit einer Idee gleich, andere heben den wirtschaftlichen Aspekt einer Innovation – ihre praktische Umsetzung – hervor.

8.1.1   Innovation gleich Idee?

Als einer der ursprünglichen Theoretiker der Innovation versteht Barnett unter Innovation jeden neuen Gedanken, jedes neue Verhalten und jede neue Sache, die sich qualitativ vom Bestehenden unterscheidet (vgl. Barnett, 1953, S. 7). Ähnlich definiert Rogers (2003, S. 12): „An innovation is an idea, practice, or object that is perceived as new by an individual or other unit of adoption."

In Gegensatz zu den US-amerikanischen Theoretikern verstand der aus Österreich stammende Begründer der Innovationstheorie Joseph Alois Schumpeter (1883–1950) unter einer Innovation die Umsetzung einer Idee, nicht allein ihre Erfindung (vgl. Schumpeter, 2006).

Nach Hauschildt et al. (2016, S. 4) sind Innovationen qualitativ neuartige Produkte oder Verfahren, die sich gegenüber dem vorangehenden Zustand merklich – wie immer das zu bestimmen ist – unterscheiden. Auch Vahs und Brem (2015, S. 1) definieren eine Innovation als zielgerichtete Durchsetzung von neuen technischen, wirtschaftlichen, organisatorischen und sozialen Problemlösungen, die darauf gerichtet sind, die Unternehmensziele auf eine neuartige Weise zu erreichen.

Nach Meinung von Baird (2021, S. ix) ist Innovation „die Kunst, den Status quo infrage zu stellen, um neuen Wert zu erschaffen, der ein menschliches Bedürfnis stillt" und die meisten Innovationen scheitern an der mangelnden Konzentration auf Erforschung von Kundenbedürfnissen in den ersten Phasen des Innovationsprozesses. Jede Neuerung soll konkrete, wahrnehmbare Vorteile für die Kunden bringen.

In diesem Kontext ist es sinnvoll, zwischen einer Idee und einer Innovation als ihrer Umsetzung zu unterscheiden, da nur marktfertige Produkte (Sachgüter oder Dienstleistungen) zu dem wirtschaftlichen Erfolg eines Unternehmens beitragen können. Deswegen sind kennzeichnende Kriterien einer Innovation Neuartigkeit, wirtschaftlicher Erfolg und Nutzen. Von einer Innovation ist nur dann zu sprechen, wenn die Neuerung in eine ökonomische Nutzungsanwendung oder Verwertung überführt wird (vgl. Macharzina & Wolf, 2017, S. 737).

Zur Verdeutlichung dieser Unterscheidung werden die Begriffe „Invention" und „Innovation" verwendet. Die Invention (Erfindung) ist eine Vorstufe der Innovation und bezieht sich auf die Wissensgenerierung und Ideenfindung, kann geplant oder auch zufällig erfolgen. Eine Innovation ist eine erstmalige wirtschaftliche Anwendung einer neuen Problemlösung. Sie bedeutet eine ökonomische Verwertung des Wissens und hat die Markteinführung und -bewährung der Invention in Form eines neuen Produktes oder Verfahrens zum Ziel (vgl. Vahs & Brem, 2015, S. 21).

▶ **Innovation** ist eine zielgerichtete Umsetzung einer Neuerung in Bezug auf Geschäftsmodell, Produkte, Verfahren, Strukturen oder Arbeitsorganisation.

8.1.2 Innovation – Mysterium oder systematische Arbeit?

Innovationen sind allgegenwärtig. Schumpeters Vision der „kreativen Zerstörung" ist heute lebendiger denn je: neue Ideen, Technologien und Prozesse sorgen ständig dafür, dass Ressourcen, Transaktionen und Werte immer wieder durcheinandergewirbelt werden. Immer wieder müssen altbekannte Produkte und Dienstleistungen neuen, beliebteren Alternativen weichen (vgl. Bock & George, 2020, S. 195).

Empirische Studien belegen, dass Innovationen als Voraussetzung für Wachstum und Profitabilität von Unternehmen dienen. Die stetige Erneuerung von Geschäftsmodellen, Produkten und Prozessen wird zu einer Konstante beim erfolgreichen Wettbewerb in unserer Gesellschaft.

Es zeigt sich immer wieder, dass es den Unternehmen (bzw. ihren Beschäftigten) an **Ideen** nicht mangelt, allerdings bekommt nicht jede gute Idee eine Chance, umgesetzt zu werden. Die Ursachen dafür sind vielfältig, z. B. Risikoscheu gegenüber Erneuerungen, die Tendenz, sich auf alten Erfolgen auszuruhen, fehlende standardisierte Routinen für die Bewertung von Ideen und Abwicklung von Innovationsprozessen. Deswegen benötigt die Innovationsarbeit **klare Abläufe** und Methoden.

Viele Innovationen entstehen durch eine **Rekombination** des vorhandenen Wissens. Elemente, die bisher isoliert betrachtet wurden oder in anderen Branchen existiert haben, werden in einer Innovation neu zusammengestellt. Das belegt das Beispiel von Uber: Das Konzept eines Taxis war bekannt. Mobiltelefone waren bekannt. GPS-Systeme und Navigations-Apps waren bekannt. Die Tatsache, dass sich Menschen per Text miteinander zu gemeinsamen Aktivitäten verabreden, war bekannt. Ein verifiziertes Profil auf sozialen Medien war bekannt. Dass Menschen weniger Geld für einfache Dienstleistungen ausgeben wollen, war bekannt. Kein Einzelteil der Innovation Uber war unbekannt. 12 Jahre nach der Gründung ist das Unternehmen Uber mehr als 107 Mrd. USD wert (vgl. Reiter, 2021, S. 34).

Das bekannte Wissen neu zu kombinieren, um neue Lösungen zu finden, ist ein dankbarer Weg in der Innovationsarbeit. Deswegen tragen ein intensiver Meinungs- und **Wissensaustausch** ebenfalls zur Innovationsfähigkeit bei.

Und trotzdem bleibt Innovation mehr oder weniger ein „**Mysterium**": Besonders originelle Ideen und Erfindungen entstehen meistens unerwartet, zufällig und können nicht durch Zielsetzung oder extrinsische Motivation gefördert oder gar erzwungen werden. Empirische Studien zeigen, dass höhere Investitionen in Forschung und Entwicklung keine Garantie für mehr Rendite sind. Aus diesem Grund bezeichnet Gassmann Innovation als gesteuerten Zufall. Innovationen lassen sich nicht deterministisch planen und steuern, allerdings wird die Erfolgswahrscheinlichkeit durch den Einsatz von speziellen Instrumenten und Prozessen wesentlich erhöht (vgl. Gassmann, 2013, S. 2).

Die Vorstellung von rationaler Steuerbarkeit des Innovationsgeschehens ist in den Köpfen von Führungskräften sehr verbreitet, und die theoretischen Konzepte, die sich mit dem Innovationsmanagement befassen, haben den Anspruch, dies zu belegen. Allerdings muss man einsehen, dass die Möglichkeiten eines rationalen Beeinflussens der Kreativität, ohne die keine Ideengenerierung zustande kommt, sehr **begrenzt** sind. Man kann lediglich von der Gestaltung günstiger Rahmenbedingungen sprechen, und nicht von der Steuerung der Ideenarbeit. Insbesondere die frühen Phasen der Ideenentwicklung sind kaum steuerbar. In den späteren Phasen des Innovationsprozesses sind dagegen standardisierte Methoden und Instrumente angebracht (s. ausführlicher Abschn. 9.5).

Eine zielgerichtete Innovationsarbeit in Unternehmen basiert auf einem fundierten Verständnis von verschiedenen Arten von Innovationen je nach Gegenstand, Auslöser und Grad der Neuheit. Diese Klassifikationen ermöglichen es den Innovationsverantwortlichen Entscheidungen zu treffen und die Umsetzung von verschiedenen Erneuerungen optimal zu steuern.

8.2 Innovationen nach dem Gegenstandsbereich

Traditionell unterscheidet man je nach Gegenstandsbereich zwischen Produktinnovationen, Prozessinnovationen und organisatorischen (sozialen) Innovationen. Allerdings führen neue Entwicklungen zu einer zunehmenden Verschmelzung dieser klassischen Innovationstypen zu sogenannten Produkt-Services-Systemen, die bis zu einer radikalen Veränderung des ganzen Geschäftsmodells führen können (Geschäftsmodellinnovation).

Das primäre Ziel eines Unternehmens ist es, im Wettbewerb zu bestehen und den Unternehmenswert sowie seine Wettbewerbsfähigkeit zu steigern. Um dieses Ziel zu erreichen, setzen die meisten Unternehmen auf Marktführerschaft und neuartige Produkte. Jedoch wäre es kurzsichtig, sich ausschließlich mit Produktinnovationen zu beschäftigen. Auch die Innovationen in Verfahren und Organisation tragen zum langfristigen Erfolg und zur Erhöhung des Unternehmenswertes bei. Außerdem müssen Unternehmen in stark umkämpften Käufermärkten besonders flexibel und innovativ sein, um sich von der Konkurrenz abzuheben. Das führt zu einer verstärkten Suche nach neuen Geschäftsmodellen, die über die traditionellen Produktinnovationen hinaus gehen.

8.2.1 Produktinnovationen

Produkte sind die von Unternehmen am Markt angebotenen materiellen und immateriellen Leistungen (Sachgüter und Dienstleistungen). Mit Produktinnovationen können sich Unternehmen auf dem Markt positionieren, neue Kunden gewinnen oder bestehende Kunden binden.

8.2.1.1 Definition und Ziele von Produktinnovationen

▶ **Produktinnovationen** sind neue oder verbesserte Produkte (Sachgüter und/oder Dienstleitungen), die von Kunden als nützlich wahrgenommen werden.

Durch Produktinnovationen verändert sich das Sachziel eines Unternehmens in Bezug auf Art, Menge und Zeitpunkt der am Markt angebotenen Leistungen. Die Produktinnovationen sorgen für eine ständige Erneuerung des Leistungsprogramms. Aus der Sicht des Benutzers bedeutet eine Produktinnovation die Steigerung der Effektivität: Er kann durch die neue Leistung neue Zwecke erfüllen oder vorhandene Zwecke in einer neuartigen Weise erfüllen (vgl. Hauschildt et al., 2016, S. 6).

Produktinnovationen von Apple

Apple gehört zu den größten Technik-Firmen der Welt, stellt unter anderem das iPhone, das iPad und verschiedene Mac-Computer her und zeigt, dass es sich selbst und seine Produkte regelmäßig neu erfinden kann. 2001 wurde der MP3-Player iPod präsentiert, welcher die Musikbranche revolutioniert hat. Das 2007 eingeführte iPhone ist eine der erfolgreichsten Innovationen aller Zeiten. 2010 kam iPad in den Markt. 2014 stellte Apple die erste Apple Watch vor, die dann ab 2015 verkauft wurde. Ein großer Erfolg wurden zudem die AirPods, kabellose In-Ear Kopfhörer. Das iPhone, das iPad oder das MacBook und der iMac werden ständig weiterentwickelt, so wurde zum Beispiel das iPad mini oder das iPhone Pro eingeführt (vgl. Schmidt, 2022). ◀

Unternehmen verfolgen mit Produktinnovationen verschiedene Ziele, darunter:

- Wettbewerbsfähigkeit und Vorteile gegenüber Konkurrenz sichern,
- Umsätze und Gewinne steigern und damit finanzielle Unabhängigkeit erhalten,
- Marktanteile vergrößern (Neukunden in alten und neuen Marktsegmenten gewinnen),
- vorhandene Kunden erhalten und langfristig binden,
- Image des Unternehmens verbessern,
- Wachstum des Unternehmens fördern und neue Arbeitsplätze schaffen.

Die Produktinnovationen basieren oft auf technologischen Neuerungen, die sich aus dem wissenschaftlichen Fortschritt und der Grundlagenforschung ergeben. Gleichzeitig muss ein Produkt bestimmte Kundenbedürfnisse befriedigen, wofür seine spezifischen Eigenschaften und Grundfunktionen (Produktkern) notwendig sind. Zusätzlich werden von den Kunden das Produktäußere und die Zusatzleistungen wahrgenommen, bei denen vielfältige Variationsmöglichkeiten vorhanden sind.

Produktinnovationen am Beispiel Auto

Bei dem Produkt Auto besteht der Produktkern aus den Komponenten Motor, Getriebe und Fahrwerk. Ein Elektroauto stellt beispielsweise gegenüber einem Auto mit Verbrennungsmotor eine Veränderung des Produktkerns dar. Als Produktinnovationen bei einem Auto können allerdings auch neue Zusatzfunktionen gelten, die die Leistungsfähigkeit, Sicherheit oder den Benutzungskomfort erhöhen, wie integriertes Navigationsgerät, Schiebedach, heizbare Sitze, Parkassistenz etc. Außerdem kann sich gegenüber einem früheren Modell das Produktäußere ändern, wie Design, Innenausstattung, Klima- und Musikanlage, die von den Kunden ebenfalls als Neuerung wahrgenommen werden (vgl. Vahs & Brem, 2015, S. 53). ◄

Der Trend zu Elektromobilität, der durch die Klimakrise verstärkt wird, eröffnet für innovative Automobilproduzenten neue Chancen, die jedoch unterschiedlich genutzt werden. Bis jetzt ist es den meisten deutschen Automobilherstellern nicht gelungen, einen Durchbruch bei E-Autos zu erlangen. Als Champion der Elektromobilität wird Tesla gefeiert.

Tesla als Innovations-Champion bei E-Autos

Tesla ist aktuell nicht nur Innovationsführer im Bereich der Elektromobilität, sondern wird auch von den europäischen Verbrauchern als stärkste E-Marke wahrgenommen. Zu diesem Ergebnis kommt eine Studie von YouGov und dem Center of Automotive Management (CAM). Tesla belegt im Bereich der E-Innovationen den ersten Rang, gefolgt von der der chinesischen Marke BYD. Auf Platz drei, vier und fünf folgen Porsche, Audi und BMW. Bei der Betrachtung der Innovationsstärke analysierten die Studienautoren die Aspekte Reichweite, Stromverbrauch und Ladeleistung, die für die Kunden besonders bedeutsam sind (vgl. Beutnagel, 2021). ◄

Autos mit verschiedenen Motoren und Antrieben (Produktkern) werden in der Regel in verschiedenen Karosserievarianten (Limousine, Kombi, Cabrio, Geländewagen usw.) und Fahrzeugausstattungen (elegant, sportlich, familienfreundlich usw.) angeboten werden. Durch die Kombination dieser Merkmale entstehen für den Kunden eine beträchtliche Menge eindeutig unterscheidbarer Möglichkeiten.

8.2.1.2 Besonderheiten von Innovationen bei Dienstleistungsprodukten
Neben den Sachgüterinnovationen zählen zu den Produktinnovationen auch neue Dienstleistungen. Im Gegensatz zu den Sachgütern, die greifbar sind, sind Dienstleistungen

(Services) immateriell und intangibel, d. h. dass das Ergebnis eines Dienstleistungspro-zesses im Gegensatz zu einem Produktionsprozess meist nicht materiell und nicht an-fassbar ist.

Bei einer Serviceinnovation handelt es sich um ein neues Dienstleistungskonzept. Als Beispiele für Dienstleistungsinnovationen dienen beispielsweise E-Scooter-, Car- oder Bike-Sharing.

E-Scooter-Sharing

Das E-Scooter-Sharing ermöglicht eine flexible, leise und emissionsarme Mobilität, insbesondere für Menschen ohne Zugang zu einem Pkw oder ohne Führerschein. Der größte Vorteil besteht in der flexiblen und spontanen Nutzbarkeit. Das E-Scooter-Sharing bietet zwei verschiedene Angebotsmodelle: Beim stationären Modell erfolgen die Ausleihe und Rückgabe der E-Scooter an festen Stationen, die sich in der Regel in der Nähe einer ÖPNV-Haltestelle befinden. Bei dem E-Scooter-Sharing nach dem Free-Floating-Prinzip hingegen bestehen keine festen Stationen und die Ausleihe und Rückgabe kann im gesamten Bedienungsgebiet erfolgen. Die Nutzer finden den E-Scooter mit Hilfe der GPS-Funktion und einer Smartphone-App. Die Altersgrenze für das E-Scooter-Sharing liegt bei 18 Jahren, da ein Mietvertrag abgeschlossen wird. Für die Nutzung des Sharing-Angebots ist zunächst der Download der Smartphone-App des Anbieters sowie eine Registrierung erforderlich. Um einen E-Scooter aus-zuleihen, muss der auf dem E-Scooter angebrachte QR-Code gescannt werden. Ein voller Akku bietet je nach Modell eine Reichweite von etwa 30 km. Um die Ausleihe zu beenden, wird der E-Scooter abgestellt und der Vorgang per App beendet (vgl. Mo-bilikon, o. J.). ◄

Dienstleistungen entstehen durch Kombination von greifbaren Objekten (z. B. Ausrüs-tung, Anlagen), Personen (z. B. Berater, Kunde), intangiblen Elementen (z. B. Ziele, Nut-zungsmuster) und Aktivitäten (z. B. Prozesse, Veranstaltungen) (vgl. Hauschildt et al., 2016, S. 7–8).

Im Kontext der Digitalisierung gewinnen **Produkt-Service-Kombinationen** an Be-deutung, die durch die zunehmenden Möglichkeiten bei der Analyse von Nutzungsdaten vorangetrieben werden. Als bedeutendes Beispiel dafür gilt voranschauende Wartung von Produkten (Predictive Maintenance).

MAX von Thyssenkrupp – vorausschauende Wartung

Vorausschauender Service bei TKE (Thyssenkrupp Elevator) kombiniert die Leistung von Cloud Computing, Big Data und maschinellem Lernen. Als digitaler Partner rund um die Uhr sammelt MAX kontinuierlich Daten über die Leistung, Komponenten und Systeme einer Anlage (Aufzug, Fahrtreppe) und sendet diese in die Cloud. Komplexe Algorithmen berechnen die verbleibende Lebensdauer wichtiger Komponenten und Systeme, bestimmen, wann und für welches Teil Wartungsarbeiten notwendig werden.

MAX kann beispielsweise alle angeschlossenen Einheiten eines Aufzugs in Echtzeit überwachen: Wie schnell schließt sich die Tür? Wie schnell beschleunigt der Aufzug? Wie ist der Zustand aller Komponenten? Die Antworten auf diese Fragen werden als Daten in die Cloud geschickt und dort analysiert. Kommt es zu Auffälligkeiten, werden die Daten mit den von MAX-vernetzten Aufzügen weltweit erfassten Werten verglichen. Eine präzise und vorausschauende Echtzeitdiagnose weist den Monteur auf notwendige Eingriffe hin (vgl. TKE, o. J.). ◄

Die Erbringung einer Dienstleistung ist ein Prozess, deswegen ist eine Dienstleistungsinnovation eine Produkt- und Prozessinnovation zugleich.

8.2.2 Prozessinnovationen

Mit Prozessinnovationen wird in der Regel versucht, entweder die Abläufe zu optimieren und dadurch die Kosten zu senken, oder die Produktqualität zu verbessern. Sie beziehen sich vor allem auf interne Abläufe in Unternehmen.

8.2.2.1 Definition und Ziele von Prozessinnovationen

▶ **Prozessinnovationen** stellen Veränderungen im Prozess der Faktorenkombination des Unternehmens dar. Sie verfolgen als Ziel die Verbesserung oder die Neugestaltung der Unternehmensprozesse mit dem Zweck der Arbeitsproduktivitätssteigerung.

In der Industrie kann sich beispielsweise um ein neues Produktionsverfahren oder ein neues Vertriebssystem handeln, in der Regel für den innerbetrieblichen Einsatz gedacht ist. Der Dienstleistungssektor fügt eine außerbetriebliche Dimension zum zuvor beschriebenen Innovationsverständnis hinzu. Beispielsweise stellt das schnelle, automatische Einchecken am Flughafen eine solche Prozessinnovation dar (vgl. Uebernickel et al., 2016, S. 6).

Die zentralen Ziele von Prozessinnovationen sind:

- Kostensenkung,
- Verkürzung von Abläufen (z. B. im Produktionsprozess oder bei der Bearbeitung eines Kundenauftrags),
- Flexibilisierung von Prozessen, um eine Variantenvielfalt zu ermöglichen,
- Qualitätssteigerung und Verringerung von Fehlerquoten etc.

Das Spektrum von Prozessinnovationen ist weit und kann sich auf sämtliche Prozesse in Unternehmen beziehen – Produktions-, Vertriebs-, Personal- oder Informationsprozesse. Beispiele sind Automation und Robotisierung der Produktion, Einführung neuer Vertriebskanäle, neue Personalbeurteilungsverfahren, Einsatz von Algorithmen für die Produktionssteuerung etc.

Im Rahmen der Digitalisierung finden in Unternehmen vermehrt zahlreiche Prozessinnovationen statt, die auf die Erhöhung der Produktvarianten und der Produktivität abzielen. Die Vernetzung der Produktion und die Erhebung und Auswertung von Daten ermöglichen vielfältige Innovationen.

> **Flexible Montage-Insel bei Audi**
>
> Der Autobauer Audi testet im Stammwerk Ingolstadt die Ergänzung des klassischen Fließbands mit flexiblen Fertigungsinseln. So lässt sich die Montage flexibler und einfacher an Angebot und Nachfrage anpassen als am taktgebundenen Fließband mit starrer Abfolge, was zur Steigerung der Produktivität führt. Neue Produktvarianten lassen sich bei Montageinseln schneller integrieren als am Fließband, bei Unregelmäßigkeiten kann leichter und schneller reagiert werden. Die modulare Montage könnte ab 2025 bei der Vormontage eines neuen Fahrzeugprojekts in Serie gehen (vgl. Zeit Online, 2022). ◄

Dieses Beispiel belegt, dass das Fließband als einstige Lösung für die Steigerung der Arbeitsproduktivität nur für die Massenproduktion optimal war. Für vielfältige Varianten und individualisierte Produkte sollte Fließband-Fertigung durch flexiblere Verfahren wie modulare Montage ergänzt werden.

8.2.2.2 Zusammenspiel zwischen den Produkt- und Prozessinnovationen

Hauschildt et al. (2016, S. 5–6) bezeichnen die traditionelle Trennung von Produkt- und Prozessinnovationen als fragwürdig und sprechen von neuartigen Zweck-Mittel-Kombinationen. Die Neuigkeit besteht darin, dass Mittel und Zweck neu verknüpft werden.

Produkte und Services verschmelzen zunehmend miteinander, insbesondere unter dem Einfluss von digitalen Technologien. Unternehmen verkaufen beispielsweise keine Flugzeugturbinen mehr, sondern bieten ihren Kunden Betriebsstunden an; keine Werkzeugmaschinen, sondern eine bestimmte Anzahl gefertigten Produkte. Es wird von Produkt-Service-Systemen gesprochen, bei denen Kunden in die Wertschöpfung einbezogen und damit an der Innovation beteiligt werden (vgl. Hauschildt et al., 2016, S. 7).

Ein neues Produkt-Services-System weist gleichzeitig einen Effizienzsteigerungs- (Prozessinnovation) und einen Effektivitätssteigerungsaspekt (Produktinnovation). Erfolgreiche Unternehmen praktizieren eine Kombination aus Produkt- und Prozessinnovationen und steigern dadurch ihre Wettbewerbsfähigkeit.

Auch wenn sich die Kunden bei ihren Kaufentscheidungen vor allem an den Produkteigenschaften orientieren und kein direktes Interesse an technologischen Verfahren bei der Produktion haben, können sich Prozessinnovationen auf die Qualität, den Nutzen und den Preis des Produktes auswirken und sind somit für den Kunden nicht gleichgültig.

Eine hohe Produktqualität lässt sich ohne die Qualität von Prozessen nicht erreichen, damit sind Prozessinnovationen ein wichtiges Instrument zur Steigerung des Produktwertes und der Kundenzufriedenheit.

Bekannt ist die Methode Kaizen, die ursprünglich aus japanischen Unternehmen stammt. Kaizen (jap. „Veränderung zum Besseren") ist eine Art des prozessorientierten Denkens, eine Verbesserung in kleinen Schritten. Darauf basiert der Ansatz des Kontinuierlichen Verbesserungsprozesses (KVP), das in den meisten Unternehmen in Deutschland praktiziert wird.

▶ **Kontinuierlicher Verbesserungsprozess** (KVP) beschreibt Maßnahmen zu ständiger Verbesserung und Optimierung von bestehenden Produkten und Prozessen in kleinen Schritten.

KVP stellt eine Art Philosophie dar, bei der man stetig nach Verbesserungspotenzialen und Reserven sucht. Im Gegensatz zum Begriff der Innovation und zum Konzept des Innovationsmanagements, bei denen Fortschritte häufig durch technologische Sprünge erzielt werden, ist der kontinuierliche Verbesserungsprozess eine Methode der kleinen Schritte, bei denen bestehende Produkte, Leistungen und Prozesse optimiert werden. Insofern bildet KVP eine Brücke zwischen den Innovationen als großen Sprüngen und den kleinen Verbesserungen an Produkten und Prozessen, die laufend vorgenommen werden.

Bei immateriellen Produktinnovationen (Dienstleistungen) fließen Produkt- und Prozessinnovation zusammen, wie es am Beispiel des E-Scooter-Sharing bereits aufgezeigt wurde. Für das E-Scooter-Sharing ist eine Flotte an vernetzten Scootern (Produktinnovation) sowie eine App für Ausleihen und Bezahlen (Prozessinnovation) erforderlich.

Und schließlich besteht eine weitere Beziehung zwischen Produkt- und Prozessinnovationen: Ein neues Produkt für die Fertigung (neue Maschine oder Anlage) ist zugleich eine Prozessinnovation bei dem Anwender.

Aerospace Robot als Produkt- und Prozessinnovation

Der Maschinen- und Anlagenbauer Broetje-Automation hat in Kooperation mit Siemens einen „Aerospace Robot" entwickelt, der deutlich mehr Kraft ans Bauteil bringt, genauer und zudem sehr flexibel einsetzbar ist. Der 6-Achs-Knickarm-Roboter ist für das automatische Bohren und Nieten unterschiedlichster Flugzeug-Baugruppen wie Flügelkästen, Stabilisatoren, Rümpfen und andere Anwendungen mit hohem Kraftbedarf konzipiert. Er ging 2019 bei einem renommierten Flugzeugbauer in den produktiven Einsatz und steigerte die Effizienz des Produktionsprozesses. Bei den Titanteilen verkürzten sich die Bohrzeiten um bis zu 50 %, der Automatisierungsgrad stieg bei der Titan- und Aluminium-Bearbeitung um bis zu 40 % und im Vergleich zu Standard-Roboter-Applikationen ergibt sich eine rund 40 % höhere Performance (vgl. Siemens, o. J.). ◀

8.2.3 Organisatorische und soziale Innovationen

Neben neuen Produkten und Prozessen können auch Veränderungen in der Organisation oder im sozialen Bereich der Gegenstand von Innovationen sein.

▶ **Organisatorische Innovationen** bezwecken eine Verbesserung der Aufbau- und Ablauforganisation in Unternehmen.

Dazu gehören beispielsweise die Verflachung von Hierarchien, Gruppenarbeit, Projektarbeit, geteilte Führung in Unternehmen, Netzwerkunternehmen etc.

▶ **Soziale Innovationen** betreffen den Menschen und sein Verhalten im Unternehmen und dienen dem Erreichen sozialer Ziele.

Die Ziele von sozialen Innovationen können die Erhöhung der Arbeitszufriedenheit, Verbesserung des Unfallschutzes und der Arbeitsplatzsicherheit oder auch die Selbstverwirklichung der Beschäftigten sein. Als typische Beispiele können neue Arbeitszeitmodelle, altersgerechte Weiterbildungsprogramme, betriebliches Gesundheitsmanagement genannt werden.

Die Abgrenzung zwischen den organisatorischen und den sozialen Innovationen ist in der Praxis schwierig. Die organisatorischen Innovationen überschneiden sich auch mit den Prozessinnovationen, da sie ebenfalls die Arbeitsabläufe in Unternehmen betreffen. Die Einführung von Gruppenarbeit ist beispielsweise eine Prozess-, organisatorische und soziale Innovation zugleich. Ähnlich verhält es sich beispielsweise mit den neuen Führungsansätzen wie geteilte Führung oder Führung auf Zeit (vgl. ausführlicher Franken, 2019, S. 334 ff.).

Geteilte Führung als organisatorische/soziale Innovation

Bei der geteilten Führung wird die Führungsverantwortung von mehreren Teammitgliedern gemeinsam übernommen, wobei die Führungsverantwortung z. B. basierend auf Expertise und Wissen verteilt wird. Jedes Teammitglied übernimmt Führung in dem Bereich, in dem es am meisten beizutragen hat – z. B. Marketing, Prozessoptimierung oder Kundenzufriedenheit. So entwickelt sich Führung dynamisch über Projekte und Zeit hinweg. Bei der geteilten Führung beeinflussen sich alle Teammitglieder gegenseitig. Es kann im Team auch eine formale Führungskraft geben, die sich darauf konzentriert, die richtigen Rahmenbedingungen für das Team zu bieten, und folgt selbst den Vorschlägen ihrer Teammitglieder (vgl. Welpe et al., 2018, S. 118). ◀

Zwischen Produkt-, Prozess- und organisatorischen/sozialen Innovationen besteht ein komplexes Wirkungsgeflecht: Prozessinnovationen sind meist die Folgen von Produktinnovationen, können jedoch auch Initiator, Katalysator oder Voraussetzung von diesen sein. Organisatorische und soziale Innovationen sind ebenfalls entweder Folgen oder Voraussetzungen und Katalysatoren für die Produkt- und Prozessinnovationen.

Die Innovationsarbeit erfordert eine gleichzeitige Betrachtung dieser drei Innovationstypen: Das Unternehmen versucht über neue, bessere Produkte und entsprechende Verfahren sowie betriebliche Maßnahmen zu deren Umsetzung das bestehende Kerngeschäft zu verbessern und den Unternehmenswert zu steigern.

Diese gleichzeitigen vielfachen Veränderungen können eine Veränderung des Geschäftsmodells bedeuten. Streng genommen kann man sogar alle beschriebenen Innovationstypen als Teile einer Geschäftsmodellinnovation verstehen.

8.2.4 Geschäftsmodellinnovationen

Geschäftsmodellinnovationen gewinnen in der VUCA-Welt (vgl. dazu Abschn. 1.3.1) zunehmend an Bedeutung, sie sind besonders komplex und erfordern oft ein radikales Umdenken in Unternehmen. Man braucht Mut, um das Gewohnte in Frage zu stellen, besonders wenn man mit dem alten Geschäft erfolgreich ist. Neue disruptive Geschäftsmodelle der Wettbewerber oder Quereinsteiger gefährden oft bestehende Unternehmen und Branchen, deswegen ist die Bedeutung von Geschäftsmodellinnovationen im Rahmen der Innovationsarbeit sehr groß. Viele einst erfolgreiche Unternehmen sind von Geschäftsmodellinnovationen überrascht, verdrängt oder gar vernichtet worden. Digitale Geschäftsmodelle attackieren die traditionellen produkt- und technologieorientierten Unternehmen: Uber revolutioniert ohne Taxis und Taxifahrer die Taxibranche, Skype ohne eigene Netzwerkinfrastruktur die Telekommunikationsindustrie (vgl. Gassmann & Sutter, 2019, S. 9). Um die Besonderheiten von Geschäftsmodellinnovationen zu verstehen, werden zunächst der Begriff und die typischen Felder des Geschäftsmodells erläutert.

8.2.4.1 Geschäftsmodell – Definition und Felder

Ein Geschäftsmodell beschreibt die Logik der Wertschöpfung eines Unternehmens und beantwortet die Fragen, wer die Kunden sind, was verkauft wird, wie man es herstellt und wie man einen Ertrag realisiert.

Als Instrument für Analyse und Veränderung eines Geschäftsmodells ist das Business Model Canvas besonders gut geeignet und wird deswegen am häufigsten für die Visualisierung eines Geschäftsmodells verwendet. Es wird zurzeit in ca. 36 % der deutschen Unternehmen verwendet (vgl. Ahrens et al., 2021, S. 29).

Das Business Model Canvas beschreibt das Geschäftsmodell mithilfe von neun Feldern, welche sowohl die Angebotsseite (Kundensegmente, Wertversprechen, Kundenkanäle, Kundenbeziehungen, Einnahmenstruktur) als auch den Bereich der Infrastruktur (Schlüssel-Ressourcen, -Aktivitäten, -Partner, Kostenstruktur) abdecken (vgl. Osterwalder & Pigneur, 2011), wie die Abb. 8.1 zeigt.

Das Modell zeichnet sich durch eine starke Fokussierung auf die Kunden, vor allem auf Kundennutzen, aus. Auch die ausführliche Definition von Kundengruppen sowie die Wege (Kanäle) und Beziehungen zu den Kunden sind zentrale Bestandteile des Business Model Canvas. Darüber hinaus werden die Schlüsselaktivitäten, -partner und -ressourcen in Detail analysiert, was im Endeffekt zu der Beschäftigung mit den Kosten und Einnahmen als Ergebnis der Geschäftstätigkeit führt.

Felder des Business Model Canvas				
Schlüsselpartner	**Schlüsselaktivitäten**	**Wertangebot**	**Kundenbeziehungen**	**Kundensegmente**
Netzwerk von Partnern und Lieferanten Strategische Allianzen, Joint Venture, Käufer-Anbieter-Beziehungen etc.	wichtigste Handlungen eines Unternehmens Schaffen und Unterbreiten des Wertangebots, Erreichen der Märkte, Aufbau und Pflege von Kundenbeziehungen.	Paket von Nutzen, das Unternehmen seinen Kunden anbietet Produkte, Dienstleistungen, Neuheiten, Leistungsoptimierungen, Marke, Design etc.	Arten von Beziehungen wie persönliche Unterstützung, Selbstbedienung, automatisierte Dienstleistungen, Mitbeteiligung etc.	Segmentierung nach Bedürfnissen, Verhaltensweisen, Finanzkraft, bevorzugten Kanälen, persönlichen Merkmalen etc.
	Schlüsselressourcen		**Kanäle**	
	physischer, finanzieller, intellektueller Natur		alle Kommunikations-, Distributions-, Verkaufskanäle	
Kostenstruktur			**Einnahmenquellen**	
Sämtliche Fix- und variable Kosten			Verkauf von Wirtschaftsgütern, Nutzungsgebühren, Leasing, Lizenzen, Werbung etc.	

Abb. 8.1 Business Model Canvas. (Quelle: eigene Darstellung in Anlehnung an Osterwalder & Pigneur, 2011)

Dieses Modell wird auch von dem Existenzgründungsportal des Bundesministeriums für Wirtschaft und Klimaschutz für die Gründer empfohlen, die sich mit den einzelnen Feldern des Geschäftsmodells befassen sollen (BMWi, o. J.):

1. Schlüssel-Partner: Ist es sinnvoll, eine strategische Partnerschaft einzugehen, um die Effektivität des Unternehmens zu steigern und Risiken auf mehrere Schultern zu verteilen? Wer kommt als Partner in Frage?
2. Schlüssel-Aktivitäten: Welches sind die wichtigsten Tätigkeiten, um dieses Geschäftsmodell in die Tat umzusetzen?
3. Nutzen-Versprechen: Jedes Produkt und jede Leistung soll ein Problem des Kunden lösen oder ein Bedürfnis befriedigen. Welchen Nutzen bekommen die Kunden durch das Produkt oder die Dienstleistung?
4. Kunden-Beziehung: Werden Kunden persönlich oder von Sprachautomaten (Internet-Software) bedient? Wie wird die Kundenbeziehung gestaltet?
5. Kunden-Arten: Als Kunden kommen verschiedene Kunden-Arten in Frage: die Masse, eine Nische, diverse Kunden-Segmente. Welches ist die Kunden-Zielgruppe?
6. Schlüssel-Ressourcen: Für die Produktion sind bestimmte Ressourcen notwendig: Betriebsstätte, Personal, Startkapital usw. Welche Ressourcen sind unverzichtbar?
7. Vertriebs- und Kommunikations-Kanäle: Wie erfahren Kunden von dem Angebot? Wie muss der Vertrieb aussehen?
8. Kosten: Kosten fallen vor allem für die Aktivitäten, die Ressourcen und für Partner an. Welches sind die wichtigsten Ausgaben, ohne die das Geschäftsmodell nicht funktionieren würde? Welches sind die Kostentreiber?
9. Einnahmequellen: Es gibt oft mehrere Wege, mit demselben Angebot Geld zu verdienen. Woher kommt bei diesem Geschäftsmodell das Geld?

Das Business Model Canvas stellt ein Framework für die Visualisierung und Strukturierung von Geschäftsmodellen dar und eignet sich als Werkzeug für folgende beispielhafte Aufgaben (vgl. Diehl, 2018):

- Potenziale für die Entwicklung eines Unternehmens diskutieren,
- Startups und neue Geschäftsmodelle planen,
- die digitale Transformation eines Unternehmens ordnen,
- Kundenzentrierung fördern.

Insbesondere die Kundenzentrierung ist in der aktuellen Wirtschaftswelt aktueller denn je. Erfolgreiches Innovieren erfordert immer ein tiefgehendes Verständnis der Kunden und ihrer Bedürfnisse. Die meisten Unternehmen sind der Überzeugung, diese aufgrund ihrer operativen Geschäftsbeziehung zu kennen, was allerdings nicht immer zutrifft. Desto wichtiger ist es, sich mit den Kunden, ihren Bedürfnissen, Wünschen und Emotionen detaillierter zu beschäftigen.

Das Business Model Canvas eignet sich immer dann als Methode, wenn mehrere Menschen in einem Raum ein gemeinsames Verständnis über den Aufbau und die Entwicklung eines Geschäftsmodells brauchen.

Warum ist es wichtig, das Geschäftsmodell regelmäßig zu hinterfragen und gegebenenfalls neu auszurichten? Was macht ein gutes Geschäftsmodell aus? Nach Meinung von Bock und George (2020, S. 32) zeichnet sich ein gutes Geschäftsmodell durch folgende Merkmale aus:

- es erfüllt ein relevantes, tatsächlich vorhandenes Kundenbedürfnis,
- es schafft Mehrwert für das Unternehmen und seine Partner,
- es nutzt wertvolle Fähigkeiten oder Ressourcen und wertet sie auf,
- es ist effizient bzw. wirtschaftlich,
- es hebt das Unternehmen von der Konkurrenz ab,
- es ist auf lange Sicht nachhaltig ausgelegt.

Die Entwicklung eines neuen Geschäftsmodelles ist eine umfassende Innovation und erfordert viel Kompetenz und Motivation. Wer ein Geschäftsmodell verändern will, muss die gesamte Organisation von Grund auf verändern: wie sie arbeitet, mit wem sie interagiert und wie sie Mehrwert schafft. Dabei ist es unvermeidbar, dass das Unternehmen neue Ressourcen erschließen und die Belegschaft neue Fähigkeiten erwerben muss (vgl. Bock & George, 2020, S. 63).

Die Neuausrichtung des Geschäftsmodells sollte in zwei Schritten passieren:

1. Zunächst wird das bestehende Modell des Unternehmens analysiert. Hat das Unternehmen unterschiedliche Angebote, muss für jedes Angebot das Modell separat formuliert werden. Die Offenlegung und Analyse eigener Geschäftsmodelle bildet an sich schon einen großen Vorteil des Bewusstwerdens und eröffnet Chancen zur Verbesserung und Neugestaltung.

2. Im zweiten Schritt werden mögliche neue Varianten des Modells systematisch erarbeitet und analysiert. Dabei werden nicht nur Innovationen in den einzelnen Komponenten des Modells in Betracht gezogen, sondern auch verschiedene Kombinationen durchgespielt.

Meistens wird die Neuausrichtung des Geschäftsmodells durch die bedeutenden Megatrends oder durch die Nutzung von Chancen digitaler Technologien angeregt. Mit einer Geschäftsmodellinnovation begehen Unternehmen ein schwieriges Terrain, allerdings kann dadurch eine Grundlage für einen langfristigen Unternehmenserfolg geschaffen werden.

8.2.4.2 Definition und Beispiele von Geschäftsmodellinnovationen

Geschäftsmodellinnovationen sind tiefgreifende, strategische Innovationen, da sie die grundlegende Struktur eines Geschäftes verändern. Die Logik, wie Werte für den Kunden geschaffen werden (value proposition), wie die Wertschöpfung im Netzwerk aus Zulieferern, Komplementären und Distributoren verteilt wird (value network) oder wie Werte für das eigene Unternehmen nachhaltig gesichert werden (value capturing) werden zum Gegenstand der Veränderung (vgl. Hauschildt et al., 2016, S. 11).

▶ **Geschäftsmodellinnovation** ist eine bewusste Veränderung eines bestehenden oder Schaffung eines neuen Geschäftsmodells, das Kundenbedürfnisse auf eine neuartige und bessere Art und Weise befriedigt.

Eine Geschäftsmodellinnovation verkörpert die wirtschaftliche Umsetzung einer neuen Geschäftsidee, sodass die grundlegende Struktur eines Geschäfts neu gedacht und ein Wettbewerbsvorteil durch Differenzierung gegenüber Konkurrenten geschaffen wird.

Nach Bock und George (2020, S. 197) kann dann von einer Geschäftsmodellinnovation gesprochen werden, wenn mindestens zwei Elemente eines Geschäftsmodells sich wesentlich verändern: Eine Geschäftsmodellinnovation bezeichnet die Umsetzung bedeutender Veränderungen bei mindestens zwei Geschäftsmodellelementen, woraus sich eine Geschäftsmodellkonfiguration ergibt, die in der Branche und auf dem Markt des Unternehmens neu ist.

Beispiele für erfolgreiche Geschäftsmodellinnovationen aus der Vergangenheit sind das vom Nahrungsmittelkonzern Nestlé betriebene Geschäftsmodell Nespresso, das portionierten Kaffee in Kapseln und Kaffeemaschinen direkt vertreibt, oder das IKEA-Konzept, bei dem der Transport und Aufbau von Möbeln von Kunden selbst übernommen werden. Geschäftsmodellinnovationen setzen im Gegensatz zu Produkt- oder Prozessinnovationen direkt an der Geschäftsidee eines Unternehmens an, sie können die Wettbewerbsregeln innerhalb einer Branche wesentlich verändern oder sogar ganz neue Branchen schaffen. So hat das Geschäftsmodell IKEA das Geschäft vieler traditioneller Möbelunternehmen zerstört, die Möbel komplett zusammengebaut und geliefert haben. Heute sind solche Möbelhersteller eher eine Nische.

Die meisten bekannten digitalen Geschäftsmodelle wie Amazon, ebay, Uber oder Alibaba wurden in den USA oder China realisiert, aber es gibt viele deutsche und europäische Start-ups, die in digitaler Ökonomie erfolgreich geworden sind, was das folgende Beispiel von Zalando belegt.

Zalando – eine Online-Plattform für Mode und Lifestyle in Europa

Was einst ein Berliner Start-up war, ist heute zu einem europäischen Unternehmen gewachsen – der Zalando SE. Zalando beschäftigt mehr als 17.000 Mitarbeiter aus mehr als 140 Ländern und erzielt im Jahr 2022 mehr als 10 Mrd. € Umsatz (vgl. Zalando, 2022). Zalando wurde 2008 in Berlin als klassisches E-Commerce-Unternehmen gegründet, das entlang der gesamten Wertschöpfungskette erfolgreich digitale Technologien einsetzt. Basierend auf der Hypothese, dass Kunden ihre Schuhe/Kleidung auch im Internet bestellen würden, um so Zeit zu sparen, hat sich Zalando als größter Kleidungshändler online entwickelt. Mittlerweile wird Zalandos Geschäftsmodell weltweit angewandt beziehungsweise repetiert (zum Beispiel Dafiti, Brasilien) (vgl. Sauer et al., 2019, S. 23). ◄

8.2.4.3 Disruptiver Charakter neuer Geschäftsmodelle

Beispiele wie das Unternehmen Kodak, das die rechtzeitige Umstellung auf die digitale Fotografie versäumt hatte, zeigen, wie wichtig es für ein Unternehmen ist, vor dem Hintergrund der sich ständig wandelnden Kundenbedürfnisse, der technologischen Unsicherheiten und Dynamik sowie des lebendigen Wettbewerbs eigene Innovationstätigkeiten konsequent an langfristigen Zielen strategisch auszurichten. Dabei rücken Geschäftsmodellinnovationen immer mehr in den Vordergrund (vgl. Uebernickel et al., 2016, S. 6).

Die großen Gewinner der vergangenen Jahrzehnte sind oft nicht die Produkt-, sondern die Geschäftsmodellinnovatoren: Apple wurde zum größten Musikvertrieb, ohne eine einzige CD zu verkaufen. Airbnb ist das größte Hotel, ohne eigene Gebäude zu besitzen. Uber revolutionierte die Taxibranche, ohne ein Taxi zu besitzen oder einen Taxifahrer angestellt zu haben. Skype wurde zum größten länderübergreifenden Kommunikationsanbieter ohne eine eigene Netzwerkinfrastruktur. eBay, Amazon und nun Alibaba revolutionierten den Handel. Allen gemeinsam ist der Fokus auf neue Geschäftsmodelle, getrieben durch die Digitalisierung (vgl. Sauer et al., 2019, S. 20).

Die digitale Transformation beschleunigt den ohnehin schon starken Wandel in der Unternehmenswelt: Rund ein Drittel der Forbes-500-Unternehmen existieren schon zehn Jahre später nicht mehr. Von den 1000 größten Unternehmen aus 1962 gibt es heute nur noch 16 %. Diese Entwicklung der Konzentration und Konsolidierung wird sich im Rahmen der nächsten Digitalisierungswelle, nach der Taxirevolution auch „Ubernisierung" der Volkswirtschaft genannt, noch verstärken (vgl. Gassmann & Sutter, 2019, S. 5).

Mit der Weiterentwicklung des Internet of Things (IoT) und der Künstlichen Intelligenz (KI) werden neue disruptive Geschäftsmodelle in verschiedenen Bereichen entstehen. KI-Anwendungen können demnächst die Routineaufgaben eines Arztes (z. B. Diagnose anhand des Vergleichs von (anonymisierten) Big Data aus Patientenbehandlungen) oder eines Anwalts (Überprüfung von Verträgen hinsichtlich einzuhaltender Formalitäten) übernehmen. Selbstfahrende Autos werden langfristig die Jobs von Fahrern obsolet machen etc.

Telemedizinische Leistungen

Als Telemedizin wird die Erbringung von medizinischen Dienstleistungen über geografische Entfernungen hinweg durch den Einsatz von digitalen Technologien bezeichnet. Der Markt der telemedizinischen Dienstleistungen umfasst beispielsweise Telemonitoring-Dienstleistungen (wie zum Beispiel Defibrillatoren, die die Herzrhythmusdaten der Patienten sammeln und verschicken, damit Ärzte das Herz der Patienten auch aus der Ferne überwachen können und durch automatisch ausgelöste Alarmfunktionen unterstützt werden) und Teleberatungsdienstleistungen, die es ermöglichen, dass Experten anderen Ärzten bei komplizierten medizinischen Prozeduren in Echtzeit unterstützend zur Seite stehen können, wie zum Beispiel Telestroke-Einheiten (vgl. Li et al., 2019, S. 36). ◄

Da die disruptiven Geschäftsmodellinnovationen weitreichende Auswirkungen auf die bestehenden Geschäftsmodelle haben, müssen sich die Entscheider in Unternehmen immer wieder fragen, was in ihrem Geschäft digitalisiert und disruptiert werden kann, bevor die Konkurrenten oder Quereinsteiger es tun (s. ausführlicher Abschn. 9.3).

8.3   Innovationen nach dem Neuheitsgrad

Die Neuigkeit einer Innovation ist ihr charakteristisches Merkmal, das sie von Routineaufgaben unterscheidet. Der Grad der Neuheit kann von einer geringfügigen Veränderung bereits bekannter Objekte und Prozesse bis hin zu bahnbrechenden Neuerungen variieren. Eine Neuerung kann für ein Individuum oder ein Unternehmen subjektiv neu sein, obwohl sie für andere bereits bekannt ist. In dem Fall spricht man von einer Betriebsneuheit. Eine objektive Neuheit liegt vor, wenn ein Produkt oder eine Anwendung bisher noch nicht bekannt waren. Das ist eine Markt- oder Weltneuheit. Der Neuheitsgrad einer Innovation ist ein Faktor, der den wirtschaftlichen Erfolg und das Risiko der Innovation ausschlaggebend beeinflusst.

Zur näheren Bestimmung des Neuheitsgrades von Innovationen können folgende Dimensionen herangezogen werden:

- Intensitätsdimension (Wie neu?),
- Zeitdimension (Wie lange neu?),
- Raumdimension (Wo neu?),
- Subjektdimension (Für wen neu?).

Bei der ersten Frage (Wie neu?) kann man inkrementelle Neuheiten, bei denen nur einige Bestandteile neu sind, von umfassenden radikalen oder sogar disruptiven (zerstörerischen) Neuheiten, die in Gänze oder zumindest in den meisten Bestandteilen neu sind, abgrenzen. Ebenfalls können sich Innovationen nach dem Alter des Produktes und nach der Raumdimension (Welt-, Regional- oder Landesneuheit) voneinander unterscheiden. Bezüglich der Subjektdimension kann eine Neuerung als objektiv neu bezeichnet werden, wenn sie zumindest für eine Volkswirtschaft (ein Land) völlig neu ist. Andererseits gibt es subjektive Innovationen, die nur für bestimmte Personen und Institutionen auf Anbieter- oder Nachfrageseite neu aber bereits auf Märkten existent sind (z. B. eine Betriebsneuheit). Allgemein betrachtet, muss eine Innovation vor allem von Kunden als neu wahrgenommen werden.

Anhand der genannten Fragestellungen ergeben sich die relevanten Klassifikationen der Innovation in inkrementelle, radikale und disruptive sowie in echte und Verbesserungsinnovationen. Diese Arten der Innovation werden im Weiteren exemplarisch erläutert. Abschließend wird der subjektive Charakter der Innovation genauer betrachtet.

8.3.1   Inkrementelle, radikale und disruptive Innovationen

Jede Innovation verursacht Kosten und ist mit Risiken verbunden, die je nach Ausmaß der Neuheit unterschiedlich hoch sein können.

Inkrementelle Innovationen weisen die geringsten Veränderungen gegenüber bestehenden Produkten oder Dienstleitungen auf und basieren meistens auf bekannten Technologien. Sie sind relativ risikolos, da man mit dem Vorgängerprodukt bereits Erfahrungen hatte.

Radikale Innovationen weisen einen hohen Neuheitsgrad auf, verursachen bedeutende Änderungen am Produkt und basieren oft auf neuen Technologien. Sie bewirken in der Regel einschneidende und komplexe Veränderungen im Unternehmen und sind mit einem hohen wirtschaftlichen Risiko verbunden.

Disruptive Innovationen bilden einen besonderen Fall von radikalen Innovationen, bei denen die Spielregeln auf dem Markt oder im Nutzungsverhalten verändert werden.

Auch wenn die radikalen Innovationen risikoreicher sind, haben sie gegenüber den inkrementellen Innovationen große Vorteile, da sie für Unternehmen besondere Chancen bedeuten. Ein aus einer radikalen Innovation entstandenes Produkt, das zu einem Markterfolg wird, garantiert dem Unternehmen eine gewisse Zeit lang eine Monopolstellung sowie einen Wissensvorsprung gegenüber der Konkurrenz. Die Marktchancen einer radikalen Innovation sind umso größer, je stärker sie sowohl bedürfnis- als auch technologieorientiert ist. Im Falle eines Markterfolgs gelingt es einem Unternehmen, den Markt abzuschöpfen und neben hohen Umsätzen und Gewinnen auch einen Imagezuwachs zu erreichen.

Bei den inkrementellen Innovationen stehen zwar kleine Veränderungen im Mittelpunkt, die jedoch einem Unternehmen erlauben, einen größeren Wert an die Kunden zu liefern und/oder effizienter zu arbeiten (vgl. Picot et al., 2020, S. 413). Insofern spielen sie für den Erfolg eines Unternehmens ebenfalls eine Rolle.

Tab. 8.1 Inkrementelle und radikale/disruptive Innovationen im Vergleich. (Quelle: eigene Darstellung in Anlehnung an Gassmann, 2013, S. 9)

Inkrementelle Innovationen	Radikale/disruptive Innovationen
risikoarm, nah an heutigem Geschäft und Kernkompetenzen, wirtschaftlich beurteilbar (ROI-Kalkulation), verkaufbar an bestehende Kunden, auf bestehenden Distributionskanälen, mit bestehendem Verkaufspersonal.	risikoreich, von heutigem Geschäft und Kernkompetenzen entfernt, schlecht bewertbar, zielen oft auf neue Kundengruppen, erfordern oft neue Distributionskanäle, sind attraktiv für Branchen-Outsider.

Die Tab. 8.1 zeigt wesentliche Merkmale von inkrementellen und radikalen/disruptiven Innovationen im Vergleich.

Je höher das Ausmaß und der Neuheitsgrad einer Innovation, desto weniger Erfahrungswerte sind vorhanden und desto schwieriger ist es, die zukünftige Situation zu prognostizieren. Folglich ist die Planung der entstehenden Kosten, der notwendigen Entwicklungs- und Erprobungszeit sowie des zu erwarteten Ertrags mit einer großen Unsicherheit verbunden. Eine direkte Folge der Unsicherheit ist das Risiko. Eine Idee kann sich als technisch nicht realisierbar erweisen, auf Ablehnung der Kunden im Markt stoßen oder sich wirtschaftlich nicht rentieren. Man kann zwischen drei typischen Risiken einer Produktinnovation unterscheiden:

- Machbarkeitsrisiko (technisches Risiko);
- Marktrisiko (negative Reaktion der Kunden, Konkurrenzprodukte, schlechte Konjunktur usw.) und
- wirtschaftliches Risiko (geringe Rentabilität, geringer Umsatz usw.).

Um diesen Risiken vorzubeugen, sollten die Kundenwünsche sofort zu Beginn eines Innovationsprojektes fokussiert werden (s. dazu Abschn. 9.4.3 und 9.5.2), um keine technologiegetriebene Innovation „am Kunden vorbei" zu kreieren.

Gute Erfolgschancen haben Innovationen, die geschickt neue technologische Möglichkeiten mit dem Kundenverständnis kombinieren. Nur wer dem Kunden einen erkennbaren Mehrwert anbieten kann, wird als Innovator erfolgreich sein. Die Entwicklung der IT und die zunehmende Digitalisierung erschließen immer mehr Bereiche der Wirtschaft, Gesellschaft und des Lebens und rufen umfangreiche Erneuerungen bei Geschäftsmodellen, Produkten, Prozessen und Organisationsstrukturen hervor, wie das Beispiel von PayPal aufzeigt.

Online-Bezahlsystem PayPal

Innovative IT-basierte Lösungen wie das Online-Bezahlsystem PayPal haben sich als Alternativen zum klassischen Finanzgeschäft verbreitet und den Kunden eine schnelle, unkomplizierte, mobile Abwicklung von Zahlungsoperationen ermöglicht. Das Geheimnis des Erfolgs liegt in einem neuen Kundenverständnis. Die FinTech-Gründer gehen stärker auf den Kunden ein, passen ihre Konzepte an seine Bedürfnisse an und bieten dem Endkunden damit einen echten Mehrwert. Zugleich stellt diese Entwicklung eine kundenfreundliche Alternative und damit eine Bedrohung für das traditionelle Bankenwesen dar. ◄

Die Entwicklungstrends der heutigen Digitalisierung sind IoT (Internet of Things oder Internet der Dinge, z. B. ein kluger Kühlschrank, der selbst Bestellungen tätigt) oder Internet der Menschen, wie Social Media-Netzwerke oder ein digitaler Zwilling jedes einzelnen Menschen, der für Testen von individualisierten Medikamenten eingesetzt werden kann. Diese digitalen Lösungen fokussieren menschliche Bedürfnisse und bringen den Kunden klare Vorteile.

Die **Erfolgsquoten** von Innovationen sind wegen verschiedener Risiken generell relativ gering. Laut einer deutschen Studie aus dem Jahr 2019 ist nur jedes zehnte Start-up erfolgreich, und 80 % scheitern innerhalb von drei Jahren. Bei Innovationen in der Industrie liegt die Erfolgsquote bei zehn bis 30 %. Als Ursachen werden in der Studie vor allem unsystematische Innovationsprozesse genannt, bei denen es an klaren Zielsetzungen mangelt, sowie die weit verbreitete Ablehnung von Wandel und die Angst vor Fehlern (vgl. Gillmann, 2019).

Die Studie zum Technologie- und Innovationsmanagement in Deutschland und Österreich (2021) belegt, dass in befragten Unternehmen rund 20 % von Ideen in neue Produkte umgesetzt und ca. 40 % der umgesetzten Ideen zu einem Markterfolg geworden sind. Dies bedeutet insgesamt, dass knapp jede zehnte Idee in Produkte oder Dienstleistungen umgesetzt und auch erfolgreich im Markt platziert wird (vgl. Ahrens et al., 2021, S. 49).

Um die Erfolgsquoten von Innovationen zu steigern, sollten Innovationsprozesse so gestaltet werden, dass die Erfolgsaussichten in jedem Schritt des Innovationsprozesses eingeschätzt werden können, um das Innovationsprojekt gegebenenfalls rechtzeitig abzubrechen (vgl. dazu Abschn. 9.5).

Außerdem unterstreichen die Aussagen der Studien die Bedeutung des „menschlichen Faktors" in der Innovationsarbeit: nicht nur standardisierte Prozesse und rechtzeitige Einbeziehung von Kunden, sondern auch Widerstände und Ängste der Beschäftigten zählen zu den kritischen Erfolgsfaktoren der Innovation (vgl. dazu Abschn. 11.2).

8.3.2 Echte und Verbesserungs-Innovationen

Ähnlich wie bei inkrementellen und radikalen Innovationen wird es je nach Ausmaß der Neuheit zwischen echten Innovationen (als Welt-, Markt- oder Unternehmensneuheiten) und Verbesserungsinnovationen unterschieden.

Bei den echten Innovationen werden die wesentlichen Kernmerkmale des Produktes neugestaltet, wie z. B. der Motor eines Autos – vom Verbrennungsmotor zum Elektromotor. Selbstfahrendes Auto ist ein weiteres Beispiel einer echten Innovation.

Echte Innovationen können Weltneuheiten (z. B. iPhone von Apple im Jahr 2007) oder Marktneuheiten (Smartphone Galaxy von Samsung im Jahr 2010) sein. Auch Unternehmensneuheiten können aus Sicht eines Unternehmens echte Innovationen sein, wenn bei denen wesentliche Komponenten eines traditionellen Produktes geändert werden.

Bei den Verbesserungsinnovationen (auch bekannt als Produktvariationen oder quasineue Produkte) werden Produkte oder Dienstleistungen in ihrer Funktionalität verbessert, allerdings ist der Neuheitsgrad der Verbesserungsinnovation wesentlich geringer als der einer echten Innovation.

Bei Verbesserungsinnovationen werden einzelne oder mehrere Nutzenparameter verbessert, wobei die grundlegenden Funktionen und Eigenschaften erhalten bleiben.

Die meisten gängigen Innovationen in der Unternehmenspraxis sind Verbesserungsinnovationen. Als praktische Beispiele von Verbesserungsinnovationen dienen:

- die Leistungssteigerung von Computern durch die ständige Weiterentwicklung der Prozessoren und anderer Komponenten,
- neue Pkw-Modelle mit immer geringerem Treibstoffverbrauch und Schadstoffausstoß bei Verbrennungsmotoren,
- eine kontinuierliche Erweiterung des Spektrums von Smartphone-Funktionen.

Im Kontext von Verbesserungsinnovationen kann – je nach Grad der Veränderung – von Produktdifferenzierungen, Produktvarianten, Nachahmungen (Imitationen) und Scheininnovationen gesprochen werden.

Unter Produktdifferenzierung wird eine Veränderung von einzelnen oder mehreren Produktmerkmalen bereits im Markt vorhandener Produkte verstanden, die die Qualität, Sicherheit oder Benutzerfreundlichkeit des Produktes verbessern.

Produktvarianten sind geringfügige, unwesentliche Veränderungen der ästhetischen, physikalischen, funktionalen oder symbolischen Nutzenkomponenten eines existierenden Produktes. Das Produkt kann in zahlreichen Varianten hinsichtlich seiner Kern- und Zusatzmerkmale angeboten werden, um das Absatzprogramm zu erweitern und möglichst viele Marktsegmente und Konsumentenschichten anzusprechen.

Produktvarianten-Vielfalt bei Samsung

Samsung ist nach wie vor Marktführer bei Smartphones und erfreut sich entsprechend großer Beliebtheit. Früher bot Samsung ein recht überschaubares Portfolio an Smartphones. Nachdem das südkoreanische Unternehmen kurzzeitig sogar die Marktführerschaft an Huawei abgeben musste, erweiterte Samsung sein Smartphone-Angebot. Aktuell (Stand August 2022) sind auf der Homepage des Herstellers zum Artikelzeitpunkt 18 Smartphone-Modelle zum Kaufen aufgeführt und deutlich mehr werden aufgelistet. Das umfasst neben den aktuellen Modellen sogar Vorgänger und Vor-Vorgänger der 2022er-Geräte (vgl. Schomberg, 2022). ◄

Im Gegensatz zu Produktvarianten ist der Begriff der Nachahmung (Imitation) grundsätzlich negativ belegt, weil dieser Innovation keine eigene kreative Idee zugrunde liegt. Als Imitation (oder auch Me-too-Produkte) bezeichnet man das Nachahmen von Lösungen, die in anderen Unternehmen bereits vorhanden sind und erfolgreich eingesetzt werden.

Wird an dem bestehenden Produkt etwas geändert, was zu keinem Zusatznutzen für den Kunden führt, so geht es in der Regel um eine Scheininnovation. Es geht eher um eine Pseudoverbesserung, ohne einen neuen oder zusätzlichen Nutzen für den Kunden.

Allerdings ist auch dieser Begriff unscharf. Eine Verbesserung des Designs kann beispielsweise als ein Zusatznutzen (ästhetischer Nutzen) aufgefasst werden. Eine Veränderung der Form oder der Farbe eines Wasserfilters ohne Veränderung der Funktionen wäre eine Scheininnovation, die allerdings eine bessere Handhabung beim Wasserauffüllen oder ästhetische Freude durch eine frühlinghafte Farbe bedeuten könnte.

Die Produktdifferenzierungen und -varianten, Imitationen und Scheininnovationen gehören zu der Kategorie der inkrementellen Innovationen.

8.3.3   Subjektiver Charakter der Innovativität

Die Ausführungen dieses Kapitels haben bereits angedeutet, dass die Neuartigkeit einer Innovation in großem Maße subjektiv ist. Die subjektive Wahrnehmung eines objektiv identischen Produktes kann bei verschiedenen potenziellen Kunden unterschiedlich sein. Während ein Teil der potenziellen Kunden ein Produkt als Innovation wahrnimmt, wird es von dem anderen Teil als gering bzw. nicht innovativ eingeschätzt. Neben den objektiv messbaren Größen, wie Alter, Bekanntheit oder Verbreitung eines neuen Produktes, ist seine subjektive Wahrnehmung durch Kunden für die Bewertung der Innovativität ausschlaggebend. Deswegen ist es berechtigt, neben den objektiven Kriterien der Neuheit auch von der „gefühlten Innovativität" zu sprechen. Diese Sichtweise kann marketingstrategisch sehr gewinnbringend sein.

Das laufende Beobachten und Verstehen von Kundenbedürfnissen ist eine zentrale Voraussetzung für Innovationserfolg. Der subjektiv wahrgenommene Nutzen durch die Kunden sollte ständig im Mittelpunkt der Innovationsarbeit stehen. Was will der Kunde wirklich? Wofür ist er bereit, sein Geld auszugeben?

Im Extremfall geht es um Produkte, die „keiner wirklich braucht, aber jeder haben will", wie ein Auto der Marke Porsche. Gelingt es einem Unternehmen, sein Wissen über emotionale Kundenbedürfnisse in neue Produkte zu verwandeln, so kann es erfolgreich sein. Schließlich geht es bei einem Auto nicht bloß um die Mobilität (von A nach B zu kommen), sondern um viel mehr. Der Wunsch nach Status, Prestige, Image kann auch durch ein Auto befriedigt werden.

Auch das Unternehmen Apple versteht es sehr gut, seinen Produkten einen Kultstatus zu verleihen, und gewinnt dadurch eine zahlungskräftige Kundschaft in der ganzen Welt, obwohl die Konkurrenzprodukte mit gleichen Eigenschaften wesentlich günstiger sind.

Warum sind die Konsumenten in der ganzen Welt bereit, für ein neues iPhone-Modell 1000 € auszugeben? Ist es Prestige, Status, Zugehörigkeit?

iPhone als das erfolgreichste Produkt des Jahrtausends

Der Technologie-Konzern Apple hat einmal mehr bewiesen, wie gut er die Wünsche von Zigmillionen Menschen rund um den Globus einschätzen kann und deren Bereitschaft, Geld auszugeben, in den Vereinigten Staaten, in China, in Europa. Apple bricht Rekorde, der Konzern könnte bald eine Billion Dollar wert sein. Das iPhone (zum ersten Mal präsentiert im Jahr 2007) ist damit das bislang kommerziell erfolgreichste Produkt dieses Jahrtausends. Durch kluge Vermarktung (wie markante eigene Markenläden) ist es Apple gelungen, ein einzelnes Smartphone aus der überall erhältlichen existierenden Vielfalt dieser Geräte herauszulösen und konsequent in einem Preissegment zu etablieren, das solche Gewinnmargen ermöglicht. Apple unterscheidet sich von anderen Anbietern auch durch ein geschlossenes eigenes digitales Ökosystem, der Konzern verkauft eigene Handys mit eigenem Betriebssystem, eigenem Browser, eigenem App-Store, alles aus einer Hand (vgl. Armbruster, 2018). ◄

Bei jeglichen Kaufentscheidungen – egal, um welches Produkt es geht – werden rationale Überlegungen mit Emotionen kombiniert. Bei den so genannten kulturell aufgeladenen Konsumprodukten, die zur Verwirklichung eines Lifestyles dienen, ist die gefühlte Innovativität zentral. Hier sind Attraktivität und emotionale Begehrlichkeit für den Erfolg einer Innovation entscheidend. Bei den technischen Produkten spielt die Rationalität, basierend auf einer objektiven Bewertung, eine wichtige Rolle, aber die Emotionen sind auch hier wichtig, z. B. das Gefühl der Sicherheit und Geborgenheit, die durch die hohe technische Qualität suggeriert werden.

Unternehmen bemühen sich darum, potenzielle Kunden mit spezifischen Marketingmaßnahmen zu überzeugen, ein neues Produkt als Innovation wahrzunehmen und zu begehren. Das Ziel der Produktwerbung besteht darin, bei potenziellen Kunden Interesse, positive Emotionen oder Überraschung in Bezug auf das neue Produkt hervorzurufen. Die modernen Marketingmethoden setzen überraschende Werbevideos, Role Models (Influencer) und diverse psychologische Tricks ein, um Emotionen der Kunden anzusprechen.

Viele Unternehmen berücksichtigen die subjektive Wahrnehmung eines Produktes oder seiner Komponenten durch den Kunden bereits in den frühen Phasen der Produktentwicklung. Ein typisches Tool dafür ist die agile Entwicklungsmethode Design Thinking (vgl. Abschn. 10.3.3).

Wie die Ausführungen zu den Grundlagen der Innovation gezeigt haben, bedarf die Arbeit an Innovationen in Unternehmen eines gezielten systematischen Innovationsmanagements.

8.4   Innovationsmanagement in Unternehmen

Sowohl die Bedeutung der Innovationen für den Unternehmenserfolg als auch die Komplexität der Innovationsarbeit machen eine systematische Arbeit an und mit Innovationen notwendig. Innovationen dürfen nicht dem Zufall überlassen werden, sie sollten vorbereitet, geplant und gesteuert werden. Mit diesen Aufgaben beschäftigt sich das Innovationsmanagement.

8.4.1   Begriff und Aufgaben des Innovationsmanagements

Innovationsmanagement übernimmt alle strategischen und operativen Aufgaben zur Planung, Organisation und Kontrolle von Innovationsprozessen und zur Schaffung von dazu erforderlichen Rahmenbedingungen in Unternehmen. Damit hat es weitergehende Funktionen, als traditionelles F&E- und Technologiemanagement.

Die Abteilungen für Forschung und Entwicklung (F&E), die in vielen Unternehmen historisch entstanden sind, verfolgen als Hauptaufgabe theoretische oder empirische Gewinnung von grundlegend neuen wissenschaftlichen Erkenntnissen (Grundlagenforschung), darauf basierende angewandte Forschung sowie ihre systematische Anwendung mit dem Zweck, neue oder verbesserte Materialien, Geräte, Produkte, Verfahren oder Systeme zu entwickeln. Insbesondere im Industriebereich findet Innovation vor allem durch die F&E-Tätigkeit statt, die ebenfalls den größten Anteil an Innovationskosten ausmacht.

Das Ziel des F&E-Managements ist eine effektive (auf die richtigen Handlungsfelder bezogene) und effiziente (mit den richtigen Mittel durchgeführte) Abwicklung der Forschungs- und Entwicklungsaktivitäten im Unternehmen.

Die Inhalte des Technologiemanagements sind noch enger gefasst, es verfolgt das Ziel, Technologiepotenziale des Unternehmens auszubauen, neue Technologieentwicklungen zu beobachten und umzusetzen.

Nach Vahs und Brem (2015, S. 26) kann unter Technologiemanagement das „Management technologischen Wissens verstanden werden, also die Beschaffung, Speicherung und Verwertung insbesondere natur- und ingenieurwissenschaftlichen Wissens". Mithilfe des Technologiemanagements soll die technologische Wettbewerbsfähigkeit eines Unternehmens gesichert werden.

Das Innovationsmanagement geht über die Bereiche des Technologie- und F&E-Managements hinaus und hat die Aufgabe, die Innovationstätigkeit in Unternehmen optimal zu steuern, um langfristige Wettbewerbsvorteile zu erzielen.

Gemäß dem im Jahr 2020 in Deutschland eingeführten **ISO 56002** Standard für ein **ganzheitliches Innovationsmanagementsystem** verfolgt das Innovationsmanagement als oberstes Ziel die Steigerung des Unternehmenswertes durch ein ganzheitliches Innovationsmanagement und basiert auf sieben Prinzipien: Wertsteigerung, zukunftsgerichtete

Führung, strategische Ausrichtung, verbesserte Unternehmenskultur, umfassende Einblicke, handhabbare Unsicherheit und gesteigerte Anpassungsfähigkeit des Unternehmens (vgl. Winterhoff, 2021).

Das Innovationsmanagement schließt sämtliche Aktivitäten des Wertschöpfungsprozesses eines Unternehmens mit ein: Es beginnt mit der Zukunfts- und Trendforschung und endet mit der Markteinführung eines neuen Produktes. Innovationsmanagement kann als eine bereichsübergreifende Querschnittfunktion im Unternehmen beschrieben werden. Alle Bereiche des Unternehmens – Strategieentwicklung, Beschaffung, Organisation, Rechnungswesen, Finanzierung, Personal, Controlling, Marketing – sind von dem Innovationsmanagement betroffen.

Innovationsprozesse besitzen im Vergleich zu Routineprozessen in Unternehmen eine besondere Komplexität und Unsicherheit und stellen hohe Anforderungen an Unternehmen und ihre Belegschaften. Dabei befindet sich Innovationsmanagement in einem Spannungsfeld zwischen Markt und Technologie, Dynamik und Stabilität, Chancen und Risiken, internen und externen Ideenquellen, einzelnen Erfinder und Umsetzungsteams.

Die **Aufgaben** des Innovationsmanagements können wie folgt spezifiziert werden:

- Zukunfts- und Trendforschung, Beobachtung von schwachen Signalen, Definition von Suchfeldern für Innovationen,
- Festlegung von Innovationszielen und -strategien,
- Gewinnung von Ideen (intern und extern),
- Planung, Steuerung und Kontrolle von Innovationsprozessen,
- Optimale organisatorische Eingliederung der Innovationsarbeit,
- Schaffung einer innovationsfördernden Unternehmenskultur, Beseitigung von Innovationsbarrieren,
- kontinuierliche Arbeit an der Innovationsfähigkeit des Unternehmens.

Um diese komplexen Aufgaben umzusetzen, haben laut einer aktuellen Studie 42 % der Unternehmen in Deutschland und Österreich eine **eigene Abteilung**, die sich mit Innovationsthemen auseinandersetzt. Bei einer branchenspezifischen Betrachtung weisen besonders die Sektoren Energiewirtschaft (69 %), Maschinen- & Anlagenbau (59 %), Verkehr & Logistik (56 %), Chemie & Pharmazie (53 %) und Automobilindustrie (48 %) einen besonders hohen Anteil an Unternehmen mit einer spezifischen Abteilung für Technologie- und Innovationsmanagement auf (vgl. Ahrens et al., 2021, S. 9).

Zu den zentralen **Zielen** des Innovationsmanagements in Unternehmen zählen: Verbesserung der Qualität der Produkte/Dienstleistungen (fast 90 % der Befragten), Verbesserung und Anpassung der Produktionsprozesse/Dienstleistungsprozesse (82 %), Ersetzen von veralteten Produkten oder Dienstleistungen und die Erweiterung des Dienstleistungsangebots (jeweils rund 79 %) sowie Kostenreduktion (74 %) (vgl. Ahrens et al., 2021, S. 23).

8.4.2   Dimensionen des Innovationsmanagements

Die Aufgaben des Innovationsmanagements haben einen systemischen Charakter, sind interdisziplinär und langfristig angelegt. Dadurch besitzt das Innovationsmanagement in Unternehmen eine besondere Komplexität. Neben den „harten" Faktoren des Innovationsmanagements, die sich auf die Strategie, Planung, Kontrolle und Organisation der Innovationsarbeit beziehen, sind die weichen Faktoren von großer Bedeutung, die auf die Gestaltung von innovationsfördernden Rahmenbedingungen (Unternehmenskultur, Personalführung, Motivation) ausgerichtet sind.

Das neue internationale Innovationsmanagementsystem nach ISO 56002 wird über **sieben Dimensionen** gesteuert, die es einem Unternehmen ermöglichen, das Reifegrad des eigenen Innovationsmanagements zu überprüfen (vgl. Winterhoff, 2021):

- Organisationskontext: sind alle internen und externen Herausforderungen mit Einfluss auf das Innovationsmanagement bekannt?
- Führung: sind alle Führungsebenen rund um das Thema Innovationsmanagement gleichsam engagiert?
- Planung: sind Aufbau und Ablauf der Planung für das Innovationsmanagements passend?
- Unterstützung: sind die richtigen Ressourcen- und Rahmenbedingungen für das Innovationmanagement gegeben?
- Prozess: sind die Abläufe für die Umsetzung des Innovationsmanagements klar und funktionierend?
- Erfolgsmessung: sind die vorhandenen Instrumente für die Messung, Analyse und Bewertung für die erfolgreiche Arbeit des Innovationsmanagements vorhanden?
- Verbesserung: sind die Auswertungen der Erfolgsmessung die Basis für eine kontinuierliche Verbesserung des Innovationsmanagements?

Eine systematische Beschäftigung mit diesen Fragen ermöglicht eine optimale Organisation der Innovationsarbeit, schlanke Innovationsprozesse, Nutzung von Innovationspotenzialen in der Belegschaft und kontinuierliche Lernprozesse im Kontext der Innovation.

In den weiteren Kapiteln werden die zentralen Aufgaben des Innovationsmanagements ausführlicher diskutiert und mit Best Practice Beispielen aus erfolgreichen Unternehmen belegt.

Das Kapitel neun fokussiert die strategischen Fragestellungen des Innovationsmanagements – die Entwicklung der Innovationsstrategie auf der Basis der Zukunfts- und Trendforschung, inklusive der Neuausrichtung des Geschäftsmodells, strategische Entscheidungen zur Organisation der Innovationsarbeit und die Gestaltung der Innovationsprozesse (vgl. Kap. 9).

Die Gewinnung von neuen Ideen – intern und extern – wird zusammen mit Kreativitätstechniken und agilen Entwicklungsmethoden im Kapitel zehn beschrieben (s. Kap. 10).

Und im letzten Kapitel des Buches wird die Steigerung der Innovationsfähigkeit eines Unternehmens fokussiert, um seine langfristige Wettbewerbsfähigkeit nachhaltig zu sichern (vgl. Kap. 11).

Verständnisfragen

1. Was versteht man unter Innovation?
2. Welche Typen von Innovationen nach dem Gegenstandsbereich kann man unterscheiden?
3. Welche Felder beinhaltet das Canvas Business Model?
4. Warum sind die Geschäftsmodellinnovationen besonders komplex?
5. Wie lassen sich Innovationen je nach Neuheitsgrad differenzieren?
6. Wodurch unterscheiden sich radikale/disruptive Innovationen von inkrementellen?
7. Warum spielen digitale Technologien eine zentrale Rolle bei den aktuellen Innovationen?
8. Welche Aufgaben hat Innovationsmanagement in Unternehmen?
9. Welche Dimensionen hat ganzheitliches Innovationsmanagement?

Literatur

Ahrens, K., Sala, A., & Schaff, A. (2021). *Studie zum Technologie- und Innovationsmanagement – Methodeneinsatz, Ausgestaltung und Erfolgsfaktoren. KCT Schriftenreihe der FOM, Band 6.* MA Akademie Verlags- und Druck-Gesellschaft.

Armbruster, A. (2018). Der unglaubliche Erfolg des iPhones. https://www.faz.net/aktuell/wirtschaft/diginomics/apples-geheimnis-der-unglaubliche-erfolg-des-iphones-15717612.html. Zugegriffen am 10.09.2022.

Baird, N. (2021). *Innovator's Playbook: Produkte und Dienstleistungen entwickeln, die Kunden lieben.* Wiley-VCH.

Barnett, H. G. (1953). *Innovation: The basis of cultural change.* McGraw-Hill.

Beutnagel, W. (2021). Tesla ist Innovations-Champion bei E-Autos. https://www.automobil-produktion.de/technologie/tesla-ist-innovations-champion-bei-e-autos-714.html. Zugegriffen am 13.08.2022.

BMWi. (o. J.). Business model Canvas. http://www.existenzgruender.de/DE/Weg-in-die-Selbstaendigkeit/Businessplan/Business-Model-Canvas/inhalt.html. Zugegriffen am 28.08.2022.

Bock, A. J., & George, G. (2020). *Das Business Model Buch. Wie Sie innovative Geschäftsideen entwerfen und erfolgreich in die Tat umsetzen.* Pearson.

Diehl, A. (2018). Business Model Canvas – Geschäftsmodelle visualisieren, strukturieren und diskutieren. https://digitaleneuordnung.de/blog/business-model-canvas-erklaerung/. Zugegriffen am 27.08.2022.

Franken, S. (2019). *Verhaltensorientierte Führung. Handeln, Lernen und Diversity in Unternehmen.* Springer Gabler.

Gassmann, O. (2013). Innovation: Zufall oder Management? In O. Gassmann & P. Sutter (Hrsg.), *Praxiswissen Innovationsmanagement. Von der Idee zum Markterfolg* (3. Aufl., S. 1–23). Hanser.

Gassmann, O., & Sutter, P. (2019). Software erobert die Welt. In O. Gassmann & P. Sutter (Hrsg.), *Digitale Transformation gestalten. Geschäftsmodelle, Erfolgsfaktoren, Checklisten* (2. Aufl., S. 3–18). Hanser.

Gillmann, B. (2019). Gescheiterte Innovationen kosten Deutschland jährlich mindestens 20 Milliarden Euro. https://www.handelsblatt.com/politik/deutschland/forschung-und-entwicklung-gescheiterte-innovationen-kosten-deutschland-jaehrlich-mindestens-20-milliarden-euro/24017920.html. Zugegriffen am 24.08.2022.

Hauschildt, J., Salomo, S., Schultz, C., & Kock, A. (2016). *Innovationsmanagement* (6. Aufl.). Vahlen.

Li, M., Peters, C., Leimeister, J. M., & Zierau, N. (2019). Digitale Servicesysteme. In O. Gassmann & P. Sutter (Hrsg.), *Digitale Transformation gestalten. Geschäftsmodelle, Erfolgsfaktoren, Checklisten* (2. Aufl., S. 33–41). Hanser.

Macharzina, K., & Wolf, J. (2017). *Unternehmensführung. Das internationale Managementwissen: Konzepte – Methoden – Praxis* (10. Aufl.). Gabler.

Mobilikon. (o. J.). E-scooter-sharing. https://www.mobilikon.de/massnahme/e-scooter-sharing. Zugegriffen am 13.08.2022.

Osterwalder, A., & Pigneur, Y. (2011). *Business Model Generation: Ein Handbuch für Visionäre, Spielveränderer und Herausforderer*. Campus.

Picot, A., Dietl, H., Franck, E., Fiedler, M., & Royer, S. (2020). *Organisation. Theorie und Praxis aus ökonomischer Sicht* (8. Aufl.). Schäffer Poeschel.

Reiter, T. (2021). *Killing Innovation. Wie Unternehmen ihre Innovationskraft selbst zerstören und wie sie sie überlebt!* Vahlen.

Rogers, E. M. (2003). *Diffusion of innovations* (5. Aufl.). The Free Press.

Sauer, R., Dopfer, M., Schmeiss, J., & Gassmann, O. (2019). Das Geschäftsmodell: Gral der Digitalisierung. In O. Gassmann & P. Sutter (Hrsg.), *Digitale Transformation gestalten. Geschäftsmodelle, Erfolgsfaktoren, Checklisten* (2. Aufl., S. 19–32). Hanser.

Schmidt, P. (2022). Apple: Alles zur Geschichte, dem Mac, iPhone, und Betriebssystemen iOS und MacOS. https://www.ingame.de/news/apple-steve-jobs-geschichte-mac-iphone-ipad-ios-macos-smartphone-applewatch-cupertino-91289070.html. Zugegriffen am 13.08.2022.

Schomberg, S. (2022). Galaxy A53, S22+, Z Flip 3 & Co.: Welches Samsung-Smartphone ist das Beste? https://www.techstage.de/ratgeber/galaxy-a53-s22-z-flip-3-und-co-welches-samsung-smartphone-ist-das-beste/kvsyp0e. Zugegriffen am 24.08.2022.

Schumpeter, J. (2006). *Theorie der wirtschaftlichen Entwicklung*. Nachdruck der 1. Auflage von 1912. Hrsg. und erg. um eine Einführung von Jochen Röpke – Olaf Stiller. Duncker & Humblot.

Siemens. (o. J.). Kraftvoller Roboter für den Flugzeugbau. https://new.siemens.com/global/de/unternehmen/stories/industrie/luftfahrt-robotik.html. Zugegriffen am 13.08.2022.

TKE (Thyssenkrupp Elevator). (o. J.). MAX. Maximale Verfügbarkeit, jederzeit. https://www.tkelevator.com/de-de/produkte/max/. Zugegriffen am 13.08.2022.

Uebernickel, F., Stölzle, W., Lennerts, S., Lampe, K., & Hoffmann, C. P. (2016). St. Galler Business-Innovation-Modell. In C. P. Hoffmann, S. Lennerts, C. Schmitz, W. Stölzle, & F. Uebernickel (Hrsg.), *Business Innovation: Das St. Galler Modell* (S. 3–17). Springer Gabler.

Vahs, D., & Brem, A. (2015). *Innovationsmanagement. Von der Produktidee zur erfolgreichen Vermarktung* (5. Aufl.). Schäffer Poeschel.

Welpe, I. M., Brosi, P., & Schwarzmüller, T. (2018). *Digital Work Design. Die Big Five für Arbeit, Führung und Organisation im digitalen Zeitalter*. Campus.

Winterhoff, H.-W. (2021). Innovationsmanagement nach ISO 56002: Ziele, Prinzipien, Dimensionen. https://innotonic.de/aktuelles/innovationsmanagement-nach-iso-56002-ziele-prinzipien-dimensionen/. Zugegriffen am 27.08.2022.

Zalando. (2022). Zalando erwartet Wachstum und höhere Profitabilität für das zweite Halbjahr 2022. https://corporate.zalando.com/de/investor-relations/news-stories/zalando-ergebnis-zweites-quartal-22. Zugegriffen am 23.08.2022.

Zeit Online. (2022). Audi testet Montage-Inseln als Ergänzung zum Fließband. https://www.zeit.de/news/2022-07/26/audi-testet-montage-inseln-als-ergaenzung-zum-fliessband?utm_referrer=https%3A%2F%2Fwww.google.com%2F. Zugegriffen am 13.08.2022.

Innovationsstrategie

9

Zusammenfassung

Strategische Entscheidungen in Bezug auf Innovation in Unternehmen in Form einer Innovationsstrategie bilden eine Grundlage für die Ausrichtung künftiger Innovationen und beschreiben, mit welchen Produkten, Dienstleistungen und Geschäftsmodellen das Unternehmen in der Zukunft wettbewerbsfähig sein will. Die Innovationsstrategie ist ein Bestandteil der Gesamtstrategie des Unternehmens, berücksichtigt die unternehmensrelevanten Megatrends in der Gesellschaft und Wirtschaft, vor allem in Bezug auf Technologie und Kundenbedürfnisse. Die Innovationsstrategie soll konkret, umsetzungsorientiert und verständlich sein. Die Entwicklung der Innovationsstrategie erfolgt in einzelnen vordefinierten Schritten, beginnend mit der Zukunfts- und Trendforschung. Zentrale Ergebnisse der Innovationsstrategieentwicklung sind: Technologie- und Produktportfolio, Entscheidungen über die Veränderung oder Neuausrichtung des Geschäftsmodells, organisatorische Gestaltung der Innovationsarbeit und Gestaltung des Innovationsprozesses in Unternehmen. Diese Aspekte werden in diesem Kapitel erläutert und mit praktischen Beispielen belegt.

9.1 Entwicklung der Innovationsstrategie

Im Rahmen der Innovationsstrategie werden auf Basis der Unternehmensvision und -ziele sowie von internen und externen Analysen über die Wachstumsstoßrichtungen, den Ressourceneinsatz, die Forschungs- und Entwicklungsaktivitäten sowie den Markteintrittszeitpunkt für die Innovationstätigkeiten entschieden und die Frage beantwortet, welche Leistungen ein Unternehmen für seine Kunden erbringen will (vgl. Uebernickel et al., 2016, S. 8).

© Der/die Autor(en), exklusiv lizenziert an Springer Fachmedien Wiesbaden GmbH, ein Teil von Springer Nature 2023
R. Franken, S. Franken, *Wissen, Lernen und Innovation im digitalen Unternehmen*, https://doi.org/10.1007/978-3-658-40822-0_9

Für eine Innovationsstrategie müssen Annahmen bezüglich der technologischen Machbarkeit, der Marktentwicklung, der Wettbewerber, des Kundenverhaltens getroffen werden. Eine Strategie definiert die grobe Richtung, in welche das Unternehmen sich bewegen soll, sie setzt Leitplanken als Orientierungsrahmen und ermöglicht eine konzeptionelle Gesamtsicht des Unternehmens und seiner Umwelt (vgl. Gassmann & Wecht, 2013, S. 25).

Die Entwicklung der Innovationsstrategie basiert auf der Beobachtung und Analyse des Unternehmens selbst (Stärken, Schwächen, Potenziale, Kernkompetenzen) und seiner Umgebung (Chancen, Risiken, Megatrends, technologische und gesellschaftliche Entwicklungen).

9.1.1 Definition und Bedeutung der Innovationsstrategie

Eine Strategie dient dazu, den Erfolg eines Unternehmens in der Zukunft zu sichern, und bezieht sich auf die erwartete zukünftige Umwelt und deren Anforderungen. Die Innovationsstrategie ist ein wesentlicher Teil der Unternehmensstrategie, welche Aussagen über die Zukunftsfähigkeit des Unternehmens macht. Eine klare und transparente Innovationsstrategie bildet die Grundlage für ein effektives Innovationsmanagement und hat wesentlichen Einfluss auf den Unternehmenserfolg (vgl. Cooper, 2019, S. 41).

▶ **Innovationsstrategie** Eine **Innovationsstrategie** umfasst alle strategischen Aussagen für die Entwicklung und Vermarktung neuer Geschäftsmodelle, Produkte und Verfahren, für die Erschließung neuer Märkte, für die Einführung neuer Organisationsstrukturen und sozialer Beziehungen im Unternehmen und zwischen dem Unternehmen und seinen Stakeholdern.

Mit der Innovationsstrategie wird festgelegt, wie ein Unternehmen seine Innovationen bei Produkten, Dienstleistungen, Prozessen, Service oder Geschäftsmodellen am Markt platziert. Dabei kommt es darauf an, sich im Vergleich zu Wettbewerbern Vorteile zu verschaffen, die für die Kunden relevant sind.

9.1.2 Schritte der Strategieentwicklung

Als Grundlage für die Entwicklung einer Innovationsstrategie kann das St. Galler Modell der Technologie- und Innovationsstrategie mit seinen elf Schritten dienen, welches in der Abb. 9.1 dargestellt wird.

In den dargestellten elf Schritten sind folgende Aufgaben zu bewältigen (vgl. Gassmann & Wecht, 2013, S. 30–35):

- Im ersten Schritt wird eine Innovationsvision formuliert. Sie muss zukunftsorientiert, und jedoch realistisch sein. Eine Vision bildet die Grundlage für die Unternehmenskultur (s. ausführlich Abschn. 11.3) und verleiht den Bemühungen und dem Engagement der Beschäftigten einen Sinn.

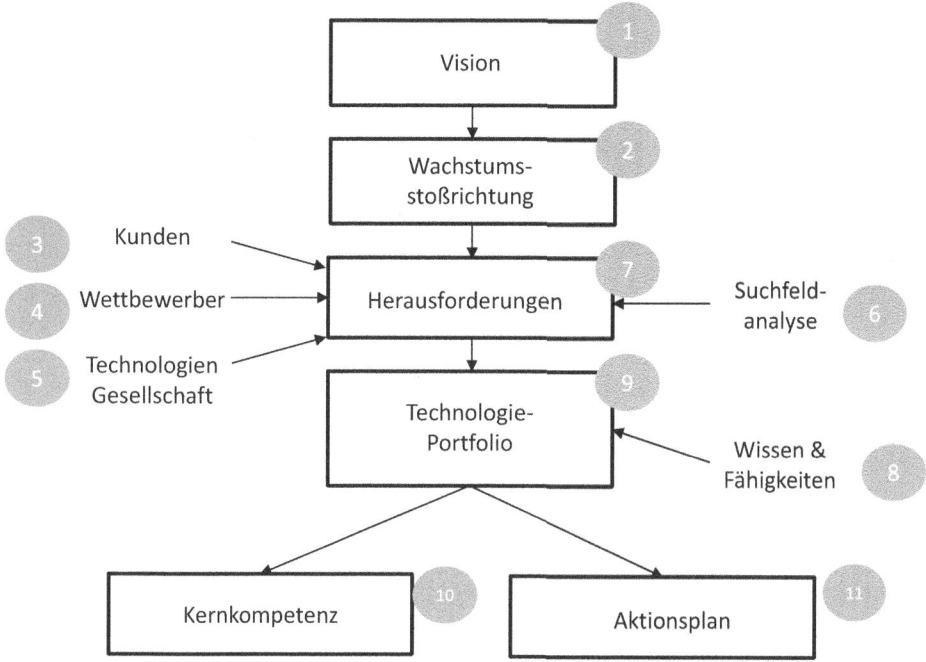

Abb. 9.1 St. Galler Modell zur Entwicklung der Technologie- und Innovationsstrategie. (Quelle: eigene Darstellung nach Gassmann & Wecht, 2013, S. 29)

- Im Schritt zwei werden Wachstumsstoßrichtungen definiert, die für die Innovationen der Zukunft ausschlaggebend sind.
- Schritt drei befasst sich mit den Kunden und ihren Bedürfnissen. In diesem Schritt werden anhand der Marktanalyse oder Workshops mit ausgewählten Kunden (Lead-User-Methode, s. Abschn. 10.4) die Herausforderungen an das Unternehmen aus Sicht der Kunden analysiert. Hierbei geht es nicht um konkrete Produktvorschläge, sondern vielmehr um die Anforderungen der Kunden, neue Trends oder veränderte Wahrnehmungen.
- Im vierten Schritt werden die Wettbewerber betrachtet. Bei der Innovation geht es nicht nur um gute neue Produkte, sondern um die subjektive Wahrnehmung der Produkte durch die Kunden im Vergleich zu den Konkurrenzprodukten (vgl. Ausführungen zum subjektiven Charakter der Innovation im Abschn. 8.3.3). Eine Wettbewerbsanalyse beinhaltet eine Darstellung von heutigen und künftigen Wettbewerbern, bei der die eigene Position in Relation zu den wichtigsten Wettbewerbern anhand der Dimensionen wie Kundenorientierung, Produktqualität, Leistungsspektrum usw. aufgezeigt wird.
- Bei dem Schritt fünf werden die wichtigsten technologischen Trends dargestellt, als Ergebnis einer Technologiefrühaufklärung (vgl. Abschn. 9.2.2.1) oder eines Workshops mit ausgewählten Experten, sowie die gesellschaftlichen Anforderungen (neue Gesetze, Richtlinien, gesellschaftliche Trends und Erwartungen etc.).

- Der sechste Schritt Suchfeldanalyse ist nur für radikale und disruptive Innovationen relevant. Dafür werden die wichtigsten Markt- und Technologietrends erfasst und insbesondere an den Schnittstellen, wo Markttrends mit Technologietrends kombiniert werden können, die strategischen Suchfelder abgeleitet. Diese Suchfelder ermöglichen eine Fokussierung und damit Bündelung kreativer Ressourcen.
- Im Schritt sieben werden aus den vorherigen Analysen der Kunden-, Markt-, Technologie- und Wettbewerbstrends sowie gegebenenfalls einer Suchfeldanalyse die Herausforderungen für das Unternehmen abgeleitet. Um bei hoher Unsicherheit des Eintretens und Verlaufs eines Trends trotzdem Planungsgrundlagen zu schaffen, eignet sich die Szenarioanalyse (s. dazu Abschn. 9.2.1). Hier werden relevante Veränderungen für die nächsten fünf bis zehn Jahre aus der interdisziplinären Perspektive dargestellt.
- Der Schritt acht fokussiert Wissen und Fähigkeiten, die im Unternehmen vorliegen, um die erfolgskritischen Kompetenzen und Know-how zu identifizieren und bei Bedarf Lücken zu schließen.
- Im neunten Schritt wird unter der Berücksichtigung des vorhandenen Know-hows das Technologieportfolio abgebildet, mit dem man die Antworten auf die gefundenen Herausforderungen bewältigen kann (vgl. Abschn. 9.2.2.3).
- Im Schritt zehn werden die Kernkompetenzen des Unternehmens definiert, die langfristig die Wettbewerbsvorteile des Unternehmens bilden und ausgebaut werden. Sie lassen sich als marktorientierte Bündel von Technologien, angereichert mit Prozessen, Fähigkeiten und Werten verstehen. Die Identifikation von Kernkompetenzen zählt zu den zentralen Aspekten der Innovationsstrategie, da sie dem Unternehmen ermöglicht, sich von Wettbewerbern zu unterscheiden und sich im globalen Wettbewerb durchzusetzen.
- Im letzten Schritt werden in einem Aktionsplan die erforderlichen Maßnahmen formuliert, um die erforderlichen Kompetenzen zu entwickeln (Technologien, Prozesse, Fähigkeiten und Wissen). Diese Maßnahmen betreffen das Überdenken bestehender Roadmaps, eine Überarbeitung der Allokation von F&E-Ressourcen, Fragen der (Re-) Organisation der F&E sowie Pläne zum Aufbau zukünftiger Fähigkeiten und Humanressourcen.

Wie diese kurz beschriebenen Schritte in der Unternehmenspraxis umgesetzt werden können, wird in weiteren Ausführungen detailliert erläutert.

9.2   Zukunfts- und Trendforschung als Grundlage für die Innovationsstrategie

Eine systematische Beschäftigung mit der Zukunft ist für erfolgreiche Innovationen von großer Bedeutung. Innovation ist Zukunft und Zukunft ist Innovation. Jedes Unternehmen sollte sich kontinuierlich mit Fragen wie „Mit welchen Produkten werden wir in fünf Jahren unsere Umsätze machen?", „Wer werden unsere Kunden sein und welche Bedürfnisse werden sie haben?", „Welche Strategien werden uns zum Erfolg führen?" beschäftigen.

Noch mehr als in industriellen, auf Rohstoff- und Wertschöpfungsketten basierenden Wirtschaftssystemen der Vergangenheit, ist es in unserer dynamischen vernetzten Wissensgesellschaft erforderlich, sich mit der Zukunft intensiv zu beschäftigen: Unternehmen müssen ihre Anpassungsfähigkeit erhöhen und darüber hinaus vorausschauender und flexibler ihre strategische Planung betreiben. Es geht dabei um eine Anpassung an die allgemeinen Entwicklungen in der Umwelt des Unternehmens und darüber hinaus um eine aktive Gestaltung und Formung der eigenen Zukunft. In diesem Sinne kann von einem Zukunftsmanagement gesprochen werden, das sich neben der Zukunftsforschung mit Visionen, Geschäftsmodellen und zukunftsfähigen Strategien befasst.

9.2.1 Zukunftsmanagement, Megatrends und Szenarien

Unabhängig von der Größe und Branche stellt die Zukunft für jedes Unternehmen eine Herausforderung dar. Für einen nachhaltigen Erfolg müssen Unternehmen systematisch nach schwachen Signalen suchen und ihre Umwelten, Märkte und Stakeholder beobachten. Diese bewusste Beschäftigung mit den Chancen und Risiken einer ungewissen Zukunft ist die Voraussetzung der Überlebensfähigkeit eines Unternehmens.

Die Ergebnisse der Studie zum Technologie- und Innovationsmanagement in deutschen Unternehmen 2021 belegen, dass ca. **83 %** der Unternehmen Trendanalyse einsetzen und fast **60 %** Szenariotechnik nutzen (vgl. Ahrens et al., 2021, S. 29).

Während man früher glaubte, allein durch eine optimale Anpassung an die Umweltbedingungen seine Zukunft sichern zu können, erscheint es heute nicht mehr ausreichend, da sich die Umweltbedingungen zu rasant ändern. Es kommt darauf an, die eigene Position im Markt zu definieren und zu sichern, durch eine systematische Zukunftsforschung relevante Entwicklungen vorwegzunehmen und Märkte aktiv zu gestalten, im Sinne eines **Zukunftsmanagement**s.

Nur wer neue Technologien, neue Geschäftsmodelle und neue Arbeitsmethoden willkommen heißt, wird als Unternehmen am Markt bestehen, deswegen müssen Unternehmen Technologie als Treiber der Innovation verstehen und (agile) Methoden einsetzen, um die Innovationen schneller voranzutreiben (vgl. Schüller & Steffen, 2017, S. 110).

Als Erfolgsrezept für Innovationen gilt eine Kombination aus der Nutzung von neusten Technologien und dem Gespür für die auf den Megatrends basierenden Kundenbedürfnisse. Hierbei können kleine junge Unternehmen den alten großen Konzernen Konkurrenz machen, z. B. Elektroautos von Tesla den klassischen Automodellen traditioneller Automobilproduzenten. Erfolgreiche Newcomer wie Tesla, Uber, AirBnB oder Netflix machen es vor.

Erfolgsgeschichte von Netflix

Die Videoverleihfirma Netflix wurde 1997 in Kalifornien gegründet und konkurrierte mit Blockbuster, dem größten Wettbewerber im Videoverleih über Ladengeschäfte. Allerdings hat Netflix früh auf die Video-Streaming-Technologie gesetzt und ist 2007 ins Video-on-Demand-Geschäft eingestiegen (seit 2014 auch in Deutschland). Im Jahr 2010 ist sein Konkurrent Blockbuster fast vom Markt verschwunden und hat 2014 seine letzten Geschäfte geschlossen. (vgl. Schüller & Steffen, 2017, S. 112). Netflix hatte 2022 weltweit mehr als 220 Mio. Abonnenten und 11 Tausend Mitarbeiter (vgl. Statista, 2022). ◄

Am Beispiel von Netflix wird offensichtlich, wie wichtig es für ein Unternehmen ist, relevante Megatrends hinsichtlich Kundenbedürfnisse (hier: Individualisierung, ständige Verfügbarkeit) zu erkennen und entsprechende Chancen für neue Geschäftsmodelle und Produkte mithilfe von neuen Technologien (hier: Videostreaming) zu nutzen.

Das Zukunftsmanagement beginnt mit der Identifikation der Megatrends in der Gesellschaft und Wirtschaft, die für das Unternehmen relevant sind.

▶ **Megatrends** sind tiefgreifende Veränderungen in der Wirtschaft und Gesellschaft, die zwar relativ langsam vor sich gehen, sich dafür aber über eine große Zeitspanne hinziehen und den Rahmen bilden für viele andere, davon beeinflusste Entwicklungen.

Zu den Megatrends werden Globalisierung, Klimawandel, Digitalisierung, neue Mobilität, demografischer Wandel und andere gezählt – all dies sind Entwicklungen, die nicht nur die heutige Welt prägen, sondern bereits seit längerem wirksam sind und voraussichtlich auch unsere Kinder und Kindeskinder noch beschäftigen werden.

Das Zukunftsinstitut aus Frankfurt am Main hat zwölf solcher **Megatrends** identifiziert, die sich als die großen Treiber des Wandels darstellen (in alphabetischer Reihenfolge, ohne Priorisierung) (vgl. Zukunftsinstitut, 2021):

- Gender Shift (neue Rolle von Frauen, Beschäftigungs- und Karriereorientierung),
- Gesundheit (gutes langes Leben, Wohlbefinden, Fitness),
- Globalisierung (internationale Konzernmächte, Cyber-Angriffe, Vernetzung),
- Individualisierung (von Wertesystemen, Konsummustern, Alltagskultur etc.),
- Konnektivität (Vernetzung dominiert den gesellschaftlichen Wandel und die Gesellschaft),
- Mobilität (neue Formen der Fortbewegung: vernetzt, digital, postfossil und geteilt),
- Neo-Ökologie (prägt persönliche Kaufentscheidungen, gesellschaftliche Werte oder Unternehmensstrategien),
- New Work (neue Rollenverteilung zwischen Menschen und Maschinen, neue Arbeitsgestaltung, Remote Arbeit),
- Sicherheit (Streben nach Ordnung, Absicherung in Krisenzeiten),
- Silver Society (Menschen leben länger und bleiben länger gesund),
- Urbanisierung (immer mehr Menschen leben weltweit in Städten),
- Wissenskultur (wachsende Bedeutung des Wissens und des lebenslangen Lernens).

Die Bedeutung der einzelnen Megatrends für ein Unternehmen ist von seiner Branche, Größe und Beschaffenheit abhängig und soll maßgeschneidert analysiert werden.

In der dynamischen, unsicheren und mehrdeutiger Wirtschaftswelt von heute gibt es keine sicheren Zukunftsprognosen, deswegen setzen viele Firmen neben der Trendanalyse auch **Szenariotechniken** ein, um verschiedene Entwicklungsvarianten durchzuspielen und geeignete Lösungen vorzubereiten.

Szenarien unterscheiden sich von Prognosen und Trends anhand von zwei Denkweisen (vgl. Fink & Siebe, 2013):

1. Zukunftsoffenes Denken: Aufgrund der Ungewissheit in politischen, wirtschaftlichen, gesellschaftlichen und technischen Umfeldern sowie in konkreten Branchen und Handlungsfeldern wird nicht mehr versucht, die Zukunft exakt vorherzusagen. Stattdessen werden gezielt mehrere, vorstellbare Zukunftsbilder entwickelt und beschrieben.
2. Vernetztes Denken: Die Vielfalt der unternehmerischen Umfelder hat sich durch Globalisierung, Digitalisierung und sich verändernde Ansprüche und Anspruchsgruppen stetig erhöht. Hinzu kommt, dass die Dynamik der Änderungsprozesse im Umfeld ständig zunimmt. Daher haben wir es in der Regel mit komplexen Systemen zu tun, die adäquat nur durch vernetztes oder systemisches Denken gehandhabt werden können.

Die Kombination von zukunftsoffenem und vernetztem Denken führt zur Definition eines Szenarios. Darunter wird eine von mehreren Zukünften verstanden, die auf einer schlüssigen Kombination denkbarer Entwicklungsannahmen beruht. Insofern sind Trends und Szenarien die Werkzeuge, die Veränderungsimpulse aufnehmen, wobei Szenarien aufgrund der Zukunftsoffenheit und Vernetzung als weitreichender angesehen werden können.

Je nach Ebene im Unternehmen – strategische, taktische und operative Ebene – können verschiedene Instrumente der Zukunftsforschung eingesetzt werden (vgl. Fink & Siebe, 2013):

- Auf der strategischen Ebene entscheiden ein Unternehmen oder eine Organisation über die Vision. Darunter verstehen wir die grundsätzlichen und häufig normativen Ziele, wie sie beispielsweise in Leitbildern formuliert werden, sowie die wesentlichen strategischen Zielpositionen wie die strategische Positionierung und die Kernkompetenzen. Instrumente: **Szenarien**.
- Auf der taktischen Ebene erfolgt die Umsetzung der Vision in ein Geschäftsmodell und konkrete Roadmaps. Dabei werden Ziele konkretisiert, Strategie-, Produkt- oder Technologie-Roadmaps entworfen, und es wird das Verhalten im Wettbewerb simuliert. Instrumente: **Trendscouting** (Trendanalyse).
- Auf der operativen Ebene wird diese Leitlinie in Form von konkreten Planungen umgesetzt. Hier werden Geschäftspläne erstellt, Investitionsentscheidungen getroffen, Risiken identifiziert und bewertet sowie Krisen verhindert oder bewältigt. Methoden: quantitative, auf Extrapolationen basierende **Planung**.

Auf der Basis der Megatrendanalyse und Szenariotechnik sollen strategische Entscheidungen zu der Ausrichtung der Technologie und den künftigen Produkten des Unternehmens getroffen werden. Die gängigen Instrumente dafür sind Technologie- und Trendscouting.

9.2.2   Entwicklung von Technologie- und Produktportfolio

Es ist für jedes Unternehmen wichtig, die technologischen Entwicklungen und Trends kontinuierlich zu beobachten (Technologie- und Trendscouting), um ein Technologieportfolio und ein Produktportfolio als Grundlage für Innovationen zu entwickeln. Ca. 70 % der Unternehmen setzen Portfoliotechniken im Innovationsmanagement ein (vgl. Ahrens et al., 2021, S. 29).

9.2.2.1 Technologie- und Trendscouting

Im Rahmen des Technologiescouting (synonym Technology-Monitoring, Technology-Forecasting, deutsch: Technologie-Prognose) wird externes technologisches Wissen (z. B. von Universitäten, Forschungsinstituten, Mitbewerbern) gesammelt und in Form eines Technologieradars abgebildet.

▶ **Technologiescouting** (Technologie-Prognose) befasst sich mit der frühzeitigen Erkennung von Veränderungen und Potenzialen technologischer Entwicklungen.

Es geht dabei um eine breit angelegte frühzeitige Erkennung relevanter technologischer Trends, wofür ausgewählte Felder des technologischen Umfelds, wie zum Beispiel Konkurrenten, aber auch Universitäten, Start-up-Unternehmen, Kunden und Zulieferer beobachtet werden. Deswegen wird oft auch von Trendscouting gesprochen.

▶ **Trendscouting** (Trendanalyse) ist das Diagnostizieren, Definieren und Dokumentieren von Veränderungen in Gesellschaft, Märkten und Marketing.

Für Trendscouting können verschiedene Quellen genutzt werden: Messen, Konferenzen, Blogs, Netzwerke mit Kunden und Zulieferern, Patentanmeldungen, Kontakte zu Hochschulen und Forschungsinstituten usw.

Die Informationen über Trends müssen im Unternehmen verarbeitet und in Strategien und Pläne umgesetzt werden. Als praktisches Instrument dafür werden spezielle Trendberichte erstellt, die im Unternehmen breit kommuniziert werden.

Die Änderungsgeschwindigkeit der Technologien ist so hoch und die notwendige Reaktionszeit auf dem Markt so kurz, dass sich insbesondere technologieintensive Unternehmen mit technologischen Entwicklungen permanent beschäftigen und zu diesem Zweck in Netzwerke integrieren. Die Funktion des Technologiescouting wird oft von speziell ausgewählten und geschulten Personen (Technologiescouts) oder von der F&E übernommen. Einige Unternehmen (z. B. IBM) betrachten grundsätzlich jeden Mitarbeiter als potenziellen Scout.

Ein wirksames Verfahren zum Technologiescouting stellt die Patentanalyse dar, da Patente solide und leichtzugängliche Informationen sind. Die meisten Großunternehmen haben dafür eigene Patentabteilungen oder -verantwortliche, KMU verlassen sich auf spezialisierte Dienstleiter auf diesem Gebiet. Darüber hinaus helfen Kontakte zu Wissenschaftlern, Besuche von Messen, Ausstellungen und Kongressen, Analyse von Print- und digitalen Publikationen, zukünftige Technologielandschaften vorherzusagen.

9.2.2.2 Technologie- und Trendradar

Eine übersichtliche, anschauliche Darstellung von gesammelten Informationen spielt im Technologiescouting eine wichtige Rolle. Eine gängige Darstellungsform ist ein Technologieradar. Viele Unternehmen erstellen selbst solche Technologie- oder Trendradare mit relevanten unternehmensspezifischen Technologien und mehreren Zeithorizonten. Als Ergebnis wird ein für das Unternehmen relevantes **Trendradar** erstellt, das die für das Unternehmen in den kommenden 5 bis 10 Jahren bedeutenden Trends abbildet.

Ein Beispiel stellt der Trendradar dar, der von der Deutsche Post DHL Group im Jahr 2020 veröffentlicht wurde (Abb. 9.2).

In dem Radar von DHL werden die bekannten Megatrends und technologische Treiber – getrennt nach ökonomischen und gesellschaftlichen Trends (links) und technologischen Trends (rechts) je nach Zeithorizont und Relevanz platziert. Die allgemeinen Megatrends (vgl. Zukunftsinstitut, 2021) wurden vor dem Hintergrund der Besonderheiten der Logistikbranche reduziert und angepasst, man erkennt die Megatrends Silver Society, Individualisierung, Sicherheit, New Work wieder (vgl. Abschn. 9.2.1), die für DHL besonders bedeutend sind. Aus den bereits beschriebenen relevanten Technologien (vgl. Kap. 2) kommen in dem Trend Radar von DHL folgende vor: KI, IoT, Data Analytics, Robotik und Automatisierung, Cloud Technologie, selbstfahrende Autos, 3D Druck, Erweiterte und virtuelle Realität (AR/VR) etc.

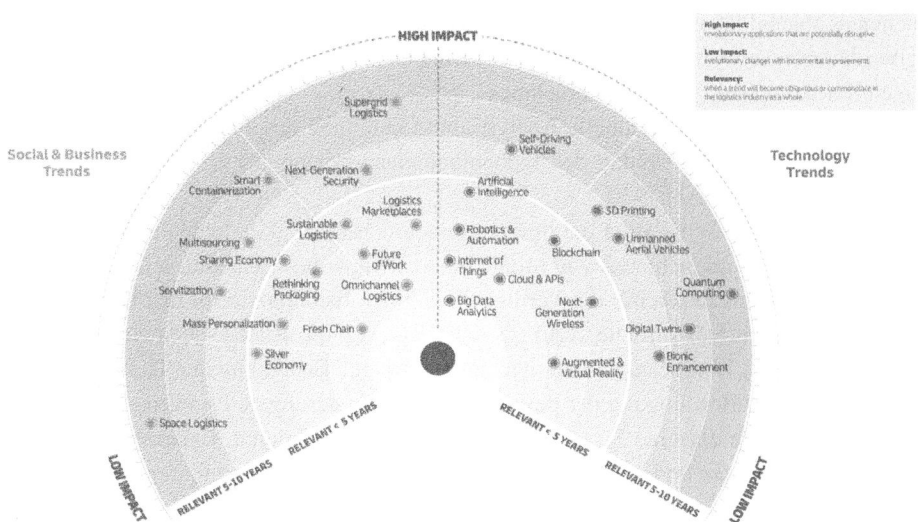

Abb. 9.2 Trendradar von Deutsche Post DHL. (Vgl. Deutsche Post DHL Group, 2020)

Als Schlussfolgerungen aus der Trendanalyse werden bei der Deutschen Post DHL Group folgende Konsequenzen abgeleitet: Dynamisches Wachstum in den Bereichen Datenanalytik, künstliche Intelligenz, Robotertechnik, Internet der Dinge, Cloud, und API signalisieren eine neue Normalität für die Logistik. Bahnbrechende Entwicklungen bei Quantencomputing, Blockchain und Weltraumlogistik eröffnen Logistikanbietern Chancen für neue, groß angelegte Lösungen und neue Services. Die Nachhaltigkeit ist für alle Branchen ein Muss und erfordert rasche Innovationen für Verpackung, Planung und Optimierung sowie im Gebäudemanagement, um Emissionen zu reduzieren (vgl. Deutsche Post DHL Group, 2020).

Das reine Auffinden der Technologien, die sich als disruptiv erweisen könnten, bereitet den meisten Unternehmen kein Problem. Am schwierigsten ist es, die langfristigen Folgen eines Technologietrends für ein Unternehmen zu bewerten. Um eine solche Bewertung zu ermöglichen, braucht man in einem Unternehmen nicht nur eine bloße Beobachtung der Technologietrends, sondern eine breite Einschätzung der Folgen durch die Fachexperten, die zugleich das Produkt und seinen Nutzen mit den Augen des Kunden sehen können. Das ist eine echte Herausforderung. Erfolgreiche Unternehmen versuchen, eine breite Kommunikation der Trendauswirkungen auf ihren IT-Plattformen anzuregen, um möglichst viele Spezialisten in diesen Prozess einzubeziehen.

9.2.2.3 Technologieportfolio

Auf der Basis einer fundierten Technologie- und Trendanalyse werden unternehmensbezogene Technologie-Roadmaps und Technologieportfolios erarbeitet. Diese Analysen sind unternehmensspezifisch und werden individuell erstellt, es gibt keine Standardlösungen.

In einem Technologieportfolio werden Technologien und Kernkompetenzen des Unternehmens abgebildet und visualisiert. Das Technologieportfolio ist strategisch ausgerichtet, gibt adäquate Antworten auf die Herausforderungen und fokussiert die heutigen und künftigen Kernkompetenzen des Unternehmens.

Als Basis für eine individuelle Analyse und Gestaltung des Technologieportfolios in Unternehmen kann das Modell des Technologiemanagements der Universität St. Gallen genutzt werden (vgl. Abb. 9.3).

Die horizontale Achse zeigt die interne Ressourcenstärke, d. h. technologiebezogenen Fähigkeiten des Unternehmens wie Mitarbeitende, Know-how, Patente, Infrastruktur etc. Somit repräsentiert die Achse die Verfügbarkeit einer Technologie für das Unternehmen und seine inneren Stärken. Die vertikale Achse spiegelt die strategischen Auswirkungen einer technischen Kompetenz wider, wie die langfristige Bedeutung der Technologie und ihren Beitrag zur Bewältigung der definierten Herausforderungen. Es werden fünf Felder unterschieden, die einzelne Strategien beschreiben: Identifizieren, Experimentieren, Investieren, Optimieren und Abbauen. Die Felder Investieren und Optimieren stehen für die Kernkompetenzen des Unternehmens. Die fünf Strategien durchlaufen typischerweise sequenziell einen natürlichen Lebenszyklus (im Uhrzeigersinn) und wechseln sich ab (vgl. Gassmann & Wecht, 2013, S. 33).

Neben den strategischen Entscheidungen zu der Technologie sind fundierte Analysen für künftige Produkte (Produktportfolio) erforderlich.

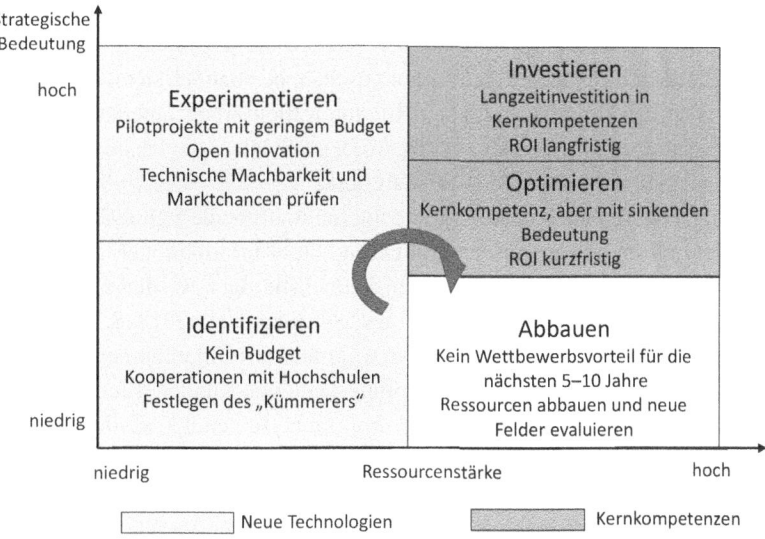

Abb. 9.3 Technologieportfolio. (Quelle: eigene Darstellung nach Gassmann & Wecht, 2013, S. 33)

9.2.2.4 SWOT-Analyse und Produktportfolio

Um die für das Unternehmen, seine Produkte und seine Rahmenbedingungen richtige Innovationsstrategie zu finden, muss man zunächst die Stärken und Schwächen des Unternehmens im Vergleich zum Wettbewerb kennen, die mithilfe einer Stärken-Schwächen-Analyse identifiziert werden können. Außerdem muss man wissen, welche Potenziale, Möglichkeiten und Chancen einerseits und Gefahren, Bedrohungen und Risiken andererseits die Marktentwicklung prägen können. Als Ergebnis wird eine SWOT-Matrix erstellt, die als Basis für die Ableitung des Produktportfolios des Unternehmens dient.

Die SWOT-Analyse ist die Aufgabe der Entscheidungsträger, die für strategische Fragen zuständig sind. In Großunternehmen befassen sich damit überwiegend Experten für Zukunfts- oder Innovationsmanagement, in kleinen und mittleren Unternehmen sind es meistens die Geschäftsführer selbst. Da die Auslegung von Informationen in einer Analyse immer einen subjektiven Charakter hat, ist es empfehlenswert, für die Erstellung einer SWOT-Matrix weitere Experten aus dem eigenen Unternehmen (z. B. Führungskräfte aus verschiedenen Bereichen) oder externe Berater hinzuzuziehen.

Interne und externe Situationsanalyse Im Rahmen der **internen Analyse** werden spezifische Stärken und Schwächen des Unternehmens definiert. Typische Fragen zu den Stärken sind: Was sind unsere besonderen Stärken? Was hat uns erfolgreich gemacht? Welche Synergiepotenziale kann man erkennen? Welche Produkte sind besonders umsatzstark? Typische Fragen zu den Schwächen sind: Was sind unsere spezifischen Schwächen? Welche Ursachen hatten unsere Misserfolge? Was läuft bei uns suboptimal? Mit welchen Störungen hatten wir zu tun? Welche Produkte sind umsatzschwach?

Die interne Analyse kann mit der Potenzialanalyse oder Analyse von Kernkompetenzen verbunden werden. Bei der Potenzialanalyse werden die gegenwärtig vorhandenen und künftig erforderlichen (finanziellen, technologischen, personellen) Ressourcen des Unternehmens hinsichtlich ihrer Verfügbarkeit für Innovationsarbeit untersucht. Bei dem auf den Kernkompetenzen basierenden Ansatz werden vor allem die besonderen Stärken des Unternehmens und ihr weiterer Ausbau analysiert.

Die meisten Unternehmen nutzen für die interne Analyse die Kennzahlen und Informationen aus dem Rechnungswesen, allerdings sind diese Informationen grundsätzlich vergangenheitsorientiert und meistens funktionsbereichsbezogen, wodurch ihre Eignung für strategische Entscheidungen eingeschränkt ist (vgl. Jung et al., 2018, S. 334).

Für die **externe Analyse** wird das relevante Umfeld des Unternehmens betrachtet, d. h. Märkte und Akteure entlang der Wertschöpfungskette wie Kunden, Lieferanten und Konkurrenten. Dafür können Markt- und Konkurrenzanalyse genutzt werden. Es wird angestrebt, rechtzeitig neue Marketingchancen und Innovationschancen zu identifizieren und Bedrohungen durch die globale Konkurrenz zu erkennen. Typische Fragen zu den Chancen sind: Welche Chancen bringen neue Entwicklungen der Märkte und Technologien? Welche Möglichkeiten stehen uns offen? Welche konkreten Verbesserungsmöglichkeiten können wir nutzen? Typische Fragen zu den Risiken: Welche Gefahren kommen auf uns zu? Was sind mögliche Risiken, kritische Faktoren im Umfeld? Welche Schwierigkeiten sind in der gesamtwirtschaftlichen Situation zu erwarten? Was machen unsere Wettbewerber?

Als Quellen der Informationsgewinnung für die externe Analyse können veröffentlichte Daten aus der Wirtschaftsfachpresse, Tageszeitungen, Sachverständigenberichten, Geschäftsberichten, Pflichtveröffentlichungen im Handelsregister etc. herangezogen werden. Auch die Informationen aus Gesprächen mit Lieferanten, Kunden, Wettbewerbern sind von Bedeutung und sollen erfasst und ausgewertet werden. Empirische Studien zeigen, dass die meisten Unternehmen bei der externen Analyse den klassischen Analysefeldern Kunden und Konkurrenz die höchste Aufmerksamkeit beimessen (vgl. Jung et al., 2018, S. 320–321).

In den hart umkämpften Märkten kommt es darauf an, die Stärken und Schwächen des Unternehmens in Vergleich zu den Konkurrenten und die daraus resultierenden Potenziale der Innovation zu erkennen. Eine geeignete Methode dafür stellt das **Benchmarking** dar, bei dem ein Vergleich mit den Produkten oder Prozessen der konkurrierenden Unternehmen durchgeführt wird. Das hilft dabei, eigene Stärken und Schwächen zu reflektieren. Beim Benchmarking werden zunächst die Vergleichskriterien definiert, z. B. technologische, finanzielle, organisatorische, wissens- und kundenbezogene Potenziale. Diese Kriterien werden für das eigene Unternehmen und für die Wettbewerber bewertet und in Form eines Profils dargestellt. So werden relative Stärken und Schwächen sichtbar gemacht und Potenziale zur Entwicklung von Produktinnovationen abgeleitet. Abschließend werden die Ergebnisse der internen und externen Situationsanalyse in einer Matrix der SWOT-Analyse zusammengestellt.

SWOT-Matrix und Produktportfolio Die Basis für eine SWOT-Matrix bilden innerbetriebliche Stärken (Strengths) und Schwächen (Weaknesses) und externe Chancen (Opportunities) sowie Gefahren (Threats), welche die Handlungsfelder des Unternehmens betreffen. Aus der Kombination der Stärken-Schwächen-Analyse und der Chancen-Gefahren-Analyse kann eine ganzheitliche Strategie für die Entwicklung des Unternehmens abgeleitet werden. Die Stärken und Schwächen sind dabei relative Größen und können erst im Vergleich mit den Konkurrenten beurteilt werden (vgl. Abb. 9.4).

Die Matrix zeigt unterschiedliche Möglichkeiten der Nutzung der Stärken und der Vermeidung der Schwächen auf. Prinzipiell ergeben sich vier grundsätzliche strategische Möglichkeiten aufgrund eines Abgleichs der Besonderheiten des Unternehmens und der Einflussfaktoren aus seinem Umfeld. Indem sich das Management an dem Prinzip orientiert, sowohl Stärken und Chancen zu maximieren als auch Schwächen und Bedrohungspotenziale und deren Risiken zu minimieren, werden Überlegungen in Bezug auf strategische Optionen angestellt (vgl. Jung et al., 2018, S. 335–336).

Viele Unternehmen verwenden die SWOT-Analyse für die Formulierung der Innovationsstrategie. Die Methode ermöglicht die Definition strategischer Zielfelder, die zur Initiierung von neuen Produkten oder Eliminieren von überholten Produkten dienen können.

Trifft eine Entwicklung im Umfeld des Unternehmens (eine Chance) auf eine Stärke des Unternehmens, so kann sie von dem Unternehmen als Vorteil ausgebaut werden. Aufgrund der vorhandenen Potenziale kann es einem Unternehmen besser gelingen, als seinem Konkurrenten. Zum Beispiel, Lieferanten von Obst und Gemüse mit Bezug zu den regionalen Produzenten können von dem wachsenden Umweltbewusstsein der Konsumenten profitie-

SWOT-Analyse		Interne Analyse	
		Stärken (Strengths)	**Schwächen** (Weaknesses)
E x t e r n e A n a l y s e	**Gelegenheiten** (Opportunities)	Verfolgen von neuen Chancen, die gut zu den Stärken des Unternehmens passen.	Überwindung eigener Schwächen, um neue Möglichkeiten zu nutzen.
	Bedrohungen (Threats)	Eigene Stärken nutzen, um Bedrohungen abzuwenden.	Einschränkung eigener Schwächen, um Bedrohungen zu vermeiden.

Abb. 9.4 SWOT-Matrix. (Quelle: eigene Darstellung)

ren, die bereit sind, für regionale Produkte mehr Geld auszugeben. Als Innovationsent-
scheidung kann die Erweiterung der Palette regionaler Produkte abgeleitet werden.

Plastikproduzenten sind dagegen von dem zunehmenden Umweltbewusstsein der Kunden als Risiko betroffen – die Einwegflaschen und Plastiktüten werden immer weniger
gefragt. Als Entscheidung für eine strategische Innovation kann eine Umstellung der Produktion auf Mehrwegverpackungen oder die Entwicklung von neuen Plastikmaterialien,
die in der Natur abbaufähig sind, erfolgen.

Bei der Analyse der internen Schwächen und ihrer Kombination mit Chancen können
ebenfalls neue Produkte angestrebt werden, um die externen Chancen für den Abbau von
eigenen Schwächen zu nutzen. Ein Beispiel dafür ist die Entwicklung von elektrisch ge-
triebenen Pkw-Modellen bei den deutschen Automobilkonzernen in den vergangenen Jahren, beschleunigt durch die Konkurrenz mit Tesla und anderen ausländischen E-Autos und
vor dem Hintergrund des zunehmenden Trends zu umweltfreundlicher Mobilität.

Diese Beispiele zeigen, dass ein Unternehmen durch die Verwendung der SWOT-
Analyse fundiert und langfristig sein Produktportfolio anpassen und optimieren kann, um
sich auf die Wertschöpfungsaktivitäten mit den größten Wettbewerbsvorteilen zu konzentrieren. Darüber hinaus kann die SWOT-Analyse dafür helfen, das Geschäftsmodell eines
Unternehmens neu auszurichten. Im Fall von Automobilproduzenten kann man als Beispiel das Konzept „Car2go" nennen, was der Tendenz zum Nutzen statt Besitzen (Sharing-
Economy), insbesondere bei jüngeren Kunden, entspricht.

9.3   Neuausrichtung oder Veränderung des Geschäftsmodells

Die Komplexität von Geschäftsmodellinnovationen wurde bereits in Kapitel acht thematisiert und anhand von ausgewählten Beispielen aufgezeigt. Bevor man ein neues
Geschäftsmodell kreiert, ist es immer sinnvoll, das bestehende Geschäftsmodell genauer
zu reflektieren, was mithilfe von Business Model Canvas analysiert werden kann (vgl.
Abschn. 8.2.4). In diesem Kapitel werden die Instrumente und Methoden erläutert, die
in der Praxis für eine Neuausrichtung des Geschäftsmodells genutzt werden können.

9.3.1   Digitalisierung als Treiber für neue Geschäftsmodelle

Digitale Technologien stellen für Unternehmen eine Chance bei der Entwicklung neuer,
digitaler Geschäftsmodelle, aber zugleich auch unternehmensbedrohende Risiken dar,
wenn sie ihre Relevanz und Auswirkungen nicht erkennen. Unternehmen müssen ihr
Wertschöpfungsmodell kontinuierlich hinterfragen, um nicht von der Konkurrenz, auch
Quereinsteigern, überrollt zu werden.

Digitale Geschäftsmodelle attackieren die traditionellen produkt- und technologieorientierten Unternehmen. Uber revolutioniert ohne Taxis und Taxifahrer die Taxibranche,
Skype ohne eigene Netzwerkinfrastruktur die Telekommunikationsindustrie. Zweiseitige

Märkte lassen sich leicht auf digitalen Plattformen realisieren. Dabei ist es egal, ob es sich um den Verkauf von Produkten und Dienstleistungen, um die Vermittlung von Kompetenzen oder um den Abgleich von Stromnutzung und Stromverbrauch im privaten Umfeld dreht. Fast jedes Geschäft lässt sich zu mehr Transparenz, geringeren Transaktionskosten und damit mehr Wettbewerb transformieren (vgl. Gassmann & Sutter, 2019, S. 9).

Ein wichtiger Treiber für neue Geschäftsmodelle ist das Internet der Dinge (IoT), d. h. die Vernetzung und dadurch automatisierte Überwachung und Steuerung von Produkten. Die Einsatzbereiche für IoT sind vielfältig: Durch Sensoren in der Lagerhaltung und Logistik werden Bestände optimiert und Störungen in der Lieferkette in Echtzeit erkannt. In der Produktion überwachen sie die Prozesse und vermindern Produktionsausfälle durch frühzeitige Warnmeldung.

Die Informatisierung von Fertigungstechnik und Logistik über Maschine-zu-Maschine-Kommunikation weist enorme Potenziale für die Steigerung der Produktivität auf. Cyberphysische Systeme sorgen für eine Automatisierung der Produktion und ihrer unterstützenden Prozesse auf einer völlig neuen Ebene. Firmen wie Siemens, Trumpf, Bosch und Bühler ermöglichen bereits heute ihren Kunden eine Remote-Diagnostik und darauf aufbauend Fernwartung, Remote-Parametrisierung und -Systemoptimierung sowie aufbauende Service-Dienstleistungen (vgl. Gassmann & Sutter, 2019, S. 6).

Auch die automatische Steuerung von Beleuchtungs-, Heiz- und Kühlsystemen führt zu einer Einsparung von Energieressourcen. Die Vernetzung ist aber nicht auf den Unternehmensbereich beschränkt. Smart-Home verbindet Haustechnik, Haushaltsgeräte und Unterhaltungselektronik und ermöglicht z. B. intelligentes Wohnen.

Sauer et al. (2019, S. 22) beschreiben verschiedene **Grade der Digitalisierung von Geschäftsmodellen**, die sich hinsichtlich des Ausmaßes der Veränderung unterscheiden:

- E-Business,
- internetbasierte Wertversprechen,
- intelligente Wertketten,
- neues digitales Geschäftsmodell.

Dabei beginnt die Entwicklung eines digitalisierten Geschäftsmodells minimal im E-Business. Hier werden E-Technologien (E-Sourcing, E-Commerce etc.) entlang der Wertschöpfungskette adaptiert. Die zugrunde liegende Geschäftslogik bleibt aber erhalten. E-Business kann somit auch als grundlegende Voraussetzung weitreichender Digitalisierung erachtet werden. Ein höherer Digitalisierungsgrad wird durch die Anwendung von IoT-Technologien wertkettenaufwärts und -abwärts erreicht. Eine wertkettenaufwärtsgerichtete Digitalisierung eröffnet die Potenziale für eine erhöhte Dienstleistungsqualität, direkte Kundeninteraktion, individuelle Kundenansprache und eine Transparenz zum und beim Kunden. Die Ausrichtung wertkettenabwärts bedeutet die Flexibilisierung der Wertschöpfungskette, Nutzung von Optimierungspotenzialen, dezentrale Steuerung, Realtime-Informationen und Entscheidungsunterstützung im Unternehmen (vgl. Sauer et al., 2019, S. 29).

In der intelligenten Wertkette werden digitale Technologien vor allem für die Produktion und Logistik eingesetzt. Entscheidungszyklen werden auf Basis von Echtzeitdaten beschleunigt und Produktionssysteme dezentraler und vernetzter, also flexibler. Wenden Unternehmen internetbasierte Services Technologien auf der Kundenseite an, so entstehen in der Folge innovative und direkte Interaktionsmöglichkeiten mit dem Kunden, die höhere Anforderungen an die Flexibilität des Unternehmens stellen.

Beide Stoßrichtungen haben das Potenzial, die Geschäftslogik grundlegend zu ändern, und führen zu einem neuen Geschäftsmodell, wobei jeweils mehrere Felder des bestehenden Geschäftsmodells von der Digitalisierung beeinflusst werden: Kunden, Nutzenversprechen, Produkt, Zulieferer, Mitarbeiter, Management etc. Deswegen kann man von umfassenden, tiefgreifenden Innovationen sprechen.

Ein charakteristisches Merkmal und entscheidender Erfolgsfaktor von digitalen Geschäftsmodellen ist ihre starke **Kundenorientierung**. Produktion und Konsumption fallen bei digitalen Geschäftsmodellen oft zeitlich zusammen, da eine engere Verzahnung der Leistung in die Wertschöpfungskette des Kunden entsteht. Die hohe Kundenorientierung erlaubt eine schnelle und kostengünstige Messbarkeit: Während der gesamten Interaktion mit dem Kunden (vor, während und nach dem Kauf) lassen sich Datenpunkte erheben, die Aufschluss über die Nachfrage, die Qualität und die Effektivität des Produktes zulassen. So können Innovationen schnell und häufig ohne große Investitionen getestet und optimiert werden. Der gezielte Einsatz von Technologien über jegliche Wertschöpfungsstufen erlaubt einen nachhaltigen Wandel und eine übergreifende Integration der Geschäftsprozesse, extern mit den Kunden und Lieferanten und intern mit den Mitarbeitern des Unternehmens (vgl. Sauer et al., 2019, S. 28).

Die Digitalisierung von Geschäftsmodellen geht oft mit einer Disruption von bestehenden Unternehmen einher. Scheer (2018, S. 5) definiert **disruptive Geschäftsmodelle** als solche, bei denen „ein gegebenes Produkt oder gegebene Dienstleistung durch die Digitalisierung völlig neu definiert wird, bestehende Anbieter ihre wirtschaftlichen und technischen Kompetenzen verlieren und neue Anbieter auftreten, die die bisher erfolgreichen verdrängen."

9.3.2 Typische Muster für neue Geschäftsmodelle

Um neue Geschäftsmodelle zu kreieren, können Unternehmen die bekannten typischen Muster von Geschäftsmodellinnovationen nutzen, die beispielsweise von Gassmann und Frankenberger (2019) beschrieben wurden. Ihre Forschung hat ergeben, dass über 90 % aller Geschäftsmodelle der letzten 50 Jahre als eine Rekombination von existierenden Ideen, Konzepten und Mustern entstanden sind. Dieses Wissen lässt sich nutzen, um die dargestellten 60 Grundmuster von Geschäftsmodellen vor dem Hintergrund der Digitalisierung als Quelle für neue Geschäftsmodelle in der eigenen Industrie und im eigenen Unternehmen zu nutzen. Einige dieser Muster, die den Meisten von uns aus dem Alltag bekannt sind und einen Bezug zur Digitalisierung aufweisen, werden hier beispielhaft dargestellt: Add-on, Auction, Cash Machine, Freemium, Lock-in, Mass Customization und Subscription (vgl. Gassmann & Frankenberger, 2019, S. 199–215):

Add-on Das Basisangebot wird zu einem wettbewerbsfähigen Preis angeboten, das aber durch zahlreiche Extras erweitert werden kann, die den Endpreis nach oben treiben. Dies kann dazu führen, dass der Kunde schlussendlich bereit ist, mehr auszugeben als zu Beginn erwartet. Kunden profitieren von einem variablen Angebot, das sie an ihre spezifischen Bedürfnisse anpassen können. Beispiele: Ryanair (1985), SAP (1992), Sega (1998), Xing (2003). Das Muster ist insbesondere für digitale Services geeignet.

Auction Versteigerung bedeutet, ein Produkt oder eine Dienstleistung an den Höchstbietenden zu verkaufen. Der Endpreis wird ermittelt, wenn eine bestimmte Endzeit erreicht ist oder kein höheres Angebot gemacht wird. Dies ermöglicht dem Unternehmen, die höchste Zahlungsbereitschaft des Kunden abzuschöpfen. Der Kunde profitiert von der Möglichkeit, Einfluss auf den Preis eines Produkts ausüben zu können. KMUs können dabei digitale Plattformen nutzen, die bereits zur Verfügung stehen. Beispiele: eBay (1995), Priceline (1997), Google (1998), Elance (2006), Zopa (2005), MyHammer (2005).

Cash Machine Der Kunde bezahlt im Voraus und/oder die Produkte werden an den Kunden verkauft, bevor das Unternehmen dafür zahlen muss. Dies führt zu erhöhter Liquidität, die für Investitionen verwendet werden kann oder zur Finanzierung anderer Bereiche des Unternehmens. Für KMUs ist dies oft eine schwierige Strategie, da die Verhandlungsmacht gegenüber Großkunden fehlt. Es funktioniert nur dann, wenn intelligent aufgesetzt, zum Beispiel erst bestellt, dann produziert wird. Häufig liegen hier auch digitalisierte Build-to-Order-Prozesse zugrunde, wie es Dell verwendet. Beispiele: American Express (1891), Dell (1984), Amazon Store (1995), PayPal (1998), Groupon (2008).

Freemium Die Basisversion eines Angebots wird verschenkt in der Hoffnung, irgendwann die Kunden zu überzeugen, die Premium-Version des Angebots zu kaufen. Das kostenlose Angebot zieht die höchstmögliche Zahl von Kunden für das Unternehmen an. Die in der Regel kleinere Untergruppe von „Premium-Kunden" generiert dann die entsprechenden Einnahmen. Beispiele: Hotmail (1996), SurveyMonkey (1998), LinkedIn (2003), Skype (2003), Spotify (2006), Dropbox (2007). Bei digitalen Produkten ist dieses Muster ideal geeignet, da die Herstellungskosten eines Produkts in der Regel gleich Null sind.

Lock-in Kunden werden in dem Ökosystem eines Lieferanten und seinen Ergänzungsprodukten „eingesperrt". Der Wechsel zu anderen Anbietern ist ohne erhebliche Umstellungskosten deutlich erschwert, was das Unternehmen davor schützen soll, Kunden zu verlieren. Lock-in wird entweder durch technologische Mechanismen oder erhebliche Interdependenzen von Produkten oder Dienstleistungen erzeugt. Durch intelligente Produkte fast überall leichter technisch realisierbar, wie z. B. die neue Nespresso-Generation mit ID-Chips. Beispiele: Gillette (1904), Nestlé Nespresso (1986), Hewlett-Packard (1984), Microsoft (1975), Lego (1949), Nestlé BabyNes (2012).

Mass Customization Bei diesem Muster wird das Streben der Kunden nach individualisierten Produkten genutzt. Kundenspezifisch angepasste Massenproduktion schien in der Vergangenheit unmöglich zu sein, erst der Ansatz modularer Produkte und Produktionssysteme hat die effiziente Individualisierung von Produkten ermöglicht. Als Folge können nun die individuellen Kundenbedürfnisse auch im Bereich der Massenproduktion zu kompetitiven Preisen erfüllt werden. Über Industrie 4.0 ergeben sich hier neue Möglichkeiten, die aber stets auf das individuelle Produkt auswirken müssen. Beispiele: Dell (1984), Levi's (1990), My Unique Bag (2010), Miadidas (2000), mymuesli (2007), Factory121 (2006), PersonalNOVEL (2003).

Subscription Bei diesem, seit langem bekannten Muster geht es darum, dass der Kunde eine regelmäßige Gebühr bezahlt, z. B. auf monatlicher oder jährlicher Basis, um Zugang zu einem Produkt oder einer Dienstleistung zu bekommen. Während Kunden vor allem von geringeren Nutzungskosten und der Verfügbarkeit profitieren, erwirtschaftet das Unternehmen eine stetige Einnahmequelle. Ideal bei digitalen Produkten, bei denen die Grenzkosten der Produktion in der Regel null sind. Beispiele: Netflix (1999), Salesforce (1999), Jamba (2004), Dollar Shave Club (2012), Next Issue Media (2011), Spotify (2006).

Die meisten der erläuterten Muster basieren auf den Vorteilen der digitalen Technologie und nutzen die gesellschaftlichen Trends zur Individualisierung von Produkten oder Teilen statt Besitzen.

Das Erschließen von bestehenden Chancen und das Berücksichtigen von aktuellen Trends sind wichtig, um ein Geschäftsmodell zu kreieren, das auf die vorhandenen Kundenerwartungen trifft. Um ein neues Geschäftsmodell zu entwickeln, brauchen Entscheidungsträger in Unternehmen das Verständnis für das vorhandene Geschäftsmodell und eine kreative Anwendung von den Mustern auf das eigene Unternehmen.

9.3.3 Erfolgsfaktoren digitaler Geschäftsmodelle

Um die neuen digitalen Geschäftsmodelle erfolgreich zu entwickeln, anstatt von anderen „disruptiert" zu werden, müssen die bestehenden Unternehmen ihr Geschäftsmodell dahingehend sorgfältig prüfen, ob und in welcher Form sie die Wirkungen der Digitalisierung in das Geschäftsmodell integrieren können. Unternehmensgründer und Start-ups sind dabei in einer privilegierten Position und können auf der grünen Wiese beginnen, konsequent neue Geschäftsmodelle aus der Kombination von Erfolgstreibern zu entwickeln und bestehende Unternehmen anzugreifen. Existierende, insbesondere erfolgreiche Unternehmen haben demgegenüber Schwierigkeiten, ihre Geschäftsmodelle grundsätzlich zu ändern. Bestehende Unternehmen sind gut beraten, sich nicht auf ihre vergangenen Erfolge zu stützen, sondern aufmerksam und selbstkritisch ihre Geschäftsmodelle zu hinterfragen (vgl. Scheer, 2018, S. 8).

Die Fähigkeit eines Unternehmens, sich zu verändern und eine digitale Transformation optimal einzuleiten, rückt in den Vordergrund. Dazu gehört, die Kunden und ihre Bedürfnisse in den Mittelpunkt zu stellen und die vorhandenen Ressourcen im Unternehmen (Technik, Organisation, Wissen, Menschen, Management, Netzwerke) zu mobilisieren.

9.3.3.1 Typische Erfolgstreiber der Digitalisierung

Scheer definiert neun Erfolgstreiber der Digitalisierung, durch ihre unterschiedliche Zusammensetzung und Gewichtung entsteht in allen Branchen eine Vielzahl von neuen Produkten und Prozessen (vgl. Scheer, 2018, S. 9 ff.):

1. **Personalisierung und Individualisierung** der Produkte und Services. Die Möglichkeiten, Werbung, Produkte und Dienstleistungen auf die individuellen Wünsche, Bedürfnisse oder Fähigkeiten der Kunden auszurichten, scheinen unbegrenzt. Die Konfiguration von Produkten (von Auto bis Müsli) kann individuell im Internet vorgenommen werden. Jedes bestehende Unternehmen muss darüber nachdenken, wie durch die Möglichkeiten der Digitalisierung die angebotenen Produkte weiter individualisiert werden können.
2. **Selbststeuerung** durch die Objekte selbst anstatt einer übergeordnete Steuerungsebene mit Hilfe des Internets der Dinge. In dem Konzept Industrie 4.0 steuern sich intelligente Materialien und Ressourcen selbstständig. Kunden übernehmen eigenständig Aufgaben, wie online Bankgeschäfte und Behördengänge.
3. **Grenzkostenarme Produkte und Dienstleistungen.** Immer mehr Produkte, aber vor allem Dienstleistungen können quasi ohne Grenzkosten erstellt und verbreitet werden. Informationsnahe Dienstleistungen können fast zum Nulltarif über Onlinekanäle angeboten werden. Telefonieren durch Skype oder Fotografieren mit dem Smartphone verursacht dem Nutzer keine Zusatzkosten. Die Erstellung von Ressourcen wird zu einer Gemeinschaftsaufgabe, wie es auch Aufbau und Unterhalt des Internets sind; die Nutzung ist dann weitgehend grenzkostenlos.
4. **Smart Services.** Das Internet ermöglicht die leichtere Verknüpfung von Angebot und Nachfrage für Produkte und Dienstleistungen und ermöglicht dadurch neue Vermittlungsdienstleistungen. Gleichzeitig können durch die leichte Erfassung vielfältiger Daten (Big Data) und deren intelligente Auswertung (Smart Data) neue Geschäftsmodelle entwickelt werden, wie Car-Sharing, Uber, AirBnB oder predictive maintenance (vorausschauende Wartung anhand der Auswertung von Sensoren-Daten, die bei der Nutzung von Maschinen erfasst werden). Die Entwicklung von Smart Services ist eins der wichtigsten Innovationsfelder für neue Geschäftsmodelle.

5. **Community-/Schwarm-Effekt.** In einem Team können schneller und kreativer Lösungen erarbeitet werden. Im Rahmen der Open Innovation können mit Hilfe des Internets nicht nur die eigene Entwicklungsabteilung, sondern auch alle interessierten Mitarbeiter des eigenen Unternehmens, aber auch Kunden, Lieferanten, Partner bis hin zu der anonymen Community aller interessierten Entwickler der Welt in den Entwicklungsprozess einbezogen werden.

6. **Lean Organization und exponentielles Wachstum.** Durch das Internet ist eine vereinfachte und verschlankte Organisationsform zur Entwicklung und zum Vertrieb der Produkte und Dienstleistungen möglich. Die Distribution der Produkte über das Internet (wie Amazon, PayPal) macht Filialsysteme überflüssig. Erfolgreiche Internetunternehmen können extrem schnell wachsen, ihr Wachstum ist nicht an die Einstellung von Mitarbeitern gebunden, sondern die Verbreitung von Informationen als Teil des Geschäftsmodells geschieht nahezu ressourcenunabhängig.

7. **Künstliche Intelligenz.** KI-Verfahren und künstliche neuronale Netze (KNN) werden zunehmend in digitalen Geschäftsprozessen eingesetzt. Die Massendaten aus Kundenkontakten oder Social Media sowie Sensoren aus dem Internet of Things können nicht mehr von Menschen bewältigt und analysiert werden, sodass automatische Verfahren eingesetzt werden müssen, um Kundenbeziehungen zu analysieren und Marketingaktivitäten zu optimieren oder um bestehende Produkte intelligenter zu machen.

8. **Infrastrukturen.** Neue bedeutende Entwicklungen von IT-Infrastrukturen mit großen organisatorischen Wirkungen der Digitalisierung sind Cloud Computing und Blockchain. Bei Cloud Computing werden Daten und Software zentral in Server-Parks gespeichert, Unternehmen bekommen einen leichten und kostengünstigen Zugang zu IT-Ressourcen. Zu den Eigenschaften der Blockchain-Architektur zählen eine verteilte Datenbank ohne zentrale Steuerung (Peer-to-Peer), hohe Sicherheit von Daten und Transaktionen durch komplexe Verschlüsselungen und Anonymität der Anwender.

9. **Plattformunternehmen.** Eine der größten Marktwirkungen durch die Digitalisierung haben sogenannte Plattformunternehmen, die viele der genannten Treiber nutzen und bündeln. Kunden und Lieferanten können über das Internet leichter in ihren gemeinsamen Interessen identifiziert und miteinander verbunden werden. Plattformunternehmen stellen diese Vermittlung als Kern ihres Geschäftsmodells heraus und drängen sich zwischen Kunden und Lieferanten (wie Amazon, Apple Store, Zalando, Ebay). Je mehr Kunden eine Plattform hat, desto attraktiver wird sie für Lieferanten und ihre Komplementärprodukte. Im Gegenzug bedeutet ein größeres Angebot einen Mehrwert für noch mehr Kunden. Es bildet sich ein sogenanntes **Ökosystem**, das möglichst viel Traffic, also möglichst viele Kunden und Lieferanten, binden will. Ein bestehendes Unternehmen muss sich entscheiden, wie es in eine Plattformarchitektur eingebunden werden möchte und kann. Ein produzierendes Unternehmen kann sich zu einem Plattformbetreiber entwickeln oder lediglich die Rolle eines Lieferanten einnehmen.

Diese Erfolgstreiber können einem Unternehmen helfen, sein Geschäftsmodell erfolgreich neu auszurichten und sich als Innovator im Markt zu etablieren. Bestehende (Groß)

Unternehmen, die sich mit ihren Geschäftsmodellen nicht gezielt beschäftigen, können nicht sicher sein, dass sie in Zukunft ihre Vormachtstellung behalten werden, da Start-up-Unternehmen mit intelligenten Produkten oder durch die Nutzung von Big Data schnell wachsen und traditionelle Weltmarktführer in ihrer Marktposition bedrohen können.

An dieser Stelle werden beispielhaft erfolgreiche Anwendungen der Künstlichen Intelligenz und Plattformarchitektur (Ökosystem) aufgeführt.

9.3.3.2 Anwendung der KI für neue Geschäftsmodelle

Digitale Technologien wie KI und Data Analytics gewinnen an Bedeutung und werden in vielen Unternehmen als Zukunftstreiber angesehen und immer häufiger eingesetzt, wie aktuelle Studien zeigen (vgl. Staufen, 2021): Künstliche Intelligenz und Machine Learning werden von 56 % der Befragten hochgeschätzt, allerdings haben lediglich 27 % bereits konkrete Projekte verwirklicht, was mit der Komplexität und mangelnden Erfahrungen mit den KI-Anwendungen zu begründen ist.

Nach Marr (2020, S. 15 f.) gibt es drei wichtige **Anwendungsbereiche** für die **KI** in Unternehmen, die dazu beitragen, die vielfältigen Chancen zu segmentieren:

1. KI nutzen, um Kundenkenntnis und Kundeninteraktionen zu verbessern,
2. um intelligentere Produkte und Dienstleistungen anzubieten und
3. um Geschäftsprozesse zu optimieren und zu automatisieren.

Alle diese Anwendungen können zu einer Veränderung oder kompletten Neuausrichtung des Geschäftsmodells führen, wie die folgende Analyse aufzeigt.

Bei dem ersten Anwendungsbereich geht es um Kundenkenntnis und -interaktion. Welche Produkte wünschen sich Kunden? Mithilfe von KI können Markttrends und Nachfrageentwicklungen vorhergesagt und personalisierte Interaktion mit Kunden ermöglicht werden. Als erfolgreiche Beispiele dafür dienen Alphabet/Google oder Facebook. Hierbei geht es darum, die individuellen Vorlieben, Interessen und Vorgehensweisen der Nutzer zu analysieren, um maßgeschneiderte Angebote zu kreieren.

Smarte Suche mit KI bei Google

Jede Suche bei Alphabet/Google wird seit 2015 (Einführung der Rankbrain-Funktion) von smarten selbstlernenden Systemen verarbeitet. Sobald die KI Ihre Anfrage bearbeitet und entschieden hat, wonach Sie ihrer Einschätzung nach Ausschau halten, vergleicht sie das Ergebnis mit ihren Online-Content-Verzeichnis, das Webseiten, Bilder, Videos und Dokumente enthält. Die Systeme wurden darauf trainiert, alle Inhalte in ihrem Verzeichnis zu sortieren, zu bewerten und zu filtern. Bei der Analyse werden die Linkpopularität und die Genauigkeit der Informationen berücksichtigt. D. h. eine einfache Suchanfrage erfordert eine ungeheure Menge komplexer, blitzschneller KI-Rechenoperationen (vgl. Marr, 2020, S. 30). ◄

Smarte Produkte (der zweite Anwendungsfall für KI) sind überall und können unsere Arbeit und den Alltag maßgeblich verändern. KI ermöglicht neue Geschäftsmodelle, die große Datenmengen für Produkte und Dienstleistungen nutzbar machen. Nahezu alle Objekte sind heute digital anschlussfähig und erheben während ihrer Nutzung laufend Daten, wie z. B. Fahrzeuge oder Fitnessarmbänder. Daten über den Zustand von Systemen und ihre Nutzung können direkt für die Veredelung bestehender Produkte und Dienstleistungen verwendet werden. Über Schnittstellen können sie diese Daten aber auch anderen Produkten und Anwendungen zur Verfügung stellen und umgekehrt von diesen Daten erhalten. Im Zentrum der neuen Geschäftsmodelle stehen nicht mehr Unternehmen mit ihren Produkten und Diensten, sondern zunehmend die Nutzer mit ihren persönlichen Bedürfnissen und Vorlieben. Sie erhalten – wann und wo sie möchten (on-demand) – auf ihre individuellen Bedürfnisse eingestellte Produkte (vgl. Plattform Lernende Systeme, o. J.).

Zu den bekannten Beispielen für smarte Produkte und Dienstleistungen zählen Apple- und Samsung-Smartphones, Tesla Autos, intelligente Geschäftsmodelle von Spotify oder Uber.

Selbstfahrende Autos von Tesla

Tesla ist Pionier im Bereich Entwicklung und Marketing von Elektroautos, außerdem hat jeder Tesla das Potenzial, durch entsprechende Software-Upgrades selbfahrend zu werden. Bei selbstfahrenden Autos wird KI eingesetzt, um Entscheidungen zu treffen, die sich auf die Verkehrssituation rund um das Fahrzeug beziehen. Teslas autonome Fahrzeugflotte ist mit einer großen Menge an Sensoren ausgestattet, dazu gehören Kameras, um die Straßen zu scannen, atmosphärische Sensoren zur Überwachung des Wetters. Sensoren im Lenkrad, die Aufschluss darüber geben, wie die Fahrer ihre Hände beim Lenken benutzen etc. Kameradaten werden mithilfe der Computer-Vision-Technologie verarbeitet, damit das Auto versteht, was es „sieht", und entsprechend reagieren kann. Die hohe Anzahl der Tesla-Fahrzeuge, die bereits im Straßenverkehr fahren und ständig Daten sammeln, die sie in die Cloud hochladen, hat dem Unternehmen einen Vorsprung vor anderen Autoherstellern verschafft (vgl. Marr, 2020, S. 332 f.). ◄

Bei dem dritten Anwendungsbereich für KI geht es um die Automatisierung von Prozessen. KI hat das Potenzial, interne und externe Prozesse in allen Unternehmensbereichen nachhaltig zu verändern. Nach Häfner und Morf (2019, S. 48–49) sind zwei Anwendungsfälle von KI in verschiedenen Branchen besonders gängig – Predictive Maintenance und Kundencenter-Prozessunterstützung durch Natural Language Processing (NLP).

Das Ziel von **Predictive Maintenance** ist es, den ungeplanten Stillstand einer Anlage oder eines Gerätes zu vermeiden. Eine entsprechende Lösung beinhaltet daher einen Algorithmus, welcher aufgrund der kontinuierlichen Auswertung von Zustandsdaten dem Nutzer eine Prognose liefert, ob das betrachtete System in einer bestimmten Zeitspanne ausfallen wird oder nicht. Predictive Maintenance kann überall dort nutzbringend eingesetzt werden, wo ein ungeplanter Ausfall von Anlagen, Geräten oder Infrastrukturen Folgen nach sich zieht, die aus verschiedenen Gründen absolut zu vermeiden sind, so beispielsweise in der industriellen Produktion, im öffentlichen Verkehr oder in Anlagen, welche durch Privatpersonen genutzt werden (z. B. Aufzüge) (vgl. Häfner & Morf, 2019, S. 48). Ein Beispiel für Predictive Maintenance bei ThyssenKrupp wurde bereits im Abschnitt zu den Dienstleistungsinnovationen (vgl. Abschn. 8.2.1) beschrieben.

Kundencenter-Prozessunterstützung durch Natural Language Processing (NLP) bedeutet eine maßgebliche Unterstützung oder sogar Automatisierung der Prozesse in Kundencentern durch Einsatz von KI-basierten Methoden der Verarbeitung natürlicher Sprache.

KI im Kundencenter

Eine typische KI-Anwendung im Kundencenter stellt die automatische Sortierung von E-Mails der Kunden dar. Ein Algorithmus analysiert den Freitext eingehender E-Mails an das Kundencenter und leitet die Mails automatisch an die passenden menschlichen Bearbeiter weiter (E-Mail Dispatching). Weitergehende Applikationen erlauben es, die unstrukturierten Daten im Freitext automatisch in strukturierte Daten zu überführen, welche zum Beispiel dann von domänenspezifischen Unternehmenssystemen weiterverarbeitet werden können. So können beispielsweise Privatkunden von Versicherungen ihre Schadensfälle in natürlicher Sprache via Chatbot bei den Versicherungen melden, und die zugrunde liegenden Algorithmen fragen die fehlenden Informationen nach, bis der Fall intern bearbeitet werden kann (vgl. Häfner & Morf, 2019, S. 49). ◄

Einen Einblick in die unternehmerische **Praxis** im Umgang mit der KI gibt eine Bitkom Studie, die die am häufigsten genutzten KI-Anwendungen in deutschen Unternehmen zeigt (vgl. Bitkom, 2021):

- 71 % der Unternehmen nutzen KI-Technologien für personalisierte Werbung,
- 64 % zur Verbesserung interner Abläufe in der Produktion und Instandhaltung,
- 63 % im Kundendienst, z. B. bei der automatisierten Beantwortung von Anfragen,
- 53 % bei der Analyse des Kundenverhaltens im Vertrieb und
- 50 % bei Texten wie Berichten oder Übersetzungen.

Diese Statistiken bestätigen die Relevanz der drei Anwendungsbereiche für KI in Unternehmen, die in diesem Abschnitt erläutert wurden. Zurzeit sind die KI-Anwendungen in Kundenbeziehungen (personalisierte Werbung, Kundendienst, Analyse des Kundenverhaltens) und bei der Effizienzsteigerung der Geschäftsprozesse besonders verbreitet. Bei der Entwicklung von smarten Produkten und bei KI-basierten Geschäftsmodellen wird den Unternehmen in Deutschland Nachholbedarf unterstellt. Laut Staufen-Studie steht derzeit nur für eine Minderheit (36 %) von Unternehmen die Umsatzsteigerung durch neue digitale Geschäftsmodelle auf der Agenda (vgl. Staufen, 2021).

Mithilfe von KI und Data Analytics entstehen individualisierte Angebote zu geringen Kosten, was Vorteile sowohl für Kunden als auch für Unternehmen bedeutet. Da diese Lösungen sehr komplex sind und die ganze Wetzschöpfungskette betreffen, arbeiten daran häufig mehrere Unternehmen zusammen, die sich zu einer Plattform zusammentun und ein Ökosystem bilden.

9.3.3.3 Digitale Plattformen und Ökosysteme

Digitalisierte Produkte, Prozesse und Dienstleistungen sind heute meistens mit Plattformen verbunden, welche die durch die Digitalisierung erzeugten Daten sammeln, speichern und auswerten. Basierend auf diesen Daten entstehen komplett neue Geschäftsmodelle, durch die Kundenwünsche immer besser adressiert und umgesetzt werden können. Diese oftmals digitalen Geschäftsmodelle fördern ihrerseits die wachsende Digitalisierung und bringen neue Generationen von Plattformen hervor. So bilden die Plattformen zentrales Bindeglied zwischen digitalen Daten und innovativen Geschäftsmodellen (vgl. Moser et al., 2019, S. 100).

▶ **Digitale Plattform** als Geschäftsmodell ist ein virtueller Marktplatz, der Nutzen stiftende Transaktionen zwischen externen Produzenten und Konsumenten ermöglicht.

Plattform-Geschäftsmodelle unterscheiden sich von klassischen, linearen Geschäftsmodellen dadurch, dass der Mehrwert nicht lediglich durch die Produzenten erschaffen und erst am Ende der Wertschöpfungskette (vom Einkauf bis zum Vertrieb) an die Kunden weitergegeben wird, sondern dass Produzenten und Kunden bereits in der Mehrwert-Entstehungsphase miteinander in Kontakt treten können und dadurch Kunden sogar an der Schaffung des Produktes, bzw. der Dienstleistung mitwirken können (vgl. Zielonka, 2018).

Eine Plattform (wie z. B. AirBnB) schafft einen Marktplatz, indem sie den Kontakt zwischen Produzenten und Konsumenten herstellt (Matching). Führt dieser Kontakt zu einer Transaktion, so führen die Beteiligten eine Gebühr an die Plattform ab. Im Gegenzug gelingt es Anbietern und Nachfragern, sich gegenseitig zu finden.

AirBnB als Plattform-Geschäftsmodell

Bei AirBnB kann jeder, der ein Zimmer oder einen Raum vermieten möchte, schnell und unkompliziert ein Nutzerkonto eröffnen und mittels einiger Bilder und einer Beschreibung des zu vermietenden Objekts ein aussagekräftiges Profil erstellen, über das potenzielle Kunden sofort für einen bestimmten Zeitraum mieten können. Anhand der Anfragen können Vermieter relativ schnell erkennen, ob ihr Objekt den Anforderungen genügt und ob der Preis eher zu hoch oder zu niedrig angesiedelt ist. So lassen sich Anpassungen in Form von Renovierung oder Preiskorrekturen vornehmen, um der Nachfrage zu entsprechen (vgl. Zielonka, 2018). ◀

Bei den datengetriebenen Plattform-Geschäftsmodellen stehen Nutzer als Verbraucher, Mitarbeiter, Bürger, Patienten im Mittelpunkt. Um die Vorlieben und Bedürfnisse des Nutzers zu verstehen, nutzen die Plattformen eine große Menge von Daten (Big Data), die mit Methoden des maschinellen Lernens und KI zusammengeführt, ausgewertet und nutzbar gemacht werden. Auf dieser Grundlage entstehen neue digitale Angebote für Kunden und/oder neue digitale Geschäftsmodelle, wie z. B. bei der bekannten Android-Plattform von Google.

Android Plattform von Google

Googles Android-Plattformnutzer generieren durch den Gebrauch ihrer Smartphones eine Unmenge von Daten, die nicht irgendwo verschwinden, sondern gezielt über die Plattform gesammelt und ausgewertet werden. Google nutzt die Informationen, die aus den Daten gewonnen werden. Einerseits wird damit die Plattform verbessert, andererseits werden sie unabhängigen Entwicklern zur Verfügung gestellt, die dadurch fortschrittlichere Applikationen für Android programmieren können. Die neuen Möglichkeiten, die sich durch die Nutzung der Plattform mit diesen Anwendungen ergeben, locken neue Plattformnutzer an und tragen somit zum Wachstum und zur Weiterentwicklung der Plattform und dessen Ökosystems bei (vgl. Moser et al., 2019, S. 100). ◄

Auch in der Industrie gewinnen digitale Plattformen zunehmend an Bedeutung. Die bei der Nutzung von Maschinen entstehenden vielfältigen Daten werden erfasst und ausgewertet, um neue Produkt-Service-Angebote zu kreieren. Smarte Produkte werden auf neuen digitalen Plattformen von Unternehmen selber oder mit Leistungen von Dritten in Echtzeit zu Smart Services kombiniert.

Smart Service-Anbieter können Smart Data auch für Prognoseverfahren (Real-Time Predictive Analytics) nutzen, die unmittelbar in den Steuerungsprozess der Produkte einfließen und damit vormals unerreichbare Qualitäts- und Servicelevel ermöglichen, wie bei der IoT-Plattform von Trumpf.

IoT- Plattform von Trumpf

Der deutsche Maschinenhersteller Trumpf hat mit Axoom ein Tochterunternehmen gegründet, welches die Vernetzung von Industrieanlagen mit einer proprietären IoT-Plattform vorantreibt. Die Plattform ist modular aufgebaut und verfügt über offene Schnittstellen, sodass die gesamte Produktionsanlage und nicht nur Maschinen von einzelnen, ausgewählten Herstellern eingebunden werden können. Einmal installiert, informiert die Plattform über den Zustand der Anlage und lässt über Predictive Maintenance längere und überraschend auftretende Produktionsausfälle verhindern. Daneben kann man die Leistung und Produktion der einzelnen Maschinen genau beobachten und können somit Produktionsketten, bis hin zu den Lieferanten und Abnehmern, optimiert werden (vgl. Moser et al., 2019, S. 101). ◄

KI-basierte Lösungen erfordern unterschiedlichste Kernkompetenzen und Systembausteine. Ein Unternehmen allein verfügt in der Regel nicht hinreichend über alle notwendigen Elemente. Häufig fehlen Organisationen neben dem Zugang zu Datenquellen insbesondere Kompetenzen im Bereich Data Analytics und KI. Eine Kooperation mit Anbietern von Daten, Technologien und digitalen Plattformen kann helfen, das benötigte Wissen über Wertschöpfungsnetzwerke bzw. Allianzen innerhalb **digitaler Ökosysteme** aufzubauen (vgl. Plattform Lernende Systeme, 2020, S. 6).

Digitale Plattformen bestehen aus einem Plattformkern, der von der Plattformfirma hergestellt wird, und komplementären Modulen, welche zusätzliche Anwendungen und Komponenten der Plattform umfassen und zunehmend von externen Innovatoren gestellt werden. Diese sind Teil eines Ökosystems und somit Teil der Plattform. Ihre Ideen und Innovationen sind maßgebend für die Weiterentwicklung und das Fortbestehen der Plattform (vgl. Moser et al., 2019, S. 103).

▶ **Digitale Ökosysteme** sind Plattformen, die gesamte Wertschöpfungsketten vernetzen.

In digitalen Ökosystemen werden gesamte Wertschöpfungsketten vernetzt, d. h. die branchenübergreifenden und interdisziplinären Kooperationen unterbreiten den Nutzern neue, individualisierte Angebote. Als Beispiel wird das von Bosch initiiertes Ökosystem für KI-basiertes Monitoring in Gewächshäusern betrachtet (vgl. Abb. 9.5).

Durch den Greenhouse Guardian von Bosch, eine für die Landwirtschaft entwickelte Lösung bestehend aus Sensorik für Umgebungsparameter, Gateway, IoT-Cloud und KI,

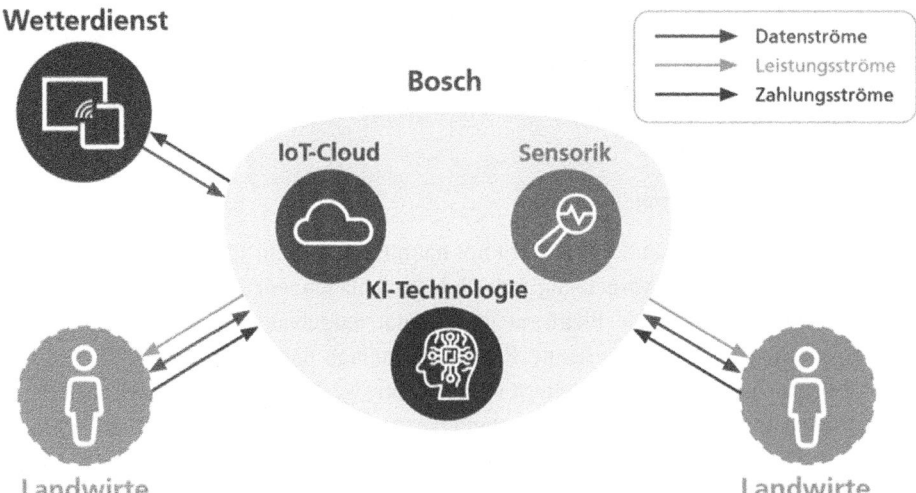

Abb. 9.5 Ökosystem für KI-basiertes Monitoring in Gewächshäusern. (Quelle: Plattform Lernende Systeme, 2020, S. 30)

kann die aktuelle Situation im Gewächshaus ermittelt werden. Die batteriebetriebenen Sensoren messen Feuchte, Temperatur, CO_2 -Level und Lichtintensität, in die Datenanalyse fließen allerdings auch externe Parameter wie Wetterdaten mit ein. Durch den Einsatz speziell trainierter Algorithmen auf Basis der erhaltenen Parameter, angereichert mit externen Daten der Bosch IoT-Cloud, können dem Erzeuger gezielt Vorhersagen zum Krankheitsrisiko und Handlungsempfehlungen gegeben werden, um so den Krankheitsbefall sowie den Einsatz von Pflanzenschutzmitteln zu reduzieren und den Ertrag zu erhöhen. Die Nutzer haben die Möglichkeit, ihre Daten anonymisiert in die Verbesserung des Algorithmus einfließen zu lassen (vgl. Plattform Lernende Systeme, 2020, S. 31).

An diesem Beispiel lassen sich die zentralen Komponenten eines digitalen Ökosystems erkennen: Plattforminhaber mit Sensorik, KI-Anwendungen, eigenen oder externen Cloud-Diensten; Kunden; weitere Zulieferer oder Partner. Einzelne Elemente des Ökosystems werden durch Daten-, Leistungs- und Zahlungsströme zu einem Netzwerk verknüpft. Von dem Umfang und Qualität der Daten sowie den verwendeten Algorithmen (trainierte KI) ist die Qualität der Leistung abhängig. Im Endeffekt entstehen Nutzen für alle beteiligten Akteure.

9.4   Organisatorische Gestaltung der Innovationsarbeit in Unternehmen

Neben den Entscheidungen über die Technologie- und Produktportfolio und über das künftige Geschäftsmodell gehören auch die Entscheidungen zu der organisatorischen Gestaltung der Innovationsarbeit zu den strategischen Entscheidungen. Die organisatorische Gestaltung der Innovationsfunktion hat zwei Aspekte: Eingliederung in die Organisationsstruktur (Aufbauorganisation) und Gestaltung des Innovationsprozesses (Ablauforganisation). Die hochgradige Komplexität der Sachverhalte, enormer Ressourcenaufwand und die Vielzahl der relevanten Schnittstellen und Interdependenzen machen die Gestaltung der Innovationsarbeit besonders kompliziert.

9.4.1   Varianten der organisatorischen Eingliederung

Die Aufgabe des Innovationsmanagements kann in der betrieblichen Praxis von verschiedenen Organisationseinheiten übernommen werden. Ausschlaggebend für die Eingliederung des Innovationsmanagements in die Aufbauorganisation sind nach Meinung von Vahs und Brem (2015) folgende Aspekte: Markt- oder Technologiebezug der Innovationsarbeit und als Folge Eingliederung in die Abteilung für Marketing oder für F&E, Closed oder Open Innovation Strategie und als Folge Inhouse-Innovation oder Innovationskooperationen, Innovation als Daueraufgabe oder als Projektarbeit, zentrale und dezentrale Organisation der Innovationsarbeit.

Eingliederung in die Marketing- oder F&E-Abteilung In Abhängigkeit von dem jeweiligen Innovationsauslöser und der gewählten Innovationsstrategie erfolgt die organisatorische Eingliederung des Innovationsmanagements auf der Marktseite (Market-Pull-Innovation) oder auf der Technologieseite (Technology-Push-Innovation). Das bedeutet, dass Innovationsmanagement als Institution sowohl im Marketing als auch in der Forschung und Entwicklung eingegliedert werden kann (vgl. Vahs & Brem, 2015, S. 145). Die Eingliederung in das Marketing bedeutet mehr Kundennähe und Ausrichtung der Innovation auf Kundenbedürfnisse. Die Ansiedelung in der F&E setzt den Schwerpunkt auf technologieintensive Innovation.

Die organisatorische Eingliederung der Innovationsarbeit wird auch durch die bei der Strategieentwicklung getroffene Entscheidung bezüglich Closed oder Open Innovation beeinflusst. Im Falle der Open Innovation als strategischer Entscheidung kann Innovationsarbeit in Kooperation mit anderen Unternehmen, Kunden, Lieferanten, Forschungsinstitutionen, Hochschulen, in Vereinen und Netzwerken stattfinden. Alternativ kommen Patent-, Lizenzkauf, Fusionen mit innovativen Unternehmen oder Auftragsforschung in Betracht. Instrumente und Gestaltungsformen bei Closed und Open Innovation werden in der Praxis kombiniert angewendet, um interne und externe Innovationspotenziale auszuschöpfen (vgl. ausführlicher Abschn. 10.4).

Innovationstätigkeit als Projektarbeit oder Daueraufgabe Außerdem kann die Eingliederung der Innovationsfunktion in zwei Formen stattfinden: Innovationstätigkeit als Daueraufgabe, die von einer Organisationseinheit übernommen wird, und Innovationsarbeit in Form von Projekten.

Wegen der immer kürzeren Produktlebenszyklen und der zunehmenden Komplexität der Produkte gewinnen Innovationsprojekte in Unternehmen an Bedeutung, da sie aufgrund ihrer interdisziplinären Zusammensetzung schneller und effektiver arbeiten können, insbesondere bei größeren Vorhaben. Bereichsübergreifende Teams bestehen aus Experten verschiedener Bereiche und Disziplinen, die als strategische Partner agieren und gleichermaßen für das Ergebnis verantwortlich sind. Für den Erfolg eines solchen Innovationsteams sind eine strategische Ausrichtung zwischen verschiedenen Bereichen, eine Kultur, die partizipative Teamarbeit schätzt, sowie organisatorische Unterstützung des Teams erforderlich (vgl. Picot et al., 2020, S. 422).

Im Fall der Innovationsarbeit als dauerhafte Aufgabe kommen Linien- oder Stabstellen und Gremien in Betracht. Stabstellen, die direkt der Unternehmensführung oder der Bereichsleitung unterstehen, können mit Innovationsfunktionen beauftragt werden (z. B. Zentralstelle Produktentwicklung). Diese Form kommt in Unternehmen häufig vor. Ebenfalls sind in der Praxis Ausschüsse oder Problemlösegruppen (z. B. als Lenkungsausschluss Neuproduktentwicklung) anzutreffen, die sich mit den Fragen des Innovationsmanagements befassen. Viele Unternehmen richten eigene Forschungs- und Entwicklungsabteilungen ein, die sich hauptamtlich und vollzeitig mit der Planung und Umsetzung von Innovationen beschäftigen. Hat sich ein Unternehmen für ein eigenständiges Produktmanagement entschieden, so gehört die Funktion der Entwicklung und Umsetzung neuer Produktkonzepte zu seiner Kompetenz (vgl. Vahs & Brem, 2015, S. 148).

Zentrale oder dezentrale Organisation der Innovationsarbeit Innovationsarbeit als Daueraufgabe kann in Form eines zentralen oder eines dezentralen Innovationsmanagements in die Unternehmensorganisation eingegliedert werden.

Bei der zentralen Organisation wird eine darauf spezialisierte Einheit für Innovationsmanagement eingeführt. Dabei kann Innovationsmanagement als Linienfunktion neben anderen Funktionen wie F&E, Produktion, Beschaffung, Vertrieb verankert sein. Oder man schafft eine zentrale Stabsstelle, die der Unternehmensführung unterstellt ist. Darüber hinaus kommt eine Bildung zentraler Gremien in Frage, die ressortneutral sind und als Lenkungsausschuss oder Beratungsgremium fungieren (vgl. Vahs & Brem, 2015, S. 157 ff.). Die Problematik einer zentralen Organisation des Innovationsmanagements besteht darin, dass die spezifischen interdisziplinären Wissenspotenziale der Beschäftigten an den äußeren Schnittstellen des Unternehmens kaum genutzt werden, was als Folge eine geringere Flexibilität und Marktorientierung hervorrufen kann.

Bei einer dezentralen Organisation des Innovationsmanagements werden den einzelnen Funktionsbereichen (F&E, Produktion, Vertrieb) oder Produktionsbereichen (regionale oder Kundengruppendivision) eigene Stellen organisatorisch zugeordnet, die mit Innovationsarbeit beauftragt sind. Die Innovationsaufgaben werden in diesem Fall auf mehrere Organisationseinheiten verteilt. So wird der Marktbezug gesichert und die Reaktionsgeschwindigkeit bei Veränderungen erhöht. Zugleich kann es bei ungenügender Koordination zu doppelter Arbeit und erhöhtem Ressourcenverbrauch kommen. Je größer ein Unternehmen, desto stärker die Tendenz zur Dezentralisierung, was bei dem steigenden Arbeitsumfang verständlich ist. In einem KMU mit einer übersichtlichen Anzahl von Mitarbeitern kann eine Person als Innovationsverantwortlicher die Innovationsarbeit koordinieren. In einem Großunternehmen mit Tausenden von Beschäftigten, mehreren Sparten und Niederlassungen ist die Dezentralisierung der Innovation notwendig.

Besonders erfolgversprechend ist eine Kombination aus zentralem und dezentralem Innovationsmanagement. Ein zentral-dezentrales Innovationsmanagement ist sowohl in einer funktionalen als auch in einer divisionalen Unternehmensorganisation möglich. Bei einem zentral-dezentralen Modell übernimmt die zentrale Innovationseinheit (Stabsstelle) die grundlegenden Querschnittsaufgaben und Koordination. Die Bereichs- oder Produktinnovationsmanager beschäftigen sich mit produkt- und marktnahen Entwicklungsaufgaben, für die sie spezifische Kompetenzen (Fach- und Erfahrungswissen) besitzen. In Großkonzernen werden neben einer zentralen Stabsstelle („Zentraler Innovationsmanager") dezentrale Verantwortliche für einzelne Sparten (Bereiche) eingesetzt, um die Kompetenzen aus verschiedenen Bereichen zu bündeln. Regelmäßige Workshops unter Leitung des Zentralen Innovationsmanagers dienen dem Wissensaustausch und regen Innovationen an. Dieses Konzept ist insbesondere für große Unternehmen mit mehreren Sparten und für international agierende Konzerne typisch, die von Innovationsstandorten in verschiedenen Ländern profitieren.

Eine spezielle neuere Form für die organisatorische Gestaltung der Innovation ist die ambidextre Organisation, die im weiteren Abschnitt ausführlicher beschrieben wird.

9.4.2 Ambidextre Organisation

Bei der **ambidextren Organisation** (ambidexter – lat. mit beiden Händen gleich geschickt) geht es darum, gegensätzlichen Anforderungen gleichzeitig gerecht zu werden. So müssen Unternehmen das bestehende Geschäftsmodell verfeinern und zugleich Neues entwickeln (vgl. Scherer et al., 2021, S. 310).

Eine ambidextre Organisation umfasst zwei vollständig unterschiedliche Geschäftstypen: ein laufendes Geschäft, welches bestehende Fähigkeiten und Fertigkeiten für Gewinne verwertet und lediglich inkrementelle Innovationen erlaubt, und ein exploratives Geschäft, um neue Gelegenheiten für Wachstum zu schaffen, bei dem es vor allem um radiale Innovationen und neue Geschäftsmodelle geht (vgl. Olivan, 2019, S. 33; Picot et al., 2020, S. 423).

▶ **Ambidextrie** bedeutet „Beidhändigkeit": radikale Innovationen und traditionelles Kerngeschäft existieren nebeneinander und ergänzen sich gegenseitig.

Ambidextrie ist die Fähigkeit, sowohl den kurzfristigen als auch den langfristigen Erfolg des Unternehmens sicherzustellen. Jedoch erfordern diese zwei grundverschiedenen Aufgabenstellungen völlig gegensätzliche strategische Zielsetzungen, Handlungsfelder, Kompetenzen, Organisationsstrukturen, Maßstäbe, Kulturen sowie Führungsstile (vgl. Olivan, 2019, S. 33) – s. einzelne Aspekte in der Abb. 9.6.

Beide Geschäftsbereiche weisen unterschiedliche Vorgehensweisen bezüglich Strategie, Strukturen und Methoden auf. Die strategische Ausrichtung des laufenden Geschäfts bezieht sich in erster Linie auf Kosten und Gewinne, besonders kritische Aufgaben sind dabei Abläufe, Effizienz und die Entwicklung von inkrementellen Innovationen. Zugrunde liegen hier formale und mechanistische Strukturen, eine Top-Down-Führung und eine Kultur, welche vor allem geringes Risiko, Qualität und Effizienz in den Vordergrund stellt. Der explorative Bereich zeichnet sich durch die strategische Ausrichtung auf radikale Innovationen und Wachstum aus. Hier ist es wichtig, neue Produkte, durchbrechende Innovationen und die Anpassungsfähigkeit besonders zu beachten. Die Struktur ist eher frei und lernfähig, mit einer visionären Führung und einer Kultur, die Risiko, Agilität und Experimentierfreude fördert (vgl. Picot et al., 2020, S. 424).

In einer ambidextren Organisation wird kontinuierliche Innovationsarbeit mit dem stabilen Kerngeschäft verknüpft. Bestehende Kernkompetenzen und etablierte Prozesse sollen aufrechterhalten und noch effizienter gemacht werden, zugleich müssen Ideen für

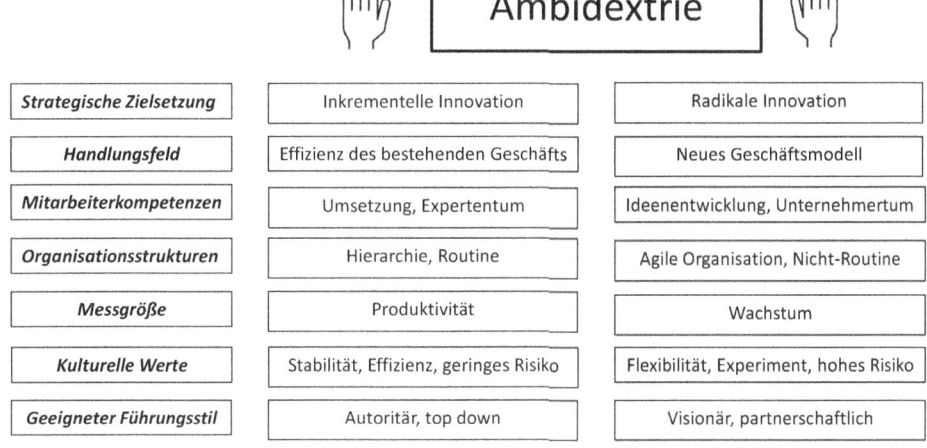

Strategische Zielsetzung	Inkrementelle Innovation	Radikale Innovation
Handlungsfeld	Effizienz des bestehenden Geschäfts	Neues Geschäftsmodell
Mitarbeiterkompetenzen	Umsetzung, Expertentum	Ideenentwicklung, Unternehmertum
Organisationsstrukturen	Hierarchie, Routine	Agile Organisation, Nicht-Routine
Messgröße	Produktivität	Wachstum
Kulturelle Werte	Stabilität, Effizienz, geringes Risiko	Flexibilität, Experiment, hohes Risiko
Geeigneter Führungsstil	Autoritär, top down	Visionär, partnerschaftlich

Abb. 9.6 Aspekte der Ambidextrie in Unternehmen. (Eigene Darstellung in Anlehnung an Olivan, 2019, S. 34)

künftige Innovationen gefunden werden. Eine praktische Umsetzung der Ambidextrie ist eine Kombination aus einer stabilen Linienstruktur im Kerngeschäft mit einer agilen Arbeitsweise an neuen Projekten (z. B. unter Einsatz von Scrum oder Design Thinking) oder mit neuen Organisationseinheiten mit Startup Charakter wie Labs oder Garagen, in denen ausprobiert werden kann.

Wie etablierte Unternehmen „beidhändig" digitale Innovationen vorantreiben, zeigt das Beispiel der Deutschen Bahn.

Ambidextrie bei der Deutschen Bahn

Für die Digitalisierung des bestehenden Geschäftes nutzt die DB die Innovation Labs, um an Problemfeldern des Kerngeschäfts zu arbeiten. Diese Labs sind direkt in den Geschäftsbereichen des Kerns verortet und arbeiten an Produkten oder Dienstleistungen und an Lösungen für bestehende Herausforderungen, die im oder sehr nah am Kerngeschäft liegen. Der Fokus liegt vor allem auf Effizienzverbesserungen und wird direkt vom Kerngeschäft finanziert. Die Entwicklung von neuen Geschäftsmodellen läuft vom Kerngeschäft getrennt. Diese Initiativen werden normalerweise direkt vom Vorstand finanziert und haben einen längeren Investitionshorizont. Die Initiativen werden von Unternehmungen umgesetzt, die intern aufgebaut werden (interne Venture-Aktivitäten), oder solchen, die mit externer Unterstützung funktionieren (z. B. Ideen werden durch Venture-Capital-Beteiligungen verfolgt) (vgl. Frankenberger et al., 2021, S. 91). ◄

Die Führungsstile der beiden Innovationsarten unterscheiden sich voneinander. Die Führungskräfte des Kerngeschäfts führen eher traditionell, mit dem Ziel, Effizienz,

Produktivität und perfekte Lösungen zu gewährleisten. Sie setzen auf Hierarchien, Null-Fehler-Toleranz-Strategie, das Modell „Kommando und Kontrolle". Ihre professionale Erfahrung prädisponiert sie, klassische Manager zu sein und einen eher autoritär-direktiven Führungsstil anzuwenden (vgl. Frankenberger et al., 2021, S. 202).

Die zentrale Herausforderung der ambidextren Organisation besteht darin, diese zwei verschiedenen Führungsstile und Kulturen in einem Unternehmen zu schaffen. Häufig ist es einfacher, den explorativen Bereich nicht nur strukturell, sondern auch räumlich von dem traditionellen Bereich zu trennen. Ambidextrie ist vor allem für radikale und disruptive Innovationen sehr förderlich.

Ein wichtiger Bestandteil einer ambidextren **Organisationskultur** liegt nach Meinung von Busch und Weissenberger-Eibl (2021, S. 43) darin, organisationale Diversität mit einer gemeinsamen Vision zu verknüpfen, mit dem Fokus darauf, dass Teams das Gefühl erhalten, sinnstiftende Arbeit zu leisten (Purpose). So werden die bestehenden Fähigkeiten (exploitativ) besser benutzt und neue Fähigkeiten (explorativ) entwickelt.

9.4.3 Closed oder Open Innovation?

„Alle wissen mehr als Einer"– diese Formel der kollektiven Intelligenz kommt in unserer Gesellschaft und Wirtschaft zunehmend zum Tragen. Auch im Bereich der Innovation, wo Firmengeheimnisse und Know-how besonders gehütet werden, kommt es immer mehr zu sogenannter Open Innovation. Im Schnitt nutzen 36,3 % der Unternehmen in Deutschland das Konzept Open Innovation; in der Automobilindustrie, Energiesektor und Chemie/Pharmazie sind es sogar 46–48 % (vgl. Ahrens et al., 2021, S. 29, 32).

Innovationen finden nicht mehr nur in unternehmensinternen F&E-Abteilungen, sondern zunehmend in interdisziplinären, gemischten Teams, unter Beteiligung von Kunden, Lieferanten und Wettbewerbern, in Kooperationen, Netzwerken und ganz offen wie open Source statt (vgl. Abschn. 10.4).

▶ **Open Innovation** ist die Öffnung des Innovationsprozesses in Unternehmen, die auf aktive strategische Nutzung von Wissen, Kreativität und Innovationspotenzialen außerhalb des Unternehmens abzielt.

Die maßgeblichen treibenden Faktoren der Öffnung des Innovationsprozesses sind der steigende Wettbewerbsdruck durch die Globalisierung, kürzere Entwicklungs- und Produktlebenszyklen und der immer höhere Innovationsdruck auf Unternehmen. Um Kosten und Risiken einer Innovation zu reduzieren sowie die Entwicklungszeiten zu verkürzen, tun sich Unternehmen immer öfter bei der Arbeit an neuen Produkten und Prozessen zusammen.

Viele Unternehmen entscheiden sich bewusst für die Beteiligung von Kunden an der Entwicklung neuer Produkte, für Zusammenarbeit mit Lieferanten und Wettbewerbern an neuen Modellen oder Produktbestandteilen, für Kooperationen mit akademischen Einrichtungen. So werden Entwicklungszeiten und -kosten reduziert und die Risiken auf mehrere Schultern verteilt.

Das Konzept Open Innovation geht auf H. Chesbrough zurück, der verschiedene Teilprozesse von Open Innovation beschrieben hat (vgl. Chesbrough, 2006). Im Gegensatz zu traditioneller Closed Innovation (In-House-Innovation), die abgeschlossen in Unternehmen stattfindet, bedeutet das Konzept Open Innovation einen Austausch von Ideen in beide Richtungen: Die Ideen von außen werden im Unternehmen umgesetzt, eigene Ideen werden außerhalb des Unternehmens aktiv vermarktet (Abb. 9.7).

Beim eingehenden Prozess handelt es sich um die Integration von externem Wissen in die betrieblichen Innovationsprozesse. Ideen und Wissen kommen von außen in das Unternehmen und werden für die Entwicklung von Innovationen genutzt. Unternehmen nehmen das Wissen von außen auf. Dieser Prozess steht in der Regel im Mittelpunkt der Open Innovation-Strategie.

Der umgekehrte Prozess beschreibt die Weitergabe von intern entwickelten Ideen, Wissen und Technologien an externe Unternehmen (z. B. ausgegründete Start-ups) oder Anmeldung von Patenten oder Marken für eigene nicht umgesetzte Ideen. Hier geht es um Externalisierung und Verwertung von Wissen, um Innovationen schneller auf den Markt bringen zu können.

Man kann auch von einem kombinierten Prozess sprechen, der die Kombination von eingehenden und abgehenden Prozessen beschreibt, also die Nutzung von externem Wissen und die damit gleichzeitig verbundene Möglichkeit, Innovationen schneller auf den Markt zu bringen.

Die Integration von externen Wissens- und Ideenquellen stellt eine Abkehr von traditionellen Vorgehensweisen dar. Zu Open Innovation gehört vor allem ein offener Umgang mit Wissen: für das Wissen anderer offen sein, Wissen gemeinsam erzeugen und mit anderen teilen. Diese Öffnung ist mit bestimmten Risiken (Know-how-Verlust, Schwächung der Marktposition) verbunden und stößt oft auf Widerstände. Man braucht Vertrauen und Kooperationskompetenz, um die Prozesse der Open Innovation optimal zu gestalten. Aus

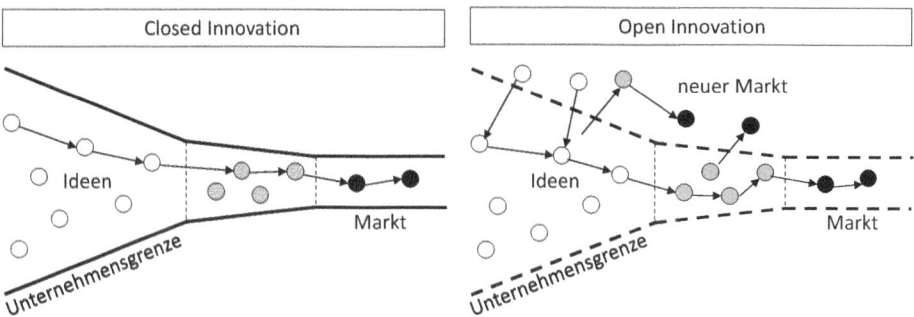

Abb. 9.7 Closed und Open Innovation im Vergleich. (Quelle: eigene Darstellung in Anlehnung an Chesbrough, 2006, S. 43)

Marktkräfte	**Transfersysteme**
Kunden, Zulieferer, Wettbewerber, Mittler usw.	Messen, Medien, Berater, Technologiezentren usw.

Forschung	**Crowd**
Hochschulen, Forschungsinstitute, staatliche Förderung usw.	Internet-Communities, alle Interessenten

Abb. 9.8 Relevante Akteure für Open Innovation. (Quelle: eigene Darstellung)

diesem Grund ist das Bekenntnis zur Open Innovation eine strategische Entscheidung im Unternehmen, die im Rahmen der Festlegung der Innovationsstrategie getroffen werden sollte.

Zu den relevanten externen Akteuren, die in den Innovationsprozess integriert werden können, zählen vor allem Kunden, Zwischenhändler, Lieferanten, Wettbewerber, Forschungsinstitute und Hochschulen, Berater (Abb. 9.8).

Eine repräsentative Studie zum Technologie- und Innovationsmanagement in deutschen Unternehmen zeigt die Relevanz externer Partnerschaften für die Innovationsarbeit (vgl. Ahrens et al., 2021, S. 13): 50 % der Unternehmen arbeiten an den Innovationen mit **Kunden**, 44 % mit **Lieferanten**, 31 % mit Universitäten/Hochschulen, 28 % mit Forschungsinstituten und 13 % mit Mitbewerbern zusammen. Diese Statistiken belegen, dass Open Innovation in der Masse der Unternehmen bereits angekommen ist, insbesondere hinsichtlich der Einbeziehung von Kunden und Zulieferern.

Auch die allgemeine Öffentlichkeit – Crowd – kann als Ideengeber angesehen werden. Dabei kann es zum Beispiel um offene Ideenwettbewerbe oder gezielte Anfragen bei Internet-Communities gehen. So lassen sich sehr schnell sehr viele Menschen ansprechen. Auf virtuellen Plattformen können innerhalb kürzester Zeit Aufgaben rund um den Innovationsprozess erledigt werden. Das kann beispielsweise bei einer neuen Software die Fehlersuche oder die Optimierung der Bedienbarkeit oder bei dem Einsatz von KI und machine learning sein.

Clickworker trainieren Künstliche Intelligenz

Die Internetplattform Clickworker.de mit dem Hauptsitz in Essen, NRW bietet Unternehmen und Organisationen Unterstützung für arbeitsaufwendige Aufgaben, die von der Crowd erledigt werden können. Beispielsweise, für das Training von Systemen der künstlichen Intelligenz. Eine Workforce von über 3,6 Mio. Clickworkern von allen Kontinenten (Stand September 2022), zu 29 % Studierende, liefert benötigte Trainingsdaten zum maschinellen Lernen der Systeme, bearbeitet vorhandene Daten, führt Systemübungen durch und validiert Ergebnisse (Clickworker, o. J.) ◀

Durch die Öffnung ihrer Innovationsprozesse für außenstehende Akteure bekommen Unternehmen mehrere Vorteile – erschließen neue Wissens- und Kreativitätspotenziale, stärken ihre Innovationskompetenz, erweitern ihre Wissensbasis und setzen Lernprozesse in Gang.

9.5   Innovationsprozess und seine Gestaltung

Lange Zeit galt, dass Unternehmen, deren Entwicklungsaktivitäten entsprechend einem in klare Abschnitte gegliederten Innovationsprozess durchgeführt werden, signifikant erfolgreicher sind als jene, die dies nicht tun. Wichtig hierbei war auch, dass bereits die der eigentlichen Entwicklung vorgelagerten Schritte, wie beispielsweise Ideenfindung, Ideenbewertung und Vorentwicklung, systematisch durchgeführt werden. Allerdings sind diese Ansätze in der VUCA-Welt von heute nicht mehr uneingeschränkt einsetzbar, da in diesem Kontext agile Entwicklungsmethoden zunehmend an Bedeutung gewinnen (vgl. Graubinger, 2021, S. 39).

Uneingeschränkt gilt jedoch, dass sich eine umfassende **Kundenorientierung** während des gesamten Innovationsprojektes positiv auf den Innovationserfolg auswirkt. Das heißt, neben den Bedürfnissen aktueller und potenzieller Kunden müssen auch die Entwicklungen im Makro- und Mikroumfeld des Unternehmens laufend und detailliert analysiert werden. Das heißt, dass diese sogenannte Outside-in-Orientierung das gesamte Innovationsprojekt von der Ideenauswahl bis zur Markteinführung bzw. Implementierung bestimmen sollte (vgl. Cooper, 2019, S. 37).

In der Literatur zum Innovationsmanagement gibt es zahlreiche klassische Modelle des Innovationsprozesses, die sich in einzelnen Schritten und Zusammenhängen unterscheiden, jedoch grundsätzlich die drei Phasen des sogenannten Innovations-Trichters widerspiegeln: Ideen, Projekte, Produkte. Bei den neueren Modellen des Innovationsprozesses setzen sich agile Vorgehensweisen durch, die linearen Charakter – insbesondere in den frühen Entwicklungsphasen – kategorisch ablehnen und eine starke Kundenzentrierung betonen.

9.5.1   Klassische Modelle des Innovationsprozesses

Die klassischen Modelle des Innovationsprozesses betonen die Notwendigkeit, den Innovationsprozess strukturiert und übersichtlich, replizier- und steuerbar zu gestalten. Ein bewusster Innovationsprozess soll den Zufall durch die Absicht ersetzen. Ziele des Prozessmanagements im Rahmen des Innovationsprozesses sind also effektive und effiziente Innovationstätigkeiten eines Unternehmens (vgl. Uebernickel et al., 2016, S. 10).

9.5.1.1 Innovationsprozess als Trichter

Den traditionellen Konzepten liegt das Trichter-Modell des Innovationsprozesses zugrunde: Am Anfang stehen viele neue Ideen, deren Anzahl im Laufe der Entwicklung Schritt für Schritt reduziert wird. Stufenweise werden einige wenige Projekte mit guten Erfolgsaussichten selektiert und danach die besten Produkte zur Marktreife gebracht. Deswegen wird der Innovationsprozess oft in Form eines Trichters dargestellt. Dabei laufen die Phasen nicht zwangsläufig linear durch: Wiederholungen einiger Schritte sind immer denkbar, wenn Verbesserungen oder Änderungen vorgenommen werden sollen. Der Innovationsprozess ähnelt in seinem Verlauf einem Trichter (vgl. Abb. 9.9).

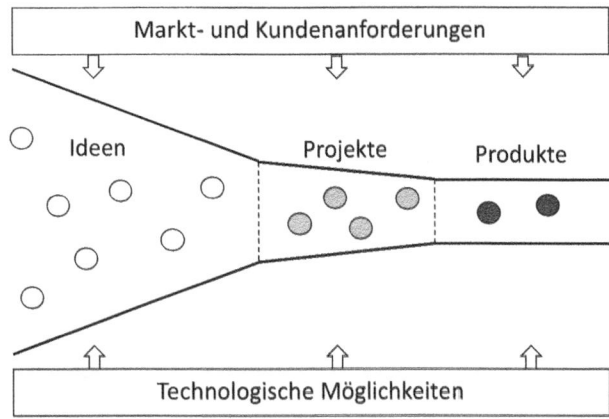

Abb. 9.9 Innovationsprozess als Trichter. (Quelle: eigene Darstellung)

Die Entwicklung von Innovationen aus den Ideen findet im Kontinuum zwischen den technologischen Möglichkeiten und Kunden- und Marktbedürfnissen. Die Kernkompetenzen des Unternehmens hinsichtlich der Technik und Know-how sind genauso wichtig, wie die Anforderungen des Marktes und der Kunden.

Das Ziel in der Anfangsphase des Trichters ist es, so viele Ideen wie nur möglich zu generieren bzw. zu sammeln. Danach geht es darum, die besten Ideen zu identifizieren, wobei als Vergleichskriterien technische Machbarkeit, Wirtschaftlichkeit, Marktakzeptanz und andere fungieren können. Die besten Ideen werden in Form einzelner Projekte weitergeführt und immer detaillierter ausgearbeitet. Die besonders erfolgversprechenden Projekte werden schließlich in fertige Produkte umgesetzt.

Zu Innovation gehören Risiko, Fehlschläge und Verluste dazu. Eine regelmäßige Evaluation von Ideen und Projekten dient der Ausfilterung von weniger guten Lösungen und wird – im Idealfall – von einem interdisziplinären Arbeitsteam durchgeführt, um eine Perspektivenvielfalt und Objektivität zu gewährleisten. Ein laufendes Innovationscontrolling soll verhindern, dass die Entwicklungskosten ausufern.

Für den Erfolg des Innovationsprozesses ist seine primäre Ausrichtung auf den Kundennutzen und nicht nur auf das machbare Produkt wichtig. Erst wenn das Konzept genügend Kundeninteresse zu wecken verspricht, werden Ressourcen für die Produktentwicklung in Gang gesetzt. Bei einer rein technologieinduzierten Innovation besteht dann die Gefahr eines Misserfolgs auf dem Markt, wenn die Akzeptanz von Seiten der Kunden nicht rechtzeitig überprüft wird. Diese Tatsache wird im Modell des Trichters durch das Spannungsfeld zwischen den Anforderungen des Marktes/der Kunden oben und den technologischen Möglichkeiten unten abgebildet.

Die klassischen Innovationsprozess-Ansätze können als Phasenmodelle bezeichnet werden, da sie den Innovationsprozess in einzelne Phasen und Subphasen aufteilen und ihn somit zeitlich strukturieren. Als typische Beispiele solcher Modelle werden das St. Galler Business-Innovation-Modell und das weit verbreitete Stage-Gate-Modell beschrieben.

9.5.1.2 St. Galler Business-Innovation-Modell

Der Innovationsprozess im Rahmen des St. Galler Business-Innovation-Modells ist an das Trichter-Modell angelegt und umfasst lediglich vier Schritte Idea Generation, Design, Test und Launch (vgl. Uebernickel et al., 2016, S. 10):

1. Im Rahmen der Idea Generation identifiziert ein Unternehmen zunächst intern oder extern neue Ideen für Produkt-/Service-, Prozess- und Geschäftsmodellinnovationen, wobei die Techniken wie Open-, Cross-Innovation, Crowdsourcing, Trendscouting und Kreativitätstechniken eingesetzt werden können.
2. Nach der Ideenbewertung und -selektion wird die so gewonnene und identifizierte Idee oder Neuerung in der Design-Phase praktisch umgesetzt. Sie gewinnt hier Gestalt, wird spür- oder gar greifbar.
3. In der Test-Phase wird die so gestaltete Idee dann auf ihre Durchführbarkeit und Marktfähigkeit sowie hinsichtlich ihrer Wirtschaftlichkeit geprüft. Der beschriebene Prozess ist in diesem Sinne nicht streng linear, da hier offensichtlich rekursive Schlaufen notwendig werden können.
4. Schließlich wird in der Launch-Phase die Innovation in den Markt eingeführt. Neben den traditionellen Kommunikationsinstrumenten kommen hierbei zunehmend Instrumente zum Einsatz, die neue technische Möglichkeiten der Vermittlung nutzen. Dazu gehören neuartige Maßnahmen, wie Social-Media-Marketing, virales Marketing oder Community-Marketing.

Die lineare Gestaltung des Innovationsprozesses macht ihn überschaubar und anwendbar, allerdings eignet sich diese Vorgehensweise eher für Verbesserungsinnovationen und Produktmodifikationen.

9.5.1.3 Stage-Gate-Innovationsprozess

Das Stage-Gate-Modell des Innovationsprozesses geht auf R.G. Cooper (2008) zurück und wurde in den vergangenen Jahrzehnten in einigen Großunternehmen wie 3M oder Procter&Gamble erfolgreich praktiziert. Der Innovationsprozess ist in diesem Modell interdisziplinär ausgerichtet und in fünf Abschnitte unterteilt. Jeder Abschnitt („Stage") wird durch ein Tor betreten („Gate"), welches als Checkpoint für die Qualitätskontrolle dient und bei dem jeweils unter Betrachtung von Markt- und Technologieaspekten über Abbruch bzw. Fortsetzung des Projekts entschieden wird. Entsprechend diesem Modell wird der Innovationsprozess in die fünf Abschnitte Ideengewinnung & -bewertung, Produktkonzept, Entwicklung, Test & Validieren sowie Markteinführung unterteilt (s. Abb. 9.10).

Der Innovationsprozess wird in mehrere Stufen (Stages) unterteilt. Im Gegensatz zu anderen Prozessmodellen beinhaltet im Stage-Gate-Modell jede Stufe bereichsübergreifende Aktivitäten aus dem Aufgabenspektrum verschiedener Funktionsbereiche bzw. Abteilungen eines Unternehmens. Nach Beendigung der einzelnen Stufen werden die Ergebnisse anhand vordefinierter Kriterien im Rahmen einer Meilensteinanalyse (Gates) überprüft.

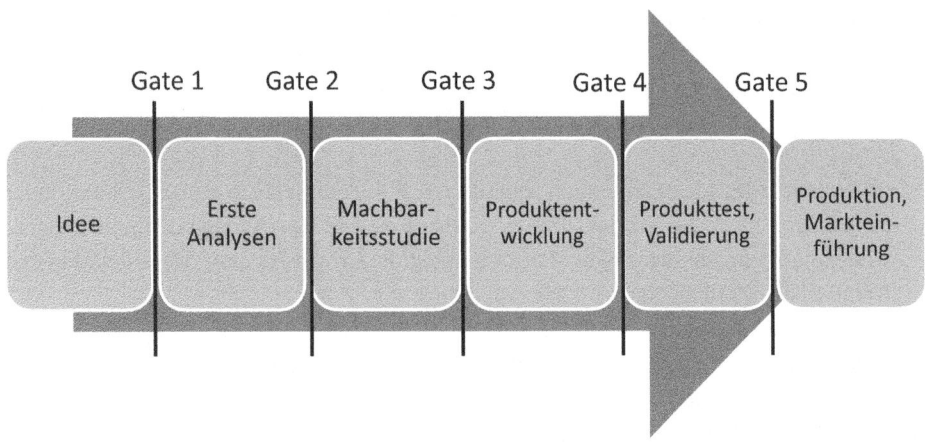

Abb. 9.10 Modellhafter Stage-Gate-Innovationsprozess nach Cooper. (Quelle: Eigene Darstellung in Anlehnung an Cooper, 2008)

Jeder Innovationsprozess beginnt mit einer Idee. Die Ideen werden in ersten Analysen selektiert und danach hinsichtlich ihrer Machbarkeit überprüft. Es folgen die Stufen Produktentwicklung, Marktbeurteilung und Produktion und Markteinführung, über die jeweils in einem Gate in Form von interdisziplinären Meetings über die Fortführung des Projektes entschieden wird. Die ersten Phasen werden in der Regel von einem F&E-Manager geleitet, danach von einem Marketing-Manager und der zuständigen Business Unit des Unternehmens.

Keine Abteilung im Unternehmen beansprucht einen Abschnitt für sich allein, sondern der Prozess muss bereichsübergreifend organisiert sein. Darüber hinaus wird auch bei jedem Gate funktionsübergreifend anhand definierter Kriterien über Fortführung oder Abbruch des Projektes entschieden (vgl. Graubinger, 2021, S. 40).

Der Stage-Gate-Prozess ist gut geeignet für Innovationsprojekte, wenn Informationen über den Markt und die technologische Machbarkeit bereits zu Beginn des Prozesses verfügbar sind. Dies ist eher bei inkrementellen als bei radikalen Innovationen der Fall. Dementsprechend verfolgt Cooper eine permanente Weiterentwicklung des Stage Gate Prozesses in die Richtung einer verringerten Bürokratie, einem der Größe der Innovationsprojekts angepassten Prozess und noch flexiblerer Versionen mit gleichzeitiger Entwicklung und Ausführung (vgl. Cooper, 2008). Um die Entwicklungszeiten und Entwicklungskosten zu reduzieren, wird empfohlen, einige Arbeiten im Rahmen des Innovationsprozesses nicht nacheinander, sondern parallel zueinander durchzuführen (Parallelisierung der Phasen).

Beide beschriebenen klassischen Modelle des Innovationsprozesses entsprechen im Grunde dem traditionellen, linearen Denken. Die Schritte des Prozesses werden in einer klar definierten Abfolge nacheinander umgesetzt. Diese Vorgehensweise ist für relativ stabile Märkte und überwiegend für inkrementelle Innovationen geeignet. Für die dynamische Wirtschaftswelt mit zunehmend individualisierten Kundenbedürfnissen sind diese Prozesse zu starr und für die agilen, iterativen Entwicklungsprozesse weniger geeignet.

9.5.2 Moderner Innovationsprozess

Um erfolgreiche radikale Innovationen und neue Geschäftsmodelle zu kreieren, sind nicht lineare, agile Entwicklungsmethoden erforderlich, die eine ständige Fokussierung auf Kundenbedürfnisse und eine interdisziplinäre Vorgehensweise beinhalten.

Es wurde bereits an mehreren Stellen betont, wie wichtig es ist, während des Entwicklungsprozesses laufend die Kundenmeinung zu berücksichtigen, um keine Produkte „am Kunden vorbei" zu entwickeln. Dabei erweist sich der Einsatz von digitalen Technologien und umfassenden Informationssystemen als sehr vorteilhaft. Diese Technologien ermöglichen eine effiziente Kundenintegration in den Entwicklungsprozess und damit ein prozessbegleitendes Kundenfeedback (Cooper, 2019, S. 38). Die Digitalisierung der Innovationsprozesse stellt heute ein wesentliches Merkmal von modernen Innovationsmanagement Systemen dar.

Ein Modell des Innovationsprozesses für die Zukunft sollte sich durch einen nicht linearen, agilen, kundenorientierten Charakter auszeichnen. Vor allem die frühen Phasen der Ideenentwicklung beinhalten kurze Entwicklungs- und Testphasen, die sich mehrfach, in kurzen Annäherungsschritten wiederholen sollen.

Als **Anforderungen an einen modernen Innovationsprozess** können in Anlehnung an Cooper (2019) und Graubinger (2021) folgende formuliert werden:

- Starke Fokussierung von Kundennutzen und Kundenbedürfnissen,
- Flexibilisierung der Prozessgestaltung, insbesondere in den frühen Entwicklungsphasen, bis zu spiralartiger Entwicklung,
- Integration von agilen Methoden (s. ausführlicher Abschn. 10.3),
- Interdisziplinäre Innovationsteams (s. ausführlicher Abschn. 10.5),
- Open Innovation (vgl. Abschn. 9.4.3), insbesondere Zusammenarbeit mit den Kunden, Partnerunternehmen und Wissenschaft (s. ausführlicher Abschn. 10.4),
- Digitalisierung von Innovationsprozessen (s. ausführlicher. Abschn. 10.5).

Die Abbildung Abb. 9.11 stellt einen modellhaften Innovationsprozess dar, der in den frühen Entwicklungsphasen an Design Thinking angelehnt ist und die genannten Anforderungen erfüllt.

Kunde bzw. Kundennutzen steht in diesem Prozess im Mittelpunkt, der Kunde wird in allen Schritten (Ideengenerierung, -auswahl, -analyse) in den Prozess integriert. Die einzelnen Schritte werden entsprechend dem Kundenfeedback beliebig oft in der Spirale **wiederholt**, bis eine Entscheidung für ein tragbares Konzept getroffen wird. Danach findet die Entwicklung eher linear statt, wie in einem Stage-Gate-Prozess. Allerdings wird die Kundenmeinung auch hier **bei jedem Gate** berücksichtigt, inklusive der Phase Produkttest und Markteinführung.

Die **Spirale** der frühen Entwicklungsphasen ist von zentraler Bedeutung. Die Generierung von kreativen Ideen kann nicht nach strikten Regeln ablaufen. Für die Entwicklung von Ideen ist eine iterative Vorgehensweise mit Versuchen, Wiederholungen und

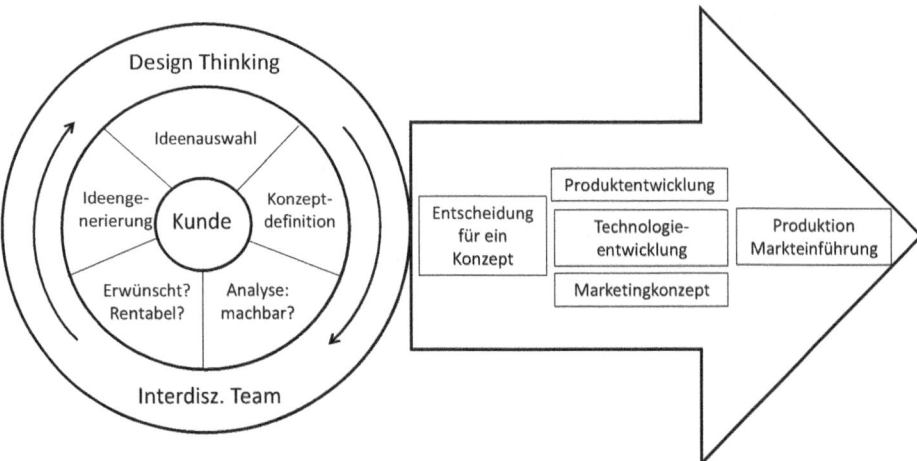

Abb. 9.11 Modellhafter Innovationsprozess mit agilen, kundenzentrierten frühen Phasen

Überprüfungen erforderlich. Hier helfen die Flexibilisierung und der spiralartige Charakter des Innovationsprozesses. Kreativität lässt sich nicht verordnen oder standardisieren. Die agilen Entwicklungsmethoden spiegeln diese nicht lineare, intuitive, tastende Vorgehensweise wider.

In der Abbildung stehen Design Thinking und interdisziplinäres Entwicklungsteam stellvertretend für agile Vorgehensweisen, die in jedem Einzelfall im Unternehmen branchen-, größen- und erfahrungsabhängig eingesetzt werden sollen. Agilität und Kreativität sind stark von kulturellen Faktoren wie Unternehmenskultur und Führung abhängig und nur begrenzt rational steuerbar. Hierbei sind die Ideen- und Kreativitätspotenziale der Beschäftigten von entscheidender Bedeutung, die erschlossen werden sollen. Die Techniken zur Steigerung der Kreativität sowie die agilen Methoden der Ideenentwicklung werden in Kap. 10 diskutiert, die weichen Einflussfaktoren Kultur und Führung werden ausführlich in Kap. 11 erläutert.

Verständnisfragen und Aufgaben

1. Was versteht man unter der Innovationsstrategie? Welche Bedeutung hat die Innovationsstrategie für Unternehmen?
2. Wie wird eine Innovationsstrategie entwickelt und welche Bestandteile weist sie auf?
3. Warum bildet Zukunfts- und Trendforschung die Grundlage für Innovationsmanagement?
4. Was versteht man unter der Technologie-Roadmap? Wie wird sie entwickelt?
5. Worin besteht das Konzept Open Innovation?
6. Erklären Sie die Anwendung der SWOT-Analyse für die Entwicklung der Innovationsstrategie.

7. Wie kann Innovationsarbeit organisatorisch eingegliedert werden?
8. Was bedeutet Ambidextrie?
9. Aus welchen Schritten besteht ein idealtypischer Innovationsprozess?
10. Wodurch unterscheiden sich traditionelle und neuere Modelle des Innovationspro-
    zesses voneinander?

Literatur

Ahrens, K., Sala, A., & Schaff, A. (2021). *Studie zum Technologie- und Innovationsmanagement –
Methodeneinsatz, Ausgestaltung und Erfolgsfaktoren* (KCT-Schriftenreihe der FOM, Bd. 6). MA
Akademie Verlags- und Druck-Gesellschaft.

Bitkom. (2021). Digitalisierungsschub in der Wirtschaft wird Pandemie überdauern. https://www.
bitkom.org/Presse/Presseinformation/Digitalisierungsschub-in-Wirtschaft-wird-Pandemie-
ueberdauern. Zugegriffen am 06.02.2022.

Busch, M., & Weissenberger-Eibl, M. A. (2021). Ambidextre Unternehmen sind innovativer & erfolgreicher. *Wissensmanagement. Das Magazin für Digitalisierung, Vernetzung & Collaboration, 1*(2021), 42–44.

Chesbrough, H. (2006). *Open innovation: The new imperative for creating and profiting from technology*. Harvard Business School Press.

Clickworker. (o. J.). Data Powered By Crowd Intelligence – Gewinnung und Bearbeitung tausender
von Daten in kürzester Zeit und hoher Qualität. https://cdn.clickworker.com/wp-content/
uploads/2022/01/DIN-A4-Flyer-2022-DE.pdf. Zugegriffen am 10.09.2022.

Cooper, R. G. (2008). Perspective: The stage gate idea to launch process. *Product Innovation Management, 25*, 213–232.

Cooper, R. G. (2019). The drivers of success in new-product development. *Industrial Marketing
Management, 76*(1), 36–47.

Deutsche Post DHL Group. (2020). Künstliche Intelligenz, Robotertechnik, Quantencomputing,
Nachhaltigkeit und globale Volatilität: DHL Logistics Trend Radar enthüllt Trends, die die Zukunft der Logistik prägen werden. https://www.dpdhl.com/de/presse/pressemitteilungen/2020/
dhl-logistics-trend-radar-enthuellt-trends-die-die-zukunft-der-logistik-praegen-werden.html.
Zugegriffen am 20.08.2022.

Fink, A., & Siebe, A. (2013). In Zükünften denken. Essay. http://www.changex.de/Article/serie_zu-
kunft16_fink_siebe_zukuenfte. Zugegriffen am 20.12.2021.

Frankenberger, K., Mayer, H., Reiter, A., & Schmidt, M. (2021). *Das Digital Transformer's Dilemma. Wie Sie Ihr Kerngeschäft digitalisieren und gleichzeitig innovative Geschäftsmodelle
aufbauen*. Wiley.

Gassmann, O., & Frankenberger, K. (2019). 55+ Muster erfolgreicher Geschäftsmodelle. In O. Gassmann & P. Sutter (Hrsg.), *Digitale Transformation gestalten. Geschäftsmodelle, Erfolgsfaktoren,
Checklisten* (2. Aufl., S. 199–215). Hanser.

Gassmann, O., & Sutter, P. (2019). Software erobert die Welt. In O. Gassmann & P. Sutter (Hrsg.),
Digitale Transformation gestalten. Geschäftsmodelle, Erfolgsfaktoren, Checklisten (2. Aufl.,
S. 3–18). München: Hanser.

Gassmann, O., & Wecht, C. H. (2013). Technologiestrategie: von der Vision zur Aktion. In O. Gassmann & P. Sutter (Hrsg.), *Praxiswissen Innovationsmanagement. Von der Idee zum Markterfolg*
(S. 25–36). Hanser.

Gaubinger, K. (2021). *Hybrides Innovationsmanagement für den Mittelstand in einer VUCA-Welt.
Vorgehensmodelle – Methoden – Erfolgsfaktoren – Praxisbeispiele*. Springer.

Häfner, N., & Morf, P. (2019). Management von AI-Initiativen in Unternehmen. In O. Gassmann & P. Sutter (Hrsg.), *Digitale Transformation gestalten. Geschäftsmodelle, Erfolgsfaktoren, Checklisten* (2. Aufl., S. 42–57). Hanser.

Jung, R. H., Heinzen, M., & Quarg, S. (2018). *Allgemeine Managementlehre* (7. Aufl.). Erich Schmidt.

Marr, B. (2020). *Künstliche Intelligenz in Unternehmen. Innovative Anwendungen in 50 erfolgreichen Firmen.* Wiley-VCH.

Moser, D., Wecht, C. H., & Gassmann, O. (2019). Digitale Plattformen als Geschäftsmodell. In O. Gassmann & P. Sutter (Hrsg.), *Digitale Transformation gestalten. Geschäftsmodelle, Erfolgsfaktoren, Checklisten* (2. Aufl., S. 99–110). Hanser.

Olivan, P. (2019). *Methode zur organisatorischen Gestaltung radikaler Technologieentwicklungen unter Berücksichtigung der Ambidextrie* (Schriftenreihe der Universität Stuttgart, Bd. 51). Fraunhofer. https://elib.uni-stuttgart.de/handle/11682/10656. Zugegriffen am 05.03.2022.

Picot, A., Dietl, H., Franck, E., Fiedler, M., & Royer, S. (2020). *Organisation. Theorie und Praxis aus ökonomischer Sicht* (8. Aufl.). Schäffer Poeschel.

Plattform Lernende Systeme. (o. J.). Geschäftsmodelle. Wirtschaft im Umbruch. https://www.plattform-lernende-systeme.de/geschaeftsmodelle.html. Zugegriffen am 06.09.2022.

Plattform Lernende Systeme. (2020). Von Daten zu Wertschöpfung. Potenziale von daten- und KI-basierten Wertschöpfungsnetzwerken. https://www.plattform-lernende-systeme.de/files/Downloads/Publikationen/PLS_Booklet_Datenoekosysteme.pdf. Zugegriffen am 06.09.2022.

Sauer, R., Dopfer, M., Schmeiss, J., & Gassmann, O. (2019). Das Geschäftsmodell: Gral der Digitalisierung. In O. Gassmann & P. Sutter (Hrsg.), *Digitale Transformation gestalten. Geschäftsmodelle, Erfolgsfaktoren, Checklisten* (2. Aufl., S. 19–32). München: Hanser.

Scheer, A. W. (2018). *Unternehmung 4.0 – Vom disruptiven Geschäftsmodell zur Automatisierung der Geschäftsprozesse.* AWSi Publishing.

Scherer, L., Czarniecki, M., Spinnler, D., & Baumgartner, R. (2021). Bumerangeffekte in der Führung. *zfo, 90*(05), 308–313.

Schüller, A. M., & Steffen, A. T. (2017). *Fit für die Next Economy. Zukunftsfähig mit den Digital Natives.* Wiley-VCH.

Statista. (2022). Anzahl der Abonnenten und Mitarbeiter von Netflix. https://de.statista.com/statistik/daten/studie/553249/umfrage/anzahl-der-mitarbeiter-von-netflix/. Zugegriffen am 01.09.2022.

Staufen AG. (Hrsg.). (2021). Studie Digitalisierung 2020. https://www.staufen.ag/wp-content/uploads/STAUFEN.AG_Studie_Digitalisierung_2020_web.pdf. Zugegriffen am 22.02.2022.

Uebernickel, F., Stölzle, W., Lennerts, S., Lampe, K., & Hoffmann, C. P. (2016). St. Galler Business-Innovation-Modell. In C. P. Hoffmann, S. Lennerts, C. Schmitz, W. Stölzle, & F. Uebernickel (Hrsg.), *Business Innovation: Das St. Galler Modell* (S. 3–17). Springer Gabler.

Vahs, D., & Brem, A. (2015). *Innovationsmanagement. Von der Produktidee zur erfolgreichen Vermarktung* (5. Aufl.). Schäffer Poeschel.

Zielonka, A. M. (2018). Welche Vorteile ein Plattform-Geschäftsmodell bietet. https://www.haufe.de/controlling/controllerpraxis/kennzahlenorientierte-steuerung-digitaler-plattformen/welche-vorteile-ein-plattform-geschaeftsmodell-bietet_112_467156.html. Zugegriffen am 20.12.2021.

Zukunftsinstitut. (Hrsg.). (2021). Die Megatrends. Dossier. https://www.zukunftsinstitut.de/dossier/megatrends/#megatrend-map. Zugegriffen am 20.08.2022.

Ideenfindung und Ideenumsetzung

10

Zusammenfassung

Am Anfang jeder Innovation steht eine Idee. Ideen können unterschiedlichen Quellen entspringen. Sie können von einem Erfinder stammen, der in seiner Garage tüftelt, oder aus einer Universität, die Grundlagenforschung betreibt, oder auch aus der Abteilung für Forschung und Entwicklung (F&E) eines Unternehmens im Rahmen einer vorgegebenen Innovationsstrategie. Oft werden die alten und neuen Komponenten zu innovativen Lösungen neu kombiniert, wobei an dem Entstehungsprozess mehrere Personen beteiligt sind. Es ist sinnvoll, verschiedene Innovationsquellen in Betracht zu ziehen, um die Anzahl und die Qualität von Ideen zu erhöhen. Das aktuelle Innovationsgeschehen in Unternehmen wird zunehmend mit der Wissensarbeit verknüpft, da die Komplexität der Produkte und Prozesse die Beteiligung von Spezialisten aus diversen Bereichen und Disziplinen erfordert. Das Wissen der beteiligten internen und externen Akteure stellt die entscheidende Ressource für die Innovationsarbeit dar. Damit aus dem Wissen neue Ideen entstehen, sollte die Kreativität und Motivation der Beteiligten mit gezielten Maßnahmen angeregt und gefördert werden, wobei es um spezielle Kreativitätstechniken und agile Entwicklungsmethoden gehen kann. Verschiedene Wege und Instrumente der internen und externen Ideenfindung sowie der Ideenumsetzung werden in diesem Kapitel thematisiert.

10.1 Interne Ideenfindung

Jede Innovation beginnt mit einer Idee. Wir Menschen sind – in Gegensatz zu der (heutigen) künstlichen Intelligenz – in der Lage, neue Wege zu gehen und neue Problemlösungen zu finden, insofern ist eine Idee ein Produkt der menschlichen Kreativität.

© Der/die Autor(en), exklusiv lizenziert an Springer Fachmedien Wiesbaden GmbH, ein Teil von Springer Nature 2023
R. Franken, S. Franken, *Wissen, Lernen und Innovation im digitalen Unternehmen*, https://doi.org/10.1007/978-3-658-40822-0_10

▶ **Ideen** sind Gedanken und Vorstellungen, die zur Lösung eines Problems dienen.

Die Ideen für Innovationen kommen in Unternehmen nicht nur von der eigenen F&E, im Rahmen der definierten Innovationsstrategie, sondern auch aus anderen Abteilungen und Bereichen. Es kommen verschiedene Bereiche der Wertschöpfungskette in Frage, weil beispielsweise der Produktionsbereich praxisrelevante Prozessinnovationen (z. B. zur Steigerung der Effizienz) oder die Marketingabteilung kundenbezogene Innovationen hervorbringen kann. Aber vor allem können aus der Interaktion der verschiedenen Abteilungen in Unternehmen Innovationen entstehen (vgl. Picot et al., 2020, S. 416).

Drei Gruppen in der Belegschaft sind besonders dafür prädestiniert, neue Ideen einzubringen:

- die Beschäftigten im Kundendienst und Vertrieb, die an der Schnittstelle zum Markt sind, Kundenfeedback und Beschwerden bekommen und deswegen am besten wissen, was sich die Konsumenten wünschen und was sie verärgert;
- die Beschäftigten in der Produktion, die alle Abläufe und Probleme aus ihrer täglichen Routine kennen und erkennen, was verbessert werden kann;
- junge Mitarbeiter und Anfänger sowie Unternehmenswechsler, die einen frischen Blick mitbringen und die Probleme, die für die Ansässigen wegen der Betriebsblindheit nicht sichtbar sind, erkennen.

Es ist sinnvoll, diese Zielgruppen nach neuen Ideen und Verbesserungen zu fragen, was in Form von Ideenwettbewerben, kontinuierlichen Verbesserungsprozessen (KVP) oder betrieblichem Ideenmanagement organisiert werden kann (vgl. Abschn. 10.1.2). Manche Großunternehmen erschließen die Ideenpotenziale der ganzen Belegschaft, indem sie Ideennetzwerke und Communities initiieren bzw. fördern, wo das Wissen unter Spezialisten ausgetauscht wird (s. ausführlicher Abschn. 10.1.3). In solchen Wissens- und Innovationsnetzwerken entstehen Ideen, die bereits durch das Teilen und Diskutieren relativ reif und grob bewertet sind. Darüber hinaus wird dort das unternehmensrelevante Wissen geteilt und vermehrt, es findet ein gemeinsames Lernen statt.

Die frühen Phasen des Innovationsprozesses sind für den Erfolg von Innovationen von entscheidender Bedeutung, denn hier sind die Spielräume für Entscheidungen und Analyse bezüglich der Kundenbedürfnisse, neuer Technologien, künftiger Eigenschaften und Kosten des Produktes besonders groß. Mit jedem weiteren Schritt im Entwicklungsprozess werden die Komponenten des Produktes konkreter und die Spielräume für Veränderungen enger.

Zu Beginn des Innovationsprozesses (vgl. ausführlicher Abschn. 9.5) werden basierend auf der Zukunfts- und Trendforschung und im Einklang mit der Innovationsstrategie die Suchfelder für neue Ideen definiert. Sind die Suchfelder festgelegt, so kann man mit der Sammlung und Generierung von Ideen in diesem vorgegebenen Rahmen beginnen.

In Unternehmen werden die Suchfelder für neue Ideen meistens aufgrund der Ergebnisse von interner, externer und (kombinierter) SWOT-Analyse bestimmt (s. Abschn. 9.2.2) und gelten dann als Problemstellung für die Beschäftigten in der Forschung und Entwicklung. Andererseits ist es möglich, dass die Mitarbeitenden aus anderen Bereichen aufgrund ihrer Involviertheit in Unternehmens- oder Kundenprozesse ein Problem identifizieren und im Rahmen des Vorschlagswesens eine Lösung finden. So kann ein Innovationsprozess auch ohne Situationsanalyse, Früherkennung oder Suchfeldbestimmung direkt initiiert werden. Wie man Ideenmanagement für die kontinuierliche Suche nach Verbesserungen und Initiation von Lernprozessen in Betrieben einsetzen kann, wurde bereits im Abschn. 7.3.2 kurz beschrieben und wird in Abschn. 10.1.2 vertieft. Darüber hinaus können brauchbare Ideen als Ergebnisse früherer Projekte bereits vorliegen oder in Form von Patenten und Lizenzen zugekauft werden.

Neue Ideen können auf unterschiedlichen Wegen und von verschiedenen Akteuren gefunden werden.

10.1.1 Beschäftigte als Ideengeber

Ideen basieren auf Wissen von Menschen und kombinieren es neu. In diesem Sinne ist die Ideenfindung ein Lernprozess, in dem es um neue Lösungen von Problemen geht. Da Lernen grundsätzlich in jedem einzelnen Kopf stattfindet, werden Ideen von Individuen entwickelt. Jedoch kann eine organisierte Gruppenarbeit die Entstehung neuer Ideen fördern, wenn verschiedene Sichtweisen, Kenntnisse und Erfahrungen aufeinandertreffen.

Ideen tauchen bei Individuen auf, die mit fundiertem Wissen in eine geeignete Umgebung eingebettet sind und sich mit Neuem beschäftigen. Identifiziert man ein Problem, so ist es häufig möglich, eine Lösung dafür zu finden. Entscheidend sind dabei unternehmerisches Denken und Engagement von einzelnen Personen. Kreative und engagierte Persönlichkeiten, die immer mitdenken und Vorschläge parat haben, sollten wertgeschätzt und gefördert werden.

Nach Meinung der Kreativitätsforscherin Theresa Amabile basiert **individuelle Kreativität** auf drei Elementen (zitiert nach Gassmann, 2013, S. 225):

- **Expertise**: Ohne Fachwissen ist Kreativität wenig wert;
- **Kreativitätsfähigkeiten**: Neben einer Begabung braucht eine Person Konzentration und Offenheit für das Neue;
- **Motivation**: Nur motivierte Mitarbeitende können kreativ sein. Gefragt ist vor allem intrinsische Motivation, die aus der Begeisterung durch die Aufgabe entsteht, und weniger extrinsische Motivation, die aus dem Geld- oder Statusanreiz entsteht.

Diese Elemente der Kreativität können – zumindest zum Teil – durch die Rahmenbedingungen begünstigt werden. Man kann Spezialisten mit Fachwissen mit der Ideenfindung beauftragen, sie mit Kreativitätstechniken anregen und intrinsische Motivation durch Autonomie, Verantwortung für die Aufgabe und Freiräume fördern.

Nach Angaben einer Studie zum Technologie- und Innovationsmanagement in Deutschland, gaben rund 86 % der befragten Unternehmen an, dass die Mitarbeitenden ihrer Unternehmen über Innovationspotenzial verfügen, aber nur gut die Hälfte (55 %) findet, dass den Mitarbeitenden auch die entsprechenden Möglichkeiten geboten werden (z. B. kreative Freiräume, Tools etc.), damit sie dieses Innovationspotenzial auch freisetzen können (vgl. Ahrens et al., 2021, S. 38).

Die vorhandenen Potenziale von Kreativität und Ideen werden durch Zeit- und Freiräume für Ideenarbeit (s. ausführlicher Abschn. 11.1.3), gute Führung und positives Arbeitsklima angeregt und ausgeschöpft. Zu hohe Belastung durch alltägliche Aufgaben, abwertende Bemerkungen, Desinteresse oder scharfe Kritik seitens der Führungskräfte können die Lust an Ideenfindung abschwächen oder sogar zunichtemachen. Als bedeutendes Hindernis für Innovationen wurde von 69 % der Unternehmen ein Mangel an Zeit für Innovation angegeben, gefolgt von unzureichendem internem Budget (63 % der Befragten). 53 % der Unternehmen nennen als Hindernis eine innovationshemmende Unternehmenskultur (vgl. Ahrens et al., 2021, S. 42).

Ein Austausch von Meinungen in einer Gruppe, in der eine positive Arbeitsatmosphäre und gegenseitiges Vertrauen vorherrschen, kann die Ideenfindung anregen und Kreativität fördern. Besonders fruchtbar sind gemischte Projekt- und Problemlösungsgruppen, die in Bezug auf Geschlecht, Alter, Fachgebiet, kulturelle Herkunft, Erfahrungen und andere Faktoren heterogen sind. Nach diesen Kriterien werden in Unternehmen spezielle Innovationsteams zusammengestellt, die eine allgemeine Problemstellung als Zielsetzung erhalten und unter Einsatz von Kreativitätstechniken Ideen entwickeln.

Innovation Labs brauchen Vielfalt

Firmen wie Cisco, die Commerzbank, Daimler, Deloitte, die Allianz, die Deutsche Telekom und andere haben in den vergangenen Jahren eigene Innovationszentren bzw. Innovation Labs gegründet, die als Schutzraum für innovative Gedanken und Experimentierfelder dienen. Im Mittelpunkt steht der interdisziplinäre Austausch zwischen Spezialisten für unterschiedliche Technologien und kreativen Köpfen mit digitalem Verständnis. Ein entscheidender Erfolgsfaktor bei der Zusammenstellung solcher Teams ist Augenhöhe. Ein zweiter ist Diversität, also ein bunter Mix aus Expertisen, Generationen und Nationalitäten (vgl. Schüller & Steffen, 2017, S. 129, 135). ◄

Bei der Ideenfindung wird in der Regel zwischen Ideensammlung und Ideengenerierung unterschieden. Ideensammlung bedeutet Suche und Sichtung von vorhandenen Ideen. Oft sind Lösungsansätze oder Anregungen in verschiedenen Quellen bereits vorhanden, sollen jedoch gefunden, analysiert und problemorientiert aufbereitet werden. Diese Ansätze können aus anderen Unternehmen, Fachpublikationen, anderen Abteilungen, früheren Projekten, dem Kundendienst, der Produktion, Beschaffung oder anderen Quellen kommen. Ideengenerierung findet statt, wenn völlig neue Ideen gefunden werden sollen, die bis jetzt nicht vorliegen. Sie bedarf eines kreativen Prozesses, in dem es um eine Erfindung oder Weiterentwicklung geht. Aber auch hier basiert der Findungsprozess auf dem vorhandenen Wissen und seiner Kombination. Deswegen ist die Trennlinie zwischen Ideensammlung und -generierung unscharf, beide Vorgehensweisen überschneiden und ergänzen sich gegenseitig.

Für eine hohe Quantität und Qualität von Ideen ist die Nutzung der gesamten Wissensbasis des Unternehmens nötig. In der Praxis werden Wissens- und Kreativitätspotenziale der Belegschaft oft nicht vollständig ausgeschöpft, weil sie nicht wirklich als solche wahrgenommen und wertgeschätzt und folglich kaum gefragt und gefördert werden. Nicht nur die eigene F&E, sondern die ganze Belegschaft des Unternehmens sind wichtige Quellen für neue Ideen. Durch unmittelbare Einbindung in die Unternehmensprozesse und Kundennähe sind die Mitarbeiter in der Lage, Problembereiche zu identifizieren und Verbesserungsvorschläge zu entwickeln sowie die Kundenwünsche zu verstehen und Anforderungen an neue Produkte zu formulieren.

10.1.2 Betriebliches Ideenmanagement

Ein traditionelles Verfahren, die eigenen Mitarbeiter zur Innovation anzuregen, ist betriebliches Ideenmanagement. Es dient einer systematischen Erschließung des vorhandenen Erfahrungswissens und der Kreativität der eigenen Belegschaft. Der Schwerpunkt liegt dabei auf der Verbesserung oder Neugestaltung von Produkten und der Optimierung von Strukturen, Abläufen und Arbeitsbedingungen.

▶ **Ideenmanagement** umfasst eine systematische Generierung, Bewertung und Umsetzung von Ideen für Verbesserungen und Neuerungen in einem Unternehmen.

Ideenmanagement verfolgt das Ziel, alle Kreativitätspotenziale der Beschäftigten in Bezug auf Produkt-, Prozess- und soziale Innovationen in Unternehmen optimal zu nutzen. Im Rahmen des verbreiteten Vorgesetzten-Modells des Ideenmanagements werden die Verbesserungsvorschläge von den unmittelbaren Vorgesetzten des Ideeneinreichers gesammelt und anfänglich bewertet. Damit ist die Entscheidung über Prämierung, Weiterleitung und Umsetzung eines Vorschlags zumindest teilweise in der Hand des Vorgesetzten. Im Fall komplizierter Vorschläge trifft die Entscheidungen ein Expertengremium bzw. ein Ideenmanager.

Für eine einfache Einreichung von Ideen werden meistens automatisierte Eingabesysteme mit der Möglichkeit einer permanenten Verfolgung von Ideen praktiziert und durch Communities und Foren erweitert. So kann Ideenmanagement die Vorteile der digitalen Technologie nutzen. Sie ersetzt nicht die Kreativität, dient jedoch einer leichteren Einreichung und Bearbeitung von Ideen und regt einen intensiven (digitalen) Informationsaustausch an.

Weitere Instrumente interner Ideenfindung sind Kaizen und kontinuierliche Verbesserungsprozesse (KVP), die oft in das betriebliche Ideenmanagement integriert werden. Im Kaizen (jap. „Veränderung zum Besseren") wird der Gedanke nach einer ständigen Verbesserung impliziert. Es gilt jegliche Fehler und Verluste zu reduzieren, mit dem Ziel, die höchste Kundenzufriedenheit und ausgezeichnete Qualität zu erreichen. In der Praxis werden mit Kaizen meistens Qualitätssteigerung, Kostenreduzierung und kürzere Durchlaufzeiten angestrebt.

Einsatz von Kaizen in der Fertigung

In der Fertigung geht es darum, dass die Mitarbeiter keine langen Wege gehen, alle Werkzeuge und Werkstücke im direkten Zugriff sind und alle Bewegungsabläufe leichtfallen. Zudem sollen keine Fehler bei der Bearbeitung passieren. Dazu müssen alle Maschinen, Werkzeuge, Messgeräte, Zuführungen von Werkstücken und Material, Abführungen von bearbeiteten Stücken sowie die dabei notwendigen Informationen perfekt aufeinander abgestimmt werden. Um Fehler zu vermeiden, werden Werkstücke und Werkzeuge so konstruiert, dass nichts falsch bearbeitet oder montiert werden kann. Dieses Prinzip wird als Poka Yoke bezeichnet (vgl. Fleig, 2019). ◄

In westlichen Unternehmen ist das von dem Kaizen abgeleitete Konzept KVP bekannt. KVP wird insbesondere als eine integrierte Aufgabe der teilautonomen Arbeitsteams in der Produktion praktiziert, die neben ihren Produktionszahlen und Arbeitssicherheit auch die kontinuierliche Verbesserung von Arbeitsprozessen zu verantworten haben (vgl. Abschn. 7.4.1). Im Gegensatz zu den Verbesserungsvorschlägen von einzelnen Personen, sind Kaizen und KVP gruppenbezogene Konzepte. Die kollektive Ideenfindung findet jedoch nur unter den Voraussetzungen wie offene Kommunikation, intensiver Wissensaustausch über die Bereichsgrenzen hinweg, fördernde Unternehmenskultur, partnerschaftliche Führung, flache Hierarchien und Vertrauen statt, die eine positive ideenfördernde Atmosphäre schaffen.

10.1.3 Ideenwettbewerbe, -werkstätten und Communities

Zu den gängigen Instrumenten der Ideengenerierung in Unternehmen gehören Ideenwettbewerb, Ideenwerkstatt und (Mitarbeiter)Community, die ebenfalls darauf abzielen, Zeit- und Freiräume für Ideengenerierung und -austausch zu schaffen.

Ideenwettbewerb Mit einem Ideenwettbewerb wird nicht nur die Generierung möglichst vieler Ideen angestrebt, sondern auch die Pflege einer innovationsfördernden Unternehmenskultur. Die Beschäftigten werden für die Ideenarbeit sensibilisiert, um eine aktive Teilnahme möglichst vieler Akteure anzuregen.

Das Top Management muss am Anfang eines Ideenwettbewerbs ein Suchfeld für die Ideensuche definieren sowie ein Gremium und Kriterien zur Bewertung der Ideen bestimmen. Darüber hinaus sollte ein Zeitplan vereinbart und festgehalten werden. Dann werden die Mitarbeiter unternehmensweit über die Ziele und die Vorgehensweise des Ideenwettbewerbs informiert, um den Bekanntheitsgrad und somit eine hohe Beteiligung zu erreichen. Den Mitarbeitern sollten Vorlagen und Hilfestellungen angeboten werden, die sie beim Formulieren und Einbringen ihrer Ideen unterstützen.

In der Regel findet die Auswahl der eingereichten Ideen in einem mehrstufigen Prozess statt, wobei die Ideen in einer ersten Stufe grob gefiltert und die verbleibenden Ideen, im Austausch mit den jeweiligen Einreichern, weiter konkretisiert werden. Ähnliche Ideen oder sich ergänzende Vorschläge werden zusammengeführt. Auf dieser Basis erfolgt die Bewertung im zweiten Filter. Danach müssen die noch übrig gebliebenen Ideen von den Einreichern zu Konzepten ausgearbeitet werden, die bezüglich ihrer wirtschaftlichen und technischen Machbarkeit überprüft werden. Der Wettbewerb endet zumeist mit der Vergabe von Preisen für die Ideen, die den größten Erfolg versprechen.

Ideenwettbewerb bei Fraport

Innovation Space für spontanes Networking, während man auf den Flieger wartet: Das ist die Siegeridee des Ideenwettbewerbes 2016 von Frankfurt Airport. Gesucht waren innovative Ideen, um den Flughafen der Zukunft zu gestalten – egal ob Golfplatz oder Yoga-Raum. Mehr als 600 Ideen wurden von den Fraport-Beschäftigten eingereicht, die sechs Erstplatzierten konnten Preise im Gesamtwert von 7000 € gewinnen (vgl. Kreutz, 2017). ◄

Ideenwerkstatt   Für die Entwicklung von Strategien und eine aktive Gestaltung der Zukunft wird eine weitere Form der Nutzung der kollektiven Intelligenz immer beliebter – eine Ideenwerkstatt, die meistens in Großgruppen durchgeführt wird. Die Teilnehmer produzieren und verfeinern neue Ideen und setzen sich mit ihren Erfolgs- und Durchsetzungsfaktoren auseinander. Sehr hilfreich sind dafür verschiedene Kreativitätstechniken (s. Abschn. 10.2), die unterstützend eingesetzt werden.

Besonders fruchtbar sind dabei gemischte Gruppen, die aus Vertretern verschiedener Abteilungen und Hierarchieebenen, unterschiedlicher Altersgruppen und Geschlechter sowie interner und externer Akteure bestehen. Man kann dabei von Synergieeffekten der Diversität sprechen (vgl. Abschn. 7.4).

Eine Werkstatt zu den Zukunftsfragen kann mehrere Tage dauern. Für den Erfolg sind bestimmte Faktoren erforderlich: eine rechtzeitige gezielte Vorbereitung der Teilnehmer, eine gute Moderation und eine positive, offene Atmosphäre.

Ideenwerkstatt zu aktuellen Personalthemen bei König-Personal

Die Personalberatung König-Personal in Lübeck führt seit 2018 regelmäßig Ideenwerkstätten zu aktuellen Personalthemen durch. Dabei geht es darum, anstelle von klassischen Formaten der frontalen Informationsvermittlung Erfahrungen, Impulse und

Beispiele aus der Praxis für die Praxis auf Augenhöhe auszutauschen. Eine Ideenwerkstatt findet in der Regel im exklusiven Rahmen mit maximal 16 Unternehmer/innen und Geschäftsführer/innen in einer besonderen Location statt. Das Thema Ende 2018 war beispielsweise „Echte Beziehungen als Erfolgstreiber der Mitarbeitergewinnung" (vgl. König-Personal, 2019). ◄

Community Viele Unternehmen versuchen bei der Ideenentwicklung das Spektrum von Ideen dadurch zu erweitern, dass mehr Akteure in die Ideengenerierung einbezogen werden. Eine Innovationscommunity nutzt das Potenzial des Crowdsourcing für das Ideenmanagement innerhalb des Unternehmens (Mitarbeiter-Community, Corporate-Community) oder auch außerhalb des Unternehmens (Open Innovation-Community).

Bei einer Mitarbeiter-Community (vgl. Abschn. 7.4.2) geht es darum, die Vorschläge und Ideen verschiedener Bereiche und Ebenen des Unternehmens einzubinden. Die Communities sind in der Regel themenspezifisch, d. h. die Experten finden sich nach Disziplinen (z. B. neue Materialien in der Produktion) oder nach Themen (Digitalisierung des Geschäftsmodells) zusammen.

Eine Mitarbeiter-Community sorgt für kurze Wege, steigert die Motivation und das Engagement, schafft mehr Identifikation und ist eine Quelle von Ideen und Inspirationen. In einer Mitarbeiter-Community werden Ideen- und Gedanken über die Grenzen von Bereichen, Standorten und Hierarchien hinweg ausgetauscht. Die Beschäftigten haben dabei die Möglichkeit, ihre Ideen entweder persönlich, interaktiv im Rahmen der Treffen und gemeinsamen Veranstaltungen zu kommunizieren, oder auch digital, im Intranet oder sozialen Netzwerken. Bei der digitalen Einreichung können die Ideen von anderen Community-Mitgliedern kommentiert und bewertet werden. Es kann darüber abgestimmt werden, ob eine Idee umgesetzt werden soll oder nicht.

Eine Corporate Community unterstützt Wissensarbeit und Veränderungsprozesse im Unternehmen. Sie kann alle im Unternehmen auf den gleichen Wissensstand bringen, zum Aufbau eines internen Wikis beitragen und Wissen im Unternehmen erhalten, auch wenn Mitarbeiter in Rente gehen oder sich eine neue Stelle suchen. Eine interne Community kann zudem die Dokumentenverwaltung erheblich verbessern und Zeit bei der Suche einsparen, Doppelarbeit lässt sich reduzieren, wenn ähnliche bereits abgeschlossene Projekte schneller gefunden und Teile daraus wiederverwendet werden können. Social Intranets und Corporate Communitys können einen großen Beitrag leisten für Transformationsprozesse, da sich Mitarbeiter umfassend über Veränderungsprozesse informieren, sich einbringen, auch Kritik üben können. Aus ihren praktischen Erfahrungen im Berufsalltag ergeben sich neue Potenziale und Lösungsmöglichkeiten. (vgl. Schobelt, 2020).

Allerdings können Communities nur dann funktionieren, wenn die Mitglieder einen Nutzen für sich erkennen. Wird eine Community nur als eine zusätzliche Arbeitsbelastung wahrgenommen, so werden sich Menschen nicht engagieren. Es muss ihnen einen erkennbaren Nutzen in Form des neuen relevanten Wissens, der Lösungen für ihre alltäglichen Probleme oder auch eines wahrgenommenen persönlichen Lernprozesses bringen.

In Open-Innovation-Communities tauschen sich Mitarbeiter eines Unternehmens mit den Kunden, Lieferanten oder wissenschaftlichen Partnern aus und lernen voneinander (vgl. ausführlicher Abschn. 10.4.3). Es ist wichtig, hier entsprechende Möglichkeiten zu schaffen, temporäre Partnerschaft zu schaffen und das gemeinsame Lernen zu unterstützen. Beispielsweise bei der Implementierung der Industrie 4.0 sollten Akteure unterschiedlicher Fachgebiete, Hierarchiestufen, Bereiche aus dem Unternehmen gemeinsam mit externen Akteuren wie Kunden, Lieferanten, Wissenschaftlern und Studierenden zusammenarbeiten, um komplementäre technologisch-ökonomische und soziale Lösungsansätze erarbeiten zu können.

Innovationen von innen und von außen bei der DB Systel

Innovationen entstehen bei der Bahn mittlerweile in nahezu allen Geschäftsfeldern, von innen und von außen. Erfolgsentscheidend ist den Mitarbeitern die nötigen Freiheitsgrade zu geben. DB Systel hat mit dem „Skydeck" eine Ideenschmiede eingerichtet, in der sich alles um innovative IT-Lösungen für das Kerngeschäft Eisenbahn dreht. Hier wurde beispielsweise der KI-gestützte Roboterkopf „SEMMI" entwickelt, der seit Juni in einem ersten Test das Servicepersonal am Berliner Hauptbahnhof unterstützt. Die Bahn setzt aber auch auf Impulse von außen. So agiert die DB mindbox in Berlin als Ideenschmiede und Anlaufpunkt für die Startup-Förderung. Über die Deutsche Bahn Digital Ventures GmbH beteiligt sich der Konzern zudem an vielversprechenden Startups (vgl. Herrmann, 2019). ◄

Mit Hilfe der digitalen Technologie lassen sich Akteure des gemeinsamen Lernens langfristig vernetzen. So wird der Wissensaustausch intensiviert und parallel zu den Netzwerken entstehen wertvolle Wissens- und Erfahrungsdatenbanken, von denen alle Beteiligten profitieren können. Empfehlenswert ist es, virtuelle und persönliche Treffen von Community-Mitgliedern zu kombinieren. Wenn ein bereichsübergreifender Austausch stattfinden soll, ist es wichtig, sich interaktiv zu treffen, um eine informelle Gruppe mit gemeinsamen Interessen aufzubauen. Danach können zum Austausch von Informationen auch digitale Wege genutzt werden.

Zur Unterstützung der Ideenarbeit können spezielle Kreativitätstechniken und agile Methoden eingesetzt werden, die in weiteren Abschnitten beschrieben werden.

10.2 Kreativitätstechniken in der Ideengewinnung

Empirische Untersuchungen belegen, dass nur ein kleiner Teil von Ideen direkt am Arbeitsplatz entsteht. Wir sind am kreativsten, wenn kein Zeit- und Erfolgsdruck besteht, und generieren Ideen eher in ungezwungener, lockerer Atmosphäre, wie in der Kaffeepause, beim Duschen, auf dem Weg ins Büro oder auf einer Wanderung. Und doch lassen sich Kreativität und Innovation dadurch anregen, dass man Menschen mit ungewöhnlichen Fragestellungen und Situationen konfrontiert. Zum Beispiel in einem bereichsübergreifenden Ideenworkshop, unter Einsatz von Kreativitätstechniken und gruppendynamischen Übungen mit spielerischen Elementen (vgl. Abschn. 10.1.3). Insbesondere mit einer neuen Zusammensetzung von Akteuren und mit informellen Begegnungen lassen sich die Kreativitätspotenziale von Mitarbeitenden entfalten.

Es gibt eine Vielzahl von bewährten Kreativitätstechniken, die die Anzahl und Qualität von Ideen in einer Sitzung erhöhen können. Die in diesem Kapitel dargestellten Methoden sind lediglich eine Auswahl von den bekanntesten und in der Unternehmenspraxis anwendbaren Techniken.

10.2.1 Kreativitätstechniken im Überblick

Kreativtechniken sind universelle Denkprinzipien, die uns anregen, komplett anders, ungewohnt, abwegig oder neu über die uns umgebenden Dinge oder die Parameter unserer Probleme nachzudenken. Sie erweitern unser individuelles Repertoire an Denkmustern und erhöhen den kreativen Output. Kreativitätstechniken sind Denkzeuge, die an jedem Punkt der Ideenfindung und Ideenausarbeitung und mit jeder Kreativmethode funktionieren (vgl. Lungershausen, 2017, S. 149). Die meisten Kreativitätstechniken basieren auf dem Zusammenwirken von Erfahrung, Logik und freier Assoziation. Das Ziel ist es, eine Gruppe von bestehenden Denkmustern zu lösen und so den Raum für kreative Ideen zu öffnen.

Die Kreativitätstechniken lassen sich in drei Bereiche teilen: assoziative Methoden, systematische Methoden und Fragetechniken (Tab. 10.1).

Die assoziativen Kreativitätstechniken nutzen freie Assoziationen einzelnen Gruppenmitgliedern mit dem Thema und leben von dem Meinungsaustausch. Die systematischen Techniken bauen auf einem regelbasierten Kombinieren von verschiedenen, oft bereits bekannten Elementen auf und zeichnen sich durch hohe Strukturiertheit aus. Die Fragetechniken nutzen verschiedene Fragekataloge, um neue Ideen anzuregen und diverse Facetten des Problems abzuarbeiten.

Eine Studie zum Technologie- und Innovationsmanagement in Deutschland zeigt, welche Kreativitätstechniken in Unternehmen am häufigsten eingesetzt werden: Brainstorming ist in 97 % der Unternehmen im Einsatz, morphologischer Kasten in 36 %, andere Kreativitätstechniken in 73 % (vgl. Ahrens et al., 2021, S. 29).

Die genannten ausgewählten Kreativitätstechniken werden ausführlicher und mit Anwendungsbeispielen beschrieben.

Tab. 10.1 Kreativitätstechniken im Überblick (ohne Anspruch auf Vollständigkeit)

Assoziative Techniken	Systematische Techniken	Fragetechniken
Brainstorming Brainwriting (6-3-5-Methode, Kartenumlauftechnik) Walt-Disney-Methode 6-Hüte-Denken nach de Bono Bisoziation	Mindmapping Morphologischer Kasten Ursache-Wirkungs- Diagramm	Five Whys Osborn- Checkliste CATWOE

10.2.2 Assoziative Kreativitätstechniken

Die assoziativen Methoden kommen zum Einsatz, wenn das Problem neu und unbekannt ist, und man nach ersten Ideen für eine Lösung sucht.

Ein Klassiker unter den Kreativitätstechniken ist das **Brainstorming**, bei dem es darum geht, möglichst viele Ideen zu einer Frage oder einem Thema zu sammeln. Eine Brainstorming-Sitzung beginnt in der Regel mit einer Einleitung zu der Problemstellung durch einen Moderator. Danach werden alle Teilnehmenden aufgefordert, ihren Gedanken freien Lauf zu lassen und ihre Ideen zu äußern. Keine Idee darf dabei kritisiert oder ausgeschlossen werden. Jeder Vorschlag ist wertvoll und wird festgehalten, auch wenn er verrückt klingt. Erst in der zweiten Phase, wenn keine neuen Ideen mehr geäußert werden, beginnt man mit dem Analysieren, Bewerten und Sortieren von Ideen. Es können Prioritäten gebildet, Umsetzungspläne und Verantwortliche benannt werden.

Die Vorteile des Brainstormings sind: keine erforderliche Vorbereitung, einfache Durchführung, viele neue Ideen, hohe Gruppendynamik. Allerdings wird oft kritisch angemerkt, dass die Qualität von Ideen aufgrund der mangelnden fachlichen Vorbereitung relativ gering ist. Quantität der Vorschläge geht hier vor Qualität.

Beim **Brainwriting** findet ein ähnlicher Prozess schriftlich statt. Hierbei können auch eher introvertierte Menschen an der Sammlung von Ideen beteiligt werden, die bei einem Brainstorming eventuell geschwiegen hätten. Die Ideen werden von den Teilnehmenden, die im Kreis um einen Tisch zusammensitzen, auf einem großen Blatt Papier aufgeschrieben.

Als Modifikation wird oft die **6-3-5-Methode** eingesetzt, bei der es sich um ein vorgefertigtes Formular, in dem sechs beteiligte Personen jeweils drei Ideen in einer Zeile aufschreiben und das fünf Mal wiederholen. Die ersten drei Ideen gibt jeder Teilnehmer an seinen Nachbar weiter, der sich davon inspirieren lässt und in der nächsten Zeile weitere drei Ideen notiert. Innerhalb kurzer Zeit entstehen auf einem Zettel 18 Ideen, die bereits festgehalten sind (Tab. 10.2). Nach dem Ausfüllen von allen fünf Zetteln werden die Ideen diskutiert, analysiert und bewertet.

Tab. 10.2 Vorlage für die 6-3-5-Methode

Teilnehmer 1 1. Idee	2. Idee	3. Idee
Teilnehmer 2 1. Idee	2. Idee	3. Idee
...		

Zu den Vorteilen der 6-3-5-Methode zählen: eine unmittelbare gegenseitige Anregung für neue Ideen (man sieht, was die anderen Teilnehmer geschrieben haben) und direkte Dokumentation aller Vorschläge.

Bei der **Kartenumlauftechnik** werden Ideen statt auf einem Zettel auf einzelnen Kärtchen (oder Post-its) individuell aufgeschrieben. Anschließend werden diese auf eine gemeinsame Pinnwand geheftet und die Ideen miteinander verknüpft. So geht keine Idee verloren und auch die stilleren Teilnehmer können sich aktiv einbringen. Zum Schluss werden die gesammelten Ideen von der Gruppe sortiert und bewertet.

Die **Walt Disney Methode**, die von dem US-Filmproduzent entwickelt wurde, basiert auf drei verschiedenen Sichtweisen auf die Sache, die durch drei Rollen verkörpert werden: Träumer, Kritiker und Realist. Die Teilnehmenden nehmen während der Ideenfindung diese Rollen an, wobei der Träumer für eine Idee „brennt" und ihre Vorteile erläutert, der Kritiker die negativen Aspekte fokussiert und der Realist für eine praktische Umsetzung sorgt, um die Vorteile zu nutzen und den Risiken vorzubeugen. Die Argumentation aus drei Positionen heraus ermöglicht eine ausgewogene Betrachtung der Idee.

Noch weiter geht die von dem maltesischen Psychologen Edward de Bono stammende Methode des **6-Hüte-Denken**s, die sechs Rollen beinhaltet, wobei jede Hut-Farbe für eine Denkweise steht (Tab. 10.3). Auch hier ergänzen sich die Teilnehmenden gegenseitig, da sie sich auf bestimmte Betrachtungsperspektiven fokussieren.

Es ist optimal, wenn alle Denkweisen im Team vertreten und die Rollen authentisch verteilt sind. Ist es nicht der Fall, werden einige Sichtweisen fehlen und die Betrachtung unvollständig sein. Allerdings können die Anwesenden auch mehrere Hüte nacheinander „aufsetzen" und sich in andere Rollen hineinversetzen.

Diese Methode (genauso wie die anderen Kreativitätstechniken) kann auch von einer einzelnen Person angewendet werden, indem man abwechselnd bewusst verschiedene Rollen annimmt. Allerdings bringt die Anwendung in einer Gruppe normalerweise mehr Ideen und Vorschläge als die individuelle Anwendung, was auf der Vielfalt von Betrachtungsperspektiven und Erfahrungen von mehreren Personen sowie ihrer gegenseitigen mentalen Anregung basiert.

Die Methode des 6-Hüte-Denkens verhindert eine einseitige Betrachtung und regt Diskussionen an. Durch ihre Systematik (sechs feste Rollen) weist die Methode eine gewisse Ähnlichkeit mit den systematischen Kreativitätsmethoden auf.

Tab. 10.3 Rollen und Denkweisen der 6 Hüte nach de Bono

Weißer Hut	Roter Hut	Gelber Hut	Schwarzer Hut	Blauer Hut	Grüner Hut
Objektive, neutrale, fakten-basierte Betrachtung	Subjektive, emotionale Betrachtung	Objektiv positive Aspekte der Lösung (Chancen)	Objektiv negative Aspekte der Lösung (Risiken)	Schafft Regeln, moderiert die Diskussion	Kreative, ungewöhn-liche Lösung des Problems

Die Kreativitätstechnik **Bisoziation** eignet sich für Probleme, die ungewöhnliche Ideen und Lösungen verlangen, sie ist für technische Lösungsfindung nicht geeignet. Hier geht es primär darum, Denkschablonen aufzubrechen und Ideen durch Assoziationen mit Bildern zu sammeln, die nichts mit dem Ausgangsproblem zu tun haben. Zu Beginn wird das Problem formuliert und schriftlich festgehalten. Danach werden in der Regel drei bis fünf Bilder (Fotos) für alle sichtbar aufgehängt, die nichts mit dem Problem zu tun haben. Die Teilnehmer werden dazu aufgerufen, frei mit den Bildern zu assoziieren und zu außergewöhnlichen Aussagen ermutigt. Die Gedankenverknüpfungen werden von dem Moderator notiert. Im Anschluss werden diese Bildassoziationen auf die ursprüngliche Problemstellung angewandt. Dabei können sehr unkonventionelle kreative Ideen entstehen (vgl. Gassmann & Sutter, 2013, S. 272).

10.2.3 Systematische Methoden

Systematische Kreativitätstechniken basieren auf einer Kombination vorhandener Lösungen oder Methoden, sind strukturiert und standardisiert. Am häufigsten werden morphologischer Kasten, Mindmap und Ursache-Wirkung-Diagramm benutzt.

Ein **morphologischer Kasten** versucht ein Problem zu systematisieren, indem er es in seine charakteristischen Parameter (Eigenschaften, Bestandteile) zerlegt (Abb. 10.1) und diesen Parametern mögliche Ausprägungen zuordnet. Man bildet quasi eine Matrix aus den Parametern und ihren Ausprägungen.

Danach werden alle Ausprägungen miteinander kombiniert, wodurch zahlreiche Lösungsvarianten erzeugt werden, unter denen auch neue und ungewöhnliche sein können. Diese Methode ist insbesondere dann zu empfehlen, wenn nach neuen Produktvarianten oder neuen Anwendungen für bestehende Produkte gesucht werden soll. Durch systematische Kombination von Einzellösungen entsteht eine große Zahl von Lösungsvarianten.

Parameter	Ausprägungen		
Struktur	Geriffelt	Glatt	Bedruckt
Größe	50 Gramm	100 Gramm	200 Gramm
Schmelz	Knackig	Nachgiebig	Flüssig
Geschmack	Süß	Sauer	Bitter
Form	Drops	Riegel	Tafel

Abb. 10.1 Morphologischer Kasten für Schokolade. (Quelle: eigene Darstellung nach Mai, 2021)

Mindmapping ist eine vielseitig anwendbare grafische Methode, mit der ein Problem in seine Bestandteile strukturiert und analysiert wird. So lassen sich komplexe Probleme spielerisch strukturieren, mit dem Ziel, Ideen zu sammeln und gleichzeitig zu ordnen. Als Ergebnis entsteht eine ganzheitliche grafische Darstellung eines Problems (vgl. Abb. 10.2). Das zentrale Thema wird in die Mitte gesetzt, drum herum werden die zentralen Gliederungspunkte in Form von Hauptästen abgeleitet, die sich immer weiter verzweigen und Nebenäste bilden. Die Darstellung zwingt in Strukturen zu denken. Es ist möglich, die Hauptäste farbig voneinander abzugrenzen und Symbole/Bilder zu verwenden, um Kreativität anzuregen. Mindmapping lässt sich analog auf Papier oder Whiteboard oder auch digital mit MindManager durchführen.

Diese Kreativitätstechnik ist vielfältig anwendbar – für Protokollieren von Besprechungen, Vorbereitung von Präsentationen oder Konferenzen, Sammeln von Produktanforderungen etc. Bei einer digitalen Lösung am Rechner evtl. mit Projektion (Beamer) ist eine Sammlung von Gruppenideen sowie Umgruppierung der Äste und das Herstellen von netzwerkartigen Verbindungen sehr leicht möglich. Als Nachteil könnte eine sehr frühe Festlegung von Hauptästen angesehen werden, die unser Denken prägt und schwer zu verändern ist. Es ist wichtig, immer wieder die Grundstruktur der Mindmap zu hinterfragen und bei Bedarf komplett zu verändern.

Das **Ursache-Wirkungs-Diagramm** (auch Ishikawa-Diagramm genannt, nach seinem Erfinder) ist eine bildhafte Darstellung von Ursache und Wirkung für ein bestimmtes Problem und wird am häufigsten bei der Suche nach Problemursachen verwendet. Die klassische Anwendung dient der Identifikation von Ursachen für Produktionsfehler und ist in die möglichen 6M-Ursachenbereiche Mensch, Material, Maschine, Methode, Milieu und Messung gegliedert (Abb. 10.3).

Diese Bereiche können jedoch je nach Bedarf ergänzt oder durch spezifische Fragestellungen ersetzt werden. Nach einer Definition von Hauptbereichen wird systematisch an jedem Einzelbereich gearbeitet.

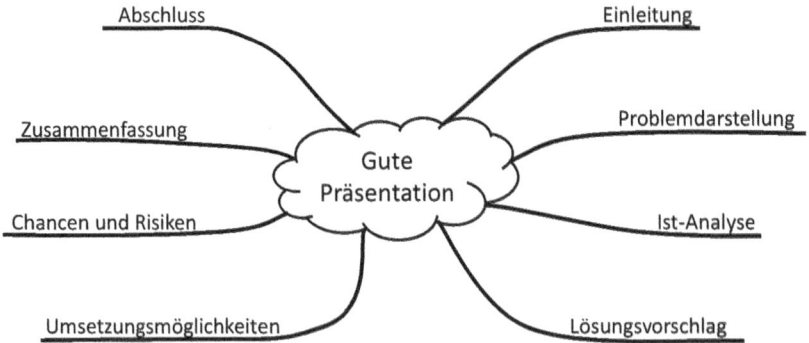

Abb. 10.2 Beispielhafte Mindmap für eine gute Präsentation. (Quelle: eigene Darstellung)

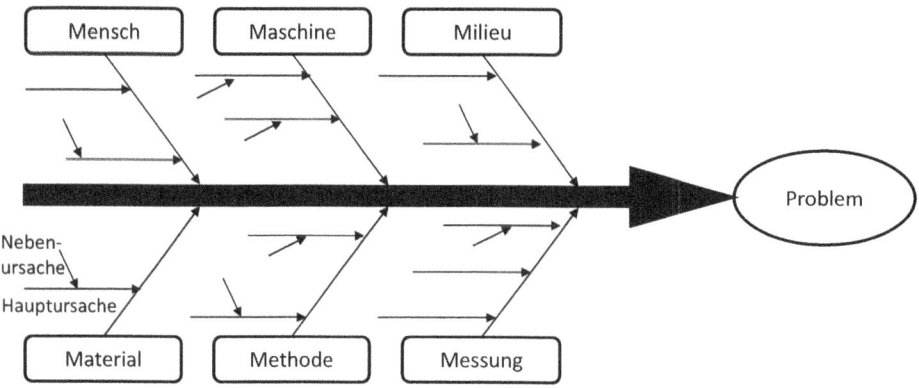

Abb. 10.3 Ursache-Wirkung-Diagramm. (Quelle: eigene Darstellung)

10.2.4 Fragetechniken

Die Fragetechniken nutzen verschiedene Fragenkataloge, um neue Ideen anzuregen und diverse Facetten des Problems abzuarbeiten.

Bei der Kreativitätsmethode **Five Whys** wird fünfmal in Folge die Frage „Warum?" gestellt und beantwortet. So werden Ursachen ermittelt, die vorher unbekannt oder unsichtbar waren. Um den wirklichen Grund für ein Problem zu identifizieren, wird bei dieser Methode mehrmals hinterfragt. Es wird immer weiter nach der Ursache gefragt, um die grundlegenden Wurzeln eines Problems zu finden. Diese Technik ist mit dem Ursache-Wirkung-Diagramm verwandt.

Die **Osborn-Checkliste** wurde nach ihrem Erfinder Alex Osborn benannt und eignet sich besonders zur Optimierung bestehender Produkte oder Prozesse und weniger zum Auffinden einer völlig neuen Lösung. Im Zentrum steht das systematische Hinterfragen einer bestehenden Lösung. Mit einem Standardkatalog von Fragen wird systematisch nach Varianten für (Produkt)Veränderungen gesucht.

Typische Fragen der Osborn-Methode sind (vgl. Mai, 2021):

- Adaptieren? Wofür kann ich es noch verwenden? Welche Bedingungen können geändert werden?
- Anpassen? Weist das Problem auf andere Ideen hin? Kann etwas übernommen werden?
- Verändern? Was lässt sich ändern? Welche Eigenschaften lassen sich umgestalten?
- Vergrößern? Lässt sich etwas hinzufügen? Lässt sich etwas verstärken?
- Verkleinern? Lässt sich etwas wegnehmen? Lässt sich etwas abschwächen?
- Ersetzen? Was lässt sich ersetzen? Kann man etwas austauschen?
- Umordnen? Kann die Reihenfolge geändert werden? Kann an der Struktur etwas verändert werden?
- Umkehren? Kann der Ablauf umgekehrt werden? Wie sieht das Gegenteil aus?
- Kombinieren? Können Ideen verbunden werden? Kann die Idee in Teile zerlegt werden?

Wenn diese (oder ähnliche) Fragen konsequent gestellt und beantwortet werden, können neue Varianten, Formen oder Anwendungen eines bestehenden Produktes entstehen.

CATWOE ist eine Checkliste zur Problem- oder Zieldefinition, die von Peter Checkland und Jim Scholes entwickelt wurde, um ein System zu analysieren. Jeder Buchstabe des Akronyms hat eine Bedeutung, die der Reihenfolge nach durchgegangen werden (vgl. Gassmann & Sutter, 2013, S. 283):

- **C**ustomer – Wer ist der Kunde des Systems, wer ist derjenige, der etwas verliert oder gewinnt?
- **A**ctors – Welche Personen führen Tätigkeiten aus, die Einfluss auf das System haben?
- **T**ransformation Process – Wodurch wandelt das System Input in Output um? Welche Schritte sind erforderlich?
- **W**orld View – Beschreibt den weiteren Rahmen des Systems. Welche Konsequenzen werden über das System hinaus erwartet?
- **O**wners – Wer hat Macht über das System und welche Handlungsmotivation haben die Machthabenden?
- **E**nvironmental Constraints – Welche Grenzen hat das System und wie können sie überwunden werden?

Mit einer gezielten Analyse aller sechs Aspekte wird ein systemischer Blick auf eine Sache oder (ein Problem) geschaffen, um neue Lösungen zu finden.

Bei der Anwendung von CATWOE (und den anderen Fragetechniken) sind ein guter Moderator und eine geeignete Visualisierung hilfreich, um alle Aspekte systematisch durchzugehen und die Teilnehmenden zu kreativer Ideengenerierung zu motivieren.

10.2.5 Kreativitätstechniken in der Praxis

In der Praxis werden Kreativitätstechniken meistens in den Bereichen Marketing, Werbung, Forschung und Entwicklung eingesetzt. Es wäre jedoch empfehlenswert, die Kreativitätspotenziale aller Mitarbeiter zu aktivieren, insbesondere im Rahmen von Qualitätszirkeln, KVP und Ideenwerkstätten.

Der Einsatz von **Brainstorming** bei (moderierten) Gruppendiskussionen über neue Produkte, Geschäftsmodelle oder beim Suchen nach geeigneten Werbebotschaften und Produktnamen ist selbstverständlich. Andere Kreativitätstechniken kommen im Rahmen von Innovationsworkshops oder als Bestandteil von agilen Entwicklungsmethoden zum Einsatz.

Einige Unternehmen wie VW oder die Deutsche Bahn praktizieren einen aktiven Einsatz von Kreativitätstechniken **im Rahmen des Ideenmanagements**, wobei geschulte Ideenmanager zu den Meetings und Workshops von Unternehmensabteilungen und Arbeitsteams gehen und die Diskussionen mit Elementen von Kreativitätstechniken moderieren. Als wichtiger Schritt werden dabei die Identifikation und Artikulation von konkreten

Problemen in alltäglichen Abläufen und Routinen angesehen. Ist ein Problem genau beschrieben, dann kann man im nächsten Schritt gemeinsam nach einer Lösung suchen.

Neben den traditionellen, interaktiven Kreativitätsrunden, bei denen physikalische Hilfsmittel wie Kärtchen, Pinnwände und Flipcharts zur Verfügung stehen, werden in international agierenden Großunternehmen zunehmend **virtuelle** Kreativitätssitzungen veranstaltet. Diese werden als Online-Version eines Brainstormings unter Beteiligung von Spezialisten in der ganzen Welt durchgeführt. Spezielle elektronische Gruppensysteme mit Software für Meetings und Brainstorming haben viele neue Funktionen, wie elektronische Eingabe, Kategorisierung, Kommentierung und Bewertung von Ideen.

Der Erfolg der Kreativitätstechniken ist von verschiedenen Faktoren abhängig, vor allem jedoch von der **Motivation** und dem Engagement der beteiligten Personen. Die Teilnehmer einer Kreativitätssitzung müssen sich auf die Veranstaltung einlassen und offen für das Neue sein. Um dies zu fördern, ist eine vertrauensvolle, spielerische Atmosphäre erforderlich. Dazu gehören zeitliche Ressourcen, angenehme und anregende Umgebung, gute Zusammensetzung der Teilnehmenden und geschickte Moderatoren, die das Thema interessant und ansprechend präsentieren und die Diskussionen angemessen moderieren können.

Um die Teilnehmenden anzuregen und die Zusammenarbeit in Kleingruppen zu erleichtern, kommen dabei Gruppenübungen zum Einsatz, die dazu dienen, Gruppenspirit und Zusammenhalt zu fördern. Gemeinsam einen Spaghetti-Turm bauen oder auf Eisschollen einen imaginären Fluss überqueren – das sind **spielerische Methoden**, die der Gruppenentwicklung dienen und den Spaßfaktor stärken.

Große Unternehmen, die viel Wert auf die Entfaltung der Kreativität legen, gestalten spezielle Räume für Ideengenerierung, wo interdisziplinär und bereichsübergreifend in lockerer Atmosphäre gearbeitet wird, und nennen sie Kreativzentrale, Ideenlabor oder Garage.

Greenhouse von Claas

2018 eröffnete der weltweit führende Produzent der Landtechnik Claas in Harsewinkel (NRW) das „Greenhouse". Gegenüber der Konzernzentrale wurde ein früheres Autohaus zu einem offenen Raum umgebaut, in dem Ideen entwickelt und Kreativität gefördert werden sollen. Hier kann man Prototypen entwickeln, Workshops veranstalten und Leute aus verschiedenen Abteilungen zusammenbringen. Aufgrund der Glasfassaden wirkt das Gebäude offen. Hinter der großen Kaffee- und Getränketheke sind witzige Graffitis auf die Wände gesprüht. Die Möbel sind teils selbst gezimmert, Blickfang ist eine Holztribüne mit Sitzkissen. Verschiedene Zonen wurden eingerichtet, sodass Gruppen gleichzeitig verschiedene Themen erörtern können (vgl. Becker, 2018) ◄

Das Büro verwandelt sich in der hybriden Arbeitswelt von einem Ort der Produktivität zu einem Ort der Zugehörigkeit und der sozialen Identifikation. Deswegen setzen moderne Büro- und New Work-Konzepte auf flexibel gestaltbare Räume statt klassischer Büros, die sich durch offene und tageslichtdurchflutete Raumflächen kennzeichnen, die in flexibel nutzbare Zonen unterteilt sind, vielfältige Arbeitsmöglichkeiten vorsehen und viel Raum für Interaktion bieten (**Open Space Office**). Mitarbeiter geben ihren festen Arbeitsplatz auf und können je nach Aufgabe die passenden Arbeitsstationen wählen – Homeoffice für selbstständige Routinetätigkeiten, störungsfreie Kabinen für konzentriertes Arbeiten im Office, Innovation Space für kreative Teamarbeit etc. (vgl. Wala, 2021, S. 28).

Oft wird dabei nicht nur mit Kreativitätstechniken, sondern auch mit agilen Methoden gearbeitet, die für digitale Innovationen besonders geeignet sind.

10.3   Agile Methoden

Mit dem Einsatz von agilen Methoden können die Kreativitätsressourcen und Potenziale von Menschen in Unternehmen besser erschlossen werden. Laut New-Work-Barometer 2022 ist die Steigerung der Innovation die dominierende Zielsetzung von agilen Methoden in Unternehmen (70 % der Befragten), gefolgt von der Steigerung der Leistung (66 %) und Steigerung der Arbeitszufriedenheit (56 %) (vgl. Schermuly & Meifert, 2022, S. 28).

Meistens werden Design Thinking, Scrum und Kanban eingesetzt. Laut der Studie zum Technologie- und Innovationsmanagement in Deutschland halten fast 94 % der befragten Unternehmen agile Methoden im Innovationsmanagement für wichtig oder sehr wichtig, 67 % der Unternehmen praktizieren agiles Projektmanagement, wobei Design Thinking in 59 %, Scrum in 43 % und Kanban in knapp 40 % der befragten Unternehmen eingesetzt wird (vgl. Ahrens et al., 2021, S. 29).

Agile Methoden werden oft als ein Wundermittel für Ideengenerierung angesehen, allerdings sind sie nur dann wirksam, wenn die Rahmenbedingungen und der Mindset stimmen, insbesondere die Führungs- und Unternehmenskultur.

10.3.1 Agilität und agile Methoden im Überblick

Das Wort „agil" steht für beweglich, lebhaft, wendig und bringt auf den Punkt, worauf es heute für Unternehmen ankommt: mehr Flexibilität und Standhaftigkeit gegenüber Komplexität, Veränderungsdynamik und Ungewissheit (vgl. Hatfield & Winkler, 2020, S. 748). Agilität kann sich auf ein Individuum (im Sinne eines Agilen Mindsets), auf ganze Organisationen (agile Strukturen) oder auch auf einzelne Projektteams (Einsatz von agilen Methoden) beziehen.

▶ **Agilität** ist die Fähigkeit von Individuen, Teams oder Organisationen, in dynamischen komplexen Umgebungen schnell und flexibel zu agieren.

Jedes Individuum braucht ein agiles Mindset, um im Rahmen eines Teams, schnell, kreativ und chancenorientiert auf Veränderungen im Markt zu reagieren und Veränderungen und Innovationen proaktiv zu initiieren sowie kundenfokussiert zu gestalten. Sinn ist

Tab. 10.4 Grundsätze des Agilen Manifests. (Vgl. TAM, 2021)

Individuen und Interaktionen haben Priorität vor Prozessen und Werkzeugen	Funktionsfähige Produkte haben Vorrang vor Dokumentation
Zusammenarbeit mit Kunden ist wichtiger als Aushandeln von Verträgen	Reaktion auf Veränderungen ist wichtiger als striktes Planverfolgen

es, neuen Wert für Kunden zu schaffen bzw. die Zukunft des Unternehmens durch neue Geschäftsmodelle zu sichern, sodass das Unternehmen und auch das Individuum erfolgreich in der VUKA-Welt bestehen können (vgl. Hatfield & Winkler, 2020, S. 752).

Agile Methoden haben ihren Ursprung in dem Agilen Manifest, das 2001 von einer Gruppe Softwareentwickler und Vordenker entwickelt wurde und vier zentrale Grundsätze beinhaltet (Tab. 10.4).

Agile Methoden sind nicht im Top Management, sondern in der Projektarbeit entstanden, vor allem bei der Software-Entwicklung. Hintergrund für das Agile Manifest war die Erfahrung von IT-Entwicklern, dass oftmals Prozesse, Dokumentations- und Vertragsfragen und der anfängliche Projektplan oft Vorrang gegenüber Kommunikation mit Kunden und dem konstruktiven Umgang mit Veränderungen hatte.

Die agilen Methoden werden als ein Gegensatz zu der klassischen Wasserfall-Methode im Projektmanagement angesehen. Die traditionellen Entwicklungsmethoden sind zu langsam und zu unproduktiv, zu veränderungsresistent und weniger kundenfreundlich, deswegen wurden in der Digitalwirtschaft neue Methoden entwickelt, die ein schlankeres, schnelleres und flexibleres Vorankommen möglich machen (vgl. Schüller & Steffen, 2017, S. 125).

Die bekanntesten und besonders verbreiteten agilen Entwicklungs- und Arbeitsmethoden Design Thinking, Scrum und Kanban werden ausführlicher erläutert.

10.3.2 Design Thinking

Design Thinking ist eine Methode zur Förderung herausragender Ideen für komplexe Problemstellungen verschiedener Art. Das Ziel von Design Thinking ist es, anhand eines kreativen Prozesses Innovationen zu schaffen, die exakt den Bedürfnissen und Wünschen des Kunden entsprechen.

Einen starken Impuls zur Verbreitung der Methode in Deutschland hat der SAP-Mitbegründer Hasso Plattner gegeben, der in seinem Hasso-Plattner-Institut in Potsdam eine Design Thinking Schule nach dem Stanford-University-Vorbild aufgebaut hat (vgl. HPI Academy, o. J.).

▶ **Design Thinking** ist eine agile Kreativitätsmethode für Ideenfindung in Gruppen, die sich am Nutzer orientiert und in einzelnen iterativen Schritten verläuft.

Design Thinking als eine systematische Herangehensweise an komplexe Problemstellungen kann in allen Bereichen angewandt werden, wenn das Endergebnis offen ist. Der Ansatz unterscheidet sich von klassischen Herangehensweisen in Wissenschaft und Praxis, die von der technischen Lösbarkeit die Aufgabe angehen durch seine starke Zentrierung auf Nutzerwünsche und -bedürfnisse.

Design Thinking fordert eine stetige Rückkopplung zwischen dem Entwickler einer Lösung und seiner Zielgruppe. Design Thinker stellen dem Endnutzer Fragen, nehmen seine Abläufe und Verhaltensweisen genau unter die Lupe. Lösungen und Ideen werden in Form von Prototypen möglichst früh sichtbar und kommunizierbar gemacht, damit potenzielle Anwender sie – noch lange vor der Fertigstellung oder Markteinführung – testen und ein Feedback abgeben können. Auf diese Weise erzeugt Design Thinking praxisnahe Ergebnisse (vgl. HPI Academy, o. J.).

Der Erfolg von Design Thinking wird maßgeblich durch eine gemeinschaftliche Arbeits- und Denkkultur bestimmt. Diese beruht auf 3 wesentlichen Elementen: multidisziplinäre Teams, variable Räume und Design Thinking-Prozess (vgl. Tab. 10.5).

Die Methode beinhaltet eine systematische Vorgehensweise aus sechs Phasen (s. Abb. 10.4), die sich nach Bedarf wiederholen können (vgl. HPI Academy, o. J.):

1. Verstehen: Das Team steckt den Problemraum ab. Was ist das eigentliche Problem?
2. Beobachten: Die Teilnehmer sehen nach außen und bauen Empathie für Nutzer und Betroffene auf. Was erwarten die Kunden? Wer ist die Zielgruppe? Welche Wünsche und Bedürfnisse haben die Kunden?

Tab. 10.5 Erfolgsfaktoren von Design Thinking. (Eigene Darstellung in Anlehnung an HPI Academy, o. J.)

Team	Innovation und Antworten auf komplexe Fragestellungen entstehen am besten in einem heterogenen Team aus fünf bis sechs Personen. Unterschiedliche fachliche und persönliche Hintergründe und Funktionen, Neugier und Offenheit für andere Perspektiven sind das Fundament der kreativen Arbeitskultur. Um den größtmöglichen Lerneffekt zu erzielen, arbeiten die Teams immer auf anfassbare und konkrete Ergebnisse hin, die regelmäßig mit den anderen Teams ausgetauscht werden. Die Aufteilung in kleine Gruppen stellt sicher, dass jede Perspektive berücksichtigt werden kann. Innerhalb der Teams entsteht ein starker Zusammenhalt, der durch die hohe Akzeptanz für die entstehenden Konzepte nachhaltig wirkt.
Prozess	Der Design-Thinking-Prozess ist an den Arbeitsprozess angelehnt, dem Designer intuitiv folgen. Er führt Teams in iterativen Schleifen durch sechs verschiedene Phasen. Es wird in Unmöglichkeiten gedacht, anstatt nur in Grenzen des Machbaren. Der Nutzer steht im Mittelpunkt des empathischen Herangehens und Entwickelns. Der Prozess aktiviert den kompletten Denkapparat der Beteiligten – analytische Fähigkeiten, Empathie mit dem Kunden und den kreativ-intuitiven Teil.
Raum	Freie und flexible Arbeitsumgebung, variable Räume, die spontan auf die Bedürfnisse des Projektes angepasst werden können: Tische und Stellwände auf Rollen, Wände und andere Oberflächen für die Visualisierung von Gedanken, Regale voll bunter Materialien, um Ideen schnell zu veranschaulichen und erlebbar zu machen.

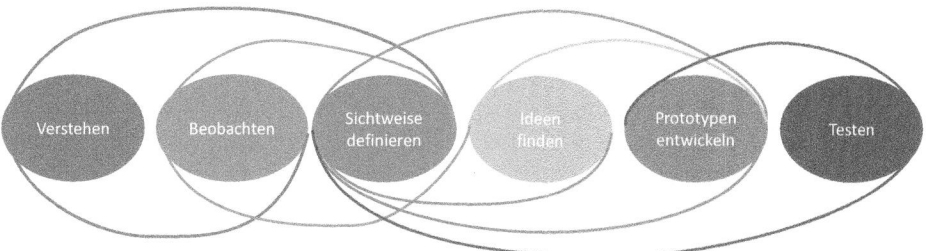

Abb. 10.4 Design-Thinking-Prozess. (Eigene Darstellung in Anlehnung an HPI Academy, o. J.)

3. Sichtweise definieren: Es werden die gewonnenen Erkenntnisse zusammengetragen und auf eine spezielle Perspektive hin verdichtet.
4. Ideen finden: Das Team entwickelt zunächst eine Vielzahl von Lösungsmöglichkeiten, um sich dann zu fokussieren. Es geht darum, möglichst viele, auch unrealistische, ungewöhnliche Vorschläge zu generieren.
5. Prototypen entwickeln: Ideen werden in ersten Prototypen greifbar und erlebbar gemacht, um sie an den passenden Zielgruppen zu testen.
6. Testen: Die Zielgruppe testet die Prototypen und gibt Feedback.

Für den Erfolg des Entwicklungsprozesses ist Empathie mit dem Kunden von zentraler Bedeutung. In den ersten drei Schritten geht es darum, sich in die Kunden hineinzuversetzen, ihre Gefühle und Bedürfnisse zu verstehen, empathisch zuzuhören und dann die unterschiedlichen Perspektiven in den Prozess zu integrieren. In der Phase „Definieren" besteht die schwierige Aufgabe darin, das Problem des Kunden richtig zu formulieren. Besonders geeignet ist Design Thinking für Probleme, die schlecht definiert oder unbekannt sind (vgl. Frankenberger et al., 2021, S. 158).

Geeignete Problemdefinition für die Gestaltung von Onboarding

Geht es beispielsweise um die Maßnahmen für ein erfolgreiches Onboarding neuer Mitarbeiter, dann beginnt man mit der Analyse von Erlebnissen und Gefühlen von Jobanfängern an ihrem ersten Tag im Unternehmen. Die Fragestellung „Entwerfen Sie ein Maßnahmenkatalog für Onboarding" würde nicht funktionieren. Eine Formulierung wie „Finden Sie einen Weg, um die Anfänger direkt am ersten Tag zu begeistern und in das Unternehmensgeschehen zu integrieren!" könnte eher Ideen anregen. ◄

Der Weg vom Verständnis des Kunden zur Idee für ein neues Produkt ist ebenfalls nicht trivial. Die Brücke von Verstehen und Beobachten zur Idee erfordert nicht nur Empathie, sondern auch ein kreatives, assoziatives Denken.

Von Beobachten zur Produktidee

Das Ergebnis der Beobachtung in einem Design Thinking Prozess lautet: das Frühstück wird von Kunden immer häufiger ausgelassen. Der Einblick in die Kundenbedürfnisse könnte sein: ich kann morgens noch nichts essen; ich habe keine Zeit. Als mögliche Ideen für neue Produkte können formuliert werden: ein Frühstücksgetränk statt Frühstück oder Frühstück zum Mitnehmen (vgl. Baird, 2021, S. 75). ◀

Nur wenn die ersten drei Schritte des Design-Thinking-Prozesses (Verstehen – Beobachten – Sichtweise definieren) erfolgreich verlaufen sind, kann die Ideenfindung fruchtbar sein. Ansonsten sollte man die ersten Schritte wiederholen.

Nach der Ideenfindung wird ein Prototyp angefertigt, der ganz unterschiedlich gestaltet sein kann – eine Skizze, eine Sammlung von Zetteln, ein Plakat oder ein Rollenspiel. Wichtig ist dabei, den Kunden mit dem Prototyp zu konfrontieren und seine Reaktionen zu beobachten. Das ermöglicht eine Nachbesserung oder auch einen kompletten Neuanfang. Ist es nicht möglich, den Kunden zum Workshop einzuladen, sollte der Kunde zum Beispiel von den Mitarbeitenden aus dem Kundendienst oder von anderen Personen glaubwürdig gespielt werden.

Die Vorteile und Auswirkungen der Methode Design Thinking liegen nicht nur in der Entwicklung von neuen kundengerechten Produkten, sondern auch in einer intensiven persönlichen Vernetzung über die Bereichsgrenzen und Hierarchien hinweg. Zugleich werden die kreativen Potenziale der Beschäftigten besser erschlossen.

10.3.3 Scrum

Die Scrum Methode stammt ursprünglich aus dem Bereich der Softwareentwicklung, wo die Produktbeschreibung häufig sehr unscharf ist und erst im Entwicklungsprozess genauer festgelegt werden kann. Agile Unternehmen, die kundenindividuelle Produkte anstreben, wenden Scrum für Produktentwicklung an und erarbeiten die Spezifikation zusammen mit den Kunden.

Wie der Ursprung der Methode klar macht, kann der Kunde für ein neues Produkt sowohl ein unternehmensexterner Kunde als auch ein interner Kunde sein. Die Scrum Methode ist also auch bei internen Veränderungen sinnvoll.

Je höher die Unsicherheit und die Dynamik in der Umwelt, desto zielführender ist die Anwendung der Scrum-Methode. Zu ihren Vorteilen zählen Kunden- und Marktorientierung, Commitment von Schlüsselpersonen, hohe Geschwindigkeit (vgl. Scherer et al., 2021, S. 309).

Wie keine andere agile Methode knüpft Scrum an die Prinzipien des **agilen Manifests** an: Individuen und Interaktionen sind wichtiger als Prozesse und Werkzeuge, funktionierende Produkte sind bedeutender als Dokumentation, Kundenzentrierung steht im Mittelpunkt, Reagieren auf Veränderungen ist wichtiger als Befolgen des Plans.

Die Scrum-Erfinder Ken Schwaber und Jeff Sutherland haben Scrum bereits im Jahr 2010 als Rahmenwerk definiert, mit dem Menschen in die Lage versetzt werden sollen, produktiv und kreativ Produkte mit höchstmöglichem Wert zu entwickeln. Ende 2020 erschien die siebte Auflage ihres Scrum-Guides, in der sie den Prozess und die Regeln wesentlich vereinfacht haben, um die Scrum-Methode für die Anwender zugänglicher zu machen (vgl. Brüggenkamp & Preuss, 2021, S. 46).

▶ **Scrum** ist ein Rahmenwerk zur schrittweisen Entwicklung von Produkten, das unter Einsatz von einigen festen Regeln einen flexiblen, kundenzentrierten Entwicklungsprozess neuer und innovativer Produkte ermöglicht.

Der Ansatz von Scrum ist praktisch, inkrementell und iterativ. Ausgangspunkt für die Anwendung von Scrum sind Situationen, bei denen die Produktspezifikation mit einem Kunden nicht komplett und mit hinreichender Sicherheit entwickelt werden konnte. Der Kunde weiß noch nicht, was er überhaupt „wünschen" könnte und/oder der Produzent kennt noch nicht das endgültige Verfahren und die endgültigen Einsatzfaktoren für die Herstellung. Diese Unklarheit lässt sich bewältigen, indem Zwischenergebnisse geschaffen werden. Anhand dieser Zwischenergebnisse lassen sich die fehlenden Anforderungen und Lösungstechniken effizienter finden als durch abstrakte Modelle. Es ist ein gemeinsamer Lernprozess von Produzenten und Konsumenten erforderlich, um das Produkt zu spezifizieren und zu produzieren.

Statt im Voraus einen festen Projektplan zu erstellen, arbeitet ein selbstorganisiertes Team aus fachlich unterschiedlichen Experten in kurzen Zyklen zusammen. Es wird regelmäßig ein erweitertes Produkt ausgeliefert und Feedback für die folgende Entwicklung eingeholt. Ein Sprint ist ein Arbeitsabschnitt (eine bis vier Wochen) innerhalb des Scrum-Vorgehensmodells. Das Besondere ist, dass während des Sprints keine Änderungen erlaubt sind, die das Sprintziel beeinflussen und dass ein Sprint niemals verlängert wird (vgl. Scherer et al., 2021, S. 309).

Bei Scrum arbeitet man mit kleinen Planeinheiten. Der Detailplan (das Sprint Backlog) wird nur für den jeweils nächsten Sprint erstellt. Auf der Basis der Sprint-Ergebnisse wird der langfristige Plan (das Product Backlog) kontinuierlich, iterativ verfeinert und verbessert.

Die Durchführung der Prozesse erfolgt in einem Team nach den Prinzipien der Selbstorganisation, Eigenverantwortung und Selbstverwaltung.

In einem Scrum-Team gibt es drei verschiedene Rollen, die getrennt besetzt werden sollten:

- Der **Product Owner** legt zusammen mit dem Kunden die aktuelle Produktvision fest und definiert das Produktziel (Product Goal).
- Der **Scrum-Master** ist das Bindeglied des Projektteams zum Rest der Organisation. Er führt das Team der Entwickler (ohne Weisungsbefugnis), organisiert seinen Prozess und schützt es nach außen.
- Die **Entwickler** (Developer) planen zusammen mit dem Product Owner und Scrum-Master die nächsten Schritte und führen diese aus.

Die Führung in einem Scrum-Team funktioniert in Form einer **geteilten Führung**: Der Product-Owner ist für die fachlichen Aufgaben und die für das Projekt notwendigen Ressourcen zuständig. Er hat besonders den Return on Invest des Teams im Blick, priorisiert Aufgaben und bewertet, ob die Aufgaben erreicht wurden. Teil der Rolle des Product Owners ist auch der Kontakt zum Kunden. Der Scrum-Master ist dagegen für die Förderung der agilen Methoden und die Einhaltung der Scrum-Regeln zuständig. Er coacht den Product-Owner und das Team in den wesentlichen Scrum-Methoden und versucht die Organisationskultur des Unternehmens mit der Scrum-Arbeit im Team zu harmonisieren. Auch wenn die eine Rolle „Master" und die andere „Owner" genannt wird, beides Begrifflichkeiten, die wir normalerweise mit Macht assoziieren, ist keiner der beiden den anderen Teammitgliedern vorgesetzt. Dennoch nehmen die beiden Rollen Einfluss auf das Team. Dieser erfolgt aber nicht durch Positionsmacht, sondern durch Expertise (vgl. Schermuly, 2020).

Ein Scrum-Team ist **selbstorganisierend** und in der Regel **interdisziplinär**. Als selbstständige Teams definieren sie das Sprintziel und entscheiden selbst, wie sie ihre Arbeit am besten erledigen, anstatt dieses durch andere Personen außerhalb des Teams vorgegeben zu bekommen. Als interdisziplinäre Teams verfügen sie über alle Kompetenzen, die erforderlich sind, um die Arbeit zu erledigen, ohne dabei von Personen außerhalb des Entwicklungsteams abhängig zu sein. Das Team-Modell in Scrum wurde konzipiert, um Flexibilität, Kreativität und Produktivität zu optimieren (vgl. Schwaber & Sutherland, 2020).

Die optimale Größe des Entwicklungsteams ist klein genug, um flink zu bleiben und groß genug, um bedeutende Arbeit innerhalb eines Zyklus (Sprint) erledigen zu können. Bei weniger als drei Mitgliedern könnte es dem Team an notwendigen Fähigkeiten und Interaktionen mangeln. Bei mehr als neun Mitgliedern ist zu viel Koordination erforderlich.

Im Sprint Planning geht es um die Beantwortung von drei zentralen Fragestellungen (vgl. Brüggenkamp & Preuss, 2021, S. 46):

1. **Warum** ist der Sprint sinnvoll?
2. **Was** für Product Backlog Items sollen im nächsten Sprint bearbeitet werden?
3. **Wie** werden diese realisiert?

Um die Arbeit des Teams zu synchronisieren, findet in der Regel ein **tägliches Scrum-Meeting** statt, das maximal 15 min dauern darf. Um es auch tatsächlich kurz zu halten, bleiben die Teammitglieder meistens stehen. Jedes Teammitglied soll wissen, was die anderen Mitglieder tun und wo sie gegebenenfalls Hilfe benötigen. Immer wenn Teilziele erreicht wurden (ein Sprint abgeschlossen wurde), findet ein zusätzliches Meeting statt, um den Prozess und den Produktstand zu bewerten. Der Kunde ist bei den Meetings dabei, in denen der Produktstand präsentiert wird, und kann hier in einen offenen Austausch mit den Entwicklern eintreten (vgl. Schermuly, 2020).

Scrum als Methode ist dann geeignet, wenn man Projekte effizient durchführen oder in der Umsetzung beschleunigen will. Wenn es um Entwicklungen mit einem offenen Ende geht, wird Design Thinking als Methode empfohlen.

10.3.4 Kanban

Ursprünglich kommt die Methode aus Japan (kan = Signal, ban = Karte) und wurde bereits 1953 von der Toyota Motor Corporation entwickelt. Das Kanban Board erfreut sich mittlerweile großer Beliebtheit in Teams verschiedener Bereiche und Branchen. Es schafft durch die Visualisierung der einzelnen Einträge jedes Mitarbeiters einen guten Überblick über den Stand der laufenden Arbeitsprozesse. Außerdem wird durch die aktive Nutzung des Boards die Effizienz der Zusammenarbeit im Team verbessert (vgl. Gall & Wittenberg, 2021, S. 156).

▶ **Kanban Board** ist ein agiles Projektmanagement-Tool, mit dem die Aufgaben bei der Teamarbeit für alle Beteiligten visualisiert und dadurch die Effizienz gesteigert werden kann.

Ein Kanban Board besteht grundsätzlich aus vier Bereichen: Wartend, Zu tun, In Bearbeitung, Erledigt. Links auf dem Bord werden die Aufgaben (**Tickets**) gelistet, die schon anvisiert sind, jedoch noch nicht angepackt werden konnten, da noch auf etwas oder jemanden gewartet werden muss (z. B. auf Freigabe oder Konkretisierung). In der zweiten Spalte sind alle Aufgaben, die erledigt werden müssen, in der dritten – Aufgaben in Bearbeitung und rechts – fertige Aufgaben (vgl. Abb. 10.5).

Die **Ziele** beim Einsatz eines Kanban Boards sind: volle Transparenz der Arbeitsprozesse im Team, Klarheit bei den Absprachen untereinander und einfache, übersichtliche Visualisierung der Arbeitsprozesse.

Da das Kanban Board vor allem eine anschauliche Visualisierung des Projektfortschritts bezweckt, werden auf dem Board meistens bunte Kanban-Karten in diversen Farben, Swimlanes, Tags und Fälligkeitsdaten verwendet. Diese bunte Gestaltung soll Aufmerksamkeit fesseln und Ideen fördern.

Bei der Einführung ist es sinnvoll, zunächst dem Team die Methode und den Nutzen zu erläutern und anschließend gemeinsam eine sinnvolle individuelle Struktur des Kanban Boards zu bestimmen. Es gibt auch gut geeignete online nutzbare Kanban Boards, die sich

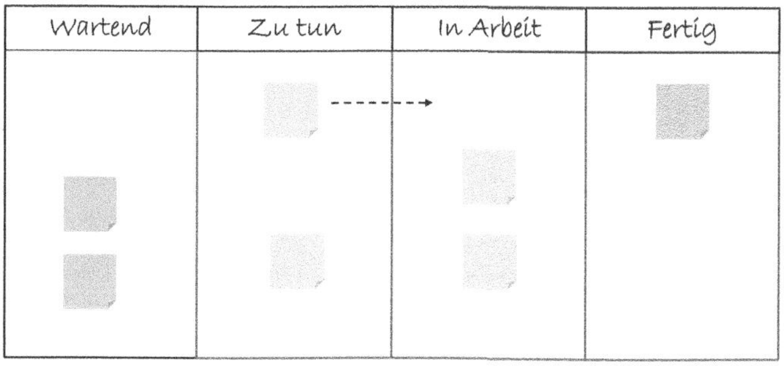

Abb. 10.5 Typisches Kanban Board (Eigene Darstellung)

für virtuell zusammenarbeitende Teams empfehlen. So kann jeder Mitarbeiter orts- und zeitunabhängig den Stand der Arbeitsprozesse beobachten und seine Arbeitsfortschritte dokumentieren.

Die Aufgaben werden den Teammitgliedern nicht vorgegeben, sondern eigenverantwortlich gezogen und bearbeitet, sobald Kapazitäten frei sind. Ziel ist es, sofort zu erkennen, wo Leerlauf und Wartezeiten bestehen, und diese zu minimieren. Mithilfe der Messung der durchschnittlichen Durchlaufzeiten eines Tickets können in der Folge Optimierungen vorgenommen werden. Bei der Anwendung von Kanban entwickelt sich ein Gefühl der Wertschätzung, Bedeutung und Selbstwirksamkeit, wenn Arbeitsumfang und -ergebnisse öffentlich sichtbar sind (vgl. Schüller & Steffen, 2017, S. 127).

10.4   Externe Ideenfindung

Es gibt viele Akteure außerhalb des Unternehmens, die als Ideengeber für Innovationen agieren können, vor allem Kunden, Lieferanten, Wettbewerber, Forschungsinstitute und Hochschulen, Berater etc. (Abb. 10.6).

Die aktuelle Relevanz der externen Ideenquellen für Unternehmen kann mithilfe der repräsentativen Studie zum Technologie- und Innovationsmanagement in Deutschland belegt werden (vgl. Ahrens et al., 2021, S. 10): die erste Priorität bilden Kunden (50 %), gefolgt von Zulieferern (44 %), Branchenexperten und Beratern (43 % und 39 %), Hochschulen und Forschungsinstituten (31 % und 28 %).

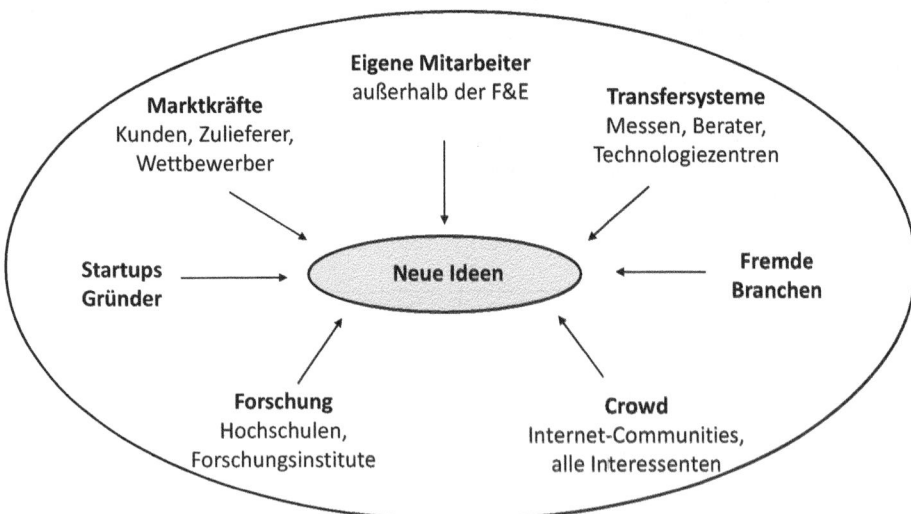

Abb. 10.6 Externe Quellen für neue Ideen. (Quelle: eigene Darstellung)

Vor allem die Interaktion mit den Kunden bei der Entwicklung von neuen Produkten und Services spielt in der Unternehmenspraxis eine entscheidende Rolle. Klassische Kundenbefragungen können zwar nicht zu radikalen oder gar disruptiven Innovationen führen, aber bei den inkrementellen Innovationen ist die Meinung der Konsumenten zu den Stärken und Schwächen eines Produktes sehr bedeutsam. Mit anderen Formen der Einbeziehung von Kunden, wie z. B. Lead-User-Methode (Abschn. 10.4.2) oder Open-Community-Innovation (Abschn. 10.4.3.2) können auch radikale Innovationen zustande kommen.

Zulieferer sind traditionell klassische Partner für die Entwicklung von Innovationen. Mit neuen Materialien und Komponenten geben die Zulieferer Impulse für neuartige, verbesserte Produkte und Prozesse. Auch mit den Wettbewerbern können erfolgreiche Kooperationen mit dem Zweck gemeinsamer Innovationsarbeit eingegangen werden, von denen beide Seiten profitieren.

Eine weitere wichtige Quelle von Innovationen bilden Hochschulen und Forschungseinrichtungen, die Grundlagen- und angewandte Forschung praktizieren. Der Wissens- und Methodentransfer aus der Wissenschaft in Unternehmen kann nicht nur einzelne Innovationen in Gang setzen, sondern auch grundsätzlich die Innovationsfähigkeit eines Unternehmens nachhaltig steigern.

In der letzten Zeit breiten sich Innovationskooperationen mit Startups aus, da viele Großunternehmen nach dem frischen Entwickler- und Pioniergeist der Startup-Szene suchen. Ein Gedankenaustausch mit den Gründern und jungen Unternehmern bringt in die einen neuen Blickwinkel.

Durch die strategische Einbeziehung von externen Akteuren in die Innovationsarbeit bekommen Unternehmen mehrere **Vorteile** – erschließen neue Wissens- und Kreativitätspotenziale, stärken ihre Innovationskompetenz, erweitern ihre Wissensbasis und setzen Lernprozesse in Gang. Externe Ideengeber bereichern die Ideengenerierung durch vielfältige Kompetenzen, Erfahrungen und Sichtweisen, deswegen verspricht ihre Beteiligung an dem Innovationsprozess besondere Vorteile wie Perspektivenvielfalt und Kreativitätssteigerung. Von besonderer Bedeutung ist jedoch der Kunde, für den die Innovationen in erster Linie entwickelt werden.

10.4.1 Kunde als Produktentwickler

Die Einbindung der Kunden in die Entwicklung von neuen Produkten, insbesondere in den frühen Entwicklungsphasen, ist sehr sinnvoll, da dadurch eine Entwicklung „am Kunden vorbei" verhindert werden kann.

Laut Studie zum Technologie- und Innovationsmanagement in deutschen Unternehmen 2021 ist das **Feedback der Kunden** eine besonders wertvolle Quelle von Informationen im Innovationsprozess – schließlich geht es darum, genau diese Kunden zu begeistern. Je früher dieses Feedback eingeholt wird, desto grundlegender kann der Entwicklungsprozess diesen Inputfaktor aufnehmen. Kundenfeedback wird in der Unternehmenspraxis in verschiedenen Phasen des Innovationsprozesses eingebunden: Ein knappes Drittel der Unternehmen (31,4 %) befragt die Kunden bereits in der ersten Phase der Ideengenerierung; ebenso wie in der zweiten Phase der Ideenauswahl/-bewertung (31,4 %). Etwa die Hälfte der Unternehmen (51,7 %) bindet diese in der Umsetzungsphase ein. Nur 12,6 % der Unternehmen verzichten ganz auf Kundenfeedback (vgl. Ahrens et al., 2021, S. 16).

Durch die Einbeziehung von Kunden kann die Forschung und Entwicklung einen tieferen Einblick in Kundenverhalten und -vorlieben bekommen, wodurch neue Produkte mit höherer Wahrscheinlichkeit am Markt Erfolg haben können. Die Ideen für die verbesserten Produkte werden dabei praktisch kostenlos geliefert. Außerdem werden dadurch die Kunden emotional stärker an die Produkte und an das Unternehmen gebunden.

Kunden-Fokusgruppen werden zu Ideenworkshops eingeladen, testen gemeinsam mit dem Hersteller neue Produkte, machen Verbesserungsvorschläge zu bestehenden Produkten und sammeln Ideen für Innovationen. Auch wenn diese Workshops von den Unternehmen in der Regel nicht bezahlt werden, sind sie bei Kunden beliebt. Die Neugierde und das Gefühl, mitbestimmen zu können, dienen als Motivation.

Dieses Vorgehen lohnt sich für Unternehmen. Wer weiß besser, welche Eigenschaften einem neuen Computerspiel fehlen, als ein engagierter Spieler? Wer kann besser erklären, welche Eigenschaften einer Creme bei der Kaufentscheidung ausschlaggebend sind, als eine Kundin? Wenn ein Produkt von der Hauptzielgruppe entwickelt wird, dann entspricht es am ehesten ihren Vorstellungen. Deswegen haben mittlerweile praktisch jeder Großkonzern und viele Mittelständler Blogs und Foren im Internet eingerichtet, wo sie nach der Meinung, Kritik und Verbesserungsvorschlägen der Kunden fragen.

Auch die Beschäftigten eines Unternehmens, die an den Schnittstellen zu den Kunden arbeiten, können als Vermittler für Kundenbedürfnisse und -wünsche agieren. Insbesondere die Mitarbeiter aus dem Kundendienst kennen sich mit den spezifischen Kundenproblemen und -beschwerden oder mit den vorhandenen Kundenbedürfnissen aus. Diese Beschäftigten sind die besten Experten für Kundenwünsche und Träger des kontextbezogenen Wissens über die Kunden. Dieses Wissen sollte bei der Ideenfindung genutzt werden.

Die Kunden können auch unmittelbar an der Entwicklung von Produktideen und Verbesserungen beteiligt werden. Als geeignete Methoden der Kundenintegration in den Entwicklungsprozess sind Kunden-Fokusgruppen, Kundenworkshops, Beobachtung des Kunden bei der Produktanwendung, Befragungen, Produkttests zu nennen.

Die Methode der **Kunden-Fokusgruppen** ist sehr beliebt und wird aktuell in ca. 68 % der Unternehmen in Deutschland eingesetzt (vgl. Ahrens et al., 2021, S. 29).

Eine Fokusgruppe ist eine kleine Zusammenstellung von Personen in einem interaktiven Umfeld, in der Regel in einem Raum oder in einer Online-Videokonferenz, in dem unter der Leitung eines geschulten Moderators bestimmte Themen diskutiert werden. Fokusgruppen treffen sich an einem neutralen Ort und können sich ohne Zwang oder Druck zu den besprochenen Produkten oder Services äußern. Dadurch bekommt ein Unternehmen – im Gegensatz zu einer quantitativen Kundenbefragung – einen tieferen, qualitativen Einblick in die Kundenbedürfnisse und -wünsche.

Falls es nicht möglich ist, die Kunden an Ideenworkshops zu beteiligen, dann sollte die Meinung der Kunden stets berücksichtigt werden. Im Rahmen von Design Thinking können auch die Teilnehmer (Mitarbeiter, Azubis oder Gäste) ausnahmsweise die Rolle der Kunden übernehmen, wenn keine Kundenvertreter anwesend sein können. Auf jeden Fall muss der Kunde als der wichtigste Akteur und Abnehmer des Produktes stets „mitgedacht" werden.

Kunde am Besprechungstisch

Bekannt ist die Praxis von dem Gründer von Amazon Jeff Bezos, der bei den Meetings und Produktbesprechungen einen leeren Stuhl am Besprechungstisch hat, als Symbol für die Beteiligung der Kunden (vgl. Stone, 2018). ◄

Die Entwicklung von Produktideen kann als ein mit Kunden gemeinsamer Lern- und Wissensgenerierungsprozess verstanden werden. In Anlehnung an die Wissensspirale zur Generierung des neuen Wissens von Nonaka und Takeuchi ist eine Innovation das Resultat eines komplexen Prozesses der Wissensumwandlung (vgl. Abschn. 7.1.3). Die Beteiligung des Kunden bedeutet, dass seine Meinung im Prozess der Externalisierung explizit gemacht und in der Wissenskombination aktiv berücksichtig wird. Auf dieser Basis kann eine Idee für ein neues Produkt entstehen.

Allerdings kann man von Kunden nicht erwarten, dass sie ganz neue Produktideen entwickeln, da ihr Horizont durch die realen Erfahrungen eingeschränkt ist. Radikale Innovationen basieren meistens auf den neuen technischen Möglichkeiten, die von der Seite der Unternehmen eingesetzt werden. Die Einbindung der Kunden ist bei den Verbesserungsinnovationen oder beim Testen von echten Produktinnovationen, die als Prototyp vorliegen, sinnvoll.

Gelingt es einem Unternehmen, seine Kunden langfristig in seine Innovationsarbeit zu integrieren, so ist es in der Regel besonders erfolgreich und wettbewerbsfähig. Viele Unternehmen setzen dabei nicht auf beliebige, sondern auf besonders engagierte und trendführende Kunden, sogenannte Lead User.

10.4.2 Lead-User-Konzept

Der Grundgedanke, die Bedürfnisse des Kunden zu erforschen und für die Produktinnovationen zu nutzen, ist viel älter und wurde in Form der Kunden- und Marktforschung realisiert. Jedoch geht das Lead-User-Konzept, das den Kunden zu einem Mitentwickler von neuen Produkten macht, viel weiter. Das Lead-User-Konzept bedeutet die Einbeziehung besonders fortschrittlicher Kunden in die Entwicklung neuer Produkte. Die Lead-User-Methode wird zurzeit lediglich in ca. 43 % der Unternehmen eingesetzt (vgl. Ahrens et al., 2021, S. 29).

▶ **Lead User** sind Kunden, deren Bedürfnisse den Anforderungen des Massenmarktes vorauseilen, und die sich einen besonders hohen Nutzen von einer Problemlösung versprechen.

Lead User sind Vorreiter eines wichtigen Markttrends und sehen zukünftige Bedürfnisse des Gesamtmarktes voraus. Außerdem versprechen sich Lead User einen besonders hohen Nutzen von einer Problemlösung. Sie können beschreiben, welche Eigenschaften das Produkt für ihre Bedürfnisse haben muss und sie besitzen durch ihre Erfahrungen einen gewissen Expertenstatus und sind hoch motiviert, eine Problemlösung zu finden, um z. B. als Erste ein neues Computerspiel zu testen.

Oft sind Lead User keine Einzelgänger, sondern beteiligen sich an informellen, meistens virtuellen Communities, die dem Informationsaustausch sowie der gegenseitigen Unterstützung (User-to-User Assistance) dienen.

Bei technischen Problemen können Lead User ihre Anforderungen als Nutzer sehr genau spezifizieren und damit den Entwicklern wichtige Hinweise auf die notwendigen Eigenschaften des neuen Produktes geben.

Der Vorteil des Lead-User-Konzeptes im Vergleich zu den traditionellen Instrumenten der Einbeziehung des Kunden besteht darin, dass man bereits in den frühen Innovationsphasen, bevor das fertige Produkt auf den Markt kommt, repräsentative Tests durchführen kann, um die Eigenschaften des Produktes rechtzeitig zu korrigieren und an die Konsumentenwünsche optimal anzupassen. Bereits in der Phase der Trendforschung und Suchfeldbestimmung sind User-Workshops und Foren mit Kunden denkbar. Bei der Ideenfindung kann diese Zusammenarbeit fortgesetzt werden, insbesondere durch Wikis und Blogs. Auch bei der Ideenbewertung können Lead User als Experten und potenzielle Nutzer ihre Meinung zu dem Produkt äußern, was seine Erfolgswahrscheinlichkeit steigert.

Die Problematik einer praktischen Umsetzung des Lead-User-Ansatzes besteht vor allem in der Wahl der Lead User. Gängige Methoden dafür sind Screening- und Networking-Ansatz. Dafür werden zunächst Indikatoren bestimmt, welche die innovativen Nutzer möglichst gut charakterisieren. Beim Screening-Ansatz, der sich insbesondere bei einer überschaubaren Anzahl an Kunden im Markt eignet, sodass ein komplettes Screening aller Kunden möglich ist, wird ähnlich der „Rasterfahndung" die Existenz der zuvor bestimmten Indikatoren überprüft. Beim Networking-Ansatz wird zuerst eine kleine Anzahl von Kunden einbezogen und nach weiteren Produktanwendern gefragt, die neue Bedürfnisse haben und innovativ tätig geworden sind, um den Kreis der Beteiligten zu erweitern (vgl. Picot et al., 2020, S. 421–422).

Um die Lead-User zu identifizieren, sind Checklisten hilfreich, wie es in der Tab. 10.6 dargestellt ist.

Nach der Identifikation von Lead Usern wird ein Workshop durchgeführt, an dem Lead User zusammen mit den Mitarbeitern neue Lösungsideen entwickeln. Es ist wichtig, im Voraus die Nutzungsrechte zu klären, wobei Lead User in der Regel bereit sind, diese ohne nennenswerte Vergütung abzutreten. Am Ende des Workshops werden die Ideen in Form von Konzepten oder Modellen den Entscheidungsträgern im Unternehmen vorgestellt, die über die Umsetzung entscheiden (vgl. Picot et al., 2020, S. 422).

Tab. 10.6 Checkliste zur Auswahl von Lead Usern. (Vgl. Gassmann & Sutter, 2013, S. 128)

1.	Kunde hat eine visionäre Problemstellung.
2.	Kunde gilt in der Branche als Meinungsführer.
3.	Kunde ist fähig und willig, sich an Lead-User-Workshops zu beteiligen.
4.	Der größte Kunde ist meistens kein Lead-User. Lead User sind oft Extremanwender und Nischenkunden.

Der Begriff Lead User wird sowohl für Unternehmen (Geschäftskunden) als auch für Endkonsumenten (Privatkunden) verwendet. Von der Zusammenarbeit mit den Lead Usern versprechen sich Unternehmen eine frühzeitige Identifikation von Kundenbedürfnissen und innovativen Lösungen, die den Markttrends voraus sind, eine Prognose zukünftiger Marktentwicklungen und Marktrisiken sowie eine besondere Kundenbindung, bereits in den frühen Entwicklungsphasen. Dafür nehmen Unternehmen hohe Organisationskosten und eventuelle Produkteinführungsverzögerungen in Kauf.

10.4.3 Ideenfindung in Netzwerken und Communities

Es gibt verschiedene Formen von Kooperationen mit externen Partnern, die analog und/ oder digital umgesetzt werden können – strategische Partnerschaften, Netzwerke, Cluster, Online-Communities etc.

10.4.3.1 Partnerschaften und Netzwerke für Innovationen

In einer Kooperation von zwei oder mehr Unternehmen, die an einer Lösung für die Zukunft gemeinsam arbeiten, sei es neue Antriebssysteme oder digitale Standards, lassen sich Kosten und Risiken auf mehrere Partner verteilen. Die Ideen und Ressourcen werden zusammengelegt, und alle Beteiligten profitieren von einer innovativen Lösung oder einem Standard, der für alle verbindlich eingeführt wird.

Insbesondere bei der Implementierung gänzlich neuer risikoreicher Spitzentechnologien sind Partnerschaften erforderlich, um gemeinsame Zukunftslösungen zu entwickeln, wie das Beispiel der europäischen Plattform für Hologramm-Telefonie bestätigt.

Europäische Plattform für Hologramm-Telefonie

Um die Hologramm-Telefonie massenmarkttauglich zu machen, wollen Europas große Netzbetreiber an einem Strang ziehen. Die britische Vodafone, die spanische Telefónica (O2), die Deutsche Telekom und die französische Firma Orange haben im September 2022 ein Projekt angekündigt, bei dem eine gemeinsame Plattform zur Übermittlung dreidimensionaler Abbilder entwickelt werden soll, die mit Mobilfunkstandard 5G möglich sein wird. Bereits 2024 könnte die Hologramm-Plattform für Endkunden verfügbar sein. Damit würde diese Art der Kommunikation massentauglich. Um die 3D-Abbildungen zu sehen, würden Kunden eine Virtual-Reality-Brille benötigen (vgl. Tagesschau, 2022). ◄

Als weitere Beispiele dienen auch zahlreiche **strategische Partnerschaften** in der Automobilindustrie. Hart umkämpfte Märkte, zunehmende Innovationsgeschwindigkeit und steigende technische Komplexität zwingen Unternehmen bei den Zukunftsthemen zusammenzuarbeiten.

Strategische Partnerschaft von BMW und Daimler für autonomes Fahren

Die beiden einstigen Rivalen BMW und Daimler nähern sich immer weiter an. Nun haben sie eine strategische und langfristig angelegte Partnerschaft beim autonomen Fahren vereinbart. Dabei geht es um die Entwicklung einer skalierbaren Plattform für die nächste Generation von Fahrzeugen, die auf Level 3 bis 4 autonom fahren können. Das umfasst Selbstfahr-Funktionen für die Autobahn genauso wie automatisches Parken. Wahrscheinlich wird es dabei aber nicht bleiben: Es finden bereits Gespräche statt, die Kooperation auf höhere Level des autonomen Fahrens auszudehnen (vgl. Harloff & Stegmaier, 2019). ◄

Eine wichtige Rolle für das Entstehen von digitalen Innovationen spielen **Technologie-Netzwerke** und -Cluster, die mehrere Partner aus der Wirtschaft und Wissenschaften verbinden. Die Zugehörigkeit zu einem Technologienetzwerk wirkt sich positiv auf die Entwicklung und Umsetzung von digitalen Innovationen in Unternehmen aus.

Technologie-Netzwerk it's OWL

Im Technologie-Netzwerk it's OWL – Intelligente Technische Systeme OstWestfalen-Lippe entwickeln über 200 Unternehmen, Forschungseinrichtungen und Organisationen Lösungen für intelligente Produkte und Produktionsverfahren. Das Technologie-Netzwerk wurde 2012 gegründet, nachdem das Bundesministerium für Bildung und Forschung it's OWL als Gewinner im Spitzencluster-Wettbewerb ausgezeichnet hat. Von 2012 bis 2017 wurden im Rahmen des Spitzenclusters 47 Projekte mit einem Projektvolumen von 100 Mio. € umgesetzt. Auf dieser Grundlage haben Unternehmen und Forschungseinrichtungen 2018 eine neue Strategie entwickelt und die Zusammenarbeit intensiviert. Bis 2023 sollen Projekte im Umfang von 200 Mio. € auf den Weg gebracht werden, um die Potenziale von KI für die Produktion zu erschließen (vgl. it's OWL, o. J.). ◄

Ein Innovationsnetzwerk ermöglicht es, für die sich verändernden Kundenbedürfnisse, Prozesse und Technologien adäquate Lösungen schneller und effizienter zu finden. Die Schnittstellen zwischen den eigenen Mitarbeitern, den Lieferanten und Kunden, die Innovation fördern, werden optimiert, sodass eine Umgebung für ein wissensbasiertes Innovationsmanagement geschaffen wird.

Interessant für die Entstehung von neuen Ideen sind auch die Erfahrungen und Lösungen aus anderen Industrien und Wirtschaftszweigen, so genannte **Cross Innovation** (oder auch **Cross-Industry-Innovation**).

▶ **Cross Innovation** ist eine Innovation, die aus der kreativen Kombination von Know-how aus unterschiedlichen Branchen entsteht. Es kann ein neues Produkt, neuer Service oder ein neues Geschäftsmodell sein.

Im Vergleich zum klassischen Ansatz Open Innovation besteht bei der Cross Innovation eine große Distanz zwischen internem und externem Wissen, woraus die Chance auf radikale Innovationen erwächst. Zugleich stellt Cross Innovation die Unternehmen vor große Herausforderungen, die auf mangelnde Kenntnisse und Verständnisschwierigkeiten zwischen beteiligten Akteuren aus verschiedenen Branchen zurückzuführen sind (vgl. Duchek, 2021, S. 357–358).

Bei der Cross Industry Innovation versuchen (Industrie)Unternehmen in Kooperationen Lösungen aus anderen Branchen auf den bestehenden Markt übertragen, beispielsweise, weil das Fachwissen im eigenen Betrieb nicht ausreichend vorhanden ist. Oder sie nutzen eigenes Know-how dazu, neue Anwendungsgebiete für ein Produkt oder einen Prozess in neuen Bereichen zu finden.

Smart Contact Lenses von Google und Novartis

Ein Beispiel für eine Cross Industry Innovation ist die im Juli 2014 bekanntgegebene Kooperation von Google und Novartis bei der Entwicklung von „Smart Contact Lenses", die unter anderem in der Lage sein sollen, den Blutzuckerspiegel des Trägers zu messen. Die Partnerschaft profitiert von Googles IT-Technologieführerschaft, während die auf Augenheilkunde spezialisierte Novartis-Tochter Alcon ihre medizinisch-physiologische Expertise in die Partnerschaft einbringt (vgl. Glockner & Neef, o. J.). ◀

Der Begriff Cross Innovation ist weiter gefasst und beinhaltet verschiedene Innovationsformate, die über Kooperationen zwischen Unternehmen hinausgehen, wie Events, Wettbewerbe oder unternehmenseigene Labs, an denen sich auch Kreativwirtschaft und andere Personen beteiligen können.

Ottobock Future Lab

Im unternehmenseigenen Future Lab arbeiten Mitarbeiter von Ottobock, einem Medizintechnikunternehmen, welches Prothesen und Rollstühle herstellt, mit diversen externen Partnern zusammen. So entstehen z. B. kosmetische Armprothesen aus der Zusammenarbeit von Technikern und Designern in enger Abstimmung mit Patienten/Kunden. Ein offenes und kommunikatives Arbeitsumfeld unterstützt die Partner dabei, neue Ideen und Produkte zu entwickeln. Damit bietet das Future Lab auch Raum für disruptive Innovationen abseits gängiger Strukturen (vgl. Duchek, 2021, S. 359). ◀

Die aufgezeigten Beispiele verdeutlichen einen zentralen Aspekt der Cross (Industrie) Innovation – Wissen fließt in beide Richtungen. Wo Branchengrenzen verschwimmen, wird dieses Muster zum Regelfall: Die kreative Kombination komplementärer Kompetenzen ist die Eintrittskarte in die Innovationsarenen der Zukunft. Die branchenübergreifende Zusammenarbeit wird zum strategischen Imperativ (vgl. Glockner & Neef, o. J.).

Die Cross (Industrie) Innovation ist ein spezieller Fall einer allgemeineren Form der Zusammenarbeit unter Beteiligung von diversen externen Akteuren in einem (online) Netzwerk – einer Open-Innovation-Community.

10.4.3.2 Open-Innovation-Community

Der Aufbau eines Netzwerks aus internen und externen Akteuren, die eine offene Innovation Community bilden, ist ein sinnvoller Ansatz, um Herausforderungen wie Fokussierung des Kundennutzens sowie Zeit- und Ressourcenbeschränkungen im Innovationsmanagement zu begegnen. Darüber hinaus wirken externe Inputs belebend für das Innovationsmanagement und stellen einen offenen Blick auf Entwicklungen innerhalb und außerhalb des Geschäftsumfelds sicher. Während einige Akteure, beispielsweise Kunden oder Lead User, per Definition extern sind, können andere Akteure beides sein – intern oder extern (vgl. Durst, 2018).

Viele Großunternehmen bilden Open Innovation Communities, um neue Ideen für Produkte und Probleme zu finden mithilfe von externen Partnern wie Kunden, Kooperationspartnern, Forschungseinrichtungen, Startups etc. zu finden.

▶ **Open Innovation Community** ist ein informelles Netzwerk, das Individuen aus unterschiedlichen Kontexten vereint, um gemeinsam innovative Lösungen für unterschiedliche Herausforderungen zu entwickeln (Meyer et al., 2022, S. 181).

Open Innovation Communities können analog, digital oder hybrid zusammenarbeiten. Eine reine Online-Community kann sich auch persönlich zu bedeutenden Veranstaltungen und Events treffen, was die Kontakte zwischen den Mitgliedern intensiviert und den Wert der Zugehörigkeit steigert.

Zu den verbreiteten Instrumenten einer Open Innovation Community zählen unter anderem offene Innovationswettbewerbe, Workshops und Hackathons zur Erschließung von externen Ideen, welche sowohl von Großunternehmen als auch von Netzwerken und Förderorganisationen veranstalten werden.

Begriff und Ablauf eines Hackathons

Ein Hackathon ist ein Event, auf dem interdisziplinäre Talente aus unterschiedlichen Bereichen zusammentreffen, um innovative und mitunter ungewöhnliche Lösungen für reale und relevante Probleme aus der Wirtschaft zu entwickeln. Der Begriff setzt sich zusammen aus „Hacking" und „Marathon". „Hacking" meint in diesem Kontext das Lösen technischer Probleme. „Marathon" bezieht sich auf die knapp bemessene Zeit dieser Lösungsentwicklung. Den Teilnehmern stehen meistens nur 2–3 Tage zur Verfügung, um in kleinen Teams um die 3–5 Personen an dem bestehenden Problem zu arbeiten. Das Ziel eines Hackathons ist nicht die Entwicklung eines fertigen Produktes, sondern die Generierung einer Idee und eines dazu passenden Konzeptes, das durch das Out-Of-The-Box-Denken vieler unterschiedlicher Talente zustande kommt (vgl. Rubart, 2022). ◄

Viele Großunternehmen veranstalten auf Open Innovation Plattformen online Ideenwettbewerbe, an denen sich kreative Menschen aus allen Bereichen beteiligen können und neue Ideen generieren. Mit Hilfe von Open Innovation Communities entwickeln Internetnutzer Lösungsvorschläge zu einer gezielten Problemstellung, was auch als Crowdsourcing bezeichnet wird. Grundvoraussetzung für die Umsetzung und Nutzung von Open Innovation ist die Bereitschaft, offen für die Ideen anderer zu sein und Wissen mit anderen zu teilen. Der Ideensucher, meist eine Organisation, bindet Kunden, Lieferanten, Geschäftspartner, externe Kreative, Studenten, Querdenker und branchenfremde Experten mit verschiedenem Background aktiv in die Ideenentwicklung ein. Wissen, neue Ideen und innovative Konzepte werden durch die Ideengeber von außen gemeinsam generiert (vgl. Innolytics, o. J.).

Open Innovation Community der ÖBB

Das Team Open Innovation der Österreichischen Bundesbahn verfolgt seit 2017 das Ziel, Kollegen, Kunden und externe Partner zu vernetzen, um gemeinsam mit ihnen nutzerzentrierte Produkte und Services für die Mobilität von morgen zu entwickeln. Nachhaltige Mobilität für alle und von allen – das ist die Vision, die das Team dabei antreibt. Ob in der Ideenwerkstatt, dem Innovationsprogramm oder unseren individuellen Innovationsservices, es wird stets konzernübergreifend, kundenorientiert und methodengestützt gearbeitet. Das Fundament für erfolgreiche Innovationen ist der Austausch mit anderen Innovatoren. Dafür wurde „Community creates Mobility" ins Leben gerufen – ein Mobilitätsökosystem, das vielfältige Akteure aus Wirtschaft, Wissenschaft, Politik und Zivilgesellschaft vernetzt, um gemeinsam an der Mobilität der Zukunft zu arbeiten (vgl. ÖBB, o. J.). ◄

Ein weiteres Beispiel für erfolgreiche Zusammenarbeit im offenen Netzwerk ist die gemeinsame Entwicklung von **Open Source Software**, die wegen ihrer Zugänglichkeit, Transparenz und Anpassungsmöglichkeit sehr beliebt ist. Software lässt sich leicht vervielfältigen, in kleine Einheiten einteilen und über das Netz kommunizieren. Diese Voraussetzungen machen sie für die kollektive Entwicklung besonders geeignet. Die freie Software für maschinelles Lernen und Künstliche Intelligenz, die von allen genutzt werden kann, ist ein Beispiel dafür. Mit frei verfügbaren Open-Source-Tools können Entwickler beispielsweise die Erfahrungen von Google oder Facebook nutzen und künstliche Intelligenz in ihre Anwendungen einbauen.

Das Deep-Learning Framework Caffe wurde ursprünglich an der University of Califor-
nia entwickelt. Der Erfinder ist mittlerweile bei Facebook angestellt und ist für die
Entwicklung von Software für KI zuständig. Facebook treibt die Entwicklung von
Caffe stark voran. Damit die Lösung über genügend Leistung verfügt, werden Grafik-
prozessoren von NVidia genutzt. Die Software steht als Open-Source-System zur Verfügung. Caffe kann zum Beispiel für Spracherkennung, das Erkennen und Einordnen
von Bildern oder für die Entwicklung von natürlichen Sprachen in KI-Geräten genutzt
werden. Die Entwickler stellen Vorlagen zur Verfügung, mit denen sich der Einsatz
testen lässt. Caffe2 kann auch für neuronale Netzwerke genutzt werden und funktioniert generell auch mit Smartphones (vgl. Joos, 2019). ◄

Open Source ist in den vergangenen Jahrzehnten zu einer weltweiten sozialen Bewegung geworden, die antritt, nach der Software nun auch Wissen und Kultur zu „befreien".
Von Open Access bis Creative Commons und Wikipedia arbeiten zehntausende Menschen
weltweit über das Internet an einem kollektiven Schatz freien Wissens, entdecken neue
Formen der Kooperation und des Gemeinsinns und heben dabei alle Regeln von Urheber-
recht und Wirtschaft auf. **Open Access** bedeutet freies Wissen für alle.

Die Erläuterungen und Beispiele belegen, dass es vielfältige Möglichkeiten gibt, Ideen
externer Akteure für Unternehmen zu erschließen und sich langfristig mit den relevanten
Stakeholdern zu vernetzen. Die meisten Unternehmen kombinieren interne und externe
Ideengenerierung, um sämtliche Potenziale auszuschöpfen. Danach werden die intern
oder extern generierten Ideen hinsichtlich ihrer Tauglichkeit und Eignung für die praktische Umsetzung im Unternehmen überprüft und die besten Ideen werden realisiert.

10.5   Ideenbewertung und Ideenrealisierung

Die in den beschriebenen Verfahren generierten Ideen sollen zunächst dokumentiert werden, damit man sie anschließend bewerten kann. Die Dokumentation findet unterschiedlich statt. Im Fall geplanter Innovationen in der F&E-Abteilung findet ständige Dokumentation sämtlicher Arbeitsschritte statt. Bei Ideen- und Innovationswettbewerben sind die
Verantwortlichen und Organisatoren fürs Festhalten von Ideen zuständig. Im Rahmen des
Ideenmanagements werden die Ideen schriftlich eingereicht und damit erfasst.

Nach der Ideengenerierun beginnen die Phasen der Ideenbewertung und -realisierung.
Die gesammelten Ideen sollen zunächst analysiert und bewertet werden, vor allem hinsichtlich ihres Kundennutzens. Die am besten geeigneten Ideen müssen dann möglichst
schnell und effizient umgesetzt und in marktfähige Produkte, Prozesse oder Geschäftsmodelle verwandelt werden. Ideenbewertung findet im Verlauf des Innovationsprozess mehrfach statt (vgl. Abschn. 9.5.1), z. B. im Stage-Gate-Prozess in jedem Gate. Oft sind Anpas-

sungen und Wiederholungen erforderlich, wenn die Idee den Vorstellungen der Kunden nicht entspricht oder technisch schwer realisierbar ist. Die in Projekte überführten Ideen werden detaillierter bewertet, hier können bereits finanzielle Kriterien überprüft werden. In den späteren Phasen, wo es um die Produktion und Markteinführung geht, können schließlich fundierte Bewertungen durchgeführt werden.

10.5.1 Ideenbewertung

Die Bewertung einer Produktidee bedeutet, dass diese Idee hinsichtlich ihrer technischen Umsetzbarkeit, ihres voraussichtlichen Markterfolgs, ihres Beitrags zu den angestrebten Zielsetzungen und ihres „strategischen Fits" mit der verfolgten Innovationsstrategie beurteilt wird. Das setzt voraus, dass man objektive Kriterien und standardisierte Verfahren verwenden muss, was jedoch in der Praxis eher selten der Fall ist (vgl. Vahs & Brem, 2015, S. 312).

Die Auswahl der besten Idee ist eine komplizierte Angelegenheit, da es schwierig ist, Entwicklungskosten und -zeiten im Voraus abzuschätzen, zukünftige Entwicklungen vorherzusagen, Kundenreaktion und Marktsituation zur Zeit der Produkteinführung zu prognostizieren. Neben diesen objektiven Faktoren spielen subjektive, menschliche Empfindungen und Emotionen eine Rolle. Desto wichtiger ist es, standardisierte Methoden der Ideenbewertung sowie fachlich vorbereitete Entscheidungsteams einzusetzen.

In der Praxis der Innovationsarbeit kann die Anzahl von Ideen, die zur Wahl stehen, Hunderte oder sogar Tausende erreichen. Für das Unternehmen ergibt sich damit die Aufgabe der allgemeinen (relativen) sowie der finanziellen Bewertung, die die Frage beantworten soll, ob sich der Aufwand für das Unternehmen lohnt.

Die Ideenbewertung ist ein rollierender Prozess und hat nach Böckenholt (2021) drei wichtige Zwecke:

1. Erstens werden Ideen bei deren Geburt bewertet, um die Freigabe zu entscheiden.
2. Zweitens werden Ideen und dann Innovationsprojekte regelmäßig evaluiert, um den Wert und Nutzen zu prüfen. Im Laufe eines Projektes ändern sich durch neue Erkenntnisse aber auch Veränderungen im Umfeld die Rahmenbedingungen für eine Innovation.
3. Drittens ist eine Bewertung wichtig, um die Priorität zu errechnen und die einzelnen Innovationsprojekte gegeneinander zu vergleichen, um auf die wichtigsten Themen zu fokussieren.

Qualitative Bewertung in den frühen Projektphasen Für eine erste grobe Bewertung von Ideen können folgende Fragen hilfreich sein: Was macht die Innovation besser als die existierende Lösung? Wer sind die Kunden, wie groß ist der Markt? Werden die Kunden das Produkt haben wollen? Wie groß ist das Risiko?

Tab. 10.7 Bewertungskriterien für Ideen in den frühen Phasen. (Eigene Darstellung in Anlehnung an Böckenholt, 2021)

Bewertungskriterien des Erfolgspotenzials	Bewertungskriterien der Machbarkeit
Strategie-Fit ist der Beitrag zur Unternehmensstrategie.	Technische Machbarkeit – Ist die technische Lösung machbar? Hat man beispielsweise die
Synergien, z. B. mit bestehenden Produkten, möglichst keine Kannibalisierung von aktuell gewinnbringenden Produkten.	notwendigen Kompetenzen und Technologien? Markteintritt – Wie schwierig ist es, das Produkt an die Zielgruppe zu bringen? (Marktbarrieren,
Mehrwert für Kunden, Kundennutzen und Attraktivität des zukünftigen Produktes für Kunden.	verfügbare Vertriebsmöglichkeiten etc.) Wirtschaftliche Machbarkeit, insb. die Kosten-Nutzen-Rechnung.
Attraktivität des Zielmarktes, z. B. Marktgröße, Marktwachstum, Wettbewerbsintensität, Neuer Markt.	Gesetzeskonformität – die Idee ist mit Gesetzen, verfügbaren Schutzrechten und Normen konform.
Differenzierungspotenzial zum Wettbewerb, z. B. Alleinstellung gegenüber dem Wettbewerb.	Interne Barrieren – sicherzustellen sind z. B. die Akzeptanz durch die Mitarbeiter, die Integration in bestehende Prozesse und in das
Umsatzpotenzial bzw. Ertragspotenzial.	Produktportfolio.

Nach Böckenholt (2021) sollten in den frühen Phasen Chancen und Risiken von Ideen grob geschätzt werden, indem man Erfolgspotenzial (Nutzen) und Machbarkeit (Umsetzungsmöglichkeiten) vergleicht (vgl. Tab. 10.7).

Die Bewertung von Ideen kann auch anhand von neun Feldern von Business Model Canvas (vgl. Abschn. 8.2.4) stattfinden. Dabei wird jede Idee in Bezug auf den Kundennutzen, Lösungsansatz, Ressourcen, Konkurrenten und Erfolgsaussichten geprüft. Die Einschätzung kann von einer Expertengruppe durchgeführt werden, die das Business Model Canvas für mehrere Ideen-Vorschläge präsentiert bekommt. Wichtig ist, dass der Kunde dabei vertreten ist.

Eine allgemeine, grobe Bewertung von Ideen in den frühen Entwicklungsphasen ist wichtig, um die Ideen mit dem größten Innovationspotenzial zu identifizieren sowie Fehler und falsche Entscheidungen zu vermeiden. Im Verlauf des Innovationsprozesses werden Ideen immer konkreter, was eine detailliertere finanzielle Bewertung ermöglicht.

Finanzielle Bewertung von Ideen Eine finanzielle Bewertung „Lohnt sich die Innovation für das Unternehmen?" ist in den frühen Entwicklungsphasen schwieriger zu geben, da eine sichere langfristige Prognose von Absatz und Deckungsbeitrag unmöglich ist. Die wirtschaftliche Relevanz einer Innovation erfordert die Voraussage des erwarteten Kapitalflusses – zunächst negativ als Investition, danach positiv als Ertrag. Allerdings liegen in den frühen Phasen keine glaubwürdigen Zahlen hinsichtlich der Aufwendungen, Umsätze und Gewinne im Verlauf des Produktlebenszyklus vor. Sowohl die Entwicklungskosten und -zeiten als auch die Dauer und die Höhe der Gewinnerzielung sind von vielen internen und externen Größen abhängig und können nicht genau vorhergesagt werden. In der Praxis werden die meisten Entscheidungen in der Phase der Ideenbewertung von erfahrenen Experten und Führungskräften mehr oder weniger willkürlich getroffen.

Später, in der Projektphase, wenn detaillierte Informationen vorliegen, können die finanziellen Größen mit größerer Wahrscheinlichkeit geschätzt werden. Zumindest die Entwicklungszeit und die vorläufigen Kosten werden in dieser Phase festgelegt. Die Bewertung von Einnahmen ist auch hier mit großer Unsicherheit verbunden, da die genaue Nachfrage und künftige Konkurrenzprodukte unbekannt sind. Trotzdem ist dabei die Frage zu beantworten: Wie viel ist der Kunde bereit, für das Produkt zu bezahlen? Hier könnte die Methode der Fokusgruppe (vgl. Abschn. 10.4.1) angewendet werden, um mit ausgewählten Kunden über den realistischen Preis des künftigen Produktes zu diskutieren.

Für eine ausgewogene Bewertung von Ideen werden in der Literatur folgende Bewertungskriterien empfohlen (vgl. Vahs & Brem, 2015, S. 316):

- Ökonomische Merkmale (Kosten, Umsatz, Gewinn, Kapitaleinsatz, Cash-Flow, ROI);
- Produkt- und verfahrenstechnische Merkmale (Produktqualität, Leistungsfähigkeit, Flexibilität, Zuverlässigkeit, erforderliche Investitionen, Neuheitsgrad der Prozesse);
- Technologische Merkmale (Integrationsfähigkeit in Produktprogramm, technologische Synergieeffekte);
- Absatzwirtschaftliche Merkmale (Marktvolumen, -anteil und -wachstum, Wettbewerbssituation, Eignung der Vertriebsorganisation);
- Strukturelle Merkmale (Fertigungstiefe, Organisationstyp der Fertigung, zeitliche, personelle, räumliche Kapazitäten, Grad der Arbeitsteilung);
- Arbeitswissenschaftliche Merkmale (Beanspruchung und Belastung der Mitarbeiter, Arbeitssicherheit, Motivation, Qualifikation, Notwendigkeit der Weiterbildung);
- Zeitliche Merkmale (Dauer des Innovationsprozesses, Zeitpunkt der Markteinführung, Amortisationszeit, Länge des Produktlebenszyklus);
- Ökologische Merkmale (ökologische Folgen, Nachhaltigkeit, ethische Überlegungen).

Diese Kriterien sollten hinsichtlich ihrer Bedeutung für den Innovationserfolg gewichtet werden. Anschließend werden verschiedene Varianten der Innovation in Bezug auf die Ausprägung einzelner Kriterien bewertet, die Bewertungsergebnisse der einzelnen Parameter in einer Gesamteinschätzung zusammengefasst und auf dieser Basis unzweckmäßige Ideen aussortiert sowie die besten Alternativen ausgewählt.

Als Bewertungsverfahren können in der Praxis qualitative (verbale Einschätzungen, Checklisten, K.O.-Kriterien), quantitative (statische und dynamische Wirtschaftlichkeitsrechnung) oder gemischte Verfahren wie die Nutzwertanalyse eingesetzt werden. Alle genannten Methoden haben ihre Vor- und Nachteile. Qualitative Verfahren zeichnen sich durch Einfachheit und geringe Kosten aus, sind jedoch subjektiv, oberflächlich und pauschal. Die quantitativen Verfahren und Nutzwertanalyse sind systematischer, fundierter und berücksichtigen monetäre Größen, basieren aber auf unsicheren Prognosen und erfordern einen hohen Aufwand.

In der Unternehmenspraxis werden verschiedene Verfahren angewendet, oft unterstützt durch Standardformulare, die einen Checklistencharakter haben und die Bewertung erleichtern. Trotzdem zeichnet sich die praktische Ideenbewertung durch zahlreiche Probleme, Fehler und einen hohen Grad an Subjektivität aus.

10.5.2 Ideenumsetzung in Innovationsprojekten

Die Umsetzung von neuen Ideen zeichnet sich durch Neuartigkeit und Erstmaligkeit, Planungsunsicherheit und die Notwendigkeit einer interdisziplinären Zusammenarbeit aus. Um diese Herausforderungen zu bewältigen, wird diese Arbeit in Projektform organisiert. Die meisten Innovationen und Neugründungen scheitern nach Baird (2021) an der mangelnden Konzentration auf das Front-End des Innovationsprozesses, wo Kundenbedürfnisse erforscht, Erkenntnisse destilliert, Lösungen entworfen, Prototypen erstellt und getestet und Geschäftsmodelle gestaltet werden. Ein Innovationsprojekt soll nach bestimmten Regeln umgesetzt werden, um Erfolg zu haben.

10.5.2.1 Innovationsprojekt, seine Phasen und Erfolgsfaktoren

▶ **Projekte** sind einmalige, zeitlich befristete, zielgerichtete, neuartige und in der Regel komplexe Vorhaben, die meistens interdisziplinäre Zusammenarbeit erfordern.

Basierend auf seinen langen Erfahrungen bei der Realisierung von Innovationsprojekten empfiehlt Baird diese Projekte in fünf praktischen und bewährten Schritten durchzuführen (vgl. Baird, 2021, S. ix):

1. Das richtige Team für Innovation zusammenstellen.
2. Kunden durch Einfühlungsvermögen besser verstehen.
3. Kundenzentrierte Bedürfnisse und Erkenntnisse destillieren und verfeinern.
4. Die Kreativität Ihres Teams freisetzen, um frische neue Ideen zu entwickeln und um Kundenbedürfnisse anzusprechen.
5. Wünschenswerte, durchführbare und tragfähige Lösungen erproben und validieren.

Die Zusammenstellung des Innovationsteams ist für den Erfolg entscheidend und wird als erste Priorität bezeichnet (s. ausführlicher Abschn. 10.5.2.2).
   Auffallend in dieser Darstellung ist auch die Bedeutung des Kunden und des Kundennutzens. Das Kundenverständnis steht im Mittelpunkt eines Innovationsprojektes, ähnlich wie bei der Design Thinking Methode (vgl. Abschn. 10.3.2).
   Um Kunden richtig zu verstehen, sind drei Fragen zu beantworten: Wer sind die Kunden? Was ist ihnen wichtig? Was schmerzt sie und was bereitet ihnen Freude? Mit drei folgenden Methoden können Produktentwickler den Kunden verstehen (vgl. Baird, 2021, S. 48):

- Der Kunde sein – die Situation so erleben, wie der Kunde sie erlebt.
- Beim Kunden sein – Kunden beobachten und mit ihnen sprechen.
- Dinge über den Kunden erfahren – mit Personen oder Experten sprechen.

Vahs und Brem (2015, S. 381 f.) definieren drei Hauptphasen eines Innovationsprojektes in der Praxis: Projektvorbereitung, -planung und -realisierung. Bei der **Projektvorberei-**

tung wird die ausgewählte Produktidee umfassend beschrieben – man erstellt ein Lastenheft, das dazu dient, die Kundenanforderungen an das neue Produkt, die wesentlichen Leistungsdaten, die vom Markt kommenden und die unternehmensinternen Rahmenbedingungen sowie die voraussichtlichen Kosten zu definieren. In der Phase der **Projektplanung** ist die Festlegung von Zielen bezüglich Leistung, Zeit, Ressourcen, und Ausgaben (Kosten, Investitionen) erforderlich. Das wird in Form eines Pflichtheftes umgesetzt, welches die Angaben des Lastenheftes weiter konkretisiert. Im Pflichtheft wird das Produktkonzept bis auf die Ebene der Baugruppen und der Einzelteile technisch beschrieben, die Aussagen über Absatzziele werden präzisiert und durch konkrete Zielkosten- und Wirtschaftlichkeitsaussagen ergänzt. Es wird ein Fertigungskonzept (Anlagentechnik, Maschineneinsatz, Lieferanten) und Terminvorgaben festgelegt. Bei der **Projektrealisierung** geht es um die Fertigstellung eines Prototyps oder einer Simulation und Überführung des Neuproduktes in die Produktion. Ein Prototyp ist die physikalische oder digitale (digitaler Zwilling) Realisierung des Produktes, er dient der praktischen Erprobung und Weiterentwicklung des Produktes. Der Einsatz der CAD-Software (Computer-Aided-Design) ermöglicht eine Simulation verschiedener Anforderungssituationen und technischer Ausprägungen, um mehr Varianten zu entwickeln. Ein Prototyp muss folgende Anforderungen erfüllen: die Kunden finden in dem Prototyp alle Leistungsmerkmale wieder, die in dem Produktkonzept versprochen wurden; der Prototyp funktioniert bei normaler Beanspruchung und unter normalen Betriebsbedingungen zuverlässig; der Prototyp kann zu den budgetierten Kosten hergestellt werden. Nach allen erfolgreich verlaufenen Tests wird das Neuprodukt in die **Produktion** übergeleitet.

Testen von Prototypen

Es macht Sinn, so früh wie möglich die Kunden mit dem Produktprototyp zu konfrontieren. Bei einem Industriekunden bedeutet das, dass er zu einer Vorführung eingeladen wird. Bei Konsumgütern können Produktproben verteilt und die Kundenmeinungen erfasst werden. Beim Testen wird häufig zwischen Alpha- und Beta-Tests unterschieden. Von Alpha-Tests spricht man, wenn das Produkt innerhalb der Firma getestet wird, um seine Leistung in verschiedenen Anwendungen zu überprüfen. Nach notwendigen Verbesserungen wird das Produkt den so genannten Beta-Tests unterzogen, wobei mögliche Kunden gebeten werden, das Produkt zu testen und Rückmeldung zu geben. ◀

Ein weiterer Aspekt der Projektrealisierung ist das **Projektcontrolling**. Darunter ist ein kontinuierlicher Soll-Ist-Vergleich zu verstehen, der in der Regel von dem Projektleiter durchgeführt wird. Zu kontrollieren sind in einem Innovationsprojekt: Leistung (Qualität), Termine, Ressourcen und Ausgaben (Kosten und Investitionen).

Projektcontrolling dient nicht nur der Überprüfung und Zielerreichung des Projektes, sondern auch einem **Lernprozess**, der dadurch initiiert wird. Lernen aus Projekten ist ein wesentlicher Bestandteil des organisationalen Lernens (vgl. Abschn. 7.4). Wertvolle Erfahrungen aus Innovationsprojekten können in expliziter Form (Arbeitsberichte, Analysen) oder eher informell und implizit (Geschichten, Anekdoten, informelle Kommunikation) weitergegeben werden.

Zusammenfassend können die **Erfolgsfaktoren** von Innovationsprojekten abgeleitet werden (vgl. Baird, S. xiii–xiv):

- Ein einzigartiges, dem Wettbewerb überlegenes Produkt mit einem hohen Kundennutzen.
- Eine starke Marktorientierung mit Beachtung der Stimme der Kunden.
- Eine klare, frühe Produktdefinition vor Beginn der Entwicklung.
- Eine solide Vorbereitung, vor allem bei Front-End-Aktivitäten.
- Bereichs- und funktionsübergreifende Teams mit einem kompetenten Leiter.
- Zusammenwirken der fortschrittlichen Technologie und Marktkompetenz des Unternehmens.
- Marktattraktivität im Sinne von Größe, Wachstum, Gewinnspanne.
- Qualität der Markteinführung durch gute Planung und Ressourcen.
- Technologische Kompetenzen und hochwertige Ausrüstung technischer Aktivitäten.

Zu den entscheidenden Faktoren zählt die Zusammensetzung des Teams, die nun detaillierter betrachtet wird.

10.5.2.2 Zusammensetzung eines Innovationsteams

Nach Baird (2021, S. 6) zählt ein Innovationsteam für eine Produktinnovation im Idealfall aus etwas sechs bis zehn Personen, darunter ein Leiter des Innovationsprojektes, ein Projektmanager, ein Forschungsspezialist, ein Marketingspezialist, ein Vertriebsspezialist, ein Entwicklungs- und Technologieexperte, ein Experte für Lieferketten, ein Finanzexperte, ein Designprofi.

Im Innovationsprojekt spielen **interdisziplinäre Zusammenarbeit** und frühzeitiger Austausch von Informationen eine wichtige Rolle. Auch wenn die Informationen oft unvollständig und unsicher sind, erlaubt ein Informationsaustausch der nachfolgenden Stufe, grundlegende Entscheidungen zu treffen. Unterstützend für diesen Prozess wirken Co Working Spaces, Communities und eine Unternehmenskultur, die Lernen und Innovation fördert (vgl. Abschn. 11.3). Durch einen intensiven Informationsaustausch in den frühen Entwicklungsphasen kommen positive Effekte wie Senkung der Entwicklungskosten und Früherkennung der Fehler zustande.

Deswegen muss ein Innovationsteam möglichst **heterogen** sein (vgl. Abschn. 10.1). Neben den Mitarbeitern aus der F&E, Konstruktion, Produktion, Qualitätssicherung, dem Marketing sowie unterstützenden Experten aus dem Kundendienst, Controlling, Einkauf und anderen Funktionsbereichen, ist die Beteiligung externer Akteure, vor allem Kunden, erforderlich. Zu den Kreativitätssitzungen in den frühen Entwicklungsphasen könnten neben den Kunden auch Wissenschaftler, Praktikanten, Studenten, Lieferanten und andere Personen eingeladen werden.

Kreativitätsförderlich sind auch verschiedene Persönlichkeiten, Charaktere und Erfahrungen, die unterschiedliche Personen mitbringen, auch hier bedeutet es, für Vielfalt zu sorgen, z. B. durch einen gezielten Einsatz von Quereinsteigern oder Laien.

Vorteile heterogener Arbeitsteams

Heterogene Teams profitieren von den verschiedenen Charakterzügen, interkulturellen Kompetenzen und Erfahrungen der einzelnen Teammitglieder. Es ergibt sich ein Mix aus verschiedenen Sichtweisen, Meinungen und Know-how. Die Mitarbeitenden erleben dadurch ein aufregenderes Arbeitsumfeld, geprägt von Neugierde, Spaß und Teamspirit. Sie entwickeln zudem kreative Lösungsansätze und innovative Ideen. Empirische Ergebnisse aus der Page-Studie zu Diversity-Management in Deutschland 2021 bestätigen diese Aussagen. In gemischten Teams entsteht eine spannendere Arbeitsatmosphäre (53 % der Befragten), gesteigerte Mitarbeiterzufriedenheit (47 %) und höhere Innovationskraft (27 %) (vgl. PageGroup, 2021, S. 6). ◄

Die Produktentwickler im Team benötigen spezifische **Eigenschaften**, um Kunden zu verstehen: Neugier (Lust am Entdecken, Fähigkeit, alles infrage zu stellen), Empathie, Objektivität (vorübergehend vergessen, was man weiß), Augen und Ohren (Informationen aufsaugen), Beziehungen (starke Beziehung zu Kunden aufbauen) und Respekt (vgl. Baird, 2021, S. 40 f.).

Darüber hinaus sind für den Erfolg des Innovationsteams eine klare **Zielsetzung** und eine intensive **Kommunikation** von Bedeutung. Nur dann kommt es zu einem Wissensaustausch und zu Lernprozessen. Diese Tatsache spricht für interaktive Zusammenarbeit, z. B. in einem Ideenworkshop, Innovationslab oder einer Innovationsgarage. Virtuelle Kommunikation mithilfe der digitalen Tools ist möglich, kann jedoch persönliche Treffen nur ergänzen, aber nicht ersetzen. Insbesondere die Anwendung von Kreativitätstechniken erfordert persönliche Diskussionen, Meinungsaustausch und haptische Wahrnehmung.

Jedes Innovationsteam macht eine Entwicklung durch, die das Handeln und die Leistung von Teammitgliedern beeinflusst. Die positive Entwicklung eines Innovationsteams kann in Anlehnung an die Phasen der Teamentwicklung nach Bruce Tuckman (Forming, Storming, Norming und Performing) beschrieben werden (vgl. Baird, 2021, S. 10): Ein Team kommt zusammen und die Mitglieder lernen sich kennen (Forming). Danach kommt es zu Konflikten (Storming), da die Rollen noch nicht etabliert und die Aufgaben noch nicht verteilt worden sind. Hier ist es wichtig, Wertschätzung von verschiedenen Charakteren und Kompetenzen zu leben. Schließlich werden die Rollen etabliert (Norming) und das Team ist leistungsbereit und erbringt kreative Leistungen (Performing). Es ist in erster Linie die Aufgabe des **Teamleiters**, die Phasen der Gruppenentwicklung zu begleiten und zu steuern, damit ein Team-Spirit entsteht (s. ausführlicher Franken, 2019, S. 175 f.).

Nach Baird (2021, S. xiii) sollte ein kompetenter Teamleiter ausreichend Autorität, Ressourcen, Verantwortung, Entscheidungskompetenz und Einsatzwillen besitzen.

Und schließlich agiert ein Innovationsteam nicht im Vakuum, sondern ist in eine **Unternehmenskultur** eingebettet, die einen starken Einfluss auf das Innovationsgeschehen im Unternehmen ausübt. Die Aspekte der innovationsfördernden Unternehmenskultur und Führung werden im Kap. 11 ausführlich thematisiert.

1. Warum sind die Beschäftigten des Unternehmens außerhalb der F&E wichtige Ideengeber für Innovationen?
2. Mit welchen Instrumenten kann man die Mitarbeiter in die Ideengenerierung einbeziehen?
3. Welche Rolle spielen Kreativitätstechniken bei der Ideenfindung?
4. Welche Kreativitätstechniken gehören zu der Gruppe assoziativer Methoden? Wie werden diese praktiziert?
5. Welche Kreativitätstechniken zählen zu den systemischen Methoden? Wie werden sie praktiziert?
6. Welche Bedeutung haben Fragetechniken für die Ideenfindung? Erläutern Sie die Möglichkeiten ihrer Anwendung.
7. Warum sind in modernen Unternehmen agile Methoden erforderlich?
8. Auf welchen Komponenten basiert die Methode Design Thinking? Wie funktioniert der Design-Thinking-Prozess?
9. Wie funktioniert Scrum? Welche Rollen werden dabei definiert?
10. Welche Ziele werden mit dem Kanban-Board verfolgt?
11. Welche externen Akteure kommen für die Ideenfindung infrage?
12. Mit welchen Methoden kann man Kunden in die Entwicklung von Ideen einbeziehen?
13. Wie findet Ideenfindung in Kooperationen und Netzwerken statt?
14. Was versteht man unter der Open Innovation Community?
15. Wie werden Ideen bewertet?
16. Wie funktioniert ein Innovationsprojekt? Aus welchen Schritten/Phasen besteht es? Wie soll die Teamzusammensetzung sein?

Literatur

Ahrens, K., Sala, A., & Schaff, A. (2021). *Studie zum Technologie- und Innovationsmanagement – Methodeneinsatz, Ausgestaltung und Erfolgsfaktoren* (KCT Schriftenreihe der FOM, Band 6). MA Akademie Verlags- und Druck-Gesellschaft.

Baird, N. (2021). *Innovator's Playbook: Produkte und Dienstleistungen entwickeln, die Kunden lieben*. Wiley-VCH.

Becker, R. (2018). Das Greenhouse ist die neue Kreativzentrale von Claas. https://www.nw.de/lokal/kreis_guetersloh/guetersloh/22078723_Das-Greenhouse-ist-die-neue-Kreativzentrale-von-Claas.html. Zugegriffen am 22.09.2022.

Böckenholt, J. (2021). Bewertung von Ideen und Innovationsprojekten. https://www.lead-innovation.com/insights/blog/bewertung-von-ideen. Zugegriffen am 12.09.2022.

Brüggenkamp, J., & Preuss, P. (2021). Der neue Scrum Guide: Alle Neuerungen im Überblick. *Wissensmanagement. Das Magazin für Digitalisierung, Vernetzung & Collaboration, 2*(2021), 46–48.

Duchek, S. (2021). Cross Innovation. Orte für die Kollaboration mit der Kreativwirtschaft schaffen. *zfo, 90*(06), 356–361.

Durst, C. (2018). Die Innovation Community – Wen man zum Innovieren braucht. https://www.
itonics-innovation.de/blog/innovation-community-wen-man-zum-innovieren-braucht/. Zugegriffen am 12.09.2022.

Fleig, J. (2019). Beispiele für die Anwendung von Kaizen. https://www.business-wissen.de/hb/
beispiele-fuer-die-anwendung-von-kaizen/. Zugegriffen am 22.09.2022.

Franken, S. (2019). *Verhaltensorientierte Führung. Handeln, Lernen und Diversity in Unternehmen*
(4. Aufl.). Springer Gabler.

Frankenberger, K., Mayer, H., Reiter, A., & Schmidt, M. (2021). *Das Digital Transformer's Dilemma. Wie Sie Ihr Kerngeschäft digitalisieren und gleichzeitig innovative Geschäftsmodelle
aufbauen*. Wiley.

Gall, S., & Wittenberg, J. (2021). *Erfolgreich führen in hybriden Arbeitswelten. Analog und digital –
Roadmap für Führungskräfte*. Haufe Group.

Gassmann, O. (2013). Führen: Der Unterschied zwischen Mittelmaß und Hochleistung. In O. Gassmann, & P.Sutter (Hrsg.), *Praxiswissen Innovationsmanagement. Von der Idee zum Markterfolg*
(S. 215–228). Hanser.

Gassmann, O., & Sutter, P. (2013). *Praxiswissen Innovationsmanagement. Von der Idee zum Markterfolg*. Hanser.

Glockner, H., & Neef, A. (o. J.). *Cross industry innovation – Whitepaper*. https://z-punkt.de/uploads/
files/cross-industry_innovation_a4.pdf. Zugegriffen am 13.09.2022.

Harloff, T., & Stegmaier, G. (2019). Kooperationen zwischen den Herstellern. Wer mit wem in der
Autoindustrie. https://www.auto-motor-und-sport.de/tech-zukunft/alternative-antriebe/welche-
autohersteller-miteinander-kooperieren-ueberblick/. Zugegriffen am 10.09.2022.

Hatfield, S., & Winkler, K. (2020). Agiles Arbeiten und Führen. In L. von Rosenstiel, E. Regnet, &
M. E. Domsch, (Hrsg.), *Führung von Mitarbeitern* (8. Aufl., S. 747–760). Schäffer Poeschel.

Herrmann, W. (2019). Deutsche Bahn-IT schafft Führungskräfte ab. https://www.cio.de/a/deutsche-
bahn-it-schafft-fuehrungskraefte-ab,3602696. Zugegriffen am 10.09.2022.

HPI Academy (Hasso-Plattner-Institut). (Hrsg.). (o. J.). *Was ist design thining*. https://hpi-academy.
de/design-thinking/was-ist-design-thinking/. Zugegriffen am 30.03.2022.

Innolytics GmbH. (o. J.). Open Innovation – Was ist das? https://www.innolytics.de/open-innovation/.
Zugegriffen am 10.09.2022.

it's OWL. (o. J.). Intelligente Technische Systeme für den Mittelstand. https://www.its-owl.de/
technologie-netzwerk/. Zugegriffen am 13.09.2022.

Joos, T. (2019). Künstliche Intelligenz. 10 kostenlose KI-Tools für Entwickler. https://www.compu-
terwoche.de/a/10-kostenlose-ki-tools-fuer-entwickler,3545313. Zugegriffen am 22.09.2022.

König-Personal. (Hrsg.). (2019). Das war unsere erste Ideenwerkstatt. https://koenig-personal.de/
das-war-unsere-1-ideenwerkstatt/. Zugegriffen am 22.09.2022.

Kreutz, C. (2017). Ideenwettbewerb: 20 erfolgreiche Beispiele aus der Praxis. https://www.wethinq.
com/de/blog/2017/06/02/Ideenwettbewerb-20-erfolgreiche-Beispiele-aus-der-Praxis.html. Zugegriffen am 22.09.2022.

Lungershausen, L. (2017). *Kreativ! Auf Knopfdruck systematisch Ideen generieren*. mitp.

Mai, J. (2021). Kreativitätstechniken: Übersicht 20 genialer Tipps & Methoden. https://karrierebi-
bel.de/kreativitaetstechniken/. Zugegriffen am 13.09.2022.

Meyer, V., Knaut, A., & Reihlen, M. (2022). Der Sandbox Innovation Process. Wie Vielfalt in
Open-Innovation-Communtys genutzt werden kann. *zfo, 91*(03), 181–185.

ÖBB (Österreichische Bundesbahn). (o. J.). *Team open innovation*. https://bcc.oebb.at/de/das-
leisten-wir/innovationen/team-open-innovation. Zugegriffen am 12.09.2022.

PageGroup. (2021). Diversity Management Studie 2021. Wie Unternehmen den Einsatz und Erfolg
von Diversity bewerten. https://www.total-e-quality.de/media/uploads/pagegroupdiversitystu-
die2021.pdf. Zugegriffen am 07.10.2022.

Picot, A., Dietl, H., Franck, E., Fiedler, M., & Royer, S. (2020). *Organisation. Theorie und Praxis aus ökonomischer Sicht* (8. Aufl.). Schäffer Poeschel.

Rubart, A. (2022). Was ist ein Hackathon? https://foundersfoundation.de/content-library/was-ist-ein-hackathon/. Zugegriffen am 21.09.2022.

Scherer, L., Czarniecki, M., Spinnler, D., & Baumgartner, R. (2021). Bumerangeffekte in der Führung. *zfo, 05*(2021), 308–313.

Schermuly, C. C. (2020). Agile Methoden zur Arbeitsgestaltung. https://www.haufe.de/personal/hr-management/new-work-moderne-formen-der-arbeitsgestaltung/agile-methoden-zur-arbeitsgestaltung_80_406702.html. Zugegriffen am 20.03.2022.

Schermuly, C. C., & Meifert, M. (2022). Auf dem Weg ins postagile Zeitalter? *Personalmagazin, 09*(2022), 24–30.

Schobelt, F. (2020). Wie Sie mit internen Communitys die Zusammenarbeit fördern. https://www.onetoone.de/artikel/db/908031frs.html. Zugegriffen am 13.09.2022.

Schüller, A. M., & Steffen, A. T. (2017). *Fit für die Next Economy. Zukunftsfähig mit den Digital Natives.* Wiley-VCH.

Schwaber, K., & Sutherland, J. (2020). *The scrum guide – The definitive guide to scrum: The rules of the game.* https://scrumguides.org/docs/scrumguide/v2020/2020-Scrum-Guide-US.pdf. Zugegriffen am 22.09.2022.

Stone, B. (2018). *Der Allesverkäufer: Jeff Bezos und das Imperium von Amazon.* Campus.

Tagesschau. (2022). Hologramm-Telefonate für alle? https://www.tagesschau.de/wirtschaft/technologie/hologramm-telefonie-3d-smartphone-virtual-reality-telekom-101.html?xing_share=news. Zugegriffen am 22.09.2022.

TAM (Trainer-Akademie-München). (2021). Die 10 größten Leadership Trends 2022. https://tam-akademie.de/die-10-groessten-leadership-trends/. Zugegriffen am 19.02.2022.

Vahs, D., & Brem, A. (2015). *Innovationsmanagement. Von der Produktidee zur erfolgreichen Vermarktung* (5. Aufl.). Schäffer Poeschel.

Wala, T. (2021). Kreative Raumkonzepte fördern Innovationskraft. *Wissensmanagement Magazin für Digitalisierung, Vernetzung & Collaboration, 2*(2021), 28–29.

Steigerung der Innovationsfähigkeit von Unternehmen   11

Zusammenfassung

Vor dem Hintergrund steigender Wirtschaftsdynamik, andauernder Krisen und digitaler Disruption können nur diejenigen Unternehmen langfristig erfolgreich sein, die in der Lage sind, sich rasch an die Veränderungen anzupassen und schneller als ihre Konkurrenten neue Produkte, Prozesse und Geschäftsmodelle zu implementieren. Die Innovationsfähigkeit eines Unternehmens wird zu einem entscheidenden Wettbewerbsfaktor. Studien belegen, dass die Innovationsfähigkeit eines Unternehmens sowohl durch persönliche Faktoren wie Kreativität, Lernfähigkeit und Motivation von einzelnen Menschen als auch durch organisatorische Faktoren wie Ressourcen, Strukturen, Kultur und Führung beeinflusst wird. In diesem Kapitel werden die vielfältigen Einflussfaktoren auf die Innovationsfähigkeit von Unternehmen mit praktischen Beispielen ihrer Gestaltung thematisiert.

11.1 Innovationsfähigkeit – Bedeutung, Indikatoren, Einflussfaktoren

In der komplexen, unsicheren und dynamischen Wirtschaftswelt reichen einzelne erfolgreiche Innovationen nicht aus, um langfristig als Unternehmen erfolgreich zu sein. Vielmehr brauchen Unternehmen die Fähigkeit, permanent neue Produkte, Prozesse und Geschäftsmodelle entwickeln zu können. Die Arbeit an der Innovationsfähigkeit avanciert zu einer wichtigen Aufgabe für jedes Unternehmen. Die Innovationsfähigkeit eines Unternehmens wird von zahlreichen Faktoren beeinflusst – von der Innovationsfähigkeit und -bereitschaft der Beschäftigten, von etablierten Strukturen, Prozessen und Ressourcen für die Innovationsarbeit, von der Fähigkeit, externe Ideenpotenziale zu erschließen, von der innovationsfördernden Kultur und Führung etc. Deswegen kann die Innovationsfähigkeit nicht kurzfristig und willkürlich „von oben" gesteuert werden, sondern ist letztendlich eine Aufgabe jedes einzelnen Menschen im Unternehmen. Will man die Innovationsfähigkeit nachhaltig steigern, sollte man zunächst die Erfolge der Innovationsarbeit – d. h. Innovationsperformance – messbar machen. Darüber hinaus ist die Kenntnis von Einflussfaktoren auf die Innovationsfähigkeit erforderlich, um diese Faktoren mit gezielten Maßnahmen beeinflussen zu können.

11.1.1 Indikatoren der Innovationsperformance

Die Fähigkeit eines Unternehmens zu erfolgreicher Innovation ist eine der wichtigsten Eigenschaften für seinen nachhaltigen Erfolg. In der einschlägigen Literatur und Unternehmenspraxis gibt es verschiedene Ansätze zur Bewertung der praktischen Innovationsleistung (Innovationsperformance) eines Unternehmens.

Zu den erprobten **Indikatoren**, mit denen die Innovationsperformance eines Unternehmens objektiv gemessen werden kann, zählen:

- der Anteil von neuen Produkten (nicht älter als fünf Jahre) am Umsatz (der so genannte New Product Vitality Index – NPVI),
- F&E-Ausgaben eines Unternehmens (in absoluten Zahlen oder im Prozent des Umsatzes),
- Anzahl von Patentanmeldungen (insgesamt oder im letzten Jahr),
- Anzahl laufender Innovationsprojekte (pro Jahr),
- Anzahl von eingereichten Ideen (Verbesserungsvorschlägen) pro Beschäftigten.

Insbesondere der Anteil von neuen Produkten am aktuellen Umsatz (**New Product Vitality Index**) wird als objektives Merkmal der Innovationskraft angesehen, da er als Voraussetzung für Wettbewerbsfähigkeit und Wachstum gilt. Als ein innovatives Unternehmen mit einem besonders hohen Anteil von neuen Produkten gilt 3M.

Ausgewählte Innovationsindikatoren von 3M

3M verfügt über ein Portfolio von über **55.000 Produkten** und bringt jährlich weltweit rund 1000 neue Produkte zur Marktreife. Seit Firmengründung hat das Unternehmen über 100.000 Patente angemeldet. Heute hält es weltweit rund 25.000 Patente. Der Anteil der Produkte, die jünger als fünf Jahre sind (New Product Vitality Index) beträgt **35 %** (vgl. 3M Deutschland, 2022). ◄

Auch **F&E-Ausgaben** eines Unternehmens geben Auskunft über seine Innovationskraft. Eine repräsentative Studie zum Technologie- und Innovationsmanagement in deutschen Unternehmen hat im Mittel über alle Befragten eine Reinvestition von **12,1 % des**

Umsatzes in Forschung und Entwicklung errechnet. Im Branchenvergleich zeigen sich bedeutende Unterschiede: Während Chemie & Pharmazie mit 17,4 % einen Spitzenwert liefert, liegt die ebenfalls stark innovationsgetriebene Automobilindustrie mit 14,8 % bereits deutlich dahinter. Höhere Werte weisen der Gesundheitssektor (15,9 %) und IT & Telekommunikation (15,5 %) auf. Im Maschinen- & Anlagenbau werden aktuell lediglich 8,5 % des Umsatzes in F&E reinvestiert (vgl. Ahrens et al., 2021, S. 18).

Der Bayer Konzern als Chemie- und Pharmaunternehmen betreibt Grundlagen- und angewandte Forschung und gehört zu den Vorreitern bei den Investitionen in F&E.

Stellenwert der F&E bei Bayer

Der Bayer Konzern beschäftigte im Jahr 2021 weltweit 99637 Mitarbeiter, 15,3 Tsd. in Forschung und Entwicklung (15,4 % der Belegschaft). Im Jahr 2021 erreichte der Jahresumsatz 44,1 Mrd. €, und 5,4 Mrd. € wurden für Forschung und Entwicklung aufgewendet (**12,2 %** des Umsatzes) (vgl. Bayer, 2022, S. 41, 58, 71). ◄

Neben diesen bekannten Indikatoren der Innovationsperformance, die in jährlichen Geschäftsberichten von Großunternehmen veröffentlicht werden, sind weitere zeitbezogene Faktoren wie Time-to-Market, Zeit für Auftragserfüllung, Dauer bis zur Profitabilität (Time to Profit) sowie Zeit bis zur Reaktion auf eine erkannte Geschäftschance möglich. Die eher subjektiven Indikatoren wie Kundenzufriedenheit und interdisziplinäre Teamarbeit spielen für die Innovationsperformance ebenfalls eine bedeutende Rolle, sind jedoch schwieriger zu messen.

Nicht nur Großunternehmen können besonders innovativ sein, sondern auch Unternehmen aus dem Mittelstand (im weiten Sinn, zwischen 50 und ca. 2000 Mitarbeitenden). Bemerkenswerte Ergebnisse liefert der Wettbewerb „**Top 100 – Die innovativsten Unternehmen** Deutschlands", der jährlich vom Manager Magazin durchgeführt wird. Als Bewertungskriterien für die Innovativität werden Innovationserfolg von Produkten im Markt, innovationsförderndes Top-Management, Innovationsklima, innovative Prozesse und Organisation sowie Einbeziehung externer Akteure verwendet (vgl. Manager Magazin, 2022). Die Ergebnisse belegen, dass sich der Mittelstand in Deutschland durch eine überdurchschnittliche Innovativität auszeichnet.

Die innovativsten Mittelständler Deutschlands

Die innovativsten „TOP 100-Unternehmen 2022" erzielten im Schnitt **39 %** ihres Umsatzes mit Marktneuheiten oder innovativen Verbesserungen. **80 %** der ausgezeichneten Mittelständler haben zudem im Zeitraum 2018 bis 2020 Geschäftsmodell-Innovationen durchgeführt. Den Top-Innovatoren wurden im Zeitraum zwischen 2018 bis 2020 insgesamt 614 nationale und 2357 internationale **Patente** erteilt. So viel Innovationsfreude wirkt sich auch auf die Schaffung von Arbeitsplätzen aus: Die ausgezeichneten Unternehmen beabsichtigen, innerhalb von drei Jahren 18.500 neue Mitarbeiter einzustellen (vgl. Manager Magazin, 2022). ◄

Beim Vergleich von verschiedenen Innovationsleistungen stellt sich die Frage: Was macht Unternehmen besonders innovativ und welche Faktoren beeinflussen ihre Innovationsfähigkeit?

11.1.2 Einflussfaktoren auf die Innovationsfähigkeit

Diverse Studien und Praxiserfahrungen beantworten die Frage nach den Einflussfaktoren auf die Innovationsfähigkeit unterschiedlich.

Einige Untersuchungen unterscheiden zwischen individuellen und organisatorischen Einflussfaktoren auf die Innovationsfähigkeit. Zu der individuellen Ebene zählen individuelle Kreativität und Innovationsbereitschaft von Beschäftigten, auf der organisatorischen Ebene werden oft Ressourcen für F&E, Innovations- und Ideenarbeit, flexible und unbürokratische Organisationsprozesse, Unterstützung durch Führungskräfte sowie Freiräume für Ideen genannt (vgl. Fieseler et al., 2016, S. 314; Manager Magazin, 2022).

Für einzelne Personen ist vor allem **Kreativität** als Grundlage für Innovationsfähigkeit wichtig, da ohne Kreativität keine Ideengenerierung stattfinden kann. Eine Innovation erwächst daraus aber erst, wenn neue Ideen bewusst unterstützt und realisiert werden (vgl. Ausführungen zu interner Ideenfindung in Unternehmen im Abschn. 10.1). Hierbei spielen die organisatorischen Faktoren eine entscheidende Rolle. Innovation umfasst sowohl die Generierung von Ideen als auch ihre Implementierung, mit dem Ziel, einen **erkennbaren Nutzen** für Kunden und Unternehmen zu schaffen. Damit innovative Ideen florieren, sich ausbreiten und letztlich in einer gemeinsamen Anstrengung zu einer Produkt-, Prozess- oder Geschäftsmodellinnovation realisiert werden, ist **organisatorische Unterstützung** von Innovationen notwendig, die mithilfe von speziellen Strukturen (beispielsweise Innovationsnetzwerken), klar strukturierten und flexiblen Innovationsprozessen und bestimmten Werten der Unternehmens- und Führungskultur praktiziert werden können.

Innovationen mit hohem Neuheitsgrad und Krisensituationen verlangen nach Wissen unterschiedlicher Fachgebiete und nach Erfahrungen aus unterschiedlichen Kontexten, deswegen wirken **heterogene Teams** und **Netzwerke** mit internen und externen Partnern auf die Innovationsfähigkeit besonders positiv aus (vgl. Schmitt et al., 2021, S. 31).

Oft wird eine innovationsfreundliche **Unternehmenskultur** als wichtiger Einflussfaktor für die Innovationsfähigkeit genannt (vgl. Meyer, 2020; Naranjo-Valencia & Calderón-Hernández, 2018; Schmitt et al., 2021), die den Wert der Innovation anerkennt und diejenigen honoriert und unterstützt, die sich um Innovation bemühen. Dazu zählen transparente Kommunikation, Wissensaustausch in- und außerhalb von Organisationen, Teilen von Ideen, sowie das Erschaffen von gemeinsamen Identitäten und Werten im Unternehmen.

Nach Reiter (2021, S. 17) beinhaltet Innovationsfähigkeit eines Unternehmens drei Elemente – Wahrnehmen, Ergreifen und Transformieren. Wahrnehmen bedeutet, **externe Chancen** und **Gefahren** adäquat zu identifizieren. Ergreifen heißt, diese Chancen zu **nutzen** und Gefahren abzuwenden. Fähigkeit zur Transformation beinhaltet ein kontinuierliches **Neuausrichten** der Ressourcen, Kompetenzen, Prozesse und Strukturen auf die Innovation. Das Beispiel von Tesla zeigt, wie diese Elemente praktisch umgesetzt werden können.

Innovationsfähigkeit von Tesla

Tesla hat es geschafft, in kurzer Zeit Chancen im Markt wahrzunehmen, indem es den Bedarf an umweltfreundlichen Elektroautos erkannt hat, die nötigen Prozesse und Systeme zu etablieren, um diese Chancen zu nutzen (schnell Fabriken zu bauen und Produktion in Gang zu setzen) und durch permanente Transformation eine zuerst effektive Innovation auch effizient zu machen (Gewinne zu erzielen) (vgl. Reiter, 2021, S. 21). Das Unternehmen Tesla mit Hauptsitz in Texas betreibt sechs vertikal integrierte Fabriken auf drei Kontinenten mit über 100.000 Mitarbeitern weltweit, einem Umsatz von 53,8 Mrd. $, einem Gewinn von 2,3 Mrd. $ sowie mit 8,4 Mio. Tonnen vermiedenen CO_2 im Jahr 2021 (vgl. Tesla, 2022). ◄

Das Beispiel Tesla zeigt, dass die traditionellen Faktoren der Innovationsfähigkeit von Unternehmen um den Faktor **Nachhaltigkeit** ergänzt werden sollen. Die Frage nach dem Mehrwert für die Gesellschaft rückt immer stärker in den Mittelpunkt. Nachhaltiges und verantwortungsvolles Handeln werden für die ganze Gesellschaft, insbesondere für die jüngeren Generationen, immer wichtiger. Nicht zuletzt durch die Corona-Pandemie und den Klimawandel hat sich das Bewusstsein der Menschen verändert. Der Krieg in der Ukraine hat unsere Einsicht in die fatale Abhängigkeit von fossilen Energien verstärkt und fordert zum schnellen Handeln auf.

Unternehmen, die es schaffen, ihre Innovationen mit dem Umweltschutz und Energiesparen zu verbinden und ihre Produktion umweltfreundlich und emissionsfrei zu machen, punkten bei den Verbrauchern und werden langfristig erfolgreich sein. Diese **Orientierung an Purpose** und dem Mehrwert für Menschen und der ganzen Gesellschaft wird auch von Nonaka und Takeuchi (2019) als Weisheit eines Unternehmens bezeichnet, die zu einem nachhaltigen Innovationserfolg führt.

▶ **Purpose** (engl. für Zweck(bestimmung), Zielsetzung) bezeichnet den tieferen, nachhaltigen Sinn eines Unternehmens, d. h. die Motivation, warum das Unternehmen überhaupt existiert (vgl. Wolters & Najipoor-Schütte, 2021, S. 285).

Zusammengefasst können die **Einflussfaktoren auf Innovationsfähigkeit** von Unternehmen wie folgt dargestellt werden:

- eine klare Zukunftsvision und Sinnorientierung des Unternehmens (Purpose),
- ständige Analyse von Trends und technologischen Entwicklungen,
- ausgeprägte Kundenorientierung (Fokus auf Kunden und ihre Bedürfnisse),
- Zeit- und Freiräume für Kreativität und Ideen der Beschäftigten,

- bereichs- und hierarchieübergreifende Teamarbeit mit agilen Methoden,
- Ressourcen, Strukturen und Prozesse für Umsetzung von Innovationen,
- Partizipation der Beteiligten an Entscheidungen und Vertrauen zwischen Führenden und Geführten,
- Innovationsfördernde Lern- und Fehlerkultur,
- formeller und informeller Wissensaustausch (z. B. Wissensplattformen, Communities),
- Einbeziehung relevanter externer Akteure in den Innovationsprozess.

Eine gezielte Beschäftigung mit diesen Einflussfaktoren trägt zur Steigerung der Innovationsfähigkeit des Unternehmens bei, wie die Empfehlungen und Beispiele im folgenden Abschnitt demonstrieren werden (vgl. Abschn. 11.1.3). Die Aspekte der innovationsfördernden Unternehmenskultur und Führung werden im Abschn. 11.3 ausführlich thematisiert.

11.1.3 Steigerung der Innovationsfähigkeit von Unternehmen

Die Wege bei der Steigerung der Innovationsfähigkeit eines Unternehmens können unterschiedlich sein, wie die Beispiele aus der Praxis von bekannten innovativen Unternehmen zeigen.

Die meisten **Großunternehmen** setzen auf Zukunfts- und Trendforschung, eigene F&E-Abteilung, systematisches Ideen- und Innovationsmanagement, standardisierte Innovationsprozesse, Kundenorientierung und Innovationsnetzwerke mit verschiedenen Akteuren. So erschließen sie interne und externe Ideenquellen für Innovationen und setzen neue Ideen schnell und effizient um.

Studien zur Innovationsfähigkeit im **Mittelstand** belegen, dass kleine und mittlere Unternehmen andere Wege gehen, um ihre Innovationsarbeit voranzutreiben. Die meisten kleineren Unternehmen können sich wegen knapper personeller und finanzieller Mittel keine speziellen Organisationseinheiten bzw. Stellen für Innovation (wie F&E-Abteilung) leisten. Erneuerungen werden oft direkt von der Geschäftsführung initiiert oder von Wettbewerbern abgeguckt.

Es können keine allgemeingültigen Strategien und Instrumente zur Steigerung der Innovationsfähigkeit pauschal formuliert werden, man kann lediglich erfolgreiche Beispiele exemplarisch analysieren. Als Quintessenz dieser Beispiele werden hier einige Empfehlungen abgeleitet, die jeweils mit einer Best Practice untermauert werden.

Visionen und Purpose für die Innovationen formulieren Gesellschaftliche Verantwortung, Nachhaltigkeit, Umweltschutz sind die bedeutenden Werte moderner Gesellschaft. Ein Unternehmen, dass sich explizit zu diesen Werten bekennt und diese glaubwürdig lebt, kann besondere Innovationsleistungen erbringen und von den Kunden begehrte Produkte anbieten. Das bereits gewürdigte Unternehmen Tesla gilt hier als ein Vorreiter.

Purpose von Tesla

Die Zukunft ist nachhaltig. Wir bauen eine Welt, die mit Solarenergie, Batterien und Elektrofahrzeugen betrieben wird (Tesla, 2022). ◄

Mittlerweile gibt es kaum ein Großunternehmen, das sich nicht zu Nachhaltigkeit, Klimaschutz und Dekarbonisierung bekennt, allerdings sind es häufig nur Lippenbekenntnisse, die von Kunden und der Gesellschaft als solche erkannt werden. Eine glaubwürdige Vision muss von konkreten Maßnahmen und Handlungen begleitet werden. Bei Tesla wird der Purpose durch konkrete Ergebnisse belegt: „Im Jahr 2021 trugen Tesla-Besitzer dazu bei, die weltweite Umstellung auf nachhaltige Energie zu beschleunigen, indem sie den Ausstoß von 8,4 Mio. Tonnen CO_2 vermieden" (Tesla, 2022).

Auch der bereits erläuterte Bayer Konzern formuliert einen Purpose und die Strategien zu seiner Umsetzung.

Purpose und Vision von Bayer

Bereits seit Jahrzehnten ist der Unternehmenszweck des Bayer Konzerns bekannt: **Science for a better life**. In diesem Purpose werden bahnbrechende Innovationen in der medizinischen Versorgung und in der Landwirtschaft mit einem Beitrag zu einer Welt verbunden, in der Krankheiten nicht nur behandelt, sondern wirksam vorgebeugt oder geheilt und in der genügend Agrarprodukte für alle produziert werden. Die neu formulierte Vision lautet deswegen: **Health for all, hunger for none** (vgl. Bayer, o. J.-a). ◄

Kundennutzen fokussieren Innovationen können nur erfolgreich sein, wenn sie die Kundenwünsche und -bedürfnisse richtig abbilden und einen erkennbaren Mehrwert für Kunden bieten. Deswegen ist Ausrichtung der Innovationsarbeit auf Kunden von entscheidender Bedeutung. Die Methoden der Fokussierung von Kundennutzen wurden bereits ausführlich beschrieben (vgl. Abschn. 9.4.3 und 10.4.1). Einige Unternehmensbeispiele sollen zeigen, wie die Fokussierung von Kundennutzen praktisch realisiert werden kann.

Kundenzentrierung ist zentrales Merkmal von agilen Entwicklungsmethoden (vgl. Ausführungen zu **Design Thinking** in Abschn. 10.3.2). Deswegen zeichnen sich insbesondere agile Unternehmen als Vorreiter bei der Fokussierung von Kundenwünschen aus. Wichtige Aspekte dabei sind der kontinuierliche Aufbau von Wissen über Kunden und der Austausch mit ihnen. So können sie ihr Produkt oder ihre Lösung an den Nutzerbedürfnissen ausrichten und stetig optimieren. Agile Teams sammeln Erkenntnisse über Kunden durch qualitative Kundenforschung oder Fokusgruppen-Interviews.

Als stark kundenzentrierte Unternehmen gelten beispielsweise Amazon, IKEA, Tesla oder Zalando. Ihre Produkte und Services zielen auf die individuellen Bedürfnisse und

Wünsche der Kunden ab, sie sorgen für ständige (digitale) Erreichbarkeit für Kunden und bemühen sich um das Kundenerlebnis (Customer Experience). Dafür werden entsprechende Kommunikationskanäle und Prozesse eingerichtet, die einen guten Kundenservice ermöglichen und die Kundenzufriedenheit steigern.

Unternehmen, die es schaffen, Kundenwünsche richtig zu verstehen und in innovative Produkte zu umzuwandeln, sind langfristig innovations- und wettbewerbsfähiger, als diejenigen Unternehmen, die keinen Wert auf Kunden und Kundenerlebnis legen. Ein einziges negatives Erlebnis eines Kunden mit einem Unternehmen oder Produkt reicht aus, damit der Kunde zur Konkurrenz wechselt.

Auch für kleinere Unternehmen ist Kundenfokussierung ein wichtiges Thema. Oft profitieren kleine Unternehmen von ihrer besonderen Kundennähe, hohen Veränderungsbereitschaft sowie der Offenheit für Innovationskooperationen. Sie arbeiten intensiv mit ihren Kunden (insbesondere im B2B-Geschäft, z. B. die Zulieferer mit ihren Kunden, den Automobilproduzenten) und Nerzwerkpartnern zusammen. Ausgeprägte Marktnähe und Anpassungsfähigkeit ermöglicht es kleineren Unternehmen, neue Marktbedarfe zu entdecken und schnell zu reagieren, was durch ihre überschaubaren Strukturen und kurzen Entscheidungswege begünstigt wird.

Einer der Gewinner des Wettbewerbs „Top 100 – Die innovativsten Unternehmen Deutschlands" (2022), die IPG Automotive GmbH, bietet kundenspezifische Lösungen für virtuelle Fahrzeugentwicklung für Automobilhersteller und arbeitet dabei im engen Kontakt mit Kunden zusammen.

Kundenspezifische Lösungen für virtuelle Fahrzeugentwicklung bei IPG Automotive

Jeder Fahrzeugprototyp muss getestet werden, was zeit- und kostenintensiv ist. Die innovative Simulationssoftware „CarMaker" von IPG Automotive hingegen testet innovative Technologien in der virtuellen Welt und macht damit den Entwicklungsprozess agiler, effizienter und kostengünstiger. Mit der Software wickeln die Automobilproduzenten Millionen von Testkilometern virtuell ab. Dafür wird für jedes kundenspezifisches Fahrzeugmodell ein digitaler Zwilling (Digital Twin) erstellt. Um diese individualisierten Lösungen anzubieten, arbeitet das Unternehmen eng mit Automobilherstellern und Technologiepartnern zusammen. In regelmäßigen Treffen werden Markttrends und Kundenwünsche identifiziert: jährlich findet ein „Open House"-Treffen bei IPG Automotive und halbjährlich ein Treffen mit großen Automobilfirmen und Zulieferern statt (vgl. Top 100, 2022a). ◄

Freiräume für Kreativität der Beschäftigten schaffen Immer mehr Unternehmen entdecken und erschließen die Kreativitätspotenziale ihrer Beschäftigten. Das Unternehmen 3M, das bereits angesprochen wurde, legt einen besonderen Wert auf die Zeit- und Freiräume für die Ideenarbeit der Beschäftigten, die als potenzielle Ideengeber betrachtet werden.

Freiräume bei 3M

Freiräume und Risikobereitschaft sind wichtige Voraussetzungen für ein innovationsfreundliches Klima. So können beispielsweise Erfinder bei 3M **15 %** ihrer Arbeitszeit Projekten eigener Wahl widmen – Ideen, die sie ganz persönlich faszinieren und von deren Erfolg sie überzeugt sind. Querdenken und mutige Entscheidungen treffen, sind ausdrücklich gewünscht. 3M beschäftigt keine Innovationsmanager – das Unternehmen hat 95.000. Denn Verantwortung für Erneuerung und Innovation haben alle Mitarbeiter – auch diejenigen, die keinen Kundenkontakt haben und nicht in der Forschung arbeiten (vgl. 3M Deutschland, 2022). ◄

Interdisziplinär, bereichsübergreifend, agil zusammenarbeiten Heterogene Entwicklungsteams, bereichs- und hierarchieübergreifende Zusammenarbeit, Anwendungen von agilen Methoden – das sind die Faktoren, die das Entstehen von Ideen und ihre schnelle Umsetzung nachhaltig steigern können. Deswegen setzen viele Unternehmen, große wie kleine, auf diese Instrumente, um ihre Innovationsfähigkeit zu steigern.

Ein weiterer Gewinner des Wettbewerbs „Top 100 – Die innovativsten Unternehmen Deutschlands" (2022), die Tesvolt GmbH, dient dabei als Vorbild. Das Unternehmen hat seine Hierarchien abgeschafft und komplett auf Teamarbeit umgestellt.

Agile Teamarbeit bei Tesvolt

Bei dem Unternehmen Tesvolt, das komplette Lösungen für Batteriespeichersysteme bietet, sind alle Mitarbeiter für Innovationen verantwortlich. Um die eigene Innovationskraft zu stärken, hat man alle Hierarchien abgeschafft und die Organisation vollständig auf agiles Arbeiten umgestellt. Der Teamgedanke wird dadurch gefördert, dass die Mitarbeiter Firmenanteile haben. Innerhalb ihrer Verantwortungsbereiche haben sämtliche Teams große Freiräume, um eigene Ideen zu realisieren, sogar bei Entscheidungen über die Unternehmensstrategie. Die Entscheidungsfindung in den Teams erfolgt nach dem agilen Prinzip des „soziokratischen Konsent": eine strukturierte Vorgehensweise, die schnell und ohne überflüssige Diskussionen zu Ergebnissen führt, mit denen alle einverstanden sind (vgl. Top 100, 2022b). ◄

Externe Akteure in die Innovationsarbeit einbeziehen Über die Vorteile von Open Innovation wurde bereits viel geschrieben (vgl. Abschn. 9.4 und 10.4). Die Ideen relevanter externer Akteure wie Kunden, Zulieferer, Forschungsinstitutionen oder Startups verbessern langfristig die Wettbewerbsfähigkeit und Innovationskraft eines Unternehmens.

Der Bayer Konzern zählt zu den innovativsten Unternehmen im Bereich Pharmaindustrie und setzt bei der Förderung der Innovation auf Open Innovation mit Kunden, Beschäftigten aus verschiedenen Bereichen und Standorten sowie diversen Netzwerkpartnern.

Open-Innovation-Netzwerk von Bayer

Um seine Innovationskraft zu stärken, verfolgt Bayer einen ganzheitlichen Ansatz der Innovation, der auf Forschung und Entwicklung, Open Innovation, Unternehmertum und sozialer Innovation beruht. Dabei setzt das Unternehmen neben der starken Innovationskompetenz der Mitarbeiter in allen Unternehmensbereichen auf Exzellenz in F&E, ein breites Open-Innovation-Netzwerk und den Einsatz von neuen, bahnbrechenden Technologien, insbesondere auch durch Einbeziehung von Erkenntnissen aus den Data Sciences. Um Zugang zu komplementären Technologien und Know-how zu gewährleisten, sind Partnerschaften ein fester Bestandteil der Innovationsstrategie von Bayer, insbesondere strategische Allianzen mit diversen Partnern, wie Universitäten, Behörden, Start-ups, Zulieferern und Industriepartnern (vgl. Bayer, 2022, S. 40–41). ◄

Vielleicht noch wichtiger als für Großunternehmen, ist die gemeinsame Innovationsarbeit mit externen Partnern für kleine Unternehmen und Startups. Das demonstriert das Beispiel von einem der Gewinner des Wettbewerbs „Top 100 – Die innovativsten Unternehmen Deutschlands" des Jahres 2022, der Neura Robotics GmbH.

Entwicklungspartnerschaften der Neura Robotics GmbH

Open Innovation gehört zu den bedeutendsten Erfolgsfaktoren des kreativen Startup Neura Robotics mit Sitz in Metzingen. Bei den zahlreichen und vielseitigen Entwicklungspartnerschaften der Neura Robotics GmbH geht es einerseits um Einsatzfelder für marktreife Produkte, wie den Einsatz des Cobots MAiRA beim automatisierten Brustkrebs-Screening. Andererseits werden auch Partnerschaften auf dem Gebiet der Grundlagenforschung gepflegt. Dabei kooperiert der Mittelständler unter anderem mit Fraunhofer-Instituten, der ETH Zürich und mit dem Deutschen Institut für Luft- und Raumfahrt (vgl. Top 100, 2022c). ◄

Die erläuterten Beispiele belegen, dass die Strategien der Unternehmen bei der Steigerung der Innovationskraft vielfältig sind, jedoch haben sie einiges gemeinsam: Im Endeffekt ist die Innovationsfähigkeit davon abhängig, inwieweit es einem Unternehmen gelingt, Menschen, sei es Mitarbeiter, Kunden oder Partner, für die Innovationsarbeit zu gewinnen und ihre Kreativität und Ideen zu erschließen.

11.2   Menschen in der Innovationsarbeit

Die Motivation und das Engagement einzelner Menschen sind für den Erfolg der Innovation entscheidend, sowohl in der Phase der Ideengenerierung als auch bei der Umsetzung von Ideen in neue Produkte, Prozesse und Geschäftsmodelle und bei der Implementierung von Veränderungsprozessen. Die individuelle Kreativität und ihre Förderung mit speziellen Techniken und Methoden wurden bereits in den früheren Abschnitten diskutiert (vgl.

Abschn. 10.2 und 10.3). Auch bei der Umsetzung von Ideen in der Phase von Innovations-projekten spielen Menschen die zentrale Rolle, indem sie die Prozesse unterstützen oder Widerstände leisten. Diese Aspekte werden in diesem Abschnitt thematisiert.

11.2.1 Rollen im Innovationsprojekt

Eine konstruktive Zusammenarbeit von Menschen in einem Innovationsprojekt trägt zum Erfolg von Innovationen bei, deswegen ist die personelle Rollenbesetzung eine bedeu-tende Angelegenheit. Wie die Rollen von einzelnen Personen im Innovationsprojekt defi-niert werden, hängt davon ab, ob im Unternehmen klassische oder agile Innovationspro-jekte etabliert sind.

In **klassischen Innovationsprojekten** wird oft von den Rollen Ideengeber, Führungs-kraft und Team gesprochen.

Ein **Ideengeber**, oder Erfinder, zeichnet sich durch hohe Kreativität aus, „brennt" für seine Idee und hat großes Interesse, sie umzusetzen. Von seiner Kreativität und Begeiste-rung für die Idee können Unternehmen profitieren, wenn sie die Idee als zukunftsrelevant erkennen und unterstützen. Man unterscheidet zwischen internen (Mitarbeiter) und exter-nen Ideengebern (Kunden, Partnern). Die **Führungskraft** agiert in der Innovationsarbeit als „Ermöglicher", Enabler und Kümmerer, sie sorgt für die Rahmenbedingungen, damit Innovationen im Unternehmen erfolgreich entstehen können. Dazu gehören die Aufgaben wie die Entwicklung der Innovationsstrategie, das Sammeln, Analysieren und Bewerten von Ideen, die Durchführung und Steuerung der Innovationsprozesse, inklusive Con-trolling Funktion. Als Enabler gestaltet die Führungskraft Strukturen und die Kultur, damit Ideen entstehen und umgesetzt werden können. Der Erfolg eines Innovationsprojektes hängt auch von der Unterstützung und Mitarbeit im **Team** ab, das in der Regel interdiszi-plinär ist.

Viele Unternehmen arbeiten aktuell mit **agilen Entwicklungsmethoden** wie Scrum und definieren die Rollen im Innovationsprozess neu (vgl. Abschn. 10.3.3).

Ein Scrum-Team arbeitet nach den Prinzipien der Selbstorganisation, Eigenverantwor-tung und Selbstverwaltung. Von zentraler Bedeutung für agile Entwicklung ist die Fokus-sierung des Kundennutzens. Als drei Rollen in einem Entwicklungsteam werden definiert: der **Product Owner**, der zusammen mit dem Kunden die aktuelle Produktvision festlegt und das Produktziel definiert; der **Scrum-Master** als Bindeglied des Projektteams zum Rest der Organisation, der das Team der Entwickler (ohne Weisungsbefugnis) führt, sei-nen Prozess organisiert und es nach außen schützt sowie die **Entwickler** (Developer), die zusammen mit dem Product Owner und Scrum-Master die nächsten Schritte planen und ausführen.

Sowohl in klassischen als auch in agilen Innovationsprojekten wird interdisziplinär und bereichsübergreifend zusammengearbeitet, viele Spezialisten müssen eingebunden und zu einer zielgerichteten Zusammenarbeit motiviert werden. Das Projektteam und die Projekt-leitung spielen dabei eine entscheidende Rolle für den Erfolg des Vorhabens und für die

Effizienz des Innovationsprozesses. Eigenschaften wie soziale und kommunikative Fähigkeiten, Offenheit bei der Wissensteilung, gegenseitige Unterstützung und Teamgeist sind dafür erforderlich (vgl. Ausführungen zum Innovationsprojekt Abschn. 10.5.2).

TechCenter bei thyssenkrupp

In den TechCentern von thyssenkrupp treffen Flugzeugentwickler auf Autoexperten, Maschinenbauer auf Aufzugingenieure und Materialexperten auf Projektplaner. Jeder kann dabei eigene Erfahrungen und Ideen einbringen und am Ende von der spartenübergreifenden Arbeit der TechCenter profitieren. Zum Beispiel, beim TechCenter „Control Technology" arbeiten die Spezialisten für Antriebs-, Regelungs- und Automationstechnik. Zusätzlich stellt das Engineering-Team seine Erfahrungen aus der Entwicklung der Magnetschwebetechnologie zur Verfügung. Das interdisziplinäre Team arbeitet schon seit einigen Jahren erfolgreich in anspruchsvollen Projekten zur System- und Prozessentwicklung im Unternehmen mit (vgl. Thyssenkrupp, 2019). ◄

Menschen spielen in jedem Innovationsprozess eine wesentliche Rolle, der Erfolg einer Erneuerung ist im Endeffekt von der negativen oder positiven Einstellung der Beschäftigten gegenüber dieser Erneuerung abhängig. Deswegen wird meistens von persönlichen Widerständen und Barrieren in der Innovationsarbeit gesprochen. Darüber hinaus kann es um organisatorische Barrieren gehen.

11.2.2 Widerstände und Barrieren für Innovation

Unabhängig von der Größe wird die Innovationsarbeit in der Praxis von einigen typischen Hindernissen und Barrieren erschwert. Alles, was neu und unbekannt ist, verursacht bei Menschen Unsicherheiten und Ängste, das liegt in der Natur der Menschen. Es ist leichter, eine bekannte Aufgabe in einer vertrauten Atmosphäre zu erledigen, als eine neue Aufgabe unter neuen Arbeitsbedingungen und mit unbekannten Kollegen. Deswegen müssen die Ängste und Widerstände der Menschen im Veränderungsprozess ernst genommen und als eine natürliche Reaktion begriffen werden. Man kann zwischen persönlichen und organisatorischen Barrieren für Innovationen unterscheiden und diese Barrieren systematisch abbauen.

11.2.2.1 Persönliche Widerstände und Barrieren

Außerdem sind die Widerstände der am Innovationsprozess beteiligten Personen ernst zu nehmen. Innovationen sind oft mit Risiken und großen Veränderungen verbunden und werden von Beteiligten als Bedrohung für den Status quo wahrgenommen. Diese Barrieren sollen mit speziellen Maßnahmen überwunden werden (vgl. Abschn. 11.2.2). Die Menschen sollen auf die Veränderungen vorbereitet und im Innovationsprozess mitgenommen werden. Es ist hilfreich, ihnen die Vorteile aufzuzeigen und eventuelle Ängste vor einem Jobverlust oder erforderlicher Umschulung zu nehmen.

Innovationsprozesse verlaufen oft aufgrund verschiedener Barrieren und Hindernisse nicht optimal. Barrieren basieren häufig auf Nichtkönnen und Nichtwollen von einzelnen Personen. Das bedeutet, dass es in der Regel die Individuen in Unternehmen sind, die eine Innovation nicht nachvollziehen können oder nicht wollen und diese so beeinträchtigen (vgl. Picot et al., 2020, S. 427).

Die Verlierer des Innovationsprozesses fürchten, dass ihre bisherigen Kompetenzen durch eine Neuerung wertlos werden oder ihre Einflusschancen vermindert werden. Was für den Einen nützlich ist, kann zum Nachteil Anderer werden – und für Dritte wiederum völlig belanglos sein. Aufgrund dieser unterschiedlichen Einstellungen ergeben sich persönliche Barrieren, vor allem Nichtkönnen, Nichtdürfen und Nichtwollen.

Die **Fähigkeitsbarrieren** (Nichtkönnen) für Innovation basieren auf mangelnden Vorkenntnissen, Fähigkeiten und Kompetenzen der Menschen. Oft werden Veränderungen vorangetrieben, die heute noch nicht vorhandene Kompetenzen voraussetzen, insbesondere wenn es um neue, bisher unbekannte Technologien geht. Viele Beschäftigten haben Angst vor Künstlicher Intelligenz, da sie sich nichts Konkretes darunter vorstellen können und unsicher sind, ob sie mit den neuen Anwendungen zurechtkommen. Der vorbeugenden bzw. flankierenden Sensibilisierung und Weiterbildung für Innovationen kommt daher eine Schlüsselrolle zu.

Darüber hinaus müssen Handlungsspielräume für Innovationsarbeit geschaffen werden, die es den Mitarbeitern ermöglichen, sich mit neuen Ideen zu beschäftigen. Diese Barriere kann als **Ermöglichungsbarriere** (Nichtdürfen) bezeichnet werden. Schaffen von Freiräumen und Möglichkeiten zu experimentieren (z. B. in Innovation Labs), die einen geschützten Raum für neue Ideen geben, können diese Barrieren abbauen (vgl. Abschn. 11.1.3).

Viele Innovationen scheitern an **Motivationsbarrieren** (Nichtwollen) der Beschäftigten. Da Innovationen immer eine Veränderung des Status quo bedeuten, führen Akzeptanzprobleme oft zu erheblichen Problemen. Die betroffenen Mitarbeiter sind nicht willens, die Optionen von Innovationen zu nutzen, und verschließen sich der Entwicklung zur Absicherung der eigenen Position. Hier ist wichtig, den Menschen ihre persönlichen Vorteile durch die Nutzung der neuen Technologie aufzuzeigen, um Akzeptanz und Motivation ihrer Nutzung zu erzeugen. Sehr wichtig ist es auch, die Beschäftigten in die Entscheidungen über die Einführung von neuen Arbeitsmitteln und Arbeitsprozessen einzubeziehen, da diese Partizipation die Motivation stärkt.

11.2.2.2 Organisatorische Probleme und Barrieren

Das größte Problem bei der Innovationsarbeit in jedem Unternehmen ist der Widerspruch zwischen den laufenden Routineaufgaben und der Innovation. Innovationen sind in die Zukunft gerichtet, und werden – wenn überhaupt – erst viel später Gewinn bringen. Und die kurzfristigen Aufgaben sind dringend zu erledigen und werden deswegen oft als erste Priorität behandelt. Deswegen fehlt es häufig an Ressourcen und Zeit für die Beschäftigung mit der Zukunft. Als Lösung für dieses Problem hilft der bereits beschriebene Ansatz der **Ambidextrie**. Das laufende Geschäft und die Innovationsvorhaben sollen demnach parallel zueinander realisiert werden (vgl. Abschn. 9.4).

Organisatorisch bedingte Innovationswiderstände ergeben sich auch aus der Betroffenheit des gesamten innovierenden Systems bei Änderungen. Innovation erstreckt sich auf das Zusammenwirken unterschiedlicher Akteure und Abteilungen im Unternehmen: Sowohl die Entwicklung und Produktion als auch die Vermarktung einer Innovation erfordern in hohem Maße eine Neuordnung von Prozessen, Strukturen und Regeln des Unternehmens. Das Ausmaß an Veränderung ist dabei sehr groß und vielfältig.

Bahn Systel: Von klassischen Strukturen zum Netzwerk

Bei der IT-Tochter der Bahn, Bahn Systel GmbH werden seit 2019 die klassische disziplinarische Führungsstruktur aufgebrochen und ein adaptives Netzwerk aus selbstorganisierten Teams aufgebaut. Das betrifft alle Bereiche von DB Systel, nicht nur die IT- und Softwareentwicklung, sondern beispielsweise auch Finance und HR. Die Teams sind interdisziplinär zusammengesetzt und haben eine Ende-zu-Ende-Verantwortung. Die Führung ist dabei auf drei Rollen verteilt: ein Product Owner für das „Was", ein Agility Master für das „Wie" und das Umsetzungsteam, das die anfallenden Aufgaben weitgehend selbstorganisiert erledigt. In der „Endausbaustufe" wird es bei DB Systel voraussichtlich 500 Teams geben, die jeweils aus etwa sieben bis neun Mitarbeitern bestehen. Auch in anderen Teilen des Konzerns arbeiten immer mehr Teams und Abteilungen agil und selbstorganisiert (vgl. Herrmann, 2019). ◄

Ein Übergang auf neue Produkte oder Technologien im Kontext der Innovation führt praktisch immer zu einem Umbau des Unternehmens. Bei der Vorbereitung der Innovation sollte man neben der Änderung der Fertigungstechnologie auch neue Mitarbeiterkompetenzen und die Reorganisation unterstützender Prozesse durchdenken. Hier greift das bekannte Konzept des Unternehmens als soziotechnisches System mit drei Größen **Technik – Mensch – Organisation**, die gleichzeitig betrachtet werden sollen. Neue Technologie kann nur dann erfolgreich eingeführt werden, wenn die Menschen Vorteile für sich erkennen und die Veränderung mitmachen. Zugleich ist eine Anpassung der Aufbau- und Ablauforganisation erforderlich.

Darüber hinaus kann eine Innovation eine Neuordnung von den Schnittstellen des Unternehmens zu seiner Umwelt erfordern, wie Veränderungen bei der Materialbeschaffung, bei den Lieferanten- oder Kundenbeziehungen (neue Vertriebs- und Marketingkanäle). Hier ist eine ganzheitliche Betrachtung der ganzen Wertschöpfungskette hilfreich. Eine vorausschauende Berücksichtigung dieser Komplikationen und die Einbeziehung von Lieferanten und Kunden in den Innovationsprozess helfen, diese Widerstände rechtzeitig zu erkennen und abzubauen.

Innovationen haben oft weitgehende Folgen für die Beschäftigung und ganze soziale Systeme, wie das Beispiel der Elektromobilität belegt. Experten schätzen, dass Elektromobilität in der gesamten Autoindustrie Zigtausende Arbeitsplätze kosten wird. Ein Ausgleich durch neue Jobs sollte rechtzeitig durchdacht und vorbereitet werden.

E-Auto als Jobkiller?

Für die Produktion von Elektroautos werden deutlich weniger Menschen gebraucht, der Motor eines Verbrenners hat mit rund 1000 Bauteilen etwa vier Mal so viele wie ein elektrischer Antrieb. Etwa die Hälfte der Arbeitsplätze in der deutschen Autoindustrie hängt laut VDA am Verbrennungsmotor. Branchenexperten prognostiziert, dass die Zahl der Arbeitsplätze im Antriebsbereich bei Autobauern und Zulieferern unterm Strich um 15 bis 20 % sinken wird. Das wären immerhin 120.000 bis 160.000 Stellen in der Industrie. Hinzu kommt ein Personalabbau im KFZ-Handel und -Service. Dort arbeiteten bisher rund 450.000 Beschäftigte, doch auch Service- und Reparaturbedarf sind bei E-Autos deutlich geringer als bei Verbrennern. Auf der anderen Seite entsteht durch Elektrofahrzeuge neuer Bedarf an Arbeitsplätzen, zum Beispiel in der Energiebranche, etwa für die Ladeinfrastruktur, und im digitalen Bereich wie Software und digitale Services bis hin zum autonomen Fahren (vgl. Lohner, 2022). ◄

Der drohende Jobverlust durch eine Geschäftsmodell- oder Produktinnovation schafft ein Problem für Unternehmen, das seine Mitarbeitenden anders beschäftigen und/oder umschulen muss, und für die Beschäftigten, die Widerstand leisten und weniger motiviert sind, diese Innovationen umzusetzen.

Um solche Widerstände und Barrieren zu überwinden, sollten Unternehmen an ihren kulturellen Werten wie Vertrauen, Offenheit für das Neue, Einbeziehung von Mitarbeitenden in die Entscheidungen arbeiten.

11.3 Innovationsfördernde Unternehmenskultur und Führung

Ohne motivierte, kreative Mitarbeiter und eine innovationsfördernde Unternehmenskultur kommt keine Innovation zustande. Effektive Wege zu finden, um Menschen, Unternehmenskultur und Führungsprozesse für mehr Innovation zu managen, ist eine der herausforderndsten Aufgaben der Innovationsarbeit. Kreativität und Ideenreichtum der Mitarbeiter sind das A und O der Innovation. Diese Eigenschaften können allerdings nur als *good will* entstehen und können nicht durch Druck oder Kontrolle erzwungen werden. Es ist im hohen Maße von der Organisationskultur und Führungsverhalten abhängig, ob die Menschen ihre Potenziale und Kompetenzen in den Dienst eines Unternehmens stellen oder nicht. Mit der Gestaltung einer Unternehmens- und Führungskultur, die Kollaboration und Partizipation betonen, sinnstiftende Wirkung haben, Vertrauen und Freiräume schaffen und damit die Menschen in den Mittelpunkt des Unternehmens stellen, können Unternehmen ein überdurchschnittliches Engagement ihrer Mitarbeitenden erreichen.

11.3.1 Modell der Unternehmenskultur

Unternehmenskultur ist ein System von Werten und Normen, die in einem Unternehmen kollektiv geteilt und gelebt werden. Jede Unternehmenskultur ist individuell und hat ihre Wurzeln in der Geschichte und den Traditionen des Unternehmens (s. ausführlicher dazu Franken, 2019, S. 191–208).

Nach Meinung des bekannten Kulturtheoretikers Edgar Schein (2010) ist die Unternehmenskultur überall dort präsent, wo Menschen in Interaktion treten. Sie existiert nicht auf Papier, nicht in Form von geschriebenen Unternehmenswerten oder -leitlinien, sondern in den Köpfen und im Verhalten von Mitarbeitern. Unternehmenskultur ist zum großen Teil implizit (unbewusst), nirgends festgehalten, historisch gewachsen, den Menschen gar nicht oder kaum bewusst, hat allerdings eine selbstverständliche Gültigkeit und dementsprechend eine zentrale Wirkung auf das Verhalten. Üblicherweise wird Kultur als „eben unsere Art zu arbeiten", „die Riten und Rituale in unserem Unternehmen", oder als „Grundwerte" bezeichnet, wenn die Kultur an neue Mitarbeiter weitergegeben wird (vgl. Schein, 2010).

Im Drei-Ebenen-Modell der Unternehmenskultur von Schein (2010) bilden grundlegende Annahmen über die Natur des Menschen, seines Verhaltens und seiner Beziehungen sowie über die Natur der Wirklichkeit den Kern der Organisationskultur (Abb. 11.1).

Das Fundament der Unternehmenskultur bilden die grundlegenden und unausgesprochenen Annahmen, oder **Grundprämissen**. Dies sind die gemeinsam geteilten unbewussten Annahmen, wie man in diesem Unternehmen zu handeln hat. Sie sind Selbstverständlichkeiten, ungeschriebene Gesetze einer Gruppe, einer Abteilung, der Firma (vgl. Schein, 2010). Die Wurzeln der Grundprämissen werden häufig auf die Unternehmensgründer und ihre Ideen zurückgeführt.

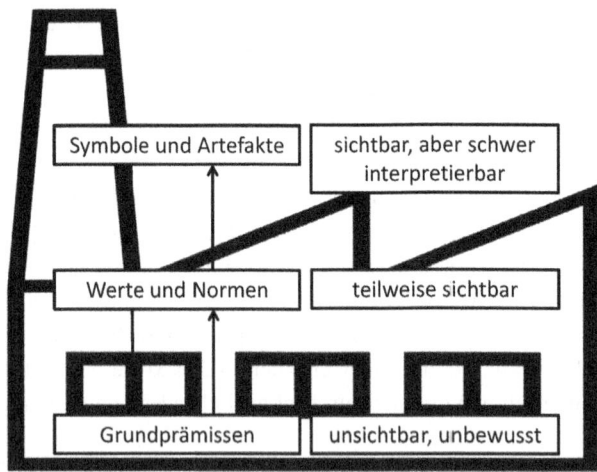

Abb. 11.1 Modell der Unternehmenskultur nach E. Schein. (Quelle: eigene Darstellung)

Die mittlere Ebene der Kultur beinhaltet die bekundeten **Werte** und Normen des Unternehmens. Dies sind die von allen Beteiligten anerkannten und gelebten Prinzipien und Leitlinien im Umgang mit Mitarbeitern, Kunden oder Partnern. Sie werden häufig in Form von Unternehmensstrategie, Unternehmenszielen und -philosophie, Kundenstrategie, Prinzipien des Qualitätsmanagements usw. schriftlich dokumentiert. Typische Aussagen sind: „Unsere Mitarbeiter sind unsere wichtigste Ressource" oder „Wir leben und fördern offene Kommunikation". Damit wird dem sichtbaren Ausdruck der Unternehmenskultur, also der ersten Ebene, ein Sinn gegeben. Eine Auskunft über die Werte und Normen können die Mitarbeiter geben, die langjährige Erfahrung im Unternehmen haben, obwohl auch ihnen die Werte oft nicht bewusst sind (Schein, 2010).

Mit der Definition von konkreten Kulturwerten gibt ein Unternehmen ein Statement zu seinen Prinzipien. Diese Werte ändern sich im Verlauf der Zeit, im Einklang mit aktuellen gesellschaftlichen und wirtschaftlichen Entwicklungen. Beispielsweise ist die Nachhaltigkeit durch den zunehmenden Klimawandel zu einem bedeutenden Thema für jedes Unternehmen geworden und steht ganz hoch auf der Tagesordnung bei der Entwicklung von Innovationsstrategien.

Die oberste Ebene der Unternehmenskultur bilden **Artefakte**. Nach Schein sind es die sicht- und spürbaren Zeugnisse einer Gemeinschaft und beschreiben die Architektur ihrer räumlichen Umgebung, ihre Sprache, ihre Technologie und Produkte, ihre künstlerischen Werke und ihr Stil, wie er in der Kleidung, der Sprechweise, den Gefühlsäußerungen, den Legenden und Geschichten über das Unternehmen, den Verlautbarungen über Unternehmenswerte und den beobachtbaren Ritualen und Zeremonien zum Ausdruck kommt. Zu den Artefakten gehören in erster Linie sichtbare Zeichen wie die Art und Weise der Begrüßung, die architektonische Gestaltung der Räume, Firmenlogo, die spezifische Kleidung (z. B. die betont legere Kleidung in Startups gegenüber Business-Dress bei Banken oder Versicherungen). Darüber hinaus sind es Rituale wie Onboarding-Prozesse oder Verabschiedung in Rente sowie Firmengeschichten aus der Gründungszeit etc.

Ein Beispiel für die innovationsfördernden Artefakte ist moderne Gestaltung von Büroräumen, die Ideen und Kreativität bei Teambesprechungen oder Innovationsworkshops fördern soll, wie Open Space Office (vgl. Abschn. 10.2.5).

11.3.2 Merkmale einer innovationsfördernden Unternehmenskultur

Die Innovationsarbeit ist von Menschen und Organisation abhängig, deswegen kann Innovation als eine soziale Konstruktion und als Produkt der Unternehmenskultur verstanden werden. Zahlreiche Studien zur innovationsfördernden Unternehmenskultur befassen sich mit Eigenschaften von Organisationen, die eine Entstehung und Realisierung von Innovation fördern.

Beispielsweise, in der bereits mehrfach zitierten Studie zum Technologie- und Innovationsmanagement in Deutschland, in der 53 % der Befragten mangelnde Innovationskultur als Hindernis für Innovationen bezeichnet haben, wurden als negative Kulturmerkmale konkret „patriarchale Strukturen", „Angst vor Neuem", „Festhalten an bestehenden Strukturen" und „Geschäftsführung, die Innovation nicht unterstützt" und „Entscheidungsschwierigkeiten in der Führungsebene" genannt (vgl. Ahrens et al., 2021, S. 42). Allerdings sind diese Merkmale im Branchen- und Unternehmensgrößenvergleich unterschiedlich ausgeprägt.

Naranjo-Valencia und Calderón-Hernández (2018) definieren anhand ihrer fundierten Studie folgende Merkmale einer innovationsfördernden Unternehmenskultur: **Freiräume** für Entscheidungen, **Risikobereitschaft**, **Engagement**, mentale **Flexibilität**, konstruktiver Umgang mit Konflikten, **Diversität**, **Neugier**, **Respekt** und Nutzung von Potenzialen der Beteiligten.

Ähnliche Erkenntnisse liefert die Studie „Cultivate the new – Innovation for the long term", die Henkel zusammen mit der Financial Times durchgeführt hat. Hier werden als innovationsfördernde Kulturwerte konstruktiver **Umgang mit Fehlern**, guter **Führungsstil**, **Vielfalt** in Teams und **Risikobereitschaft** identifiziert (vgl. Henkel, 2022).

Grundsätzlich sind jedoch die innovationsfreundlichen Eigenschaften einer Organisation schwierig zu fassen, da die Unternehmenskultur ein soziales Phänomen ist und sich nicht willkürlich gestalten lässt. Während die Werte und Einstellungen auf der Ebene des Individuums relativ gut identifizierbar und messbar sind, gestaltet es sich schwierig, die Einstellung einer Organisation, also einer koordinierten Gemeinschaft von Individuen, greifbar zu machen. Die Unternehmenskultur muss durch die Mitglieder des Unternehmens gelebt werden und wird erst durch ihre Interaktionen greifbar.

Erfahrungen aus der Unternehmenspraxis belegen, dass für die Etablierung innovationsfördernder Kultur eine ansprechende **Vision** erforderlich ist, wobei diese nicht nur formuliert, sondern breit kommuniziert werden muss. Alle Mitglieder einer Organisation müssen die Innovationsausrichtung kennen und als Grundlage im Arbeitsalltag nutzen. Eine Vision legt den Grundstein für eine innovationsbewusste Unternehmenskultur. Diese soll dem Management die Richtung für die Zukunft weisen, daneben auch die Mitarbeiter dazu ermuntern, Leidenschaft, Ideen sowie Stolz zu entwickeln und Leistungsbereitschaft zu mobilisieren (Picot et al., 2020, S. 430).

Offenheit und **Vertrauen** werden ebenfalls als relevante Merkmale einer innovationsfördernden Kultur genannt. Das trägt dazu bei, dass Mitarbeitende sich beim Austausch von Ideen wohler fühlen und darüber hinaus offen und ehrlich miteinander umgehen. Hierbei geht es um emotionale Sicherheit in Beziehungen, weshalb sich Personen eher trauen, neue Ideen oder die eigene Meinung offenzulegen. Vertrauen erleichtert die Entscheidungsfindung und führt dazu, dass positive Annahmen und Erwartungen bezüglich der Kompetenzen, Vorsätze und Motive getroffen werden. Vertrauen motiviert Beschäftigte dazu, etwas zum Erfolg des Unternehmens beizutragen, zu kooperieren und sich selbst zu vertrauen (vgl. Picot et al., 2020, S. 431).

Viele Unternehmen versuchen, spezielle **Freiräume** für Ideen und Innovationen zu schaffen (vgl. Zeitregel bei 3M Abschn. 11.1.3). Das bedeutet, Abteilungen und Beschäftigten wird eine gewisse Gestaltungsfreiheit eingeräumt, die es ihnen erlaubt, während der

Arbeitszeit innovativ zu sein, neue Ideen auszuprobieren. Diese Freiheit führt zu einer relativen Autonomie und Unabhängigkeit der Mitarbeitenden, was ihnen ein Gefühl der Eigenständigkeit vermittelt und ihre intrinsische Motivation stärkt.

Viel diskutiert wird auch über die **Fehlertoleranz** als Merkmal einer innovationsfördernden Kultur. Dort, wo man für die Fehler bestraft wird, herrscht Angst und können keine gewagten Ideen entstehen. Es ist wichtig, die Fehler positiv, als Quelle für das Lernen zu betrachten, und nicht vor allem nach Schuldigen zu suchen. Innovationen sind immer mit Risiken verbunden, Fehler sind dabei durchaus möglich. Eine Kultur, die Fehler der Mitarbeiter erlaubt und toleriert, fördert Risikobereitschaft und Mut, neue Ideen auszuprobieren.

Laut Studie zum Technologie- und Innovationsmanagement in Deutschland zählen zu den fördernden Faktoren für Innovation in Unternehmen: **Mitarbeiterpotenziale** und ihre Nutzung durch Zeit- und Freiräume, **Risikobereitschaft** als Teil der Unternehmenskultur und innovationsfördernde Führung (vgl. Ahrens et al., 2021, S. 38).

Zusammenfassend lassen sich auf der Basis der verschiedenen Studien und Publikationen folgende zentralen **Merkmale einer innovationsfördernden Unternehmenskultur** darstellen (Tab. 11.1).

Diese Merkmale weisen große Ähnlichkeit mit den Rahmenbedingungen für organisationales Lernen auf, vor allem in den Theorien von Senge und Nonaka und Takeuchi (vgl. Kap. 7). Offensichtlich ist eine fördernde Unternehmenskultur sowohl für Lernen als auch für Innovationen wichtig.

Basierend auf den dargestellten Erkenntnissen zu Unternehmenskultur können einige Empfehlungen für die praktische Gestaltung einer innovationsfördernden Unternehmenskultur ausgesprochen werden, die in jedem Unternehmen maßgeschneidert umgesetzt werden sollten.

Tab. 11.1 Merkmale innovationsfördernder Unternehmenskultur

Merkmale	Inhalte und Instrumente
Stellenwert der Innovation	hoher Stellenwert der Innovation in der Vision, Purpose, den Grundsätzen und im gelebten Wertesystem
Unterstützung durch Top Management	Unterstützung der Innovation durch das Top Management, z. B. durch die Bereitstellung von Ressourcen
Partizipation	partizipative Arbeits-, Führungs- und Beteiligungskonzepte
Freiräume	Autonomie der Mitarbeitenden, Frei- und Zeiträume für Ausprobieren und Experimentieren
Fehlertoleranz	Fehler werden positiv, als Quelle für Lernen angesehen, Risiko und Mut werden unterstützt
Vertrauen	positive Arbeitsatmosphäre, emotionale Sicherheit, die auf gegenseitigem Vertrauen basiert
Bereichsübergreifende Zusammenarbeit	bereichsübergreifende, interdisziplinäre Zusammenarbeit ohne Hierarchie- und Silo-Denken
Förderung des Lernens und des Wissensaustauschs	Möglichkeiten für die Aus- und Weiterbildung der Mitarbeitenden, intensiver Wissensaustausch

11.3.3 Gestaltung einer innovationsfördernden Unternehmenskultur

Die Gestaltung einer innovationsfördernden Unternehmenskultur findet im Spannungsfeld zwischen dem in der Ist-Analyse ermittelten Status quo und dem definierten Soll-Zustand statt.

Von der Kulturveränderung werden gleichzeitig verschiedene Felder des Unternehmens tangiert. Die Maßnahmen betreffen Organisations- und Machtstrukturen des Unternehmens, seine Symbole, Geschichten, Routinen und Rituale sowie Kontrollsysteme. Für den Erfolg der Gestaltungsmaßnahmen ist eine systematische Vorgehensweise nötig, die verschiedene Maßnahmen kombiniert, und langfristig ausgerichtet ist.

Wie es mithilfe des Unternehmenskultur-Modells nach Schein aufgezeigt wurde, können im Rahmen der Gestaltung lediglich die beiden oberen Ebenen beeinflusst werden: die Artefakte und die bekundeten Werte. Eine willkürliche, direkte Einflussnahme auf die Grundprämissen ist praktisch unmöglich.

Die **sichtbaren Elemente** lassen sich am einfachsten gestalten – Geschichten, Logos, Symbole, Farben etc. Eine wichtige Rolle spielen auch die Helden des Unternehmens wie Gründer oder berühmte Erfinder. In vielen Groß- und Familienunternehmen werden die Gründer und Erfinder ins Rampenlicht gesetzt, um ihre Ideen zu würdigen und eine Erinnerungskultur zu stärken.

Gründer und Wegbereiter von Daimler

Es gibt Namen und Personen, die jeder mit der Erfolgsgeschichte der Daimler AG und der Marke mit dem Stern verbindet. Gottlieb Daimler und Carl Benz als die Erfinder des Automobils sind dabei nur die schillerndsten Persönlichkeiten. Der erste von Carl Benz entwickelte stationäre Benzinmotor war ein Einzylinder-Zweitakter, der am Silvesterabend des Jahres 1879 zum ersten Mal läuft. Mit diesem Motor hat Benz so viel geschäftlichen Erfolg, dass er sich zunehmend seinem Traum widmen kann, einen leichten, von einem Benzinmotor angetriebenen Wagen zu schaffen, bei dem Fahrgestell und Motor eine Einheit bilden (vgl. Daimler, o. J.). ◄

Es ist wichtig, Helden sichtbar zu machen, indem man ihre Jubiläen feiert, Portraits und Biografien auf der Website postet, Geschichten und Anekdoten erzählt (bei Gründern und Erfindern) oder indem man die Auszeichnung von Champions und Werteträgern feierlich und öffentlich organisiert. Auch die Einladung von verrenteten Mitarbeitern, die besonders engagiert und ideenreich gearbeitet haben, zu den Betriebsfeiern und Veranstaltungen, ist eine sinnvolle Maßnahme, um Traditionen zu pflegen und die Wertschätzung besonderer Leistungen zu betonen.

Für die Gestaltung von neuen **Kulturwerten** werden in Unternehmen oft Leitwerte und Grundsätze formuliert, die den Stellenwert der Innovation und des Lernens betonen und Freiräume für Ideen eröffnen. Diese Leitwerte sind immer unternehmensspezifisch und sollen zu der gelebten Unternehmenskultur passen. Wichtig ist eine intensive Kommunikation dieser Werte in der Belegschaft.

Innovation Charta eines Schweizer Finanzunternehmens

Ein Finanzunternehmen aus der Schweiz hat eine Innovation Charta mit zehn Leitsätzen formuliert, die im Unternehmen in gedruckter und digitaler Form breit kommuniziert wird (vgl. Reiter, 2021, S. 99):

1. Es liegt an dir! Bring dich ein.
2. Die beste Idee gewinnt! Nicht die höchste Hierarchiestufe.
3. Customer comes first! Ihr hören wir zu und in ihrem Sinne handeln wir.
4. Sei konstruktiv! Wir unterstützen einander.
5. Gut kopiert ist besser als schlecht selbst gemacht! Wir stehen auf den Schultern von Giganten.
6. Charing is caring! Befähige andere.
7. Sei offen! And do not judge.
8. Hör nie auf zu lernen!
9. Beginne immer mit dem „Warum"!
10. Innovation hat nichts mit magischer Genialität zu tun! Sondern mit harter Arbeit, Herz und Verstand. ◄

Für dieses Beispiel ist eine persönliche Ansprache jedes einzelnen Beschäftigten prägend, die eine Vorstellung impliziert, dass jeder Mensch im Unternehmen ein Ideengeber und für die Innovation zuständig ist.

Die Formulierung der Kulturwerte zeichnet sich jedoch durch die Problematik ihrer Authentizität aus. Die Wirksamkeit der deklarierten Werte hängt von dem Grad des Vertrauens der Beschäftigten in ihr Unternehmen und ihre Vorgesetzten ab. Wenn die Menschen im Alltag die Erfahrung machen, dass die offiziellen Worte mit den Taten und Sachverhalten nicht übereinstimmen, verpufft die Wirkung der Botschaften.

Edgar Schein über innovationsfördernde Kultur

In einem Interview für die Bertelsmann-Stiftung zum Thema Unternehmenskultur hat Edgar Schein, 2014 auf die Frage über die **Kulturwerte für mehr Flexibilität und Innovation** folgende Antwort gegeben: „Man braucht Werte, die Kreativität, Innovation und Wandel befürworten. Wenn ein Unternehmen sagt: Wir mögen es, neue Sachen zu erfinden, dann managt es Veränderungen leichter als das Unternehmen, das sagt: Das haben wir schon immer so gemacht, und wir sind stolz darauf. Aber eine positive Kultur zu beschreiben hilft nichts, wenn man in einer bestimmten Kultur feststeckt. Wenn ein Unternehmen bisher auf geringes Risiko und wenig Innovation gesetzt hat, dann kann es zwar verkünden: Ab heute werden wir alles anders machen. Aber das wird keinen Unterschied machen. Denn die Angst steckt tief in den Mitarbeitern. Wenn sie in der Vergangenheit für neue Ideen bestraft wurden, nehmen sie an, dass das wieder passiert, wenn sie auf Risiko gehen und Veränderungen vorschlagen – egal was das Management sagt." (vgl. Schein, 2014). ◄

Es ist relativ leicht, neue Werte und Normen einzuführen, indem man sie formuliert und veröffentlicht. Allerdings geht es um eine Verankerung der Innovationswerte im Alltag, im Denken und Handeln der Menschen im Unternehmen. Hierfür sind weniger die schriftlichen Leitlinien, sondern mehr die Normen und Verhaltensweisen der Führungskräfte und Kollegen wichtig, die als Vorbilder und Kulturträger gelten. Deswegen spielt in der Gestaltung der innovationsfördernden Kultur die Führung eine zentrale Rolle.

11.3.4 Innovationsfördernde Führung

Die zentrale Rolle für die Entstehung und Aufrechterhaltung einer innovationsfördernden Kultur kommt den Führungskräften zu. Sie können generelle Prinzipien formulieren und vorleben, bestimmen über Entscheidungsfreiräume, unterstützen bei der Konfliktlösung, zeigen Offenheit und definieren Strukturen oder Anreizsysteme. Auf diese Weise gestalten sie maßgeblich die organisationalen Gegebenheiten, die für die Realisierung von Innovationen zur Verfügung stehen (vgl. Schmitt et al., 2021, S. 12).

Führungskräfte dienen als Vorbilder, leben die innovationsfördernde Unternehmenskultur vor, sorgen für ein kreativitätsförderndes Klima, kommunizieren Innovationsziele, geben Feedback bezüglich neuer Ideen und unterstützen ihre Verwirklichung. Die Wirksamkeit der Führung für mehr Ideen und Innovation hängt von dem Menschenbild einer Führungskraft und ihrer Fähigkeit, intrinsische Motivation und Engagement zu erzeugen ab.

11.3.4.1 Engagement erzeugen

Für die Förderung der Innovation müssen Führungskräfte ihre Mitarbeitenden inspirieren, begeistern und zu individuellen Höchstleistungen anspornen.

Innovationsarbeit benötigt **Anführer**, die das Gestaltungspotenzial ihres Teams kennen, Kreativität erkennen und fördern und auf das Zusammenspiel aller setzen. Dies erfordert eine Offenheit für andersartige Lösungen und Fehlertoleranz. Moderne Führungskräfte sollen das Know-how ihrer Mitarbeitenden orchestrieren und darauf achten, die Stimmen mit kontroversen Meinungen und abweichenden Herangehensweisen ins Team zu holen (vgl. Wolters & Najipoor-Schütte, 2021, S. 285).

Der Erfolg der Führung in der Innovationsarbeit hängt stark von den Menschenbildern einer Führungskraft ab. Nur vor dem Hintergrund einer positiven Annahme über die Natur des Menschen können spezifische Führungsinstrumente wirksam eingesetzt werden. Die moderne Arbeitspsychologie lehnt das Modell „Homo oeconomicus" als primitiv und einseitig ab, stattdessen werden Emotionen und Intuition als relevante Entscheidungsfaktoren angesehen. Die Frage „Wie gewinnt man Menschen zur Mitarbeit in Unternehmen?" wurde früher ganz einfach beantwortet: Die Gewinnung von Individuen zur Mitarbeit in einem Unternehmen ist ein Preisproblem, oder genauer ein Vertragsproblem. Mit dem Unterschreiben eines Vertrags akzeptieren Menschen bestimmte Regeln und verpflichten sich, für ein Unternehmen zu arbeiten. Seit der berühmten Human-Relations-Bewegung in den 1950er-Jahren ist jedoch bekannt, dass auf diese Art und Weise nur Dienst nach Vorschrift erreicht werden kann.

Will man die Kreativität und den Ideenreichtum von Mitarbeitern erschließen, reichen die Verträge nicht aus. Man braucht intrinsische Motivation, Eigeninitiative, Engagement, Ideen und Kreativität der Beschäftigten. Es ist von der Kulturgestaltung und Führungspraktiken abhängig, ob die Menschen ihre Potenziale und Kompetenzen in den Dienst eines Unternehmens stellen oder nicht.

Auf der Basis einiger Studien konnten folgende Faktorengruppen für mehr Engagement der Beschäftigten identifiziert werden (vgl. Lehnen, 2018, S. 28; Wolters & Najipoor-Schütte, 2021, S. 285):

- gute Führung, die Sinn (Purpose) stiften und die Mitarbeiter emotional mitreißen kann,
- Vertrauen, Partizipation und Freiräume für Entscheidungen über die eigene Arbeit und Belange des Unternehmens,
- Förderung der Vielfalt in Arbeitsteams, für mehr Perspektiven, Erfahrungen und Kreativität,
- Unterstützung der Weiterbildung und des lebenslangen Lernens.

Diese Faktoren sind für die kreative Innovationsarbeit entscheidend. Menschen setzen sich gerne für einen höheren Zweck, für die Interessen der Allgemeinheit ein, deswegen ist eine Sinnvermittlung wichtig, um Kreativität anzuregen. Eine freundliche, angenehme Arbeitsatmosphäre, Freiräume für Initiative und Eigenverantwortung, gegenseitige Wertschätzung im Team, Möglichkeiten, neues zu lernen, motivieren zur Ideenarbeit viel mehr, als materielle Anreize. Neugierde und Experimentierlust regen Ideen an und entstehen nur in angstfreier Umgebung, in der Zusammenarbeit mit engagierten Kollegen und begeisterungsfähigen Führungskräften.

Um diese Wirkungen zu erzeugen, brauchen Führungskräfte konkrete Führungsinstrumente.

11.3.4.2 Innovationsfördernde Führungsinstrumente

Die innovationsfördernden Führungsmaßnahmen können in einem Unternehmen als Teil der Führungsgrundsätze definiert werden, wie es bei vielen Großunternehmen gemacht wird.

Führungsgrundsätze LIFE bei Bayer

Mit dem Begriff LIFE definiert Bayer die Werte und Führungsprinzipien der Leadership: Integrität, Flexibilität und Effizienz: **Integrität** bedeutet Vorbild sein, Richtlinien und Regeln einhalten, Anderen vertrauen, ehrlich und zuverlässig sein, aufmerksam zuhören und angemessen kommunizieren, nachhaltig handeln. **Flexibilität** heißt Veränderungen aktiv vorantreiben, Trends frühzeitig aufgreifen und sich auf Anforderungen der Zukunft einstellen, den Ist-Zustand hinterfragen, kundenorientiert denken und handeln, Chancen erkennen und kalkulierte Risiken eingehen, offen für Neues sein, bereit sein, das ganze Leben lang zu lernen. **Effizienz** bedeutet Ressourcen optimal einsetzen, Aufgaben einfach und effektiv erledigen, die erforderliche Qualität rechtzeitig und zu angemessenen Kosten bereitstellen, schneller zu überlegten Entscheidungen kommen, Entscheidungen konsequent umsetzen, gemeinsam bessere Lösungen finden (vgl. Bayer, o. J.-b). ◄

Führungskräfte sollen die Rolle von „**Kultur-Architekten**" einnehmen. Von zentraler Bedeutung dafür ist, dass die Führung die Verantwortung für eine innovationsfördernde Kultur übernimmt. Wichtig ist auch eine Vorbildrolle bei den angestrebten Verhaltensweisen und Werten. Führungskräfte müssen ihre Machtposition nutzen, um Schutzräume für innovative Ansätze zu schaffen und richtigen Mitarbeiter zu fördern. Außerdem sollen Führungskräfte Startup-ähnliche Kulturmerkmale studieren und im Unternehmen fördern: Geschwindigkeit, individuelle Verantwortlichkeit, hohes Risikobewusstsein (vgl. Servatius, 2020).

Folgende konkreten **Führungsinstrumente** für die Steigerung der Innovationsfähigkeit des Unternehmens werden aufgrund zitierter Studienergebnisse abgeleitet:

Purpose und Vision Eine Kultur der Innovation und des Lernens, in der sich Veränderungen und Neuerungen schnell und zielgerichtet realisieren lassen, ist werteorientiert und braucht eine Sinnorientierung – Purpose (vgl. Abschn. 11.1.3). Eine ansprechende und zugleich glaubwürdige Vision für die Zukunft des Unternehmens und ihre breite Kommunikation im Unternehmen sollen als Basis für die Innovationsarbeit dienen. Die Vision des Unternehmens und seine strategische Ausrichtung sollten jedem Mitarbeitenden bekannt sein, genauso wie die konkreten Ziele der Innovationsarbeit und die Möglichkeiten, einen Vorschlag praktisch einzureichen. Die Erfolge des Innovationsmanagements und seine Champions müssen gewürdigt und breit kommuniziert werden.

Partizipative Führung Kooperative Entscheidungsprozesse, Vertrauen und partnerschaftliches Verhältnis zwischen den Führungskräften und Mitarbeitenden, überwiegend kooperativer oder delegativer Führungsstil mit einem hohen Beteiligungsgrad der Mitarbeiter an Entscheidungen sind weitere geeignete Führungsinstrumente. In diesem Kontext wird vor allem transformationale Führung empfohlen, die sich inspirierender Motivation und intellektueller Stimulation bedient, um Mitarbeitende zu führen, und so die Innovationsfähigkeit des Unternehmens verbessert. Transformationales Führen beeinflusst positiv das Innovationsverhalten und unterstützt insbesondere die Entwicklung von inkrementellen Innovationen (vgl. Picot et al., 2020, S. 430). Die transformationale Führung schafft Vertrauen zwischen dem Mitarbeiter und der Führungskraft, Mitarbeiter werden stärker befähigt und gecoacht. Die Mannschaft kann sich auf den Führenden verlassen, der ihnen gegenüber authentisch und integer ist.

Zur Innovationsarbeit motivieren Motivation zur Ideen- und Innovationsarbeit kann auf verschiedenen Wegen zustande kommen. Die intrinsische Motivation entsteht durch Interesse, Neugierde, herausfordernde Aufgaben, Lust am Lernen und Experimentieren. Sie kann durch Freiräume, Fehlertoleranz und Wertschätzung der Leistung gestärkt werden. Die extrinsische Motivation erfordert spezielle Anreize, die in Form von leistungsabhängiger Entlohnung, Prämien, Erfolgsbeteiligung, Geschenken, Auszeichnungen oder Aufstiegschancen gewährt werden können. Die Champions der Ideenarbeit sollten entsprechend gewürdigt werden. Darüber hinaus wirken grundsätzlich Mitarbeitergespräche motivierend, in denen Feedback und Anerkennung gegeben wird.

Lernprozesse fördern   Die Möglichkeit für persönliches Lernen im Rahmen von Aus- und Weiterbildungsaktivitäten haben für die Anregung der Kreativität und Innovation eine große Bedeutung. So können Talente und Neigungen bei den Beschäftigten erkannt, gefördert und besser erschlossen werden. Spezielle Workshops zu Kreativitätstechniken und agilen Methoden können helfen, die Kreativitätspotenziale der Mitarbeiter zu entwickeln und Ideen zu fördern. Dort, wo kontinuierlich gelernt wird, entstehen Vorschläge und Innovationen.

Die Führungskräfte selbst sollten als Vorbilder für Lernen dienen, sich stetig weiterbilden und offen für das Neue sein. Das bedeutet, die Führenden sollten in den Meetings mehr Fragen stellen, zuhören, ergebnisoffen diskutieren und nicht dominieren. Dazu gehört auch, die eigenen Denkmuster zu hinterfragen und Anregungen auch dann ernst zu nehmen, wenn sie konträr erscheinen. Nur das ermutigt Mitarbeitende, kreative Ideen zu entwickeln und vorzutragen (vgl. Wolters & Najipoor-Schütte, 2021, S. 286)

Emotionale Bindung stärken   Um die beschriebenen Führungsinstrumente einzusetzen, sollte die Führungskraft jedoch immer auf dem Laufenden sein, was im Team gut und was schlecht läuft. Die Wege für die Umsetzung von Innovationen sollten mit den Mitarbeitern zusammen entwickelt und diskutiert werden. Neben den sachlichen Aspekten ist auch die emotionale Beziehung zwischen der Führungskraft und den Mitarbeitern wichtig: Ohne gegenseitiges Vertrauen funktioniert keine Kreativität. Authentizität, aufrichtiges Interesse der Führungskraft an den Mitarbeitenden, die Begeisterung der Führenden für ein Innovationsprojekt – das sind die Voraussetzungen für eine positive Arbeitsatmosphäre, in der Kreativität und Ideen gedeihen können.

11.4   Ausblick – Zusammenhänge und Empfehlungen

Die hohe Dynamik der Wirtschaftswelt, zunehmende Unsicherheit und Komplexität der wirtschaftlichen Verflechtungen, neue Herausforderungen durch Klimawandel, Corona-Pandemie und Krieg in der Ukraine üben einem enormen Veränderungs- und Innovationsdruck auf Unternehmen aus. Dadurch werden die Unternehmen gezwungen, sich mit ihrem Wissen und Lernen auseinanderzusetzen, um immer auf dem Laufenden und sogar den Trends voraus zu sein und adäquate Antworten auf aktuelle Herausforderungen zu finden. Ein Unternehmen muss seine Wissensbasis ständig aktualisieren, um neue Ideen zu generieren und diese in marktfähige Geschäftsmodelle und Produkte sowie effiziente

Prozesse und organisatorische Neuerungen umzusetzen. Gleichzeitig ist es erforderlich, die aktuellen Entwicklungen und Krisen als Chancen für die Weiterentwicklung des Unternehmens zu begreifen und zu nutzen.

11.4.1 Wissen und Lernen als Voraussetzungen für die Innovation

Um langfristig innovationsfähig zu sein, muss ein Unternehmen das innovationsrelevante Wissen bündeln, in Lernprozessen aktualisieren und allen relevanten Akteuren zur Verfügung stellen. Dieses Wissen muss zu jeder Zeit für jeden Beschäftigten abrufbar sein. Es wird permanent aktualisiert, erweitert, erneuert etc. und bildet ein organisatorisches Gedächtnis (vgl. Reiter, 2021, S. 33).

Die meisten Innovationen rekombinieren vorhandenes Wissen neu. Elemente, die bisher isoliert betrachtet wurden oder in anderen Branchen existiert haben, werden in einer Innovation neu zusammengestellt. Deshalb ist die Wiederverwendung von Wissen eine bedeutende Voraussetzung für Innovation. Die im Unternehmen vorhandene Wissensbasis soll mit neuen Inhalten kombiniert werden, die von innerhalb und außerhalb der Organisation kommen. So bildet Lernen eine Grundlage für die Entwicklung von Organisationsroutinen, die bestehende Kernkompetenzen stärken und den Aufbau neuer Kompetenzen erleichtern, was wiederum die Innovation fördert (vgl. Reiter, 2021, S. 35).

Lernbereitschaft und Lernfähigkeit eines Unternehmens stellen einen wichtigen Zugang zu seiner Innovationsfähigkeit dar. Durch Lernen auf der individuellen, Gruppen-, organisationalen und überorganisationalen Ebene (vgl. Kap. 7) öffnet sich ein Unternehmen für neuartige Impulse, bekommt Ideen und Anregung für künftige Entwicklungen. Lernen steigert Flexibilität und Anpassungsbereitschaft eines Unternehmens, da es feste Strukturen und Abläufe für die Implementierung des Gelernten schafft. Für die Steigerung der Lernfähigkeit und der Innovationsfähigkeit eines Unternehmens ist es erforderlich, optimale Lernbedingungen für jeden Beschäftigten zu schaffen, damit er unmittelbar in der Arbeit ständig dazulernen kann. Lernbarrieren wie starre Strukturen, fest etablierte Normen oder Gruppendenken und Betriebsblindheit sollen abgebaut werden.

In Wissenschaft und Praxis ist man sich einig, dass Innovationsfähigkeit die Fähigkeit zum permanenten Lernen voraussetzt, was sowohl für einzelne Individuen als auch für die ganze Organisation zutrifft. Durch den Wunsch nach einer Komfortzone bei einzelnen Personen oder durch langfristigen wirtschaftlichen Erfolg eines Unternehmens im Markt kann die Offenheit für das Neue gedämpft werden. Insofern ist es wichtig, eine Atmosphäre zu schaffen, in der das Lernen selbstverständlich und allgegenwärtig ist. „Aufrütteln" mit unbequemen, störenden Fragen und Förderung des Experimentierens und Hinterfragens in allen Bereichen und auf allen Ebenen der Organisationen, die bereits erläutert wurden, helfen dabei, Lernfähigkeit und dadurch auch die Innovationsfähigkeit zu steigern.

Der **Lernprozess zur Entwicklung der Innovationsfähigkeit** besteht nach Reiter (2021, S. 35) aus folgenden Aktivitäten:

- Sammlung von Informationen über Entwicklung von Produkt-, Prozess- und Geschäfts-modellinnovationen, erfolgreicher und abgebrochener, und Erfassen sämtlicher Erfah-rungen in einer intelligenten Datenbank.
- Entwicklung von Engagement-Szenarien in Abhängigkeit von verschiedenen Interes-sengruppen und Werkzeugen aus der Datenbank.
- Durchführung interner und öffentlicher Veranstaltungen, um innovationsbezogene An-strengungen und Wissen an alle Innovationsakteure zu verbreiten.
- Nutzung, weitere Pflege und Verbreitung dieses Wissens intern, durch operative Inno-vationsaktivitäten (Wissensmanagement). Die erforderlichen Maßnahmen sind dabei: Artikulation, Kodifizierung, Teilen und Internalisierung des Wissens.

Der letzte Punkt nimmt unmittelbar Bezug auf das Wissensmanagement in Unternehmen. Die hohe Dynamik der Wirtschaftswelt zwingt Unternehmen, ihr Wissen systematisch zu sammeln, hinsichtlich seiner Aktualität zu hinterfragen, zu aktualisieren und allen Betei-ligten zur Verfügung zu stellen (vgl. Abschn. 2.6.2). Die konkreten Maßnahmen des Wis-sensmanagements sollten so umgesetzt werden, dass sie die Innovationsarbeit in Unter-nehmen begünstigen und fördern.

Praktische Empfehlungen für die **Maßnahmen des Wissensmanagements** für Steige-rung der Innovationsfähigkeit sind (in Anlehnung an Reiter, 2021, S. 36–37, 40–41):

- Artikulation des Wissens sicherstellen – durch gesprochene oder geschriebene Worte, Verwendung von Metaphern, Analogien oder Modellen, Debriefings, Reflexions-Besprechungen usw.
- Eine intelligente Wissensdatenbank, eventuell mit KI-Unterstützung, erstellen, die aus Kurztexten, Grafiken und Videos besteht. Lange Texte (Wikis) werden nicht gelesen!
- Adäquate Kodifizierung des Wissens – das Wissen muss so verpackt werden, dass es auch anderen leicht zu vermitteln ist, z. B. mit Storytelling (vgl. Abschn. 7.4).
- Teilen ist Austausch und Verbreitung von individuell und organisatorisch vorhandenem Wissen, das sowohl stillschweigend als auch kodifiziert ist, durch zwischenmenschliche Interaktionen. Bildung von Wissens- und Innovationsgemeinschaften (**Communities**) fördert den Prozess des Teilens (vgl. Abschn. 10.1.3).
- Internalisierung fokussiert die Aufnahme des (Innovations)Wissens durch die einzel-nen Mitarbeiter des Unternehmens.
- Da Innovationen oft von außerhalb des Unternehmens kommen, ist es bedeutend auch externe Wissens- und Innovationsnetzwerke zu pflegen, Workshops, Veranstaltungen und Austausch von Best-Practice-Beispielen zu organisieren (vgl. Abschn. 10.4.3).

Die dargestellten Zusammenhänge zeigen, dass die Begriffskette Wissen – Lernen – Inno-vation eine Einheit bildet, die bei der praktischen Gestaltung im Unternehmen ganzheitlich betrachtet werden soll. Die Bereiche Wissensmanagement, Organisationales Lernen und Innovationsmanagement weisen wesentliche Überschneidungen und Synergieeffekte auf.

Bei der praktischen Umsetzung des integrierten Wissens- und Innovationsmanagements in einem Unternehmen sollte man außerdem die Chancen aus den aktuellen Entwicklungen wie Digitalisierung, Generationenwechsel und Trend zu Nachhaltigkeit und Energieeffizienz nutzen.

11.4.2 Einige Empfehlungen: Chancen nutzen, Potenziale erschließen

Die aktuelle Wirtschafts- und Arbeitswelt stellt uns vor vielfältige Herausforderungen – Klimawandel, digitale Transformation, Fachkräftemangel, Corona-Pandemie, Krieg in der Ukraine. Die Krisen reihen sich aneinander und nehmen kein Ende. Allerdings liegt in jeder Krise eine Chance. Durch die Kontaktbeschränkungen in der Corona-Pandemie haben wir gelernt, digitale Kommunikationstools zu nutzen, und damit Digitalisierung vorangetrieben. Durch den Ausfall von Lieferanten aus Ostasien während der Corona Krise und dem Krieg in der Ukraine ist uns unsere Abhängigkeit von internationalen Zulieferern klar geworden, sodass wir die Globalisierung neudenken müssen. Die Chancen des Hinterfragens und Neugestaltens sollen und können im Interesse des Unternehmens, seiner Beschäftigten und der ganzen Gesellschaft erschlossen werden.

Krisen als Chance betrachten und Resilienz steigern Die Entwicklungen der letzten Jahre haben viele Unternehmen vor neuartige, unerwartete Herausforderungen gestellt.

Die (immer noch andauernde) Corona-Krise hat viele Neuerungen hinsichtlich der Innovation und Innovationsfähigkeit angestoßen. Sie hat die digitale Transformation in Unternehmen und Organisationen sowie im Alltag enorm vorangetrieben, die Möglichkeiten für langfristige digitale Lösungen aufgezeigt, globale Zusammenhänge und Abhängigkeiten entblößt und die Bedeutung der **Resilienz** hervorgehoben.

▶ **Resilienz** ist die Fähigkeit einer Organisation, eines Teams oder einer Person, potenzielle Bedrohungen zu antizipieren, effektiv mit kritischen Ergebnissen umzugehen und aus ihnen zu lernen, um gestärkt daraus hervorzugehen (vgl. Duchek et al., 2021, S. 128).

Resilienz bezieht sich nicht nur auf die Krise als solche, sondern auch auf die vor- und nachgelagerte Phase. Vor der Krise geht es darum, den potenziellen Umgang mit der Krise vorzubereiten. Dafür können Szenariotechniken eingesetzt werden (vgl. Abschn. 9.2.1). In der Phase nach der Krise sollten fundierte Reflexion und Lernen stattfinden: Was kann aus der Krise gelernt oder wie kann die Krise als Chance genutzt werden? Diese Phase ist dafür entscheidend, dass Unternehmen und seine Mitarbeitenden durch die Krise wachsen (vgl. Duchek et al., 2021, S. 129).

Als Lehre aus der **Corona-Krise** brauchen wir beispielsweise neue Geschäftsmodelle, in denen die **großen Kontexte**, von Wirtschaft und Gesellschaft bis zu Mensch und Natur, stärker an Relevanz gewinnen gegenüber dem tradierten Kontext des Marktes. Seit dem Ausbruch von Corona begegnen wir der Welt mit einem größeren Bewusstsein für globale

Zusammenhänge und Abhängigkeiten, der Rahmen für Innovationen muss deshalb künftig größer gesteckt werden, geleitet von der Komplexität der Welt. Weiterhin wird in der Post-Corona-Wirtschaft die permanente Anpassung zum Regelfall, und auf die Effizienz folgt die Resilienz als Fähigkeit, beweglich zu bleiben und sich auch in Krisenzeiten bestmöglich anzupassen (vgl. Gatterer, 2021).

Eine weitere Erkenntnis aus der Corona-Pandemie ist: Arbeit ist nicht gleich Anwesenheit im Büro. Die Vorteile des Homeoffice für die Beschäftigten, Unternehmen und Umwelt überwiegen bei weitem seine Nachteile. Allerdings muss Remote Arbeit aktiv gestaltet werden: Geschäftsräume und Büros sollen für kreative Sitzungen und strategische Entscheidungen ausgerichtet werden. Die Bewertung der Arbeitsleistung muss neu gedacht werden. Die persönlichen Kontakte und die Bindung an das Unternehmen brauchen eine neue Grundlage.

Darüber hinaus hat die Corona-Krise gezeigt, dass wir Menschen – unabhängig vom Alter und Geschlecht – lernfähig und lernwillig sind. Praktisch über Nacht sind wir digitaler und agiler geworden! Diese Ergebnisse stimmen positiv und lassen hoffen, dass wir aus dieser Krise gestärkt herauskommen werden.

Besonders die **Klimakrise** fordert uns als Menschheit zum Umdenken. Hier geht es um globale Lösungen und Zusammenhänge, die für unser Überleben als Spezies erforderlich sind. Dabei spielt der Krieg in der Ukraine und der daraus resultierende Wegfall von Gaslieferungen aus Russland die Rolle eines Katalysators: Deutschland und die EU müssen unabhängig vom Öl und Gas werden, und das geht nur durch den Ausbau von regenerativen Energien. Diese doppelte Krise sollte als Chance dienen, kreative Lösungen für umweltfreundliche, emissionsfreie Energieversorgung zu finden.

Unternehmen können die Klimakrise als Chance nutzen, indem sie ihren Energieverbrauch senken und damit Kosten sparen, ihren Energiemix in Richtung erneuerbare Energien verschieben, neue, klimafreundlichere Produkte und Services entwickeln oder die ganze Lieferkette hinsichtlich Energieeffizienz optimieren. Laut einer Roland Berger Studie zu den Maßnahmen zum Klimaschutz in Unternehmen (2022) plant der Großteil der Konzerne (43 %) Emissionsreduzierungen von 20 % bis 2030, 15 % der Unternehmen wollen ihre Treibhausgasemissionen bis 2030 halbieren. Um den Klimaschutz in Unternehmen voranzutreiben, empfehlen die Autoren der Studie, die Mitarbeitenden in die Maßnahmen aktiver zu involvieren, Unternehmenskultur auf die Nachhaltigkeit auszurichten und digitale Tools wie KI und Maschinelles Lernen einzusetzen (vgl. Frans et al., 2022).

Diese Empfehlungen korrespondieren mit den **Eigenschaften** einer **resilienten Organisation** nach Duchek et al. (2021, S. 130), zu denen folgende gehören: Ressourcen wie Zeit, Kapital und Personal, flexible Strukturen und eine offene, wertschätzende (Lern-) Kultur. Gefragt sind also partizipative Entscheidungen und flache Hierarchien, die Agilität erhöhen und Lernprozesse unterstützen.

Die Studie des Stifterverbands zu den Auswirkungen der Corona-Krise auf Innovationen in Unternehmen bestätigt die entscheidende Rolle der **Unternehmenskultur** für die Innovationsarbeit und Resilienz von Unternehmen: Kulturelle Elemente zahlen aufgrund ihrer Gestaltungskraft des Beziehungs- oder Sozialkapitals massiv auf die Funktionsfähigkeit von Innovationssystemen insgesamt ein. Flexibilität, Risikobereitschaft, Offenheit – alle Faktoren sind nicht nur in Krisenzeiten für die Anpassungsfähigkeit und Innovationsleistung des Systems verantwortlich (vgl. Schmitt et al., 2021, S. 28).

Vorteile der Digitalisierung nutzen Die Digitalisierung wirkt sich vielfältig auf Innovationen und Innovationsarbeit aus: auf der einen Seite erhöht sie wegen der Disruption den Druck auf Unternehmen, radikale Produkt- und Geschäftsmodell-Innovationen voranzutreiben, auf der anderen Seite bietet sie neuartige Möglichkeiten, Neuerungen zu entwickeln und Innovationsarbeit zu optimieren.

Die Digitalisierung hat den Innovationsbegriff radikal erweitert, weg von traditionellen Produkt- und Prozessverbesserungen zur Steigerung der Effizienz, hin zur bahnbrechenden „**digitalen Disruption**", d. h. der radikalen Veränderung von Märkten. Die Dynamik der Veränderungen erfordert kreative und proaktiv agierende Unternehmen, die in der Lage sind, zukünftige Chancen frühzeitig zu erkennen, neue Produkte und Services mit einem hohen Innovationsgrad zu entwickeln und ihre Geschäftsmodelle anzupassen. Gleichzeitig müssen Unternehmen ihr bestehendes Geschäft durch inkrementelle Innovationen und die Entwicklung effizienterer Prozesse vorantreiben (vgl. Meyer, 2020, S. 4–5). Das kann mit dem Konzept der Ambidextrie umgesetzt werden (vgl. Abschn. 9.4.2).

Die Digitalisierung und disruptive Veränderungen bieten zugleich neue **Chancen** und Gelegenheiten, die intelligente Unternehmen wahrnehmen und nutzen sollen. Digitale Technologien eröffnen bis jetzt unbekannte, hochwirksame Möglichkeiten für pattformbasierte und digitale Geschäftsmodelle, innovative Produkte und Prozesse, intelligente Unternehmensführung und -steuerung.

Eine leistungsstarke **digitale Infrastruktur** hat sich während der Corona-Krise als eine Grundvoraussetzung und ein erfolgskritischer Faktor für die Organisation der Innovationsprozesse über digitale Schnittstellen erwiesen, denn etablierte physische Wertschöpfungsketten im Forschungsbereich mussten vollständig in den digitalen Raum verlegt werden (vgl. Schmitt et al., 2021, S. 30). Auch in der künftigen hybriden Arbeitswelt wird digitale Infrastruktur eine entscheidende Rolle spielen.

Algorithmen und digitale Tools sind auch für die Bewältigung der Klimakrise unentbehrlich. Für eine nachhaltige Reduktion von Emissionen müssen Unternehmen Daten erfassen, Komponenten entlang des gesamten Produktzyklus verfolgen, künftige Emissionen modellieren und den Effekt von Reduktionshebeln prognostizieren. Hierfür benötigen sie verlässliche, umfassende Daten sowie interoperable Systeme für die Speicherung und Nutzung dieser Daten. In diesem Zusammenhang empfiehlt sich die Entwicklung einer „**Digitialisierungsstrategie** Klimaschutz", in deren Zuge verschiedene, in bestehende Systeme integrierbare Instrumente wie digitale Tools und Künstliche Intelligenz eingesetzt werden können, um den Emissions-Fußabdruck zu ermitteln, Maßnahmen zu verfolgen, Prognosen vorzunehmen, Optimierungen durchzuführen und Lieferanten einzubinden (vgl. Frans et al., 2022).

Einige Großunternehmen, wie beispielsweise Siemens, machen es bereits vor.

Siemens wird ein klimaneutrales Unternehmen

Mit der Verpflichtung, das operative Geschäft bis 2030 CO_2-neutral zu machen, hat Siemens ein klares Signal gesetzt, dass Unternehmen bei der Förderung der Dekarbonisierung eine Führungsrolle übernehmen müssen. Das Ziel von Siemens ist es, dass alle Produktionsstätten und Gebäude weltweit bis 2030 netto einen CO_2-freien Fußabdruck erreichen. Dieses Programm kommt der Menschheit und der Umwelt zugute und bringt nachhaltige wirtschaftliche Vorteile für Unternehmen. In den vergangenen zwei Jahren hat Siemens weltweit seine betrieblichen CO_2-Emissionen um 36 % reduziert, 78 % des Stromverbrauchs werden mit Ökostrom abgedeckt. Die in Energieeffizienzprojekte investierten 65 Mio. € führen zu jährlichen Einsparungen von ca. 13 Mio. € (vgl. Siemens, 2022). ◄

Eine weitere Chance bietet digitale Affinität der jüngeren Generationen von Beschäftigten. **Digital Natives** aus den Generationen Y und Z sind permanent online, arbeiten gerne im Netzwerk, bloggen und twittern, legen freiwillig ihre persönlichen Daten offen. Diese Eigenschaften der jungen Generationen eröffnen neue Chancen für die Nutzung digitaler Technologien wie Künstliche Intelligenz und maschinelles Lernen mit den Anwendungen wie Chatbots, Entscheidungs- und Personalauswahlalgorithmen, Online-Recruiting und auch für die Gestaltung von digitalen Instrumenten im Wissens- und Innovationsmanagement wie Online-Communities, Intranet-Foren, WhatsApp-Gruppen etc. Die jüngeren Generationen mit ihrem frischen Blick und Offenheit für digitale Tools sollen in Unternehmen mehr Mitsprache- und Mitentscheidungsmöglichkeiten erhalten, um digitale Transformation zu beschleunigen.

Menschen mitnehmen und fördern Für eine erfolgreiche Implementierung des integrierten Wissens- und Innovationsmanagements sind die Rahmenbedingungen und die Motivation der Beteiligten ausschlaggebend. Nicht die Technik oder Organisationskonzepte, sondern der Mensch ist für den Erfolg entscheidend! In jedem der Hauptkapitel wurde die Wichtigkeit der Unternehmenskultur und Führungsinstrumente erläutert und die Möglichkeiten ihrer Förderung dargestellt. Praktiker in Unternehmen merken sehr schnell, dass gute Strategien und Pläne allein wenig bewirken, wenn es an Vertrauen mangelt oder die Unternehmenskultur innovationshemmend ist. Perfekte Konzepte und Organisationsstrukturen, Digitalisierung und Vernetzung von Wissensbeständen und Experten garantieren weder Kreativität noch Innovation. Nur ein Verständnis des Menschen als **Ideenschöpfer** und **Wissensarbeiter** und eine kontinuierliche Arbeit an der kollektiven Intelligenz können zum Erfolg führen. Die Zauberwörter dabei sind intrinsische Motivation und Engagement. Wie schaffen wir es, dass alle – die älteren Beschäftigten und die Digital Natives, die Topmanager und die Fertigungsarbeiter – sich mit den Belangen des Unternehmens und mit neuen Ideen engagiert beschäftigen? Wie entfalten wir Teamspirit und die Begeisterung für eine gemeinsame Zukunft?

Auch hier sind neue und individuelle Lösungen gefragt. Die Organisation der Zukunft basiert auf den Narrativen „Wir" und „Sinn", die gemeinsam glaubwürdig gestaltet werden sollen. Der Wertewandel in der Gesellschaft hin zu Selbstverwirklichung und Entfaltung persönlicher Talente und Fähigkeiten, der Nachhaltigkeit und Sinnorientierung, die Verschmelzung der Arbeits- und der Freizeit durch Flexibilisierung der Arbeit, Vernetzung und permanente Erreichbarkeit, die Zunahme des Anteils der hoch qualifizierten Wissensarbeit an den Unternehmensaktivitäten sprechen für die neuen Organisations- und Motivationskonzepte. Autonomie, Freiräume, Selbstorganisation, Vertrauen und Zeit für eigene Ideen – das sind die Voraussetzungen für Wissen, Lernen und Kreativität.

Zukunft aktiv gestalten Die Zukunft ist das, was wir aus ihr machen. Ob Sie sich in Ihrem Unternehmen nur auf die Anforderungen, Gefahren und Risiken der Zukunft konzentrieren oder die Veränderungen als eine Chance auffassen, ist Ihnen überlassen. Ob Sie als Antwort auf die steigende Dynamik und Komplexität ihre Arbeitsweise und ihr Portfolio oder auch ihr Geschäftsmodell überdenken werden? Lernen Sie nur indem Sie sich anpassen oder überprüfen Sie Ziele und Strategien, vielleicht sogar Ihre Lernkonzepte?

Wir als Personen und Unternehmen als lernende Systeme müssen ständig bereit sein, eigenes Handeln, Ziele und Überzeugungen zu hinterfragen und die erforderlichen Veränderungen nicht nur zuzulassen, sondern proaktiv zu gestalten. Die Optionen der Zukunft sind offen, und wir entscheiden selbst, was wir daraus machen.

Verständnis- und Reflexionsfragen

1. Mit welchen Indikatoren kann Innovationsperformance von Unternehmen gemessen werden?
2. Welche Faktoren beeinflussen die Innovationsfähigkeit eines Unternehmens?
3. Mit welchen Strategien und Maßnahmen können Unternehmen ihre Innovationsfähigkeit steigern?
4. Warum ist der Erfolg der Innovationsarbeit im Endeffekt von Menschen abhängig?
5. Welche Rollen lassen sich im Innovationsprozess definieren?
6. Welche Barrieren können im Innovationsprozess entstehen? Wie kann man sie überwinden?
7. Welche Merkmale zeichnen eine innovationsfördernde Unternehmenskultur aus?
8. Warum spielen die Führungskräfte eine wichtige Rolle für den Erfolg der Innovationsarbeit?
9. Welche Führungsinstrumente sind für die Steigerung der Innovationsfähigkeit geeignet?
10. Warum wird transformationale Führung für die Förderung von Innovationen empfohlen?
11. Wie würden Sie als Führungskraft in der digitalen Transformation die (disruptiven) Innovationen in Ihrem Team vorantreiben?
12. Was haben Sie persönlich als Lehre aus den aktuellen Krisen mitgenommen?

Literatur

3M Deutschland. (2022). Die 3M Innovationskultur. https://www.3mdeutschland.de/3M/de_DE/presse-de/pressemeldungen/ganzemeldung/?storyid=aba3d7d5-8586-4cdb-8b7f-4318782b3904. Zugegriffen am 23.09.2022.

Ahrens, K., Sala, A., & Schaff, A. (2021). *Studie zum Technologie- und Innovationsmanagement – Methodeneinsatz, Ausgestaltung und Erfolgsfaktoren* (KCT Schriftenreihe der FOM, Band 6). MA Akademie Verlags- und Druck-Gesellschaft.

Bayer. (2022). Geschäftsbericht 2021. https://www.bayer.com/sites/default/files/2022-03/Bayer-Geschaeftsbericht-2021.pdf. Zugegriffen am 23.09.2022.

Bayer. (o. J.-a). Unsere Vision & Strategie. https://www.bayer.com/de/strategie/strategie. Zugegriffen am 23.09.2022.

Bayer. (o. J.-b). Unsere Werte. https://www.bayer.com/de/commitments/unsere-werte. Zugegriffen am 23.09.2022.

Daimler. (Hrsg.). (o. J.). Gründer und Wegbereiter. https://www.daimler.com/konzern/tradition/gruender-wegbereiter/. Zugegriffen am 07.10.2022.

Duchek, S., Geithner, S., & Scheuch, J. (2021). Resilienzförderung in Organisationen. *zfo, 90*(03), 128–133.

Fieseler, C., Hoffmann, C. P., & Meckel, M. (2016). Eine Kultur der Innovation: Die Bedeutung von Innovationsnetzwerken. In C. P. Hoffmann et al. (Hrsg.), *Business Innovation: Das St. Galler Modell, Business Innovation Universität St. Gallen* (S. 313–337). Springer Gabler.

Franken, S. (2019). *Verhaltensorientierte Führung. Handeln, Lernen und Diversity in Unternehmen* (4. Aufl.). Springer Gabler.

Frans, D., Rabe, J., Ruf, Y., & Koroleva, D. (2022). Sechs Bereiche, in denen Unternehmen ihre Emissionen zügig reduzieren können. https://www.rolandberger.com/de/Insights/Publications/Mehr-Tempo-bei-der-Dekarbonisierung.html. Zugegriffen am 09.10.2022.

Gatterer, H. (2021). Innovation nach Corona: Jetzt das Richtige richtig machen. https://www.zukunftsinstitut.de/artikel/innovation-und-neugier/innovation-nach-corona-das-richtige-richtig-machen/. Zugegriffen am 07.10.2022.

Henkel. (2022). So gelingt eine gute Innovationskultur. https://www.henkel.de/spotlight/2022-01-13-so-gelingt-eine-gute-innovationskultur-1523392. Zugegriffen am 07.10.2022.

Herrmann, W. (2019). Deutsche Bahn-IT schafft Führungskräfte ab. https://www.cio.de/a/deutsche-bahn-it-schafft-fuehrungskraefte-ab,3602696. Zugegriffen am 09.10.2022.

Lehnen, C. (2018). Bock auf Arbeit! *Personalwirtschaft, 04*(2018), 22–28.

Lohner, C. (2022). E-Autos als Jobkiller? So kann die deutsche Autoindustrie die Kurve kriegen. https://www.n-tv.de/wirtschaft/So-kann-die-deutsche-Autoindustrie-die-Kurve-kriegen-article23704130.html. Zugegriffen am 24.11.2022.

Manager Magazin. (2022). Top 100 Innovatoren 2022. Das sind die innovativsten Mittelständler Deutschlands. https://www.manager-magazin.de/unternehmen/industrie/wettbewerbtop-100-das-sind-die-innovativsten-mittelstaendler-deutschlands-2022-a-1ed3f016-21c5-4cd2-aa05-756b8f9a800b. Zugegriffen am 22.03.2023.

Meyer, J.-U. (2020). Innovationsmanagement für das digitale Zeitalter. https://innoxperts.com/wp-content/uploads/2020/09/Innolytics-Innovation-Roadmap-2020.pdf. Zugegriffen am 07.10.2022.

Naranjo-Valencia, J. C., & Calderón-Hernández, G. (2018). Model of culture for innovation. In J. Vveinhardt (Hrsg.), *Organizational culture*. https://www.intechopen.com/chapters/63886. Zugegriffen am 22.03.2023.

Nonaka, I., & Takeuchi, H. (2019). *The Wise Company: How Companies Create Continuous Innovation*. Oxford: Oxford University Press.

Picot, A., Dietl, H., Franck, E., Fiedler, M., & Royer, S. (2020). *Organisation. Theorie und Praxis aus ökonomischer Sicht* (8. Aufl.). Schäffer Poeschel.

Reiter, T. (2021). *Killing Innovation. Wie Unternehmen ihre Innovationskraft selbst zerstören und wie sie überlebt!* Vahlen.

Schein, E. (2010). *Organisationskultur*. The Ed Schein Corporate Culture Survival Guide. EHP Edition Humanistische Psychologie.

Schein, E. (2014). Kreativität, Innovation und Wandel. Experteninterview für Bertelsmann-Stiftung. *change1/2014*, Schwerpunkt: Unternehmenskultur. https://www.bertelsmann-stiftung.de/fileadmin/files/BSt/Publikationen/Infomaterialien/IN_changeMagazin_01_2014.pdf. Zugegriffen am 09.10.2022.

Schmitt, J., Stenke, G., Diekhof, J., Krieger, B., Licht, G., & Rammer, Ch. (2021). *Unternehmenskultur als Resilienzfaktor?* Stifterverband Bildung, Wissenschaft, Innovation. https://www.stifterverband.org/medien/unternehmenskultur-als-resilienzfaktor. Zugegriffen am 09.10.2022.

Servatius, H.-G. (2020). Förderung einer Innovationskultur durch die Führung. https://www.competivation.de/forderung-einer-innovationskultur-durch-die-fuhrung/. Zugegriffen am 07.10.2022.

Siemens. (2022). Siemens ist führend in der Dekarbonisierung. https://new.siemens.com/de/de/unternehmen/nachhaltigkeit/co2neutral.html. Zugegriffen am 09.10.2022.

Tesla. (2022). Über uns. Wir beschleunigen die weltweite Umstellung auf nachhaltige Energie. https://www.tesla.com/de_de/about. Zugegriffen am 22.09.2022.

Thyssenkrupp. (2019). Innovation. https://www.thyssenkrupp.com/uebersicht_23_de. Zugegriffen am 09.10.2022.

Top 100. (2022a). Unternehmensportrait der IPG Automotive GmbH. Die Zukunftsmacher der Automobilbranche. https://www.top100.de/ipg-automotive-gmbh-2022/. Zugegriffen am 24.09.2022.

Top 100. (2022b). Unternehmensportrait der Tesvolt GmbH. Agil zur intelligenten Komplettlösung. https://www.top100.de/tesvolt-gmbh-2022/. Zugegriffen am 24.09.2022.

Top 100. (2022c). Unternehmensportrait der Neura Robotics GmbH. MAiRA machts möglich. https://www.top100.de/neura-robotics-gmbh-2022/. Zugegriffen am 24.09.2022.

Wolters, H., & Najipoor-Schütte, K. (2021). Anpassungsfähig, reflektiert, nahbar. CEOs in einer hyperkomplexen Welt. *zfo, 90*(05), 282–287.

The manufacturer's authorised representative in the EU is Springer
Nature Customer Service Centre GmbH, Europaplatz 3, 69115 Heidelberg,
Germany. If you have any concerns regarding our products, please
contact ProductSafety@springernature.com

Printed and bound by CPI Group (UK) Ltd, Croydon, CR0 4YY
24/04/2026
02096345-0015